KB156145

里堂 蔡滿默선생 정년기념논총

호남문학 연구

채만묵선생 정년기념논총 간행위원회 편

한국문화사

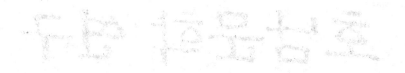

里堂 蔡滿默선생 近影

····· 里堂 채만묵(蔡滿默) 박사 약력 ·····

■ 출생

- 전북 부안군 상서면 고잔리 387번지에서 1935년 10월 15일 부 한의사 蔡東式과 모 高小女와의 슬하 3남 2녀 중 3남으로 태어나다.
- 본적 : 전북 전주시 금암동 1가 179번지
- 주소 : 전북 전주시 완산구 서신동 765-1 동아Ⓐ 108-1303호

■ 학력

1943. 4. - 1949. 7. 전북 부안군 상서국민학교 졸업

1949. 9. - 1952. 3. 전북 북중학교 졸업

1952. 4. - 1955. 2. 전주 고등학교 졸업

1955. 4. - 1960. 3. 전북대학교 문리과대학 국어국문학과 졸업

1960. 4. - 1962. 2. 전북대학교 대학원(석사과정) 국어국문학과 수료

1964. 2.　　문학석사학위 취득

1964. 3. - 1967. 2. 전북대학교 대학원(박사과정) 국어국문학과 수료

1980. 9.　　문학박사학위 취득

■ 경력

1957. 7.12. - 1959. 1.31. 보병 제6185부대(학보)

1961. 5.31. - 1968. 5.10. 삼례고등학교 교사

1968. 5.11. - 1975. 4. 3. 전주고등학교 교사

1975. 5.10. - 1978. 3.31. 전북대학교 교양과정부, 사범대 전임강사

1978. 4. 1. - 1982. 9.30. 전북대학교 사범대학 조교수

1979. 9. 1. - 1981. 8.31. 전북대학교 사범대학 국어교육과 학과장
1981. 9.29. - 1983. 8.   전북대학교 신문사 주간
1982.10. 1. - 1987. 9.30. 전북대학교 사범대학 부교수
1983. 9. 1. - 1986. 3.30. 日本 筑波(쓰구바)대학 외국인 교수
1986.10. 1. - 1988. 9.30. 전북대학교 부속 박물관장
1987.10. 1. - 현재   전북대학교 사범대학 교수
1990. 4.16. - 1992. 4.15. 전북대학교 교육대학원 국어교육전공 주임교수

■ 학회 활동

한국언어문학회 회원
국어문학회 회장

■ 논문

「連體批評再論」, 『國語言語文學』 제12집(1974.12.25).

「影響論」, 『國語文學』 제16집(1974.12.31).

「金顯承論」, 『國語文學』 제17집(1975.12.20).

「詩的 이미저리論」, 『國語文學』 제18집(1976.12.31).

「韓國의 主知詩 研究」, 『也泉金敎善先生 停年記念論叢』(1977.12.31).

「尹東柱論」, 『國語文學』 제19집(1978.12.30).

「詩文學派研究」, 『國語文學』, 제20집(1979.12.31).

「韓國 모더니즘 詩 研究- 1930년대를 중심으로」, 박사학위논문(1980.8).

「李箱의 詩에 관한 研究」, 『敎育論叢』 제1집(1981.9.5, 전북대학교 교육대학원 발간).

「韓國 모더니즘 詩」, 『人文論叢』 제12집(1983.8.20, 전북대학원 인문과학연구소 발간).

「形態의 思想性과 限界」, 『國語文學』(1984.2.20).

「陸士詩의 이미지와 構成」, 『敎育論叢』 제6집(1996.8.26).

「韓國初期現代詩의 形態考」, 『敎育論叢』 제7집(1987.7).

「1910年代 文學論考」, 『敎育論叢』 제12집(1992.12).

■ 저서

『全北大學校 45年史』 공저, 전북대학교, 1992.10.15.

『韓國 現代詩 精華』 편저, 한국문화사, 1995.7.

『韓國現代詩大系 Ⅰ,Ⅱ,Ⅲ』 편저, 한국문화사, 1996.7.

『1930년대 한국시문학 연구』 저, 한국문화사, 2000.2.

■ 가족상황

1963년 2월 17일에 柳志好와 결혼하여 슬하에 2남 2녀를 두다. 장남 秉完은 金貞姬와 결혼하여 1남 2녀를 두고 현재 한려대학교 교수로 재직 중이며, 장녀 寅玉은 崔洛禧와 결혼하여 2남을 두고 사위는 현재 가정의로 개업하고 있고, 차녀 賢璟은 金東星과 결혼하여 1남 1녀를 두고 사위는 현재 회사에 근무, 차남 圭河는 이정선과 결혼, 현재 노동부 산하 전주고용센터에서 근무중이다.

·····獻　辭·····

　채만묵 선생님을 생각하면 누구나 쉽게 떠오르는 모습이 있습니다. 바로 침묵의 미소입니다. 그 침묵의 미소는 '滿默'이라는 함자가 지어졌을 때부터 숙명적으로 부지불식간에 형성된 모습이 아닌가 생각합니다. 모나리자의 미소가 여성의 신비를 간직한 침묵의 미소라면 채 선생님의 미소는 다양한 의미를 대표한 남성의 미소입니다. 그 침묵 속에는 외부로부터 들어오는 다양한 감정들을 용해시키는 힘이 있고, 모든 것을 포용하는 아량이 있습니다. 그리고 그 침묵이 미소로 나타날 때 우리에게 친근감과 편안함을 줍니다.

　이처럼 과묵하게 살아오신 채 선생님은 언제나 흐트러지지 않는 모습을 우리에게 보여주셨습니다. 젊은 시절에 술을 많이 드셨지만 한번도 주정하는 모습을 본 적이 없습니다. 또한 주변 상황에 어떤 변화가 와도 꿋꿋하게 자신을 지킴으로써 한 평생을 올곧게 살아오신 분입니다. 아무리 급해도 서두르지 않는 여유도 채 선생님만의 장점이라 할 수 있습니다. 이 모든 채 선생님의 삶의 모습들은 후학들과 제자들에게 귀감이 되고 있습니다.

　평생을 한국의 현대시 연구에 헌신해 오신 선생님은 1995년 한국 현대시사에서 중요한 위치를 점하고 있는 시인들의 대표작들을 선정하여 『韓國 現代詩 箐華』라는 책을 편찬함으로써 한국의 대표적 근대시를 한눈에 照望할 수 있도록 독자들과 학계를 위하여 공헌을 하셨습니다. 그리고 1999년에는 그 동안 관심을 가지고 연구해 오시던 1930년대의 詩 연구의 결정체로『1930년대의 한국 시문학 연구』라는 저서를 출간하셨습니다. 이와 같은 선생님의 학문적인 노력은 후학들에게 큰 가르침이 됨과 동시에 학계에 기여하는 바가 크다고 하겠습니다.

　이제 지금까지 우리 곁에서 늘 침묵의 미소로 우리를 감싸주시고, 지켜주시던 선생님께서 영예로운 정년을 맞으시어 우리 곁을 떠나게 되었습니다. 이에 선생님의 학덕과 인품을 기리고자 동료 후학들의 옥고를 모은 『호남문학 연구』라는 조졸한 책자를 선생님께 바칩니다. 앞으로도 계속 선생님의 그 침묵의 미소를 곁에서 뵐 수 있기를 기원하며, 선생님의 건강과 행운을 기원합니다.

2001년 2월

里堂 蔡滿默선생 정년기념논총 간행위원장 강   봉   근

차례
호남문학 연구

현대문학 편

고전 · 민속문학 편

∴

통속성과 반영성의 거리 조정과 그 한계
- 채만식의 「탁류」론

김 용 재

I. 서론

　「탁류」는 1937년 10월부터 1938년 5월까지 <조선일보>에 연재된 신문연재 장편소설로써, 식민지 조선의 도시 하층민들의 삶의 모습과 주인공 초봉의 기구한 일생을 이야기의 중심 축으로 삼고 있는 작품이다. 이 소설은 제목에서 상징하고 있듯이 "식민지 시대의 사회적 경제적 및 심리적인 무질서의 격류 속에 휩쓸린"[1] 탁류 같은 탐욕과 죄악이 몰고 온 삶의 퇴락상을 보여주고 있다.

　흔히 「탁류」를 채만식 소설의 대표작으로 꼽고, "희망없이 살아가는 도시 하층민의 삶을 식민지 시대라는 역사적·사회적 현실의 총체적 맥락 속에서 파악한"[2] 작품이라고 극찬한다. "현재와 미래를 상실한 군상들이 경험하는 진흙 바닥을 표출하면서 온갖 탁류적인 상황을 묘사하여 고도의 리얼리즘을 획득한 작품"[3]이요, "식민지화에 따르는 경제적 몰락과 정신적으로까지 식민지화해 가는 당대의 상황"[4]을 포착하여 '역사적인 탁류의 인식'을 보여준 작품[5]이라는 평가

---

1) 이재선, 『한국현대소설사』, 홍성사, 1979, 326쪽.
2) 장성수, 「진보에의 신념과 미래의 전망」, 김용성·우한용 공편, 『한국근대작가연구』, 삼지원, 1992, 246쪽.
3) 정한숙, 「붕괴와 생성의 미학」, 『한국현대작가론』, 고대출판부, 1976, 148쪽.
4) 이래수, 『채만식 소설 연구』, 이우출판사, 1986, 117쪽.

가 그 대표적인 예이다. 반면에 세태소설론6), 통속성과 대중문학적 성격7), '예술
적 파탄'8), "총체적 현실성의 획득에는 부족한 면"9)이 있다는 사실이 만만치 않
게 지적되기도 하였다.

이렇게 고도의 형상성을 획득한 작품이라는 사실과 통속적인 면이 강한 작품
이라는 극단적인 반대 시각이 공존하고 있는 점은, 「탁류」에 대한 독서법을 다
시 찾아야 한다는 것을 암시하는 것이기도 하다. 그래서 최근에 이러한 점이 반
성적으로 작용하여 새로운 안목으로 「탁류」에 대한 독해의 폭을 넓혀 작품의 가
치를 고양하는 시도가 있기도 하였다. 통속적인 구조라고 여겨지는 "격정극적
구조"를 작가의 전략적 가치로 인정하고, 그러한 장치가 작동하는 사회적 이념
을 규명하는 데 초점을 맞춰 작품 해석의 폭을 넓힌 경우10)라든지, 주인공 초봉
의 비개성, 상투성에서 보이는 통속적 성격을 지적하면서도, 초봉과 주위 인물
의 관계 구조에서 근대의 반영적 성격을 읽어내는 논의11)라든지, "시대적 희생
제의"로서 작품을 읽음으로써 작품으로서의 '표현텍스트'와 작품이 탄생하게
된 사회·역사적 환경으로서의 '발생텍스트' 사이의 상호 작용에 주목한 경우12)

5) 홍이섭, 「채만식의 '탁류' — 근대사의 한 과제로서의 식민지의 궁핍화」, 『창작과비평』, 1973년
   봄호.
6) 임 화, 「세태소설론」, 『문학의 논리』, 학예사, 1940.
7) 대표적인 논의로 구인환은 "식민지하에서 몰락되어 가는 사회적 배경이 가지는 역사적 현실
   의 수용을 제외하면, 「탁류」는 대중소설의 영역을 넘지 못한다"고 지적하면서, "우연성이 많
   은 작품구조나 생활의 의지가 결여된 초봉의 전전한 생활"이나 "애정 편력의 희생자로서 유
   전하는 것은 작가의 주제의식의 퇴화와 대중의 오락성에 굴복"한 것이라고 혹평을 하였다(구
   인환, 『한국근대소설연구』, 삼영사, 1977, 276쪽 참고).
   이후 많은 논자들에 의해 통속성이 지적되었는데, 김윤식은 「탁류」가 통속소설로 전락한 이
   유는, "작가가 역사의 방향성을 몰각했거나 혹은 불투명한 상태에 놓여있음에 연유한다"고
   전제하고, "초봉의 자수 결심 과정" 뿐만 아니라, "장형보같은 인물의 극악 취미는 초봉의 속
   물근성과 함께 통속적 흥미에 봉사할 따름"이며, "이와 대비시킨 계봉, 승재 쪽은 형보 같은
   인물의 극악 취미로 말미암아 오히려 골계적인 흥미거리로 전락"되었다고 지적하였다(김윤
   식, 「채만식의 문학세계」, 『채만식』, 문학과지성사, 1984, 72-77쪽 논의 참고).
8) 한지현, 「리얼리즘 관점에서 본 『탁류』 연구」, 연세대 박사논문, 1987.
9) 나병철, 「1930년대 후반기 도시소설 연구」, 연세대 대학원 박사논문, 1989, 156-157쪽.
10) 황국명, 「채만식 소설의 현실주의적 전략 연구」, 부산대 박사학위 논문, 1990.
11) 최혜실, 「통속성의 세 요소 : 염상섭과 채만식의 경우」, 『한국현대소설의 이론』, 국학자료원,
    1994.
12) 우한용, 「시대의 희생제의를 읽어내는 방법」, 『국어국문학』 119집, 국어국문학회, 1997. 5.

가 대표적이다.

그러나, 이 같은 선행연구에도 불구하고 「탁류」의 소설적 성공 여부나 서술 특성 등은, 하나의 작품을 두고 극단적인 대립을 보이는 평가가 공존하는 것 이상으로, 여전히 논의의 여지를 남겨두고 있다. 진정 「탁류」는 식민지 조선 사회의 모습을 총체적으로 반영하고 있는가, 아니면 통속적인 수준에서 머물고 말았는가. 정초봉의 운명과 비극적 결말은 사회의 타락한 면을 반영한 것인지, 아니면 통속적인 세태소설의 단초를 제공한 것인가. 통속적인 구조는 작가의 의도적인 전략이거나 "시대의 희생제의"로 읽어내야 하는 고도의 형식인지는 이야기 구성원리와 서술 분석을 통해 구체화해야 할 필요가 있다.

「탁류」의 이야기 구성원리나 서술 특성은 단순히 정리되지 않는다. 한 편의 소설은 작가가 만드는 '서술된 이야기'와 독자가 만드는 '보충적 이야기'가 결합되어 하나의 작품으로 완성된다.13) 그러기에 서술 층위가 복잡한 장편 소설에서는 이야기의 핵심 구조를 잘 찾아야 한다. 그럼에도 불구하고 소설 작품은 하나의 텍스트요, 서사물임에 틀림없다. 그러므로, 서술자와 등장인물 사이의 관계, 서술자와 플롯 사이의 거리를 감지하면서 읽어보면 소설적 형상화 수준을 가늠할 수 있다.

물론 장편소설의 이야기 구조는 어느 한 관점의 독서법만 허용할 수 없는 다양한 서술 층위가 존재한다. 독자가 채워 가는 보충적 이야기는 '탁류의 시대'라는 사회·역사적 맥락과 닿을 수도 있고, 현재화된 심리 상태일 수도 있다. 그러나 분명한 것은, 소설은 서술자가 이끌어가는 언어 세계에 의해 형상화된 텍스트라는 사실이다. 이러한 것을 전제하지 않고 지나치게 소설텍스트의 발생 배경에 무게 중심을 두거나, 작가의 해설에 눌려 해석 평가하는 것은 소설 독서에 있어 의미 폭을 넓히는 긍정적인 면이 존재하면서, 한편으로는 작가 의도에 따라가려는 부정적인 면도 존재한다.

따라서 「탁류」가 식민지 사회의 현실을 총체적으로 반영하고 있는지 아니면 통속적인 수준에서 머물고 말았는지 밝히려면, 현상적인 텍스트의 자세히 읽기

---

13) F. K. Stanzel(김정신 옮김), 『소설의 이론』, 문학과비평사, 1990, 227 - 230쪽 참고.
　　김천혜, 『소설구조의 이론』, 문학과지성사, 1990, 28쪽.

(close reading)로부터 출발해야 한다. 그래서 이 논문에서는 이야기 구성원리와 서술 특성을 구조화함으로써, 이 소설의 중요 서술 관점인 <반영성>과 <통속성>의 거리 조정이 어떤 방식으로 작품의 형상화에 기여하고 있는지 구명하고자 한다.

II. 이야기 구조와 통속/ 반영의 관계

총 19장 469쪽에 달하는 「탁류」[14]는 그 제재부터 통속적인 성격에서 출발하고 있다. 도시 하층민의 삶을 통하여 식민지 자본주의 사회의 현실을 반영하고 있는 측면과 초봉의 기구한 운명을 중심한 통속적인 측면으로 나누어 볼 때, 후자의 측면이 플롯을 이끌어가는 중심에 놓여 있다. 그러므로 이 소설은 청순가련형 여인이 탁류에 휩쓸려 비극적 삶을 맞는 구도가 중심 제재로 채택되어 있다고 봐야 할 것이다. 그런데, 초봉의 인생유전(人生流轉)이 사회 타락상의 반영체인지의 여부, '탁류' 같은 현실을 세속적인 안목으로 총체성을 획득하려 했다는 작가의 말이 실현되었는지의 여부 등은 중심테제인 통속적인 성격과 사회현실의 반영의 성격이 어떠한 서술 방식으로 조정되고 있는지 살펴보아야 한다.

그러므로 이 장에서는 「탁류」의 이야기 구조와 통속성/ 반영성의 의미가 어떻게 연관되는지 고찰하기로 한다. 성격과 환경의 상호 연관 속에서 소설의 리얼리즘적 성격을 규명할 수 있다고 한다면, 먼저 이야기의 구성 원리와 작가의 서술 태도 사이의 긴장 관계가 어떻게 형성되고 있는지 밝혀야 한다. 또한 작가의 이야기 구성에 있어 서술 통제 방향의 두 측면은 <통속성>과 <반영성>으로 요약될 수 있는 바, 이 두 축이 작가의 이야기 구성 원리와 어떤 방식으로 연관되는지 밝혀보도록 한다.

---

14) 이 논문에서 선택한 텍스트는 <채만식, 『채만식전집』 2권 탁류, 창작사, 1987.>이다. 앞으로 작품 『탁류』의 인용은 이에 준하며 쪽수만 표시한다.

1. 이야기 구성 원리

「탁류」의 이야기 구성에 있어서, 중요 인자는 세 가지로 요약된다. 제1군은 남승재와 정계봉 중심의 긍정지향적 삶의 양상, 제2군은 정초봉의 비극적 삶의 여정, 제3군은 정주사, 고태수, 박제호, 장형보 중심의 부정적 욕망과 타락한 삶의 세계로 구성되어 있다. 여기에서 이야기 진행의 중심적 역할을 맡고 있는 것은 정초봉의 인생 유전을 중심한 두 번째 항목이다. 사실 이 작품의 플롯에서 정초봉을 빼면 남는 이야기가 별반 없고 여러 인물들의 관계가 형성되지도 않는 현상을 보이는 것이 특징이다. 다시 말하면 1장에서 9장까지는 초봉의 결혼에 연관된 세속적인 인물들의 정황이 중심 이야기로 진행되고, 10장에서 19장 결말까지는 초봉의 결혼과 고태수의 죽음, '대피선'으로서의 상경과 제호와의 살림, '모듬쇠 자식' 송희의 출산, 형보의 등장으로 초봉의 가정에 일대 '태풍'이 일고, 급기야는 '내보살 외야차'가 된 초봉의 살인으로 구조화되고 있다.

이 소설 전체의 장의 제목과 각 장에서 등장하는 인물, 서술 분량을 분석하면 이러한 특징은 확연히 드러난다. 이를 정리하면 다음과 같다.

총분량 462쪽

장별 제목	등장 인물(주인물//부인물)	서술분량(쪽수)
1. 인간기념물'	정주사//한참봉 부부	20
2. 생활 제일과	박제호, 정초봉//태수 윤희(제호의 처)	24
3. 신판 『흥보전』	정주사와 그 가족(초봉,계봉), 남승재	21
4. '…생애는 방안지라'	고태수, 장형보//행화, 김씨(한참봉 처)	25
5. 아씨 행장기	김씨, 태수//한참봉, 초봉	15
6. 조그마한 사업	남승재//초봉, 계봉, 정주사, 명님, 먹곰보	17
7. 천량만량	초봉과 정주사 가족//태수,형보, 한참봉 내외	30
8. 외나무 다리에서	승재, 태수, 계봉	30
9. 행화의 변	태수, 초봉, 형보, 행화, 계봉	11
10. 태풍	태수, 초봉, 형보, 한참봉과 그의 처//정주사	47
11. 대피선	초봉, 유씨(정주사의 처)	5

위에서 볼 수 있는 것처럼, 「탁류」는 초봉 중심의 이야기라는 것을 알 수 있다. 19개의 장 중에서 4개의 장(1, 4, 8, 12장)만 제외하고 초봉은 문면에 직접 등장하고 있다. 위 표에서 등장인물은 서술 분량 면에서 많은 부분을 차지한 인물 순서대로 정리한 것인 바, 초봉을 빼고 작품을 논의하면 부분을 전체 구조에 확산하는 우를 범하기 쉽다. 또, 초봉이 직접 등장하지 않은 4개 장마저 간접적으로 초봉이 서술에 참여하고 있어 이 소설은 <초봉의 일생>이라고 바꿔 말할 수 있을 정도이다. 따라서 청초하고 해맑은 여인이 부정적인 욕망의 세계에 휩쓸려 살인까지 저지르고 말았다는 '비극적인 수난사'가 이 소설의 중심 구조이거니와, 이러한 구조는 매우 통속적이고 '격정극적 구조'15)라는 데 이의를 달 수 없다.

그러나 이 작품은 여인의 수난사로 단순화할 수 없는 구성 인자가 초봉의 수난과 팽팽한 긴장관계를 형성하고 있다는 점을 간과할 수 없다. 즉, 이 작품은 독자에게 한 가련한 여인에 대한 막연한 연민만을 불러일으키지 않는다. 이야기 구성의 주요 인자로 제1군과 제3군이 강력하게 제2군에 작용하고 있기 때문이다. 세 이야기군을 구조화하면 다음과 같다.

---

15) 황국명의 앞의 논문에서 사용한 용어임.

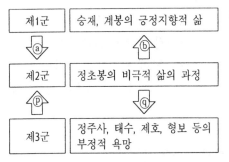

위 표에서 볼 수 있는 것처럼, 「탁류」의 이야기 구조는 승재, 계봉 중심의 긍정지향적 삶의 양상과 정주사 등의 부정적 욕망의 세계가 초봉의 비극적 삶의 여정을 중심 축으로 하여 연결되면서, 욕망의 불협화음의 세계를 보여주고 있다. 이 세 이야기들은 작가의 이야기 통제에 따라, 이야기 세계가 형성되고 있는데, 작가가 이야기 통제 방향을 ⓐ에 두면, 승재─계봉과 초봉의 관계와 그와 연관된 사건이 주 서술대상이 되고, ⓟ쪽으로 향하면, 초봉과 부정적 인물간의 관계와 성욕, 물욕 등의 부정적 욕망의 세계가 주 서술대상으로 떠오른다. 반면, 작가의 이야기 통제 방향성이 ⓑ쪽으로 가면 당시 시대 현실에서 필요한 긍정적 의식이 부각되고, ⓠ쪽으로 기울면 사회 현실과 세태 반영의 측면이 강화되는 경향이 있다.

그러므로, ⓐ ⓟ 쪽은 제2군 이야기 구조화에 연관된, 인물과 사건의 연쇄에 초점이 맞춰져 있으며, ⓑ ⓠ 쪽은 현실 반영적 측면이 강화되어, 제2군 이야기와 함께 "물화(物貨)와 돈과 사람과, 이 세 가지가 한데 뭉쳐"(344쪽) 엉켜 가는 시대 상황과·현실이 간접적으로 그려지고 있는 셈이다. 이야기의 핵심은 초봉의 운명과 비극적 삶의 구조에 놓여 있으므로, 결국 작가의 이야기 통제가 ⓐ ⓟ 쪽으로 모이면 통속성16)이 근간이 되고, ⓑ ⓠ 쪽에 가면 반영성이 부각되는 것이

16) 여기서 '통속성'이라는 용어는 대중성의 비칭으로 사용한 것이 아니다. 윌리엄스에 의하면, '대중적'이라는 용어는 ①많은 사람들이 좋아하는, 인기있는 ②고급문화와 대조되는 ③민중들이 스스로를 위해 만든 문화를 기술하기 위해 쓰이는 표현으로서의 의미 ④상업적 이윤에 의해 사람들에게 강요되는 대중매체의 의미 등으로 사용되고 있다(앤소니 이스트호프/임상훈 옮김, 『문학에서 문화연구로』, 현대미학사, 1994, 99 - 102쪽 참고). 통속성을 대중성의 또

다. 이렇게 이야기 구조와 서술 통제의 방향성을 정리하면, 통속성과 반영성의 거리 조정이 이 작품의 서술 전략에서 주요한 구도가 된다는 것을 알 수 있다. 여기에는 ⓐ,ⓟ / ⓑ,ⓠ 서술의 긴장 관계와 제2군 이야기 요소 사이, 초봉의 성격과 현실 사이의 관계의 끈이 어떻게 연결되느냐에 따라 소설의 형상화 정도를 가늠할 수 있게 된다.

2. 통속성과 반영성의 의미와 서술의 관계

「탁류」의 이야기 구조는 통속성과 반영성을 서술자가 어떤 형식으로 조정하느냐에 따라 중심 서술 대상이 달라지는 것을 알 수 있다. 독자는 작가의 이야기 통제 방향성에 따라 당시 사회의 도시 하층민들의 삶의 모습을 그려보기도 하고, 모순된 사회 현실을 어떻게 극복해 가느냐는 올바른 역사의식도 느낄 수 있다. 그런 반면에 청순 가련형의 초봉의 운명이 어떻게 전개될 지 관심을 기울이기도 한다. 이처럼, 작가가 직조하는 언어 세계는 통속성과 반영성을 씨줄과 날줄로 하여 진행되고 있다고 볼 수 있다.

앞에서 정리하였듯이, 이 소설은 초봉의 운명과 관련된 제2군의 이야기 틀이 이 소설의 중심 테제로 자리하고 있어 통속적 경향을 띨 가능성을 지니고 있다. 이 소설의 핵심인 초봉은 '비개성적이고 상투적인 인물'[17]로 설정되어 있기 때

다른 용어로 사용했다고 한다면 이는 ①,②의 의미에 가깝다.
한편, 조남현에 의하면, 통속성은 대중성에 대해 중립에 가까운 인식을 가진 용어라고 한다. 보통 '대중소설'을 외설, 행상, 반문학, 저급 등과 같이 비하시키는 경우가 있는가 하면, 통속성, 오락성, 중간문학 등처럼 중립적 가치를 인정하는 경우가 있다. 어디까지나 독자들도 오락적 가치나 소비적 가치를 추구할 수 있기 때문에 통속성을 띠어도 대중적 인기를 누릴 수 있다. 그러나 통속성이 강할수록 운명주의, 체념적 태도, 해피 엔딩, 감상벽, 허위적 제스취 등을 띠기 쉽고, 한 사회의 제반 모습들 은폐하거나 그에 대해 침묵하는 경향이 있어 부정적 측면도 배제할 수 없다(조남현, 「대중소설의 다면적 성격」, 『조남현 평론 문학선』, 문학사상사, 1997, 165 - 169쪽 논의 참고).
여기서는 이러한 기존 논의에 입각하되, '일반 독자의 기대나 취향 추수적 경향을 지닌 언어이나 이야기 구조, 작가의식'에 중심을 둔 용어이며, 현실 모순의 반영이나 세계 인식을 기피하는 경향을 통틀어 지칭하고 있다.
17) 최혜실의 앞의 논문, 172 - 179 논의 참고.

문이다. 부정적 욕망의 소용돌이 속에서 초봉만이 갖는 독특한 반응 양식이 있는 것이 아니라 독자반응에 추수적인 양식을 보임으로써 통속성을 면치 못하는 서사 구조를 지니고 있다. 즉, 한없이 착하기만 한 청순가련한 인물을 타락한 삶의 희생양으로 전락케 하여 애련의 정도를 강화시키고, 종국에는 악의 화신인 형보를 죽음으로 처리하는 서사 구조는 악에 의한 선의 피해, 추방되어야 할 악의 배척이라는 일반적 서사 구조의 변형 형태라고 볼 수 있다.

초봉의 운명은 태수와의 결혼에서부터 비극적으로 치닫기 시작한다. 이것은 무능한 부친 정주사의 물욕과 태수의 허황된 탐욕에서 비롯되었다. 형보의 계획된 음모로 싸전집 가게 주인 한참봉으로부터 김씨와 태수는 죽음에 이르게 되고, 졸지에 과부가 된 초봉은 형보의 겁탈로 몸을 버린 후 어찌할 줄 모르다가 '막연한 생각으로' 무작정 상경하게 된다. 상경 도중 이리역에서 약국 점원 시절 주인이었던 박제호를 우연히 만나는 데서부터 서울 생활이 시작된다. 제호의 '생활의 설계'에 몸을 맡겨 제호 첩이 된 초봉은, '모듬쇠 자식' 송희를 낳게 되고 그럭저럭 생활을 꾸려 나간다. 그러나 이러한 생활도 잠시였고, 인간 '독초' 형보의 등장으로 제호는 물러나고 형보와 '끔직한' 생활을 꾸려 나간다. '밤의 수캐'이면서, "인정머리 없는 녀석", "수언 도척이 같은 녀석"(397쪽)과 함께 딸 때문에 어쩔 수 없이 살다가 결국 형보를 잔인하게 죽이고 만다. 이러한 이야기 진행은 통속적인 구조에 다름 아니다. 착하고 예쁜 여인이 악인들의 욕망의 구덩이에서 헤어나지 못하고 비극적인 여인이 된다는 구조는 이미 대중적인 보편성을 띠고 있는 것이기 때문이다.

그러나, 제1군 승재와 계봉의 존재는 이 소설을 통속적인 수준에서 머물지 않도록 하는 견제 방안이다. 야학과 무료 진료 등의 '조그마한 사업'으로 도시 빈민층의 생활 구제에 앞장서는 승재의 모습이나, 언니 초봉의 결혼과 관련하여 부친 정주사의 행동이나 모친 유씨에 대한 비판적 시각을 가지면서 건강한 삶을 꾸려나가고자 하는 계봉의 모습은 가히 당대 상황에서 어떻게 살아야 하는가를 보여주는 긍정지향적 역사의식의 산물일 수 있다.

또한 제 3군의 부정적 인물의 경우, 그 정황과 행실, 사건의 연쇄에서 당대 현실 상황을 사실적으로 보여주는 면이 강하게 부각되기도 한다. 미두장에서 '돈'

을 매개로 하여 세속적으로 형성되는 인물의 관계 설정이나 개복동을 중심 무대로 하여 그려지는 도시 빈민층의 모습, 태수 형보 제호와 같은 세속적으로 타락한 인물들의 모습 등은 1930년대를 사는 민중들의 삶의 디테일을 정확하게 포착하여 실감나게 그려주고 있다. 특히 정주사 중심의 서술 양태는 가히 채만식다운 문체를 통하여 당대 현실을 정확하게 포착한 것으로 평가할 수 있다.[18]

그러나 소설 전개에서 중요한 점은 제1군과 제3군이 초봉의 비극적 운명과 어떻게 긴장 관계를 유지하면서 스토리가 진행되는가 하는 점이다. 진정 초봉을 중심으로 한 통속적인 담론이 "당시 사회에 대한 알레고리"[19]로서 기능을 하기 위해서는 첫째, 태수, 형보, 제호 등의 부정적 인물의 타락한 욕망의 세계가 타락한 사회의 반영체로서 구체화된 것이어야 하고 둘째, 초봉의 불행이 그녀의 성격 탓이 아니라 당시 상황과 현실의 문제에 밀접하게 연관되어야 하며 셋째, 승재 계봉의 긍정지향이 사이비 전망으로 전락되지 않게 하기 위해서는 초봉의 운명과 긴밀한 연관 속에서 진행되어야 한다. 이럴 때만이 "<명일>의 방향을 좀더 넓고 세속적인 세계에서 발전시켜 보자던"[20] 작가의 의욕이 제대로 성취될 수 있으리라 판단된다. 그래야만 이 소설의 핵심 이야기 틀 세 요소가 상호 긴밀성을 유지할 수 있고, 초봉의 인생유전이라는 통속적인 제재가 세속적인 안목에서 현실 반영의 성격을 띨 수 있는 중요 기제로 작용할 수 있기 때문이다.

이 같은 전제에서 볼 때, 이 작품은 소설적 형상화 정도가 작가의 의욕만큼 성공하지 못한 것 같다. 먼저 태수, 형보, 제호가 타락한 사회의 반영체 혹은 사회의 "본질적 모순의 반영으로 나타나지는 않는다."[21] 이들 부정적 인물들은 당대의 현실 세태를 여실히 보여주는 데 기능을 하고 있지만, 이들의 타락상의 원

---

18) 이에 대한 평가는 논자들 사이에 이견이 없는 듯하다. 당대의 현실을 미두취인소를 배경으로 삼아 '돈'을 매개로 하여 움직이는 군상을 정주사(=정영배)를 중심으로 리얼하게 포착한 것은 이 작품이 긍정적으로 평가되는 핵심기제로 작용한다. 「탁류」의 줄거리나 도시하층민들의 삶의 디테일을 포착한 점 등 총괄적인 이해는 우한용의 앞의 논문(1997)에서 자세히 논의되었다.

19) 우한용, 앞의 책, 169쪽.

20) 채만식, 「자작안내」, 『채만식 전집』 9집, 519쪽.

21) 나병철, 앞의 논문, 165쪽. 여기에 대해서는 이 논문을 참고하기 바라며 여기서는 이 논문에서 지적하지 않은 것을 중심으로 논의하기로 한다.

인은 환경이나 사회에 기반을 두고 있다기보다 개인의 생활 태도 또는 성격이 더욱 부각된다.[22] 다시 말하면 정주사의 경우처럼 '돈'의 흐름 속에서 어쩔 수 없이 근대에 적응하는 인물의 부정적 욕망으로 전이되는 양상이 부각되는 것이 아니라, 성격의 비뚤어짐, 행태의 비성실성, 외양의 혐오스러움, 성욕의 세계에 침잠하는 본능적 태도가 강조되고 있다.

둘째, 초봉의 불행이 당시 상황과 현실의 문제에 밀접하게 연관되어 있는지 여부이다. 말을 바꾸면, 초봉의 불행이 세정(世情)의 비속함 때문인지, 아니면 초봉의 성격 탓인지 라는 거리 조정 문제이다. 이 소설의 핵심 구조인 초봉의 불행이 통속적인 구조에서 벗어날 수 있으려면 세정의 비속함이 더욱 강조되어야 한다. 그런데 초봉의 비극적 운명은 세정보다는 그녀의 성격이 강조되는 경향이 있다. 즉, 착하고 여리기만한 청순가련한 여인형을 강조하다보니 타락한 세상의 희생양으로서의 위치가 반감되는 경향이 있다. 짝사랑하던 승재를 두고 태수와 결혼을 하고, 태수가 피살당한 뒤 제호의 첩이 되었다가, 형보의 등장으로 제호가 '주체스럽던 수하물'을 물려주는 일련의 과정에서 초봉은 초봉다운 특이한 반응양식을 나타내지 않고 '집안 살림'만 걱정하고 '어찌할 수 없이' 이들에게 몸을 맡긴다. 초봉은 "개인이 뚜렷한 자아개념을 바탕으로 주체적으로 판단하고 일을 결단하며 그에 대한 책임을 지는 그러한 삶이 아니고 의존하는 삶을 살아간다."[23] 초봉에게 있어서 "기구한 생애가 시초를 잡고 뻗쳐나오는 운명의 요술

---

22) 태수, 제호, 형보는 그들의 생활이 소개될 때는 '돈'이 중요 매개물로 등장하면서 사회에 대한 비판의식 없이 세속적으로 살아가는 모습으로 소개되지만, 초봉의 관계에서는 그들의 생활 태도나 성격이 더욱 부각되는 것을 볼 수 있다. 은행원 고태수의 경우, 소절수 위조범에 난봉꾼임에도 "죽어버리면 그만이지"라는 화법에서 잘 드러나듯이 삶의 의욕을 잃고 산다. 그럼에도 "어떻게 해서든지 초봉이와 결혼이나 해서―(중략)―재미를 보기가 마지막 소원"(85 - 86쪽)인 인물로 서술되어 성욕이 강조된다. 약사 박제호도 이리역에서 초봉을 만났을 때, "시집 잘못 갔다가 홧김에 서울로 바람잡일 나선 계집, 공문서짜리 땅 같은 것"(254쪽)으로 생각한다. 또한 서울 생활 중 서술자의 '간색만 좋았지 애무의 취미에 있어서 사십된 중년 남자의 무르익은 흥취를 만족시켜 주기에는 쓸모가 없는 계집'(296쪽), '우리 팽이'가 '성가신 석고상'(301쪽)으로 변해버렸다는 설명은 그의 성욕이나 성격의 불구성을 강조한 서술이다. 하바꾼 장형보는 곱추라는 외양의 혐오스러움과 비뚤어진 성격의 협잡군, 과도한 성욕이 강조된다.

23) 우한용, 앞의 논문, 358쪽.

주머니"는 서술자의 지적처럼 "세상 풍도"와 "인간의 식욕"(326쪽)이라지만, 이러한 진술은 오히려 세정의 비속함을 강조한 말이라기보다 초봉을 '이 무섭게 애련한 처녀', 청초하고 마음 고운 처녀가 이러한 불행을 당해야만 하느냐는 독자의 반응에 호응하는 또다른 진술에 불과하다.

셋째, 승재 계봉의 긍정지향의 삶이 초봉의 운명과 긴밀한 연계를 맺지 못하고 있는 점이다. 이 소설의 결말부분인 형보의 살인과정에서 승재 계봉과 초봉을 사건 현장에서 엇갈리게 하여 초봉의 내부 심리상태에만 서술이 집중하는 경우가 대표적인 예이다. 그 외에도 성병으로 승재의 병원을 찾게 된 태수를 보고 그의 사람됨이나 학력의 문제를 승재가 의심하면서도 정주사네 집안에 전혀 개입하지 않는다든지, 서울 생활에서 초봉과 승재/계봉의 연계를 무시 또는 약하게 서술하는 것 등의 예를 들 수 있다.

이처럼, 제1군과 제3군이 초봉의 일생에 긴장된 관계를 형성하지 못하고, 초봉의 개인적 운명을 불행으로 치닫게 하는 데만 사건을 집중화하는 작가의 이야기 통제 방식은 부수적인 인물의 행동 묘사에서도 그대로 전이되고 있다. 즉, 태수 결혼과 관련하여 한참봉의 처인 김씨의 태도, 초봉과 태수 양쪽을 너무도 잘 알고 있던 행화의 무관심 등이 그 예이다. 작가가 초봉의 비극적 운명을 이미 계획하고 이야기를 진행하고 있다는 것이 잘 나타나고 있는 부분이다. 한참봉의 처 김씨는 자기 집에 하숙하는 태수와 불륜관계를 맺고 있었다. 김씨는 태수와의 관계를 청산하기 위해 태수에게 초봉은 과분하다고 생각하면서도, 중매를 서고 결혼 절차도 도맡아 처리한다. 행화는 초봉이 '천하난봉꾼'이며 공금횡령범인 태수와 결혼한다는 것을 알고 애석한 생각으로 초봉이가 좀 가엾기는 했지만 '이 무섭게 애련한 처녀'를 두고 결국 굿이나 보고 떡이나 얻어먹자는 식이다.

이야기 구조와 서술 통제의 방향성에 초점을 맞춰 정리하면, 「탁류」는 통속성이 부각되고 반영성이 약화된 면을 무시할 수 없을 것 같다. 당대 현실을 리얼하게 그려내는 데 이바지하는 것은 ⓑⓓ의 이야기 통제 방향에 내재되어 있다. 정주사 중심의 현실반영이나 제1군과 제3군 사이에 내재하는 도시하층민의 세밀한 관찰은 소설의 반영성을 드높이는 데 기여하는 요소이다. 그러나 이들의 서술 세계가 초봉의 인생유전에 밀접하게 연계되지 못하여 '세속적 시각'으로 좀더 넓게 반영하고자 한 작가의 의도를 감소시킨 점이 지적되지 않을 수 없다. 이는 ⓐⓟ의 방향이 ⓑⓠ의 세계를 약화시키고 만 결과의 산물이라고 하겠다.

III. 세속적 시각의 거리 조정과 그 한계

「탁류」는 통속성과 반영성의 거리를 작가의 적극적인 서술 통제로 조정하고 있는 것이 특징이다. 이처럼 작가가 작품 내에 적극 개입하는 '이야기하기' 방식은 채만식 언어 세계의 일반적 특성이기도 하다. 이 작품에서는 작가가 초봉의 운명과 당대 현실 반영이라는 거리를 세속적인 시각을 통해 조정하고 있으므로, 이 장에서는 이야기 구조가 어떠한 서술 방식에 의해 구체화되고 있는지 살펴보기로 한다. 이 소설의 서술 특성은 중개성이 강한 서술이 그 기본 시학을 이루고 있기 때문에, 먼저 작가의 이야기 통제가 통속성과 반영성의 거리 조정에 어떤 영향을 주는지 알아본다. 그리고 이 소설에서 중요 배경으로 제시된 군산과 서울 사이의 공간이 작가의 서술 전략과 어떤 관계를 형성하고 있는지 분석하여 서술 특성을 정리하고자 한다.

1. 이야기 통제 방식과 서술의 관계

작가의 작품내적 개입, 서술자와 등장인물 사이의 거리가 좁혀진 전지적인 서술은 채만식 서술 시학의 기본항(prototype)이다. 「탁류」에서도 이러한 서술시학은 그대로 적용된다. 작가와 친연성이 강한 서술자가 텍스트 외부에 드러나면서 이야기를 전달해주는 서술 상황을 이루고 있다. 중개성이 강한 서술자가 설명적 권위를 지니면서 인물과 사건의 우이(牛耳)를 잡고 진행하는 방식은 채만식 소설의 서술 특성의 제 일장 제 일과이다. 이같은 소설에서는 보통 서술자가 이야기 세계에 대해 전 책임을 지고 서술하고 있기 때문에, 독자는 서술자의 시각에 따라 이야기 세계에 참여하게 되고 독자의 판단이 유보되는 특징을 보여준다.

①　그놈의 것, 기왕이니 내일이라도 혼담이 어울려, 이 달 안으로라도 혼
인을 해치웠으면 더 좋을 성싶었다.

그러기로 들면 적으나마 혼수비를 무엇으로 대며, 또 초봉이가 지금 다달
이 이십 원씩이나 물어들이는 그것마저 끊길 테니, 이래저래 두루 걱정이다.

그러나 그렇다고 딸자식이 벌써 스물한 살인데 계집애로 늙히자고 우두커
니 보고만 있을 수도 없는 노릇, ―(중략)―그저 이 계제에 바싹 서둘러서
아무렇게나 해치우는 게 도리는 도린데……

②　도리는 도린데, 그러나 당장 조석을 굶고 있는 형편에 무슨 수로? 냐는
데는 그만 궁리가 딱 막혀 가슴이 답답해온다. ―(중략)― 이런 생각이 훤하
니 비치더란 말이다. ―(중략)―

③　저쪽 신랑 편에서 혼수 비용 전부를 대서 혼인을 하겠다고 할는지도
모르는 것이다. ―(중략)―

④　혼인을 하고 나서는 그 신랑이라는 사람이 속 트인 사람이고, 돈양이
나 제 손으로 주무르는 형편이면, 또 혹시 몇백 원이고 척 내주면서

"아 거 생화도 없이 놀고 하시느니 이걸로 무슨 장사라도 소일삼어 해보
시지요?"

이러랄 법도 노상 없지는 않을 것이다. ―(중략)―

그때는 못이기는 체하고 그 돈을 받아……한밑천삼아서 장사를 해……미
상불 그렇게 어떻게 잘만 하면 집안 셈평도 펼 수도 있기는 있으렷다!
<u>정주사의 이 공상은 이렇듯 그놈이 바로 희망으로 변하고, 희망은 희망이
간절한만큼 다시 확신으로 굳어버리던 것이다.</u> (52 ‑ 53쪽, 밑줄 ― 필자)

인용문은 3장 '신판 흥보전'에서 정주사가 한참봉네 싸전 가게에서 한참봉의
부인인 김씨가 초봉의 중매를 서겠다는 뜻을 밝힌 후, 정주사의 생각을 서술한
부분이다. 인물의 내부 심리 서술을 작가가 중개하고 있는 형태이다. 이러한 경
우 독자는 서술자의 판단과 의견에 그대로 동조되어 인물의 심리를 판단하는 경
향이 있다. 인용문의 밑줄 친 부분만 제외하고는 정주사 시각으로 되어 있으나,
이 인물적 서술상황은 정주사의 자유심리라기보다 작가의 '이야기하기' 의식에
눌린 작가적 서술상황과 유사하게 느껴진다. 그 이유는 간접화법으로 진술된 부
분마저 "‑더란 말이다", "없지는 않다", "있기는 있으렷다!"와 같이, 작가적 서술

이 개입되어 있기 때문이다. 결국 인용문의 ①-④까지의 생각은 정주사의 공상이지만 이것은 동시에 작가의 생각이기도 하며, 그에 비례하여 플롯의 중요 요소로 작용할 가능성이 크다.

실제로 ①, ②, ③, ④는 그대로 사건으로 구체화되어 스토리 진행에 결정적 역할을 하며, 초봉의 비극적 삶으로의 첫 출발점이 된다. 즉, 7장 '천량만량'에서 김씨의 중매와 태수의 제안 등의 사건이 정주사 부부와 집안 식구들의 반응 양상과 함께 서술되고 있다. 인용문과 같은 정주사의 공상은 1장 '인간기념물' 말미에서 김씨가 정주사에게 중매 제안을 한 것에서 비롯된 것이어서 독자는 자연스럽게 정주사의 공상을 받아들이지만, 이는 또한 작가의 이야기 진행에서 작가가 의도적이고 계획적으로 미리 예시한 서술 기능을 맡기도 한다. 독자는 정주사 공상이 작가에 의해 통제된 이야기라는 것을 무려 60여 쪽 뒤에서 비로소 확인할 수 있는 것이다. 그러므로, 인용문의 정주사 내면 생각은 정주사의 자유 심리라기보다 작가의 계획적인 이야기 통제에 의해 진술되었음을 알 수 있다.

이처럼, 작가와 친연성이 강한 서술자의 강력한 이야기 통제방식은 이 소설의 서두인 금강의 배경묘사에서부터 나타나고 있다. "이야기는 예서부터 실마리가 풀린다. -(중략)- 바다를 바라보면서 갈매기로 더불어 운다는 여인의 그런 슬퍼도 달콤한 이야기는 못된다."(8쪽)와 같은 서술태도에서 보면, 묘사의 차원을 설명의 차원으로 전이시키면서 강력한 이야기 통제의식을 보여준다. 이처럼 「탁류」의 서술 방식은 '이야기 구연(口演) 방식'이 전이된 담론 형태24)인 동시에 독자를 압도할 수 있는 '설화성'에 근간하고 있다.25)

이러한 서술 태도는 사회와 역사에 반하는 부정적 인물을 그릴 때는 독자에게 강한 효과를 보일 수 있다. 그러나 독자에게 긍정적이고 동정을 받는 인물에게는 일방적인 성격 유형 창조로 다성적 감응을 일으키지 못한다. 서술자는 긍정적 인물을 동조하며 서술할 수밖에 없기 때문에, 서술의 방향은 인물이 처한 정

---

24) 김용재, 「채만식 소설의 서술 시학」,『한국소설의 서사론적 탐구』, 1993, 평민사, 189 - 194쪽 논의 참고.
25) 작가의 통제에 관한 자세한 논의는 우한용,『채만식 소설 담론의 시학』, 개문사, 1992, 121 - 132쪽 논의 참고. 이 논문에서는 '설화성', '단일논리성'이란 개념으로 채만식 소설에서의 작가의 이야기 통제 의식을 정리하면서 「탁류」의 담론 특성이 갖는 의미를 천착하고 있다.

황과 내부 심리에 집중화되어, 그 결과 인물의 환경적 요소인 현실 사회에 대한
회피나 은폐 또는 무관심으로 흐르는 인상을 주기 쉽다. 10장 이후 초봉의 내부
심리에 집중화된 서술이 현실 사회에 대한 반영성을 띠지 못하는 이유도 여기에
있다. 반면 1 - 4장, 15장에 보이는 정주사 중심의 서술은 채만식다운 입심이 작
용하는 데 매우 적절한 부분이다.

2. 공간 배경과 서술의 관계

「탁류」는 군산과 서울을 공간 배경으로 삼고 있다. 군산을 공간적 배경으로
삼을 때는 도시하층민의 현실을 사실적으로 그려나가고 있다. 그러나 서울을 배
경으로 하는 서술에 있어서는 서술의 초점이 초봉의 운명에 집요하게 매달려 있
어 통속성을 벗어나지 못하는 면이 보인다.

군산은 '금강의 색동'인 백마강을 뒤로 하고 "황해 바다에다가 깨어진 꿈은
무엇이고 탁류째 얼러 좌르르 쏟아져버리면서", 그 "강이 다하는 남쪽 언덕으로
대처 하나가 올라앉"은 곳이다. 백제의 꿈도 깨어지고 탁류가 흐르는 강이 끝나
는 곳에 '명일이 없는 사람들'이 수두룩한 곳, "언덕 비탈에 게딱지같은 초가집"
이 "손바닥만한 빈틈도 남기지 않고 콩나물 길듯 다닥다닥 주어박혀" 있는 곳이
이 소설의 배경인 군산의 무대이다. 서술 시간과 서술된 시간의 관계를 볼 때 군
산미두장을 중심으로 하는 도시하층민의 삶의 양태는 서술시간보다 서술된 시간
이 훨씬 길어 그만큼 현실 반영의 성격이 잘 드러나고 있다.

(1) 금강(錦江)……
(2) 벗어부치고 농사면 농사, 노동이면 노동을 해먹고 하는 사람들과 마찬
가지로, '오늘'이 아득하기는 일반일되, 그러나 그런 사람들과도 또 달라 '명
일'이 없는 사람들 이런 사람들은 어디고 수두룩해서 이곳에도 많이 있다.
(3) 오월의 하늘은 티끌도 없다.
(4) 정주사는 흥분했던 것이 사그라지니 그제서야 내가 왜 청승맞게 강변
에 나와서 이러고 섰을꼬 하는 싱거운 생각에, 슬며시 발길을 돌이킨다.
(5) 정주사는 내키지 않는 걸음을 천천히 걸어 전주통이라고 부르는 동녕

고개를 지나 경찰서 앞 네거리에 이르렀다.

　인용문은 제 1장 '인간기념물' 각 절의 첫 문장이다. (1)절은 「탁류」 서두의 배경 묘사 부분이므로 제외하고, (2)절에서 (5)절까지 서술시간은 그 분량 면에서 볼 때, (2) - 7쪽, (3) - 3쪽, (4) - 4.5쪽, (5) - 7.5쪽에 달하고 있으면서도, 표면적인 시간은 오월 어느 날 하루 동안의 이야기이지만, 서술된 시간은 25년 가량 된다. 그러므로 이 장에서는 회상을 통한 설명과 묘사의 서술 방식이 적절히 조합되면서 정주사를 중심으로 한 도시 하층민들의 현실이 잘 반영되어 있다. 특히 (3), (4), (5)절에서는 정주사의 행동과 행동이 연속적으로 그려지면서 그 사이 사이에 정주사가 군산에 오게 된 내력과 현재의 모습을 교차 서술함으로써 당대 현실을 리얼하게 묘사할 수 있었다.

　반면, 초봉의 상경후 박제호, 장형보와의 동거, 살인 등의 사건이 진행되는 서울은 서술시간이 군산보다 훨씬 길어, 어느 한 사건이나 현상 심리에 집중화되고 있음을 보여준다. 이 소설의 공간 배경이 서울로 옮겨진 동기는 10장에서 형보의 음모로 태수와 김씨(한참봉의 부인)가 죽게 된 것이 계기가 되어 '대폐선'으로써 상경하게 된 초봉의 행동에서부터이다. 서울을 배경으로 한 서술이 이 소설의 절반을 차지함에도 서울은 등장인물에게 큰 의미를 주는 반영체의 기능을 가지고 있지 않다. 단순히 초봉의 운명을 비극으로 치닫게 하는 장치에 불과하다. 초봉은 막연한 동경 아래 '무작정' 서울로 간 것이며, 제호의 상경은 사업상이라지만 그 구체적 서술이 없이 초봉과의 관계만 집중 서술됨으로써, 서울은 초봉의 운명을 비극적으로 치닫게 하는 작가의 의도적 전략으로서의 공간이라는 의미만 지닌다. 즉, 서울은 '군산을 떠난 어느 곳'이라는 배경 의미밖에 없다. 그러므로 작품의 후반부는 초봉의 비극적 운명에 연관된 초봉의 심리 상태나 정황이 주된 서술 대상으로 자리하고 있어 세정의 비속함이나 현실 반영성이 약화되는 경향이 있다.

　　모듬쇠 자식의 어미란 소리에, 초봉이는 분이 있는 대로 복받쳐올라, 몸부림을 치면서 목청껏 외친다. 그러나 그 다음 말은 가슴에서 칵 막히고 숨길만 가쁘다. 어느 결에 눈물이 촬촬 쏟아진다.

　　①"이놈! 두구 보자!"

　　이것은 단순히 입에 붙은 엄포나 분한 끝에 발악만인 것이 아니라, 마침
내 ②형보를 죽이겠다는 결심이 뚜렷이 가슴 속에 들어차기 시작한 표적이
요, 그 선고라고 할 수가 있던 것이다.

　　사실 초봉이는 송희나 계봉이는 말고서 저 하나만 놓고 보더라도, 자살이
아니면 저절로 받아 죽었지 형보한테 끝끝내 배겨낼 수가 없이 되고 만 형편
이었었다. (398쪽, 밑줄 – 필자)

　인용문은 16장 '탄력있는 아침'의 일부분이다. 형보와 살림을 하게 된 초봉이
형보의 흉포스러움과 끝없는 '밤의 요구'에 절망적인 삶을 산다는 사실을 보여
주는 대목이다. 밑줄 친 ①과 ②는 결말을 향하게 하는 서술인 동시에 이전의 초
봉 행동과 사뭇 다른 면을 보여주는 것이기도 하다. 제호가 형보에게 초봉을 떠
넘겨버리고 간 이후, 초봉은 태수가 죽은 날 밤 자신을 겁탈한 '뱀'같이 '징그러
운' 곱추 형보에 대한 혐오감으로 가득했다. 그러나 딸 송희를 생각하여 여러 경
제적 조건을 제시한 후 형보와 같이 살게 된다. 형보는 '독초', 악의 화신으로
그려진다. ①은 초봉의 입에서 도저히 나올 수 없는 화법인데도 악에 대항한 모
습을 부각시키기 위해 ②는 결말로 향하는 플롯의 복선 또는 예시 기능을 하고
있다. 실제 독자는 ②의 사건이 구체화되는 것을 무려 65쪽 뒤에서 읽을 수 있게
된다. 그러므로 작품의 후반부는 서울이 당대 현실에서 주는 의미는 생략되고
초봉의 심리 상태나 운명에 초점화되는 서술이 위주가 된다는 것을 알 수 있다.

　서울을 배경으로 하는 후반부의 서술은 전반부와는 달리 서술 시간 면에서도
큰 격차를 보인다. 제18장 '내보살외야차'의 경우, 서술 시간은 분량 면으로 환
산하면 약18쪽 가량 되는데, 서술된 시간은 어느 날 저녁 8시부터 약 40분 동안
이다. 이는 어느 한 사건이 정지되면서 인물의 심리를 과도하게 정당화시키고
다시 다음 행동묘사로 나아간다는 사실을 간접적으로 증명하고 있다. 초봉의 살
인 동기와 심리 등에서 작가의 입심이 독자의 입장을 압도하는 듯한 인상을 주
는 이유도 바로 이 때문이다.

　작품 후반부 진행은 초봉의 비극적 운명을 결정짓고 그에 맞춰 플롯을 짜 내

어 가는 인상을 지울 수 없다. 특히 12장, 13장, 14장, 17-8장은 작가의 의도적인 계획이 서술 표면에 드러나며, 이러한 현상은 이미 초봉의 비극적 운명을 예견케 한다. 그와 동시에 외부 현실과는 완전히 단절시킨 상태에서[26] 초봉의 인생유전을 진행하고 있는 것이 특징적이다. 이러한 현상은 초봉의 비극이 희생제의의 성격을 띨 수는 있을지라도[27], 사회적 비극으로 확산되기에는 어느 정도 한계가 있는 것으로 보인다. 작품 후반부에서 담론의 엽기적 성격이 강하게 부각되는 이유도 인물의 비극을 환경과 단절시킨 채 서술한 결과이다. 소설에서 인물과 공간 배경이 아무런 연계성을 갖지 못하면 소설의 형상화에 큰 흠으로 작용한다. 그것이 곧 장르적 성격이다. 「탁류」에서 서울은 개인적 비극의 장치 이상의 의미를 획득하지 못하고 있다. 그러므로 후반부의 초봉의 내면심리나 행동은 세정의 비속함에서 오는 사회적 비극의 의미보다 단순히 통속적인 울분에 불과하다는 폄하를 면치 못할 것 같다.

IV. 결론

채만식의 「탁류」는 정초봉의 비극적 운명을 중심 축으로 삼으면서 '통속성'과 '반영성'의 거리 조정을 통해 식민지 도시 하층민의 삶의 현실과 세정의 비속함을 그려내고 있다. 이 작품의 이야기 구조는 타락한 여인의 수난사를 핵심으로 삼으면서, 세속적인 인물들의 타락상과 긍정지향의 역사적 전망 의식이 핵심 이야기 들과 긴장 관계를 형성하고 있다. 이 논문은 작가의 이야기 통제 방향에 따라 통속성과 반영성이 조정되면서 서술되어 있다고 전제하고, '세속적인

---

26) 작품 후반부에서는 서술이 초봉 개인의 운명에 초점이 맞춰져 있어, 군산의 정주사 집안, 승재, 계봉의 개입이 전혀 없는 상태로 진행되고 있다. 가령 제호, 형보와 살림을 차렸을 때, 군산을 배경으로 하여 그 반응이나 인물의 상호연계성에 서술이 진행되었다면 통속적 서술 특성을 보이지 않을 수도 있다.

27) 우한용은 「탁류」를 "세속적이고 타락된 인물들과 단순하고 무지한 인물들이 벌이는 희생제의를 형상화하고 있는 작품"(앞의 논문(1997), 356쪽)으로 보면서 '시대적 희생제의'의 시각으로 이 작품을 탁월하게 읽어내고 있다.

시각'으로 현실의 총체적 모습을 드러내는 방식과 형상화 수준을 가늠하였다. 그 결과 전반부의 성공에 비해 후반부는 그 거리 조정의 한계점을 드러내었다고 판단하였다. 「탁류」의 이야기 구성 방식과 서술 상의 한계점을 중심으로 요약하면 다음과 같다.

첫째, 이야기 구성에 있어서 초봉을 중심으로 한 통속적인 담론이 '당시 사회에 대한 알레고리'로서 기능을 다하지 못한 아쉬움이 있다. 그 요인은 초봉의 이야기와 주변 이야기 구조의 긴장 관계에서, 첫째, 태수, 형보, 제호가 타락한 사회의 반영체로서의 기능이 약화되고, 성격의 비뚤어짐, 행동의 비성실성, 외양의 혐오스러움, 성욕에 침잠하는 본능적인 인물로 형상화되는 면이 강화된 점, 둘째, 초봉의 불행의 원인을 세정의 비속함보다 그녀의 맹목적인 순수나 천성이 더 강조되어 서술된 점, 셋째, 초봉의 운명 구조에서 긍정적인 인물들과의 연계성이 약화되고 부수적 인물의 초봉의 운명에 대한 무관심으로 처리한 점등에서 비롯된다.

둘째, 중개성이 강한 서술자의 이야기 통제 방식이 이 소설의 주조를 이루고 있는 바, 이러한 서술 특성은 부정적 인물을 그릴 때는 매우 효과적이었지만, 독자에게 긍정적이고 동조를 받는 인물에 대한 서술에서는 소설적 형상화에 실패하는 경향이 있었다. 서술자는 긍정적 인물을 동조하며 서술하기 때문에, 서술이 인물이 처한 정황과 내부 심리에 집중화될 수밖에 없어서, 인물의 환경적 요소인 현실사회에 대한 은폐 또는 무관심으로 흐르는 인상을 주기 쉽다. 10장 이후 작품 후반부에서 반영성보다 통속성이 부각되는 이유도 여기에 있었다.

셋째, 배경과 서술 사이의 특성을 추출한 결과, 군산을 배경으로 삼았던 부분 (전반부와 15장)은 당대 현실과 세태를 잘 반영하고 있으나, 서울을 배경으로 삼을 때(후반부)는 배경이 인물에게 주는 반영적인 의미가 형성되지 못하고 통속성으로 흐를 여지를 남겼다. 서울을 배경으로 한 서술이 이 소설의 절반을 차지하지만, 서울은 초봉에게 아무런 의미를 주지 않는다. 그러므로 서울은 인물과 아무런 연계성을 갖지 못하고 '군산을 떠난 어느 곳'이란 의미밖에 없다. 서울은 초봉의 운명을 비극적으로 치닫게 하는 작가의 의도적 전략으로서의 공간이 되었다. 그 결과 초봉의 심리 상태나 정황이 주 서술 대상으로 남게 되어 세정의 비속함이나 현실 반영성이 약화되는 경향이 있었다. 작품 후반부에서 담론의 엽기적 성격이 강하게 부각되는 이유도 인물의 비극을 환경(공간 배경적 의미)과 단절시킨 결과이다. 그러므로 작품 후반부의 초봉의 내면심리나 행동은 세정의 비속함에서 오는 '사회적 비극'의 의미보다 단순히 통속적인 울분에 불과하다는 폄하를 면치 못할 것 같다.

「탁류」는 이러한 한계점을 지니고 있지만, 분명한 것은 세속적인 시각으로 당대 현실을 사실적으로 그려내고 있다는 점이다. 이 소설은 초봉의 비극적 운명을 중심으로 플롯을 구축하면서 당대 현실 상황이나 세정의 비속함, 욕망의 불협화음의 세계를 보여주었다. 돈을 매개로 하여 세속적으로 형성되는 인물들의 모습이나 군산 개복동을 중심으로 그려지는 도시 빈민층의 모습은 1930년대를 사는 민중들의 삶을 오늘에 되짚어 볼 수 있도록 한다. 특히 정주사 중심의 서술 양태는 가히 채만식다운 문체를 통하여 당대 현실을 정확하게 포착한 것으로 평가할 수 있다.

참 고 문 헌

채만식, 『채만식 전집』 2권, 장편 탁류, 창작사, 1987.

구인환, 『한국근대소설연구』, 삼영사, 1977.

김남천, 「'탁류'의 매력」, 『조선일보』, 1940.1.15.

김병욱 편·최상규 역(1980), 『현대소설의 이론』, 대방출판사.

김상태, 『문체의 이론과 해석』, 새문사, 1982.

김용재, 「채만식 소설의 서술시학 - '이야기하기'의 힘」, 『한국소설의 서사론적 탐구』, 평민사, 1993.

김욱동, 『대화적 상상력』, 문학과지성사, 1988.

김윤식·김 현, 『한국문학사』, 민음사, 1978.

_____편, 『채만식』, 문학과지성사, 1984.

김준오, 「한국 근대문학의 장르론에 대한 연구」, 계명대 박사학위논문, 1986.

김천혜, 『소설구조의 이론』, 문학과 지성사, 1990.

김치수, 「역사적 탁류의 인식 – 채만식의 '탁류'와 '태평천하'」, 『식민지시대의 문학연구』, 깊은샘, 1980.

김치수 편저, 『구조주의와 문학비평』, 홍성사, 1980.

김현주, 「'탁류' 구조 연구」, 서강대 대학원 석사논문, 1989.

김화영 편역, 『현대소설론』, 문학사상사, 1989.

나병철, 「1930년대 후반기 도시소설 연구」, 연세대 박사논문, 1989.

백　철, 「채만식의 '탁류'를 읽고」, 『매일신보』, 1939.12.28.

우한용, 『한국현대소설구조연구』, 삼지원, 1990.

＿＿＿, 『채만식소설 담론의 시학』, 개문사, 1992.

＿＿＿, 시대의 희생제의를 읽어내는 방법, 『국어국문학』 119집, 국어국문학회, 1997.

이래수, 『채만식 소설 연구』, 이우출판사, 1986.

이보영, 「출구없는 종말의식」, 『식민지시대 문학론』, 필그림, 1984.

이재선, 『한국현대소설사』, 홍성사, 1979.

이주형, 「1930년대 한국 장편소설 연구」, 서울대 대학원 박사논문, 1884.

임명진, 「'탁류'에 나타난 채만식의 역사의식」, 『비평문학』 3호, 비평문학회, 1989.

임　화, 『문학의 논리』, 학예사, 1940.

장량수, 「채만식의 민족주의 문학 연구」, 동아대 박사논문, 1987.

장성수, 「진보에의 신념과 미래의 전망 – 채만식론」, 김용성 우한용 공편, 『한국근대작가연구』, 삼지원, 1992.

정한숙, 「붕괴와 생성의 미학」, 『민족문화연구』 5집, 고려대 민족문화연구소, 1973.

정현기, 『한국근대소설의 인물유형』, 인문당, 1983.

조동일, 『한국문학통사』 5권, 지식산업사, 1988.

조연현, 『한국 현대문학사』, 인간사, 1963.

조진기, 「한국 근대 리얼리즘 소설 연구」, 영남대 박사학위논문, 1989.

천이두, 「프로메테우스의 언어들 – 채만식의 문장」, 『문학사상』, 1973.12.

최병우, 「소설에 있어서 시점의 유형」, 『국어교육』61·62합병호, 한국 국어교육 연구회, 1987.

최하림, 「채만식과 그의 1930년대」, 『현대문학』, 1973.10.

한지현, 「리얼리즘 관점에서 본 '탁류' 연구」, 연세대 대학원 박사논문, 1987.

한형구, 「채만식의 '탁류'와 비극적 세계관」, 『문학사상』, 1987.10.

한혜경, 「채만식 소설의 언술구조 연구」, 이화여대 박사논문, 1993.

홍이섭, 「채만식의 '탁류'」, 『창작과 비평』, 1973 봄호.

황국명, 「채만식 소설의 현실주의적 전략 연구」, 부산대 박사논문, 1990.

Booth, Wayne. C., *The Rhetoric of Fiction*, The Univ. of Chicago Press, 1961. 최상규 역, 『소설의 수사학』, 새문사, 1985.

Chatman, Seymour, *Story and Discourse : Narrative Structure in Fiction and Film*, Ithaca : Cornell Univ. Press, 1978.

Genette, Gerard, *Narrative Discourse : An Essay in Method*, trans. Jane E. Lewin. Ithaca : Cornell Univ. Press, 1980.

Greimas, A.J, *Semiotics and Language : An Analytical Dictionary*, Trans. Larry Crist et al. Bloomongton : Indiana Univ. Press, 1982.

Lanser, Susan Sniader, *The Narrative Act : Point of View in Fiction.*, Princeton : Princeton Univ. Press, 1981.

Lubbock, Percy, *The Craft of Fiction*, New York : The Viking Press, 1960. 송 욱 역, 『소설 기술론』, 일조각, 1965.

Martin, Wallace, *Recent Theories of Narrative*, Ithaca : Cornell Univ. Press, 1986.

Pratt,M.L, *Toward a Speech Act Theory of Literary Discourse*, Bloomington, Indiana, Indiana Univ. Press, 1970.

Prince, Gerald, *Narratology : The Form and Functioning of Narrative*, Berlin : Mouton, 1982. 최상규 역, 『서사학 - 서사물의 형식과 기능』, 문학과지성사, 1988.

Rimmon - Kenan, Shlomith, *Narrative Fiction : Contemporary Poetics*, London : Methuen, 1983. 최상규 역, 『소설의 시학』, 문학과 지성사, 1985.

Scholes, Robert, *Structuralism in Literature*, New Haven : Yale Univ. Press, 1974. 위미숙 옮김, 『문학과 구조주의』, 새문사, 1987.

Stanzel, F. K., *A Theory of Narrative*, Trans. Charlotte Goedsche. Cambridge : Cambridge Univ. Press, 1984. 김정신 역, 『소설의 이론』, 문학과비평사, 1990.

Stevick, Philip, ed, *The Theory of the Novel*, New York : Macnillan., 1967.

Todorov, Tzvetan, *The Poetics of Prose*, Ithaca : Cornell Univ. Press, 1971.

Uspenskij, Boris, *A Poetics of Composition : The Structure of the Artistic Text and Typology of a Compositional Form*, Trans. Valentina Zavarin & Susan Witting, Berkeley & Los Angeles, Univ. of California Press, 1973.

Wright, Austin, *The Formal Principle in the Novel*, Ithaca : Cornell Univ. Press, 1982.

新田博衛, 『詩學序設』 <現代美學叢書>, 日本 : 勁草書房. 이기우 역(1987), 『시학서설』, 동천사, 1980.

이청준 소설에 나타난 글쓰기의 의미
- 「병신과 머저리」를 중심으로

김 혜 영

I. 서론

글쓰기를 본업으로 삼고 있는 작가에게 있어서 '글쓰기란 무엇인가'의 문제
는 지속적인 탐구의 주제가 아닐 수 없다. 작가는 글쓰기를 통해 자신과 자신을
둘러싼 세계의 의미를 규정해 나가기 때문이다. 그런데 글쓰기에 접근함에 있어
서, 왜 쓰는가를 문제삼는 경우는 무엇을, 어떻게 쓸 것인가에 대해 질문하는 것
과는 그 범주가 다르다. 전자는 작가의 글쓰는 행위 자체를 대상으로 하는 것이
어서 보다 존재론적인 질문이라면, 후자는 글쓰기의 방법론에 속한 문제이다. 글
을 쓰는 사람이면 누구나 무엇을, 어떻게 쓸 것인가의 문제에 부딪친다. 그러나
왜 쓰는가의 의문은 글을 쓴다는 것을 자신의 정체성과 연관지어 생각해 본 사
람이 아니라면 물을 수 없는 질문이 아닌가 한다.

이청준이 그의 소설에서 추구한 문제 의식 중 하나도 글쓰기란 무엇인가에 있
다. 이청준의 소설은 소재의 다양함에도 불구하고 일관된 관점을 표출해 왔다.
그것은 현실과 비현실, 억압과 자유, 일상과 예술, 지배와 복종, 배반과 화해라는
대립적 세계로 형상화된다. 현실은 대부분 폭력과 억압적인 것으로 표현되며, 이
러한 현실과 상반된 삶의 진정성을 예(藝)의 세계 혹은 인정의 세계에서 찾는다.
현실과 그에 대립해 있는 예, 인정의 세계는 지배와 복종의 관계를 이루고 있다.
이청준의 소설에서 예의 세계나 인정의 세계가 현실을 지탱하는 원리와는 다른

원리에 의해 구축되는 세계로 제시된다는 것은 현실의 억압을 역설적인 방법으로 폭로하는 일이 된다.

이청준 소설에서 탐구의 대상으로 삼고 잇는 글쓰기 역시 현실 원리와는 다른 원리에 의해 현실의 억압을 표현하는 장치라고 볼 수 있다. 현실의 억압을 현실 논리에 의해 지배되지 않는 세계를 추구함으로써 극복해 나갔다는 것은 다름 아닌 억압적 현실에 대한 상상적 해결을 모색하는 태도이다. 글쓰기란 무엇인가에 대한 문제 의식 역시 현실의 억압과 억압에 대한 저항의 관점에서 제기되었기 때문에 글쓰기의 욕망에는 현실의 문제를 상상적으로 해결하고자 하는 의식이 내재해 있다고 하겠다. 그러므로 이청준 소설에서 쟁점으로 삼고 있는 글쓰기의 의미를 파악하기 위해서는 글쓰는 주체와 현실의 관계를 욕망과 좌절의 구도로 읽어낼 수 있어야 한다. 그래야만 상상적 해결 방식으로서의 글쓰기의 존재 방식을 규명할 수 있다.

특히 이청준은 글쓰기란 무엇인가의 질문을 왜 쓰는가에 답하는 것으로 대신한다. 왜 쓰는가에 대한 답은 이청준의 소설이 글쓰기 자체를 대상으로 한 메타적인 글쓰기 형식을 취하는 것에서 찾을 수 있다. 이청준의 초기 소설인 「병신과 머저리」는 대립, 억압, 글쓰기 등 그가 지속적으로 추구해 들어간 문제의 기원을 보여준다는 점에 연구의 의의를 둘 수 있다. 「병신과 머저리」에는 소설이 진행해 나가면서 소설 속의 소설도 같이 씌어지는 구조를 취한다. 글쓰기의 문제를 주체의 욕망과 좌절의 구도 안에서 분석하는 데 있어서 「병신과 머저리」는 유용한 준거가 될 수 있을 것으로 보인다.

II. 글쓰기의 문제 설정

이청준은 글쓰기에 대해 비교적 일관된 관점을 유지해 온 작가이다. 이청준에게 있어서 글쓰기가 무엇을 의미하는지는 그가 쓴 몇몇의 글에서 추론해 볼 수 있다.

> 문학이란 원래 자기의 삶을 부단히 패배시키려 드는 현실의 세계를 자신
> 의 이념에 의해 거꾸로 지배해 나가려고 하는 말하자면, 현실 세계에 대한
> 강렬한 복수심의 일면을 숨기고 있는 게 사실인 것처럼도 보이지만, 내가 문
> 학을 선택하고 아직도 그것에 매달려 있는 가장 깊은 이유인즉 사실은 언제
> 까지나 이루어짐이 없는 나 자신의 삶과 이 세계에 대한 끝없는 복수심과 지
> 배욕 때문인지도 알 수가 없는 노릇이니까 말이다.[1]

위의 글은 글쓰기를 자신의 삶과 세계에 대한 복수심과 지배욕의 문제로 바라
본다. 자신의 삶과 세계에 대한 복수심과 지배욕을 갖게 되는 이유는 '언제까지
나 이루어짐이 없다'는 데 있다. 이루어짐이 없다는 것은 어디까지나 주관적인
판단의 문제이다. 글쓰는 주체가 갖는 기대감과 그가 직면한 현실의 격차에서
오는 괴리감으로부터 이루어짐이 없다는 판단이 나온다. 이러한 괴리감의 근원
이 현실에 있다고 한다면, 현실을 변화시키려고 노력해야 할 것이다. 반면, 주체
가 갖는 기대감이 현실을 제대로 인식하지 못한 상태에서 유발된 것이라면, 주
체가 지닌 현실에 대한 낭만적 태도를 비판해야 한다. 그러나 현실에 대한 괴리
감이란 현실과 주체의 교섭 속에서 발생하기 때문에 현실과 주체의 관계는 상호
조응 속에서 지양을 모색해 나가게 된다.

이루어짐이 없음으로 인해 느끼는 복수심은 현실을 주체의 이념에 따라 재구
성하려는 지배욕으로 변형되는데 그 지배욕이 실현되는 장소가 글쓰기이다. 글
쓰기는 지배 욕망의 우회된 표현인 셈이다. 프로이트가 제시하는 현실의 상상적
통제에 관한 이야기는 이 경우 매우 시사적이다. 어린아이가 자신의 어머니가
외출하고 없는 상태를 어떤 방식으로 극복하는가를 보여주는 이 이야기는 현실
의 좌절과 상상적 해결이라는 구조를 제시하고 있다. 아이는 실패를 던지고 잡
아당기는 일을 되풀이하면서 포르트(fort - 가버린)와 다(da - 거기에)라고 소리를
지른다.[2] 이는 사라짐과 돌아옴의 놀이로서 아이는 이 놀이를 통해 어머니의 부
재에서 오는 불안감을 해소해 나간다고 한다.

어머니의 부재와 현존은 포르트 - 다 놀이 속에 상징화되어 있다. 주체가 어쩔

---

1) 이청준, 『작가의 작은 손』, 열화당, 1978, 134쪽.
2) S. 프로이트(박찬부 역), 『쾌락 원칙을 넘어서』, 열린책들, 1997, 19 - 20쪽.

수 없이 포기해야 했던 예전의 상황을 재건하려는 경향이 이 놀이 속에 포함되어 있다. 포르트 - 다 놀이에는 현실을 자의적으로 변형함으로써 상상적인 차원에서나마 현실을 지배하려는 욕망이 투영되어 있다. 이 놀이의 구조는 이청준이 글쓰기의 기원으로 삼고 있는 복수와 지배 욕망과도 일치한다. 글쓰기는 현실의 억압적 질서를 재현하는 행위를 통해서 역으로 현실에 대한 지배 욕망을 달성하는 일이기 때문이다. 그러므로 글쓰기는 놀이의 연장선에서 현실과 주체의 주종 관계로 인한 억압을 전복시키려는 욕망의 구현이 된다.

중요한 것은 주체가 현실에 대해 느끼는 종속감이 인류가 문화를 형성해 나오면서 직면해야 하는 개인의 억압과 관련된다는 점이다. 프로이트는 문명의 발달이 개인의 자유를 제한하고, 정의는 모든 사람이 그 제한에 복종할 것을 요구한다는 점에 주목한다. 그는 인간 공동체에서 나타나는 자유에 대한 욕망을 사회에 존재하는 불공평에 대한 반항으로 읽어낸다.3) 문명에 대한 프로이트의 접근 방법이 추상적임을 비판하고 개개인을 억누르는 것이 추상적인 문화가 아니라 구체적인 사회적 지배의 과정이라고 본 사람은 마르쿠제이다.4) 그에 의하면 문화 형성의 과정은 사회적 지배 확립의 과정이다. 이 과정에서 주체의 본능이 억압되는데 그런 의미에서 문화의 형성, 지배의 확립, 본능의 억압은 서로 불가분하게 결합되어 있다.

마르쿠제는 지배를 '개인의 목적과 목표들 및 이들을 추구하고 달성하기 위해 개인들에게 미리 주어져 있는 – 방법들이 적용되는 곳에서는 어디서나 작용하고 있는 것'이라고 정의한다. 개인의 목적과 목표뿐만 아니라 그것의 실현을 위한 수단까지를 결정하는 지배의 원리가 현실 원리의 내용과 규모를 규정하고 있음을 보여준다. 그는 기본 억압과 지배 억압의 구분을 통하여, 인간의 본능 구조가 사회 존속의 성패가 그것의 충족과 억압에 달려 있는 일반적인 생물학적 조건들에 의해서만이 아니라 사회적 지배를 유지하기 위한 특수한 조건들에 의해서도 규정된다고 한다.

글쓰기의 문제를 문화적인 틀로 바라본다면 글쓰기는 문화 형성 과정에서 좌

---

3) S. 프로이트(김석희 역), 『문명 속의 불만』, 열린책들, 1997, 281쪽.
4) 허창운 외, 『프로이트의 문학예술이론』, 민음사, 1997, 117 - 119쪽.

절된 주체의 욕망을 조정하는 과정이다. 글쓰기가 대립이나 불일치를 조건으로
한다는 점에서 결핍이 글쓰기의 전제가 됨을 알 수 있다. 결핍으로서의 주체는
글쓰기라는 의미화 실천 행위를 통해서만 주체로서 모습을 드러낸다.[5] 이에 따
라 글쓰기는 대립과 불일치의 조정 과정이자 주체의 형성 과정이 된다. 문화적
인 틀 안에서, 이청준의 복수와 지배의 욕망 역시 현실과의 대립과 갈등을 조정
하는 일을 통해 자신의 정체성을 정립하고자 하는 욕망과 관련된다고 할 수 있
다. 그렇다면, 글쓰기 자체가 그대로 현실의 대립이나 갈등을 조정할 수 있는 장
치가 될 수 있는 것인가.

김윤식은 이청준의 글쓰기에 대해 분석하면서 소통 방식의 차이에 따라 일기,
편지, 소설 양식을 구분한다.[6] 일기는 바깥 세상에서 얻은 자신의 낭패를 변명하
고 자기의 낭패시킨 그 바깥의 풍속과 질서를 원망하면서 스스로 위안을 얻으려
는 행위이다. 그리고 일이 풀려나가지 못할 때 상대방으로부터 자신을 인정받고
싶은 욕망이 편지 형식을 낳는다. 소설 쓰기는 바깥 세계가 자신의 생각과 주장
에 거꾸로 굴복해 오는 것에 대한 열망, 바깥 세계의 풍속이나 질서까지 자기 식
으로 바꾸어 놓으려는 열망의 구현이다. 중요한 것은 현실 지배의 욕망이 낭만
적 허위로 끝나지 않기 위해서는 보다 우회된 전략이 필요하다는 점이다. 다음
의 글은 이청준이 글쓰기를 통해 현실에 대한 지배를 확보해 나가는 방식이 무
엇인가를 드러낸다.

> 우리들이 가지고 있는 4·19와 5·16은 그들에게와는 달리 가능성과 좌
> 절로 의미되고 있습니다. 아시겠습니까. 우리들은 언제나 가능성과 좌절을
> 동시에 느끼며 그래서 용기를 가졌다가도 금방 회의하고 끝내 선택을 보류
> 해버리는 것입니다.[7]

이 글은 이청준의 현실에 대한 인식을 표현하고 있다. 현실 인식의 핵심은 가
능성과 좌절의 공존이다. 4·19와 5·16의 체험을 통해 이청준은 가능성과 좌절

---

5) J. 크리스테바(김인환 역), 『시적 언어의 혁명』, 동문선, 2000, 247쪽.
6) 김윤식, 『운명과 형식』, 솔, 1993, 102-107쪽.
7) 이청준, 『쓰여지지 않은 자서전』, 중앙일보사, 1985.

로 구조화될 수 있는 현상의 본질을 포착하게 된다. 가능성이 미래로 펼쳐져 있는 시간에 대한 전망을 포함한 개념이라면 좌절은 기대와 현실의 단절 및 이로 인해 미래로 향한 시간의 방향성을 상실했다는 의미를 포함하고 있다. 가능성은 행동을 선택할 수 있도록 하는 동인으로 작용한다. 행동이나 실천은 개인의 문제를 공적인 것으로 이행하도록 만드는 계기라고 볼 수 있다. 이는 행동이 타자와의 관련을 형성하기 때문이다. 행동에 옮겨지고 난 다음에는 사건은 그 자체의 법칙성에 의해 진행되기 때문에 주체가 개입할 수 있는 영역이 축소된다. 행동은 타자화된 힘의 영역에 속한다고 볼 수 있다.

민중의 행동을 통해 민중이 처한 미래를 변혁할 수 있다는 가능성의 구현이었던 4·19가 군부 독재의 쿠데타를 위한 구실이 되었다는 사실은 행동의 결과에 주체가 미칠 수 있는 힘의 한계를 드러내 주는 부분이다. 아도르노가 사회적 기반이 없는 행동은 사회적 힘을 가질 수 없으며 그러한 행동은 희망의 표현이 아니고 절망의 표현으로, 쉽게 적의 손에 넘어갈 수 있다고 지적할 것도 이 때문이다.[8] 아도르노는 인간적인 목적을 위해 대상을 변조시키는 정신의 외화 내지 대상화로서의 실천을 부정하고 그러한 잘못된 실천에 동조하지 않는 것이 더 실천적이라는 역설적인 태도를 취한다.

가능성과 좌절을 동시에 인식하는 행위는 실천의 결과에 주체가 미칠 수 있는 힘의 한계를 인식, 사유가 실천의 목적이 되는 것을 막고 사유에 의해 실천을 관할하려는 의식으로 전환된다. 가능성과 좌절에 대한 위의 글은 이청준이 갖고 있는 현실에 대한 인식과 함께 글쓰는 자로서의 위치 및 창작 방법에 대한 내포를 지니고 있다. 씌어진 글 속의 주인공을 잠재된 가능성 속에 놓는 방식을 통해, 글쓰는 주체 역시 대상화라는 존재론적 위협에서 벗어나며 글의 내적 상황의 장악할 수 있다. 이는 주인공의 행동이 어떤 결과로 이어지는 것을 모면하기 위해, 구체적인 행동으로 옮겨지기 이전의 가능성 상태를 유지하려는 태도이다.

이청준이 글쓰기를 통해 도달하고자 하는 복수와 지배의 욕망은 가능성의 축적을 통해 타자의 지배 안에 놓이지 않으려는 의식을 포함하고 있다. 행동의 결

---

8) 김유동, 『아도르노 사상 – 고통의 인식과 화해의 모색』, 문예출판사, 1993, 77 - 83쪽.

과에 대한 자의식을 통해 대상의 확정을 보류하여 잘못된 현실 인식의 가능성으로부터 스스로를 유지하는 글쓰기의 지향성은 글이 수용자에게 소비되는 과정을 지연시키려는 의도까지 내포한다. 의미 확정의 보류는 소비의 지연을 통해 직접적인 교환의 방식에서 벗어나려는 의도를 구현하는 방식이다.[9] 이러한 경향이 글쓰기에 어떻게 나타나는가를 「병신과 머저리」를 통해 살펴보겠다.

III. 「병신과 머저리」에 나타난 글쓰기의 의미

1. 원기억의 복원

이청준의 「병신과 머저리」는 세 층의 이야기 구조를 갖고 있다. 서술자인 '나'의 이야기와 형에 관한 이야기, 형의 소설 속의 <나>의 이야기가 그것이다. 그러니까 이 소설의 서술자는 '나'인 셈이고 형의 존재는 서술자인 '나'를 통해서 제시되거나 형의 소설 속에서 간접적으로 표현된다. 이 소설은 외과 의사인 형이 수술의 실패로 한 소녀를 죽게 한 후, 형에게 일어나는 심경상의 변화를 '나'의 시각으로 보여준다. 이 시기는 혜인과의 관계를 정리한 후 어렴풋하게 떠오르는 이미지를 화폭에 담아보려고 노력하는 '나'의 문제와 맞물리면서 이질적인 세계가 상호 조응하는 구성을 이룬다.

이 소설에서 핵심을 형성하고 있는 것은 형의 소설이다. 형의 글쓰기는 이청

---

9) 가라타니 고진은 가능성의 축적을 통해 '팔다'라는 위험한 입장을 모면하려는 충동의 의미를 밝혀준다. 화폐를 매체가 아니라 목적으로 하는 황금욕이나 치부욕은 물건에 대한 필요나 욕망에 기인하는 것이 아니고 실존적인 문제에서 비롯된다고 한다. 수전노의 동기는 공동체들 외부로 유통이 형성되는 세계에서 '팔다'라는 위험한 입장을 모면하려는 충동, 계속해서 '사다'라는 입장에 있으려는 충동이라는 것이다. 실제로 사버리면 다시 '파는' 입장에 처하게 되기 때문에 끝까지 사지 않은 채 계속해서 '사는' 입장으로만 있으려는 태도이다. 수전노의 입장을 글쓰는 주체로 환치하면, 글쓰는 주체가 소통을 지연시키려는 태도를 가능성의 축적을 통해 소비로 추락하는 것을 방어하려는 의도로 읽을 수 있다. 가라타니 고진(송태욱 역), 『탐구1』, 새물결, 1998, 117쪽.

준 소설에서 글쓰기의 의미가 무엇인가를 규명할 수 있는 단서를 제공해 준다. 수술의 실패 이후 방황하던 형이 소설을 쓰기 시작했다는 사실은 현실에서의 실패를 글쓰기 차원에서 극복하는 문제가 갖는 의미를 밝혀줄 수 있기 때문이다. 형의 글쓰기는 충격 체험 극복의 방편이 된다는 점, 그리고 글쓰기와 가학 충동 사이의 관련성을 규명할 수 있는 매개가 된다. 먼저 글쓰기가 충격 체험을 어떻게 극복해 나가는가를 살펴본다. 형의 소설 속에는 원기억이라고 할 수 있는 충격 체험의 원형이 제시된다. <나>가 어린 시절 노루 사냥에 따라갔던 기억인데 그곳에서 처음으로 공포를 체험한다.

현실에 대한 좌절의 표지가 되는 것은 충격 체험이다. 원기억은 충격 체험이 발원하는 지점이 어디인가를 밝혀준다. 또한 원기억이 제시하는 충격 체험의 구조는 이후 발생하는 사건에 대해 주체가 어떻게 대응하는가를 설명하는 준거가 된다. 광활한 설원, 상처 입은 노루의 핏빛, 비정과 살의의 총성 등은 노루 사냥에 대한 기억의 원형으로 남아 있다. 막연하게 관념으로 존재하던 노루 사냥의 모습이 총성과 핏빛으로 실재화되면서 관념과 실제 현실 사이의 차이를 경험하게 된다. 형이 쓰는 소설의 서두가 어린 시절의 노루 사냥인 것을 보면 수술 중 죽은 소녀로 말미암아 억압된 기억이 되살아났다고 볼 수 있다.

그러나 억압된 기억이 다시 되살아 나오게 된 데에는 동일 체험이 반복되었기 때문이다. 형의 소설 속 결말 부분에서 이를 확인할 수 있다. 관모와 김일병, <나>의 관계는 노루 사냥에서 일어난 사건의 구조와 동일하다. 가해자로서의 사냥꾼의 위치에 관모가 있다면 김일병은 노루의 이미지에 맞닿아 있다. 그리고 여전히 <나>는 주변부에 위치한 관찰자일 뿐이다. 노루와 사냥꾼, 김일병과 관모, 흰빛과 핏빛의 이미지가 교차하면서 이원적인 세계를 구조화한다. 여기에 죽은 소녀와 <나>가 가세하면서 피해자와 가해자, 종속과 지배의 구조를 확장시킨다.

소녀의 죽음이 글쓰기로 이어지게 된 것은 소녀의 죽음이 원체험인 노루 사냥과 동일한 구조를 갖고 있기 때문이다. 형의 글쓰기는 소녀의 죽음으로 인한 현실에서 벗어나기 위한 방법이자 원기억을 복원하여 근원적인 억압에서 벗어나기 위한 시도라고 볼 수 있다. 이러한 글쓰기는 충격적인 상황을 반복함으로써 이를 극복해 나가는 반복 강박과 관련하여 이해할 수 있다. 글쓰기가 결핍이나 억압의 흔적을 반복, 재현하여 그러한 결핍을 치유할 수 잇는 계기가 될 수 있다는 논의는 정신분석학의 주된 테마이다.[10] 충격으로 인식된 상황을 재현하는 글쓰기를 통해 자기 인식이 해체되고 생성된 지점들이 포착된다.

글쓰기 주체는 서사 내적 상황의 주도권을 잡고 있다. 글쓰는 주체의 원기억을 복원하는 작업이 글쓰는 주체가 안고 있는 억압을 해소하는 방법이 될 수 있는 이유는 바로 글쓰는 주체가 서사 내적 상황을 대상으로 정립하는 대상화의 구조 속에 있다. 글쓰기는 주체를 억압하고 있던 원기억을 주체의 지배하에 둠으로써 대상화의 거리를 확보한다. 글쓰기를 통한 대상화의 방법은 지배와 억압의 위치만를 바꾸었다는 점에서 근원적인 해결이 될 수 없다. 형이 소설을 불태워 버리는 것도 이와 관련된다.

현실에 대한 복수를 위해 글쓰기를 방편으로 삼고 있지만 실제 현실의 문제를 해결하지는 못한다. 허구든 사실이든 소설 속에서 <나>가 죽인 관모를 현실 속에서 다시 만날 수 있었던 것도 글쓰기가 궁극적인 해결 장치일 수 없음을 말해 주는 부분이다. 그럼에도 글을 쓰는 이유는 원기억을 대상화함으로써 지배와 억압, 대립과 긴장, 현실과 관념 등의 의미론적 변주를 이해하려는 데 있다고 하겠다. 글쓰기가 대립적 세계, 인식의 조정이 될 수 있는 것도 이 때문이다.

2. 지배 욕망의 구현

수술의 실패로 인해 소녀가 죽은 후 형은 그 충격에서 헤어나지 못하는데, 형에 대해 비교적 객관적인 태도를 취하고 있는 '나'로서는 형의 태도를 이해할 수 없다. 소녀는 이미 죽음이 예정되어 있는 상태여서 수술의 실패에 대해서는 충분히 예상할 수 있는 일이었기 때문이다. 소녀의 죽음 이후 방황하던 형은 화실에 찾아와 완성되지 않은 '나'의 그림을 보면서 새로 탄생할 인간의 눈과 입

---

10) S. 프로이트(김석희 역), 『문명 속의 불만』, 열린책들, 1997.

　　권택영 엮음, 『욕망이론』, 문예출판사, 1994.

　　A. 르메르(이미선 역), 『자크 라캉』, 문예출판사, 1994.

　　J. 데리다(김성도 역), 『그라마톨로지』, 민음사, 1996.

은 보다 독이 흐르는 쪽이어야 한다고 말한다. 그 날 '나'는 형이 거지 소녀의 손을 의식적으로 밟는 장면을 목격하기도 한다. 형이 소설을 쓰기 시작한 것[11]은 이러한 사건 이후의 일이다. 소녀의 죽음에 대한 자책으로 방황하던 형이 거지 소녀가 내민 손을 밟아버리는 행위는 일관된 논리로 설명할 수 없다. 그럼에도 이러한 모순적인 행위는 형의 글쓰기가 시작된 지점을 밝히는 데 있어서 시사하는 바가 크다.

형의 글쓰기는 가학 충동에서 비롯된다. 가학 충동은 타자를 자신의 의지에 종속시켜 사물화시키려는 충동과 타자에게 고통을 가하여 쾌감을 느끼는 도착적 행동으로 나눌 수 있다.[12] 가학증을 가진 주체에게 있어서 타자가 자율적인 존재라는 것은 참을 수 없는 일이 된다. 자율적인 주체는 자신을 배반할 수 있으며, 가학증적 주체에게 있어서 타자의 배반이란 있을 수 없는 일이기 때문이다. 그러나 타자의 자율성을 완벽하게 종속시킨다는 것은 불가능하다. 글쓰기가 현실의 억압에 대한 상상적인 해결 방식이 될 수 있지만 그 방법에 있어서 현실의 논리를 글쓰는 주체의 방식으로 뒤바꾸어 놓을 수는 없는 일이다. 이에 따라 글쓰기가 글쓰는 주체의 억압을 해결하는 방식은 현실의 논리를 유지하되 그러한 논리가 갖고 있는 한계를 드러내는 방식을 취한다.

현실의 논리가 갖고 있는 한계를 드러내는 방식은 배반에 있다. 형의 글쓰기에서 보여주는 모순적인 내면의 존재 방식이 갖는 궁극적인 의미도 배반을 드러내는 데 있다고 하겠다. 형 소설은 주인공인 <나>는 관모라는 세모눈을 가진 중사와 김일병이라는 얼굴 선이 고운 신병 사이의 미묘한 싸움에 관여하게 되는 사건을 중심으로 구성되어 있다. 성도착증을 가진 관모가 이를 거부하는 김일병을 매질할 때 김일병의 눈에서 '파란 불꽃'이 반짝이며 지나간 것을 <나>는 인상 깊게 기억한다. 문제는 <나> 자신도 그 눈빛에 이상한 흥분과 초조감을 느끼면서 관모의 매질을 재촉한다는 점이다. <나>가 관모의 매질에 동조하는 부분은 지배와 피지배의 구조에서 비롯되는 일반적인 선과 악의 구분을 배반하는 태도

---

11) 구체적으로는 소설 쓰기이지만 장르적인 접근을 시도하는 것이 아니고 일반적인 맥락에서 글쓰기의 문제를 읽어내려는 논문이기 때문에 소설 쓰기를 글쓰기로 통칭한다.
12) 이종영, 『가학증, 타자성, 자유』, 백의, 1996, 54쪽.

이다. 관모와 김일병의 사건은 <나>의 내면에 억압되어 있던 가학 충동을 표면화하는 계기가 된다.

전쟁 후 팔이 떨어져 나간 김일병과 적진에 남게 된 <나>는 다시 관모와 우연히 만나게 된다. 관모는 첫눈 오는 날 김일병을 죽이겠다고 선언하고 드디어 첫눈 오는 날에서 소설이 중단된다. 형의 소설이 완성되어야만 자신도 그림을 그릴 수 있을 것이라고 기대하고 있었던 '나'는 형의 소설이 진척되지 않자 임의로 소설의 끝을 완성한다. 그러나 형은 소설의 끝을 다시 쓰는데 김일병을 죽인 '나'의 결말 대신 김일병을 죽인 관모를 죽이는 것으로 결말을 짓는다. 형의 소설 속 이야기가 실제로 형이 겪은 이야기를 소재로 한 것이기는 하지만 형이 구체적으로 누구를 죽였는가에 대해서는 알려진 바가 없기 때문에 실제 발생한 사건은 알 수가 없다.

관모와 김일병 사이의 일방적인 싸움을 지켜보면서도 오히려 가해자의 입장에 서는 것은 현실의 논리에 대한 배반이다. 이러한 배반이 유의미한 글쓰기의 방식이 될 수 있는 이유는 배반이 억압된 욕망을 들추어내고 조정할 수 있다는 데 있다. 형이 글쓰기를 시작하게 된 계기는 현실의 지배적인 힘에 대한 억압으로부터 비롯된다. 피지배자의 위치에서 시작한 글쓰기 안에서 다시 지배자의 위치에 서는 것이야말로 배반의 핵심이다. 억압을 행하는 자에 동조함으로써 피지배자를 대상화하는 방식은 바로 현실에서의 자신의 모습에 거리를 유지하는 방식이 된다.

형의 소설에 제시된 억압된 욕망은 지배 충동, 가학 충동이라고 부를 수 있는, 타자를 지배하고자 하는 욕망이며, 이 욕망은 배반을 통해 드러난다. 곧 배반은 현실의 지배에 저항하는 방식이자 인간에게 내재된 억압된 욕망을 드러내는 방식이기도 하다. 배반은 종합을 거부하는 인식의 부단한 갱신을 통해 화해, 일치라는 허구의 세계를 깨트릴 수 있다. 글쓰기가 지배와 피지배의 구조를 전복시킬 수 있다고 해서 곧장 글쓰는 주체의 상처를 치유할 수 있는 것은 아니다. 글쓰는 주체의 억압된 욕망을 드러내고, 드러난 욕망이 지배자의 욕망에 다름 아니다는 것을 성찰하는 과정에서 글쓰기는 조정과 치유의 역할을 하게 된다.

Ⅳ. 결론

글쓰기는 어떤 방식으로든 자신의 생각을 질서화하는 기능을 갖고 있다. 이는 글쓰기가 가진 선조성이나 논리성의 영향으로 보인다. 머리 속에 들어 있는 생각이란 하나의 일관된 체계로 정리될 수 있는 것이 아니고 다회로적인 구성을 이루고 있기 때문에 인간의 언어 활동은 이를 소통 가능한 체계로 만들고자 한다. 이에 따라 글을 쓴다는 것 자체에는 생각을 정리하고 질서화한다는 의미를 포함하게 된다. 특히 충격 체험과 같이 일상적인 논리로 설명할 수 없는 일을 겪었을 때에는 이를 이해할 수 있는 것으로 만들어 그러한 체험의 심연으로부터 벗어나려는 의지가 작동하기 마련이다.

이청준은 자신의 글쓰기를 현실의 억압에 대한 복수 혹은 역으로 현실을 지배하는 과정이라고 말한다. 그러나 글쓰기가 현실의 억압을 실재적으로 해결해 나갈 수는 없다. 현실 역시 언어를 매개로 하여 구성되지만, 현실에는 언어를 넘어서는 감각적인 실재가 존재한다. 또한 현실의 논리는 상호간의 합의에 의해 유지되기 때문에 자의성을 초월하여 존재하게 된다. 언어를 통해서 현실을 변혁하고자 하는 글쓰기의 문제 의식이 궁극적인 목표에 도달할 수 없는 이유는 글쓰기가 글쓰는 주체의 자의적인 문제 제기일 수 있으며, 그것이 보편적인 문제를 다루고 있다고 하더라도 현실에서 느끼는 구체적인 실재성이 제거된 관념의 세계일 뿐이라는 점 때문이다.

「병신과 머저리」는 그 이면에 글쓰기란 무엇일 수 있는가의 문제를 제기하고 있다. 이 소설은 현실에 절망한 형이 글쓰기를 매개로 하여 현실에 복귀하는 과정에서 글쓰기의 의미를 찾는다. 이 소설에서 제기된 글쓰기의 의미는 두 가지로 정리할 수 있다. 하나는 글쓰기가 원기억의 반복을 통해 원기억을 극복하는 수단이 된다는 점이고 다른 하나는 글쓰는 주체의 지배 욕망을 달성하는 매개가 될 수 있다는 것이다. 즉 글쓰기는 글쓰는 주체가 갖고 있는 기억을 조정하여 현실과의 관계를 지양하거나 현실에 대한 지배 욕망을 글쓰기 안에서 실현해 보임으로써 지배와 피지배의 구조를 감싸안는 방식을 취한다.

글쓰는 주체의 욕망과 현실을 조정하는 과정이다. 이청준은 글쓰기를 현실에 대한 복수라고 말하고 있지만 그의 소설을 분석해 본 결과, 현실에 대한 복수는 지배자와 피지배자의 관계를 전복시켜 대립된 위치에서 자신을 대상화하는 구조를 취하고 있다. 다시 말해 현실에 대한 복수는 그러한 현실에 패배한 자신에 대한 복수가 된다. 글쓰기가 대립 구조의 역치를 통해 말하고자 하는 바는 하나에 의해 다른 하나는 부정하는 방식이 아니고 대립 구조의 지양이다. 지배와 복종, 현실과 관념, 충동과 억압 등은 인간이 살아가면서 필연적으로 직면해야 하는 이원적인 구조이다. 이를 가치 평가적인 기준으로 재단하면 어느 하나는 부정되지 않을 수 없다. 이청준의 글쓰기는 인간의 삶에 내재하는 두 가지 욕망을 포회, 대립의 상호 매개적인 속성을 포착하는 조정의 의미를 담고 있다.

참 고 문 헌

이청준, 『작가의 작은 손』, 열화당, 1978.

_____, 『쓰여지지 않은 자서전』, 중앙일보사, 1985.

권택영 엮음, 『욕망이론』, 문예출판사, 1994.

김유동, 『아도르노 사상 - 고통의 인식과 화해의 모색』, 문예출판사, 1993.

김윤식, 『운명과 형식』, 솔, 1993.

이종영, 『가학증, 타자성, 자유』, 백의, 1996.

허창운 외, 『프로이트의 문학예술이론』, 민음사, 1997.

가라타니 고진 (송태욱 역), 『탐구1』, 새물결, 1998.

데리다, J. (김성도 역), 『그라마톨로지』, 민음사, 1996.

크리스테바, J. (김인환 역), 『시적 언어의 혁명』, 동문선, 2000.

르메르, A. (이미선 역), 『자크 라캉』, 문예출판사, 1994.

프로이트, S. (박찬부 역), 『쾌락 원칙을 넘어서』, 열린책들, 1997.

_____, (김석희 역), 『문명 속의 불만』, 열린책들, 1997.

박봉우 시의 '나비' 이미지 연구

노 용 무

I. 서론

　박봉우(1934 - 1990)는 1956년 『조선일보』 신춘문예에 「휴전선」이 당선되어 문단에 등장한다. 그의 시적 편력 중에는 정신병이나 가난의 문제 등으로 시작 활동의 어려움이 있었지만[1] 『휴전선』(1957), 『겨울에도 피는 꽃나무』(1958), 『4월의 화요일』(1962), 『황지의 풀잎』(1976), 『딸의 손을 잡고』(1987) 등 5권의 시집을 상재했다. 그는 분단의 문제를 시적 영역의 중심으로 구축했으며, 분단 극복을 향한 끊임없는 통일지향성의 자세를 일관되게 유지한 시인이었다.

　박봉우와 그의 시에 대한 논의는 전후 분단의 문제에서 벗어나지 못하고 있다. 그러한 논의는 박봉우의 시를 1950년대의 역사적 상황에 묶어버리는 제한적

---

1) 정창범, 「바봉우의 세계」, 『나비와 철조망』, 미래사, 1991.
　이근배, 「겨레의 아픔 시로 터뜨린 박봉우」, 『시와 시학』, 1992 여름호.
　시인의 전주시절은 암담한 생활의 연속이었다. 그때의 현실은 가난과 병고를 온 가족이 같이 나누며 단칸방의 사글세를 셈하기에 바쁜 시절이었다고 한다. 이와 같은 전주시절의 박봉우의 생활에 대해서 소재호는 다음과 같이 말하고 있다. "박시인의 서울 下野로부터 歸去來한 현실은 몰락하는 '아버지의 경제'로 인해 '점점 좁아지는 방' 속에 갇히고 있었다. 절개 높은 나비가 피 묻은 날개로 날카로운 이빨의 철조망을 넘나들던 시절을 훨씬 지나온 그 함몰의 세월이었다." (소재호, 「박봉우 시인의 전주에서의 삶, 그 흐린 하늘」, 『시와 시학』, 1993 겨울호, 82쪽) 또한 이병천은 자신의 소설 「휴전선」을 인용하면서, 박봉우 시인의 장례식과 그의 전주에서의 삶을 말한다(이병천, 「휴전선의 삶과 토막난 생애 - 전주에서의 고된 삶」, 전북민족문학인협의회, 『사람의문학』, 1992 창간호).

요인으로 작용하여, 한국문학사나 시사2)에서 박봉우를 두고, '전후시단의 주목받는 시인' 또는 '참여파의 전사적 의의'라는 단적인 언급으로 평가하거나, 1950년대에 국한된 초기 작품을 중심으로 이루어진 연구 성과물3)이 대부분을 차지한다. 그러나 그의 전 생애를 관류하는 시세계의 조명4)이 전혀 이루어지지 않은 것은 아니지만, 그 역시 연구의 축적이 필요하다 할 수 있다.

박봉우의 시세계는 당대 분단의 문제를 어떻게 인식하는가에 그 중심이 놓여져 왔다. 당대는 전후의 사상단속이 철저하게 진행된 반공이데올로기의 시대였다. 달리 말하면, 남과 북의 냉전은 분명하게 이원화되어 어느 쪽이든 주어진 상황에 복무할 수밖에 없는 적대논리라 할 수 있다. 당시의 시단은 서정주와 청록파로 대표되는 기성과 신진들이 주축을 이룬 모더니스트로 대별된다. 기성 시인이 시의 언어적 완성도에서 상대적으로 높은 수준을 유지한 반면 현실인식은 그에 걸맞는 치열함을 보여주지 못했으며, 신진 시인들은 어떤 형태로든 현실에 대한 시적 관심의 끈을 놓치지 않으려는 치열함을 견지하고는 있었지만, 그것이

---

2) 오양호, 「전후 한국시의 지속과 변화」1, 『문학의 논리와 전환사회』, 문예출판사, 1991.
   이영섭, 「1950년대 남한의 현실인식과 시적 형상」, 한국문학연구회 편, 『1950년대 남북한 문학』, 평민사, 1992.
   한형구, 「1950년대의 한국시」, 문학사와 비평연구회 편, 『1950년대 문학연구』, 예하, 1992.
   윤여탁, 「한국전쟁후 남북한 시단의 형성과 시세계」, 『문학과논리』 3호, 태학사, 1993.
   유성호, 「1950년대 후반 시에서의 '참여'의 의미」, 『민족문학사연구』 10호, 민족문학사연구소, 1997.
3) 이와 같은 관점은 박봉우의 초기시를 중심으로 논의한 글들을 예로 들 수 있다.
   심선옥, 「1950년대 분단의 시학 - 박봉우론」, 조건상 편저, 『한국전후문학연구』, 성대출판부, 1993.
   오성호, 「상처받은 '나비'의 꿈과 절망」, 『1950년대 남북한 시인 연구』, 국학자료원, 1996.
   남기혁, 「박봉우 초기시 연구」, 『작가연구』, 새미, 1997.
4) 박봉우의 전작품을 대상으로 시세계의 변모양상을 논의한 글은 다음과 같다.
   김익두, 「통일의 삶, 통일의 시학」, 전북민족문학인협의회, 『사람의 문학』, 1992 창간호.
   권오만, 「박봉우 시의 열림과 닫힘」, 『시와시학』, 1993 겨울호.
   정한용, 「휴전선에 피어난 진달래꽃」, 『시와시학』, 1993 겨울호.
   윤종영, 「박봉우 시정신의 전개양상」, 대전대학교 문과대학 국어국문학회, 『대전어문학』 12집, 1995.2.
   이종호, 「황무지와 지성인의 역할」, 정창범 편, 『전후시대 우리 문학의 새로운 인식』, 박이정, 1997.

시적 완성도로 이어지지 못하는 한계를 드러내고 있었다. 그러나 자유에 대한 자각이 점차 구체화되는 김수영의 변모나 분단 현실을 시적 주제로 감싸 안았던 박봉우의 출현, 그리고 50년대 막바지의 신동엽의 등장은 이 무렵의 시단에서 주목할 부분임에 분명하다.5)

박봉우가 시작활동을 했던 시기는 6·25이후 분단과 4·19 그리고 5·16에 이어 산업사회의 병폐를 드러냈던 70년대와 민주화 운동의 본령으로 자리매김한 80년의 광주에까지 걸쳐 있다. 이러한 시기는 남한 사회의 파행성을 그대로 보여주는 역사적 공간이었다. 박봉우는 남한 사회의 역사적 사건 속에서 민족의 모순과 '생채기'가 무엇인지를 진지하게 묻고자 했으며, 현실과 서정의 문제를 지속적으로 제기한 시인이라 할 수 있다. 따라서 그에 대한 평가는 그의 삶을 마감하는 1990년대에까지 일관된 주제를 다룬 점6)에서 1950년대 이후까지로 확장되어야 한다.

전쟁과 분단으로 이어진 당대 현실의 객관적 인식은 무엇보다 냉전의식의 탈각 여부와, 휴머니즘적 지향에 내포되어 있는 민족적 관점이 어떻게 심정적 분출로부터 사회역사적 구도를 동반한 비판적 시각으로 전이되는가의 문제로 귀착된다.7) 그러한 시각은 박봉우 자신이 '황무지적 현대'8)로 규정한 전후시대로부터 비롯되는 분단 극복을 향한 '아름다운 길'을 찾고자 노력한 점에서 부각된다. '아름다운 길'이란 민족통합을 향한 길이며, 시인의 일관된 주제의식을 따라가는 여로이다. 분단의 문제를 시적 영역의 핵심 주제로 삼은 시인은 '나의 직업은 조국'(「잡초나 뽑고」)이었기에 평생에 걸쳐 일관된 여로(아름다운 길)를 보여줄 수 있었다.

필자는 다른 지면을 통해, 박봉우의 전작품을 대상으로 시인의 의식이 투영된 '나비'의 여로를 따라가 시인의 시정신 및 시적 변모양상을 고찰한 바 있다.9)

5) 한수영, 「1950년대의 재인식」, 『문학과 현실의 변증법』, 새미, 1997, 371쪽
6) 이와 같은 점은 그의 유작시(「해저무는 벌판에서」 외 13편)의 경우에도 분단 현실을 다룬 내용을 통해 확인할 수가 있다(『창작과비평』, 1990 여름호).
7) 박윤우, 「전쟁체험과 분단현실의 시적 인식」, 구인환 외 공저, 『한국 전후문학연구』, 삼지원, 1995, 78 - 81쪽.
8) 박봉우, 「신세대의 자세와 황무지의 정신」, 『한국전후문제시집』, 신구문화사, 1961.

그러한 고찰이, '나비' 혹은 나비의 '여로'가 박봉우의 시에서 어떤 의미망을 형성하는가를 추적하는 작업이었다면, 본고는 박봉우의 시에 나타나는 '나비' 이미지의 집중적인 분석과 당대 또는 이전과 이후에 나타난 여타 시인들의 '나비' 이미지에 대한 비교 고찰을 목적으로 한다.

II. 이데올로기를 비상하는 '나비'

혼, 영원한 생명, 마음을 나타내는 나비는 지상에 사는 애벌레에서 용화(踊化) 단계를 거쳐서 하늘에 사는 날개 달린 나비로 변신하므로 재생·부활을 상징한다. 크리스트교에서 상징하는 나비는 생 - 사 - 부활을 거치면서 성장하는 개체로 인식된다. 그런 맥락에서 어린 예수는 나비를 손에 잡고 있는 모습으로 그려지기도 한다.[10] 문학작품에 나타나는 나비의 경우, 빛의 세계를 지향하는 무의식적 매혹을 상징화하거나, 하늘의 세계, 곧 천상의 빛을 갈망하는 영혼을 암시한다.[11] 이러한 나비의 상징성은 수직성을 기반으로 한다. 나비가 지향하는 하늘과 천상이란 땅과 상위의 대척점에 놓여 있기 때문이다. 나비는 인간의 혼이며 생명으로, 자유로움과 발랄함을 그 내적 속성으로 한다.

그러므로 나비의 비상은 인간 혼의 비상을 뜻하며, 인간의 지향성을 충족시키는 내면의식을 필요로 한다. 비상 또는 상승은 인간의 조건을 <승화>시키고자 하는 욕망, 즉 하나의 초월적인 행동이다. 무중력의 꿈은 물질적 세계의 인간을 꼼짝 못하게 하는 사슬에서 벗어나는 하나의 방법이 되는 것이다.[12] 이것은 공간적인 의미에서 비상의 수직성을 말하는 것이지만, 일정한 방향을 향해 나아간다는 시간적인 의미에서 수평성을 동반한다. 곧 하늘의 세계나 천상의 빛을 갈

---

9) 졸고, 「박봉우 시 연구 - '나비'의 비상과 좌절을 중심으로」, 한국문학회, 『한국문학논총』22집, 1998.
10) J. C. Cooper, 이윤기 역, 『그림으로 보는 세계 문화 상징 사전』, 까치, 1994, 48쪽.
11) 이승훈, 『문학상징사전』, 고려원, 1995, 91쪽.
12) 아지자·올리비에리·스트크릭 공저, 장영수 역, 『문학의 상징·주제 사전』, 청하, 1992, 59쪽.

망하는 영혼은 땅에서 이륙한다는 의미에서 수직성을 뜻하지만, 갈망하는 대상을 향해 앞으로 날아간다는 의미에서 수평적이기 때문이다. 수직과 수평의 교차점에서 비행, 즉 여로(길)의 크로노토프가 나타난다. 문학작품 속에 역사적 시간과 공간을 담고자 할 때 문학 예술 속의 크로노토프[13]는 공간적 지표와 시간적 지표가 용의 주도하게 교차되면서 구조적 전체로서 융합된다. 나비의 여로는 여로의 과정, 즉 나아가는 현재성이 강조되어 길이 진행되거나 여로의 종결을 이루는 곳이 주요 시공간소의 역할을 하는 포괄적 양상을 보여준다.

이러한 여로는 당대의 사회·역사적 사실의 포착과 연결되어 있으며 삶의 방향성 모색과 관련되어 있다. 나비는 분단 현실에 놓여있는 신세대로 자처한 시인의 이상과 동경이 투영된 이미지이다. 시인의 꿈은 1950년대라는 가혹한 제현실 속에서 자신의 꿈을 지켜 나가기 위해 끊임없이 비상하는 나비의 여로로 형상화되어 나타난다.

> 지금 저기 보이는 시푸런 강과 또 산을 넘어야 진종일을 별일없이 보낸 것이 된다. 서녘 하늘은 장미빛 무늬로 타는 큰 문의 창을 열어……지친 날개를 바라보며 서로 가슴 타는 그러한 거리에 숨이 흐르고.

> 모진 바람이 분다. 그런 속에서 피비린내 나게 싸우는 나비 한 마리의 생채기. 첫 고향의 꽃밭에 마즈막까지 의지하려는 강렬한 바라움의 향기였다.

> 앞으로도 저 강을 건너 산을 넘으려면 몇 <마일>은 더 날아야 한다. 이미 날개는 피에 젖을 대로 젖고 시린 바람이 자꾸 불어간다 목이 빠삭 말라버리고 숨결이 가쁜 여기에 아직도 싸늘한 적지.

---

13) 크로노토프(chronotope : 시공간소)는 문학 속에 예술적으로 표현된, 시간과 공간이 본질적으로 지니고 있는 관계의 연관성을 일컫는 용어이다. 시간과 공간이 인식 작용의 필요불가결한 범주라는 크로노토프의 칸트적 개념을 문학 연구에 도입한 사람은 바흐찐이다. 그의 설명에 의하면 크로노토프는 장르를 규정하는 기능을 담당하는데, 시간과 공간의 결합 방식 또는 시간과 공간이 사용되는 비율에 의하여 세계관의 차이가 생겨난다. 크로노토프의 연구는 서사 양식의 변모 과정 해명 뿐 아니라 세계관의 변화, 시대정신 파악의 한 방법이 될 수 있다. 김욱동, 『대화적 상상력』, 문학과지성사, 1994, 208 - 218쪽 참조.

　　벽, 벽……처음으로 나비는 벽이 무엇인가를 알며 피로 적신 날개를 가
지고도 날아야만 했다. 바람은 다시 분다 얼마쯤 我方의 따시하고 슬픈 철조
망 속에 안길,

　　이런 마즈막 <꽃밭>을 그리며 숨은 아직 끝나지 않았다 어설픈 표시의 벽.
旗여……

- 「나비와 철조망」14) 전문

　　이 작품은 박봉우의 시세계를 '나비' 이미지를 통해 집약적으로 보여 주는 시
이다. 행 구분이 없는 연의 형식을 취한 「나비와 철조망」은 '나비'와 '철조망'
의 이미지가 중첩되어 나타난다. '나비'와 '철조망'의 이미지는 각각의 의미망
이 어떤 연관관계를 가지는가에 따라 이 시를 읽어내는 중요한 단초가 된다. 전
자는 한국시문학사에서 어렵지 않게 볼 수 있는 반면 후자는 1950년대의 사회·
역사적 산물이라 할 수 있다.

　　시적 자아는 '나비'이며 시인이기도 하다. 시인은 1연과 3연에서 '나비'와 일
체가 되어 '나비'의 눈으로 분단의 현실을 바라보지만, 2연과 4연에서 '나비'와
분리되어 '철조망'을 향한 힘겨운 여로를 관조한다. 이와 같은 시점의 규칙적인
교체 현상은 현실과 서정의 변증법적 융화를 통해서만 가능한 것으로, '나비'의
절망적 어조를 형상화하여 시인 자신의 현실을 환기시키는 것이다.

　　나비'는 <꽃밭>을 향해 날아가는 여로에 놓여 있다. 그 나비의 여로는 '지
금 저기 보이는 시푸런 강과 또 산을 넘어야' 되는 상황이며, '모진바람'과 '피
비린내 나게 싸'워야 하는 고난의 길이다. 그러한 고난의 길은 "앞으로도 저 강
을 건너 산을 넘으려면 몇 <마일>은 더 날아야" 하는 여로이기도 하다. 그러나
몇 마일만 더 날면 저 강과 산을 넘겠지만, 이미 '나비'의 날개는 지쳐있고 시린
바람이 자꾸 분다.

　　인용시에서는 두 계열체의 상반된 이미지가 존재한다. 먼저, '철조망'으로 대
표되는 '휴전선', '사격수', '카추샤', '병정', '공동묘지' 등의 전쟁과 관련되는

---

14) 박봉우, 『휴전선』, 정음사, 1957. 이하 박봉우의 시를 인용할 경우, 저자명 생략.

암울한 계열체가 나타난 반면, '꽃', '꽃밭', '과수원', '음악' 등의 생기발랄하며 자유롭고 풍요로운 세계를 표상하는 계열체가 나타난다. 전자가 비극적 현실을 환기하는 시어라면, 후자는 그러한 현실과 다소 거리가 있는 시어라 할 수 있다. 각각 '철조망'과 '꽃밭'으로 대별해 볼 때, '철조망'은 분단 또는 그에 따른 양극화 현상을 암시하며, 남과 북 또는 북과 남을 경계지우는 종전이 되지 않은 휴전의 상황을 예시한다. '꽃밭'은 '철조망'이 주는 억압된 현실을 넘고자 하는 시인이 꿈꾸던 이상과 동경어린 세계를 지칭한다. 그런 의미에서 '꽃밭'이나 '음악'은 박봉우의 도덕적 정열의 근거를 이루는 것이자, 분단의 현실을 비추어 보는 거울이자 현실을 판단하는 윤리적 척도라고 할 수 있다.[15]

'나비'를 매개로 한 '철조망'과 '꽃밭'은 모두 이데올로기의 상황을 환기한다. '철조망'이 상징화하는 남과 북 또는 북과 남은 모두 냉전 이데올로기의 산물로서 기능하며, '꽃밭'은 그러한 이데올로기의 극복 또는 냉전 이데올로기를 전복하는 또 다른 이데올로기를 함축하고 있기 때문이다. 따라서 시인이 날려보내는 시점이 '철조망'이라면, '꽃밭'은 종점일 수 있는 까닭이기도 하다.

시인은 '나비'를 '꽃밭'에 보내기 위해 날려보냄으로, '나비'는 시인의 이상 세계를 추구하는 분신이 된다. 그리고 나비가 끊임없이 '꽃밭'을 향해 날아간다는 의미에서 '나비'의 여로는 시인의 시정신과 대응된다. 나비가 날아가는 여로는 당대의 사회 역사적 사실의 포착과 연결되어 있으며, 삶의 방향성 모색과 관련되어 있다. 나비의 여로가 내포한 시공소는 해방공간과 6·25, 4·19, 5·16, 그리고 산업사회로의 도약을 꿈꾸던 70년대와 민주화의 본령으로 대두된 80년의 광주를 아우르는 역사적 공간을 분단시대라는 맥락으로 관류하는 길이라 할 수 있다.

여로 위의 나비는 피에 적신 연약한 날개를 가지고 쉬지 못하고 끊임없이 날아야 하는 운명에 놓여 있다. 그것은 여로의 종착지 '꽃밭'을 향한 시인의 열정이며, 분단시대를 살아야 하는 지식인의 비판의식의 소산이기 때문이다. '꽃밭'을 향해 날아왔던 나비는 4월의 '꽃밭'으로 내려앉지만, 그것은 시인이 동경했

---

15) 오성호, 앞의 책, 114쪽.

던 이상 세계가 아니었다. 자신의 꿈이 소각되었을 때, 시인은 폐쇄적인 내면의 세계로 침잠한다. 여로의 중단에 대한 좌절감은 군사독재 정부에 대한 질타와 더불어 정신병을 배태했지만, 현실의 가난과 더불어 남한 사회의 구조적 모순과 부조리한 현실을 천착할 수 있는 계기를 주었다. 민족 통합을 향한 나비의 여로가 낭만적 속성을 띠고 있다면, 현실의 중압감을 주는 가난과 사회적 현실은 구체적으로 다가와 자신과 가족에 대한 연민의 정으로 진솔한 감동을 자아내게 한다.

시인은 딸의 손을 잡았을 때, 자신이 평생에 걸쳐 '아름다운 길'을 찾고자 날려보냈던 나비의 부활 또는 재생을 예감한다. 온갖 고난의 길을 날아 왔던 나비의 감내는 모진 세월을 이긴 뻔데기가 되어 딸에게 전이되는 것이다. 그것은 영원성의 '신화' 속에 펼쳐진 '옛날같은 그리움'의 세계이고, 여기에서 '나비'의 여로는 또 다른 시작을 준비한다.

III. 근대 지향의 '나비'와 근대에 저항하는 '나비'

근대 지식인에게 나비는 바다와 관련되어 나타난다. 새로운 것을 동경하는 대상으로서 바다는 우리 문학에서 근대화의 길을 가는 곳에 놓여 있는 상징적 속성을 보여준다. 일찍이 최남선은 「해에게서 소년에게」에서 '바다'를, 우리가 근대화를 향해 나아가기 위해 거쳐야 하는 모험과 시련 그리고 동경, 탐색의 공간으로 표현하였다. 이후 바다는 우리 문학에서 근대화의 길을 가는 곳에 놓여 있는 상징적 이미지였다. 이러한 바다 이미지에 최승구는 김기림 훨씬 이전에 나비 이미지를 관련시켜 시를 형상화시키고 있다.

> 南國의 바다 가을날은/ 아즉도 따듯한 볏을 沙汀에 흘니도다./ 저젓다 말넛다 하는 물입술의 자쵀에/ 납흘납흘 아득이는 흰나뷔/ 봄 아지렝이에 게으른 꿈을 보는 듯.

　黃金公子 꾀꼬리 노래에/ 梨花紛紛 這의 춤을 자랑하던/ 三春의 行樂이 잇치지 못하여/묵은 꿈을 이어보려/ 깁흔 수풀 너른 덜노 헤매다가/ 지난 밤 一陣의 모진 바람과/ 맵고 찬 쓰린 이슬에 것치러진/ 이 바다로 내림이라.

　珊瑚珠 시골에 들너오는/ 먼 潮水의 香내에 醉하여/ 金바람의 압수레에 부듸처/ 허엿케 이러나는 적은 물결을/ 前에 놀던 곳으로만 역여/ 납흘납흘 춤추며/ 天涯먼곳 無限한 波濤로.

　아아! 나븨여, 나의 적은 나븨여/ "너 홀로 어대로 가는가./ 너 가는 곳은 滅亡이라./ 바다는 하날과 갓치 길메/ 暴惡한 波濤는/ 너의 藝術을 파뭇으려 할지라./ 무섭지 안이한가 나븨어/ 검은 海藻에 숨은 고래는/ 너를 덤석 삼키려/ 기다렷다 벌컥 이러나는 큰 물결은/ 너를 散散 바쉬려."

　아츰 이슬과 저녁 안개에/ 軟하게된 적은 날개와/ 山과 덜에서 疲勞한 這의 몸으로 險한 바다 어이가리./ 뉘웃침을 업수히/ 過去를 崇拜치 안이하던 적은나븨/ 不祥할게나 凡俗의 運命에 떠러짐

　刹那의 快樂 瞬間의 破滅!/ 哀닯고 압흐도다. 큰 事實의 보임이,/ 無窮한 存在의 너른 바다는/ 永劫의 波濤를 이리킬 뿐이라./ 아아 나븨는 발서 보이지 안는도다./ "이러케 나만 뭇을 내리랴/ 나의 울음 너의게 들닐길 업스나/ 나홀노 너의 길을 슯허하노라"

- 崔承九의 「潮에 蝶」16) 전문

　「潮에 蝶」은 늦은 가을 바다의 흰 물결을 '꽃'으로 착각하여 돌아오지 못하는 나비의 운명을 형상화한 시이다. 어느 따스한 가을날 '납흘납흘 아득이는 흰 나븨'는 '삼춘의 행락이 잇치지 못하'여, '호수의 향내에 취하여', '허엿게 이러나는 적은 물결'을 꽃으로 착각하여, 그 물결 속으로 날아든다. 시인은 나비에게 '검은 해조에 숨은 고래는/너를 덤석 삼키려/기다렷다 벌컥 이러나는', '폭악한 파도'가 있는 바다임을 경고하지만, '아츰 이슬과 저녁 안개에 연하게된 적은

---

16) 인용시는 미발표 유고작품으로, 김학동의 「소월 최승구론」(『한국근대시인연구(1)』, 일조각, 1991)에서 재인용하였음.

날개'와 '산과 덜에서 피로한' 몸을 한 나비는 결국 '범속한 운명'에 떨어지고 만다. 그리하여 '찰나의 쾌락과 순간의 파멸'로 끝나버린 나비의 운명은 '영겁의 파도'를 간직한 바다로 형체없이 사라져 간다.

시적 자아와 '나비'는 각각의 의미망을 형성하는 주체로 기능한다. 1연에서 3연까지 시적 자아는 '나비'의 행로를 '바다'에 이르는 과정으로 관조한다. 시적 자아가 파악하는 '나비'는 육지에서 바다로 이르는 험난한 도정을 감행하는 주체이다. '나비'는 육지와 바다의 경계를 넘어서며 바다로 나아간다. 이 때의 '바다'는 최남선 이후 한국문학사에 등장하는 근대의 다른 이름이며, 형용할 수 없는 동경의 상징이었다. '나비'는 '저젓다 말넛다 하는 물입술의 자최'에 현혹되기도 하며 '봄 아지랑이에 게으른 꿈'을 '바다'라고 생각한다. 보일 듯 보일 듯 보이지 않는 '봄 아지랑이'처럼 근대는 '나비'의 '묵은 꿈'을 꾸게하는 동인이다. '묵은 꿈'에 내재된 육지 또는 근대라는 '바다'에 이르는 도정은 '깁은 수풀'과 '너른 덜'을 헤매는 것이자 '지난 밤 一陣의 모진 바람과/ 맵고 찬 쓰린 이슬에 거치러'지는 것이다. 그러한 과정은 바다라는 근대에 이르는 길이자 숲과 들, 바람과 이슬에 지친 '나비'의 육신을 쉬게하는 것이라 할 수 있다. 그것은 '먼 湖水의 香내'와 '金바람'에 취하는 것이지만 산산히 부서지는 '적은 물결을/ 前에 놀던 곳'으로 여기는 착각이기도 하다.

4연에서 시적 자아는 지금까지 관조한 '나비'의 행위를 직설적으로 토로한다. 시적 자아는 시적 대상인 '나비'에게 '暴惡한 波濤'을 상기시키고 있지만, 그것은 그대로 시적 자아인 '나'에게로 이르는 피드백 과정이라 할 수 있다. 끊임없는 피드백 과정이 '나비'를 통해 자신에게로 이어지지만 '刹那의 快樂 瞬間의 破滅!'을 막을 수는 없다. 이러한 근대의 '바다'를 향한 유미적 정열은 '過去를 崇拜치 안이하던 적은나뷔'의 자화상이자 '凡俗의 運命'에 떨어진 찰나와 순간을 동경한 '예술'의 파산이기도 하다. 이러한 근대지향의 '나비'는 후에 김기림의 '나비'를 통해 재생산된다.

> 아무도 그에게 水深을 일러 준 일이 없기에
> 흰나비는 도무지 바다가 무섭지 않다.

靑무우밭인가 해서 내려갔다가는
어린 날개가 물결에 절어서
公主처럼 지쳐서 돌아온다.

三月달 바다가 꽃이 피지 않아서 서글픈
나비 허리에 새파란 초생달이 시리다.
- 김기림의 「바다와 나비」[17] 전문

　김기림의 경우, 「바다와 나비」에서 바다를 대하는 근대 지식인의 관점을 대표적으로 볼 수 있다. 즉 '바다'라는 현실에 맞서는 시적 자아인 '나비'를 대응시켜 표현하고 있다. 여기서 시적 자아인 '나비'는 새로운 것을 동경하는 꿈을 가지고 여행을 하는 순진하고 가냘픈 존재이다. '바다'가 새로운 세계 또는 삶의 영역 전체라면 '나비'는 새로운 세계를 향해 돌진하는 주체이자 삶의 의미를 탐구하는 존재의 의미를 지닌다.[18] 그러나 '바다'와 '나비'는 그 문맥적 의미에서 상호 충돌하는 감각을 지니고 있다. 즉, 각 단어가 지니는 영역의 폭이 큰 편차를 보이기 때문이다. 전자가 광대 무변한 공간으로서의 맥락이라면, 후자는 작고 연약한 존재를 함축한다. 이러한 비유 자체가 전자 앞에 너무도 무력한 후자를 그 기저에 깔고 있는 발상이라 할 수 있다.
　'바다'가 상징하는 것이 근대성이라면 그것을 향한 '나비'의 모습은 당대 지식인의 존재를 함축한다. 따라서 당대적 의미에서 제국 본국인 일본과 식민지 조선의 현실은 모든 분야에서 중심과 주변으로 이원화되어 있는 종속적 관계였다. 특히 문화 또는 문학 부문에서 근대의 전신자로서의 일본과 수신자로서의 조신은 '아무도 그에게 水深을 일러 준 일'이 없는 현해탄을 매개항으로 구조화되어 있다. 최승구의 '나비'가 식민지 조선에서 근대문물의 메카로 기능하는 동경(東京)을 향한 동경으로 현해탄을 행했다면, 김기림의 '나비'는 근대문물을 향유하고 제국에서 식민지로 향하는 귀로에 놓여있다. 전자가 현해탄을 건너기 전에 파멸을 자초했다면 후자는 현해탄을 건너 일본식 근대를 체험하고 다시 현해

17) 김기림, 『김기림 전집』1시, 심설당, 1988.
18) 이숭원, 『한국 현대시 감상론』, 집문당, 1996, 119쪽.

탄을 넘어오는 것이다. 이러한 김기림의 나비 이미지와 최승구의 나비 이미지는
연약하고 나약한 존재임에 분명하지만, 전자가 근대를 향한 지식인의 내면의식
을 형상화한 반면 후자는 시의 하단에 'destruction of art'라고 명기하고 있는
바, 나비의 운명과 예술의 파멸을 연관지어 찰나의 쾌락과 그 파멸을 비유하고
있는 것이다.

최승구와 김기림의 '나비'가 최남선이 강조했던 근대로서의 '바다'에서 자유
롭지 못했다면, 그것은 식민지 지식인의 근대지향성이 투영된 형국으로 이해할
수 있다. 식민지가 어떤 의미에서 '근대의 실험실(laboratories of modernity)'[19]이
었다면, 식민지와 무관한 근대의 담론이란 존재할 수 없었기 때문이다. '근대의
실험실'의 재료는 피식민주의자들이었고, 그 주체는 근대의 담론을 실험한 식민
주의자들이었다. 식민주의자들의 전략은 근대의 이중성을 은폐하고 실험실의 재
료로 채택된 수많은 '나비'들을 '바다'로 내 모는 것이었다. 피실험자인 '나비'
들은 자신들이 실험실의 재료임을 자각하지 못한 채 실험의 '바다'에 나아가는
도구적 존재였다. 그들은 스스로 주체로서 '바다'로 나아가는 '나비'로 생각했
지만, 그 자신의 근대 지향성 자체가 강요된 근대였으며 '얼치기' 근대였기에
'범속한 운명'에 또는 깊이도 폭도 알려주지 않고 나가라는 근대의 다른 얼굴인
제국주의의 희생양이었을 뿐이다.

최승구와 김기림의 나비가 당대 지식인의 초상이었다면, 박봉우의 나비는 공
동체적 운명을 함께 하는 민족의 염원으로 확대 재생산된다.[20] '나비'의 상징성

---

19) Ann Laura Stoler, Race and the Education of Desire, Durham and London : Duke University
   Press, 1995, p. 15(강상중, 이경덕 · 임성모 역, 『오리엔탈리즘을 넘어서』, 이산, 1999. 재인용).
20) 오성호는 박봉우의 '나비' 이미지와 관련하여 『휴전선』을 중심으로 논의를 전개한 바 있다.
   그의 논의에 따르면, "최승구의 '나비'와 김기림의 '나비'가 식민지 현실의 벽 앞에서 속절
   없이 좌절당하고 만 한 시인의 유미적 정열과 근대에의 동경을 상징한다면 박봉우는 분단의
   현실을 용납하지 않으려는 자신의 시인적 정열과 그로 인해 겪을 수밖에 없는 현실적 고난
   과 고통을 '피에 젖은 나비'의 이미지를 빌어 표현하고 있는 것이다. 뿐만 아니라 '나비'의
   이미지는 분단의 극복의 꿈 자체와 그러한 꿈을 지닌 민족 구성원 전체가 겪어야 할 공통의
   운명을 상징하는 것으로 고양됨으로써 최승구나 김기림의 '나비'를 좌절케 한 거센 '파도'
   의 이미지 - 이 이미지 속에는 다른 한편으로 달콤한 낭만적 동경과 도취의 분위기가 내포되
   어 있기도 하다 - 는 분단을 상징하는 '철조망'의 비정하고 공격적인 이미지로 바뀌고 있다
   (오성호, 앞의 책, 116쪽)"고 설명한다. 이점은 '나비' 이미지의 시사적 의의를 조명함과 동

은 즉물적 이미지로 제시된 김기림의 나비, 또는 최승구의 나비 이미지에서 제
시하는 나약한 지식인의 초상과는 달리 '철조망'의 세계와 교직하면서 철저하게
역사화되어 있다. 그것은 후자가 전자를 억압하는 원체험으로 작용하고 있기 때
문이다. 즉 '철조망'이 환기하는 전후현실과 분단상황이라는 기제 속에서 '나
비'의 의미가 규정되는 것이다. 이러한 박봉우의 '나비'가 분단된 현실을 직시
하는 감각이라면 김규동의 '흰나비'는 한국전쟁의 비극적 체험을 통해 인간성을
파괴하는 전쟁에 대한 비판적 인식을 보여준다.

> 현기증 나는 활주로의
> 최후의 절정에서 흰나비는
> 돌진의 방향을 잊어버리고
> 피 묻은 육체의 파편들을 굽어본다.
>
> 기계처럼 작열한 심장을 축일
> 한 모금 샘물도 없는 허망한 광장에서
> 어린 나비의 眼膜을 遮斷하는 건
> 투명한 광선의 바다뿐이었기에 ―
>
> 진공의 해안에서처럼 과묵한 묘지 사이사이
> 숨가쁜 제트기의 白線과 이동하는 계절 속
> 불길처럼 일어나는 燐光의 조수에 밀려
> 이제 흰나비는 말없이 이즈러진 날개를 파닥거린다.
>
> 하얀 미래의 어느 지점에
> 아름다운 영토는 기다리고 있는 것인가.
> 푸르른 활주로의 어느 지표에
> 화려한 희망은 피고 있는 것일까.

시에 박봉우의 시에 나타난 '나비' 이미지의 특징을 설명하는 것이기도 하다. 또한 시집
『휴전선』과 『겨울에도 피는 꽃나무』를 중심으로 시인과 '나비' 이미지의 상관관계를 시대
상황과 관련지어 구체적으로 서술하고 있다.

神도 기적도 이미
승천하여 버린 지 오랜 流域 ―
그 어느 마지막 종점을 향하여 흰나비는
또 한 번 스스로의 신화와 더불어 대결하여 본다.
- 김규동의 「나비와 광장」[21] 전문

　김규동의 경우, 근대는 '바다'가 갖는 모험과 동경의 의미를 더 이상 지니지 못한다. 근대의 '바다'는 모험과 동경이 거세된 '한 모금 샘물도 없는 허망한 광장'으로 변모된다. 근대의 '바다'가 밖으로의 근대였다면 '허망한 광장'은 안으로의 근대를 보여준다. 그것은 최첨단의 근대가 각축을 벌였던 한국전쟁이었다. '피 묻은 육체의 파편들'이 난무하는 '광장'에서 또는 '현기증 나는 활주로'에서 '어린 나비'는 '기계처럼 작열한 심장을 축일/ 한 모금 샘물도 없'는 삶과 죽음의 기로에 놓여있다.
　「나비와 광장」은 두 개의 상이한 이미지 계열으로 구성되어 있다. '현기증 나는 활주로·피 묻은 육체의 파편·과묵한 묘지·숨가쁜 제트기' 등의 시어에서 환기하는 참담한 전쟁의 이미지와 '아름다운 영토·푸르른 활주로·화려한 희망' 등에서 보여주는 전자의 상황에 대한 극복을 지향하는 이미지가 그것이다. 그 사이에서 '흰나비는 말없이 이즈러진 날개를 파닥거린다.' 전자에서 후자로 이어지는 삶과 죽음 또는 절망과 희망 사이에서 '흰나비'는 아름다운 영토와 화려한 희망이 기다리고 있는 것인지 피고 있는 것인지 확신할 수 없다. '흰나비'가 기로에 놓여있는 한반도는 '신도 기적도 이미/ 승천하여 버린 지 오랜 流域'이기 때문이다. 그러나 '어린 나비' 또는 '흰나비'는 그 이전의 '나비'가 근대의 '바다'로 내 몰릴 수밖에 없었던 것처럼 어떤 모습일지도 모르는 '마지막 종점'을 향해 '또 한 번 스스로의 신화와 더불어 대결'할 수밖에 없다. 그러한 대결의식은 분단체제를 유지하려는 냉전이데올로기에 저항하며 비상하는 박봉우의 '나비' 이미지와 연결되는 지점이기도 하다. 그것은 「나비와 철조망」에서 '벽'을 인지하고 그에 대항하는 과정이라 할 수 있다.

---

21) 김규동, 『길은 멀어도』, 미래사, 1991.

'나비'의 종착지는 이미 경험했던 '첫 고향의 꽃밭' 같은 '<꽃밭>'이다. 그 곳
을 향한 나비의 여로는 '벽'에 막혀 있다. 그 '벽'은 첫 고향의 꽃밭같은 '<꽃
밭>'에 이르는 여로 그 자체이다. "벽, 벽……처음으로 나비는 벽이 무엇인가
를 알며 피로 적신 날개를 가지고도 날아야만 했다"는 구절에서 '나비'는 '벽'
이 무엇인지를 알게 된다. "첫 고향의 꽃밭에 마즈막까지 의지하려는 강렬한 바
라움의 향기"를 쫓아 날아가는 '나비'는 모진바람과 피비린내 나게 싸운 것, 피
로 적신 날개를 가지고도 날 수밖에 없다는 것, 목이 마르고 숨결이 가쁘지만 내
려앉아 쉴 수 없는 싸늘한 적지라는 것, 그렇지만 숨은 아직 끝나지 않았다는 것
에서 벽을 느낀다. 그 벽은 가로막혀 있는 것, 나비마저도 자유로이 왕래할 수
없는 철조망을 가리키는 휴전선을 환기시킨다.

　　山과 山이 마주 향하고 믿음이 없는 얼굴과 얼굴이 마주 향한 항시 어두
　움 속에서 꼭 한번은 천동같은 火山이 일어날것을 알면서 요런 姿勢로 꽃이
　되어야 쓰는가.

　　저어 서로 응시 하는 쌀쌀한 風景. 아름다운 風土는 이미 高句麗같은 정
　신도 新羅같은 이야기도 없는가. 별들이 차지한 하늘은 끝끝내 하나인
　데…… 우리 무엇에 불안한 얼굴의 意味는 여기에 있었던가.

　　모든 流血은 꿈같이 가고 지금도 나무, 하나 안심 하고 서있지 못할 廣場.
　아직도 정맥은 끊어진체 休息인가 야위어 가는 이야기 뿐인가.

　　언제 한번은 불고야말 독사의 혀같이 징그러운 바람이여. 너도 이미 아는
　모진 겨우살이를 또한번 겪으라는가 아무런 罪도 없이 피어난 꽃은 시방의
　자리에서 얼마를 더 살아야 하는가 아름다운 길은 이뿐인가.

　　山과 山이 마주 향하고 믿음이 없는 얼굴과 얼굴이 마주 향한 항시 어두
　움 속에서 꼭 한번은 천동같은 火山이 일어날것을 알면서 요런 姿勢로 꽃이
　되어야 쓰는가.

　　　　　　　　　　　　　　　　　　　　　　　-「休戰線」[22] 전문

「휴전선」은 나비와 철조망의 의미망을 명징하게 보여주는 시이다. 1연에서 시적 자아는 산과 산 그리고 얼굴과 얼굴이 대치되어 있는 어둠 속에서 언젠가는 그러한 대치 상황이 종결될 것이란 가능성을 암시한다. 그러나 그것을 알면서도 '요런 姿勢로 꽃이 되어야 쓰는가' 묻는다. 달리 말하면, 이런 자세로 꽃이 되어서는 안된다는 말이다. 즉, '요런 자세'는 '꽃'을 제약하는 조건으로 작용한다. '요런 자세'란 서로 대치되어 있는 '저어 서로 응시하는' 상황을 암시하기 때문이다.

나비는 '꽃'과 '꽃밭'을 찾아 '아름다운 길'을 날아 간다. 나비는 '아름다운 길'을 날아가는 여로에 놓여 있다. 그러한 여로의 끝은 '꽃밭'이 있는 곳이며, '高句麗같은 정신도 新羅같은 이야기'가 있는 '별들이 차지한 하늘'이 '끝끝내 하나'인 風土이다. 그러나 '별들이 차지한 하늘'은 고구려의 정신도 신라의 이야기도 없는 '쌀쌀한 풍경'과 아름답지 못한 '風土' 때문에 '끝끝내 하나'이지 못하고 둘로 나뉘어져 있다. '불안한 얼굴의 의미'는 하나로 있지 못하고 둘로 나뉘어진 '하늘'을 나타낸다. 그것은 곧 땅의 문제와 다름 아니다.

땅의 문제는 3연에서 나무 하나 안심하고 서있지 못하는 '광장'과 정맥이 끊어져 버린 상태의 '휴식' 또는 '야위어 가는 이야기'로 형상화되어 있다. 여기에서 박봉우의 '나비'와 김규동의 '나비'가 일치하는 지점으로 '나비'를 억압하는 '광장'의 표상성이 표나게 드러난다. 나비의 여로 위에 놓인 '광장'과 '휴식' 그리고 '이야기'는 모두 정상적이지 않은 상황을 의미한다. 그러나 시적 자아는 비정상적 상황이 영원한 것이 아니라는 사실을 알고 있다. '언제 한 번은 불고' 일어날 '바람'과 '꼭 한 번은 천동 같은 화산이 일어날 것을 알'기 때문이다. '바람'과 '화산'이 일어날 것을 알고 있기에 '모진 겨우살이를 또 한 번 겪'을 수 있고, '아무런 죄도 없이 피어난 꽃'도 지금보다도 더 살아갈 수 있다는 것이다. 그러한 인내는 '아름다운 길'이며 '요런 자세'로 꽃이 되지 않는 것으로 나비의 비행 여로이기도 하다.

---

22) 『휴전선』, 정음사, 1957.

IV. 광기로서의 '나비'

전후 한국사회는 전쟁이 파생시킨 실존적 현실 이외에 속도주의가 팽배한 공간이었다.[23] 전후의 사회적 현실이란 전쟁의 비극성을 딛고 일어서려는 내적 의지와 함께 사회의 구조적 변화, 즉 자유민주주의 체제로 편입된 이후 정착된 종속적 산업화 및 정치적 폐쇄성에 따른 외적 모순과 갈등을 수반한다.[24] 전후에 가속화된 세계자본주의체제에 의한 남한의 급격한 편입은 원조경제에 의한 도시의 발달이라는 비정상적 자본축적을 맞게 되고, 그러한 자본의 축적은 국내 생산재 기반시설의 낙후를 심화시키면서 뿌리 없는 자본주의적 삶을 확산시키는 토대가 된다.[25] 자본주의의 확산은 진보 또는 첨단의 의미를 띠고 근대화의 길을 모색하는 과정이었다. 그러나 그 과정은 파시스트에 의한 권력 장악이었고, 그것은 박봉우가 저항해야 했던 '벽'으로서 기능한다.

시인의 생애에 있어서 정신장애는 현실의 '벽'을 넘어설 수 없다는 인식과 나비의 여로가 중단되었다는 좌절감에 연유한다. 시인은 4월의 '꽃밭'에 대한 상실감, 4·19혁명이 아닌 5·16혁명(?)으로 인한 패배감에 젖어 헤어나지 못하고, "5·16 군사혁명을 맞고부터 모든 것이 뜻대로 이루어지는 게 없자 혁명 주도 세력에 대하여 종횡무진으로 질타"[26]하기 시작한다. 부조리한 현실에 대한 최후의 보루로 상정된 '시인공화국'은 예찬과 경멸을 반복하는 시적 자아의 부정확한 목소리를 통해 형상화된다. 그것은 알면서도 부를 수밖에 없는 '狂想의 노래(「소묘26」[27])'이고 '엉터리 시인'들이 조국의 풍경을 칠하는 세상(「地坪에 던져진 꽃」[28])이며, 창 밖으로 나아가고자 염원했지만 '窓이 없는 집'에 유폐되어 '무엇

---

23) 전후 한국사회를 규정하는 한 측면으로 속도주의는 근대적 시간의식의 파생물로 대두되었다. 속도 또는 속도주의는 더욱 더 빠른 가속도를 요구했으며, 진보 또는 첨단의 다른 이름이기도 했다(졸고, 「김수영 시에 나타난 속도의 의미」, 제43회 전국 국어국문학 학술대회 『국어국문학의 정체성과 유연성』 참조).
24) 김진균·조희연, 「분단과 사회상황의 상관성에 관하여」, 변형윤 외, 『분단시대의 한국사회』, 까치, 1985, 412 - 423쪽.
25) 이대근, 『한국전쟁과 1950년대의 자본축적』, 까치, 1987, 18쪽.
26) 성기조, 앞의 책, 144쪽.
27) 『四月의 火曜日』, 성문각, 1962

을 노래할 것인가'(「窓이 없는 집」[29])를 자문하는 형국이다. 그러나 "詩를 모르고 어떻게/정치를 하십니까/양심이 있다면 물러나시요/詩人을 천대하는 나라"(「시인을 아끼는 나라」[30])에서는 시인만세론을 주창하기도 한다. 이러한 시인만세론은 "민족의 대홍진을 겪은 전장에서 우리 세대의 자세는 절망과 절규로서 끝나지 않는데 시인의 가치가 부여"[31]되는 까닭이다.

> 어데로 가야 하나
> 어데로 날아가야 하나
> 피흘리며 찾아온 땅
> 꽃도 없다
> 이슬도 없다
> 녹슨 철조망가에
> 나비는
> 바람에 날린다
> 남풍이
> 북풍이냐
> 몸부림 몸부림 친다
> 우리가 살고 있다는 것은
> 고층빌딩이 아니다
> 그보다도 더 가난한 노래다
> 심장을 앓은
> 잔잔한 강물이다
> 바다이다
> 한 마리 나비는 날지 못하고
> 피투성이 된 채로
> 확 트인 하늘을 우선
> 그리워한다
>
> — 「휴전선의 나비」[32] 전문

---

28) 『황지의 풀잎』, 창작과비평사, 1979.
29) 위의 책.
30) 『딸의 손을 잡고』, 사사연, 1987.
31) 박봉우, 「신세대의 자세와 황무지의 정신」, 앞의 책, 369쪽.

푸코는 스스로를 정상적 또는 이성적이라고 생각하는 지식인들이 어떻게 비정상적이라고 생각되는 지식들을 침묵시키고 제외시켜 왔는가를 구체적인 역사의 사례를 통해 탐색하고 있다.33) 그럼으로써 푸코는 진실은 당대의 체제 속에 들어가거나 권력의 요구와 일치하지 않고서는 결코 진실이 될 수 없었으며, 그것을 거부했을 때는 허위와 광기로 몰려 침묵당했다는 사실을 보여 주고 있다. 푸코는 글을 쓰는 사람들이 언제나 당대의 보이지 않는 법칙들과 규제들의 문서보관소에 복종하도록 강요받아 왔음을 지적하며, 그와 같은 지식과 권력의 담합을 언술행위라고 부른다. 그러므로 우리에게 진리로서 제시된 것들은 사실 모두 당대의 언술행위에 불과할 뿐이다. 그와 같은 인식에서 푸코는 지배 이데올로기가 어떻게 스스로를 합법화시키며, 또 피지배 이데올로기는 어떻게 그것을 당연한 것으로 받아들여 왔는가에 주목하게 된다. 당대 지배 이데올로기를 표상하는 '철조망'은 '꽃밭'을 향한 '나비'를 광기로 몰아 억압과 침묵을 강요하는 기제로 기능한다.

나비는 비상과 좌절을 거치면서 4월의 '꽃밭'까지 왔지만 그곳이 종착지가 아니었기에 '어데로 가야 하'는지 방황하는 여로에 놓여 있다. '꽃밭'을 향해 날아왔던 나비는 '꽃'도 없고 '이슬'도 없는 '녹슨 철조망가에서' 부는 바람에 날릴 뿐 자신의 날개로 날아가지 못한다. 그 바람은 '남풍'인지도 '북풍'인지도 모르지만, 나비는 바람에 휩쓸리지 않기 위해 '몸부림'을 친다. 벗어나고자 몸부림을 치는 바람은 '가난한 노래'이다. '가난한 노래'는 '꽃'도 '이슬'도 없는 황지에서 나비의 여로를 중단시키는 요인으로 암시된다. 따라서 '가난한 노래'는 '녹슨 철조망'이 주는 냉전 이데올로기에 희생된 '狂想의 노래'이자 지배 권력의 중심에서 소외된 주변부의 '광기'일 따름이다. 그렇기 때문에 "한 마리 나비는 날지 못하고/ 피투성이 된 채로" 더 이상 나아가지 못하는 것이다. '피투성이'가 된 '나비'는 김지하의 시에서 '가벼움'의 시적 대상으로 변용된다.

---

32) 『딸의 손을 잡고』, 앞의 책.
33) Michel Foucault, 김부용 역, 『광기의 역사』, 인간사랑, 1999 참조.

불꽃이 타는
이마 위에 물을 이고
물의 진양조의 무게 아래 숨지는
나비 같은 가벼움
나비 같은 불꽃이 타는
이마 위에 물살을 이고
퍼부어내리는 비의 새하얀
파성을 이고 불꽃이 타는
이마 위에 이미 위에
총창이 그어댄 주름살의 나비 같은
익살을 이고
불꽃이 타는 그 이마 위에
물살이 흐르고 옆으로
옆으로 흐르는 물살만이 자유롭고
불꽃이 타는 이마위에
퍼부어 내리는 비의 새하얀
공포를 이고
숨겨간 그날의 너의
나비 같은 가벼움.

　　　　　　　　　　　　- 김지하의 「가벼움」34) 전문

　인용시에 나타나는 '나비'는 가벼움의 대상이다. '나비' 이미지 자체가 가벼움을 내포하고 있지만 「가벼움」의 경우, 자체에 내재한 가벼움을 초월한다. 그것은 '물의 진양조의 무게'를 '이마에 이는' 무거운 '가벼움'이다. '나비'가 가진 가벼움이란 중량 자체가 역설로서 기능하기 때문이다. 그렇다면 '가벼움'이란 상상을 초월하는 무거움과 등가라 할 수 있다. 무거움이란 무엇일까. 그것은 삶의 무게이자 죽음에의 '공포'이다. 시적 자아는 '숨겨간 그날의 너'를 연상하며 그의 죽음이 '나비 같은 가벼움'이라 표현한다. 따라서 '나비'는 시적 자아와 별개의 존재이며 차라리 시적 대상인 '숨겨간 그날의 너'를 형상화하는 객관적

---

34) 김지하, 『타는 목마름으로』, 창작과비평사, 1982.

상관물로 기능한다.

'나비 같은 가벼움'으로 죽은 '너'는, '불꽃이 타는/ 이마 위에 물을 이고' 있는 모습, '퍼부어내리는 비의 새하얀/ 파성'과 '이마 위에/ 총창이 그어댄 주름살의 나비' 그리고 앞으로 나아가지 못하고 '옆으로/ 옆으로 흐르는 물살만이 자유'로운 상황과 '퍼부어 내리는 비의 새하얀/ 공포'를 감싸 안고 있던 존재였다. 그 존재는 앞으로 흐르지 못하고 '옆으로 옆으로'만 파행적으로 흐르는 자유롭지 못한 현실에 저항하는 '광기'였으며 1980년 광주의 수많은 민중의 한 사람일 것이다. 박봉우는 5·18 광주에 대해서 '불타는 가슴'으로 '오로지/ 침묵으로 참'고, '내가 다시/ 무등에 충장로에/ 돌아가 사는 날/ 오랜 역사 앞에/ 사랑하는 오직 광주를 사랑하는/ 시인은 노래하리라'(「사랑하는 내고향 광주를 아직은 노래하지 않으련다」[35]) 다짐하기도 한다. 그것은 자유롭지 못한 자유에 대한 도전이며, 김수영이 말하는 '불온성'의 핵심 개념이기도 하다. 김지하의 '나비'가 박봉우의 '나비'를 잇는 계보라면 그 매개로서 김수영의 '나비'를 떠올릴 수 있다.

> 나비야 나비야 더러운 나비야
> 네가 죽어서 지분을 남기듯이
> 내가 죽은 뒤에는
> 고독의 명맥을 남기지 않으려고
> 나는 이다지도 주야를 무릅쓰고 애를 쓰고 있단다
> — 김수영의 「나비의 무덤」[36] 중에서

시적 자아는 '나비의 무덤' 앞에서 어떤 결연한 각오를 보여준다. '나비'는 죽어서 '지분'을 남기듯이 시적 자아인 '내'가 죽으면 '고독'을 남길 것이다. 그러나 '나'는 '나비'의 '지분'처럼 '고독의 명맥을 남기지 않으려고' '주야를 무릅쓰고 애를 쓰고 있'다. 시적 자아는 '나비의 지분'과 자신의 '나이'가 '무서운 인생의 공백을 가르쳐' 주기 때문에 '나의 할 일을 생각'하고 '고독한 정신'을 되새긴다. '나'의 '고독한 정신'은 '나비'의 '모자의 정보다 부부의 의리

---

35) 『딸의 손을 잡고』, 사사연, 1987.
36) 김수영, 『김수영 전집』1시, 민음사, 1998.

보다/ 더욱 뜨거운 너의 입김'에 반추되는 사고이다.

나비는 죽어서 자신의 전존재 양태를 지분을 통해 세상에 남기지만, 김수영은 분단의 하늘을 메웠던 광기의 역사를 그리고 '고독의 명맥'을 자신에서 끝맺음 하고자 했다. 그렇기 때문에 낮과 밤을 가리지 않고 애를 썼다. 그러나 그 '고독의 명맥'은 자유롭지 못한 자유에 대한 저항이자 '불온한' 자유에 피의 냄새가 섞여있다는 것 그리고 혁명은 왜 고독한 것이고 고독해야만 하는 이유를 설명하는 방식이었다.

V. 결론

지금까지 박봉우와 그의 시에 대한 연구작업은 문학사나 시사에서 중요성을 언급하는 정도였으며, 개별 연구성과는 1950년대에 국한되어 있는 실정이다. 시인의 전작품을 대상으로 한 몇 편의 논의를 제외한다면, 1960년대 이후의 후기 시에 대해서는 문학 외적으로만 논의되어 왔다. 그러나 1950년대만으로 박봉우 시인을 규정하기엔 한국현대사의 현장에서 몸부림쳤던 그의 그늘이 너무도 길다. 이러한 시인의 궤적은 그의 시정신이 투영된 '나비' 이미지에 적실하게 드러난다.

나비는 시인의 이상과 동경의 세계를 함축하는 이미지이다. 시인은 **나비**에 기대어 자신이 꿈꾸었던 '꽃밭'이란 유토피아를 찾기 위해 '나비'를 날려보낸다. 나비가 날아가는 여로는 당대의 사회 역사적 사실의 포착과 연결되어 있으며, 삶의 방향성 모색과 관련되어 있다. 나비의 여로가 내포한 시공소는 해방공간과 6·25, 4·19, 5·16 그리고 산업사회로의 도약을 꿈꾸던 70년대와 민주화의 본령으로 대두된 80년의 광주를 아우르는 역사적 공간을 분단시대라는 맥락으로 관류하는 길이라 할 수 있다. 이러한 맥락에서 최승구, 김기림, 김규동, 김수영, 김지하 등의 '나비' 이미지를 통해 박봉우의 '나비' 이미지가 내포하는 함의를 검증할 수 있었다.

　해방 이전 최승구와 김기림의 나비가 최남선의 '바다' 이미지를 통해 대두된 근대 지향성에서 자유롭지 못한 반면 박봉우와 김규동 그리고 김수영의 나비는 해방 이후 이념의 대립과 전쟁 그리고 전후 피폐한 '황무지'를 날아가는 존재였다. 전자가 근대의 실험실에서 피실험자의 운명에 처해 있는 식민지 지식인의 전형을 함축한다면, 후자의 나비는 전쟁과 냉전의 이데올로기가 난무하는 근대에 저항하는 피에 젖은 날개로 날아야 했던 존재라 할 수 있다. 한국현대사의 무수한 질곡에 역사의 증인으로 날았던 '나비'는 1980년 광주의 현장에도 예외일 수 없었다. 김지하의 나비가 그 생생한 목격자로 죽음을 통해 증언하고 있듯이 '광기'로서의 나비는 지배 이데올로기와 권력 중심부에서 소외된 주변적 존재였다. 그러나 김수영에게서 볼 수 있듯이, 현대시사에 등장하는 수많은 나비들은 '고독'을 일깨워주고 '혁명'이 왜 고독해야만 하는가를 가르쳐주는 계시의 계보학을 명징하게 보여준다.

　* 참고문헌은 각주로 대신함

「아홉 켤레의 구두로 남은 사내」의 연작소설 연구

변 화 영

I. 머리말

윤흥길은 70년대를 대표하는 작가이다. 1968년 「회색 면류관의 계절」이 한국 일보 신춘문예에 당선된 것을 시작으로 문단에 데뷔한 그는 「장마」(1973)로 자신 의 위치를 확고히 하면서 이후 네 권의 창작소설집을 발표하였다. 『황혼의 집』 (1976), 『아홉 켤레의 구두로 남은 사내』(1977), 『무지개는 언제 뜨는가』(1979), 『꿈 꾸는 자의 나성』(1983) 등이 그것이다.

윤흥길은 위의 네 권의 소설집에서 주로 분단의 아픔과 산업사회의 병폐를 폭 로하였다. 분단과 산업사회의 부조리한 현실이 70년대의 화두라는 점에서 볼 때 "윤흥길은 70년대의 대표 작가"라는 전제는 크게 어긋난 것은 아닌 듯하다. 그 렇다고 윤흥길이 70년대에 국한된 작가라는 의미는 아니다. 분단과 산업사회의 부조리한 현실이란 비단 70년대에 한정된 문제는 아니기 때문이다. 당시의 상황 과 크게 달라진 바 없는 오늘에 비추어 보건대 현실 비판을 저변에 깔면서 분단 과 산업사회를 형상화한 윤흥길 소설들은, 한편으로 현재를 이해하는 하나의 매 개적 서사체가 될 수 있는 것이다.

한 편의 소설을 현실 이해의 매개적 서사체로 생각해 볼 때 그것은 의사소통 구조라는 특유의 힘을 발휘하게 된다. 의사소통구조로서의 소설은 늘 서술자를 전제하고 있는데, 필수 불가결한 그의 존재는 매우 중요하다. 서술자가 스토리를 어떻게 이야기하느냐에 따라 의사소통구조로서의 소설이 지닌 매력이 독자에게 십분 발휘되느냐 그렇지 않느냐가 결정되기 때문이다. 그러나 독자가 만나고 느끼는 사람은 서술자가 아니라 작중인물이므로 서술자는 스토리에 존재하는 인물에 접근하는 방식, 즉 시점에 주목하지 않을 수 없다. 소설이 지닌 현실 이해의 매개적 속성이란 궁극적으로 독자가 인물을 통해 스토리를 이해하는 과정에서 성립되는 까닭이다.

서술자가 인물을 초점화하는 방식인 시점을 중심으로 윤흥길의 작품들을 둘러보게 되면 한가지 흥미로운 사실을 발견하게 된다. 시점과 연관된 그 흥미는 『아홉 켤레의 구두로 남은 사내』에 실린 「아홉 켤레의 구두로 남은 사내」의 연작소설에서 비롯된다.

총 아홉 편의 단편소설이 실린 『아홉 켤레의 구두로 남은 사내』 중에서 「아홉 켤레의 구두로 남은 사내」, 「직선과 곡선」, 「날개 또는 수갑」, 「창백한 중년」 등, 네 작품은 '성남'에 사는 '권기용'이 공통적으로 등장하는 일종의 연작소설이다. 연작소설은 일반적으로 배경의 일관성 유지와 공통적인 주인공 등장을 바탕으로 하여 각 작품들이 날실과 씨실처럼 얽히는 행위와 사건의 긴밀한 구도를 요구하는데, 「아홉 켤레의 구두로 남은 사내」의 연작소설은 이 같은 구도에 입각해 있다.

「아홉 켤레의 구두로 남은 사내」의 연작소설에서 등장하는 '권기용'은 '성남'에 산다. 그런데 '성남'은 그의 본래 거주지가 아니다. 그의 생활 터전은 서울이었다. 그런 그가 서울의 외곽도시인 '성남'으로 이주한 것은 내 집 마련을 향한 희망 때문이었다. 그러나 그의 희망은 '철거민의 입주 권리'를 둘러싼 기득권 계층의 계략과 폭력 앞에 산산이 무너져 내렸고, 본의 아니게 입주권 사수의 시위 대열에 앞장선 그는 범법을 이유로 결국 전과자가 되고 만다. 대학 출신의 '권기용'이 서울에서 '성남'으로 흘러 들어와 출판사 직원에서 전과자로, 그리고 동림산업 잡역부로 전락하는 과정에서 만나는 지식인들의 다양한 행태들은 사회의 부조리를 부추기고 기득권 계층의 폭력을 조장하는 그들의 이면을 반영하고 있다. 현실 논리를 앞세워 자신을 합리화하고 기회주의적 속성을 발휘하는

것은 현실을 사는 소시민으로서 어쩔 수 없는 생리라고 하더라도, 지식인에게
요구되는 사회적 도의와 책임을 도외시하는 태도는 이미 그들에게 도의적 책임
을 물을 수 있는 여지를 마련한 셈이다.

　「아홉 켤레의 구두로 남은 사내」의 연작소설에서 소시민적 지식인의 측면은
일련의 사건들에 직면한 '권기용'의 갈등을 통해 다양하게 나타난다. 서술자는
'권기용'의 심리와 사건에 접근하는 방식에 도움을 받아 소시민적 지식인들을
고발하는데, 그 폭로의 과정은 단순하지만은 않다. 연작소설이라는 점을 감안하
더라도 그렇지만, '권기용'을 '누가' 초점화 하여 이야기하느냐에 따라 '권기
용'은 물론 서술자 자신 또한 스토리 전달 과정에서 폭로의 대상이 된다는 점에
서 그 과정은 한층 복잡하다. 그럼에도 불구하고 '권기용'을 중심으로 빚어지는
다양한 삶의 편린들은 「아홉 켤레의 구두로 남은 사내」가 지닌 서사체의 깊이를
더해줄 뿐만 아니라 작중인물 전체가 고스란히 살아있는 생동감을 조성하면서,
독자에게 자기를 발견할 수 있는 근거로 작용하고 있다. 요컨대 초점화 대상인
'권기용'의 사고와 행동에 접근하는 시점1) 분석은, 한편으로 독자가 자기를 발
견하는 과정과 맞닿아 있는 셈이다.

　본 연구는 「아홉 켤레의 구두로 남은 사내」의 연작소설에 등장하는 서술자가
초점화하는 인물, '권기용'의 내면에 접근하는 방식인 시점을 분석함으로써 의
사소통구조를 매개로 한 소시민적 지식인의 자기 고발과 자기 발견의 문제를 살
펴보고자 한다.

---

1) 본 연구에서 사용하는 '시점'이라는 용어는 영미비평에서 전유한 '시점'(point of view)의 의
　미를 넘어선 개념으로, 그 정의에 있어서 랜서의 입장을 견지한다. 랜서는 시점을 작가와 독
　자 사이의 수사학적 문맥의 상관물로서, 미학적 이데올로기뿐 아니라 문학적 이데올로기의
　구조적 표명(수잔 스나이더 랜서, 김형민 역, 『시점의 시학』, 좋은날, 1998, 106쪽)으로 보고 있
　는데, '시점'에 대한 랜서의 입장은 리몬-케넌의 '초점화'란 용어를 아우르고 있다. 리몬-케
　넌은 초점화(focalization)란 용어가 과학-사진 기술적 의미에서 자유로울 수 없지만, 그 순수한
　시각적 의미는 인식적이고 정서적이며 관념적인 방향성을 갖는 정도까지 확대되어야 한다는
　생각(S. 리몬-케넌, 최상규 역, 『소설의 시학』, 문학과지성사, 1988, 109쪽)에서 즈네뜨의 그 용
　어를 선택하였다. 즈네뜨는 영미의 '시점'이라는 용어가 '누가 보느냐'와 '누가 이야기하느
　냐'의 구분을 모호하게 한다는 통찰 아래, '초점화'라는 용어를 창출한(제라르 즈네뜨, 권택
　영 역, 『서사담론』, 교보문고, 1992, 177쪽) 바 있다.

II. 초점화자와 서술자의 중층 구조

「아홉 켤레의 구두로 남은 사내」의 연작소설에서 '권기용'은 다양한 모습으로 등장한다. 「아홉 켤레 구두로 남은 사내」에서는 아내의 수술비 마련으로 전전긍긍하다 결국 어설픈 강도 행각을 벌이는 '권씨'로, 「직선과 곡선」에서는 '아홉 켤레의 구두'를 남기고 종적을 감춘 후 엿 새만에 돌아와 새 출발을 결심한 '나'로, 「날개 또는 수갑」에서는 팔이 잘려나간 안순덕의 생존을 위해 동림산업 오만한 사장과 맞서는 '권씨'로, 그리고 「창백한 중년」에서는 재단사 안순덕의 팔목이 잘리는 광경을 보고 노동의 현실을 깨닫는 잡역부 '권기용'으로 등장한다.

그런데 '권기용'을 둘러싼 일련의 사건을 전달하는 서술자 또한 작품마다 다르다. 「아홉 켤레의 구두로 남은 사내」의 서술자는 '권기용'이 세 들어 사는 집주인 '오선생'이고, 「직선과 곡선」의 서술자는 '권기용' 자신이며, 「창백한 중년」과 「날개 또는 수갑」의 서술자는 작중세계 '밖'의 인물이다. 작중세계 '안'의 인물들이 서술자로 나서는 「아홉 켤레의 구두로 남은 사내」와 「직선과 곡선」과 다르게 후자의 두 작품은 그렇지 않다는 점에서 차이가 있다. 하지만 후자의 작품들 중, 「창백한 중년」은 서술자가 '성남'의 '권기용'에게 일어난 사건들을 이야기하기 때문에 스토리 라인[2]이 전자의 작품들과 같다. 그러나 「날개 또는 수갑」은 '권기용'이 아니라 '민도식'이 초점화되는 까닭에, 앞서 언급한 세 작품들과 스토리 라인이 다르다. 그렇다고 「날개 또는 수갑」이 '권기용'과 전혀 관

---

2) 스토리 라인(story line)은 사건들이 결합되어 완전한 전체 이야기와 똑같은 구조를 가지고 있다. 그러나 동일한 집단의 개인들을 포함하는 일련의 사건이 어떤 텍스트의 우세한 스토리 요소로 확립되면, 그것은 주 스토리 라인(main story line)이 되며 그 밖의 개인들의 집단을 포함하는 사건들은 부 스토리 라인(subsidiary story line)이 된다(S. 리몬-케넌, 앞의 책, 33쪽). 「아홉 켤레의 구두로 남은 사내」에서 '나'는 보는 것과 이야기하는 것, 즉 양자의 행위를 다 할 수 있다. 초점화와 서술은 같은 동인(agent)에 귀속되어 있기 때문에 '나'는 초점화자이자 서술자이다. 하지만 '나'가 보고 이야기하는 일들은 '나'에 관한 것이라기보다는 주로 '권씨'에 관련된 것이므로, 이 작품에서는 상대적으로 '권씨'에게 일어난 일련의 사건을 우세한 스토리 요소, 즉 주 스토리 라인으로 볼 수 있다. 이때 '권씨'는 초점화자이자 서술자 '나'의 초점화 대상이다.

계가 없는 것은 아니다. 서술자가 초점화자 '민도식'이 '사복(社服)이라는 이름의 수갑'을 채우고 인간을 획일화하려는 음험한 계략에 끝까지 굴복하지 않으리라 결심할 수 있었던 것은 권기용과의 만남이 중요한 계기가 되었기 때문이다. 이렇게 볼 때, '권기용'을 폭 넓게는 「날개 또는 수갑」을 포함한 「아홉 켤레의 구두로 남은 사내」의 연작소설에서 서술자가 초점화하는 인물로 볼 수 있을 것이다.

이러한 전제하에서 「아홉 켤레의 구두로 남은 사내」의 연작소설을 살펴보면, 서술자와 '권기용'과의 관계가 상당히 복잡하게 얽혀 있다는 것을 알 수 있다. 그렇다면 '권기용'을 둘러싼 일련의 사건들을 각기 다른 서술자가 이야기하는 이유는 무엇일까? 이 같은 물음에 접근하기 위해서 먼저, 「아홉 켤레의 구두로 남은 사내」의 연작소설을 이루는 네 작품들을 사건이 일어난 시간 순으로 정리할 필요가 있다.

『아홉 켤레의 구두로 남은 사내』의 마지막 수록 작품인 「창백한 중년」은 「날개 또는 수갑」의 사건들보다 앞서 일어난 일들을 다루고 있다. 따라서 사건이 일어난 순서대로 보자면 「아홉 켤레의 구두로 남은 사내」의 연작소설은 「아홉 켤레의 구두로 남은 사내」, 「직선과 곡선」, 「창백한 중년」, 「날개 또는 수갑」으로 정리될 수 있다. 요컨대 『아홉 켤레의 구두로 남은 사내』의 마지막에 게재된 「창백한 중년」을 먼저 살펴보기로 하겠다.

> "너 이새끼 잡역부라구 그랬지? 대학 졸업장 가진 잡역부가 세상에 그렇게 흔타더냐? 그렇게도 잡역부 시킬 사람이 없어서 네놈처럼 평생 펜대나 굴려먹은 종자를 내려보냈다더냐? 이눔시끼 너 오늘 임자 만났다. 잡역부 깝데기를 벗기면 뭐가 튀어나올지 내 오늘 기어코 밝혀내고야 말겠다!"
> 쓰러진 몸뚱이 위로 무수히 떨어져 박히는 주먹질과 발길질을 받으며 권씨는 그걸 피할 생각도 하지 않았다. 비명을 지르고 싶지도 않았다. 대번에 코피가 터지고 입 안에서도 건건찝찔한 맛이 돌았다. 폭죽을 터뜨리는 것같이 사방으로 꽃불이 튀어서 아무것도 볼 수가 없었다. 그러나 당하는 만큼 고통을 동반하지는 않는 기묘한 구타였다.
> "넌 우리 순덕일 만날 자격이 없어! 두번 다시 순덕일 만나선 안 돼! 다시

는 만날 수 없게 이렇게 죽여주는 거야, 임마!"

숨돌릴 겨를도 없이 쏟아져내리는 타격은 차라리 일종의 청량감 같은 것이었다. 그것은 안순덕과 박환청과 자기를 잇는 삼각의 끈을 확인하는 절차이기도 했다. 여태껏 그들과 자기 사이에 가로놓인 엄청난 허구의 공간이 주먹과 발길 끝에서 조끔씩조끔씩 무너져 내리고 있었다. 내가 만약 이 자리에서 저 미치광이 젊은이한테 타살 당하지 않고 살아날 수만 있다면, 하고 권씨는 가정을 해보았다. 살아난 값을 톡톡히 해야지. 그러기 위해서는 다른 무엇보다도 먼저 노조 간부들을 만나볼 필요가 있었다. 그리고 다음 순서로 본사에 가서 사장을 만나는 일도 당연히 고려에 넣으면서 권씨는 차츰 의식을 잃어갔다.

- 「창백한 중년」, 239~240[3]

위의 인용문은 동림산업에 취직한 '권씨'가 병원에서 안순덕의 애인인 박환청에게 구타당하는 「창백한 중년」의 마지막 장면이다. 그가 안순덕에게 남다른 관심을 갖게 된 것은 잡역 일에 종사한 지 한 달이 지날 무렵이었다. 물론 안순덕을 향한 그의 관심은 "오로지 먼저 태어난 까닭에 지지리도 많이 고생해 본 사람이 나중에 태어난 까닭에 좀 적게 고생한 사람에게 느끼는 이를테면 형제애 비슷한 감정의 발로"였다. 그러던 어느 날 '권씨'는 다른 사람들에게서 떨어져 나와 혼자서 '이상한 점심식사'를 하는 안순덕을 보게 된다. "밥 먹다 말고 갑자기 손바닥으로 얼굴을 감싸안으면서 쿨룩쿨룩 기침을 시작하는 대목까지 지켜본 다음 슬그머니 발길을" 돌리려는 그에게 안순덕이 방금 본 상황을 눈감아 달라고 애원한다. 그녀는 폐결핵을 앓고 있었던 것이다. '권씨'는 그녀에게 물론 그렇게 하겠다고 다짐을 하지만, 그를 잡역부로 꾸미고 슬슬 염탐하러 다니다가 사장한테 일일이 보고하는 사원으로 믿고 있던 그녀는 그의 말을 곧이 듣질 않는다. '권씨'는 자신이 처해 있는 입장을 그녀에게 이해시키려고 애썼지만, 여관행까지 감수할 수 있다며 매달리는 그녀의 터무니없는 오해를 풀기란 좀처럼 쉽지 않은 일이었다.

며칠 후 회사에서 실시한 건강 검진 결과, 안순덕은 폐결핵이 밝혀져 아무런

---

3) 윤흥길, 『아홉 켤레의 구두로 남은 사내』, 문학과지성사, 1977(인용문의 숫자는 모두 이 책의 페이지이다).

보상 없이 퇴출당한다. 폐결핵은 직업병이 아니기 때문에 전혀 재해 보상을 받을 수 없었던 것이다. 그러나 다음날도 어김없이 출근한 안순덕은 다른 사람이 차지하고 있던 자신의 재단기를 어떻게든 되찾으려고 안간힘을 쓰다가 그만 재단기에 팔목을 잘리고 만다. 피를 흘리며 들것에 실려간 그녀를 보기 위해 병원으로 찾아간 '권씨'는 박환청에게 무수한 주먹질과 발길질을 받았던 것이다. 안순덕과 마찬가지로 '권씨'를 본사에서 내려보낸 염탐꾼으로 생각하던 박환청으로서는 당연한 일이었다. 숨돌릴 겨를도 없이 가해오는 박환청의 주먹과 발길 끝에서 '권씨'는 일종의 해방감을 느낀다. "그것은 안순덕과 박환청과 자기를 잇는 삼각의 끈을 확인하는 절차"이자 "그들과 자기 사이에 가로놓인 엄청난 허구의 공간"이 허물어져 나가는, 다시 말하면 진짜 노동자로 태어났음을 인식하는 순간이었기 때문이다.

노동의 현실을 직접 체험함으로써 생존의 참다운 의미를 인식한 '권씨'는 아무런 보상 없이 회사에서 쫓겨난 안순덕의 팔 값을 찾아주기 위해 사장과의 면담을 요구하고 나섰다. 그러나 악덕 기업주 오만한 사장은 그의 면담을 계속해서 회피하고 있다. '권씨'가 다방에서 '민도식'을 만난 것은 사장의 그러한 기만적 행위 덕분이었다.

> 만만한 상대를 만난 장은 권씨를 노리개감으로 삼아 화풀이할 작정임을 분명히 하면서 동료들에게 은밀히 눈이을 보냈다. 함께 놀이에 끼어들라는 뜻일 것이었다. 그러나 도식이 보기엔 첫눈에 만만한 상대가 아니었다. 그는 참을성 좋게 여전히 웃고 있었다. 그것은 생산부 공원들이 본사의 사무직을 대할 때 일반적으로 갖는 비굴한 표정이 아니었다. 그렇다고 적대감도 아닌 그것은 일종의 자신감의 표현임이 분명했다. (…)
> "제가 드리고 싶은 말씀이 바로 그겁니다. 옷도 중요하고 팔도 중요하다는 말씀에 전적으로 동감입니다. 그렇기 때문에 팔을 찾으려는 사람이라고 함부로 대하는 자세만큼은 삼가해주셨으면 합니다. 선생님들한테 팔이 있듯이 옷은 우리들도 필요하니까요. 이제 또 들어가봐야죠. 사장님이 면담을 받아주시질 않아서 이렇게 매일같이 허탕을 치고 있는 중입니다." 팔과 옷을 한참 주고받던 권씨가 장과 유를 향해 차례로 목례를 보낸 다음 핑하니 다방을 나가버렸다. (…)

그 이튿날, 부(部) 대항 체육대회다 뭐다 해서 창업이래 최대 규모의 기념
행사 준비로 가뜩이나 어수선한 판인데 줄자를 든 양복점 재단사들이 떼로
들이닥쳐 각 사무실을 도는 바람에 업무는 사실상 중단 상태였다. 이인 일조
가 된 재단사들이 하나가 재면서 치수를 부르면 그걸 다른 하나가 받아서 적
고, 그들 앞에서 겉옷을 벗은 채 샤쓰 바람이 된 동료들이 바보처럼 팔을 벌
리고 가슴을 맡기고 뒤로 돌아를 하면서 등을 대주는 모양을 멀거니 바라보
다가 민도식은 제 차례가 오기 전에 슬그머니 사무실을 빠져나와 버렸다.

　　　　　　　　　　　　　　　　　　　- 「날개 또는 수갑」, 219~221

위의 인용문은 동료들과 언쟁을 벌이던 '권씨'로 인해 사복(社服) 제정에 반
대하고 나선 민도식의 갈등이 서술된 「날개 또는 수갑」의 한 부분이다. 민도식
이 '권씨'를 만난 것은 장상태, 우기환, 유명종과 함께 사장의 일방적인 사복 결
정을 논의하기 위해 다방에 모인 것이 계기였다. 옆에서 차를 마시던 동림산업
작업복 착용의 '권씨'를 스파이로 오해하여 시비를 걸었던 것이다. 장상태를 비
롯한 동료들이 '권씨'를 화풀이 대상으로 보고 시비를 걸었지만, 참을성 좋게
여전히 웃고 있는 그 얼굴이 본사의 사무직을 대할 때 일반적으로 갖는 생산부
공원의 비굴한 표정이 아닌 일종의 자신감의 표현임을 직감한 민도식은 '권씨'
가 만만치 않은 상대임을 간파한다.

"옷도 중요하고 팔도 중요하다는 말씀에 전적으로 동감입니다. 그렇기 때문에
팔을 찾으려는 사람이라고 함부로 대하는 자세만큼은 삼가 주셨으면 합니다.
선생님들한테 팔이 있듯이 옷은 우리들도 필요하니까요"라고 말하는 '권씨'의
진지한 태도에서 민도식은 제복을 입음으로써 제약 당하는 개인의 사생활이 팔
을 잃음으로써 위협받는 노동자들의 생계만큼 그렇게 절박한 것인가를 되짚어
본다. 그러나 분명한 것은 노동자들의 생존권 보장을 위해 사장과 직접 대면하
고 나서는 '권씨'처럼, 자신의 입장을 표방할 수 있는 실천적 용기가 민도식 자
신에게는 부족하다는 사실이었다. 그렇다고 제복 착용을 받아들임으로써 민도식
자신이기를 포기하고 '사복이라는 이름의 수갑'에 채워져 평생을 살 수도 없는
일이다. 바야흐로 제복 지향의 빳빳한 시대가 열리고 있는 이 와중에서 휩쓸려
산다는 것, 그것은 자기 기만임을 교도소의 교도관이었던 아버지의 제복을 통해

절실하게 느꼈던 탓이다.

서술자는 자신의 존재를 최대한 감추고 초점화자 민도식의 이러한 갈등을 전달하고 있다. 사복 치수를 잴 차례가 되자 슬그머니 사무실을 빠져 나오는 그의 행동에는 '권씨'를 만남으로써 생긴 갈등이 반영되어 있다. 옷이 팔만큼 중요하다고 생각한다면, 그것에 대한 자신의 입장을 떳떳하게 표방할 수 있어야 한다. 그것이 탁상공론으로 끝나서는 안 된다. 민도식은 팔이 잘려나가는 아픔을 감수하더라도 사장과 맞서 나가는 실천이 필요하다는 것을 '권씨'를 통해 깨달았던 것이다.

이처럼 민도식에게 자기 발견의 길을 열어 보이게 한 '권씨', 「아홉 켤레의 구두로 남은 사내」의 서술자 '나'의 집에 세 들어 사는 '권씨'와 동일인이다.

> 워낙 개시부터가 기대했던 바와는 달리 어긋져나갔다. 많이 무리를 해서 성남에다 집채를 장만한 후 다소나마 그 무리를 봉창해볼 작정으로 셋방을 내놓기로 결정했을 때, 우리 내외는 세상에서 그 쌔고쌘 집주인네 가운데서도 우리가 가장 질이 좋은 부류에 속할 것으로 자부하는 한편, 우리 집에 세 들게 되는 사람은 틀림없이 용꿈을 꾸었을 것으로 단정해버렸고, 이와 같은 이유로 문간방 사람들도 최소한 우리만큼은 질이 좋기를 당연히 요구했던 것이다. 그런데 우리의 기대는 어쩐지 처음부터 자꾸만 빗나가는 느낌이었다. 특히 사복차림으로 학교까지 찾아온 이순경이 주민등록부에 우리의 동거인으로 기재되어 있는 안동 권씨에 관해 얘길 꺼냈을 때 내가 느낀 배반감은 절정에 달했다.
>
> "…조금도 부담감 같은 걸 가질 필요는 없습니다. 매일매일 무슨 보고 형식을 취할 것을 의무적으로 요구하는 건 아니니까요. 약간 특별한 동태가 보일 때, 가령 멀리 여행을 떠나게 되었다든가 좀 이상한 손님이 찾아왔나든가 쌀이나 연탄이 떨어져서 굶는다든가 갑자기 많은 돈이 생겨서…"
>
> –「아홉 켤레의 구두로 남은 사내」, 120

「아홉 켤레의 구두로 남은 사내」의 연작소설에서 사건의 발단은 '나'의 집으로 이사온, 전세 입주자 권씨가 정부의 '사찰 대상자'라는 데 있다. 국어교사인 '나'는 학교의 담당 경찰관 이순경이 너털웃음을 지으면서 문간방 권씨의 동태를 일일이 보고해 줄 것을 부탁했을 때 "어쩐지 처음부터 자꾸만 빗나가는 느낌"이 배반감으로 치닫는 감정에 휩싸인다. 집주인인 '나'의 양해도 없이 이삿짐의 전부인 보따리 두어 개를 짊어지고 "예정보다 나흘이나 앞당겨 일방적이며 기습적으로 이사를 단행"한 데서 비롯된 어긋남의 감정이 이순경의 사찰 대상자 운운 탓에 배반감으로 돌변한 것이다. 이순경은 곧 권씨를 사랑하게 될 것이라고 말하지만, '나'에게는 그런 끔찍한 일은 절대 일어나지 않으리라 스스로 확신한다. 그러나 그 끔찍한 일이 '나'에게 시나브로 다가왔다.

　　원산부인과 건물이 가까워지자 나는 아까부터 내 뒤를 미행해오는 사람이 있음을 그제서야 겨우 눈치챌 수 있었다. 자칫 발이 헛나갈 정도로 현기증이 심했고, 빨래를 쥐어짜듯 내장을 내리훑는 극심한 통증 때문에 나는 자주 길가에 쪼그려 앉아야만 했는데, 그럴 적마다 누군가 소리 없이 다가와서 내 뒤에 서는 사람이 있었다. 가까스로 기운을 수습해서 이를 악물고 걷기 시작하면 상대방 역시 일정한 간격을 두고 뒤밟아오는 기색이었다. 병원 현관으로 오르는 나지막한 돌계단 앞에서 나는 결정적으로 쓰러지고 말았다. 다시 일어설 수 없을 것만 같은 암담한 기분에 사로잡혔다. 바로 이때 잽싸게 달려들어 내 겨드랑이를 끼는 사람이 있었다.
　　"아들입니다."
　　그가 내 귀에 대고 속삭였다.
　　"모자가 다 건강합니다. 어제 퇴원했습니다. 한 이틀 가량 더 있어야 된다는데도 산모가 부득부득 우겨서…"
　　오리무중으로 그저 빙글빙글 돌기만 했지 당최 눈에 잡히는 게 없었다. 나는 오선생의 목소리나마 놓치지 않을 요량으로 혼신의 노력을 다하면서 이렇게 물었다.
　　"오늘이 무슨 요일이죠?"
　　"화요일입니다."
　　화요일이라… 그렇다면 가출한 지 꼭 엿새만이 되는 셈이다.
　　　　　　　　　　　　　　　　　　　　－「직선과 곡선」, 168

위의 인용문에 등장하는 '나'는 「아홉 켤레의 구두로 남은 사내」의 '나'가 아니다. 「직선과 곡선」의 서술자로 등장하는 '나'는 이순경이 지적한 사찰 대상자

'권씨'이자 아내의 수술비를 마련하지 못하고 끝내 종적을 감춘 「아홉 켤레의
구두로 남은 사내」의 '권씨'이다. 가출한 지 꼭 엿새만에 산에서 내려온 '나'는
아내가 입원해 있는 원산부인과 병원을 찾아가는 도중 쓰러져 '오선생'의 부축
을 받는다. '오선생'에게서 아내와 아기가 무사하다는 말을 들은 '나'는 그가
수술비를 대납했다는 것을 알게 된다. 이 "맘씨 좋은" '오선생'은 '나'가 세 들
어 사는 집주인, 즉 「아홉 켤레의 구두로 남은 사내」에 등장하는 서술자 '나'이
다. 결국 '오선생'은 이순경의 말대로 '권씨'를 어느덧 사랑하게 된 것이다.

위에서 살펴 본 바와 같이 「아홉 켤레의 구두로 남은 사내」의 연작소설에서
'권기용'은 여러 가지 모습으로 등장한다. '권기용'이 작품마다 다르게 나타나
는 것은 '권기용'을 누가 초점화 대상으로 삼느냐 하는 시점에서 비롯된다. 「아
홉 켤레의 구두로 남은 사내」에서는 '오선생/나'가 '권기용'을, 「직선과 곡선」
에서는 '권기용' 자신을, 「창백한 중년」에서는 작중세계 밖의 서술자가 '권기
용'을 초점화하고 있다. 그리고 「날개 또는 수갑」에서는 작중세계 밖의 서술자
가 '민도식'을 초점화하는 한편, '민도식'이 다시 '권기용'을 초점화하는 가운
데 '권기용'이 이야기되고 있다. 그러나 결국 이 모든 것은 「아홉 켤레의 구두로
남은 사내」의 연작소설에 등장하는 서술자들이 '권기용'이라는 인물에 독자가
신빙성을 갖도록 시점을 조절한 결과일 따름이다. 이처럼 초점화자와 서술자가
중층적으로 등장하는 것은 시점의 한 방식으로, 작중세계 '안'에 존재하는 '권
기용'의 사고와 행위에 독자가 신뢰할 수 있도록 유도된 장치인 것이다.

III. 지식인의 자기 발견의 이야기

「아홉 켤레의 구두로 남은 사내」의 연작소설은 서술자가 작중세계의 인물이
냐 그렇지 않느냐에 따라 두 가지로 분류될 수 있다. 하나는 서술자가 작중세계
'안'에 존재하는 인물로 「아홉 켤레의 구두로 남은 사내」와 「직선과 곡선」에 등
장하는 '권씨'와 '오선생'이 이에 속한다. 또 다른 하나는 서술자가 작중세계
'밖'에 존재하는 인물로 「창백한 중년」과 「날개 또는 수갑」에 등장하는 제 3의

인물, 즉 타자화된 인물이다. 여기서 후자의 두 편은 주 스토리 라인이 '권씨'에
관한 것인가 그렇지 않은가에 따라 또 다시 대별될 수 있다. 「창백한 중년」은 주
스토리 라인이 '권씨'에 관한 것이지만, 「날개 또는 수갑」은 「아홉 켤레의 구두
로 남은 사내」, 「직선과 곡선」, 「창백한 중년」과는 다르게 '민도식'에 관한 것이
다. 그렇다고 「날개 또는 수갑」이 '권씨'와 동떨어진 이야기는 아니다. 왜냐하면
초점화자 '민도식'이 회사의 제복 결정에 반대하고 나설 수 있었던 것은 동료의
팔 값을 되찾아주려고 투쟁하는 '권씨'를 만났기 때문이다. 하지만 민도식처럼
'권씨'와의 만남이 누구에게나 인생에 하나의 전기를 마련해 주는 것은 아니다.
'권씨'가 겪어야 했던 일들을 거의 겪지 않은 채로 살아왔던, '오선생'과 같은
사람에게 '권씨'는 단지 문간방에 세 들어 사는 궁핍하고 가련한 이웃일 뿐이다.

　「아홉 켤레의 구두로 남은 사내」의 연작소설에서 집주인 '나'의 갈등이 시작
된 것은 사복차림으로 학교까지 찾아온 이순경이 주민등록부에 동거인으로 기재
되어 있는 안동 권씨에 관해 얘길 꺼냈을 때였다. 물론 예정보다 나흘이나 앞당
겨 이사온 것이며, 이삿짐 보따리를 보아하니 남은 절반의 전세금을 제 때에 내
지 못할 것 같은 살림살이며, 임신 오륙 개월쯤 되어 보이는 그의 아내로 짐작하
건대 머지 않아 다섯 식구가 될 듯한 권씨네 가족 구성 등, "워낙 개시부터가 기
대했던 바와는 달리" 처음부터 자꾸만 빗나가는 느낌은 이미 있었다. 하지만 그
느낌이 갈등으로 심화된 것은 이순경이 '나'에게 전과자인 '권씨'의 동태를 일
일이 보고해 줄 것을 요구한 데서 비롯된다. 그러나 '나'는 아내에게 철거민의
입주 권리를 놓고 벌인 '광주대단지사건'의 데모 주동자이자 은경이와 영기 사
이의 여섯 살 터울이지까지, 그 아버지 되는 '권씨'에 대해 아무런 언급도 하지
않았다. 그렇지 않아도 벌써 아내의 눈밖에 난 사람인데, 만약 사회와 안녕과 질
서를 파괴했다는 죄로 여러 해를 복역했었고 지금도 경찰의 감시를 받고 있는
위험 인물이라는 사실을 알게 된다면 분명히 단 하루도 한 지붕 밑에서 살지 않
으려고 하기 때문이었다.
　"여러 날 함께 살면서도 피차 밖으로 나돌며 빡빡하게 지내다보니 이사오던
그 날 이후로 변변히 대면조차 할 기회가 없었던" '나'는, 어느 날 '권씨'를 자

세히 관찰할 기회를 갖게 된다. 그렇다고 그 기회가 좋은 결과로 끝을 맺은 것은 아니다. '권씨'와의 대면은 '나'의 말실수로 인해 그때부터 엇가기 시작했던 탓이다.

> "그거 팔 겁니까?"
> 아침 인사 겸 농담삼아 나는 그에게 말을 걸었다.
> "팔 거냐구요?"
> 갑자기 일손을 멈추더니 그는 내 발을 내려다보았다. 아니, 내가 신고 있는 구두를 유심히 쏘아보는 것이었다. 이윽고 내 바짓가랑이와 저고리 앞섶을 타고 꼬물꼬물 기어올라오는 그의 시선이 마침내 내 시선과 맞부딪치면서 차갑게 빛났다. 그의 얼굴이 시뻘겋게 달아오르는가 싶더니 어느새 입가에 냉소를 머금고 있었다.
> "어떻게 보고 하시는 말씀인지는 모르지만…"
> "제가 이거 실례했나 봅니다. 달리 무슨 뜻이 있어서가 아니고… 다만 구두가 하두 여러 켤레라서… 전 그저 많다는 의미루다…"
> 입을 꾹 다물고 권씨가 더 이상 나를 상대하지 않으려는 의사를 분명히 했으므로 내겐 아무 할 말이 없어져버렸다. 그는 손질을 마친 구두를 자기 오른편에 얌전히 모시고는 왼편에서 다른 구두를 집어 무릎 새에 끼더니만 헌 칫솔로 마치 양치질하듯 신중하게 고무창과 가죽 틈에 묻은 흙고물을 제거하기 시작함으로써 내게서 사과할 기회를 아주 앗아가버렸다. 나는 주번교사를 맡아 다른 날보다 일찍 출근하려던 것도 까맣게 잊은 채로 권씨 앞에서 오래 밍기적거렸다. 그러나 권씨를 향한 그 찜찜한 마음 덕분에 비로소 권씨를 자세히 관찰할 기회를 얻었다.
> － 「아홉 켤레의 구두로 남은 사내」, 132～133

'나'는 권씨가 문간방 툇마루에 앉아 대여섯 켤레의 구두를 내놓고는 털고 바르고 닦는 것을 지켜보다 그에게 "그거 팔 겁니까?"하고 묻는다. 물론 그것은 '나'가 아침 인사 겸 농담 삼아 운을 뗀 말이었다. 변변치 못한 살림살이 보따리 두어 개가 이삿짐의 전부였던 점을 미루어 볼 때, "바탕과 빛깔이 다르고 디자인이 다른 갖가지 구두"는 '권씨'가 가질 수 없는 호사품임에 분명하다. 그래서 '나'는 단대리 시장 통의 20평 집의 문간방 하나를 빌었던 사글세 입주자가 아

닌, 시청 뒤의 은행마을 100평의 슬라브집 주인으로서의 권위와 우월감이 내재
된 질문을 던질 수 있었던 것이다. 비아냥거리는 '나'의 질문에 '권씨'는 "바짓
가랑이와 저고리 앞섶을 타고 꼬물꼬물 기어올라오는" 차가운 시선을 보내며 도
중에 그만 둔 구두 손질에 열중한다.

그러나 그 구두들은 '권씨'에게 일개 호사품에 지나지 않은 것이 아니다. 열
켤레 가운데 마음에 드는 일곱 켤레를 골라 한꺼번에 손질을 해서 매일매일 갈
아 신으면서 한 주일의 소용에 당한 그 구두들은 '권씨'의 자존심이기 때문이다.
구두코가 유리알처럼 반짝반짝 닦여져 있는 구두는 곧 '권씨'의 자존심이 "광발
처럼" 올려진 증거이다. '권씨'가 오른발을 들어 왼쪽 바짓가랑이 뒤에다 두어
번 문지르다가 다시 발을 바꾸어 같은 동작을 틈틈이 반복하는 것은 자존심을
유지하려는 그의 의지에 다름 아니다. 그러나 '나'의 소시민적 태도는 '권씨'의
그런 자존심을 매번 자극한다. 무엇보다도 '나'의 소시민적 우월감이 극명하게
드러난 것은 '권씨'의 어설픈 강도 행각으로 생긴 실수들을 지적하고 나선 데
있다.

> 터지려는 웃음을 꾹 참은 채 강도의 애교스런 행각을 시종 주목하고 있던
> 나는 살그머니 상체를 움직여 동준이를 잠재울 때 이부자리 위에 떨어뜨린
> 식칼을 집어들었다.
> "연장을 이렇게 함부로 굴리는 걸 보니 당신 경력이 얼마나 되는지 알만
> 합니다."
> 내가 내미는 칼을 보고 그는 기절할 만큼 놀랐다. 나는 사람좋게 웃어 보
> 이면서 칼을 받아가라는 눈짓을 보였다. 그는 겁에 질려 잠시 망설이다가 내
> 재촉을 받고 후다닥 달려들어 칼자루를 낚아채가지고는 다시 내 멱을 가누
> 었다. 그가 고의로 사람을 찌를 만한 위인이 못 되는 줄 일찍이 간파했기 때
> 문에 나는 칼을 되돌려 준 걸 조금도 후회하지 않았다. 아니나다를까, 그는
> 식칼을 옆구리 쪽 허리띠에 차더니만 몹시 자존심이 상한 표정이 되었다.
> (…) 그는 현관에 벗어놓은 구두를 신고 있었다. 그 구두를 보기 위해 전등을
> 켜고 싶은 충동이 불현듯 일었으나 나는 꾹 눌러 참았다. 현관문을 열고 마
> 당으로 내려선 다음 부주의하게도 식칼을 들고 왔던 자기 본분을 망각하고
> 엉겁결에 문간방으로 들어가려 했다. 그의 실수를 지적하는 일은 훗날을 위

해 나로서는 부득이한 조처였다.

　"대문은 저쪽입니다."

　문간방 부엌 앞에서 한동안 망연해 있다가 이윽고 그는 대문 쪽을 향해 느릿느릿 걷기 시작했다. 비틀비틀 걷기 시작했다. 대문에 다다르자 그는 상체를 뒤틀어 이쪽을 보았다.

　"이래뵈도 나 대학까지 나온 사람이오."

　누가 뭐라고 그랬나. 느닷없이 그는 자기 학력을 밝히더니만 대문을 열고는 보안등 하나 없는 칠흑의 어둠 저편으로 자진해서 삼켜버렸다.

― 「아홉 켤레의 구두로 남은 사내」, 158～159

　한번도 남의 담을 넘어보지 않은 '권씨'는 스스로 지레 겁먹은 바람에 부주의하게도 그만 칼을 떨어뜨리는 실수를 저지르고 만다. 얌전히 구두까지 벗고 양말 바람으로 들어온 강도가 '권씨'임을 간파한 '나'는 그가 고의로 사람을 찌를 만한 위인이 못 된다는 것을 아는 터라 떨어진 칼을 집어서 그에게 돌려줄 뿐만 아니라, 버릇처럼 엉겁결에 문간방으로 들어가려던 그에게 대문으로 나가라고 차갑게 주의까지 준다. '나'의 이 같은 친절은 착한 '권씨'가 남을 해치지 못한다는 확신에서 비롯된다. 결국 무엇 하나 제대로 훔치지도 못하고 땀만 뻘뻘 흘리며 자존심이 몹시 상한 표정이 된 '권씨'가 "이래뵈도 대학까지 나온 사람이오"라고 절규하듯 말하고는 대문을 나서는데, 그가 던진 그 한마디는 '나'가 '권씨'에게서 두 번째 듣는 말이다. "이래뵈도 대학까지 나온 사람이오"라는 말은 '권씨'가 학교로 '나'를 찾아온 오늘 아침에도 들었던 것이다.

　　"빌려만 주신다면 무슨 짓을, 정말 무슨 짓을 해서라도 반드시 갚겠습니다."

　　반드시 갚는 조건임을 강조하면서 그는 마치 성경책 위에다 오른손을 얹고 말하듯이 엄숙한 표정을 했다. 하마터면 나는 잊을 뻔했다. 그가 적시에 일깨워주었기 망정이지 안 그랬더라면 빌려주는 어려움에만 골똘한 나머지 빌려줬다 나중에 돌려받는 어려움이 더 클 거라는 사실은 생각도 못 할 뻔했다. 그렇다. 끼니조차 감당 못 하는 주제에 막벌이 아니면 어쩌다 간간이 얻어걸리는 출판사 싸구려 번역 일 가지고 어느 해가에 빚을 갚을 것인가. 책임이 따르는 동정은 피하는 게 상책이었다. 그리고 기왕 피할 바엔 저쪽에서 감히 두말을 못 하도록 야멸치게 굴 필요가 있었다.

"병원 이름이 뭐죠?"

"원산부인괍니다."

"지금 내 형편에 현금은 어렵군요. 원장한테 바로 전화 걸어서 내가 보증을 서마고 약속할 테니까 권선생도 다시 한번 매달려보세요, 의사도 사람인데 설마 사람을 생으로 죽게야 하겠습니까. 달리 변통할 구멍이 없으시다면 그렇게 해보세요." (…) 얼굴에 흐르는 진땀을 훔치는 대신 그는 오른발을 들어 왼쪽 바짓가랑이 뒤에다 두어 번 문질렀다. 발을 바꾸어 같은 동작을 반복했다.

"바쁘실 텐데 실례 많았습니다."

'썰면'처럼 두툼한 입술이 선잠에서 깬 어린애같이 움씰거리더니 겨우 인사말이 나왔다. 무슨 말이 더 있을 듯싶었는데 그는 이내 돌아서 휘적휘적 걷기 시작했다. 나는 내심 그의 입에서 끈끈한 가래가 묻은 소리가, 이를테면, 오선생 너무한다든가 잘 먹고 잘 살라든가 하는 말이 날아와 내 이마에 탁 늘어붙는 순간에 대비하고 있었는지도 모른다. 그래서 그가 갑자기 돌아서면서 나를 똑바로 올려다봤을 때 그처럼 흠칫 놀랐을 것이다.

"오선생, 이래봬도 나 대학 나온 사람이오."

　　　　　　　　　　- 「아홉 켤레의 구두로 남은 사내」, 154~155

'권씨'가 학교로 찾아와 아내의 수술비 십 만원을 빌려 줄 수 없느냐고 간절히 청했을 때 '나'는 "빌려주는 어려움에만 골똘한 나머지 빌려줬다 나중에 돌려 받는 어려움이 더 클 거라는 사실"을 상기하면서 그의 부탁을 거절했었다. 끼니조차 감당 못 하는 주제에 막벌이 아니면 어쩌다 간간이 얻어걸리는 출판사 싸구려 번역 일 가지고 어느 해에 빚을 갚을 것인가를 생각해 보면 책임이 따르는 동정은 피하는 게 상책이었다. 양심에 찔리는 부분이 없지는 않지만 그렇다고 그 양심이라는 것이 책임이 따르는 동정을 상쇄할 만큼 강력한 것이 아니어서 "기왕 피할 바엔 저쪽에서 감히 두 말을 못하도록 야멸치게 굴 필요가" 있었던 '나'는 수중에 현금이 없으니 원장한테 전화를 걸어 보증인이 되겠다며 한발 물러서서 '권씨'의 긴박한 청에 거절의 뜻을 못박았던 것이다. 이처럼 기회주의적인 기지를 발휘해서 거절의 뜻을 확실하게 한 '나'에게 '권씨'는 "오선생, 이래봬도 나 대학 나온 사람이오"하고 서운한 감정을 표방했었다.

'오늘' 하루만에 일어난 '아침'과 '저녁'의 두 사건을 미루어 볼 때, "이래봬도 나 대학 나온 사람이오"라는 한마디는 '나'의 기회주의적 속성을 드러내는 결정적 단서로 작용하고 있다. 아내의 수술비 마련을 위해 어쩔 수 없이 "맘씨 좋은 주인"의 집을 털 수밖에 없었던 '권씨'의 절박한 심정을 '나'는 무자비하게 짓밟았던 것이다. 게다가 '나'는 '권씨'가 어설픈 강도 행각 중에 벌인 두 가지 실수를 지적하는 친절까지 베푸는데 그것은 타인을 전혀 배려할 줄 모르는 몰인정한 '나'의 심성에서 비롯된 처사이다. 이렇게 볼 때, 비교적 온건하고 사려 깊게 보이는 '나'라는 인물은 아주 이중적이다. 그러므로 이순경이 사찰 대상자인 '권씨'를 사랑하게 될 것이라는 예견은 사실 틀린 것이다. '권씨'를 향한 '나'의 이웃 사랑이란 "램의 가슴을 배반하는 디킨즈의 머리", 즉 "가슴과 머리가 일치하지 않는" 기만적 애정의 소산이기 때문이다.

> 무슨 수를 써서든 이놈의 단대리를 빠져나가자고 아내에게 소리치던 그날 밤엔 영 잠이 오질 않았다. 줄담배로 밤늦도록 이리 뒤척 저리 뒤척하면서 내가 생각한 것은 찰스 램과 찰스 디킨즈였다. 나하고는 전혀 인연이 안 닿는 땅에서 동떨어진 시대를 살았던 두 사람이 갈마들이로 나를 깨어 있도록 강제하는 것이었다.
>
> 똑같은 이름을 가진 점 말고도 그들 두 사람은 공통점이 많은 것으로 알려져 있다. 우선 불우한 유년 시절을 보낸 점이 그렇고, 문학작품을 통해서 빈민가의 사람들에 대한 동정과 연민을 쏟은 점이 그런 모양이었다. 하지만 그들의 성(性)이 각각이듯이 작품을 떠난 실생활에서의 그들은 성격이 딴판이었다 한다. 램이 정신분열증으로 자기 친모를 살해한 누나를 돌보면서 평생을 독신으로 지내는 동안 글과 인간이 일치된 삶을 산 반면에, 어린 나이네 구두약 공장에서 노동하면서 독학으로 성장한 디킨즈는 훗날 문명을 떨치고 유족한 생활을 하게 되자 동전을 구걸하는 빈민가의 어린이들을 지팡이로 쫓아버리곤 했다는 것이다. 램이 옳다면 디킨즈가 그른 것이고, 디킨즈가 옳다면 램이 그르게 된다. 가급적이면 나는 램의 편에 서고 싶었다. 그러나 디킨즈의 궁둥이를 걷어찰 만큼 나는 떳떳한 기분일 수가 없었다.
>
> — 「아홉 켤레의 구두로 남은 사내」, 137

'나'가 단대리 시장 통의 볼품없는 20평 문간방에서 은행주택가 100평의 슬라브집으로 빚을 내어 이사온 것은 아들 동준이가 들고 있던 과자를 더러운 개울에 던지며 고물장수 아들에게 달려가 주워먹도록 하는 장면을 목격한 것이 결정적 계기였다. '선생님'이라는 직업을 숭앙시하는 이 동네와 가족들이 어딘지 어울리지 않다는 것을 깨달은 그날 밤, '나'는 밤새껏 램의 궁둥이를 걷어차면서 잠을 제대로 이루지 못했다. 갈등에 휩싸일 때마다 어머니를 죽인 정신분열증의 누나와 평생을 독신으로 지내면서 "글과 인간이 일치된 삶"을 산 "램"과, 구두약 공장의 노동자로 일하면서 독학으로 성공한 삶을 보상받기라도 하듯 훗날 명성을 얻고 유복해지자 동전을 구걸하는 빈민가의 어린이들을 지팡이로 쫓아버리는 "디킨즈"를 동시에 떠올려 보지만 결국, '나'는 늘 "램"이 아닌 "디킨즈"의 손을 들어주었던 것이다. '디킨즈의 머리'에 편승한 '나'의 태도는 아주 어렵사리 아내의 수술비를 청했던 '권씨'의 부탁을 거절하는 과정에서도 적나라하게 드러나 있다. 이처럼 「아홉 켤레의 구두로 남은 사내」의 서술자인 '나'는 자신과 갈등 관계에 있는 '권씨'를 이야기하는 과정에서 소시민적 지식인의 이중성을 스스로 폭로하고 있다.

반면 '권씨'는 '디킨즈의 머리'보다 '램의 가슴'에 좀 더 가까운 인물이다. '권씨'는 오선생이 수술비 10만원을 돌려 받지 못할 것을 감안해 기회주의적 속성을 '아침'에 발휘했음에도 불구하고 그 상황을 발빠르게 생각하지 않는다. 그래서 그는 아침의 일도 잊은 채 그날 밤, '램의 가슴'에 기대어 맘씨 좋은 오선생의 집 담을 넘을 수 있었던 것이다. 그러나 '권씨'가 생각했던 바와 상황은 완전히 어긋나고 있었다. "좀더 인정미 넘치는 인간이었다면 내가 저지른 두 번의 실수 중 적어도 어느 것 하나쯤은 그냥 모르는 척 눈감아주는 게 도리요 예의일 것"이지만, 램의 가슴보다 디킨즈의 머리에 밝은 오선생은 그렇지 않았다. 강도범이 다름 아닌 자기네 문간방 사내임을 일찌감치 간파한 오선생은 조롱하고 경멸하는 투로 시종일관 '권씨'의 행동을 지켜보았던 것이다. '권씨'는 「직선과 곡선」에서 오선생에 대한 서운한 감정들을 "스스로" 털어놓는다.

> 그가 좀더 인정미 넘치는 인간이었다면 내가 저지른 두 번의 실수 중 적
> 어도 어느 것 하나쯤은 그냥 모르는 척 눈감아주는 게 도리요 예의일 것이었

다. 그가 만약 그래만 줬더라면 나는 그토록 비참한 지경에까지 떨어지지 않았을는지도 모른다. 오선생 말로는, 훗날의 일을 생각해서 강도를 끝까지 강도로 대우해서 보낼 작정으로 취한 부득이한 조처였다고 그러지만, 내 눈에 비친 그의 거동은 강도범이 다름 아닌 자기네 문간방 사내임을 일찌감치 간파하고 사람을 여지없이 조롱하고 경멸하는 투가 시종일관 분명했던 것이다. 오선생의 눈초리를 등뒤에 느끼면서 대문을 나서는 그 순간 나는 도무지 더 살고 싶은 기분이 아니었다. 삼십대 중반의 나이까지 나를 굳게 지탱해주던 긍지의 기둥이 삽시에 허물어져내리는 찰나였다. 어떤 어려움이 있어도 잃지 않고 살아온 자존심이었다. 광주단지사건에 가담한 혐의로 유죄 판결을 받고 오랫동안 복역을 하면서도, 실직 생활의 악순환 속에서도, 그리고 셋방살이로만 전전하는 혹심한 가난 가운데서도 내내 고집스레 지속해온 그 자존심의 시위에 이제 끝장이온 셈이었다. 취기는 이미 말끔히 가셔져 있었다. 시궁물이 흐르는 꼭두새벽의 독정천 속에 식칼을 버리려다 말고 그걸 도로 허겁지겁 가슴에 품으면서 나는 맑은 정신으로 소리를 죽여가며 울었다.

— 「직선과 곡선」, 174~175

'나'는 오선생의 태도를 결코 쉽게 지울 수가 없다. "훗날의 일을 생각해서 강도를 끝까지 강도로 대우해서 보낼 작정으로 취한 부득이한 조처였다"고 오선생은 말하지만 이 말은 그의 진심이 아니다. 그가 "양식 있는 사람"이라면 두 가지 실수 중, 적어도 어느 것 하나쯤은 그냥 모르는 척 눈감아주었어야 했다. 그런데도 그는 '나'의 실수들을 모두 다 지적함으로써 그 동안 "어떤 어려움이 있어도 잃지 않고 살아온 자존심"을 짓밟아 버렸다. "광주단지사건에 가담한 혐의로 유죄 판결을 받고 오랫동안 복역을 하면서도, 실직 생활의 악순환 속에서도, 그리고 셋방살이로 전전하는 혹심한 가난 가운데서도 내내 고집스럽게 지속해나온 그 자존심"이 오선생의 '디킨즈의 머리' 때문에 삽시간에 허물어 내린 것이다. 밑바닥으로 팽개쳐진 자존심은 뼈저린 배반감으로 돌변해 '나'로 하여금 그 길로 '아홉 켤레의 구두'를 남기고 가출을 감행케 했다.

권기용이란 이름의 꾀죄죄한 사내가 파란만장과 우여곡절을 겪은 끝에 어느 날 갑자기 증발해버리는 사건이 발생한다. 그렇다면 그의 증발은 곧 그의 죽음을 의미하는가, 아니면 세속적인 의무나 책임으로부터의 도피를 의미하는가.

한동안 오선생을 곤혹 속에 빠뜨렸던 질문의 형태는 대충 이런 것이었다고 한다. 그와 같은 질문이 실종된 한 켤레에 대한 연민에서라기보다 당장 눈에 띄는 아홉 켤레가 자극하는 지극한 호기심에서 연유하는 것임을 나는 잘 안다. 한 켤레의 죽음 혹은 실종을 애도할 작정으로 던지는 질문이 아님을 나는 잘 안다. 더더욱 유감인 것은, 사람들의 얄량한 추리력을 갖고도 진상이 빤히 알아맞혀질 만큼 내 행적이 너무 정석적이며 유치하고 왜소했다는 사실이다. 그렇다, 그들의 추측은 정확했다. 나는 일단은 도피를 했다. 그리고 곧 죽었다. 죽었다가 다시 살아난 점만이 사람들의 추측에서 빗어나 있을 뿐이다. 다시 살아난 지금, 명부(冥府)의 문전에서 반송되어온 꼴인 내 목숨이 눈앞의 아홉 켤레만을 염두에 두는 사람들의 볼기를 철썩철썩 후려갈기는 마땅한 구실을 하게 되기를 바라는 마음 간절하다. 어떤 계제에 이르렀을 때 사람이 얼마나 악하고 독하게 변신할 수 있는가를 드러내 보이기 위해서 이 이야기를 시작한 것인지도 모른다.

― 「직선과 곡선」, 163~164

'나'가 종적을 감추자, 오선생을 비롯한 이웃들이 실종된 한 켤레에 대한 연민보다는 남아 있는 아홉 켤레의 구두에 집착하면서 "아홉 켤레의 구두가 권씨에게 과연 어떤 의미를 가지는가, 끼니조차 감당 못 할 정도로 처자식을 고생시키는 주제에 아홉 켤레나 되는 구두로 자기 혼자만 호사한다는 것은 병적인 집착이며 부도덕한 행위가 아닌가 하는 등등" 여론이 분분하다. 눈앞에 있는 아홉 켤레 구두에 대한 사람들의 호기심은 어딘가 존재해 있을 나머지 한 켤레의 구두를 망각한 바로 그 자리에서 출발한다. 그래서 '나'는 "내 목숨이 눈앞의 아홉 켤레만을 염두에 두는 사람들의 볼기를 철썩철썩 후려갈기는 마땅한 구실을 하게 되기를 바라는" 간절한 마음에서, 가출한 지 엿새만에 산에서 내려오기로 결심한다. 이와 같은 결단이 가능했던 것은 닳아빠질 대로 닳아빠지고 굴러먹을 대로 굴러먹은 늙은 작부 신양 덕분이었다. 그녀는 '나'에게 결코 죽어서는 안 되며 어떻게든 살고 봐야 한다는 질긴 생존력을 깨닫게 해준 사람이다.

신양을 통해 '직선이 아닌 곡선'의 길을 선택한 '나'는 자신을 금품을 갈취할 목적으로 일부러 차에 뛰어든 자해 상습범으로 소개되는 한편, 가해자인 동림산업 오사장이 전과 경력의 막돼먹은 인생에 생계까지 마련해준 미담의 주인공으로 보도된 신문 기사를 읽었을 때 비로소 자신의 용기를 되짚어 보게 된다. 오만한 사장의 간교한 수법을 알면서도 차분하게 그 상황을 받아들일 수 있었던 것은 생존의 진정한 의미도 모르는 채 호기를 부리던 '나'가 소시민적 지식인의 허울을 벗어 던졌기 때문이다. 하지만 오선생은 사장의 기만적 행위를 받아들이는 '나'의 이 같은 선택을 질책하면서 분을 참지 못한다. '나'는 그의 기분을 충분히 이해할 수 있다. 그러나 그가 '나'를 이해 못하는 건 당연하다. 그는 '나'가 겪어야만 했던 일들을 거의 겪지 않은 채로 살아왔던 것이다.

> 수진리 고개 밑에 가면 양산도집이란 술집이 있죠. 그 집에서 전에 작부로 일하던 신양이라고 혹시 아십니까? 모르시죠? 그 여자를 오선생한테 보여드리고 싶습니다. 그 여자하고 긴 얘기를 나누고 나면 아마 오선생도 누구를 때리고 싶다, 누구를 때렸다는 말을 그렇게 힘 안 들이고 할 수는 없게 될 겁니다. 오선생 생각은 오선생이 경험한 바탕 안에서만 출발하고 멈춥니다. 자기 경험만을 바탕으로 남의 생각까지 재단하기는 애당초 무립니다. 오선생은 보름 안에 자기 손으로 집을 지어 본 적이 있습니까? 배고프다고 시위하다 말고 엎어진 트럭에 벌떼같이 달겨들어서 참외를 주워먹는 인생들을 본 적 있습니까? 죽었다가 살아난 경험은요? 그리고 생명만큼이나 아끼던 자기 구두를 태우는 아픔은요? 이건 결코 자랑이 아닙니다. 내가 경험한 이런 일 모두가 사회 탓이라고 세상을 원망하는 것도 아닙니다. 내가 모자란 탓에 자업자득으로 그런 거니까 뒤늦게나마 좀 넉넉해보자는 겁니다. 보기 나름이고 생각하기 나름입니다. 후회를 하더라도 아주 나중에 하겠습니다. 오선생더러 박수를 쳐달라고 그러는 게 아닙니다. 산속으로 끝까지 가봐도 길이 없으니까 이제부디 되돌아서 들판 쪽으로 나아보려는 것뿐입니다.
> 　　　　　　　　　　　　　　　　　　　　　　　　－「직선과 곡선」, 199~200

　오선생이 "이런 취급을 당해도 부끄럽지 않느냐"며 화를 냈을 때, '나'는 술집 작부 신양을 비롯한 뼈아픈 '나'의 체험들을 털어놓는다. 그 모든 일을 사회 탓으로 돌리고 세상을 원망하는 것은 더 이상 의미가 없음을 깨달았기 때문에 차에 받혀 부러지고 찢긴 상처까지도 뜨겁게 사랑하게 된 '나'를, 그리고 되돌아서 들판 쪽으로 나와보려는 곡선적인 삶의 선택을 그가 이해해 주기를 바랐던 것이다. 그러나 절실한 생존을 경험하지 못한 오선생이 지금의 '나'를 가늠할 수 없는 일이다. 그것은 "나를 이해하기 위해서 내가 경험한 일을 당신도 경험해 보라고 권할 수 없는" 탓이다.

이처럼 「직선과 곡선」은 '나'와 '오선생'의 갈등이 고스란히 내재된 채 끝나고 있다. 그러나 「직선과 곡선」에 표방된 '나'와 '오선생'의 갈등은 「아홉 켤레의 구두로 남은 사내」에서 전개된 '나'와 '권씨'의 갈등과는 그 성향이 다르다. 생존의 참다운 의미를 절실하게 깨닫고 동료의 보상 문제 해결을 위해 분연히 나선 '권씨'와 책임이 따르는 동정은 피하는 게 상책이라고 생각하는 현실 논리적인 '오선생'과 같을 수 없기 때문이다. '오선생'이 아무리 디킨즈의 궁둥이를 걷어찬다고 하더라도 그는 '권씨'에게 했던 것처럼 결정적인 순간에 또 다시 사회적 도의와 양심을 저버릴 수 있는 것이다. 작중세계 '안'에 존재하는 '오선생'과 '권씨'가 서술자로 등장하는 「아홉 켤레의 구두로 남은 사내」와 「직선과 곡선」과 같은 작품들을 주시하지 않을 수 없는 것은 이러한 이유에서이다. 오선생이 서술자로 나서는 「아홉 켤레의 구두로 남은 사내」는 의식적이든 무의식적이든 소시민적 속성을 폭로하는 자기 고발적 이야기이지만, 한편으로는 「직선과 곡선」, 「창백한 중년」, 「날개 또는 수갑」과 더불어 독자로 하여금 대화적 양상에 들어가도록 하는 동기가 된다는 점에서 자기 발견의 선행적 역할을 담당하고 있음을 알 수 있다.

IV. 맺음말

윤흥길은 첫 창작집 『황혼의 집』을 발표한 후 1여 년만에 두 번째 소설집 『아홉 켤레의 구두로 남은 사내』를 내놓는다. 『아홉 켤레의 구두로 남은 사내』에 실린 작품들이 일반적으로 산업사회의 부조리를 고발하면서 진정한 지식인의 모습을 제시했다는 점에서 분단의 아픔과 그 치유 방안을 제시한 『황혼의 집』과는 상대적인 변별성을 갖는다. 물론 여러 작품들을 뭉뚱그려 단일한 주제로 수렴하기에는 불거져 나올 회의도 없진 않지만, 전쟁과 분단 이데올로기의 상흔을 조명했던 「장마」와 비슷한 계열의 「양」을 제외하고는 『아홉 켤레 구두로 남은 사내』가 표방하고 있는 메시지는 분명하다.

특히 「아홉 켤레 구두로 남은 사내」, 「직선과 곡선」, 「날개 또는 수갑」, 「창백한 중년」으로 이어지는 연작소설은 70년대 산업사회가 안고 있는 병폐를 방관하던 지식인의 모순을 자기 고발적 형식으로 드러내고 있다. 그러나 당시 군사정권이 창출한 획일화와 폭력 앞에 위축될 수밖에 없었던 지식인의 소시민적 속성에 대한 폭로는, 한편으로 독자를 향해 무엇의 질문을 던지고 있다. 이러한 질문이 가능한 것은 다양한 시점의 방식을 사용한 데서 비롯된다. 시점이 무엇이 인지되고 무엇이 말해지는지 혹은 말해지지 않는지, 그리고 어떻게 말해질 것인지를 결정하는 모든 요소들 가운데 가장 용도가 넓다는 점을 고려해 보면, '권씨'가 초점화 대상이 되거나 초점화자로 직접 나서거나 혹은 이중의 시점 개입에 의해 '권씨'가 노출되는 방식 등이 결합된 것으로써 나타난 중층 구조는 궁극적으로 '권씨'의 현실인식과 실천적 행동에 독자가 신빙성 있게 접근하도록 서술자가 시점을 조절한 결과이다.

시점은 담론을 구조화하는 강력한 잠재력을 자기고 있다. 만일 '권씨'가 스스로 자신의 입장을 말해버리거나 전지적인 서술자가 나서서 논평을 하면서 '권씨'의 마음을 드러낸다면 의사소통구조로서의 소설이 지닌 매력은 감소된다. 모든 것이 분명하게 스스로 말해진다면 의사소통구조로서의 소설은 독자의 흥미를 유발할 수 없을 뿐만 아니라 그 존재 이유 또한 사라지는 것이다. 의사소통 과정에 있는 독자가 「아홉 켤레의 구두로 남은 사내」의 연작소설을 통해 자신을 반성하고 발견할 수 있게 하기 위해서 서술자는 독자의 열린 사고를 유지하도록 끊임없이 시점의 다양한 방식을 개입시키지 않을 수 없다. 이중 시점을 개입하면서까지 '권씨'의 외적 행동을 통해 그의 사고까지 분명하게 암시한 「날개 또는 수갑」은 서술자의 그러한 의지의 소산이다.

참 고 문 헌

윤흥길, 『아홉 켤레의 구두로 남은 사내』, 문학과지성사, 1977.

제라르 즈네뜨, 권택영 역, 『서사담론』, 교보문고, 1992.

S. 리몬-케넌, 최상규 역, 『소설의 시학』, 문학과지성사, 1988.

수잔 스나이더 랜서, 김형민 역, 『시점의 시학』, 좋은날, 1998.

스티븐 코핸·린다 샤이어스, 임병권·이호 역, 『이야기하기의 이론』, 한나래, 1997.

미케 발, 한용환·강덕화 역, 『서사란 무엇인가』, 문예출판사, 1999.

'질마재 神話'의 토속성과 설화성

- 白石詩와의 對比的 고찰

송 하 선

I.

'思想을 장미의 향기로 표현하라'는 T. S. 엘리어트의 말은, 현대시의 기법에 대한 표현으로 널리 알려진 말이다. 이 말은 현대시의 표현기능에 대하여 매우 암시적인 효과를 거두고 있는 말로 보인다.

이 엘리어트의 말에서 물론 『思想』은 心的形態인 이미지를 말하는 것이지만, 그 이미지를 『장미의 향기』로 표현하라는 말 속에 함유되어 있는 뜻은, 시의 효과적인 표현에 대하여 시사해주는 바가 크다고 볼 수 있다.

그러나, 우리가 『장미의 향기』라는 말이 시사해주는 바는 쉽게 짐작할 수 있다할지라도, 그 말이 함유하고 있는 만큼의 효과적인 표현의 성과를 거두기는 그렇게 쉬운 일만은 결코 아니다. 더구나 오늘날처럼 언어가 공해의 요소에 지나지 않는다고 말해도 지나친 과장이 아닐 정도로 언어의 害毒을 생각해야 되는 시대에는, 정말 오늘 우리의 삶에 신선한 충격을 줄 수 있는 詩的言語의 절제와 조화야말로 至難한 일이라 아니할 수 없다.

다시 말하자면, ≪太初에 말씀이 있었느니라.≫의 그 『太初의 말씀』에서 느낄 수 있는 것과 같은 언어의 신비성과 마법성, 그리고 그것이 주는 신통력과 생명력에 비길 때, 해일처럼 넘치는 오늘날의 언어는 너무나 무력한 것으로 전락하고 말았다고 아니할 수 없는 것이다.

우선 우리의 현실만 보더라도 냉정체제의 비극 속에 非法性과 부조리가 판을 치고, 언어매체의 홍수 속에 목소리 큰 자의 거리의 언어만이 난무하고 있는 오늘의 현실은, 실로 언어를 통해서만 자아를 실현시킬 수 있는 시인에게 있어서는 정말 겸허한 자기성찰의 시간이 필요한 때라고 생각된다.

그리고 이러한 때, ≪시골사람이 쓰는 말 그대로≫의 어법으로 우리 민족의 원형적 고향을 詩作品 속에 재현시키려 노력했던 未堂의 '질마재 神話'를 다시 살펴보는 일은 결코 무의미한 일만은 아닐 것 같다. 왜냐하면, 未堂詩의 土俗性과 說話性을 통하여 우리의 넋의 시골을 다시 되새겨 바라볼 수 있고, 우리 민족 고유의 주체적 정서를 되새겨보는 거울로 삼을 수 있으며, 나아가서는 시적 언어의 생명력을 다시금 생각해보는 계기가 될 수 있다고 믿기 때문이다.

아울러서 그것은, 白石詩와의 對比를 통해서 검토하는 것이 좀더 효과적으로 접근될 수 있으리라고 또한 믿는다.

白石은 잘 알려져 있는 것과 같이, 일제시대 이른바 한국어말살정책이 심화되던 때에, 민족주체의 정신을 확고히 지니고 '몸으로써의 행동이 아니라 언어로서의 길항'을 했던 시인이다. 그리고 그의 시에 나타나는 토속성과 설화성, 그리고『방언주의』는, 우리 현대문학사 속의 시인 가운데에서 유독 未堂과 견줄만한 시인이 아닌가 생각된다.

따라서 본고는 未堂과 白石의 시에 나타나는 土俗性과 說話性을 대비해보려 하며, 그리고 바로 그러한 대비적 논의를 통하여 시적 언어의 생명력을 다시금 생각해보는 계기로 삼으려 한다.

II.

우리의 시인 가운데 방언을 가장 많이 구사한 시인이 과연 누구인가?에 대하여 논의하게 될 때, 우리는 우선 그동안 素月과 永郎을 떠올리는 것을 당연하게 받아들여 왔다. 그 경우, 素月詩에 나타나는 투박한 북녘 사투리의 구사와, 永郎詩에 나타나는 나긋나긋한 남녘 사투리의 구사를 예를 들어 말하기도 했었다.

그러나, 이제 그러한 견해나 논의는 수정돼야 마땅하리라고 생각된다. 未堂과 白石의 시를 조금만 더 가까이 접해본 사람이라면, 바로 그 未堂과 白石의 방언 구사에 이미 압도당하게 될 것이며, 따라서 과거 素月의 방언구사에 대한 인식 이나 永郎의 방언구사에 대한 인식을 바로잡는 계기가 되리라 믿는다. 특히 白 石이 유일하게 남겨놓은 시집 '사슴'을 중심으로 한 그의 시들과, 未堂詩 가운 데서도 유독 방언의 구사가 많이 보이는 '질마재 神話' 등을 텍스트로 하여 살 펴보면, 그 점이 더욱 극명하게 집힐 것이다.

그럼 여기서 이들 시인의 작품을 통하여 방언의 쓰임을 확인해보기로 한다.

> 승냥이가 새끼를 치는 전에는 쇠메들 도적이 났다는 가즈랑고개
>
> 가즈랑 집은 고개 밑의
> 山넘어 마을서 도야지를 잃는 밤 즘생을 쫓는
> 깽제미 소리가 무서웁게 들려오는 집
> 닭개즘생을 못 놓는
> 멧도야지와 이웃 사촌을 지나는 집
> <중략>
> 가즈랑집 할머니
> 내가 날 때 죽은 누이도 날 때
> 무명필에 이름을 써서 백지 달어서 구신간 시렁의 당즈께에 넣어 대감님
> 께 수영을 들였다는 가즈랑집 할머니
> 언제나 병을 앓을 때면
> 신장님 달련이라고 하는 가즈랑집 할머니
> 구신의 딸이라고 생각하면 슳버졌다.
>
> ― 白石詩「가즈랑집」의 일부

<눈들 영감 마른 명태 자시듯>이란 말이 또 질마재 마을에 있는데요. 참 용해요. 그 딴딴히 마른 뼈다귀가 억센 명태를 어떻게 그렇게는 머리끝에서 꼬리끝까지 쬐끔도 안 남기고 목구멍 속으로 모조리 다 우물거려 넘기시는 지, 우아랫니 하나도 없는 여든살짜리 늙은 할아버지가 정말 참 용해요. 하루

몇십리씩의 지게 소금장수인 이 집 손자가 꿈속의 어쩌다가의 떡처럼 한 마
리씩 사다 주는 거니까 맛도 무척 좋을테지만 그 사나운 뼈다귀들을 다 어떻
게 속에다 따 담는지 그건 용해요.

이것도 아마 이 하늘 밑에서는 거의 없는 일일테니 불가불 할수없이 神話
의 일종이겠습죠? 그래서 그런지 아닌게 아니라 이 영감의 머리에는 꼭 귀신
의 것 같은 낡고 낡은 탕건이 하나 얹히어 있었습니다. 똥구녘께는 얼마나
많이 말라 째져 있었는지 들여다 보질 못해서 거까지는 잘 모르지만……

- 未堂詩 「눈들영감의 마른 명태」 전문

위의 두 작품은 시집 '사슴'과 '질마재 神話'에서 별 의도없이 뽑은 것이지
만, 어떤 의미에서는 두 시집의 작품세계를 가장 특징적으로 나타내주는 작품
같기도 하다.

金起林의 표현대로 『시인의 기억 속에 쭈그리고 있는 동화와 전설의 나라』라
는 의미에서 말이다. 그리고 두 작품이 한결같이 ≪고향≫을 소재로 하였으며,
타향에 살면서 고향回歸의 정서를 보이고 있다는 점, 강한 회화성과 설화를 담
은 내용으로 한국인의 원형적 고향의 면면들을 可視化해 주고 있다는 점, '시골
사람이 쓰는 말 그대로'의 어법과 토속어 비어들을 거침없이 사용했다는 점 등
이 이들 시의 특징적인 면모들이라 할 수 있다. 특히 그 중에서도 방언의 구사는
남과 북의 그 어떤 시인에게서도 찾아볼 수 없는 그들만의 고유한 영역과 대표
성을 갖고 있다고 확신한다. 그 대표성은 앞에서도 전제했듯이 金素月의 투박한
북방 사투리와 金永郎의 나긋나긋한 남방 사투리의 수준을 뛰어넘는 그러한 것
이다. 그리고 이들의 시는 그러한 방언을 통하여 우리 민족 전래의 넋의 시골을
뿌리채 뽑아서 잘 보여주고 있으며, 바로 그 점은 민족공동체의식을 심어주는
요인이 되고 있다고 말할 수 있는 것이다.

그러면 여기서 이들 시의 방언 가운데 '가즈랑고개'와 '질마재'에 대하여 잠
깐 생각해보기로 한다.

우선 '가즈랑고개'의 '가즈랑'은, 우리들 남한사회의 방언 상식으로는 잘 모
르는 말이어서, 李東洵 편, '白石詩全集' 부록에 수록돼있는 낱말풀이를 찾아보
니, 『가즈랑집 : '가즈랑'은 고개 이름, '가즈랑집'은 할머니의 택호를 뜻함.』이

라고만 풀이돼 있었다. 그래서 필자는 白石의 출생지와 혹시라도 관련이 있는가 하여 확인해보니, 출생지인 『平北 定州郡 葛山面 益城洞』의 『益城』과 잘 어울리는 것을 알게 되었다.

즉 한자인 『益城』은 '重疊되어 있는 고개'를 뜻하는 것으로 생각되어, 그것이 '가도가도 고개'('갈수록 고개')→'가즈랑 고개'가 된 것이 아닌가?하고 생각해 보았다. 말하자면 겹겹이 둘러싸인 山中에 『益城洞』이 있을 것이라고 생각한 것이다(※ 방언풀이에 무리가 있다면 양해 바람). 그리고 '너와 함께 나와 함께'보다는 '너랑 나랑'이 주는 어감이 더욱 친근하게 다가오듯이, 이 '가즈랑'이 주는 어감도 '갈수록'보다는 더욱 감칠맛이 난다는 생각이다.

다음으로 '질마재'는 未堂의 출생지인 全北 高敞郡 富安面에 있는 마을 '仙雲里'의 속칭으로서, '길마'(수레를 끌때 마소의 등에 안장같이 얹는 제구, '질마'는 구개음화된 상태)와 같은 형국으로 된 고개, 즉 '질마'+'재'→'질마재'가 된 것이다. 그리고 사실 이 '질마재'라는 이름도 '가즈랑'이 주는 친근한 어감과 마찬가지로 매우 토속적이고도 정감이 넘치는 고향마을의 이름으로 다가오며, 그런 의미에서 우리네 고향의 설화를 담은 시집의 제목으로 알맞게 어필해오는 게 아닌가 생각된다.

아무튼, '가즈랑고개'는 어쩌면 산이 많은 우리나라 북방의 고개를 대변해주는 이름인 듯하고, '질마재'는 어쩌면 들이 많은 우리나라 남방의 돌출한 산어귀를 대변해주는 이름인 듯하다.

'가즈랑고개'와 '질마재' 사이, 북방언어와 남방언어 사이에는 숱한 방언들이 널려 있겠지만, 이들 두 시인의 시집에 散在한 방언 토속어 비어들을 다음에 열거함으로써, 북방과 남방의 방언을 음미해보는 기회로 삼는다.

※ 시집 『사슴』의 토속어

가즈랑집, 쇠메, 즘생, 깽제미, 막써레기, 구신집, 구신간, 시렁, 당즈께, 수영, 신장님달련, 아르데즘퍼리, 마타리, 쇠조지, 가지취, 고비, 회순, 물구지우림, 둥글레우림, 광살구, 당세, 집오래, 아배, 고무, 매감탕, 토방돌, 오리치, 반디젓, 안간, 송구떡, 차떡, 끼때, 숨굴막질, 아르간, 조아질, 쌈방이, 바리깨돌림, 호박떼기, 제비손이, 화디, 사기방등, 텅납새, 무이징게국, 고방, 질동이, 집난이, 송구떡, 임내, 말쿠지, 갓신창,

개니빠디, 너울쪽, 갓사둔, 몽둥발이, 노나리군, 날기명석, 니차떡, 청밀, 조마구, 샅귀, 쇠든밤, 밝어먹고, 광대넘이, 천두, 죈두기송편, 밤소, 팟소, 내빌날, 내빌눈, 앙궁, 곱새담, 버치, 대냥푼, 눈세기, 내빌물, 갑피기, 동말랭이, 시악이, 대님오리, 엄지, 매지, 새하려, 무감자, 돌덜구, 시라리타래, 늪, 붕어곰, 팔모알상, 장고기, 울파주, 산국, 히근하니, 선장, 그느슥한, 섭구슬, 무연한, 하누바람, 자빌기, 이스라치, 수리취, 양지귀, 횃대, 개방위, 금덤판, 섭빌, 머리오리, 싹기도, 츠고, 달궤, 소라방둥, 오금덩이, 녀귀, 탱, 나물매, 비난수, 벌개늪, 피성한, 눈숡, 이즉하니, 누굿이, 아즈내, 샛뎀이, 말군, 삼굿, 햇츰방석, 갈부턴, 됑치, 디롱배기, 북덕불, 등등

白石은 平安道 사투리로 소박한 시골 풍경을 많이 그리고 있었기 때문에 『民俗好僻』이라는 평을 받기도 했는데, 위에 열거한 방언을 통하여 느낄 수 있는 것도 바로 그 民俗的인 것, 즉 土俗味覺을 상징하는 飮食名을 비롯하여 시골 사람들의 생활과 얽힌 갖가지 물건들, 심지어는 民談이나 迷信 野談 등과 관련된 지극히 향토적이며 민속적인 데에 뿌리를 두고 있는 방언들이라는 것이 그 특색을 이루고 있다. 그리고 이 시인이 그토록 민속적인 것에 고집스레 매달렸던 것은 그의 치열한 시인의식에서 비롯된 것이라고 받아들이지 않을 수 없다. 잘 알다시피 1930년대는 일제의 질곡 속에서도 외래적인 것이 판을 치고 있던 때여서, 시인이 그처럼 잃어져 가는 우리 것에 대한 향수와 집착을 했던 점은, 성숙된 시인의식과 시대현실에 대한 시적 대응이었다고 받아들이지 않을 수 없는 것이다.

※ 시집 『질마재 神話』의 토속어

누곤, 망둥이, 알발로, 뒤깐, 앗세, 밑둥거리, 대가리, 하도나, 눈들, 쬐금도, 여러 직, 널찍한, 등때기, 픽으나, 시방도, 땡삐, 몸써리, ~허고, 데불고, 오양깐, 꼬마둥이, 읃어먹는, 누렁지, 찌끄레기, 사람마닥, 이쿠는, 쌍판, 요렇게, 홰딱, 팬스리, 씨월거려 쌌능구만, 그리여, 차차로히, 하누님, 어쩡거리고, 덩그랗게, 보고싶기사, 분지러, 불칼, 쏘내기, 멀찌감치, 숭내, 애기, 머윗잎, 하로낮, 파다거리다, 아닌갑네, 왜장치다, 아조, ~입지요, ~ㄹ갑쇼, 시시껄렁한, 뺀보기, 하드래도, 까물거리다, 가뜬히, 마당 房, 낯바닥, 오구라져나자빠지다, 알묏집, 개피떡, 그뜩한, 번즈레한, 이뿌다, 소망, 실천, 쏘내기, 웅뎅이, ~겨여, 시푼, 한물댁, 배때기, 옛비슷한, 사운거리다, 일어나시켜라우, 모롱에, 쬐그만큼, 고려초롬, 걸궁배미, 논배미, 고오고오, 앵기는대로, 눈아피,

즈이집, 뿌사리, 쑥버물이, 못가리, 끄니, 에우기도, 소눈깔, 똥구녕, 개구녕, 디려다보
고는, 뭇헐레, 알탕갈탕, 막가지, 우아랫두리, ~랑게, 느이, 애솔나무, 알큰하게, 시악
씨, 어따, 뜨시한, 다모토리, 오동지 할어버님, 또드락거리는 등등.

『'질마재 神話'는 散文詩로서 土俗的이고 呪術的이기까지한 세계가 눈치를
살피지 않는 대담한 언어구사를 통하여 파헤쳐지고 있다.』고 한 朴在森의 지적
처럼, 기존의 시어패턴을 『앗세』 작파해버리고 대담하게 속어 비어들을 구사하
고 있는 특징을 보이고 있는 것이 未堂詩集 '질마재神話'의 일련의 시들이다.
위에 열거한 土俗語들에서도 볼 수 있는바와 같이, 전혀 詩的 意匠을 거치지
않은, 全羅道 시골티 그대로의 육성적 언어가 未堂의 시집 '질마재神話'에는 예
사로 쓰여지고 있는 것이다. 그리고 그러한 原色的 肉聲은 『土俗的이고 呪術的』
이기까지 한 이야기시(說話詩 : narrative poetry)의 분위기와 맞물려서 한층 더 효
과를 거두고 있다고 할 수 있으며, 한편으로는 그러한 그의 시세계도 오늘날의
시대현실과 비추어볼 때 하나의 시적 대응일 수 있다고 보여진다. 그것은 그의
시가 오늘날의 우리네 삶을 성찰할 수 있는 계기를 만들어 준다는 면에서 그러
하다. 그리고 또 한편으로는 그러한 시인의 토속어들이 우리를 묘한 親和力으로
이끌어준다는 점도 부인할 수 없다.

> 그러한 고향 사투리는 옛날부터 이러한 친밀한 분위기를 아주 잘 만들어
> 낸다. 그러므로 고향 사투리를 모르고 자라난 사람들에게는 삶에 있어서의
> 본질적인 그 무엇이 결핍되어 있다. 이 결핍은 다른 어떤 방식으로 보상하기
> 어렵다. 고향 사투리가 지닌 특수한 말소리의 억양은 어린 시절의 분위기를
> 다시 불러일으키기 때문에 생면부지의 낯선 사람도 공감하게 만든다.
> - 볼노프(Bollnow), 「現代哲學의 展望」, 167쪽

白石의 '사슴'과 未堂의 '질마재神話'에서 보여주고 있는 土俗語들은, 볼노프
의 말대로 『삶에 있어서의 본질적인 그 무엇』을 채워주는 요소가 아닌가 생각된
다. 그리고 그것은 가족으로부터 이웃, 이웃으로부터 민족에 이르기까지, 그 어

떤 親和力과 共同體意識으로 끈끈하게 이어줄 수도 있고, 조금 다른 표현으로는 同族意識으로 이어줄 수도 있다고 믿는다.

III.

다음으로 두 시인에 있어 동일하게 집히는 요소는, 說話나 神話, 혹은 民俗野談의 세계를 시에 수용하고 있다는 점이다.

이 경우 앞에서도 말했듯이, '질마재神話'에는 《신화》(myth)라는 말이 전제되어 있어서 쉽게 이해할 수 있지만, 시집 '사슴'의 경우도 『가즈랑집』, 『三防』, 『여우난곬族』, 『나와 지랭이』, 『고방』 등에 수용되고 있는 설화적 요소들은, 그것이 단순히 소재 차원에 머무르고 있다고는 할지라도 1930년대 모더니즘 시의 유형과 결부시킬 때 특이한 일면이라고 지적하지 않을 수 없다. 白石의 시에 수용되고 있는 설화적 골격은 물론 未堂의 경우처럼 시적 논리가 강하게 나타난다거나 메시지(특히 敎示性)나 주제와 밀착되어 있는건 아니지만, 민속야담이 서술시의 형식을 빌어서 자연스럽게 스며들고 있다고 하겠다.

> 白石의 傳統志向性은 소월시의 설화채용, 만해시의 진술적인 방법을 적극적으로 확대시킨 서술시의 전형성 확립 등으로 요약할 수 있다. 특히 서술시는 徐廷柱의 이야기시, 1960년대 이후의 申東曄, 申庚林의 시와 연결되며, 金芝河의 譚詩에 의해서 계승되고 있다.
> － 李大燮,「白石의 詩世界」(한국언어문학 27집) 339쪽에서 인용

위의 인용문에도 지적되고 있는 바와 같이, 白石詩의 說話채용은 일단은 전통 지향성에서 비롯된 것이라 보여진다.

특히 1930년대 모더니스트들이 도시지향적인 소재를 회화화하려던 노력에 비하여, 土俗味覺이나 民譚 野談의 줄거리를 채용하여 향토적이며 민속적인 세계에 그 뿌리를 박으려 했던 점은 우선 그러한 전통 지향성을 실감케 한다.

그리고 그같은 전통지향성은 그가 金素月을 私淑했었다는 점에서 연결시켜

생각해보면, 素月의 '접동새' 등 일련의 시와 어떤 합일점을 만나게 해준다. 그러나, 여기서 특히 간과해서는 안될 점은 白石의 전통지향성은 막연한 의미의 지향이 아니라 우리의 세계, 우리 민족만의 공간을 되찾아 확인하려는 노력의 일환이었으며, 우리만의 공간으로부터 민족의 동질성을 회복하고 민족공동체의식을 되찾으려는 노력 속에 그의 지향점이 있었던 것이다.

다음 두 작품을 통하여 그러한 전통지향성과 설화시로서의 차이점을 對比해 보기로 한다.

낡은 질동이에는 갈 줄 모르는 늙은 집난이 같이 송구떡이 오래도록 남어
있었다.

오지항아리에는 삼춘이 밥보다 좋아하는 찹쌀탁주가 있어서
삼춘의 임내를 내어가며 나와 삼춘은 시큼털털한 술을 잘도 채어 먹었다.

제삿날이면 귀먹어리 할아버지가에서 왕밤을 밝고 싸리꼬치에 두부산
적을 깨었다.

손자아이들이 파리 떼같이 뫃이면 곰의 발 같은 손을 언제나 내어 둘렀다.

구석의 나무 말쿠지에 할아버지가 삼는 소신 같은 집신이 둑둑이 걸리어
도 있었다.

녯말이 사는 컴컴한 쌀독 뒤에서 나는 저녁끼 때에 불으는 소리를 듣고도
못 들은 척 하였다.
　　　　　　　　　　　　　　　　　　　　- 白石詩 「고방」 전문

新婦는 초록 저고리 다홍치마로 겨우 귀밑머리만 풀리운 채 新郎하고 첫 날밤을 아직 앉아 있었는데, 新郎이 그만 오줌이 급해져서 냉큼 일어나 달려 가는 바람에 옷자락이 문 돌쩌귀에 걸렸습니다. 그것을 新郎은 생각이 또 급 해서 제 新婦가 음탕해서 그 새를 못참아서 뒤에서 손으로 잡아다리는 거라 고, 그렇게만 알곤 뒤도 안 돌아보고 나가버렸습니다. 문 돌쩌귀에 걸린 옷자

락이 찢어진 채로 오줌 누곤 못 쓰겠다며 달아나 버렸습니다.

그리고 나서 四十年인가 五十年이 지나간 뒤에 뜻밖에 딴 볼일이 생겨 이
新婦네 집 옆을 지나가다가 그래도 잠시 궁금해서 新婦방 문을 열고 들여다
보니 新婦는 귀밑머리만 풀린 첫날밤 모양 그대로 초록 저고리 다홍치마로
아직도 고스란히 앉아 있었습니다. 안스러운 생각이 들어 그 어깨를 가서 어
루만지니 그때서야 매운재가 되어 폭삭 내려앉아 버렸습니다. 초록재와 다홍
재로 내려 앉아 버렸습니다.

- 未堂詩 「新婦」 전문

위의 두 작품은 한결같이 ≪房≫에서의 사건을 그 소재로 하고 있다. 白石詩
의 『고방』(庫房)은 세간이나 온갖 잡동사니를 보관하는 장소로 옛날 우리네 韓屋
에는 대개 갖추어져 있던 방이고, 未堂詩의 『新婦』의 방도 『문 돌쩌귀』와 창호
지를 바른 문살이 있는 전래의 우리네 시골 방이다. 그리고 두 작품의 화자는 잊
혀져가는 과거에 사로잡혀 있다는 면에서 同軌를 유지하고 있다.

그러나 한편으로는 『고방』에 나타나 있는 사건들은 리얼리티가 강하고, 『新
婦』에 나타나 있는 사건은 虛構(fiction)의 내용이라는 점이 서로 다른 일면이다.
다시 말하면 전자는, 과거 우리네 시골의 공간에서 흔히 볼 수 있었던 아련한 기
억 속의 한 폭의 사실화이고, 후자는 우리네 과거 선인들의 사회에 어쩌면 있었
을 것도 같은, 있었음직한 한 폭의 추상화라고나 할까. 전자를 童話的 분위기라
고 말한다면 후자를 전설적 분위기라고 할 수 있을 정도로 회화적 색체가 짙게
드러나는 점도 유사한 특징의 하나라 할 수 있다. 그리고 그러한 회화성의 측면
에서만 지적하기로 한다면 이른바 모더니티를 유지하고 있다는 면에서도 同軌에
있는 작품이라고 할 수 있다.

하지만 좀 시각을 달리하여 생각해 보면, 바로 이 두 작품의 ≪리얼리티≫와
≪픽션≫ 사이에서 우리는 현격한 차이를 느끼게 된다. 그것은 다름 아니라 前
者는 의도성이 적고 後者는 의도성이 강하게 깔려 있다는 점인데, 後者의 그 의
도성은 메시지(특히 敎示性) 전달 기능이 강한 데에 기인한 것이다. 말하자면 前
者의 無作爲性은 과거회상적 회화성 차원에 머물러 있는 것이고, 後者의 作爲性
은 그것을 한 단계 뛰어넘어 어떤 功利的 기능(교시성)을 의식하고 의도적으로

제작하였다는 말이다. 未堂의 『新婦』에서는 女必從夫라는 남자 중심의 유교적 윤리관을 그 바탕에 깔고 있으면서도 한편으로는 영원한 기다림의 女人像을 그 原型的 心象으로 제기해줌으로써 과거 우리의 의식 속에 면면히 이어져오는 변절하지 않는 사랑의 모랄을 보여주고 있다. 그리고 그것은 바로 오늘날과 같이 전통적 사랑의 모랄이 파괴되어가고 있는 현실 속에 하나의 敎示的 기능으로 제기되고 있다고 말할 수 있기 때문에, 白石詩의 회화성 차원에 머물러 있는 시세계와는 기본적으로 제작의도가 다르다고 할 수 있다.

한편, 이와같이 白石詩와 未堂詩에 나타나는 說話性은 몇몇 작품에만 한정되지 않는다. 여기서 일일히 열거하지는 않지만, 白石詩에 나타나는 '說話'의 세계는, 마치 우리들 자신을 오래 잊혀졌던 고향에 다시 돌아가게 하여 아직 아련히 살아있는 옛날의 고향의 사물들과 구수한 식욕과 잔잔한 인정미들을 만나게 해주는 그러한 說話詩들이라 할 수 있으며, 未堂詩에 나타나는 '설화'의 세계는, 우리네 한국인이면 누구나 간직하고 있을 원형적 고향의 심상들을 재구해놓고, 그것을 통하여 오늘 우리들의 삶을 성찰해볼 수 있는 계기를 만들어주는 그런 說話詩들이라고 요약할 수 있다.

아무튼 이들 두 시인의 說話詩들이 앞으로 우리 文學史속에 어떤 의미로 남을 것인가?하는 문제는 적지 않은 관심사라고 생각된다. 좀더 다른 측면에서 얘기해본다면, 앞으로 世紀가 바뀌고 나서의 이들의 說話詩는, 20세기를 산 先代人의 風俗史를 연구하는 자료로도 활용될 수 있으리라는 奇想天外의 생각마저 해본다. 왜냐하면, 이들 두 시인의 說話의 세계는 『시인의 기억 속에 쭈그리고 있는 동화와 전설의 나라』(金起林의 표현)이기 때문에 그런 생각을 해보는 것이다.

IV.

지금까지 본고는 白石과 未堂에 대한 對比的 논의를 해왔다. 그것은 무엇보다 白石詩의 북방 사투리와 未堂詩의 남방 사투리, 그리고 이들의 說話詩가 對比될 수 있으리라는 전제 하에 이루어진 것이다. 그리고 이들 시를 對比하기 위하여

白石詩에서는 시집 '사슴'을, 未堂詩에서는 '질마재神話'를 텍스트로 선택하여 논의했다.

결과적으로 이들 시에 나타나는 북도방언과 남도방언 사이에는 상당한 거리가 있음을 확인하였다.

『民俗好僻』이라는 평을 받기도 했던 白石詩에는 바로 그 民俗的인 것, 즉 土俗味覺을 상징하는 음식명을 비롯하여 촌사람들의 생활에 얽힌 갖가지 물건들, 심지어는 民譚이나 迷信, 野談에 이르기까지 지극히 향토적이며 민속적인 데에 뿌리를 두고 있는 방언들이라는 점을 확인하였으며, 未堂詩에서는 土俗的이고 原色的이며 呪術的이기까지한 세계가 기존의 詩語 패턴을 『앗세』작파해버린 채 대담하게 구사되고 있었으며, 전혀 詩的 意匠을 거치지 않은 全羅道 시골티 그대로의 육성적 언어가 예사로 쓰여지고, 속어 비어들마저도 예사로 쓰여지고 있다는 것을 확인하였다.

그리고 다음으로는 白石詩와 未堂詩에 나타나는 說話的要素를 서로 대비하는 일이었는데, 이 점에서도 상당한 거리를 만나게 해주었다. 즉, 白石의 說話詩는 리얼리티가 강하고 未堂의 說話詩는 虛構性이 강했으며, 따라서 前者를 아련한 기억 속의 고향을 그린 한 폭의 사실화이거나, 아니면 童話的 분위기의 說話詩라고 한다면, 後者는 과거 우리네 先人들의 사회에 있었음직한 일이나 인물을 그린 한 폭의 추상화이거나 아니면 傳說的 분위기의 說話詩라고 정리할 수 있을 것 같다. 그리고 한편으로는 白石詩가 과거회상적 회화성 차원에 머물러 있었던 데 비하여, 未堂詩는 그런 회화성을 뛰어넘어 메시지(敎示性) 전달기능이 강하게 작용하고 있으며, 의도성 있게 제작된 설화시라는 점을 확인하였다. 또한, 白石詩에 나타나 있는 ≪說話≫의 세계는, 마치 우리들 자신을 잊혀졌던 고향에 다시 돌아가게 하여, 아직 아련히 살아있는 옛날의 고향의 사물들과 구수한 식욕과 잔잔한 인정미들을 만나게 해주고 있으며, 未堂詩에 나타나 있는 ≪說話≫의 세계는, 우리네 한국인이면 누구나 간직하고 있을 原型的 고향의 심상들을 再構해놓고, 그것을 통하여 오늘 우리의 삶을 성찰해볼 수 있는 계기를 만들어 준다고 할 수 있다.

이제 본고는 여기서 마무리하기로 한다.

이제까지 본고는 두 시인의 기억 속에 『쭈그리고 있는』고향, 그리고 그 고향의 방언과 설화들을 더듬어 보았다. 이들 南과 北의 두 시인이 창조한 '고향'은 다름 아닌 우리 민족의 영원한 의식의 고향일 것임에 틀림없다. 조국 분단의 현실 속에서도 우리의 영원한 의식의 ≪고향≫은 둘일 수 없다. 그런 의미에서 北의 解禁시인 白石과 南의 代表詩人 未堂을 한자리에서 만나게 한 것을 의의로 삼으며, 이 논의를 끝맺는다.

* 참고문헌은 각주로 대신함

영랑시의 언어시학적 연구

양 병 호

I. 서론

시는 언어라는 매체를 통해 정서나 사상을 표현한다. 달리 말하면 시인은 자아의 체험을 통한 정서나 사상을 언어를 통해 표현한다. 본고는 영랑시의 '표현'을 언어시학적 방법을 통해 살펴보고자 한다. 말하자면 영랑이 자신의 체험을 시를 통하여 '어떻게' 표현했느냐 하는 데에 주목하고자 한다.

시인이 자신의 체험을 언어로 형상화할 때, 체험을 어떻게 표출하느냐에 따라 창작되어진 작품의 양상은 다양한 모습을 보인다. 즉 문학적 상상력, 시적 기교, 시인의 개성 및 독창적 언어 표현에 따라 시는 창조적 모습을 띠게 된다. 시인은 자아의 체험을 언어를 통한 변용의 과정을 거쳐 창조적 표현의 단계에 도달하는 것이다.

시작품에서 언어 표현들은 단순한 정보 전달의 차원에서보다는 미적 자료의 측면에서 중요한 가치를 지닌다. 현대시는 단어와 문장들의 배열 방식이 제공할 수 있는 모든 수단들을 활용하여 독특한 표현 양상을 드러내고 있다. 그러한 표현 양상은 수사학적인 차원으로 확산되어 표현론적인 가치를 획득하게 된다.

시인은 어떠한 목적에 대한 특정한 효과를 거두기 위해 거기에 알맞은 어휘, 통사 구조의 형, 비유적 표현의 선택을 하고 있다. 표현이란 시인이 자신의 사상이나 감정을 형상화할 때 드러나는 그만의 독특한 수사학적 개성이라고 소박하게 정의할 수 있다. 수사학이란 문학의 표현 효과를 내기 위한 언어 조직에 대한 것이며, 신비평가들의 아이러니(Irony), 은유(Metaphor), 애매성(Ambiguity), 긴장 (Tension) 등은 수사학적 용어 아니면 효과적인 언어 사용법에 관련된 용어라 할 수 있다.

본고는 시기별로 구분된 영랑시에 사용된 표현적 특성을 찾아내어 그것이 작품 내에서 어떠한 기능을 발휘하는 가를 살펴보려 한다. 말하자면 영랑시에 드러난 표현적 특징이 지니는 심미적 가치를 수사학적 측면에서 밝혀 내는 한 편 그것이 시기적으로 어떠한 변모 양상을 보이는 가도 아울러 고찰해 보고자 한다.

II. 영랑시의 표현 특성

1. 심미적 수사 표현

영랑시는 다양하고 섬세한 표현 장치 즉 수사법들을 통하여 독특한 수사적· 심미적 가치를 획득하고 있다. 여기서는 영랑의 초기시에 활용된 각종 표현 장 치 즉 수사법들의 양상과 그 표현적 가치에 대해 살펴보기로 한다.

현대시의 표현에 있어 가장 기본적인 구성 요소라 할 수 있는 은유를 포함한 여타의 수사법에 대해 살펴보기로 한다. 은유는 'A는 B다'와 같은 문법상의 수 사법만을 의미하는 것이 아니라, 실재를 파악함에 있어 의미의 전이가 이루어지 는 광의의 사고 체계를 의미한다.[1] 그리하여 현대시에서 은유는 유추나 공통성 을 기본으로 하여 의미에 변화를 가져오거나 새로운 의미를 창조하는 기능을 수 행한다.

영랑의 초기시에 드러난 비유는 직유의 형태를 띠고 있는 경우가 많다.

---

1) P. Wheelwright, *Metaphor and Reality*, (Indiana Univ. Press, 1962.), p. 71.

1) 쓸쓸한 뫼아페 후젓이 안즈면
　마음은 갈안즌 양금줄 가치
　무덤의 잔듸에 얼골을 부비면
　넉시는 향맑은 구슬손 가치

- 「쓸쓸한 뫼아페」

2) 뵈지도 안는 입김의 가는실마리
　새파란 하날끝에 오름과 가치
　대숲의 숨은마음 기혀 차즈려
　삶은 오로지 바늘끝 가치

- 「4行小曲·1」

3) 풀우엔 정긔가 꿈가치 오르고
　가삼은 간곡히 입을 버린다

- 「4行小曲·5」

　예시 1)은 시적 화자가 '무덤' 혹은 '뫼'로 표상된 상실의 공간에서 자아의 내면 세계를 직유로 표현한 작품이다. 즉 '마음', '넋'이라는 화자의 내면 풍경을 각각 '양금줄', '구슬손'과 같은 보조관념을 통하여 묘사하고 있다. 말하자면 이 「쓸쓸한 뫼아페」는 화자의 내면 세계를 두 번의 직유를 통해 드러내고 있는데, 그것은 유사한 통사구조의 반복이라는 반복법을 아울러 사용하고 있는 형태이다.

　예시 2)는 '가는 실마리'의 움직임의 지향성에 대한 직유로, 그것은 '새파란 하날끝'으로 '오르는 것과 같다'는 것이다. 또 다른 하나의 직유는 원관념이 '삶'인데, 그 '삶'의 양태를 '바늘끝'이라는 보조관념을 통하여 비유적으로 묘사하고 있다. 화자의 '삶'의 모습이 '바늘끝'이 내포하는 예리함과 긴장감의 특성을 지니고 있다는 것이다.

　예시 3)은 '정긔'라는 원관념을 '꿈'이라는 보조관념으로 직유화 한 표현인데, '꿈'의 상승성과 긍정적 면모를 '정긔'에 중첩 환기함으로써 시적 분위기를 밝음의 상태로 이끄는 역할을 담당한다.

영랑 초기시에 사용된 직유의 특징은 추상적인 의미를 지닌 원관념을 구체성을 띤 보조관념으로 비유함으로써 생생한 이미지를 부각하는 효과를 지니는 한편, 추상적인 사물이라는 원관념에 추상적 의미를 지닌 보조관념을 통하여 원관념이 지닌 의미적 애매성을 제거해 준다. 이와 같이 초기시에 사용된 직유는 주로 추상적 특성을 지닌 원관념의 의미나 이미지를 확대하고 구체적이게 하기 위하여 구체성을 지닌 보조관념을 대비시키는 형태를 지닌다. 다음의 시는 이와 같은 직유의 형태를 분명하게 보여준다.

> 돌담에 소색이는 햇발가치
> 풀아래 우슴짓는 샘물가치
> 내마음 고요히 고흔봄 길우에
> 오날하로 하날을 우러르고십다
>
> - 「내마음 고요히 고흔봄 길우에」

위 시에서의 원관념과 보조관념의 관계를 도표화하면 다음과 같다.

원 관 념	내마음	하날	우러르고십다	3·4행
보조관념	햇발	돌담	소색이는	1행
보조관념	샘물	풀	우슴짓는	2행

이 시의 직유는 표에서 보는 바와 같이 단어와 단어 사이의 대비와 함께 구절 단위의 형태로까지 확장되고 있다. 추상 어휘인 '내 마음'이라는 원관념을 '햇발'과 '샘물'이라는 구체적인 물질 명사로 병치하여 직유함으로써 선명한 이미지를 획득하는 한편 동일한 통사구조를 지니게 함으로써 역시 구절 단위의 직유를 성립하게 해주고 있다.

한편 이와 같이 원관념 하나에 보조관념 둘을 결합시킴으로써 보조관념의 중첩에서 오는 원관념의 추상성 제거와 선명한 이미지를 획득하고 있는 「내마음을 아실이」를 보자.

> 푸른밤 고히맺는 이슬가튼 보람을
> 보밴듯 감추엇다 내여드리지
>
> — 「내마음을 아실이」

이 시에서는 원관념인 '보람'에 '이슬', '보배'라는 보조관념의 중첩을 통해 직유를 성립시키고 있다. 이와 같은 이중의 직유는 '보람'을 강조하는 한편 '이슬'이 환기하는 투명성과 고귀성 그리고 '보배'가 환기하는 고귀성과 가치성을 동시에 덧씌움으로써 '보람'이 지닌 의미의 애매함을 구체화하고 있다.

이제 초기시에 활용된 은유의 양상을 살펴볼 차례가 되었다. 은유는 앞에서 언급한 바와 같이, '원관념 = 보조관념'의 관계로 환원될 수 있는 언어 사용법이라 할 수 있다.

> 1) 황홀한 달빛
>   바다는 銀장
>   천지는 꿈인양
>   이리 고요하다
>
> — 「황홀한 달빛」

> 2) 제운밤 촛불이 찌르르 녹어버린다
>   못견늬게 묵어운 어느별이 떠러지는가
>
> — 「除夜」

> 3) 사랑은 기프기 푸른하날
>   맹세는 가볍기 흰구름쪽
>   그구름 사라진다 서럽지는 안으나
>   그하날 큰조화 못믿지는 안으나
>
> — 「4行小曲·22」

4) 푸른향물 흘러버린 어덕우에
내마음 하루사리 나래로다

－「4行小曲·6」

예시 1)은 '바다'라는 원관념을 '銀장'이라는 보조관념으로 은유화하고 있는
표현으로, 달빛을 받아 반짝이는 바다의 모습을 감각적으로 형상화하고 있다. 한
편 달빛 쏟아지는 현상계를 직유 표현인 '꿈인양'을 통하여 환상적 차원으로 승
화시키고 있기도 하다.

예시 2)는 병렬과 종합을 통하여 새로운 의미를 창조하는 은유의 한 형태인
병치 은유이다. 여기서는 '촛불'과 '별'을 어둠을 밝히는 밝음의 이미지라는 유
사성으로 병치하는 한편 '녹어버린다'와 '떠러지는가'라는 동일한 하강의 이미
지로 병치시킴으로써 은유를 성립시킨다. 이러한 병치 은유를 통하여 영랑은 소
멸과 하강의 이미지를 '촛불'이 켜있는 협소한 공간에서 '별'이 존재하는 넓은
공간으로 확산시켜주고 있다.

예시 3)은 '사랑'을 '하날'과, '맹세'를 '구름'과의 관계로 은유를 성립시키
고 있다. 한편 의미론적으로는 대조의 효과를 노리고 있기도 하다. 말하자면 '기
프기'와 '가볍기'의 의미론적 서술을 통하여 은유의 결합을 시도하는 한편으로
대조를 통한 '사랑'의 의미를 강조하는 효과를 성취하는 것이다. 여기서도 '사
랑'과 '맹세'라는 추상적인 어휘를 구체적인 의미를 가진 보조관념으로 은유화
함으로써 선명한 의미의 환기와 아울러 심미적 표현 효과를 얻고 있는 것으로
보인다.

예시 4)는 '내마음'의 원관념을 '하루사리 나래'라는 보조관념을 통하여 '내
마음'의 덧없음을 표상하고 있다. 여기서도 마찬가지로 추상적 의미를 지닌 원
관념을 보조관념을 통하여 구체적이고 생동감 있게 치환해 주는 은유의 표현 효
과를 볼 수 있다.

한편 영랑의 초기시에는 어순의 도치를 통하여 독특한 표현의 효과를 거두고
있는 경우가 있다. 즉 정상적인 통사구조의 도치를 통하여 리듬과 의미론적 강

조의 효과를 거두고 있는 것이다.

1) 아슬한 푸른하날 뜻업시 바래다가
   나는 이젓습네 눈물도는 노래를

   - 「어덕에 바로누어」

2) 햇슥하고 서느라워 어대로 떠갓스랴
   그색시 서럽다 옛날의 옛날의

   - 「4行小曲·25」

3) 모란이 피기까지는
   나는 아즉 기둘리고잇슬테요 찰란한슬픔의 봄을

   - 「모란이 피기까지는」

4) 사개틀닌 古風의퇴마루에 업는듯이안져
   아즉 떠오를긔척도 업는달을 기둘린다
   아모런 생각업시
   아모런 뜻업시

   - 「사개틀닌 古風의 퇴마루에」

예시 1)의 2행의 통사구조는 주어·술어·목적어의 어순으로 배열되어 있다. 이
것의 정상적인 통사구조는 물론 주어·목적어·서술어의 어순(나는 눈물도는 노래
를 이젓습네)이어야 하나 목적어가 서술어 뒤로 도치되어 있다. 이와 같은 도치
법으로 인한 표현상의 효과는 목적어인 '눈물도는 노래'를 강조함과 동시에 정
상적인 문장구조에서의 일탈로 인한 생동감 있는 낭송을 유도하는데 있다.

예시 2)는 '색시'를 한정해주는 '옛날의 옛날의'가 뒤로 도치됨으로써, 화자
의 회고적 취향과 분위기를 강조하는 한편 그리움의 정조를 강화시켜 주고 있다.
뿐만 아니라 반복과 여운으로 인한 독특한 소리 효과를 성취하고 있기도 하다.

예시 3)은 목적어 '찰란한슬픔의 봄'을 뒤로 도치시킴으로써, 시적 화자인
'내'가 기다리는 대상을 의미론적으로 강조하는 효과와 더불어 여운을 통한 낭

송의 소리 효과를 거두고 있다. 잘 알려진 영랑의 이 시구는 또한 영랑시에서 보기 드문 역설(paradox)의 표현을 보여주고 있다. 즉 '봄'에 대한 형용을 '찰란한'과 '슬픔'이라는 모순되는 의미를 지닌 관형사를 통하여 이중적으로 함으로써 묘한 대조와 애매성을 유발함으로써 복합적인 의미를 성취하고 있다.

예시 4)는 시적 화자가 무위의 상태로 '달'을 기다리고 있다는 의미로서, 3·4행의 부사구 '아모런 생각업시'와 '아모런 뜻업시'가 2행의 '기둘린다'를 수식하고 있다. 그런데 이 두 개의 부사구를 도치시킴으로써 화자의 기다림의 행위가 아무런 목적성이 없는 것이라는 사실을 강조함으로써 하릴없이 기다리는 화자의 적막감을 잘 표현하고 있다.

한편 초기시에 사용된 또 다른 표현방식 중의 하나로 생략법을 들 수 있다. 이와 같은 생략법의 표현 효과는 대체로 리듬적 효과와 이미지의 농밀화라 할 수 있다.[2]

> 1) 고요한 바다우로 노래가 떠간다
>   서름도 붓그려워 노래가 노래가
>   -「눈물에 실려가면」
>
> 2) 불르면 내려올듯
>   정뜬 달은
>   맑고 은은한 노래
>   울려날듯
>   -「황홀한 달빛」
>
> 3) 떠날러가는 마음의 포렴한 길을
>   꿈이런가 눈감고 헤아리려니
>   가슴에 선뜻 빛갈이 돌아
>   생각을 끄으며 눈물 고이며
>   -「4行小曲·26」

---

2) 김대행, 『한국시가구조연구』, 삼영사, 1982, 158 - 162쪽 참조.

예시 1)은 대응되는 시행의 반복되는 단위가 규칙적이다. 따라서 두 번째 행의 구조 역시 의미론적으로 보면 '서름도 붓그려워 노래가 떠간다'라고 되어 있다. 그러나 이와 같은 문장 구조를 가지고 있을 경우는 '서술형 종결 어미'에 따른 의미론적 종결과 아울러 동일한 구조의 반복으로 인하여 리듬과 의미의 측면에서 고정적이고 평이성을 띠게 되어 심미적인 차원에서 한계를 지니게 된다. 그리하여 여기서는 그러한 한계를 벗어나기 위한 생략과 반복의 표현을 통하여, '노래'를 의미론적으로 강조하는 효과와 더불어 '노래'를 반복하는 데서 오는 리듬의 효과 그리고 서술어 '떠간다'를 생략하는 데서 오는 여운의 리듬 효과를 성취하고 있다.

예시 2)는 '정뜬달'이라는 주어를 앞뒤에서 수식 형용하는 구절만이 보일 뿐 주어를 받는 서술어가 생략되어 있다. 이와 같은 서술어 생략으로 인하여 이 작품은 먼저 문장 성분의 결핍으로 인한 의미론적 애매성의 효과를 성취하며, 다음으로는 생략의 여운이 주는 리듬상의 효과를 얻는다.

예시 3)은 하나의 문장을 4행으로 배열해 놓은 작품으로 주어와 서술어가 문면에 드러나 있지 않다. 이와 같이 중요한 문장 성분의 생략으로 인하여, 이 작품은 전반적인 의미 구조가 잘 파악되지 않기 때문에 막연하고 은은한 뉘앙스의 시적 분위기를 형성한다.

이와 같은 생략법의 빈번한 사용은 영랑시에서 애매성을 초래하게 되고, 그 때문에 신동욱3)에 의해 은은한 뉘앙스의 시학으로 규정되기도 한 바 있다.

한편 영랑의 초기시에는 행간걸침(enjambment)4)의 표현이 자주 사용되고 있다. 행간걸침이란 단일한 문장 구조가 두 개 이상의 시행으로 나뉨으로써 독특한 소리 효과 및 의미 효과를 거두는 표현 방식이라 할 수 있다. 즉 일상 구문에서 일어나는 호흡의 휴지를 시행에서 어긋나게 함으로써 음향론적, 의미론적 긴장의 효과를 얻으려는 표현법이라 할 수 있다.

---

3) 신동욱, 「김영랑의 슬픔과 시」, 『우리시의 역사적 연구』, 새문사, 1981.
4) J. Mukarovsky, *On Poetic Language*, (trans. and eds. J. Burbank and P. Stener, *The Word and Verbal Art*, New Haven and London : Yale Univ. Press, 1977), pp. 24 - 26.

1) 물아 거기좀 멈췄스라 나는그윽히
   저창공의 銀河萬年을 헤아려보노니

   　　　　　　　　　　　-「시내ㅅ물 소리」

2) 슬은 아까워 못견듸는양 희미해지는 꿈만 뒤조찻스나
   끝업는지라 돌여 밝는날의 남모를 귀한보람을 품엇슬뿐

   　　　　　　　　　　　-「佛地菴抒情」

3) 물보면 흐르고
   별보면 또렷한
   마음이 어이면 늙으뇨

   　　　　　　　　　　　-「물보면 흐르고」

　예시 1)의 시행 배열은 두 번째 문장이 1행과 2행에 걸쳐 나뉘어 있다. 예컨데 두 번째 문장 '나는그윽히 저창공의 은하만년을 헤아려보노니'가 2행에 걸쳐 배열됨으로써, 시 낭송에 있어서의 호흡과 휴지가 한 행으로 배열되었을 때보다 더 강하게 된다. 그렇게 됨으로써 나뉘어진 부분의 '저창공'이 억양의 상승을 통해 강조되어지는 한편 시 낭송에 있어서의 긴장감을 획득하게 된다.

　예시 2)의 경우 역시 두 번째 시행의 초두에 오는 '끝업는지라'가 앞 시행에 배열된 문장의 서술어로 행간걸침의 양상을 보이고 있다. 이것 역시 호흡상의 휴지를 의도적으로 나눔으로써 리듬에 있어서의 긴장 효과와 더불어 시적 화자인 '슬'이 추구하는 '꿈'의 덧없음과 좌절을 강조하는 의미론적 효과까지 얻고 있다.

　예시 3)의 경우도 두 번째 행의 말미에 나오는 '또렷한'이 세 번째 행의 초두에 나오는 '마음'을 수식함으로써 의미론적 결합력이 강하다. 그러나 일상 구문의 호흡을 어긋나게 시행으로 배열함으로써, 호흡상의 불일치에서 오는 리듬상의 긴장 효과와 더불어 의미론적으로도 '마음'을 강조하는 효과를 동시에 성취하고 있다.

이와 같은 행간걸침의 표현법을 통하여 영랑의 초기시는 독특한 리듬상의 긴장 효과와 아울러 의미론적인 강조의 효과를 성취하고 있다.

또한 영랑의 초기시에는 영탄의 표현이 많이 뜨인다. 이 영탄의 표현은 감탄사, 감탄형 어미, 감탄 부호 등을 통해 이루어지고 있다. 그런데 시에 있어서 표출의 강도를 위계화 할 때, 이 영탄의 표현이 가장 강력한 표출도를 가진다 할 수 있다. 감탄사는 감정의 직접적인 영탄이기 때문이다. 뿐만 아니라 영탄법은 지시 표출의 면이 극히 협소하고 자기 의식의 표출만이 확대된 자기 표출도가 높은 표현법이다.5) 이는 영랑의 초기시가 주로 시적 화자의 '내 마음의 서정'을 형상화했다는 점으로 볼 때, 자기 표출도가 높은 영탄법을 많이 사용한 결과와 부합되는 것이라 할 수 있다.

한편 종결형 어미의 유형 즉 서법을 통해서도 표출의 양상을 살필 수 있다.6) 서법은 우리의 마음가짐을 표현하는 종결 양식으로서 서술형, 의문형, 감탄형, 명령형 어미를 가지며, 서법 체계에서의 어미는 이미지 형성에 있어 구체성보다는 발화자의 주관을 개입시킴으로써 분위기를 형성한다. 그런데 여러 종결 어미 중에서 감탄형 어미는 자기를 표출시키는 강도가 가장 강한 형태이며, 서술형 어미는 사실적 내용 전달의 강도 즉, 지시 표출도가 가장 강하고 자기 표출의 강도는 가장 미약한 형태이다. 그런데 영랑의 초기시에 사용된 종결 어미는 대체로 서술 어미가 희소하고 대신 감탄형 어미가 많이 사용되는 한편 종결 어미의 생략이 많이 드러난다.

> 1) 아! 그립다
>   내 혼자ㅅ마음 날가치 아실이
>   꿈에나 아득히 보이는가
>
>   - 「내마음 아실이」
>
> 2) 그때에 토록 하고 동백한알은 빠지나니
>   오! 그빛남 그고요함

---

5) 김대행, 앞의 책, 108 - 109쪽 참조.
6) 김대행, 앞의 책, 174 - 178쪽 참조.

간밤에 하날을 쫏긴 별쌀의흐름이 저러햇다

- 「淸明」

3) 알만 모를만 숨쉬고 눈물매즌
   내 청춘의 어느날 서러운 손ㅅ짓이여

- 「4行小曲·16」

4) 행여나! 행여나! 귀를종금이
   어리석다 하심은 너무로구려

- 「원망」

예시 1)은 화자의 그리움의 정서 표출을 감탄사 '아'와 감탄 부호를 통해 보여주고 있다. 이것은 화자의 그리움에 대한 안타까움의 정도를 강화하는 한편 자아의 내면에 있는 정서적 분위기를 환기하고 있다.

예시 2)는 '오!'라는 감탄사와 감탄 부호를 통해 시적 화자의 '동백 한 알'에 대한 반응을 감탄의 차원으로 이끌고 있으며, 감탄에 대한 반응의 내용이 '빛남'과 '고요함'때문이라는 것을 강조하고 있다.

예시 3)은 감탄형 어미 ' - 이여'를 사용하여 화자의 과거 시절에 대한 정서적 느낌을 표출하고 있는 것인데, 그 느낌을 아쉬움과 안타까움의 심정으로 드러내고 있다.

예시 4)는 '행여나'라고 하는 바람의 의미를 환기하는 부사를 감탄 부호를 사용하여 강조함으로써 화자의 기다림에 대한 조심스런 태도를 효과적으로 표출하고 있다.

이상에서 살펴본 초기시의 표현상의 특징은 ' - 가치'라는 부사어를 통한 직유의 표현, 추상성을 가진 원관념을 구체화하기 위한 은유의 형태, 리듬과 의미론적 강조의 효과를 갖는 도치의 표현, 생략법, 행간걸침, 영탄의 형태 등이 두드러지게 사용되고 있는 것으로 드러났다.

2. 감각적 서정 표현

초기시의 시세계가 '내마음'의 정서를 형상화하는 것이었던데 비해 중기시는
시야를 외부 현실로 돌려 대사회적 인식을 형상화하고 있는 작품이 상당수에 달
한다. 이에 따라 시적 표현 방법 역시 초기시에 비해 다양한 수사 표현이 드물게
나타난다. 여기서는 초기시와 비교하여 표현 구조가 어떤 측면에서 변모 양상을
보이고 또한 어떠한 측면에서 동질성을 유지하는가를 살피기로 한다.

초기시에서 빈번히 사용되던 직유의 표현은 중기시에서는 드물게 나타난다.
직유 표현이 초기시에 '-가치'(21회), '-가터'(2회), '-가튼'(1회)과 '-인양'(1
회), '-양'(2회) 등을 포함하여 도합 27회 사용되었던데 비해 중기시에서는 '-
같이'(2회), '-같은'(1회), '-인양'(1회) 등으로 도합 4회만이 활용되고 있다. 이
를 시기별 어휘 빈도수에 따른 비례율로 제시하면 초기시가 1.12%이고 중기시가
0.35%로, 초기시가 중기시에 비해 약 3배 정도의 사용 빈도를 보이고 있다.

> 1) 내 어린날!
>   아슬한 하날에 뜬 연같이
>   바람에 깜박이는 연실같이
>   내어린날! 아슴풀하다
>
>   -「연」

> 2) 사람인양 꾸민 잣나비떼들 쏘다다니여
>   내 기린은 맘둘곳 몸둘곳 없어지다
>
>   -「거문고」

예시 1)에서의 직유는 화자의 '어린날'을 '아슴풀하다'라고 하는 서술어로 묘
사하는 문장 구조에서 그 서술어의 의미를 선명한 이미지로 제시해주는 효과를
얻고 있다. 초기시와 비교하여 그 표기도 현대적 맞춤법과 같은 형태로 되어 있
다.

　　예시 2)는 '잣나비들'이란 원관념을 '사람'이라는 보조 관념을 통하여 직유하고 있는 것으로, 당대의 '맘둘곳 몸둘곳' 없는 황폐한 시대 현실에 대한 화자의 비판적 인식이 잘 형상화되어 있다. 한편 이 직유는 원관념과 보조 관념이 모두 구체성을 지닌 어휘로 되어 있다는 것에 주목할 필요가 있다. 왜냐하면 초기시의 경우는 대체로 추상적 어휘인 원관념에 생생한 이미지를 부여하기 위해 보조 관념을 구체성을 지닌 어휘로 채택하여 비유하고 있는 것과 비교되기 때문이다.

　　또한 초기시에서 빈번히 사용되던 표현 방법이었던 도치법이나 행간걸침은 거의 그 모습을 보이지 않는다. 그러나 생략과 영탄의 표현은 중기시에서도 지속성을 보여주고 있다. 생략의 표현법이 중기시에 구사되고 있는 양상을 살펴보자.

> 1) 앞서고 뒤섰다
> 　 어지럴리 없으나
> 　 간열픈 실오랙이
> 　 네목숨이 조매로아
>
> 　　　　　　　　　　　　　　　　　- 「가야금」
>
> 2) 오! 내어린날 하얀옷입고
> 　 외로히 자랐다 하얀넋담고
>
> 　　　　　　　　　　　　　　　　　- 「연 1」

　　예시 1)은 '간열픈 실오랙이'의 보조 관념을 통해 원관념인 '네목숨'의 위약성을 제시하는 은유의 표현 효과와 더불어, 주어 '네목숨'에 호응하는 서술어를 생략하는 표현을 하고 있다. 이 서술어 생략으로 인해 이 작품은 의미의 잔상 효과를 성취하는 한편 여운으로 인한 리듬상의 부드러운 효과를 동시에 거두고 있다.

　　예시 2)는 영탄의 표현과 행간걸침, 그리고 생략의 표현 등 다양한 표현 방법을 구사하고 있다. '오!'라는 감탄사는 화자의 과거 회상에 대한 태도를 반영하고 있으며, 두 번째 행의 '외로히 자랐다'는 첫 행의 '하얀옷입고'에 직접 연결되는 서술어인데, 행간걸침의 표현을 통해 일상 구문의 호흡과 시행상에서의 호흡의 불일치로 인한 리듬상의 긴장 효과와 아울러 의미론적으로도 '외로움'을 강조하고 있다.

뿐만 아니라 두 번째 행의 '하얀넋담고'를 받는 서술어가 앞 문장의 서술어와 동일하기 때문에 생략의 표현을 하고 있다. 이 서술어 생략의 표현으로 인해 이 작품은 여운으로 인한 리듬상의 소리 효과를 성취하고 있다. 이와 같은 생략의 표현은 통사 구조의 전달성이나 연결성의 결여를 감수하면서까지 빈번히 사용되고 있어 영랑시의 시형에 있어서의 한 특징을 이루고 있다.

한편 중기시에도 초기시에서와 마찬가지로 영탄의 표현은 지속성을 보이고 있다.

> 1) 아! 내 세상에 태어났음을 원망않고 보낸
>   어느 하루가 있었던가, 「虛無한듸」, 허나
>   앞뒤로 덤비는 이리 승냥이 바야흐로 내 마음을 노리매
>   내 산체 짐승의 밥이되어 찢기우고 할퀴우라 네 맡긴 신세임을
>
> - 「毒을 차고」

> 2) 아모려나 한줌 흙이 되는구나
>
> - 「한줌흙」

> 우렁찬 소리 한마디 안 그리운가
> 내 비위에 꼭 맞는 그 한마디!
> 입에 돌고 귀에 아직 우는구나
>
> - 「偶感」

1)의 인용예는 감탄사와 감탄부호를 사용한 영탄의 표현이다. 이 「毒을 차고」 는 영탄의 시 표현을 통해, '이리 승냥이 앞뒤로 덤비는' 가혹한 시대 현실에 처한 시적 화자의 생에 대한 허무의 자세가 직정적으로 표출됨으로써, 화자가 느끼는 허무를 강조하는 효과를 성취하고 있다.

2)의 인용은 감탄형 어미의 활용을 통한 영탄 표현의 예이다. 「한줌흙」에서는

'- 구나'의 감탄형 어미의 사용으로 화자의 삶에 대한 허무와 좌절의 태도가 강조되는 한편 서정적 분위기를 환기하고 있다. 「偶感」에서는 화자가 그리워하는 '우렁찬 소리'가 자신에게 생생하고 현실감 있게 존재한다고 하는 의미를 감탄형 어미 '- 구나'를 사용하여 표현함으로써 주관적 감정의 분위기를 형성하고 있다.

그런데 초기시에 사용된 영탄의 표현이 주로 감탄의 대상에 대한 긍정적인 반응의 영탄이었던데 비해 중기시의 영탄의 표현은 시적 화자의 허무와 좌절을 표출하고 있다는 점에서 변별성을 지닌다.

한편 중기시에는 의인의 표현이 효과적으로 구사되어 있다.

> 1) 아흐레 어린달이
>   부름도없이 홀로 났소
>   月出東嶺
>   八道사람 마지하오
>   긔척없이 따르는 마음
>   그대나 고히 싸안어주오
>
> - 「달마지」

> 2) 얇은 단장하고 아양 가득 차있는
>   山봉우리야 오늘밤 너 어디로 가버리련?
>
> - 「五月」

예시 1)의 '어린달'은 '부름도 없이'의 표현으로 의인화 된다. 이러한 '어린달'의 의인화는 객관적 사물인 '달'에게 주체성과 인격성을 부여함으로써 생동감을 얻고 있다.

예시 2)에서는 '산봉우리'가 의인화되어 여성적 모습을 지닌 것으로 묘사됨으로써 생생한 이미지를 제시해주고 있다. 또한 '산봉우리'는 '가버리련'의 표현에서처럼 행동성을 가진 존재로 의인화된다.

이 의인의 수사법은 시적 분위기를 정적인 차원에서 역동적인 차원으로 이끄는 효과를 지니는 동시에 감각적이고 선명한 이미지를 제시하는 효과를 거두고 있다.

또 한편 영랑의 중기시는 발화체 문장의 활용이 눈에 띄게 사용되고 있다. 이 것은 초기시가 '내마음'의 세계를 화자가 독백하는 형식으로 서술되었던 것에 비하여, 중기시는 청자를 인식하고 그 청자에게 말을 건네는 대화체의 표현을 많이 사용하고 있다. 이로 인해 독자에게 친근한 시적 분위기를 형성함과 아울 러 이야기하는 듯한 어조를 통해 독특한 소리 효과를 거두고 있다.

> 1) 행복을 찾노라 모두들 환장한다
>   제 혼자 때문만 아니라는구나 주제넘게 남의 행복까지 !
>   갓다 부처님께 바쳐라 앓는 마누라나 달래라
>
> -「偶感」
>
> 2) 내집 아니라
>   늬집 이라
>   나르다 얼는 도라오라
>
> -「집」

예시 1)은 3행에서의 '바쳐라'와 '달래라'의 명령형 종결어미 '-라'의 사용 으로 인해 시적 청자에 대한 화자의 의식이 부각되고 있다. 이와 같이 청자에 대 한 말건냄의 발화체 시행은 화자의 적극적인 의미 표출을 드러낼 뿐 아니라 독 자에게 친근함의 분위기를 갖게 해준다.

예시 2) 역시 발화체의 표현 '-아니라 -이라', '-라'와 같은 서술형 어미와 명령형 이미의 사용으로 시적 분위기를 친근하게 해주고 있다. 이와 같은 발화 체의 빈번한 사용은 영랑의 중기시가 시적 정서의 표출에 적극적임을 드러내 주 고 있는 것이라 할 수 있다.

지금까지 살펴본 중기시의 표현의 특징을 초기시와 비교하여 간추려 보면, 초 기시가 주로 시적 화자의 정서 표현에 치중한 나머지 '내 마음'의 서정을 직유 와 은유 그리고 도치와 생략, 행간걸침, 영탄의 수사적 표현 등으로 형상화한 반 면, 중기시는 대사회적 관심이 증가함에 따라 화자의 시대 현실에 대한 생각이 정서 표현과 함께 이루어지고 있다.

이에 따라 수사적 표현 역시 직유나 은유의 표현이 드물게 드러나고 있다. 그러나 생략과 영탄의 표현은 중기시에도 지속적으로 사용되고 있으며, 의인의 표현이 잘 구사되어 있는 한편 발화체 표현은 초기시에 비해 빈번히 사용되고 있다. 결과적으로 초기시가 시적 화자의 서정적 느낌이나 정서를 은은하고 분위기 있게 표출하기 위하여 특히 소리 효과에 대해 민감하고 섬세한 관심을 기울여 정서 표현에 치중하였다면, 중기시는 시적 화자의 정서 표현과 아울러 당대의 시대적 상황에 대한 생각과 관심에 대한 표출이 혼용되어 이루어지고 있다.

그리하여 중기시에서도 초기시에서와 같은 섬세한 음향 효과를 위한 표현과 함께 화자의 사실과 생각에 대한 표출 의도로 인한 설명적 표현이 구사되고 있다. 그것은 화자의 직접적 언술 표출인 발화체 표현이랄지 영탄의 표현 등으로 드러난다.

3. 직설적 서술 표현

후기시들은 당대의 시대적 배경인 해방 공간에서의 화자의 감격과 기쁨 그리고 혼란스런 시대적 현실에 대한 허무 의식과 죽음 의식이 직정적으로 표출되어 있다. 이와 같은 후기시의 의미 구조로 인하여 표현 구조 역시 화자의 시대 현실에 대한 생각을 직접적으로 서술하거나 설명하는 양상을 보이고 있다.

말하자면 화자의 생각을 직접적으로 서술하는 후기시는 이에 따라 초기시에서와 같은 다양한 수사 표현이 극히 미미한 양상을 드러내 보인다. 예컨데 초기시에 빈번히 사용되던 은유나 직유 생략 등의 표현이 후기시에는 거의 보이지 않고 있다. 이와 같은 표현상의 변모 양상은 초기시가 시적 화자의 서정적 정서 표출을 위하여 수사 표현에 세심한 관심과 배려를 보인데 비해 후기시에서는 화자의 시대 현실과 삶에 대한 생각 즉 의미를 격정적이고 직접적으로 표출하는데 급급하여 섬세하고 효과적인 수사 표현에 힘쓰지 못하고 있는 것으로 보인다.

그럼에도 후기시는 조국 독립이라는 시대적 체험에 처한 화자의 감격과 기쁨 그리고 해방 정국의 무질서에 대한 좌절과 절망 등이 직정적으로 토로된 나머지 영탄의 표현이 자주 사용되고 있다. 뿐만 아니라 초·중기시에서 보이지 않던 청유의 표현이 눈에 뜨이며, 화자의 생각을 서술·설명하기 위한 이유로 서술형 종결어미가 많이 사용되고 있다.

이에 따라 후기시에 드러난 종결어미를 통하여 표현 구조를 살펴보기로 하자.

1) 새벽의 處刑場에는 서리찬 魔의 숨길이 획획 살을 애웁니다
   탕탕 탕탕탕 픽픽 쏠어집니다
   모두가 씩씩한 맑은눈을 가진 젊은이들 낳기 前에 임을 빼앗긴 太
   極旗를 도루차저 三年을 휘두르며 바른길을 것든 젊은이들
   탕탕탕 탕탕 작구 쏠어집니다
   - 「새벽의 處刑場」

2) 바다로 가자 큰 바다로 가자
   우리는 인젠 큰 하늘과 넓은 바다를 마음대로 가젓노라
   하늘이 바다요 바다가 하늘이라
   바다 하늘 모두다 가겼노라
   옳다 그리하야 가슴이 뻐근치야
   우리 모두다 가잣구나 큰 바다로 가잣구나
   - 「바다로 가자」

3) 걷든 걸음 멈추고서서도 얼컥 생각키는것 죽음이로다
   그 죽음이사 서룬살적에 벌서다아 잊어버리고 살어왔는듸
   웬 누릇인지 요즘 자꼬 ㄱ 죽음 바로 닥처온듯만 싶어저
   항용 주춤 서서 행길을 호기로히 달리는 行喪을 보랏고있느니

   내 가버린뒤도 세월이야 그대로 흐르고 흘러가면 그뿐이오라
   나를 안어길으든 山川도 萬年한양 그 모습 아름다워라
   영영 가버린 날과 이세상 아모 가겔 것 없으메
   다시 찾고 부를인들 있으랴 億萬永劫이 아득할뿐
   - 「忘却」

해방 공간에서 이데올로기 대립으로 인한 젊은이들의 희생을 서술하고 있는 예시 1)은 시행이 완벽한 통사 구조를 갖춘 문장과 일치되어 있으며, 종결어미의 생략이 잦던 초·중기시에 비해 서술형 종결어미가 각 문장마다 드러나 있다. 이는 당시의 시대 상황에 대한 화자의 생각을 정확하게 지시·표출하기 위한 종결어미 선택으로 후기시에서 완벽하게 지켜지고 있는 양상을 보여 준다. 종결어미에서 이와 같은 서술형 어미의 선택은 화자의 시대 인식을 객관적으로 표출해주는 기능을 담당하고 있으며, 초기시가 화자의 '마음' 속 정서나 느낌을 표현하고 있는데 비해 후기시는 외부 현실에 대한 화자의 생각을 표출하고 있다는 점에서 변별성을 지닌다.

역시 조국 해방으로 인한 감격과 기쁨을 '하늘과 바다'를 소유한 것으로 상징 표출하고 있는 예시 2)는 해방된 조국에의 건설과 새로운 삶에 대한 의욕을 청유형 어미 '-잣구나'를 통해 들뜬 어조로 노래하고 있다. 즉 감탄형 서술어미 '-노라', '-치야'를 통해 해방을 맞이한 화자의 고양된 감정을 표출하는 한편, 자신의 미래 의식과 생각에 대한 확신을 가지고서 청유형 어미 '-잣구나'를 통하여 새롭게 다가올 미래 세계로 나아가자고 권유하고 있다.

「망각」에서 혼란스런 시대상에 접한 영랑은 삶의 허무와 좌절에 빠져 죽음에 경도된 인식을 보여주고 있다. 그리하여 죽음과 인생무상에 대한 자신의 생각을 감탄어미를 통하여 한탄스런 어조로 형상화하고 있다.

후기시에서는 해방공간에 위치한 시적 자아의 생각을 서술형 종결어미 사용을 통하여 객관적 어조로 표현하거나, 시대적 감격을 감탄형 종결어미를 선택하여 영탄적 어조로 노래하는 한편, 영랑시에서 보기 드문 청유형 어미를 사용 자아의 신념과 확신을 토로하고 있다. 말하자면 후기시는 시대의 현실과 삶에 대한 인식을 적극적이고 직접적으로 형상화 하고 있는 것으로 이해된다. 이에 따라 시적 표현 역시 청자에 대한 구체적 인식의 면모가 드러나고, 그것은 청유형 어미의 사용으로 나타난다.

또한 후기시는 초·중기시에 비해 시행의 길이가 장형화 되고 있다. 이는 자신의 급박하고 감격스런 시대 인식을 직정적으로 토로하는데서 야기된 현상으로 보인다. 갑자기 다가온 해방이라는 현실 체험에 직면하여 그 흥분과 감격을 내

면에서 정리하여 미학적으로 형상화시키지 못하고 즉발적으로 표현하므로써 그
호흡이 길어질 수밖에 없었던 것이라 할 수 있다. 따라서 이러한 시대적 현실에
대한 화자의 흥분되고 급박한 심경의 토로는 시적 표현의 측면에서도 안정적이
지 못할 뿐 아니라, 초기시에서와 같은 세련된 모습도 보여주지 못하고 있다.

영랑시에 사용된 문장 부호는 흥미로운 결과를 보여주고 있다. 다음의 표는
영랑시에 사용된 문장 부호를 시기별로 조사한 자료이다.

	반점	온점	물음표	느낌표	이음표	인용부호	합계	비율
초기시				11	7	4	22	0.91
중기시	4	1	2	18	2	5	32	2.77
후기시	2	16	5	10	15		48	2.12
합계	6	17	7	39	24	9	102	1.80

표에서 보이는 바와 같이 초기시에는 반점, 온점, 물음표가 전혀 쓰이지 않고
있다. 그러나 초기시에서 중기시로 오면서 사용 빈도가 점점 상승하고 있다. 이
는 시문장의 통사 구조가 후기시로 오면서 완벽에 가까워지고 있는 것과 같은
맥락에 놓인다. 말하자면 초기시가 문장 성분의 생략이랄지 조어를 통한 시어의
소리 효과에 관심을 집중한 나머지 의도적으로 문장 부호 사용으로 인한 호흡의
단절을 피하고자 한 의식의 일단으로 보여지는 것이다.

또한 초기시가 화자의 내면적 정서 표출에 주력한 편인데 비해, 후기시가 의
미 지향적인 시세계 표출에 힘썼기 때문에 문상 부호를 사용하여 의미론석 병확
성을 기하고자 의도한 결과로도 해석된다.

느낌표는 초·중·후기시에 고루 사용되고 있는데, 이는 영랑시가 대체로 영탄
의 표현을 빈번히 사용하고 있음을 나타내 준다. 더군다나 감탄사나 감탄형 어
미의 사용까지 고려한다면 영랑시에서 영탄의 표현은 빈번한 수사적 표현 양식
의 하나가 된다.

이음표의 사용은 아래의 인용에서 보듯 대체로 시낭송에 있어 장음을 지시하

는 기능을 하고 있는데, 이는 영랑이 시의 소리 효과에 대해 치밀하고 섬세한 관심을 기울이고 있음을 단적으로 드러내준다.

얼컥 니--는 훗근한 내음	-「가늘한 내음」
그는 버-- ㄹ서	-「降仙臺 돌바늘끝에」
하날은 파-- 랗고 끝없고	-「연 1」
새벽 두견이야 오--랜 中年이고	-「五月아츰」

인용 부호의 경우는 아래의 인용에서와 같이 모두 꺽쇠 '「 」'를 사용하고 있는데, 시적 화자의 언표가 말임을 밝힘으로써 시각적 효과와 아울러 의미론적 강조의 효과를 거두기 위한 것으로 보인다. 예컨데 희곡에서의 지문에 대한 대사의 구별과 같은 표현 방법이라 할 수 있다.

어느 하루가 있었던가, 「虛無한듸!」, 허나	-「毒을 차고」
「오-- 매 단풍들것네」	-「누이의 마음아 나를 보아라」

또한 영랑시의 띄어쓰기를 살펴보면, 초기시의 경우는 대체로 시낭송의 호흡 효과를 위해 적절한 호흡 단위(breath group)에 따라 작위적으로 띄어 쓰기를 하고 있는데 비해 후기시에 올수록 띄어쓰기가 정확하게 지켜지고 있다. 띄어쓰기에 있어서 이와 같은 변모는 초기시가 '내 마음' 속 순수 서정을 노래하면서 시의 리듬을 살리기 위하여 조어나 전라 방언을 적극적으로 활용한 점과 일치한다. 한편 후기시로 올수록 대 사회적 관심의 증가로 인하여 생각과 의미 중심의 시 세계를 지향하므로써 그 의미론적 명확함을 확보하기 위한 의도적 배려로 띄어쓰기를 하고 있는 것으로 보인다.

III. 결론

이상에서 살펴본 영랑시의 표현의 변모 양상을 요약 정리한다. 초기시에서는 직유와 은유, 도치, 생략, 행간걸침, 영탄의 표현 등이 수사상의 표현 효과와 아울러 리듬 조성의 효과까지 거두는 섬세하고 치밀한 양상을 보이고 있다.

중기시에서는 은유와 직유의 표현이 드문 반면 생략과 영탄의 표현은 지속적으로 활용되고 있으며, 의인법이 잘 구사되고 있는 한편 발화체 표현은 초기시에 비해 빈번히 사용되고 있다.

후기시에서는 초·중기시에서의 표현 효과에 훨씬 못 미치는 양상을 드러내고 있는데, 이는 화자에게 닥친 강한 시대적 체험을 서술과 설명을 통한 표출에 힘쓰고 있기 때문으로 보여진다. 이와 같은 변모 양상은 문장 부호나 띄어쓰기 등의 용례를 통해 확인할 수 있다.

* 참고문헌은 각주로 대신함

「태평천하」의 구술성 연구

유 화 수

I. 문제의 제기

인간의 문화는 소통의 매체가 새롭게 변화하는 데 따라서 큰 시대적 전환을
이루어 왔다고 할 수 있다. 문학 역시 인간이 이룩한 소통 양식의 하나로서 이에
예외가 아닐 것이다. 읽고 쓰는 문자 생활에 의한 소통이 보편화되었고, 문학적
소통 역시 그 일부를 이루고 있는 상황은 인류 문화의 전 기간을 통해서 보면
극히 짧은 기간에 지나지 않을 것이다. 그러나 문자 매체에 의존하는 생활은 인
간의 사고방식과 문화의 양상을 그 이전과는 근본적으로 다르게 변화시켰으며
이 점은 문학 또한 마찬가지였다.

그렇지만 구술성(orality)에 바탕을 둔 사회와 문화 및 문학 그리고 그와는 반
대로 기술성(literacy)에 의존하는 사회와 문화 및 문학 사이의 근본적인 차이점에
대한 관심이 크게 대두된 것은 비교적 근래의 일이 아닌가 한다. 서구에서는 밀
만 페리와 그의 제자인 앨버어트 로오드가 구술적 공식구(oral formula)에 의해
서사시가 창작됨을 밝힌 것이 중요한 계기가 되었다.[1] 구술에 의존하는 장편 서

---

1) Robert Scholes, Robert Kellog, *Nature of Narrative*, Oxford University Press, 1966, 25 - 27쪽 참
조.
　김병국, 「구비서사시로서 본 판소리 사설의 구성방식」(정양 · 최동현 편, 『판소리의 바탕과 아
름다움』, 인동, 1990), 82 - 85쪽 참조.

사시의 창작 방법은 기록에 의존하는 창작 방식과 근본적으로 다르다는 것이 밝혀졌던 것이다. 그 이후 옹(1995)과 피네간(1988) 등에 의해 구술문화와 구비전승의 특성이 문자문화 내지는 기록문학과의 대조를 통해 밝혀졌다.

국내에서는 이와 같은 연구 성과가 주로 판소리 문학의 특성을 해명하는 데 적용되어 상당한 성과를 거둘 수 있었다. 김병국(1990), 김현주(1991, 1993), 김종철(1999) 등은 판소리 창본과 판소리계 소설(완판 및 경판)의 관계를 규명하거나 신재효에 의해 정리된 판소리 사설의 특징 등을 규명하는 데 있어서, 구술성과 기술성을 중요한 지표로 삼았다. 나아가 판소리 문학이 근대 이행기 문학으로서 근대 소설의 문체 형성에 어떠한 기여를 하였는지 밝힐 수 있었던 것도 이와 같은 연구 방향을 수용한 결과였다.

채만식 문학이 갖는 특성을 해명하는 데 있어서 구술성은 관건이 되는 개념일 것이다. 이러한 방향에서의 연구는 신상철(1981), 김성수(1983), 나병철(1989), 임명진(1994, 1996), 유화수(1996) 등에 의해 지속되며 성과를 축적할 수 있었다. 그러나 이들 연구는 상당한 성과를 거두었음에도 불구하고 구술성에 대한 개념 규정이 명확하지 않은 상태에서 연구가 이루어졌다는 점이 한계로 지적될 수 있다.

이에 본고에서는 구술성 및 구연성의 개념을 명확히 규정한 다음 「태평천하」를 대상으로 하여 그 실현 양상을 분석하고 나아가 그와 같은 양상이 현대 소설에서 갖는 의의가 무엇인지 밝혀보고자 한다.

II. 구술성과 구연성

판소리 문학 및 채만식의 소설과 관련된 연구에서 구술성 내지 구연성이란 용어는 매우 소략하게 개념이 규정된 채 사용되고 있음을 볼 수 있다. 김현주(1991, 127쪽)와 김종철(1999, 8쪽)의 경우만 보아도 구술성에 대해 각각 '말의 속성을 가리키는 것' 또는 '판소리의 구비문학적 속성'이라고만 규정짓고 있는 것이다. 이에 따라 구술성이라는 용어와 구연이라는 용어가 명확한 구분없이 사용됨으로써 혼란을 야기시키는 경우가 있기도 하다.

구술성(orality)이란 말하고 듣기가 언어에 의한 소통의 유일하고 주된 통로가 되는 사회와 문화의 조건을 기술해주는 용어이다.2) 이에 대해 옹(1995, 22쪽)은 고도한 기술문화 시대의 전자 장치에 의해 뒷받침되는 '이차적인 구술성'과 구분하여, 쓰거나 인쇄하는 것을 전연 알지 못하는 문화의 구술성에 입각한 성격을 '일차적인 구술성(primary orality)'이라고 명명하고 있다. 하여튼 구술성이란 용어는 소리로서의 말이 갖는 물리적 특성, 특히 발화하는 순간 사라져버리는 특성과 관련이 있는 것으로서 문화유산을 기억하고 보존하는 기능을 갖기 위해 개발된 여러 가지 특성들을 함축하는 말로서 구술성이란 용어는 사용된다.

반면에 구연은 구비문학의 전승방식을 가리키는 용어로서, '어떤 상황 속에서 음성적 변화·표정·몸짓 등을 사용하여 문학작품을 말로 나타내는 것을 구연(oral presentation)이라고 한다.'3) 다시 말해서 구연이란 발신자와 수신자가 대면하는 현장성을 전제로 하는 구비문학의 전승 방식에 초점을 둔 용어로서, 수신자의 반응과 개입에 의한 발신자와 수신자 사이의 상호작용이 구연 과정에 포함된다.

두 개념 사이의 변별성에 기초해서 구연성과 구술성이 채만식의 소설에서 어떻게 실현되고 있는지 살펴 볼 필요가 있다. 화자가 청자와 대면하여 이야기를 전달하는 것과 같은 상황의 설정과 구어체 문체의 활용 등에 의해 실현되는 구연성은 이야기 내용의 전승적 요소가 없더라도 비교적 쉽게 실현될 수 있는 자질로서『태평천하』,「치숙」,「소망」,「이런 처지」 등에서 공통적으로 발견된다. 구술성은 문자 사용 이전 단계의 구술 문화와 깊은 연관이 있는 것으로서, 이야기 내용과 구성 방식 및 언어 표현 양식 등이 상호 밀접하게 관련되며『태평천하』에서만 나타나는 자질이다. 일반화해서 보자면, 구연성은 선달 방식을 가리키는 개념으로서 현대문학에서도 용이하게 도입될 수 있는 자질인 반면에 구술성은 기술성에 의존하는 근대 이후 문학의 속성과는 어울리기 어려운 자질인 것이다.

---

2) Groden and Kreiswirth 편, *The Johns Hopkins Guide To Literary Theory & Criticism*, The Johns Hopkins University Press, 549쪽 참조.
3) 장덕순 외,『구비문학개설』, 일조각, 1980, 3쪽 참조.

유사한 문체적 특성을 지닌 것으로 평가되는 채만식과 김유정 사이의 변별성
도 이와 같은 구분에 의해 파악될 수 있다. 토속적 어휘와 구어체 화법을 구사한
다는 점에서 「동백꽃」이나 「봄봄」의 화자는 구연적 자질을 함유하고 있으나 구
술 시대의 이야기꾼과 같은 구술성을 발휘하고 있지 않으며 구성 방식에서도 구
술적 특징을 보여주지 않는다는 점에서 『태평천하』의 구술성과는 엄연히 구분되
는 것이다. 구연 방식의 서술 상황을 극적으로 도입하고 있는 「치숙」 등의 작품
과 비교해 볼 때에도 김유정의 상기 작품들은 분명한 차이를 보여주고 있다.

III. 구술성의 실현 양상

1. 서술 상에 나타난 실현 양상

1) 구연 방식에 의한 서술 상황

인쇄매체의 발달과 문자문화의 내면화가 진행되면서 형성·발달된 근대소설
에서는 보여주기(showing)가 서사적 표현의 주된 기법으로 자리잡으면서, 구비서
사의 구술성이 가졌던 청각적 요소는 약화되었다. 따라서 서술자의 목소리 또한
소멸될 정도로 약화되어 극양식에 근접함으로써 객관적 사실성이라는 환상을 추
구하는 것이 일반적인 경향이 되었다.

그런데『태평천하』에서는 서술자가 활기찬 목소리로 구비전승의 기법을 터득
한 이야기꾼처럼 서술하고 있다. 즉, 전통적인 이야기꾼 가운데에서도 고도로 발
달된 구술성을 터득하고 있을 뿐만 아니라 민중언어의 살아있는 저장고 역할을
하고 있는 판소리 광대를 연상시키게 하는 것이다.

『태평천하』의 화자는 독서물로서의 소설의 고립된 서술자 및 독자를 구연 현
장의 이야기꾼과 청중으로 전환시키는 화법을 구사한다.

서책의 형태로 유통되고 문자 기록을 통해 소통되는 소설에서는 작가와 독자
사이의 시·공간적 거리가 멀 수밖에 없다. 작가는 눈앞에 현전해 있지 않은 독

자를 상대로 하여 글을 쓰고, 독자가 소설을 읽을 때 작가와는 멀리 떨어진 상태일 수밖에 없다. 설령 독자가 작품에 대한 반응을 보인다고 해도 작가에게 전달되는 것은 독서가 끝난 뒤이고 여러 경로를 거쳐야만 상호간의 직접 소통이 가능하다.

구술문화의 흔적이 남아있던 고소설의 경우 작가는 청중을 상대로 이야기하는 투로 서술하는 습관이 남아 있었고, 독자 또한 사랑방 등에서 문맹인 청중을 상대로 하여 목청 좋은 사람이 낭송을 하거나 또는 혼자 읽더라도 낭송을 하는 것이 관습이어서 아직 구비문학이 갖는 구연 방식의 흔적이 사라지지 않고 있었다. 그러나 묵독이 독서의 관습으로 정착되면서 소설에서 언어의 음성적 측면이 갖는 중요성은 등한시하게 되었다. 작가는 소설 속에서 화자와 청자를 창조하여 이야기를 서술해 나가지만 그 물리적 현전성을 느끼게 해주는 음성적 요소는 의식할 수 없게 된 것이다. 이처럼 근대 이후의 소설에서 음성적 요소가 무의미하게 된 현상에 대해 랑거는 다음과 같이 말하고 있다.

> 그 기호가 메마르고 무관심하게 되면 될수록 의미 전달의 힘은 더욱 커지며… 소리가 개념의 이상적인 전달 수단이 되는 경우는 아주 드문데, 왜냐하면 소리는 우리에게 의미를 전달해주는 데 불과하기 때문이다. [⋯] 음으로서의 단어 자체는 그처럼 무가치하기 때문에 우리는 그 단어의 물리적 현전에 대해 알아차리는 것은 전연 중단한 채, 다만 내포적 의미나 외연적 의미 또는 다른 의미만을 의식하게 되는 것이다.[4]

소설 속에 구연적 서술 상황을 도입하는 것은 19세기를 거치며 확립된 서구 소설의 관습에서 빗어나는 새로운 시도라고 할 수 있고 소리로서의 언어가 갖는 힘을 소설 속에서 되살리고자 하는 시도라고 할 수 있다. 그리고 그와 같은 서술 상황의 도입은 우선 이야기의 구연을 성립시키는 전제조건인 화자와 청자의 현전성이 글 가운데에 실현됨으로써 가능하게 된다.

화자의 현전성은 무엇보다도 그의 담화가 가지런하게 정돈된 글의 형태를 띠

---

4) James Guetti, *Word - Music*, Rutgers University Press, 1980, 181쪽에서 재인용.

고 있는 것이 아니라 장황하고 군소리가 들어가며 반복적인 표현을 사용하는 말의 형태를 띠고 있다는 데에서 드러난다. 그와 같은 특성은 발화하는 순간 사라져버리는 소리로서의 음성언어의 속성에서 비롯된 것으로서 발화자가 청자와의 접촉을 확인하고자 하는 욕구와 반복에 의해 의사소통을 원활하게 하고자 하는 욕구를 반영하고 있는 것이다. 따라서 이러한 특성은 물리적 실체로서의 말이 갖는 에너지를 강하게 느끼게 해주며 아울러 발화자의 인격적 실체까지 느낄 수 있게 해준다.

화자의 화법에 의해서 말을 받는 상대방인 청자가 창조되며 소통 상황까지도 창조된다. 그리고 독자는 독서과정을 통해 내포작가에 의해 창조되는 청자의 역할을 하도록 전환되면서 소통과정에 참여하게 된다. 우선 청자의 현전성은 화자의 말건네는 어투에 의해 설정된다. 화자는 눈앞에 있는 청자에게 말을 건네는 듯한 어투로 이야기를 서술하고 있는 것이고, 청자로 전환된 독자는 이야기가 구연되는 현장에 참여하고 있는 것처럼 느끼게 되는 것이다. 옹(1995, 113 - 114쪽)이 지적하고 있듯이 시각은 고립시키는 반면에 소리는 통합시키는 것이다. 시각은 관찰자로 하여금 그가 보고있는 대상의 외부에 거리를 두고 놓이게 하는 반면에 소리는 듣는 사람 가운데로 침투해 들어가는 것이다. 이와 같은 화법은 서두에서부터 바로 확인된다.

> 추석을 지나 이윽고 짙어가는 가을해가 저물기 쉬운 어느날 석양.
> 저 계동(桂洞)의 이름난 장자(富者) 윤직원(尹直員) 영감이 마침 어디 출입을 했다가 방금 인력거를 처억 잡숫고 돌아와 마악 댁의 대문 앞에서 내리는 참입니다. (9쪽)5)

우선 '저'라는 지시사는 화자와 청중이 함께 있는 공간인 이곳으로부터의 거리를 가리켜줌으로써 은연중에 구연의 현장인 '여기'를 환기시켜주는 구실을 하고 있다. 어휘면에서 보더라도 '장자'라는 어휘는 괄호 안에 '부자'라고 주를

---

5) 작품의 인용은 『채만식 전집』(창작과 비평사, 1987)에 의거하며 인용문의 끝에 쪽수만 표시하기로 함.

달아 놓은 데서도 알 수 있듯이 설화체에서나 쓰이는 어휘이고, '인력거를 잡숫
는다'는 표현은 하층민 사이에서 쓰이는 속어적인 표현임을 짐작케 한다. 그리
고 '어디 출입을 했다가'에서의 '어디'와 같은 대지시사 역시 막연한 공간을 가
리키기 위해 구비설화에서 상투적으로 쓰이는 어휘이다. 윤직원 영감이라는 호
칭에도 주목할 필요가 있다. 이름 대신에 쓰인 직함과 영감이라는 호칭은 그와
같은 호칭이 통용되는 공동체를 연상케하는 것으로서 은연중에 독자를 그러한
세계에 익숙한 일원으로 끌어들이는 것이다. 끝으로 종결어미에도 주목할 필요
가 있다. 인쇄된 소설을 읽게될 독자는 나이·성별·기호·직업 등을 가늠할 수
없는 추상성을 띠게 되므로, 서술의 종결어미가 얼굴을 대면하고 말을 할 때와
는 다르게 추상성을 띠게 된다. 그런데 위의 예문에서 볼 수 있는 것처럼 『태평
천하』의 화자는 시종일관 경어체로 된 종결어미를 사용하여 말을 건네는 듯한
효과를 내고 있다. 그러나 그것은 「치숙」이나 「소망」에서의 화자가 친근한 사이
인 사람을 상대로 하여 대수롭지 않은 소재를 가지고 이야기할 때와 같은 어투
가 아니라 상당히 격식을 갖추어 이야기를 할 때의 어투로서, 다수의 청중을 상
대로 하여 전문적인 이야기꾼이 격식을 갖추어 구연하고 있는 서술상황을 연상
케 하는 것이다. 독자는 본래 서로 고립되어 있으므로 집단을 형성할 수 없고 지
금 여기에서 서로 상호작용을 하거나 화자를 상대로 한 작용을 일으킬 수도 없
지만(옹, 1989, 85쪽), 이와 같은 어투를 통해 독자는 구연 현장에 있는 집단으로
서의 청중으로 전환되는 것이다.

뿐만 아니라 『태평천하』의 화자는 말 건네는 어투를 다양하게 구사한다. 다양
한 종결어미를 통해 독자와의 거리를 좁히는가 하면 독자의 반응을 유도하는 어
투를 통해 구연 현장에서의 화자와 청중 사이의 상호작용과 같은 효과를 노리고
있다.

나이? …… 올해 일흔 두 살입니다. 그러나 시뻐 여기진 마시오. (10쪽)

왜, 부민관의 명창대회를 무슨 춘심이가 가자고 해서 갔나요? (15쪽)

그런데, 그런 게 다 운수라고 하는 건지 어느 해 연분인가는 난데없는 돈

2백냥이 생겼더랍니다. (28쪽)

그런데 글세, 그다지도 가산 늘리기에 이골이 난 윤직원 영감이건만 10년
전에도 만석 10년 후 시방도 만석…… 그렇습니다 그려. (59쪽)

그런 것을 글쎄, 절하고 뵙진 못할망정 버얼떡 자빠져서는 한단 소리가
무얼 핥아먹느라고 주둥이를 끌고 다녔느냐는 게 첫인사니, 놈이 후레자식이
아니라구요. (151쪽)

첫 번째와 두 번째 문장에서는 독자에게 요청하거나 질문을 던지는 어투를 구
사하고 있다. 세 번째 문장에서의 '더랍니다'는 과거에 일어났던 일을 간접적으
로 전달해주는 설화체 어투로서 구수한 느낌을 주고 있다. 다음 예문의 '습니다
그려'에서 '그려'는 강조하는 효과와 함께 한결 친숙한 느낌을 자아내고 있다.
끝으로 '아니라구요'는 반문을 통해 독자의 동조를 구하는 화법이다. 이와 같은
어투는 화자와 독자의 일체감을 지향하는 것이며, '-다'로 끝나는 종지형이 서
술자가 서술 대상과 청중에 대해 객관적인 거리를 유지하며 서술하는 태도를 나
타내는 것과는 대조되는 것이다. 이러한 화법을 통해 화자와 독자 사이를 가르
는 경계가 무너지면서 가상의 공동체가 형성되고, 화자는 공동체 집단의 반응을
선도하는 역할을 수행하게 되는 것이다. 화자는 다음과 같이 독자들의 공동체적
반응을 유도하기도 한다.

"옳다. 내가 모르넌디 늬가 알 것이냐! …… 짝 찢을 년! 그년이 서방이
안 돌아부아 주닝개 오두가 나서 그러지, 오두가 나서 그리여!"
"아마 그렁개비라우!"
관중이 없어서 웃어주질 않으니 좀 섭섭한 장면입니다. (28쪽)

웃음은 공동체적 징벌의 성격을 띠고 있어서 우스운 장면을 개인이 목격했을
때보다는 집단이 목격했을 때 웃음의 반응은 더욱 증폭된다. 이 장면에서 화자
는 개별적인 독자를 공연의 청관중으로 전환시키고자 하는 시도를 하며 집단적

인 반응을 선도하고 있는 것이다.

그런가 하면 허구적 장치가 아닌 인격체로서의 화자가 노출되면서 독자와의 거리를 한층 가깝게 하며 유대를 강화하는 경우가 종종 발견되는데, 관습으로 확립된 소설 서술의 문법을 파괴하는 경우인 것이다.

> 이 이야기를 쓰고 있는 당자 역시 전라도 태생이기는 하지만, 그 전라도 말이라는 게 좀 경망스럽습니다. (11쪽)

> 그러니 인제는 듣기도 혜먹거니와 이편의 위로엣 말도 밤낮 되풀이하던 그 소리라, 말하는 나부터가 혜먹습니다. (131쪽)

> "내 내햄…… 자아 합니다. 햄…… 망구강사안 유람헐 제……"
> 단가로는 맹자 견 양혜왕짜리요, 한데 망구강산의 망구는 오식(誤植)이 아 닙니다. (113쪽)

3인칭 시점의 서술상황에서 서술자가 자신을 노출시키며 자기 자신에 대해 진술하는 것은 금기로 되어 있다. 왜냐 하면 소설 속의 세계가 실제 세계라고 하는 환상이 강할수록 진실감이 강화되기 마련인데, 그 이야기를 꾸며내고 있는 장치인 서술자가 노출되면 환상이 깨지게 되기 때문이다. 근대 소설 초창기에 1인칭 시점의 서술에 의한 소설이 등장하는 것도, 소설 속의 이야기는 서술자 자신의 경험 또는 목격한 것 내지는 전해들은 이야기가 되므로 진실성이 부여되기 쉬운 형식이기 때문이었던 것이다. 그런데 여기에서는 서술자가 가면을 벗고 돌연 '나'라고 하는 작가의 얼굴을 들이밀면서 독자와의 직접 소통을 꾀하고 있는 것이다.

그러나 『태평천하』에서는 이러한 서사문법의 파괴가 미학에 손상을 주고 있지 않을 뿐만 아니라 골계적 효과를 조성하고 있다. 그것은 왜 그런 것일까? 이야기 구연 현장에서는 가면으로서의 화자와 실제 인격체로서의 이야기꾼의 구분이 뚜렷하지 않기 때문에 이야기꾼의 노출이 형식미의 파괴와 같은 문제를 일으키지는 않는다. 다만 판소리 공연의 현장에서는 허구와 현실이 교차되는 현상이

미학적 문제가 된다. 판소리 광대가 허구적 환상을 깨고 현실로 나와, 청중이나 고수와 여담을 주고받는 일이 흔히 일어나기 때문이다. 그러한 현상은 현재적 존재로서의 광대와 청중 사이의 유대를 강화해줄 뿐만 아니라 허구적 세계에 대한 정서적 몰입에서 벗어나 비판적 거리 또는 골계적 거리를 유지하게 하는 장치로서 기능한다.

『태평천하』의 작가의 노출에 의한 허구적 환상의 일시 정지는, 독자와 함께 하는 가상적 시·공간을 다시 확인하게 함으로써 윤직원의 세계에 대한 골계적 거리를 환기시켜준다. 독자는 서술자의 실제 세계 속의 인격적 존재가 노출됨과 동시에 자기 자신 또한 허구적 환상으로부터 벗어나 독서 행위 중인 자신을 발견하게 되는 것이다. 이와 같은 미학적 효과는 다음과 같은 대목에서도 발견된다.

> 이때 마침 대문간에서 윤직원 영감의 기침소리가 들려, 이 장면은 그대로 커트가 됩니다. 〔……〕
> 두 아이의 대강 이야기가 그러했습니다. 그리고 다시, 오늘 밤으로 돌아와서 실골목의 장면인데…… (143쪽)

화자는 무성영화를 해설하는 변사의 화법을 구사하고 있는데, 장면 전환 시에 영화 편집 기술을 노출시킴으로써 갑자기 허구에서 현실로 교체되며 웃음을 자아내는 해설 기법을 모방하고 있다. 이와 같은 상황을 통해 독자는 변사의 해설에 귀를 기울이는 관객으로 전환됨으로써 집단적인 반응이 유도되는 것이다.

2) 언어 표현상의 구술성

(1) 반복과 열거에 의한 구문의 리듬감

『태평천하』를 읽을 때 느낄 수 있는 리듬감은 가창물(歌唱物)로서의 판소리 사설을 읽을 때의 느낌과 흡사하다. 원래 많은 청중의 주의를 집중시키고 화자와 청중 사이의 호흡을 일치시키기 위해 반복과 열거에 의한 수사법이 쓰이고 그에 따라 리듬감도 조성되는 것인데, 서술자의 목소리가 배제된 보여주기

(showing)에 치중하는 근대 이후 소설에 있어서 이와 같은 구문의 유형과 리듬감은 예외적인 것이 아닐 수 없다.

> 방송국에서 한동안, 꼭같은 글씨로, 남도소리를 매일 빼지 말고 방송해 달라는 투서를 수십 장 받은 일이 있습니다.
> 그게 뉘 짓인고 하니, 대복이가 윤직원네 영감한테 지청구를 먹고는 홧김에 써보고, 핀잔을 듣고는 폭폭하여 써보내고 하던, 그야말로 눈물의 투서였던 것입니다.
> 윤직원 영감의 불평은 그러나 비단 그뿐이 아닙니다. 소리를 기왕 할테거든 두어 시간이고 서너 시간이고 붙박이로 하지를 않고서, 고까짓 것 30분, 눈 깜짝할 새 감질만 내다가 그만둔다고, 그래서 또 성합니다. (17쪽)

위의 예문 가운데 두 번째 문장을 보면, 화자는 투서를 보내던 대복의 정황을 반복해서 서술하고 있는데, 서술이 반복되면서 대복의 답답한 심정은 점차 강조되고 있으며, 끝 구절에 가서는 과장에 의한 골계의 효과를 내고 있다. 네 번째 문장의 구문도 마찬가지로서, 문장을 이루고 있는 세 구절은 같은 의미의 반복인데 갈수록 방송 시간이 짧다는 의미가 강조되다가 끝 구절에서는 과장법이 사용되고 있다. 반복에 의한 상황의 점층적인 과장과 그로 인한 독자의 웃음을 유발하는 문장 구성법은 『태평천하』전편에 걸쳐서 발견되는 전형적인 수사법이다.

> 밤은 아직 초저녁이었고, 그들먹하게 뻗고 누웠는 다리를 조막만한 기집애가 밤만한 주먹으로 토닥토닥 무심히 치고 있는데, 문득 윤직원 영감이
> (106쪽)

위의 예문은 동기(童妓) 아이가 윤직원의 다리를 치고 있고, 윤직원이 음흉스런 욕심을 품고 있는 대목을 묘사하고 있는 장면인데, 윤직원의 큰 몸집과 동기 아이의 작은 모습이 점강법에 의해 대조되고 있다. 즉, 크기를 나타내는 형용사가 반복되면서, '그들먹한' 크기에서 '조막만한' 크기로 다시 '밤만한' 크기로 과장되게 점강되고 있는 것이다. 따라서 윤직원이 품고 있는 음욕의 부자연스러

움이 더욱 효과적으로 폭로되며 골계의 효과를 내고 있는 것이다.

이 밖에도 반복과 열거에 의한 문장 구성의 유형을 『태평천하』의 화자는 다양하게 보여주고 있다. 우선 외모의 묘사에서 열거를 통해 골계의 효과를 내는 경우이다.

> 운동화에 국방색 당꾸바지에, 검정 저고리에, 오그라붙은 칼라에, 배에배
> 꼬인 검정 넥타이에, 사년 된 맥고자에, 볕에 탄 얼굴에, 툭 불거진 광대뼈에,
> 근천스럽게 말라붙은 안면 근육에, 깡마른 눈정기에… 이 행색과 모습은 백
> 만장자의 지배인 겸 서기 겸 비서 겸, 이러한 인물이라기에는 매우 섭섭해
> 보입니다. (94쪽)
> 어제 오후 부민관의 명창대회에 가던 때처럼, 탕건 받쳐 통영갓에, 윤이
> 치르르 흐르는 안팎 모시 진솔것에, 하얀 큰 버선에다가 운두 새까마니 간드
> 러진 가죽신에, 은으로 개대가리를 한 개화장에, 합죽선에 이렇게 차리고 처
> 억 나섭니다. (176쪽)

위의 두 예문을 보면, 동일한 조사 '에'로 연결되는 대등구가 반복되어 쓰이면서 비슷한 길이의 구절이 열거됨으로써 리듬감이 조성된다. 그리고 각 구절은 종속 관계가 아니고 대등한 관계로 연결됨으로써, 부분의 독립성이 유지된다. 따라서 각 부분은 전대복의 직함에 어울리지 않게 초라한 외양을 독립적으로 나타내며 반복되거나 추한 내면에 어울리지 않는 윤직원의 호사스런 외모를 각 구절마다가 독립적으로 나타내며 반복됨으로써, 강조의 효과를 내는 것이다.

분석적이고도 추론적인 종속관계에 의해 통사적 질서를 이루는 쓰기의 특징[6]이 아니라 첨가적인 방법에 의해 문장이 구성되는 것은 『태평천하』의 문장이 전반적으로 보여주는 구술적 특징이다. 이와 같은 통사 구조의 특징은 인과성에 의해 긴밀하게 연결되는 것이 아니라 부분이 독립성을 가지면서 유사한 모티프가 반복되는 서사구조의 특징과 호응하고 있다.

그런가 하면 동일한 음을 반복하거나 의성어 의태어를 반복함으로써 읽을 때에 청각적 즐거움을 주는 문장의 예도 많이 발견된다.

---

6) Ong, 이기우·임명진 역, 『구술문화와 문자문화』, 문예출판사, 1995 62쪽.

머리를 늘쩡늘쩡 땋아내려, 자주댕기를 들인 머리채가 방둥이에서 유난히
치렁치렁합니다. 그러나 이 머리는 알고 보면 중둥을 몽땅 자른 단발머리에
다가 다래를 들인 거랍니다. (19쪽)
　이 밤에 이 집을 쳐들어온 이 패들만 보아도 패랭이 쓴 놈, 테머리한 놈,
머리 땋은 총각, 늙은이 해서 차림새나 생김새가 가지각색이듯이, 모두 무질
서하고 무지한 잡색 인물들이기는 하나, (33쪽)

　시방 두 볼이 아무튼 상말로 오뉴월 무엇처럼 추욱 쳐져가지고는 숨길이
씨근버근, 코가 벌씸벌씸, 입이 삐죽삐죽, 깍지손으로 무르팍을 안았다 놓았
다, 담배를 비벼 껐다 도로 붙였다 사뭇 부지를 못합니다. (63쪽)

　유리쪽으로 내다보고 있던 미닫이를 냅다 벼락치듯 와르르 따악 열어젖히
면서, 집안이 온통 떠나가게 왜장을 칩니다. (63쪽)

　첫 번째 예문에서는 '늘쩡늘쩡', '치렁치렁'과 같은 첩어로 된 의태어가 대구
를 이루며 리듬감을 조성하고 있을 뿐만 아니라 받침의 'ㅇ'음이 반복되면서 한
층 리듬감을 도와주면서 동기인 춘심의 긴 머릿단이 묘사되고 있다. 둘째 예문의
경우 '이 밤', '이 집', '이 패거리'하며 지시사 '이'가 반복되고 있고, 이어 여러
가지 차림의 인물이 열거되고 있다. 세 번째 예문은 며느리 고씨가 시아버지 윤
직원에 대한 부아를 참지 못해 어쩔 줄 모르는 모습을 묘사하고 있는데, 첩어인
의태어가 반복되고 있고, 이어 안절부절 하지 못하는 동작이 연이어 열거되면서
골계적인 효과를 얻고 있다. 끝으로 네 번째 예문에서는 '와르르 따악' 하는 의성
어가 문을 열어젖히는 속도와 요란한 소리를 효과적으로 연상시키고 있다.
　첫 번째 예문의 바로 위에서 화자는 판소리 「수궁가」의 한 대목을 인용하고
있는데, 『태평천하』에서 볼 수 있는 반복과 열거의 수사법에 의한 구문이 어디
에서부터 유래된 것인지 유추할 수 있게 한다.

　아이가 얼굴이 남방 태생답잖게 갸로옴한 게, 또 토끼화상이 아니라도 두
눈은 또렷, 코는 오똑, 입술은 오뭇, 다 이렇게 생겨 놔서 대단히 야무집니다.
(19쪽)

이 문장의 경우 또렷, 오똑, 오뭇 다음에 들어가야 할 어미 '하고'가 생략됨으로써 대등구의 반복에 의한 리듬감이 한층 강화된다. 이러한 예는 '상노 아이놈 삼남이가(26쪽)' 하는 구절에서도 발견되는데, 우선 '삼남이라는 상노 아이놈이' 하는 구절과는 표현의 효과가 다른 점을 들 수 있다. 후자의 경우 '삼남이'라는 어구는 '상노 아이놈'이라는 구절에 종속적 관계로 이어지는 데 반해, 전자처럼 바꾸면 두 구절 사이의 통사적 관계는 대등구의 반복으로 되며 표현의 효과가 달라진다. 그리고 다시 전자의 경우 원래는 '상노 아이놈인 삼남이가'라고 해야 하는데 조사 '인'이 생략된 것으로 볼 수 있겠다. 반복적 통사 구조에 조사나 어미의 생략이 수반되면서 리듬감이 강화되는 것인데, 이와 같은 표현상의 특징은 극적인 현전성을 강화하기 위한 것이 아닌가 한다. 단어의 배열에 의해 이루어지는 모방적(mimetic) 언술의 시간은 묘사 대상이 되는 장면을 시각을 통해 보는 실제 시간 보다 길어질 수밖에 없다. 가령 영화나 연극의 경우라면 정지된 장면이나 어떤 인물의 외모를 보여주는 데 있어서 실제 현실의 경우보다 시간이 더 걸리지는 않는다. 그러나 서사 양식의 경우에는 그렇지 않기 때문에 극적인 현전성을 실현하는 데 장애가 될 수 있는 것이다. 그런데 리듬감이 주는 역동성은 서사 언어가 주는, 시간이 정지된 느낌을 상쇄시킬 수 있는 것이다.

(2) 속담, 고사 등의 인용을 통한 서술

『태평천하』의 화자는 속담이나 잘 알려진 고전의 어구, 민속예능의 구절 등을 종횡무진으로 구사한다. 이처럼 공동체가 공유하고 있는 지혜와 언어 자산을 활용하는 특징은 채만식과 동시대의 작가이며 토속적인 어휘의 사용과 구어체 화법의 구사를 공통으로 하고 있는 김유정과도 다른 변별적 특징이라고 할 수 있다. 풍부하게 사용되고 있는 속담 가운데에서 몇 개만 추려보면 다음과 같다.

　　　말을 타면 견마도 잡히고 싶은게 (42쪽)
　　　암캐 같은 시어머니, 여우나 꽁꽁 물어가면 안방 차지도 내 차지, 곰방조
　　대도 내 차지 (53쪽)
　　　용 못된 이무기 심술만 남더라고 (62쪽)

　　양반이 파립(破笠)쓰고 한번 대변 보기가 예사지 (108쪽)
　　연애는 환장이니라(Love is Blind) (117쪽)

　이러한 속담의 구사가 독자를 민중의 생활감정에 밀착시키는 효과가 있음은
물론이거니와, 나아가 작중인물들의 우와 추를 공격하는 무기로 쓰이고 있다. 실
제로 구술문화나 혹은 그 문화가 잔존해 있는 문화들에 있어서는, 속담이나 수
수께끼가 지식을 쌓기 위해서 사용되는 것이 아니고 언어로 상대방과 지적인 대
결을 하기 위해서라고 한다.[7] 이 작품에서 속담의 사용은 윤직원의 세계에 대한
공격과 야유의 수단이 되고 있는 것이다.
　고전으로부터의 인용 또한 풍부하고 다양하다. 우리나라 야사에서부터 중국
사, 서양사와 같은 역사는 물론이요, 유교 경전 등 풍부한 전고 또한 윤직원 일
가의 추와 우를 공격하기 위한 수단이 되고 있는데, 이때 화자는 강사자(講史者)
의 모습을 띠기도 한다.

　　루이 14센지 하는 서양 임금은 짐이 바로 국가(朕卽國家)라고 호통을 했고
　(37쪽)
　　바스티유 함락과는 스스로 항렬이 스스로 다르기는 하지만 (42쪽)

　　조선서도 어느 종실세도(宗室勢道) 한 분은 반대파의 죄수를 국문하는데
　(37쪽)
　　송도 말년(松都末年)에는 쇠가 쇠를 먹었다고 합니다. (77쪽)
　　그러나 아무리 신돈이 같은 체질을 타고났다고 하더라도 (116쪽)

　　옛날의 진시황(秦始皇)은 영생불사를 하고 싶어, 〔……〕 우리 윤직원 영
　감도 진실로 그만 못지 않게 영생의 수명을 누리고 싶습니다. (173쪽)
　　만리장성(萬里長城)을 쌓던 역사적이고 세계적인 그 토목사업과 다름없는
　정신적 토목사업입니다. (174쪽)
　　진(秦)나라를 망할 자 호(胡 : 오랑캐)라는 예언을 듣고서, 변방을 막으려
　만리장성을 쌓던 진시황, 그는 진나라를 망한 자 호(胡 : 오랑캐)가 아니고, 그

---

7) Ong, 앞의 책 71쪽.

의 자식 호해(胡亥)임을 눈으로 보지 못하고 죽었으니, 오히려 행복하다 하겠
읍니다. (190쪽)

위의 예문은 차례대로 서양과 우리나라 그리고 중국의 고사를 인용한 대목이
다. 화자는 우리나라와 동서양 역사의 인용을 통해 이와 같은 역사 지식을 일상
적인 인용하는 전고로서 공유하고 있는 공동체적 가치관과 역사 의식을 중요한
준거로서 제시하고 있는 것이다.

그런가 하면 다음과 같은 고전의 인유는 고전에 나오는 구절들을 공동의 표현
자산으로 암송하고 있는 독자 공동체의 집단적 기억과 반응을 유도하고 있는 것
이다.

경지영지하시니 불일성지8)라더니, 뉘 일일새 범연하겠습니까 (108쪽)
춘향이가 인도환생을 한 에미애비라 하더라도 (108쪽)
단가로는 맹자견양혜왕짜리요 (113쪽)
저어 공자님 말씀에 "소인이 한가히 지낼 것 같으면 아름답지 못한 꿍꿍
이를 꾸미나니라."하신 대문이 있겠다요. (116쪽)
옛날의 주공(周公)도 사람이 종수처럼 이렇게 어질었다구요? (157쪽)
사맥이 다 이렇게쯤 되어서, 당대의 주공(周公) 종수가 이 동관의 뚜쟁이
집엘 온 것입니다. (158쪽)

(3) 풍부한 민중언어의 사용

이 작품에서는 민중들의 생활감정이 녹아있는 상투적 표현이나 속된 표현은
물론이고, 문학어로서 사용이 배제되거나 금기되어 있던 방언, 은어, 욕설 등이
거침없이 사용되고 있다. 민중들의 생활어로서의 시정언어에 대해 문자문화로서
의 문학에서 가해지던 무의식적인 금기가 타파되면서 해방감을 느끼도록 해주고

---

8)『맹자』'양혜왕 장구 상'의 한 구절인데, 맹자가 주 문왕의 어진 덕을 양혜왕에게 깨우쳐주기
위해『시경』'대아'의 '영대(靈臺)'편에서 인용한 대목임. 주 문왕이 누대를 짓자 백성들이 기
꺼이 달려와 잠깐 동안에 완성했다는 뜻이고, 원문은 '經始靈臺 經之營之 庶民攻之 不日成
之'이다.

있는 것이다. 이러한 주변언어로서의 시정어에 대해 행해지던 금기의 해방은 일찍이 판소리에서 시도되어 민중들에게 카타르시스를 주었고, 다시 판소리계 소설을 통해 독서물에까지 민중언어의 해방이 침투되었던 것인데 『태평천하』에서 다시 그와 같은 해방이 시도된 것이다. 민중언어의 전면적인 해방을 통해 민중적인 야유와 풍자도 비로소 가능하기 때문인 것이다.

작중인물인 윤직원이 사용하는 전라도 방언을 표음식으로 표기하고, 상스러운 욕설을 그대로 표기함으로써 문자가 아니라 소리로서의 말을 해방시키고 있다.

> "옳다. 내가 모르넌디 늬가 알 것이냐! …… 짝 찢을 년! 그년이 서방이
> 안 돌아부아 주닝개 오두가 나서 그러지, 오두가 나서 그리여!" (28쪽)

> "쌍년이라 헐 수 없어! 천하 쌍놈, 우리게 판백이 아전 고준평이 딸 자식
> 이, 워너니 그렇지 별수 있겠냐!" (68쪽)

나아가 화자까지도 '워너니', '폭폭하게'와 같은 전라도 사투리를 무의식중에 사용하고 있는 모습을 보여주고 있다. 그런가 하면 화자가 사용하는 상투적 표현이나 속된 표현은 민중들의 생활감각이 깃든 말의 맛을 보여주며 공동체적 정서를 환기시키고 있다.

> 두 길이나 솟은 높은 울타리를 문턱 넘듯 뛰어넘어, 길같이 솟은 보리밭
> 고랑으로 몸을 착 엎드리고 꿩 기듯 기기 시작하는 (31쪽)
> 사람 여남은 잡아 삼킨 능청맞은 얼굴을 (65쪽)
> 마음에 들던 손그릇이나 하나 잃어버린 것같이 (87쪽)
> 배 사먹으러 가게 썰렁한 검정 목 보이루 치마 (132쪽)
> 방위가 나빴던지 일수가 사나웠던지 (149쪽)
> 말처럼 긴 얼굴을 소처럼 웃으면서 (150쪽)
> 이러쿵 저러쿵 하는 수가 얼마든지 있은즉 만날 떵그렁입니다 (79쪽)
> 샛밥을 날름 날름 집어 먹다가, 찰떡같이 배가 맞아 가지고는 (86쪽)

『태평천하』는 민중들의 공동체에서 오랜 동안 사용되어 오면서 굳어진 상투

적 표현의 집대성이라고 하여도 과언이 아닐 것이다. 그리고 이와 같은 표현들은 민중들의 생활 감정과 지혜를 담고 있는 저장고 역할을 하고 있음으로 하여, 윤직원이 이루고 있는 세계에 대한 정서적 반응의 원천이 되고 있는 것이다.

(4) 공동체를 반영하는 호칭

화자가 작중 인물을 어떠한 호칭으로 부르느냐 하는 것은 서사의 다른 차원에 대해서도 중요한 영향을 끼치게 된다. 이름이나 3인칭 대명사가 사용될 경우 그 호칭은 화자의 감정이나 태도를 배제하게 되며, 쓰기의 관습에서 형성된 객관적이고 중립적인 거리를 내포하게 된다.

그런데 여기에서의 작중 인물들 중 남성 인물은 윤직원 영감, 윤주사 창식과 같은 호칭으로 불려진다. 이러한 호칭은 그들이 속해 있는 지역 공동체 내지는 좁은 범위의 지인들 사이에서 사용되는 것으로서, 화자 또한 그와 같은 호칭을 사용함으로써 그러한 좁은 사회를 환기시키고 있는 것이다. 반면에 여성 인물들은 고씨, 서울 아씨, 박씨, 조씨, 전주댁 등으로 불려짐으로써 그들이 속해 있는 여성들 내부의 사회를 환기시키고 있다.

이러한 점은 화자가 김동인 이후 문어체 3인칭 대명사로 쓰이기 시작하였으나 실제로 구어에서는 쓰이지 않고 있는, '그' 또는 '그녀'라는 호칭을 사용하고 있지 않는 점과도 관련된다(작품 전체 가운데 4장을 제외한 나머지 부분에서 거의 사용되고 있지 않은 점은 당시의 문학적 관습으로 볼 때 매우 예외적이라고 할 것이다).

그런가 하면 작중 인물에 대한 호칭으로 별명을 사용할 때가 간혹 있는데, 이러한 호칭은 그 인물이 속한 공동체의 평가를 적극 반영하는 것으로서, 이러한 호칭을 통해 독자는 공동체의 일원으로 참여하게 되는 것이다. '말대가리 윤용규(28, 103, 187쪽)', '윤두꺼비(29, 31, 44쪽)', '사납대서 삵괭이라는 별명을 듣고, 인색하대서 진지리꼽재기라는 별명을 듣고, 잔말이 많대서 담배씨라는 별명을 듣고 하던 시어미니 오씨(53쪽)', '올챙이 석서방(72쪽)', '박뚱뚱이, 째보(163쪽)' 등이 그 예이다.

2. 구술적 구성 방식

『태평천하』는 윤직원을 중심으로 한 식민지 부유층의 타락상을 폭로하도록 구성되어 있는데, 유사 모티프의 반복과 극단적인 대조에 의해 이루어지는 구성의 원리는 구술문화에 바탕을 둔 서술방식과 밀접하게 관련되어 있으며, 근본적으로는 민중적인 해학성과 상상력에 뿌리내리고 있다.

1) 평면적 인물의 병렬

이 작품의 등장인물들은 내면적 특성이나 개성이 부여되어 있지 않으며 단일한 특성에 의한 유형적 행동이 시종일관 반복되는 점에서 평면적 인물이라고 할 수 있다. 서사 양식에 있어서 인물 성격의 내면화는 쓰기와 인쇄문화와 깊은 관련이 있으며, 구비 서사에서 제공되는 인물의 성격은 언제나 평면적임을 상기할 필요가 있겠다.[9] 이 작품에 등장하는 인물들의 성격 유형은 민중적 구비전승의 인물목록에서 쉽게 찾아볼 수 있는 것들이다.

윤직원은 구두쇠형 인물의 계승으로서, <흥부전>의 놀부와 비교해 볼 때 이익 추구의 가혹성이라는 점에서는 유사하지만, 전근대적인 부의 축재를 사회적 욕망의 단위로 복잡화하고 심화시킨 성격이라는 신상철의 지적[10]은 타당해 보인다. 근대 이행기에 등장하기 시작한 신흥 지주층의 천박성을 풍자한 인물 유형인 놀부형 구두쇠의 성격을 계승함으로써 공동체의 문화 속에 저장된 반응을 쉽게 유도해 내는 효과를 거두고 있다.[11] 그밖의 부수적인 인물로는 왜장녀형 인

---

9) Ong, 앞의 책 225 - 228쪽 참조.
10) 신상철, 채만식 소설의 전통성, 『해암김형규선생고희기념논총』, 서울대 사대 국어과, 1981, 192쪽 참조.
11) 윤직원은 그러나 놀부와는 구분되는 시대적 전형성을 획득하고 있다. 신분 상승 욕망과 향락성 그리고 특히 식민지 치하의 부르조아로서 식민 종주국인 일제의 운명과 자신의 가문의 운명을 동일시하는 정체성의 모순에서 날카로운 차이를 보여준다. 판소리 자체가 이 계급의 오락으로 기능하고 있는 데서도 알 수 있듯이, 놀부라는 인물 유형 자체는 이 시대에 대한 비판적 기능을 상실한 것이다. 따라서 채만식은 근대 이행기 구두쇠 인물 유형을 창조적으로 계승했다고 해야 할 것이다.

물로 며느리 고씨를 들 수 있겠고, 바보 하인형 인물로 삼남을, 난봉꾼 아들형
인물로 윤창식과 윤종수를 들 수 있겠다. 그런가 하면 이들 일가에 기생하면서
자신의 이익을 추구하는 인물로 춘심, 옥화, 병호, 대복 등을 들 수 있는데 이들
은 모두 판소리의 '방자'나 '토끼'와 같은 성격의 일면을 가지고 있다.[12]

인물 구성에서 들 수 있는 구술성은 유사한 인물들이 병렬되는가 하면 극단적
으로 대조되는 인물과 대립시켜 놓는 수법인데, 이러한 병치와 대립적 인물 구
성의 중심에는 윤직원이 놓이게 된다.

구두쇠 윤직원과 병치되는 인물이 그의 비서격인 전대복이다. 그의 절약은 극
단적으로 희화화되어 윤직원을 능가하고 있는데, 주인인 윤직원에게 종속되어
주체적인 욕망을 상실함으로써 기계적인 느낌을 주는 절약은, 인간성의 불균형
적 기형성에 신랄한 풍자를 가하게 한다.

윤직원의 훌륭한 풍채와 극단적인 대조를 이루는게 그가 '인간 생긴 것치고
가장 귀애하는' 서자 태식의 기형적인 외모와 아울러 '둘도 구하기 어려운 보
물'이라는 바보 하인 삼남이의 추한 외모이다. 이 둘의 추한 외모와 백치 상태의
지능은 병렬적 효과를 거둘 뿐만 아니라 윤직원 내면의 추함과 유사성을 이루며
병치의 효과를 거두고 있다.

윤직원과 그의 아들 창식 및 손자 종수의 관계 역시 마찬가지로서, 수전노적
성격과 재물을 탕진한다는 점에서는 대조적이지만, 무절제한 호색에 있어서는
유사한 성격의 병렬 효과를 내고 있다.

'생과부', '통과부'로 '떼과부'를 이루고 있는 이 집안의 여인네들은(며느리
고씨, 딸 서울아씨, 손자며느리 박씨와 조씨, 침모 전주댁) 모두 과부신세라는 점
에서 유사한 특성의 병렬 효과를 내고 있지만, 성적으로 방탕한 이 집안 남성들
과는 극단적인 대조를 이룬다.

인물 성격의 병렬·대조 구조는 서술 층위에서 보이는 통사 구조의 반복·열
거 구조와 상응한다. 외모 묘사는 물론이고 행위를 서술할 때의 통사 구조도 그
러한 양상을 띠고 있는 것이다. 윤창식의 예를 보면 한량처럼 지내며 돈 아까운

---

12) 김성수, 「이야기의 전통과 채만식 소설의 짜임새」, 한국학대학원 석사논문, 1984, 82쪽과 89
쪽 참조.

줄 모르고 낭비하는 행위가 열거되고 있다.

> 밤이고 낮이고 하는 일이라고는 쌍스럽지 않은 친구 사귀어 두고 술 먹으
> 러 다니기, 활쏘기, 제철 따라 승지(勝地)로 유람다니기, 옛 한서(漢書) 모아놓
> 고 뒤지기, 한시(漢詩) 지어서 신문사에 투고하기, 이 첩의 집에서 술 먹다가
> 심심하면 저 첩의 집으로 가서 마작하기, 도무지 유유자적한 게 어떻게 보면
> 신선인 것처럼이나 탈속이 되어 보입니다. (57 - 58쪽)

2) 반복과 변화에 의한 순환적 구성

이 작품을 구성하고 있는 사건들은 일관된 이야기 줄거리로 연결되지 않는다.
부분들이 모여서 전체를 이루는 방식이 근대소설의 일반적인 양식과는 크게 달
라 당혹스럽기까지 하다. 이 작품에서 전개되는 사건들을 재구성하여 보면 다음
과 같은 단락으로 나눌 수 있을 것이다.

> (1) 윤직원이 명창대회를 구경하고 옴 : 1, 2, 3장.
>   가. 명창대회장에서 돌아오는 길에 대문 앞에서 인력거 삯을 두고 인력
>   거꾼과 입씨름함 : 1장.
>   나. 명창대회장 가는 길에 버스 요금을 떼어먹음 : 2장.
>   다. 춘심은 공짜로 입장시키고, 하등권으로 상등석에서 구경함 : 3장.
> (2) 60여년에 걸친 가족사 소개 : 4장
> (3) 며느리 고씨가 도발해 와 대판 싸움을 벌임 : 6장.
> (4) 거간 노릇하는 석서방과 돈 빌려주는 홍정을 벌임 : 7장.
> (5) 동기(童妓)인 춘심을 섭렵하려다 실패하고 홍정을 벌임 : 10장.
> (6) 손자 종학은 뚜쟁이 집에서 낭패를 보고, 아들 창식은 마작판을 벌여
>   재산을 축냄 : 12, 13장.
> (7) 동경에서 유학 중인 손자 종학이 사회주의 사상 관계로 피검되었다는
>   소식에 접함 : 15장.

위에서 재구성한 사건의 단락들을 보면, (1)에서 시작된 사건이 점차 발전되어

(7)로 최종 귀결되는 것이 아님을 쉽게 알 수 있다. (1), (2), (3), (4), (5), (6) 등의 누적된 결과가 (7)로 나타난 것으로 볼 수 없다는 것이다. 아리스토텔레스가 희랍드라마에서 발견한 '처음 - 중간 - 끝'으로 되어 있는 플롯도 아니고, 프라이타그의 피라밋처럼 도형화된 클라이맥스적 선형 플롯(climactic linear plot)도 아닌 것이다.13) 각 부분이 전체에 종속되는 정도가 미약하여 독립된 삽화가 열거되는 듯한 구성 방식을 취하고 있는 것이다.

신상철이 이러한 독특한 구조에 착안하여, 『태평천하』가 부분의 독자성을 갖는 판소리와 유사한 구조로 되어 있으며, '윤직원의 욕망의 실현과 그 좌절을 소설의 전체적 통일을 이룩하는 구조'라고 파악한 것은 상당한 타당성이 있다고 할 것이다.14) 그러나 이 작품의 복잡한 구조를 해명하는 데에는 미흡한 점이 있는 것도 사실이다. 특히 각 부분이 어떻게 독자성을 유지하면서 통일된 의미를 갖는 전체를 구축하는지에 대해서는 해명이 없다.

이 작품에서 사건이 배열되는 원리는 '원인 - 결과'의 고리가 아니라 유사한 유형의 사건이 반복되다가 변화하는 순환의 원리이다. 순환의 이항 대립을 이루고 있는 것은 일상적인 사건과 비일상적인 사건으로서, 일상적인 사건은 당대의 수전노인 윤직원이 탐욕을 추구하는 과정에서 일어나는 사소한 충돌들로 이루어진다. 작품의 전 과정은 이와 같은 사소한 충돌로 시종일관되는데, 이러한 반복 과정에도 차이가 주어짐으로써 변화의 양상이 있다. 1, 2, 3장에서는 주로 사소한 노랭이짓이 반복되다가 5장부터는 다시 본격적인 탐욕추구 양상이 반복되는데, 탐욕으로 말미암는 가족 내부의 균열 양상이 첨가된다. 즉 6장에서는 며느리와 시아버지 사이의 대판 싸움이 벌어지고, 7장에서는 고리대금업을 통한 이윤추구의 과정이 제시되며, 8장에서는 동기를 상대로 한 변태적 성욕이 폭로되는 데 이어, 12장과 13장에서는 각각 손자의 엽색 행각과 아들의 도박 삼매경이 전개되는 것이다.

비일상적인 사건은 탐욕의 추구 과정에서 빚어지는 심각한 충돌로 구성되어 있다. 즉 1, 2, 3장에서 일상적인 사건이 반복되다가 4장에서는 봉건 해체기의 혼

---

13) Ong, 앞의 책 212 - 213쪽 참조.
14) 신상철, 앞의 논문 188 - 190쪽 참조.

란기에 평민지주로 성장해 가던 윤두섭(윤직원의 부친) 일가가 봉건 수령 및 소작농 출신의 화적패 사이에서 겪었던 심각한 충돌이 소개되어 변화를 주며, 현재 진행되고 있는 하루 동안의 사소한 일상적 사건들에 긴장감을 부여해 준다. 그 긴장감이란 심각한 충돌이 다시 일어날 것이며 그 때에 이 집안의 붕괴가 예고될 것이란 순환적인 기대감에서 말미암는 것이다. 그런데 5장부터는 본격적인 탐욕추구 양상이 느리게 반복되다가 마지막의 15장에 이르러 손자 종학과의 이념적 대립이 불러일으키는 격렬한 충돌로 변화되며 끝맺는다.

반복과 변화에 의한 순환적 구성은 사건의 성격 차원에서 작용하고 있을 뿐만 아니라 시간과 공간 차원에서도 작용하고 있다. 먼저 시간 차원에서 살펴보자면, 1, 2, 3장은 사소한 노랭이짓이 반복되면서 지나치게 긴장이 이완될 수 있으므로, 서술 상에 있어서는 사건의 시간을 역전시켜 도치 서술(flash back)함으로써 변화를 주고 있다. 그리고 집안 내부로 이동하며 본격적인 탐욕 추구가 시작되기 전에 60여 년 전의 시간으로 거슬러 올라가 시간의 진행에 변화를 주게 된다. 밤 시간 동안 사소한 사건들이 느리게 진행되다가 새 날로 바뀜으로써 다시 시간의 진행에 변화가 생기게 된다.

공간 차원에 있어서도, '외부 공간 - 60년 전의 내부 공간 - 현재의 내부 공간 - 외부 공간 - 내부 공간'으로 반복과 변화가 일어나고 있다. 이와 같은 공간의 분절에 의해 사건의 반복과 변화가 주는 의미가 한층 강화되는 것이다.

이와 같은 반복과 변화에 의한 구성 방식은 화자와 청중 사이의 강한 정서적 일치를 전제로 하는 구비 전승의 공연에서 확인될 수 있다. 반복되는 끝없는 탐욕에 대해 퍼붓는 집단의 웃음은 점점 강해지며, 역으로 그러한 탐욕에 대한 도전이 주는 변화가 불러일으키는 공감 또한 더욱 커지며 강한 파장을 남기게 되는 것이다.

IV. 결어

이상의 논의는 다음과 같은 두 가지 사항으로 정리될 수 있을 것이다.

첫째, 구연 방식의 도입을 통해 서책 형식의 작가 - 독자 관계는 화자 - 청중의 가상적 공동체로 전환되며 공연 현장과 같은 가상적 공간이 형성된다. 이들 공동체는 윤직원 일가의 추와 우에 대해 집단적 웃음으로 징벌을 가한다. 구술 문화의 전문적인 이야기꾼과 같은 면모를 지닌 화자는 구술적 표현 요소를 다양하게 사용한다. 즉 속담 및 관용적 표현구의 사용과 고전의 인유 등 공동체가 공유하고 있는 표현 자산을 활용함으로써 청중과 일체감을 형성하는 한편 그들의 저장된 반응을 유도해내는 것이다.

둘째, 구성의 층위에 있어서 인물의 성격은 유형적인 특성을 지니고 있으며 사건의 배열은 인과적 고리에 의존하는 것이 아니라 반복과 변화의 원리에 의해 배열되어 있다. 인물의 유형 및 사건의 유형은 구비전승의 목록에 저장되어 있는 것들이며 반복과 변화에 의해 화자 - 청중이 이루는 공동체의 반응은 한층 강화된다.

이상과 같은 구술성 및 구연 방식의 도입으로 인해 기술 문화 이전의 기층문화로 공유하고 있는 구술 문화적 요소가 인쇄 매체로서의 소설 속에 도입됨으로써 근대 소설에서 약화된 공동체성이 살아날 수 있었다. 소리로서의 말은 발화 주체의 물리적 · 신체적 현전성을 전제로 하지만 시각적 기호로서의 글(특히 인쇄된 글)에서 그와 같은 현전성은 소거된다. 그런데 이 소설에서는 화자의 생생한 목소리가 독자를 청중으로 현전하며 참여할 수 있도록 하였던 것이다.

이와 같은 시도는 19세기를 거치며 서사 관습으로 확립된 보여주기(showing) 중심의, 따라서 작가와 독자의 고립화를 수반하는 서구 근대소설의 한계를 극복한 것으로 평가된다. 특히 파시즘의 폭력과 억압하에서 현상을 보여주는 것만으로는 작가의 신념과 비판정신을 표현할 수 없는 상황이 조성되었을 때, 구술성을 바탕으로 한 공동체성과 집단적 웃음은 억압을 무력화시키는 효과적인 수단이 될 수 있었다. 이러한 시도는 「치숙」 등에서 도입된 '믿을 수 없는 화자'와 같은 새로운 형식과 함께 기존의 서사 관습의 쇄신을 통해 서사적 표현 가능성을 넓힌 것으로 평가되어야 할 것이다.

참 고 문 헌

1. 기초 자료

『채만식 전집』, 창작과 비평사, 1989.

2. 국내 논저

김병국, 「구비서사시로서 본 판소리 사설의 구성방식」, 『판소리의 바탕과 아름다움(정
　　　양·최동현 편)』, 인동, 1990.

김성수, 「이야기의 전통과 채만식 소설의 짜임새」, 한국정신문화연구원부속대학원 석
　　　사논문. 1983.

김현주, 「판소리문학에서 구술성과 기술성의 관련양상 및 장르적 의미」, 『판소리 연구』
　　　2집, 1991.

＿＿＿, 「한국서사문학의 구술적 전통에 관한 일고찰」, 『한국문학형태론 (산문편)』, 일
　　　조각, 1993.

김흥규, 「판소리의 서사적 구조」, 『창작과 비평』 35, 1975 봄.

김종철, 「신재효 <춘향가>에서 구술성의 실현 양상」, 『고전문학연구』, 한국고전문학회,
　　　1999.

신상철, 「채만식소설의 전통성」, 『해암김형규선생고희기념논총』, 서울대 사대 국어과,
　　　1981.

우한용, 「채만식소설의 담론 특성에 관한 연구」, 서울대학교 대학원 박사학위논문,
　　　1991.

유화수, 「채만식소설 연구 - 서사전통과의 연계양상을 중심으로 - 」, 전북대학교 대학원
　　　박사학위 논문, 1996.

윤영옥, 「채만식 풍자소설의 서사기법 연구」, 전북대학교 대학원 박사학위 논문, 1999.

임명진, 「한국근대소설의 '엮음'에 관하여(1)」, 『비평문학』 8, 1994.

＿＿＿, 「채만식 소설의 판소리 수용에 관한 연구」, 『한국언어문학』 37, 1996.

3. 국외 논저

Benjamin, Walter, The Storyteller : Reflections on the Works of Nikolai Leskov, *Issues in*
　　　Contemporary Literary Criticism, Little, Brown and Company, 1973.

Guetti, James, *Word - Music : The Aesthetic Aspect of Narrative Fiction*, Rutgers

University Press, 1980.

Ong, Walter J, The Narrator's Audience Is Alawys a Fiction, *Contemporary Literary Criticism*, Longman, 1989.

_____, 이기우 · 임명진 역, 『구술문화와 문자문화』, 문예출판사, 1995.

「탁류」에 나타난 '군산' 연구

이 대 규

I. 문제 제기

채만식의 「탁류」에 대해서는 지금까지 많은 연구가 진행되어 왔다. 그럼에도 불구하고 한국 근대소설 중 「탁류」만큼 논자들에 따라 평가가 엇갈리는 작품도 아마 드물 것이다. 「탁류」의 이러한 성격은 이 작품에 대한 연구가 앞으로도 계속되어야 하는 당위성을 말해주고 있는 것으로 이해할 수 있다. 따라서 새로운 접근 방법론을 도입하여 「탁류」를 재조명해야 할 것이다.

「탁류」의 기호들은 상상적 혹은 상징적 행위의 결과물이다. 그것은 작가 채만식 자신이나 그를 포함한 집단이 직면해 있는 삶의 모순을 해결하려는 행동이 구체화된 것이다. 따라서 「탁류」에는 행위 주체의 현실 인식 및 현실 상황에 대한 대응 전략, 그리고 상황을 타개하고자 하는 인물의 욕망은 물론 작가 채만식의 욕망이 기호화되어 있다고 말할 수 있다. 작가의 예술적 코드화 과정은 긴장이 수반되기 마련이다. 그것은 자신의 욕망을 은밀히 감추면서 드러내야 하기 때문이다. 특히 이 작품이 일제 말기의 엄격한 검열 시스템 속에서 발표되고 재판 금지 처분까지 받았다는 사실을 염두에 둔다면, 「탁류」 읽기는 섬세한 독법을 요구한다.

한 작품에 대한 논의는 결국 작가의 현실 인식이 도달한 수준을 가늠해 보는 것에 모아질 수밖에 없다. 「탁류」가 발표되던 당시에는 세태소설로 평가절하 되었다.1) 그러다가 후기로 올수록 긍정적인 평가가 많아진다. 이는 연구자들이 채만식의 현실 인식의 깊이와 그것의 형상화에 대해서 갈수록 긍정적인 평가를 내리고 있음을 의미한다. 특히 최근의 문학사에서는 「탁류」를 비교적 긍정적으로 평가하려는 경향이 강하다. '파시즘 체제가 전 세계적으로 확산되고, 대동아공영권이라는 허구적 논리가 식민주의를 정당화시키며, 식민지 조선의 궁핍화가 가속화되어 가는 현실 속에서 이를 재인식하고 형상화시킨 작품',2) 혹은 '식민지 자본주의를 그 내부로부터 그려내 거기에 살고 있는 사람들의 운명을 천착한 작품'3)이라는 평가는 그 좋은 예가 된다. 특히 한형구는 '경제주의적 관점에서 식민지 자본제적 현실의 본질 고리에까지 그 소설적 투시경을 들이밀었다는'4) 점을 들어 「탁류」가 한국 리얼리즘 소설사에서 독보적인 위치를 차지한다고 높이 평가하기도 한다.

그럼에도 불구하고 「탁류」에 대한 기존의 논의는 여전히 미흡하다. 한형구는 「탁류」를 비극적 리얼리즘을 정형화한 소설5)이라고 규정하면서도, 이 작품은 자본제라는 보편적인 인식틀만 강조하는 한계를 지닌다고 평가하고 있다. 과연 「탁류」는 자본제적인 성격과 식민지적 성격이 하나로 통합된 형태로서의 식민지 자본주의에 대한 통합된 인식틀을 구축하지 못했는가?

그러나 필자는 채만식이 「탁류」에서 현실의 총체를 식민지적인 각도에서 보지 못했다고 생각하지는 않는다. 「탁류」의 텍스트 읽기는 텍스트의 행간 읽기를 통해서 더욱 본질적인 의미가 드러날 수도 있다. 특히 검열의 사회학적 관점에서 접근해 보면, 「탁류」에는 은유와 환유의 기표들이 무수히 뿌려져 있는 것이다. 텍스트 읽기는 표면적 기표에 한정되어서는 안 된다. 「탁류」가 제국주의나 식민주의 이데올로기에 맞서는 문학 텍스트라면 환유적으로 읽어야 한다. 의미

1) 임화, 「세태소설론」, 『문학의 논리』, 학예사, 1940, 341 - 364쪽. 김남천, 「소화14년도 개관 창작계」, 『조선문예연감』, 1939, 8 - 9쪽.
2) 김윤식 · 김현, 『한국문학사』, 민음사, 1973, 184 - 189쪽.
3) 김재용 외 3인, 『한국근대민족문학사』, 한길사, 1993, 687쪽.
4) 한형구, 「채만식 문학의 깊이와 높이」, 김윤식 · 정호웅 엮음, 『한국문학의 리얼리즘과 모더니즘』, 민음사, 1989, 178 - 179쪽.
5) 한형구, 위의 논문, 185 - 189쪽.

의 보편성보다는 개별성과 특수성에 주목해야 한다.[6] 「탁류」는 피식민지 주민의
붕괴와 생성을 재현했다. 곧 차별의 주체, 타자(他者)의 역사와 문화를 재현한 것
이다. 일제 강점기의 소설을 페미니즘이나 포스트식민주의 담론으로 읽어내면
작품의 새로운 의미가 드러날 것이다.

　필자는 도시기호학, 공간정치경제론, 공간기호론, 도시지리학을 원용하여 「탁
류」를 해석·평가한 바 있다.[7] 또한 페미니즘이나 포스트식민주의 담론으로 읽
어낼 가능성을 보인 바 있다.[8] 본 논문은 그러한 논의의 연장선상에서, '군산'이
라는 공간을 통해 채만식이 당대 사회의 전형성을 어떻게 담아내고 있는지 검토
하려고 한다. 리얼리즘 소설로서 「탁류」의 성취는 일차적으로 식민도시 '군산'
을 탁월하게 형상화한 데서 비롯된다고 생각하기 때문이다.

II. 산책자의 눈으로 본 근대 도시 '군산'

　현대 기호학은 건축이나 도시를 하나의 기호, 텍스트로 규정한다. 달리 말하면
발화된 도시를 하나의 해독 가능한 메시지로 본다는 것이다. 도시는 수신자에게
판독 가능한 발화체이며, 발신자에 의해 발화된다. 텍스트 도시는 공간 언어로
발현된다. 도시의 사용자들은 주어가 되고 사물은 문법적 목적어가 된다. 사물들
은 인지 주체들과 관계를 맺는다. 사물들은 있는 그대로 주체들의 관심을 끌지
못하고 그들 속성들의 몇 가지만을 통해서 시각적, 음성적, 기질적, 후각적 속성
들을 나타낸다. 도시의 사용자들은 그 나름대로 도시 공간의 해석자로서 규정된
다. 현내인들은 도시의 공산석 메시지들이 수렴되는 장소에서 자신을 제약하고
구속하는 다양한 프로그램과 메커니즘 속에서 역동적으로 참여하고 그것들에 반
응한다.[9] 따라서 도시에서 살아간다는 것은 삶의 공간에 대해 자신의 이데올로

6) 김욱동, 『은유와 환유』, 민음사, 1999 중 제4장 은유의 정치학, 환유의 정치학 참조.
7) 이대규, 「"탁류"의 도시공간 연구(1)」, 『현대소설연구』 10호, 1999. 6.
8) 이대규, 「"탁류"에 나타난 근대성 체험 연구」, 『한국언어문학』 43집, 1999. 12.
9) 김치수 외 3인, 『현대기호학의 발전』, 서울대출판부, 1998, 447-463쪽 참조.

기에 따라 반응·해석하는 행위의 연속인 것이다. 우리들이 도시 생활에 대해서 나타내는 다양한 반응들은 자신의 이데올로기를 드러내는 것에 지나지 않는다.

도시 기호학적 관점으로 소설을 읽어낼 때 우리는 도시 텍스트를 해석하는 작가, 서술자의 관점에 주목해야 한다. 필자가 「탁류」에서 주목하는 것은 채만식의 공간화(spatialisation) 전략이다. 작가는 자신의 지각 능력의 범위 안에서 대상들을 선택하고, 경우에 따라서는 어떤 대상들을 강조함으로써 공간을 투사하고 생산한다. 채만식은 인물들이 움직이는 행동의 무대, 장소, 즉 '군산'이라는 도시 공간을 사실적으로 재현했을 뿐만 아니라 근대 도시 텍스트가 인간의 삶에 어떻게 작용하는지를 구체적으로 보여주고 있는 것이다. 「탁류」에서 도시 텍스트와 공간과 그 안에서 움직이는 주체는 서로 규정한다. 「탁류」의 작가는 정주사와 서술자의 눈과 의식을 빌려 공간을 지시한다. 반면에 공간을 나타내는 구상체들은 그 공간에 가치를 부여하는 주체를 지시한다.[10] 「탁류」에서 소설의 공간 기호물은 인식 주체의 인식 능력 안에서 의미를 띠고 있으며 주체의 의도와 관련을 맺고 있기 때문에 역동적인 성격을 띠게 된다. 따라서 「탁류」의 독자 역시 도시 공간의 기호를 읽어내는 인물이나 서술자의 시선을 바탕으로 그 공간이 지닌 의미를 구성하게 되는 것이다.

산책자(flâneur) 모티프를 지닌 1930년대 모더니즘 소설들은 도시 기호학적 방법론으로 해석할 수 있는 가능성을 보여주고 있다. 「탁류」는 리얼리즘 소설로는 드물게 산책자 모티프를 채용하고 있는 소설이다. 대부분의 모더니즘 소설들이 경성을 다루고 있음에 비해 「탁류」는 '군산'이라는 근대 도시 텍스트를 주된 배경으로 하고 있다.

「탁류」에 나타난 도시 구조는 당시 군산의 도시 구조와 엄밀하게 대응한다. 「탁류」에서 채만식이 동원하는 군산의 지명이라든가 군산의 도시 공간을 나타내는 구상체들은 묘사를 통해 텍스트 외적 세계를 지시하는 사실 효과를 빚어내는 데 커다란 역할을 한다.

한 사회의 공간 구조는 분명 그 사회를 총체적으로 규정하는 기본 조직 원리

---

10) 위의 책, 292 - 294쪽 참조.

또는 메커니즘에 의해 지배된다.[11] 공간은 단순한 사회 생활의 공간적 배경이 될 뿐만 아니라 사회적 관계의 산물이며, 동시에 사회적 과정과 끊임없이 상호 작용하는 것이다. 도시 공간은 자연 환경 뿐만 아니라 사회 구조와도 밀접히 관련되어 있으므로, 근대적 도시 공간에 대한 탐구는 근대적 사회 관계를 공간적 측면에서 파악하는 것과 동일하다. 결국 식민지 도시 공간에는 근대화의 파행적 성격이 내재되어 있으며, '군산'이라는 도시 텍스트에 대한 채만식의 언술 행위 는 그 자체로서 정치적 성격을 띤다고 볼 수 있다.

「탁류」에는 두 가지 유형의 공간이 등장한다. 이는 각각 상징화된 공간과 구체적 공간이다. 소설의 서두에 제시되는 금강에 대한 묘사는 그 상징성이 두드러진다. 반면에 인물들이 구체적으로 활동하는 공간은 현실 공간, 역사적 공간, 구체적 공간이다. 상징화된 공간은 현실 공간을 포함한다. 그리하여 그것은 이 소설의 주제를 규정하고, 더 큰 시간과 공간의 틀 속에서 삶을 바라보도록 하고 있다.

> 백마강은 공주 곰나루(熊津)에서부터 시작하야 백제(百濟) 흥망의꿈자최를 더드며 흘은다. 풍월도 조커니와 물도 맑다.
> 그러나 그것도 부여전후가한참이지, 강경이에 다다르면 장꾼들의 흥정하는소리와 생선비린내에, 고요하든 수면의꿈은깨여진다. 물은 탁하다.
> 예서부터가 올케 금강이다. (……)
> 이러케 에들르고 휘돌아 멀리 흘러온물이 마침내 황해(黃海)바다에다가 깨여진꿈이고 무엇이고 탁류채 얼러 좌르르쏘다저 바리면서 강은 다하고 강이 다하는 남쪽언덕으로 대처(大處=市街地)하나가 올라안젓다.
> 이깃이 군산(群山)이라는 힝구요, 이얘기는 예시부디 실마리가 풀린다. (5 - 7쪽)[12]

위 인용문은 원근법적으로 공간을 초점화시키고 있다. 결국 이 소설에서 인물의 행위 공간은 금강 하구에 있는 항구 도시 군산임을 알 수 있다. 작가는 당대

---

11) 최병두, 『한국의 공간과 환경』, 한길사, 1991, 51쪽.
12) 채만식, 『탁류』(우한용 해설·주석), 서울대출판부, 1997. 이하 인용은 쪽수만 표시함.

식민지적 현실에 초점을 맞추고 있기 때문이다. 공주 부여가 백제 시대의 역사·문화적 중심부였다면, 강경은 조선 후기 상업의 중심부였으며, 군산은 일제 강점기에 새롭게 떠오른 근대적 식민 도시이다.

「탁류」와 「천변풍경」의 도시 공간 설정을 비교해 보면 「탁류」에 묘사된 '군산'이 식민지적 근대화의 성격을 담아내기에 얼마나 효과적이었는지를 알 수 있을 것이다. 그런 점에서 「탁류」에 나타난 1930년대 군산의 도시 공간은 식민지적 근대화를 체험하고 있는 조선의 환유라고 할 수 있다.[13]

「탁류」는 독자들이 인물의 공간 이동을 좇아가면서 이들의 삶이 지닌 의미를 구성하도록 설계되어 있다. 작가가 인물의 이동과 결부된 소설의 내적 공간을 창조하는 작업을 밀러는 상징적 지도 제작에 비유한다. 따라서 이러한 공간은 인간적 견지에서 의미 있는 공간이 된다.[14] 「탁류」의 서두에는 산책자 정주사의 이동 경로를 따라 군산의 도시 구조가 구체적으로 드러나고 있다. 정주사의 산책로를 실제 공간과 대조하여 보면, 정주사는 삶의 방향성을 상실하여 이리저리 어슬렁거렸음을 알 수 있다. 「탁류」의 서두에 나타난 정주사의 이동 경로는 다음과 같다.

> 미두장 - ◇◇은행 방향 - △△은행(조선은행) 앞 네거리 - 해안통(海岸通) - 선창(째보선창) - ○○은행 모통이 - 전주통(全州通) / 동녕고개(은행거리) - 경찰서 앞 네거리 - (행화네 유곽) - 소화통(昭和通) - 개복동(開福洞) 복판 - 콩나물고개 - 둔뱀이(屯栗里) - 한참봉네 싸전 - 정주사네집

「탁류」에 등장하는 공간은 1930년대 중반 군산의 도시 구조를 그대로 재현하고 있다. 따라서 정주사의 눈에 비친 길과 사물들은 식민지적 근대의 기호들인 것이다. 당시 군산은 일제에 의해 새로 조성된 직교식 신도시였다. 미두장 앞을 통과하는 도로가 본정통(本町通), 해안통(海岸通)이고, 미두장 뒤를 남북으로 가로지르는 도로가 전주통(全州通), 그 뒤로 대화정(大和町), 욱정(旭町), 명치정(明治

---

13) 필자는 이 작품이 경성의 공간적 성격을 구체화하지 않았기 때문에 구성상의 결함을 지니고 있다고 생각하지는 않는다.

14) J. H. Miller, *Topographies*, Stanford Univ. Press, 1995, 19 - 21쪽.

町) - 소화정(昭和町), 횡전정(橫田町) 등의 도로들이 바둑판처럼 형성되었다. 미두장에는 미곡상 조합이 붙어 있고, 본정 거리 맞은 편에 요소비료회사가 있었으며, 옆으로 몇 걸음만 가면 조선은행(소설에는 '푸른집웅을 이고섯는 △△은행'), 그 옆에 미곡 창고들이 위치하고 있었다.[15]

> 미두장은 군산의심장이고 전주통(全州通)이니 본정통(本町通)이니 해안통(海岸通)이니하는 폭넓은 길들은 대동맥이다. 이 대동맥 군데군데는 심장 가까히여러 은행들이 서로 호응하듯 옹위하고 잇고 심장 바루 전후좌우에는 수만은 중매점(仲買店)들이 전화줄로 거미줄을 처노코 안저잇다.

「탁류」는 미두장에서 정주사가 봉변 당하는 것으로부터 시작하고 있다. '갈래 갈래 갈린 길 내게 길이라도 바이 하나 없소'(「길」)라는 소월의 시구처럼, 정주사는 길 위에서 길을 잃고 있다. 그는 '미두장' '폭넓은 길'[16] '은행', '중매점'[17]이라는 식민지적 근대의 메커니즘에 봉변을 당하고 있는 존재이다. 미두장 주변의 중매점들은 '전화줄'을 쳐놓고 있는 '거미'이며, 정주사는 여기에 걸려든 한낱 작은 벌레에 지나지 않는다.[18]

---

15) 조선은행 부근을 해방 이후 장미동(藏米洞)이라 불렀다. 장미동 일대에는 80년대까지 커다란 벽돌 창고가 남아있었는데 그것은 식민 본국으로 반출할 쌀 보관 창고였다.

16) 군산은 조차지(租借地)에 가까울 정도의 독점성·배타성을 지닌 전관거류지(專管居留地, 단일 외국인 거류지역)이었다. 이들 지역은 1913년에 단행된 일본의 행정 지역 개편 작업을 통해 府(오늘날의 市)로 승격되면서 식민 도시로 성장하게 된다. 군산(1899)이나 목포(1897)는 철저한 배후지의 수탈과 자원의 본국 수송 목적으로 개항되었다. 군산의 개항은 구한말부터 크게 상권이 형성된 강경, 전주 지역을 점령하고 자신들의 자본제적 상품 판로를 개척하기 위한 것이었지만 본래는 김제·만경 평야의 쌀을 수탈해 가기 위한 것이었다. 1899년 개항 이후 군산의 도시는 직교식으로 설계되고, 익산과 철도가 연결되었으며, 1907년 전주 - 군산 간 도로(길이 46.7km, 폭 7m. 우리나라 최초의 아스팔트길)가 개설되었다. 미두장의 앞뒤에 있는 본정통이나 전주통 거리, 미두장 앞 항구의 철도는 호남 지역의 미곡을 군산항으로 수송하기 위한 수탈 목적으로 개설되었다. 따라서 이 소설의 서두에 나타난 '길'은 식민지적 근대의 기호이다. 초봉이 이 길을 따라 군산을 떠났다가 끝내 파멸에 이르는 것은 그런 점에서 의미심장하다.

17) 미두장 주변에는 중매점(仲買店)들이 즐비했다. 이 소설에 등장하는 곱추 장형보는 마루강(丸江)이라는 중매점의 바다지(場立 : 시장대리인)이다. 30년대 군산시가도를 보면, 미두장 주변에 山本商店, 九十九商店, 山上商店, 高林商店 등 수많은 중매점들이 존재했음을 알 수 있다.

　　조곰치라도 관게나 관심을 가진 사람은 『시장』(市場)이라불르고, 속한(俗
漢)은 미두장이라고 불르고 그러고, 간판은 『군산미곡취인소(群山米穀取引所)
라고 써부친 이 공인도박장(公認賭博場). 집이야 낡은 목제의 이층으로 협수
룩하니 보잘것이업서도 이곳이 군산의 심장인데는 갈데업다.

　미두장은 제국주의와 자본주의가 결합하여 제도의 모습을 띠면서 피식민지인
들을 수탈하는 합법적 공간이다. 미두장이야말로 식민지적 모순, 역사의 탁류를
가장 상징적으로 보여줄 수 있는 공간이다. 군산은 도시의 심장부터 타락한 공
간이다. 그러한 성격은 '낡은 목제의 이층으로 협수룩하니 보잘 것이 없'다는
묘사와 잘 어울린다.19) 그럼에도 불구하고 미두장은 조선인들에게 거짓 욕망을
불러일으키는 공간이다. 또한 미두장은 도덕적 개인이 비도덕적 사회 속에서 어
떻게 함몰되어 갈 수밖에 없는가를 극명하게 보여 주는 공간이기도 하다. 개인
적 부지런함·선행이 사회 구조적 모순을 극복할 수 없음을 알았을 때, 그러한
개인은 타락한 사회 제도를 적극적으로 수용하기도 한다.20) 이 경우 그러한 개
인의 타락은 분명 일차적으로는 세계의 부조리에 적극적으로 맞서지 못한 개인
의 책임일 것이다. 그럼에도 불구하고 그 뒤에 숨어 있는 타락한 세계를 간과해
서는 안 될 것이다. 「탁류」의 독자들이 정주사처럼 어리석고 나약한 개인에 대
해서는 연민을, 개인을 파멸시킨 세계에 대해서는 분노를 보내게 되는 것은 이

---

18) 정교한 식민 지배 메커니즘 앞에서 무력할 수밖에 없는 존재들의 모습이 희곡 『당랑의 전
　　설』에서는 수레바퀴에 저항하는 사마귀로 비유된다.
19) 사진 자료에 의하면 1925년 당시 미두장은 2층 건물이었다. 본정(本町)과 전주정(全州町) 도
　　로 사이 모서리에 서 있는 L자 형 건물이다. 정면 옥상에는 창문을 하나만 낸 작은 건물이
　　멋을 부리고 있다. 2층 정면에는 좌우로 각각 하나의 창문이 설계되어 있고, 부청 방향인 오
　　른쪽으로는 창문이 2개, 미곡상조합쪽으로는 5개의 창문을 냈다. 그런가 하면 1층은 정면은
　　화강암 민흘림 기둥을 양쪽에 세웠다. 1층에는 일본식으로 가지를 친 소나무와 여타의 나무
　　몇 그루가 서 있고, 자전거 보관소에 몇 대의 자전거가 서 있다.
20) 야마베겐타로(山邊健太郎)는 조선에서 소작인의 비참한 사정을 풍자하는 속담과 사이토(宇垣
　　一成) 총독의 일기를 예로 들어 조선 현실을 증언하고 있다. '소작인은 지주의 집에서 가을
　　추수계산을 마치고 돌아갈 때는 빗자루와 키만을 가지고 집으로 돌아가게 된다.' '열심히
　　일해서 돈 버는 것을 따라서는 가난은 없다는 속담이 있지만 조선에서는 일을 해도 가난이
　　따라와서 편안할 때가 없는 경우가 많다.' (1931. 9. 8) 山邊健太郎, 이현희 역, 『일제강점하의
　　한국근대사』, 삼광출판사, 1998, 159 - 160쪽 참조.

때문이다.

제국주의와 결탁한 식민지적 자본주의 체제의 기호로 가득찬 본정통(중심거리)과 해안통을 따라 정주사는 정처 없이 선창으로 간다.

> 강안(江岸)으로 뻬친 찻길에서는 꽁지빠진 참새가티 몽창한 기관차가, 경망스럽게 달려다니면서 빽 - 빽 성급한 소리를 질는다 그러면 멀직이 강심에서는 커 - 다라케 드러누운 기선이 가끔가다가 우웅하고 내숭스럽게 대답을 한다.
> 준첩선이 저보다도 큰 크레인을 묵업게 들먹어리면서 시컴언 개흙을 파올린다. 마도로스의 정취는업서도 항구는 분주하다 (18쪽)

미두장 주변은 근대적 사물들로 가득하다. 해안통을 달려가는 '기관차'와 금강 한복판에 있는 '기선'은 근대의 상징이다. 군산항의 분주함은 정주사의 한가함이나, '정취 없음'과 대조되고 있다. 정주사는 그곳에서도 변두리 인간으로 밀려나 있다. 30년대 당시 군산항은 미곡 유출항으로부터 일본의 공산품 소비지로 변모하고 있었다. 그에 따라 군산항은 자본제적 상품의 유입항 구실을 했다. 정주사의 회상을 통해 작가는 근대화의 의미를 묻고 있다.

정주사는 항구(째보선창)에서 '탁류'처럼, '깨어진 꿈'들을 떠올린다. 12년 전(1920년대) 정주사는 금강 너머 서천(舒川) 용당(龍塘, '용댕이'라 부름)에 살았다. 그는 '군서기' 노릇을 하다 도태를 당하고 빚만 남자 '화도 나고 생화(돈)도 얻을 겸' 똑딱선을 타고 군산으로 이사한다. 그의 이주는 근대적 세계를 체험한다는 의미를 지니고 있다. 그런데 이미 식민지 자본에 의해 왜곡된 공간에서 그는 급격히 타락·놀락의 길을 걷게 된다.

「탁류」에서 '군산'과 '서천 용당'은 이항 대립적 성격을 지닌다. 두 공간은 현실의 시공간 / 회상의 시공간, 근대적 시공간 / 전근대적 시공간, 환멸의 공간 / 상대적으로 그리운 공간, 동적인 공간 / 정적인 공간, 훼손된 공간 / 상대적으로 덜 훼손된 공간의 성격을 지닌다.

선창에서 관념적 죽음 의식을 마친 정주사는 ○○은행 모퉁이를 지나 미두장을 등지고 집을 향한다. 군산의 중심부에서 주변부, 일본인 지역에서 조선인 거주 지역으로 가고 있는 것이다.

> 정주사는 내키지아니하는 걸음을 천천히 걸어 전주통(全州通)이라고불르
> 는 동넝고개를 지나 경찰서압 네거리에 이르렀다. 거기서 그는 잠간 망서렷
> 다. (……)
> 정주사는 요새 정거장으로부터 시작되어 새로난 소화통이라는 큰길을 동
> 쪽으로 한참 내려가다가 바른손편으로 꺽기어 개복동(開福洞)복판으로 들어
> 섯다 (23 - 4쪽)

정주사는 '경찰서 앞 네거리'에서 잠깐 망설이고 있다. 길의 중심부에 경찰서
가 있다는 것은 식민 도시 군산의 성격을 암시하는 기능을 한다. 소설에서 경찰
서와 순사는 고태수 살해 사건과 관련지어 등장한다. '철그럭하는 칼소리'는 초
봉의 내면을 흔드는 공포감으로 작용하고 있다.

실제로 '경찰서 앞 네거리'는 교차점이다. 군산부청(群山府廳)을 남북으로 가
로지르는 명치정(明治町) 도로가 여기서부터는 여러 갈래로 퍼져 나간다. 곧장
남으로 향하면 정주사네 집으로 가는 소화통(昭和通)이며, 그 길은 군산역을 지
나 익산, 전주로 통하는 지름길이다. 거리 이름은 식민 본국의 명치천황과 소화
천황을 기념하고 있다.

근대 도시는 사용 가치가 사라지고 교환 가치가 지배하는 공간이다. 근대 도
시에서는 사랑마저 교환가치에 의해서 거래된다. 군산은 '유흥과 게집이『상해』
(上海)와가티 개방되여잇는'(107쪽) 곳이다. 그런 점에서 군산은 타락한 일제 파
시즘체제와 결합된 자본주의의 환유이다. 1930년대 군산, 혹은 식민지 조선은 개
방되어 있는 공간이지만, 정신적으로는 닫힌 세계이다.[21]

「탁류」에서 군산의 타락한 성격은 성(性)을 매개로 하여 형상화되고 있다. 이
소설에 등장하는 타락한 인물들은 대부분 성에 탐닉하는 모습을 보인다.

---

21) 식민지적 질서는 제국주의 - 자본주의 - 남근주의가 상호 결합된 형태를 띠고 있다. 그러나
　　그것은 자신이 지닌 폭력성을 진보와 합리로 가장하고 있다. 「탁류」에서 군산은 환멸에 가
　　득찬 공간이다. 그러나 군산은 식민지 조선의 제유에 불과하다. 초봉에게 '군산을 떠난 어떤
　　곳'도 탈주의 공간이 되지 못하는 까닭이 여기에 있다.

　　그는 이 냄새를 매일아침가티 맛군하는데, 그러느라면 초봉이의 몸둥이가
　　연상이되고 여간만 흥분이되는게 아니엇섯다. 그는 그래서, 별루 할이애기가
　　업더래도, 아침이면 문을 만히여달어 그냄새가 빠저바리기전에, 안방으로 건
　　너오군한다.

　　『나는 어제저녁에 신흥동(遊廓)갓다왓다, 제 - 기』

　　『그러느라구 새벽에 들어왓네그려?……망할것』(263쪽)

　「탁류」에 등장하는 인물들의 일그러진 성욕은 1930년대 조선 사회의 타락상
과 상동 구조를 지닌다. 초봉과 고태수, 장형보, 박제호의 관계는 물론, 고태수와
한참봉 아낙 김씨, 고태수와 행화의 관계는 타락한 성을 매개로 하고 있다.

　경찰서 근처에 유곽이 있다는 것은 성의 상품화가 제국주의의 성격과 관련되
어 있음을 의미한다. 「탁류」에서 경찰서를 오른쪽(서)으로 돌아가면 고태수가 드
나들던 기생 행화(杏花)네 유곽이 나온다. 근대화(개항), 자본주의, 제국주의와 매
춘은 밀접한 관계를 가지고 있다. 조선시대에도 기생 혹은 기녀가 있었지만 이
들의 본업은 어디까지나 술자리의 여흥을 돋우는 것이었고 성적 행위는 부수적
인 것이었다. 본격적인 매춘업이 이 땅에 뿌리를 내린 시기는 개항 이후였다.
1902년에 부산에 처음 유곽이 만들어졌고, 1910년 무렵 전국의 개항장 대부분에
유곽이 들어섰던 것으로 추정된다. 대표적인 유곽은 현 명산동인 경정(京町)이었
지만, 호색적인 일본문화의 상징인 유곽이 들어서면서 공창인 유곽 외에도 1920
년대부터는 사창들이 우후죽순처럼 생겨났다.

　자본주의와 결합한 제국주의는 여성을 자본에 종속시킨다. 「탁류」를 보면, 근
대적 도시 공간에서 남성들이 소유하고 있는 자본은 여성을 소유의 대상으로 전
락시킨다. 「탁류」의 수인공이라 할 수 있는 조봉이는 직접석으로는 고태수, 장형
보, 박제호와 같은 남성들에 의해 훼손된다. 이러한 풍경은 명임에게도 반복되고
있다. 이로 보아 채만식은 매춘 모티프를 가난의 사회학적 관점에서 접근하고
있다고 말할 수 있다. 13살 명임이를 '기생집의 수양녀'로 팔아먹으려고 하는
명임의 부모에 대해 불쾌해 하면서도 '양순하디 양순한 명님이의 부모'를 생각
하면 반감도 가져지지 않는 남승재의 의식이나, 자기 집안을 꾸리어 나가는 행
화에 대해서 호감을 가지는 초봉의 의식은 이 시기에 가난의 문제가 얼마나 절

박했는지를 말해주는 것이다.

III. 둔뱀이, 식민지적 근대화의 허구성

정주사의 마지막 발걸음은 콩나물고개를 지나 둔뱀이에 이른다. 미두장 일대
가 군산의 중심부, 일본인 거주지역, 거리라면 둔뱀이 일대는 군산의 주변부, 조
선인 거주지역, 집이라는 점에서 서로 대립적 자질을 지니는 공간이다. 채만식은
두 공간 사이의 대립적 성격을 다음과 같이 서술하고 있다.

> 개복동, 구복동, 둔뱀이, 그리고 이편으로 뚝 떠러저 정거장뒤에잇는『스
> 래』(京浦里)이려한 멧곳이 군산의인구 칠만명 가운데 륙만도 넘는 조선사람
> 들의 대부분이 어깨를비비면서 옴닥옴닥 모여사는곳이다. 면적으로치면 군
> 산부의 멧십분지일도 못되는땅이다.
> 그뿐만 아니라 정리된 시구(市區)라든지 근대식건물로든지 사회시설이나
> 위생시설로든지, 제법 문화도시의 모습을 채리고 잇는 본정통이나 전주통이
> 나, 공원밋일대나, 또 넌즛이 월명산(月明山)아래로 자리를잡고잇는주택지대
> 나, 이런데다가 벗대면개복동이니 둔뱀이니하는 한세기나 뒤저보인다. 한세
> 기라니 인제 한세기가 지난뒤라도 이 사람들이 제법 고만큼이나 문화다운
> 살림을 하게 되리라 십지안타.

「탁류」는 군산이라는 전체적 공간 속에 배치된 여러 가지 서로 다른 장소들이
서로 대칭, 대조, 친화력, 긴장, 혹은 혐오 따위의 관계를 맺고 있음을 보여준다.
그것은 중심부와 주변부, 근대적 공간과 전근대적 공간, 일본인 거주지역과 조선
인 거주지역, 인구 밀도가 낮은 지역과 인구 밀도가 높은 지역 사이의 대립·긴
장·부조화를 의미한다. 중심부(미두장 주변, 공원 밑 일대, 월명산 아래)와 주변
부(개복동, 둔뱀이, 스래)의 대립은 근대적 공간과 전근대적 공간의 대립을 뜻하
는 동시에, 지배 세력과 피지배 세력 사이의 갈등을 의미하고 있다.

현대 도시이론은 사회의 권력 관계에 의해 장소들이 재현된다고 말한다. 「탁

류」에 나타난 군산에 대한 공간 묘사는 채만식이 문화 현상을 권력 관계가 매개되고 얽혀 있는 정치적 갈등의 장으로 인식하고 있음을 암시한다. '한 세기라니 인제 한 세기가 지난 뒤라도 이 사람들이 제법 그만큼이나 문화다운 살림을 하게 되리라 십지 않다.'는 서술자의 목소리는 작가의 그것에 가까워 보인다. 결국 채만식은 미두장 부분과 둔뱀이 일대에 대한 대조적 묘사를 통해, 군산이라는 공간을 생산해 내고 지배·통제하는 사회적 권력의 작용, 자본주의 도시 공간의 생산 과정을 실질적으로 지배하는 자본과 국가 권력의 다양한 공간 지배 방식과 그로 인한 공간의 변화를 포착해 낸 것이다. 인용문에서 보여주고 있는 바와 같이 채만식이 그려낸 군산이라는 도시 공간은 다수의 조선인이 소수의 일본인에 의해 소외감을 맛보고 있는 식민지적 불평등 구조를 암시하고 있다. 이러한 군산의 공간 묘사를 통해 작가는 한국의 근대화가 조선인의 삶의 질을 향상시키는 것과 무관한 방향으로 전개되어 왔다는 사실을 암시하고 있다. 「탁류」는 식민지 근대화론이 지닌 허구성을 날카롭게 꿰뚫어 보고 있다. 조선인 거주 지역을 구체적으로 묘사한 작가는 그 도시 공간을 조작하는 존재의 허구적 본질을 정확히 꼬집고 있다. 콩나물고개란 말이 뜻하듯이 조선인 빈민 인구 밀집 지역은 일제가 군산이라는 상공업 도시에서 필요한 값싼 노동력을 확보하기 위해 만든 공간이다. 개복동, 둔뱀이 일대의 조선인 거주 지역은 답보 상태를 면치 못하고 있으며, 더욱 비인간화되어 가고 있음을 짐작할 수 있게 한다. 소화통(昭和通)의 넓고 말끔히 포장된 모양은, '포도장치(鋪道裝置)도 아니한 십오칸짜리 토막길' '언덕비탈'인 둔뱀이 일대와 대조를 이루고 있다. 결국 채만식이 「탁류」를 통해 그려낸 1930년대 군산의 도시 구조는 일제 파시즘 이데올로기의 구체적 형상화인 것이다.

현대 도시 이론은 사회의 권력 관계에 의해 장소들이 재현된다고 말한다.[22] 우리는 채만식이 묘사한 군산이라는 공간 환경이 지니는 성격을 파악하기 위해서는 도시 공간을 둘러싸고 진행되는 폭넓고 다양한 관계망들을 구체적으로 파악할 수 있어야 할 것이다. 필자는 위의 인용문에서 채만식이 물리적 공간의 불

---

22) 이무용, 「도시공간의 문화정치」, 한국공간환경학회 엮음, 『현대도시이론의 전환』, 한울아카데미, 1998, 207쪽.

균형·부조화 상태가 민족 모순에 의해 야기되었음을 암시하고 있다고 해석한다. 우리는 물리적 공간과 그 공간을 이용하는 사람들, 그리고 양자를 매개하는 제도와 권력 관계를 종합적으로 고찰해야 한다.23) 그렇지만 「탁류」텍스트에서 이를 직접 찾아내는 것은 쉽지 않다. 그것은 검열의 사회학적 관점에서 이 텍스트에 접근해야 하기 때문이다. 우리는 30년대 후반에 작가가 이러한 민족 갈등을 직접적으로 표현하는 것이 불가능했다는 사실을 고려해야 한다.24) 공간문화정치론적 시각으로 소설 텍스트의 공간이 지닌 의미를 해석해 내는 것은 상당 부분 독자들의 몫으로 남겨져 있다.

공간기호론적 관점으로 「탁류」를 읽기 위해서, 독자들은 군산이라는 도시 공간과 장소를 둘러싸고 지배력과 저항력이 어떻게 충돌하고 부딪치며, 다양한 의미들이 어떻게 서로 경합하고 갈등하면서 공간에 표출되고 공간을 새롭게 생산하는지 살펴보아야 할 것이다. 필자가 「탁류」의 제1장 『人間記念物』을 중시하는 것은 이 부분에 작가의 민족 의식이 상징적으로 함축되어 있다고 생각하기 때문이다. 결국 채만식은 군산이라는 공간을 생산해 내고 지배·통제하는 사회적 권력의 작용, 자본주의 도시 공간의 생산 과정을 실질적으로 지배하는 자본과 국가 권력의 다양한 공간 지배 방식과 그로 인한 공간의 변화를 「탁류」의 전반부에 포착해 낸 것이다. 채만식이 그려낸 군산이라는 도시 공간은 다수의 조선인이 소수의 일본인에 의해 소외감을 맛보고 있는 식민지적 불평등 구조 불평등 구조와 동질적이다. 이처럼 작가는 한국의 근대화가 조선인의 삶의 질을 향상시

---

23) 이처럼 공간, 주체, 권력을 통합적으로 고찰하려는 논의가 이른바 '공간문화정치론'이다. 권용우 외, 『도시의 이해 - 도시지리학적 접근』, 박영사, 1998, 105쪽.

24) 황국명은 「탁류」의 배경이 되고 있는 군산이 도회지 삶의 "격정극적 대조"를 보이고 있다고 지적한다. 이어 그는 이 도시의 삶의 대립성이 작가의 격정극적 상상력을 자극하여, 「탁류」가 조선/일본, 야만/문명, 빈자/부자라는 이원대립쌍을 갖는다고 말한다. 그럼에도 불구하고 그는 이 당시 채만식에게 더욱 강렬하게 지각된 것은 민족문제보다 소유문제였다고 주장하면서, 연구자의 시대 인식에 입각한 확대 해석을 경계하고 있다. 그러나 「탁류」의 서두가 1930년대 중반, 식민도시 군산이라는 시공간(chronotope)에서 시작되고 있고, 이 작품이 당시의 혁명적 리얼리즘 소설이 보여준 성과에 비해 손색없음을 고려할 때 작가의 반제 민족주의적 이념이 형상화되었다고 보아야 할 것이다. 황국명, 「채만식소설의 현실주의적 전략 연구」, 부산대 박사논문, 1990, 18쪽 참조.

키는 것과 무관한 방향으로 전개되어 왔다는 사실을 비판하고 있다.25)

조선인 거주 지역과 일본인 거주 지역 사이의 대조를 하고 있는 위의 인용문에서 서술자는 공간에 대한 구체적 묘사보다는 해석적 개입을 통한 서술을 하고 있음을 알 수 있다. 이러한 작가의 비판적 시각은 둔뱀이 일대에 대한 구체적 묘사에 의해 뒷받침되고 있다. 조선인 거주 지역을 구체적으로 묘사한 작가는 그 도시 공간을 조작하는 존재의 허구적 본질을 정확히 꼬집고 있다. 아래 인용문을 보자.

> 정주사는 요새 정거장으로부터 시작되어 새로난 소화통이라는 큰길을 동쪽으로 한참 내려가다가 바른손편으로 꺽기어 개복동(開福洞)복판으로 들어섯다.
>
> 예서부터가 조선사람들이 모여사는곳이다.
>
> 지금은 개복동과 연접된 구복동(九福洞)을 한데버무려가지고산상정(山上町)이니개운정(開運町)이니하는 『하이칼라』이름을 지었지만, 예나 시방이나동리의 모양다리는 그냥 그대중이고 조곰도 『개운』(開運)은 되지아니햇다. 그저 복판에 포도장치(鋪道裝置)도아니한 십오간짜리 토막길이잇고 길좌우로 연달어, 평지가 잇는둥마는둥하다가 그대로사뭇 언덕비탈이다.
>
> 그러나 언덕비탈의 언덕은눈으로는 보이지아니한다. 급하게 경사진 언덕비탈에 개딱지가튼 초가집이며, 낡은 생철집 오막사리들이, 손바닥만한 빈틈도 냉기지아니하고 콩나물길 듯 다닥다닥 주어백혀, 언덕이니라짐작이나되지 언덕은 보이지아니한다.
>
> 이 개복동서 그넘어 둔뱀이[屯栗里]로 넘어가는 고개를콩나물고개라고하는데 시럽시 제격에맛진 이름이다. (24 - 25쪽)

위의 인용문에서 알 수 있는 것은 군산이 급격하게 근대화 과정을 밟고 있다는 사실이다. '요새 정거장으로부터 시작되어 새로난 소화통이라는 큰길'이라는 표현에서 우리는 몇 가지 사실을 끄집어 낼 수 있을 것이다. 첫째, '요새' '소화

---

25) '민족적, 사회경제적 기준에 따른 격리'는 식민 통치자에 의해 부과되었으며, 그것은 식민 도시에 나타나는 독특한 토지 이용 패턴이다. Truman A. Hartson, *Interpreting the City*, 안재학 역, 『도시학개론』, 새날, 1997, 75쪽.

통이라는 큰길'이 만들어졌으며, 그것은 군산 중심부를 동서로 관통한다. 둘째, 그 '큰길'은 정거장과 연결되고 있다. 달리 말하면 군산 내부 공간을 관통하는 도로는 정거장의 철길을 매개로 하여 군산 외부와 통하도록 설계되어 있다. 셋째, 길을 개설하는, 달리 말하여 근대화를 추진하는 주체가 일본인 혹은 일제 지배 권력이라는 사실이다. 그런데 작가는 지명의 대립 속에 나타난 공간 갈등을 암시하고 있다.[26] 소화통의 오른쪽에 위치한 개복동, 둔뱀이 일대의 조선인 거주 지역은 답보 상태를 면치 못하고 있기 때문이다. 오히려 이들의 거주 공간이 더욱 비인간화되어 가고 있음을 짐작할 수 있게 한다. 소화통(昭和通)의 넓고 말끔히 포장된 모양은, '포도장치(鋪道裝置)도 아니한 십오칸짜리 토막길' '언덕비탈'인 둔뱀이 일대와 대조를 이루고 있다. 소화통이라는 넓은 직선 도로 못지 않게 토막난 길 또한 인위적이며, 비인간적인 형상을 하고 있는 것이다.

개복동, 둔뱀이 일대는 소화통에 비해 높은 공간이다. 우리는 언덕 위에 형성된 '둔뱀이(屯栗里)'라는 공간이 절이나 누각처럼 형이상학적 높이를 추구하는 공간이 아니라는 것을 쉽게 짐작할 수 있다. 또한 조선인의 주거지역은 그 내부에 거주하고 있는 사람들의 신산한 삶을 그대로 보여주고 있다. '급하게 경사진 언덕비탈'에 형성되어 있고, '콩나물고개'라는 지명이 말해주듯 '손바닥만한 빈

---

26) 투안(Y - Fu Tuan)의 용어를 빌려 말한다면, 이름은 공간(space)을 장소(place)화하며 주변의 환경을 인간적인 것으로 만든다. 즉 색과 의미, 상징을 부여함으로써 인간의 세계를 만들고 그 이름으로 세계를 시작한다. 그런데 개복동(開幅洞)이 개운정(開運町)으로, 둔뱀이(屯栗里)가 둔율정(屯栗町)으로 바뀌는 변화는 정체성의 정지를 의미한다. 이러한 지명의 변화, 즉 군산의 근대화는 친숙했던 곳(장소)이 공간으로 다시 낯설게 인식된다는 점에서 본질적으로 비인간적 성격을 지닌다. 문화정치론을 원용하면, 정체성은 현실 권력 관계를 반영한다. 일제가 開運町, 屯栗町, 明治町, 昭和町 등 공간에 이름을 붙이는 것은 매우 정치적인 행위가 된다. '페테르스부르크→페트로그라드→레닌그라드, 사이공→호치민'에서 보듯 그것은 변화된 현실의 권력 관계를 반영한다. 인용문에서 보듯이, 작가는 군산(조선)의 근대화가 제국주의화에 불과하다는 것을 암시하고 있다. 채만식은 이 땅의 근대화가 공간이 주는 심리적인 정체성의 상실을 넘어서서 이 땅을 황폐화시키는 점에 주목하고 있다. 작가는 '콩나물고개'라는 명칭이 '제격에 맞는' 이름이라고 말한다. 개운정(開運町)이라는 명명에도 불구하고 오히려 그 공간이 오히려 더 쇠락해졌다면, 일본식 지명으로의 변경은 기호에 의한 의식 조작의 일환일 뿐이다. 결국 「탁류」는 이 땅의 근대화가 공간 조작을 통해 이루어졌음을 암시한다. Y - Fu Tuan, *Space and Place*, 구동회·심승희 역,『공간과 장소』, 대윤, 1995, 19쪽 참조. 이무용,「도시공간의 문화정치」, 위의 책, 226쪽 참조.

틈도 남기지 아니하고' 오막살이집들이 밀집해 있다. 이처럼 채만식은 이원화된 도시 공간 사이의 대립적 성격을 「탁류」의 서두에서 상세하게 그려내고 있다. 군산의 중심부인 미두장 일대와 주변부라 할 수 있는 둔뱀이 일대의 대조적 묘사를 통해 작가는 근대화의 허구성을 날카롭게 비판하고 있는 것이다.

군산의 도시 구조와 근대적 시설들은 도시적 삶이 질서와 합리적인 사회 구조를 향해 나아가고 있다는 환상을 심어주기에 충분하다. 그런 관점에서 군산의 중심부 도시 구조는 일제에 의한 상징 조작(symbol manipulation)이라고 말할 수 있다. 일제의 통치 권력은 자신들의 식민 지배를 정당화시키기 위해 근대적 도시 상징을 이용해서 식민지 조선 사람들의 의식과 행동을 조작하려는 노력을 했다.[27] 그러나 채만식은 근대화의 이면에 도사리고 있는 자본주의적 소외를 간과하지 않고 있다. 도시 생활의 외양은 봉건시대보다 풍요로워진 것처럼 보였지만 식민지하 경제는 오히려 악화 일로를 걷고 있었다. 자본의 축적 과정에서 편중된 부는 현대사회로 진입하는 과정에서 극심한 소외감을 낳았다. 둔뱀이로 대표되는 조선인들의 공간은 식민지적 근대화의 본질을 극명하게 보여 주고 있다.

IV. '군산', 식민지적 근대화의 전형

「탁류」의 배경이 되는 군산이라는 도시 공간은 식민지 조선의 모순을 총체적으로 담고 있다는 점에서 전형성을 획득한다. 역사지리학적 관점에서 볼 때, 식민화는 외부의 권력에 의한 영토의 정복·점거·소유·통제를 의미한다. 그것은 공간에 대한 계획적인 물리적·문화적·상징적 전유이다.[28] 「탁류」는 영토석 침입을 당한 조선인들의 사회적·정신적 공간에 대한 침략의 기술은 물론 식민지

---

27) 유영옥은 권력이 스스로를 미화시키고 정당화시켜 권위인 양 위장시키려고 하고, 바로 그 권력이 지닌 자기미화 내지 정당화의 속성 때문에 상징 조작을 일삼는다고 지적한다. 권력에 의한 상징 조작은 한 마디로 진실을 은폐하고 허위를 날조하는 현상이라고 말할 수 있다. 유영옥, 『상징과 기호의 정치행정론』, 학문사, 1997, 306 - 307쪽 참조.

28) N. Smith & C. Katz, 김용규 역, 「은유의 정초 : 공간의 정치학을 향하여」, 『오늘의 문예비평』 30호, 1998년 가을호, 65쪽.

적 근대화가 지닌 허구를 인식하고 그것들을 제거해 나감으로써 자기 자신의 문화적·정신적 장소를 만들어 나가는 과정을 담고 있다는 점에서 탈식민화의 욕망을 담고 있는 작품이라고 평가할 수 있다.

제국주의자들은 인류 진보라는 이름으로 강탈을 자행했다. 외국시장의 추구, 과잉자본의 유출, 본원적 축적, 지리적 불균등 발전은 제국주의와 결탁한 자본주의의 속성이다. 「탁류」는 자본주의 도시 공간의 생산 과정을 지배·통제하고 있는 것이 자본임을 암시하고 있다. 자본주의 사회의 일상 생활 공간의 성격은 물질성, 불균등성, 정치성으로 요약할 수 있다.29) 우리는 「탁류」의 도시 공간에서 지리적 불균등 발전을 통해 '차이'와 '타자성'을 공간 속에서 생산해 내는 지배 구조의 본질을 파악할 수 있을 것이다. 공간을 움직이고 변화시켜 가는 것이 객관적인 물질적 실천이다. 그리고 공간과 공간 조직은 다양한 이해 관계와 계급 투쟁을 반영하여 이루어지기 때문에 공간을 생산하는 과정은 곧 권력 구조를 재배치하는 과정이다. 따라서 모든 공간은 투쟁과 갈등의 공간이다. 마르크스주의자들의 변증법적 공간 인식이 계급에 기초하고 있다면, 「탁류」에는 계급의 차이가 민족의 그것에 기초하고 있음을 암시하고 있다. 사회 공간에서 자본은 지배 수단이자 권력 수단으로 기능한다.30) 그리고 자본주의 사회 공간31)에는 경제자본, 문화자본, 사회자본의 지배를 정당화시켜주는 메커니즘, 즉 '상징자본'이 존재한다.32)

채만식은 이 같은 군산의 근대화의 본질을 「탁류」에서 정확히 꿰뚫어 보고 있다. 군산의 인구만 해도 1915년 1만 천명이던 것이 1944년에는 5만 7천명이나 되었다. 그리고 순수 조선인 증가율만 해도 무려 10배 이상이 증가했다.33) 그리

---

29) 이무용, 위의 논문, 214쪽.
30) 이상호, 「사회질서의 재생산과 상징권력」, 현택수 외 3, 『문화와 권력 - 부르디외 사회학의 이해』, 나남출판, 1998, 168쪽.
31) 사회가 상징적으로나 조직적으로 구성되는 객관적 구조의 틀을 가리키는 부르디외(P. Bourdieu)의 개념적 술어임.
32) 초봉이 어머니인 유씨 부인의 높은 교육열은 이러한 '오인(méconnaissance) 메커니즘을 정당화시켜준다는 점에서 비판되어야 한다.
33) 『전북일보』, 1998. 3. 16. 7쪽. 그런데 「탁류」(25쪽)에는 당시 군산의 인구가 7만이었고, 그 중 조선 사람의 인구는 6만이 넘었다고 되어 있다.

고 그들이 대부분 도시 빈민으로 전락했다는 것, 그것이 식민지적 근대화의 본
질이었다.

　결론적으로 말해, 「탁류」는 타락한 세계에서 타락한 방식으로 살아가는 조선
인들의 삶을 그린 소설이다. 「탁류」를 통해 군산은 식민지 조선의 근대화 본질
을 보여주는 전형적 도시 공간이 되었다. 우리는 이 소설의 내적 공간 속에서 시
대의 탁류에 휩쓸려 살아가는 인간 군상을 본다. 이처럼 현상적으로 보면 이 소
설은 탁류 인생들의 삶을 그린 작품이다. 그렇지만 도시 공간을 중심으로 이 소
설을 해석해 내면, 「탁류」는 일제 강점 혹은 근대화로 인한 조선과 조선인들의
물적·정신적 황폐화를 그려낸 소설이라고 보아야 할 것이다.

　'소설은 무엇인가? 소설은 무엇을 할 수 있는가?'는 소설 연구가들에게서 떠
나지 않는 화두일 것이다. 필자는 한국 초기 자본주의 사회의 산물인 「탁류」를
공간기호론적 관점에서 해석하면서 근대성의 의미를 물은 셈이다. 시가 직관에
의존한다면, 소설은 논리에 바탕을 둔다. 또한 소설은 역사 철학적 성격을 지닌
다. 그것은 지난 역사에 대한 성찰이며, 현상과 본질의 단절·분열을 극복하기
위한 지적 모험이다. 이전의 경향소설이 행동을 중시했다면, 이 소설은 사고를
중시한다. 장편 「탁류」는 관조, 즉 작가가 세계를 비실천적인 태도로 가만히 조
망한 행위의 결과물이라는 생각이 든다. 따라서 사건 중심으로 이 소설을 읽으
면 이 소설의 중요한 것들을 많이 놓치게 될 것이다.

　인간이 사물을 생각할 때는 행동하지 않는다는 것은 유럽 형이상학의 구도이
다. 달리 말하면 실천과 단절된 곳에서 사고가 가능해진다는 의미이다. 이러한
형이상학적 전통은 이미 성취된 세계를 관조하고 세계의 존재 의미를 생각해 나
가는 것이다. 행동이 끝난 후에 비로소 사고가 시작된다. 그래서 작가의 소설 쓰
기 혹은 독자의 소설 읽기 행위는 '황혼에 날기 시작하는 미네르바의 올빼미'의
날갯짓에 비유된다. 철학은 세계가 다 발전된 후에 비로소 그 역사가 남긴 성과
의 의미를 생각한다. 혹자는 이를 관념적이라고, 부르주아적이라고 말할지도 모
른다. 그들은 세상은 생각하는 것만으로는 변하지 않는다, 의지로써밖에 변하지
않는다고 말하리라. 그렇지만 과거에 경험한 것을 내면화하는 회상 행위는 현재
를 올바르게 인식하기 위한 적극적인 행위라고 말할 수 있다.

미두장, 군산부청, 경찰서는 사라졌다. 그리고 행화가 살았음직한 유곽이며, 조선은행 건물은 세월의 풍화에 마멸되어 가고 있다. 하지만 칼찬 순사가 사라진 군산에는 미공군이 주둔해 있고, 산수정 유곽 대신에 아메리카타운이 불 밝히고 있다. 매주 금요일마다 공군 기지 앞에서는 군산 시민단체들이 우리 땅 찾기 시위를 벌이고 있다. 그런 점에서 「탁류」의 군산이 지닌 상징성은 여전히 현재성을 지닌다고 말할 수 있다.

* 참고문헌은 각주로 대신함

전북 지역의 연극사 연구

이 원 희

I. 지역연극사 연구의 필요성에 대한 문제 제기

한국연극사에서 지역연극[1]은 소외의 존재였다. 행정의 중심지로서 서울의 위상이 연극이라는 문화에서도 여지없이 작용한 셈이다. 물론 이러한 현상은 몇 가지의 그 이유를 생각함으로써 해명이 가능하다. 먼저 서울지역에서 대부분 연극현상이 빈번하게 발생한다는 점이다. 이때 연극현상은 연극공연은 물론, 극작과 비평 그리고 연극과 관련된 여러 행사들을 아우른다. 둘째 공연장 등 여러 연극시설이나, 연극과 관련된 교육기관이 서울권에 집중적으로 발달되었다는 것이다. 소위 연극문화 인프라의 절대적 우위를 보이는 서울에 비해 비서울권 지역은 낯선 소외공간일 수밖에 없다. 셋째로 지역연극에 대한 편시 경향이다. 즉 지역연극에서 독자적인 특징이나 서울연극과 차별화된 모습을 발견할 수 없을 뿐만 아니라 심하게 표현하면 서울연극의 복제적 형태를 취한다는 시각이 작용한 결과 대체로 연극현상의 중심을 서울에만 국한시킨다는 점이다. 이런 인식의 연장선상에서 가능한 결론은, 공간적으로 한국연극을 서울이라는 한 지역의 연극으로 규정해 버리고 이를 한국연극의 대표성으로 인식하는 것이다. 그러나 이는

---

1) 여기서 지역연극이라 함은, 서울권 외의 지방에서 공연하는 연극을 총체적으로 이름한다. 지방이라는 용어는 행정적 개념이 강한 반면, 지역연극(local play)은 한 지역의 자생적인 문화적 의미가 있다.

지역간에 차별화가 크게 보이지 않는 우리의 실정에서 볼 때 어느 정도는 설득력이 있지만, 그러나 반드시 서울연극만이 전체 한국연극의 대표성으로 자리할 수 있느냐는 물음에는 회의적이지 않을 수 없다. 그럼에도 불구하고 기존의 경우를 보면, 한국연극의 중심부는 항상 서울이었다.

이외에도 서울지역에 연극이 집중되는 부수적인 이유로 연극행정의 문제, 학계나 지역연극계의 중앙 추수적 태도 등을 지적할 수 있다. 가령 연극행정을 본다면, 연극행정의 본산인 한국연극협회는 각 도나 시에 소재하고 있는 각 지역연극협회와 직선적 행정계통을 유지하고 있다. 연극의 생산기반인 지역연극단체가 상급기관인 한국연극협회와 일원화된 행정망으로 조직되었다는 것은 결코 '자유로운 공기'라고는 볼 수 없다. 따라서 이러한 실정에서 지역 고유의 문화 창출을 위한 행정적 배려가 중앙으로부터 이루어져야 하기 때문에 예산확보라든가, 작품의 심의과정 등이 자연 중앙 집중화되고 만다. 결국 이러한 여건은 지역연극에 대한 관심을 소홀히 만드는 요인이 되었으며 이로 말미암아 지역연극은 전체 한국연극사에서 배타적 타자로만 남았던 것이 그간의 실정이었다.

그러나 패러다임은 변하고 있다. 그간 소외되었던 문화가 이제는 더 이상 변두리 문화가 아니다. 시의를 적극적으로 수용한다는 견지에서 본다면, 지금은 오히려 연극현상의 탈중앙화가 시급히 요청되는 시점에 놓여 있다. 따라서 지역연극에 대한 시각도 변해야 마땅하다. 통틀어 말하면, 한국연극사에서 지역연극을 적극적으로 반영하여야 하며 나아가서는 지역연극의 독자성을 부각하여 서울연극과 대비적인 입장에서 상호 교류적이어야 한다는 것이다. 이는 다음과 같은 논리에 의거한다.

첫째, 지방자치시대의 개막이다. 왕권중심시대 이래 정부 수립 후 상당기간까지 우리는 중앙집중식 정치행정의 틀을 장구하게 유지해 왔다. 그러다가 1994년에 이르러 지방자치제가 실시됨으로써 행정의 분산화가 이루어졌다. 이는 문화의 분산화 내지는 지역성의 창출이 가능해졌다는 점에서 일단 긍정적으로 평가해야 할 것이다. 중앙으로 집중되는 광역적인 행정개념이 지역별로 분화되는 지방자치제는 비단 행정적인 분야에만 국한되지는 않는다. 그것은 독자적인 지역문화를 일구어내고 이를 창달해 지역주민이 문화의 생산과 소비의 주체가 되어 공동체적 삶을 영유하게 만드는 것이 지방자치제의 본 의지인지도 모른다. 이런 맥락에서 본다면, 지방자치제는 행정과 재정의 자립도를 꾀하는 동시에 문화욕 구를 지역 스스로가 충족시켜 나가는 지역만들기의 기초과정이라 할 수 있다. 따라서 행정의 지방화시대가 열리면서 지역문화의 중요성이 대두되는 것은 극히 자연스러운 현상이다. 요컨대 문화의 로칼리즘이 바로 지역자치제의 중심과제로 떠올라야 한다는 점이다. 이런 의미에서 지역연극은 자생력을 갖추려는 적극적 인 움직임이 대두되기 시작하였다. 가령 전라북도의 경우, 전주의 '견훤이야기', 익산의 '서동요', 군산의 '진포대첩', 정읍의 '정읍사' 등 지역에 전승되는 역사 적인 사실이나 설화를 소재로 극화하는 사례가 매우 역동적으로 이루어지고 있 다. 이러한 현상에 대한 의미는 소재를 지역에서 발굴한다는 단순한 소재주의적 차원에만 머물지 않는다. 하나의 내용은 그것을 드러낼 수 있는 적절한 형식을 요구하기 때문에 소재에 따라 다양한 연극양식이 개발될 수 있다는 가능성을 예 상할 수 있다.[2] 뿐만 아니라, 지역 주민들이 인식을 공유하고 있는 낯익은 소재 를 연극화함으로써 지역공동체의 정체성을 유지하고 유대감을 형성할 수 있는 이점도 고려해야 한다.

둘째, 지역연극에 대한 관심의 고조는 시대적 요청과 무관하지 않다. 다시 말 하면, 오늘날 전방위적으로 삶을 기울하고 있는 포스트 모더니즘의 대두이다. 이 용어는 원래 문화현상에 국한되어 사용되었지만 중심개념이 붕괴되고 문화적 다 원주의가 대두된다는 점에서 지방자치제 실시와도 무관하지 않다. 제3세계 문학 이나 대중예술, 여성론적 시각의 중요성이 부각되는 점에서 알 수 있듯이 포스 트 모더니즘의 특징은 그간 소외된 계층이 억압기제로부터 기지개를 켜며 원상 으로 회복되는 양상이 강하다. 이런 상황에서 연극의 제반 현상이 중앙으로만 시선이 통합된 기존의 연극사 기술방식은 변화해야만 할 것이다. 중심이 해체되 고 문화의 다원화, 다양화가 이루어지고 있는 오늘날, 지역문화로서 지역연극에 대한 연구의 필요성은 절실하다. 일원적으로 묶인 획일화가 아니라, 가치의 분산 과 다원화 현상은 기존에 관행화되었던 중앙집중의 연극사 기술방식에 새로운

---

2) 한 예로 부산지역에 전승되는 오구굿을 소재화한 이윤택의 '오구 - 죽음의 형식'은 지역성을 소재로 한 지역연극의 대표적인 성공사례라 할 수 있다.

변화를 요구하기 때문이다. 이를 통해 중앙으로 집중되는 문화적 헤게머니 현상과 이로 말미암아 소외되었던 지역문화를 극복하고 각 지역단위의 자생적인 문화의 차이를 인정함으로써 활성화를 촉진시킬 수 있다.

셋째, 지역연극은 한국연극의 한 지류이자 기층단위를 이룬다. 이런 의미에서 지역연극사를 적극적으로 검토하고 포괄하는 시선의 확산이 시급히 요청된다고 할 수 있다. 꼼꼼히 관찰해 보면, 각 지역의 연극은 서울연극과는 색다른 성향이 있음을 적지 않게 발견할 수 있다. 우선 지역소재의 설화나 민담을 적극적으로 개발한 희곡이 지역극단에서 빈번하게 공연되는 사실을 꼽을 수 있다. 이 점은 희곡 내용의 독창성뿐 아니라, 연극형식의 새로움으로 자리잡을 수 있기 때문에 전체 한국연극의 큰 틀로 이들의 연극양상을 포괄해야 한다. 결국 지역연극은 한국연극의 구성단위이기 때문에 지역연극이 충실해야 전체 한국 연극이 충실할 수 있다는 점을 염두에 두어야 할 것이다. 게다가 지역문화가 민족예술의 발전적인 원천적 힘으로 작용하기 때문에 그 중요성을 아무리 강조해도 지나치지 않을 것이다.

말할 나위 없이, 연극은 인간의 의지에 의해 창출되는 문화의 한 현상이다. 지역에서 만들어지는 연극이 하나의 문화로서 지역사회에 공헌하고 나아가서는 한국연극의 한 기층단위를 형성한다는 사실을 인정하고 이를 논의해야 할 때이다. 이는 곧 지방화시대와 문화적 다원주의를 요청하는 시대적 명분에 부합하는 일이기 때문이다. 이런 의미에서 서울연극으로 가치 편중된 연극사 기술은 마땅히 수정되어야 한다.

II. 지역연극사의 연구현황에 대한 검토

한국연극사를 이루는 한 지류이자, 기층단위로서, 지역연극사에 대한 논의는 의외로 적다. 이는 앞서도 언급했듯이, 중앙 집중적인 문화관행에서 비롯된 것이다. 그러나 지역연극의 차별성을 인정하고 각 지역간, 혹은 중앙과 지역간의 연극 양상에 대한 인식과 형태의 차이를 활성화하기 위해서는 지역연극에 관한 기술도 마땅히 이루어져야 할 것이다. 왜냐하면 이러한 작업은 탈중심과 탈중앙집중의 현상이 부각되는 포스트모던의 시대에 실천적으로 부응하는 일이기 때문이다. 뿐만 아니라, 중앙과 지역간의 연극교류라는 환원론적 시각을 견지함으로써 연극예술의 효과적인 발전을 꾀할 수 있기 때문이다. 그럼에도 불구하고, 지역연극에 관한 통시적인 관점에서의 체계화나, 지역거주의 향토 극작가에 대한 논의는 매우 드물며, 또 그 논의 양상도 소박하기 그지없다.

지금까지 지역연극에 관한 논의를 살펴보면 대략 두 가지 정도의 경향을 보인다. 첫째가 한국연극지3)나 지방의 예술지, 기타 지역 소재 문화원의 기관지나 문화정보지, 공연정보지 등에 해당 지역의 연극사를 소개하는 양상이다. 그러나 이 경우는 대개 공연사의 이력서적 기술의 수준에 머물고 있다. 따라서 이는 공연 연보에 지극히 단순한 부수적인 내용을 첨가함으로써 피상적이며, 논자의 주관성과 자의성도 강하게 나타난다.

두 번째 경우는, 학위논문으로서 지역연극사 연구이다. 이는 논문의 체제를 유지하고 내용에 대한 학문적 접근을 시도했다는 점에서 앞선 경우보다는 진전된 양상을 띤다. 하지만 이 역시 공연물의 연대기적 정리에 그치고 말아 내용의 부박성을 면하기 어렵다.

연극사는 공연사의 성격을 띠는 만큼 한 공연물에 있어서 배우들의 구체적인 언어, 동작, 의상, 분장, 그리고 이러한 것들이 창출해 내는 전체적인 분위기와 특징을 포함하여 조명, 음악, 음향, 무대장치, 대소도구 등 연극요소가 망라되어야 한다. 여기에다가 1차적인 극 텍스트로서 희곡의 작품성을 규명하며 나아가서는 관객의 반응까지 점검하는 광범위한 작업이 요구된다. 이러한 의미에서 한국연극의 현실을 볼 때, 연극사의 기술방식은 논자의 선별적인 범위 내에서 이루어졌다는 혐의가 짙다. 특히 지역연극사는, 체계적이며 통시적인 정리가 아니라, 단편적인 현상기술(現象記述)로 일관되었다.4) 비록 이러한 제한된 한계성을

---

3) 한 예로 1989년 8월부터 1991년 6월까지 『한국연극』지에 실린 지역연극사는 다음과 같다. 마산(이상용), 목포(차범석,김길호), 대구(아성), 충무(한하균), 원주(장상순), 전주·전북(김기홍), 전남·광주(강남진), 경기·수원(이재인), 충남·대전(오남세), 인천(윤조병), 부산(전승환), 경주(이수일), 제주(김영훈).

4) 연극 공연활동의 주체인 각 지역의 극단이 공연작에 대한 섬세한 기록이 이루어지지 않고 있

보이고 있지만, 전북과 전남지역의 연극사와 부산연극사를 다룬 다음의 내용들
은 지역연극사를 본격적으로 거론했다는 점에서 선구적이다.

먼저 전북연극사의 경우를 보면, 『전북예술사』와 도내 각 시, 군에서 발행한
시, 군지의 문화예술 분야에서 언급되었고, 연극협회 전북지부에서 발간한 『전북
연극』과 문화원 발행지인 『노령』에서도 취급되었다. 그러나 이들의 문헌은 한결
같이 연극의 시점을 해방 이후로 잡고 있어 그 이전에 대한 언급이 전혀 없으며
해방 이후의 연극도 부분적으로 기술되어 누락된 사항이 많다. 또한 내용 면에
서도 소박한 인상비평적인 수준에 머물고 있다. 한편 이 분야를 논문으로 다룬
바 있는 전진기[5]는 1910년대부터 1990년대 초반까지 이 지역의 연극양상을 통
시적으로 조망하여 연대기적으로 기술하였다. 이 논문에서 특히 20‐30년대의
신문자료를 꼼꼼히 탐색하여 활용한 점은 긍정적인 업적으로 판단된다. 그러나
일관된 논지가 허약하고 논의내용이 피상적으로 개진되어 기존 문헌의 내용을
양적으로 확대한 인상이 짙다.

전남연극사는 강남진의 석사논문[6]과 한옥근의 『광주·전남연극사』[7]의 저서를
대표적으로 꼽을 수 있다. 이 중 강남진은 초창기의 창극과 성극(聖劇), 신파극이
전남지역에서 활동하게 된 동기와 그 구체적인 양상을 살폈으며, 3·1 이후 80년
대까지 이 지역의 연극활동을 논의하였다. 그러나 그의 논문은 자료의 부족과
피상적인 논의로 말미암아 전남연극사의 전체상을 파악하는 데는 한계를 보인
다. 한편, 무등일보에 연재했던 내용을 한 권의 책으로 출판한 한옥근의 경우,
1910년대부터 1980년대까지 10년 단위로 연극사를 서술하여 안정된 체제와 일
관된 논지가 돋보인다. 그러나 글이 신문 연재용이다 보니, 무대 뒷이야기나 에
피소드가 많아 객관성에서 허약한 면이 없지 않다. 그럼에도 이는 책으로 엮어

는 사실은 우리 극단의 고질적인 병폐라 할 수 있다. 설령 기록이 있다 해도, 이는 극단의 공
연 실적위주의 의미 이상을 가질 수 없다. 그러나 기록과 보존을 통해 스스로가 발전적인 성
찰의 도구로 이를 적극 활용해야 함에도 각 지역의 극단이 이 점을 허술하게 다루고 있음을
지적할 수 있다. 연극의 생산 단위인 극단에서부터 기록이 부실하다보니 이를 총괄적으로 다
루는 지역연극사도 부실해질 수밖에 없다.

5) 전진기, 「전북연극사 연구」, 중앙대 신문방송대학원 석사논문, 1996.
6) 강남진, 「전남연극사 연구」, 중앙대 신문방송대학원 석사논문, 1990.
7) 한옥근, 『광주·전남연극사』, 금호문화, 1994.

진 최초의 지역연극사이며, 또한 이를 기술하기 위한 광범위한 자료 수집과 기록의 중요성을 인식시켰다는 성과를 남겼다.

부산연극사는 김동규에 의해 『부산시사』에 게재된 바 있다. 그는 해방 직후부터 1990년까지 부산지역의 연극 45년사를 기술했다. 그 내용으로는 일반극, 대학극, 고교극, 아동극, 특수단체연극 그리고 연극경연, 연극제, 학술발표, 세미나, 심포지엄, 연극평, 제언 등이 망라되었다. 부산지역을 중심으로 전개된, 연극부문의 전체적인 활동상을 기술했다는 점에서 의미가 있지만, 연극사로서의 통시적인 흐름을 파악할 수 없다는 점이 아쉽다.

통시적인 관점에서 연극에 관한 논의와 기술은 일단 역사성을 띠기 때문에 풍부한 자료의 확보와 객관성의 문제를 근본적으로 안고 있다. 이 점에서 볼 때, 지역연극사의 기술은 상당한 어려움이 따른다. 자료가 영성할 뿐 아니라, 기록에 관한 객관성의 검증 문제에 대해서는 아직도 인식이 미흡하기 때문이다. 기록으로써의 가치에 대한 인식보다는, 당장 공연에 급급한 연극현실에 밀려 극단의 역사 기록이 뒷전으로 미루어지다 보니 나타나는 현상이다. 또한 지역연극을 다루는 것이, 마치 서울연극의 변죽을 건드리는 주변적인 것밖에는 되지 못한다는 고질적인 인식도 지역연극사의 논의를 가로막는 요인으로 작용하였다. 이로 말미암아 각 지역은 그 고유의 풍토성과 방언적 언어쓰임을 담보로 한 독자적인 연극이 존재할 법함에도 불구하고 이들의 정체성은 포괄적인 서울연극에 휩쓸려 버리고 말았다. 그러나 진정 한국연극이 풍요로워지기 위해서는 이의 기층단위인 지역에서 자생하는 연극에 적극적인 관심을 가져야 한다. 그래서 지역연극의 독자성이 더 이상 주변이 아니라, 지금 여기의 중심가치로 정립될 수 있도록 공연관계자는 노력을 배가해야 할 것이며, 이를 지켜보는 외곽의 사람들은 따뜻하고 적극적인 시선을 주어야만 할 것이다.

III. 전북지역 연극사의 연구개요와 특징

본고는, 앞서 말한 바대로 지역연극에 대한 연구의 필요성에 입각해 객관적

자료와 통시적 체제로 엮어 전북지역의 연극활동에 대한 본격적인 접근이라 할
수 있다. 전북지역의 연극사 연구는 창극이 발흥했던 <원각사> 시절부터 1995년
까지를 다루었다. 본고는 이 시기 전북지역 연극의 사적 전개 과정을 통해 발견
되는 지역연극의 독자성을 체계적으로 구성, 수립하고 그 특징과 문제점 등을
부각시키는 데 주력하였다. 이를 구체적으로 4시기로 나누어 통시적인 관점에서
그 특징과 전개양상을 살펴보면 다음과 같다.

　1시기는 근대극의 맹아기로서 이 시기의 주력적인 연극형태인 창극의 형성과
전북지역 창극인들의 활동양상을 검토했으며, 2시기는 전북지역 연극의 태동기
로서 1910년대 이후 해방까지 일제강점기 동안의 연극양상을 다루었다. 이를 다
시 세분하여, 10 - 20년대의 대표적인 연극형태인 신파극, 소인극, 학생극의 활동
상을 논했고, 30년대 전북지역에서 자생적으로 활동한 극단들의 특징과 성격을
규명하였다. 특히 이 시기는 전북지역 최초로 신극단체가 출현함으로써 이 지역
의 연극이 태동하였음을 알 수 있다. 이어서 해방 전 40년대, 이른바 국민연극시
대의 전북지역의 연극양상을 고찰하였다. 다음으로, 3시기는 해방 이후 70년대
까지를 아우른다. 해방기의 혼란한 사회 분위기를 바로잡고자 분연히 일어난 문
화예술인들의 노력에 힘입어 연극단체가 결성됨으로써 전북지역의 연극은 그 실
체가 정립되면서 아울러 입각점을 갖기 시작하였다. 60년대 이후에 <창작극회>
를 비롯하여 여러 연극단체가 결성되었고, 학생극으로는 대학 연극반과 중·고
등학교의 연극반, 아동극반 등 광범위한 계층에서 연극이 만들어졌다. 4시기는
80년대 이후 1995년까지이다. 이 시기는 여러 극단들이 등장하면서 연극양상도
다양하게 전개되었다. 특히 극단 <황토>의 활동은 전북지역의 연극은 물론 한국
연극의 발전을 이룩하는 데 견인차 역할을 수행하였다.

　창극이 형성된 이래 전북지역의 연극은, 지금까지 보듯이, 사적인 전개과정에
서 발전적 도상에 있다. 양적인 풍요로움도 그러하거니와, 내용적인 면에서도 사
실주의 극을 기반으로 하면서도 다양한 실험정신을 무대에 선보였다. 뿐만 아니
라, 관립단체가 등장함으로써 연극인이 직업논리에 입각해 지속적인 공연활동을
하게 됨으로써 질적 향상을 도모하는 데 크게 기여하였다. 그리고 익산과 남원,
군산 등 전주 외의 지역에서도 대학 연극반 출신의 연극인들이 중심이 되어 연

극전문단체를 결성함으로써 명실공히 도내 전지역으로 연극공연이 확산되었다. 이런 의미에서 전북지역의 연극의 미래는 밝다고 할 수 있다.

1. 창극과 근대극의 맹아

이 장에서는 근대극의 맹아로서 창극을 다루겠다. 전북지역의 연극 역시 한국 연극의 한 지류이기 때문에 그것과 사적 운명을 함께 했다. 즉 조선의 유가 이념 (儒家理念)으로 인한 광대들의 천시와, 일제 강점기에 이르러 우리 전통에 대한 일제의 억압으로 말미암아 전통극의 종사자는 이합집산으로 부유하였다. 또한 왜곡된 식민지 자본주의는 이들의 생존을 막막하게 함으로써 자연도태 되도록 부추겼다. 이러한 한국근대사의 특수성으로 말미암아 전통극은 그 명맥을 거의 상실하고 말았다. 실제로 필자가 전북지역에 산재된 사찰 등을 답사한 결과 그 어디에도 불교 행사의 일환으로 사용되었다는 그림자극이나 가창극, 대화극, 가무극, 강창극(講唱劇)[8] 등 우리 재래적인 연극형태는 발견할 수 없었다. 뿐만 아니라, 채붕산대(彩棚山臺)의 전통 연희나 인형극, 탈춤, 잡희 등 전북지역의 전통극도 한국연극사에서 거론하는 비슷한 시점에서 사라진 것으로 확인된다.

그러나 발생론적으로 창극이 공연장소의 변화, 즉 극장이 설립되었다는 점에 창극 번성의 가까운 이유가 있다고는 하지만,[9] 창극의 기틀을 마련하고 이를 발전시켜 애국계몽기 이후 창극을 보급시키는데 전북지역의 판소리 창자들은 선구적인 면모를 보였다. 신재효의 판소리 개작과정에서 발견되는 연극성 강조나, 분창 방식의 도입은 기존 판소리의 공연방식의 변화를 위한 모색이었다는 점에서 간과할 수 없다. 문학적인 서사내용을 일인입창(一人立唱)으로 공연하던 판소리를 역동적인 연극 형태로 가능케 했기 때문이다. 가령, 대표적으로 꼽히는 그의

---

8) 우리의 전통연희가 굿이나 불교의식과 상당히 관련되어 있다는 인식에 전제를 둔 연구자는 사재동이다. 그는 불교재의 희곡적 특징을 연구하면서 불교계 강창극은 단 1인의 포교사·강창사가 불교적 서사문맥을 신불대중·일반민중에게 이야기와 노래를 되풀이하면서 동작과 표정 등으로 연극적 분위기를 주도해 나가는 것이라 했다. 사재동, 「불교재의 희곡적 전개」, 『한국문학유통사의 연구Ⅱ』, 중앙인문사, 1999.
9) 백현미, 『한국창극사연구』, 태학사, 1997.

<광대가>는 배우의 자질과 능력을 중시한 일종의 배우론이라고 할 수 있다. 이처럼 판소리의 연행주체인 판소리 창자를 중요시하며 이들의 사설치레와 너름새를 강조한 <광대가>의 내용을 볼 때, 신재효의 판소리에 대한 견해는 판소리가 창극으로 이행되는 데 필요한 기초적인 토대를 제공하였다고 볼 수 있다.

신재효의 힘을 입어 창극은 속도감 있게 진전되었다. 특히 김세종, 진채선, 허금파, 장자백, 정정렬 등 전북지역의 판소리 창자들은 초창기 국내 창극무대의 주요한 역할을 수행한 대표적인 창극인들이었다. 전통적으로 남도소리인 판소리를 이처럼 창극화하는데 이 지역 창극인은 선구적인 업적을 남긴 셈이다. 이들로부터 확산된 창극은 대중들에게 전폭적인 지지를 받으며 인기를 누려왔다.

이러한 역사문화적 흐름 속에서 전북지역에서는 창극의 현대화에 입각해, 보다 광범위한 대중적 지지를 얻기 위하여 도립국악단을 결성하고[10] 창극부를 운영하면서 창극의 현대적 계승에 주력하고 있다. 그 실례의 하나인 관립단체인 전북도립국악단의 창단은 매우 고무적인 일이라고 평가된다. 보전과 창조적 계승이라는 전통론에 기대어 볼 때, 도립단체의 창단은 이 지역이 판소리와 창극의 본향이라는 위상을 세우기에 부족함이 없다. 더욱이 이 단체는 창극을 정기적으로 공연함으로써 창극의 대중적 확산을 꾀했으며 일본 등 외국에까지 한국적인 연극의 면모를 소개하여 호평을 받은 바 있다. 이처럼 창극의 대중화와 발전적 계승을 해나가는 데 있어 정초가 되었고, 이후 전북지역 연극의 맥줄을 형성하는데 결정적으로 기여한 사람은 고창의 신재효였다. 그의 판소리 창극본 형성과정을 통해 볼 때,[11] 판소리의 연극요소를 적극적으로 부각시켜 판소리의 창극화를 가능케 한 이론가라 할 수 있다. 따라서 타 지역에 비해 전북지역 연극의 가장 뚜렷하고 특징적으로 부각되는 것은 신재효를 비롯, 많은 창극인들에 의한

---

10) 이 단체의 창단 배경에는 유서 깊은 도내 유관단체들의 집적된 활동과도 무관하지 않다. 예컨대 전주지역의 판소리와 창극이 뿌리를 내리는데 구심점이 되었던 조선조 전주 교방청, 권번의 예기조합, 전주국악원 등의 단체는 이 지역의 창극을 발전시킨 요람이었다. 뿐만 아니라 남원 국악동호회, 군산 국악연구회, 정읍 고전연구소, 이리국악원, 김제국악원 등도 역시 국악과 아울러 창극의 대중적 확산을 이룩한 모체로서 그 기능을 다 했다. 전북도립국악단은 이러한 단체들의 총체적 표상으로서 창극공연단체가 되었다.

11) 김현주, 「신재효 춘향가 연구」, 『서강어문』 8집, 1992.

창극이라 할 수 있을 것이다. 판소리야말로 이 지역을 기반으로 형성된 독자적인 연극현상이었기 때문이다. 신재효와 정정렬, 그리고 수많은 판소리 명창들이 배출된 이 지역은 판소리의 본가로서 창극의 형성에 막중한 역할을 수행하였다. 이런 맥락에서 전북지역 연극의 독자성은 역시 창극에 있다고 보아도 무방할 것이다. 따라서 이 부분은 이 지역 창극인들의 활약상을 가급적 모두 다루기 위하여 당시 창극무대에 섰던 창극인들을 가능한 범위 내에서 면담하여 그 공연양상을 살펴보았다. 운동장, 창고, 천변부지 등에다 가설무대를 만들어 수시로 창극을 공연했던 이 시기는 창극의 대중적 보급으로 인해 그 위상이 높아졌으며 이에 따라 대중들은 창극을 감상하며 판소리의 내용은 물론 연극적 형태에 대해서도 인식하게 되었다. 이 점은 창극이, 특히 전북지역의 연극사에서는 간과할 수 없는 위치에 있음을 말해준다.

아울러 1933년 <조선성악연구회>의 발족과 함께 창극의 보급을 주도했던 정정렬과 기타 이 지역 출신의 창극인들의 활약상도 빠질 수 없다. 창극은 판소리에서 출발했지만 극장주의 연극방식이 도입된 전통극이며 현재도 각지에서 공연되기 때문에 그 역사적 의미와 가치가 제고되어야 한다. 그것은 소리요소와 연극요소가 결합된 한국적인 연극양식으로 남아야 할 기대치이기 때문이다.

2. 전북지역 연극의 태동기

1910년대부터 해방까지의 기간으로 이 시기는 신파극, 소인극, 학생극 등 외지의 방문공연이 잦아 전북지역에서도 본격적인 연극운동의 계기를 제공하였다. 10년대는 <유일단>, <취성좌>, 임성구의 <혁신단> 등 신파극 단체가 전주지역에서 공연하였다. 이들의 공연은 3·1운동 이후 청년운동단체들의 자생적인 소인극 운동에 적지 않은 영향을 주었다. 10 - 20년대는 연극사적으로 볼 때 연극 대중화시대라고 말할 수 있을 정도로 이 시기는 경향 각지에서 소인극 운동이 요원의 불길처럼 일어나기 시작했다.

전북지역에서도 20년대에 이르러 252개의 청년운동단체가 결성되었는데 이들은 계몽과 자립정신 고취, 교육사업 등을 추진하는 과정에서 소인극을 주로 활용하였다. 따라서 소인극은 비전문적이고 비직업적인 소박한 자립연극활동으로 볼 수 있겠다. 이들은 주로 생활계몽이라는 당대의 문제를 연극화하여 대중을 상대로 폭넓게 확산시켜 나갔다. 전라북도 역시 전지역에서 소인극은 왕성한 활동상을 보였다. 특히 전북의 서남단에 위치한 고창군의 경우, 국내 최초의 郡 소인극(1921년 1월)으로서[12] 그 역사적 의미가 있다. 이를 기점으로 익산, 김제, 전주, 진안, 군산, 남원, 옥구, 이리, 정읍, 부안 등 도내 전역으로 소인극은 확산되어 나갔다. 또한 공연 형태면에서도 가극, 소인극, 신파극, 개량신파극, 연쇄극 등 다양한 양상을 보였다. 이러한 사실은 소인극 주체들이 유독 목적수행만을 위해 일방적으로 소인극을 활용하지는 않았다는 점을 말해준다. 바꿔 말하면, 연극의 생산과 수용의 관점에서 효율적인 방법을 모색하는, 이른바 공연의 원리를 중요시했음을 의미하는 것으로 평가할 수 있겠다. 이러한 모색을 통해 연극인식은 점차 진전될 수 있었다.

한편 이 지역에서는 최초로 동인극단이자 연구극 단체인 <鷄鳴극단>이 1926년에 이리에서 조직되었다. 전북지역에서 이 극단의 출현이, 동경 유학생들에 의해 1923년에 결성된 <토월회>와 비슷한 시기라는 점으로 볼 때, 전북지역은 연극에 대한 인식이 상당히 앞서 있었던 것으로 파악된다. 이는 도내 각처에서 성행했던 소인극의 영향이 적지 않았을 것이고, 한편으로는 이리지역이 사통팔달의 교통요지라는 점에서 외지와의 왕래가 잦아 문화의 유동성이 타 지역에 비해 높았기 때문이기도 한데, 그 무엇보다도 결정적인 이유는 이 지역 연극인들의 연극매체에 대한 높은 인식의 결과라 하지 않을 수 없다. '무대예술에 관한 學理와 실제 기술을 연구할 목적'으로 결성된 이들의 출현은 전북지역의 연극이 본격적으로 태동하게 되는데, 극단의 이름이 말해주듯, 이 극단의 탄생은 전북지역의 연극사에서 '첫닭의 울음소리'와도 같은 의미를 준다. 이 단체는 30년대에 결성된 이리의 신극단체 <연양사>나 군산의 <문예회극단>과 맥을 잇는 연구극

---

12) 『한국근대연극사』(유민영)나 『한국희곡사 연표』(민병욱)에 따르면, 郡 단위의 최초 소인극이 전남 장성청년회에 의해서 이루어졌다고 하나 이는 1921년 5월 14일자이다. 또한 개성청년회의 소인극이 지방에서는 최초로 발생했다는 기록도 있다. 이는 고창청년회의 소인극을 염두에 두지 않았기에 수정이 불가피하다.

단체로서 이 시기 전국에서도 그 유례를 찾기 어려운 선구적인 활동상을 보여주었다.

30년대에 이르러 '신극의 연구와 선양'의 기치를 내걸고 출범한 <研揚舍>는, 아마추어리즘에 머문 소인극과는 달리, 운영, 연출, 연기, 무대장치 등 역할을 분담하고 전문적인 극단체제를 갖추고자 했다. 사무실을 개설하고 여배우를 모집하는 등 조직적이며 기획력을 갖추고 연극활동을 전개하고자 한 이 단체는 훗날 유명 영화배우인 유춘을 배출한 역량 있는 신극단체로 부상하였다. 한편 이 시기에 군산에서는 문학청년들에 의해 <문예회극단>이 조직되어 문학과 예술의 보급을 목적으로 인근 지역으로 순회하여 소인극이나 신파극과는 다른, 학구적이며 예술미학적인 경향의 연극을 보여주었다.

그러나 이러한 노력에도 불구하고 40년대 해방 직전의 상황은 암담했다. 당시 단말마적 식민지 현실조건에서 연극활동이 효과적으로 이루어질 수 없었기 때문이다. 황국신민화를 더욱 세차게 강요하던 이 시기에 전북지역에서는 자생적인 연극활동이 멈춰진 상태였다. 대신에 외지, 주로 서울에 소재한 악극단들의 방문공연이 줄을 이었다. <호화선>, <고협>, <조선성악연구회>, <예원좌>, <신향악극단>, <빅타악극단> 등이 그 대표적인 단체였다. 이들의 공연 레퍼토리는 주로 사극류가 일반적이었다. 이 소재가 주종을 이룬 점은 대중에게 친근감을 줄 수 있어 관객동원이 무난했을 것이라는 이점도 있지만, 다른 한편으로는 사위어가는 민족정신을 복원하고자 하는 내면의 이유도 있으리라 생각된다.

3. 전북지역 연극의 형성기

해방 이후 70년대까지의 시기는 전북지역의 연극이 본격적으로 형성되는 기간이다. 해방 직후 혼란한 사회 분위기로 침체되었던 전북지역은 문화예술계에 관여하는 일군의 청년들이 연극동우회를 결성하면서 시국과 관련된 연극사업을 수행해 나갔다. <전주문화동우회>, <전협>, <극예술가의 집>, <육우문화대>, <신향악극단>, <오향악극단> 등을 중심으로 전개된 당시 연극의 주된 관심은 흐트러진 사회 분위기를 바로잡고 민중을 계도하는 등 사회적 사명에 있었다. 이들

중 <전주문화동호회>는 항일비극 '압박후의 승리'와 희극 '엉터리 병원'을 창작
하여 해방 후 첫 공연을 하게 된다. 일제의 잔재를 청산하고 민족정서를 회복한
다는 극 내용을 볼 때, 이들의 연극은 당시 관객들로부터 큰 공감대를 형성했으
리라 짐작할 수 있다. 이들은 연이어 '무개나무'를 공연하면서 군산과 이리, 나
아가서 광주까지 순회하는 적극성을 보였다. 이러한 활동은 은원길과 김구진 같
은 열혈청년들에 의해 가능하였다.

　50년대 전란의 혼란 중에도 연극활동은 계속되었다. 전라북도 경찰국은 <선무
공작대>를 결성하여 순회공연을 하게 된다. 이들은 유치진의 <장벽>과 유춘의
<낙동강> 등을 공연하면서 전란으로 흐트러진 민심을 바로잡고자 했다. 그러나
무엇보다도 이들에게서 의미를 찾을 수 있는 것은, 당시 난립한 악극단[13]의 대
항세력으로 지역연극을 굳건히 지켰다는 점에 있다. 또한 이리의 <신진좌>와
<자유극예술협회>, 전주의 <청문극(靑門劇) 집> 등의 극단도 이 시기 지역연극의
버팀목이었다. 아울러 전주 북중학교 연극부가 결성되었으며, 최일남, 이규태 등
과 이 지역에서 문학 동인활동을 한 이봉섭의 희곡이 전국연극경연대회에서 대
상을 수상한 것, 신춘문예응모에 정구하가 극작가로 데뷔한 것도 50년대 전북
지역 연극의 수확이랄 수 있다. 또한 50년대 말, 박동화의 희곡, '나의 독백은 끝
나지 않았다'가 국립극장 희곡현상모집에서 당선된 사실은 향후 전북지역 연극
이 기틀을 잡고 방향성 있게 나아가는 일종의 지남차가 되었다.

　민족상잔의 전쟁은 우리에게 참절비절한 슬픔을 안겨다 주었다. 따라서 50년
대는 그 어느 때보다도 삶에 대한 비극적 인식이 확대되었던 시기이다. 이러한
때, 민족모순의 문제를 극복하고 새로운 전망을 가지려는 연극인들의 소망은 많
은 극단들의 탄생으로 이어졌다. '푸른 세계'를 꿈꾸었던 <靑門劇 집>이 그러했
고, 현실 너머의 이상을 좇는 낭만파 문인들의 의해 연극이 주도되었으며, 삶의
실험기에 있는 학생들에 의해 다양한 연극무대가 만들어졌다는 사실은 이 점을

---

13) 1952년 한 해의 전주에서 올려진 악극단의 공연횟수는 15회가 넘는다. 한달에 한 번 이상씩
　　전주무대에 올려진 셈이다. 그러나 더욱 문제시되는 것은 악극의 이러한 난립으로 인한 공
　　연의 저속함에 있다. 1950년 2월 21일자 경향신문에 악극단의 자정을 호소하는 한 악극인의
　　글은 당시의 모습을 짐작케 한다.

말해준다.

한편, 60년대는 순수 연극단체가 결성되었고, 대학 연극반이 조직되어 연극의 기반을 공고히 하였다. 뿐만 아니라, 학생극 진흥회, 66극예술연구회 등이 주도한 중·고등학생 연극, 아동극의 활동도 역동적으로 이루어졌다. 이 결과, 다양한 계층이 연극에 관여함으로써 연극의 저변확대가 꾀해졌다. 게다가 앞서 말한 것처럼, 극작가 박동화의 출현은 이 지역 연극의 발전을 가속화한 견인차가 되었다. 그는 대학 연극반의 결성을 모체 삼아 일반인으로 구성된 순수 연극단체를 조직하게 된다. 뿐만 아니라 그의 작품을 지속적으로 무대에 올림으로써 창작극의 활성화에 선구적인 기여를 하게 된다. 60년대 이후 서구의 번역극이 주종을 이루었던 당시 서울 연극계의 상황을 염두해 볼 때, 박동화의 이 같은 노력은 고무적인 일이 아닐 수 없다. 하지만 그는 40여 편을 남긴 다작의 극작가임에도 불구하고 지역에 거주한다는 명분으로 사계의 주목을 받지는 못했다. 오로지 전통성과 향토정신을 연극무대에 올리려 했던 그는 '향토혼의 극작가'라 말할 수 있으리만치 지역성 짙은 순수 창작극 위주의 무대를 고집하였다. 그 결과, 전국연극대회에서 3회나 대통령상을 수상하는 관록을 보였다. 이런 맥락에서 그는 전북지역의 연극 발전에 커다란 공헌을 했으며, 그의 희곡작품이 지속적으로 공연되었다는 점에서 그는 지역연극인의 푯대가 되었다.

한편, 박동화에 의해 창단된 <창작극회>는 60년대 이 지역에서 최초로 등장한 극단으로 이후 1995년 현재까지 무려 30여 년간 존속하면서 왕성한 공연활동을 보인 전북지역 연극의 선구적인 단체가 되었다. 그 결과 64년 전국연극경연대회에서 최우수상과 연기상을 수상하는 쾌거를 올렸다. 이러한 실적은 70년대 들어서도 마찬가지였다. 73년 국립극장에서 개막된 전국 새마을연극내회에 참가한 <창작극회>는 역시 최우수상을 수상하였으니 이는 전북지역 연극에 대한 예술적 검증이며 확인이었다. 이러한 <창작극회>의 활동상은 박동화의 열정에 의해 가능할 수 있었다. 그는 대학 연극반을 결성하고 이를 연계하여 <창작극회>를 조직함으로써 향토연극을 토착화시킨 선구적인 인물이다. 또한 그의 희곡은 질박한 전라도 말씨와 분위기를 담고 있어 연극의 로칼리즘을 이룩하는데 크게 기여하였다.

60 - 70년대는 박동화의 노력으로 전북지역의 연극이 크게 성장할 수 있었지만, 이 외에도 가령, <행동무대>나 <비사벌 극회> 등의 극단 역시 전북지역의 연극적 스펙트럼을 넓히고 두께를 형성하는 데 크게 기여하였다. 특히 <행동무대>는 살롱극을 통해 '생활 속의 연극'을 시도한 실험적인 단체로 연극의 대중화의 길을 모색한 이 지역 최초의 실험적인 극단이다.

한편, 이 시기는 도내 소재의 각 대학에서 연극반이 결성되기 시작했다. 전북대를 필두로 원광대, 전주대, 전주간호대, 한일여자신학교, 개정간호대학 등의 연극반 결성과 활동의 결실은 70년대 후반에 이르러 '대학연극협의회'를 조직하는 데 결정적인 토대가 되었다. 이 조직은 국내에서는 최초의 일이라는 사적 의미도 있으려니와 이를 통해 대학연극제가 80년대에 활발하게 이루어졌다는 연극 내적 의미도 간과할 수 없다. 결국 이러한 대학 연극반의 활성화는 향토연극의 발전에 기여하고 연극 인구의 저변확대를 꾀하는 동시에 80년대에 폭발적으로 발아되었던 다양한 극단들의 출현을 낳는 계기가 되었다.

대학연극의 활성적인 움직임에 가세하여 중·고등학교의 연극반과 아동극의 활동도 왕성하게 진행되었던 시기가 60 - 70년대였다. 이들의 활동 구심체였던 '학생극 진흥회'나 '66극예술연구회'는 연극의 교육적 활용과 대중적 인식의 확산이라는 양가적 의미를 갖는다. 이처럼 초·중·고, 대학의 학생연극 활동은 향토연극의 풍요로움을 보장하는 것에 다름 아니며 이들에 의해 전북지역의 연극은 80년대에 이르러 만화방창의 모습을 보여줄 수 있었다.

4. 전북지역 연극의 발전기

80년대는 전북지역의 연극이 수직적, 수평적 차원에서 깊이와 넓이를 더한, 발전시기라 할 수 있겠다. 이 시기는 다양한 경향을 지닌 극단들이 등장하였으며 전주 이외의 익산, 군산, 남원 등에서도 연극활동이 일어나면서 바야흐로 전주를 중심으로 전북의 전지역으로 연극활동이 확산되는 때였다. 뿐만 아니라, 이들은 연극활동의 전문성을 높이기 위하여 다양한 행사를 기획하였다. 이를테면, 전북연극제, 소극장 연극제, 대학연극제가 그 대표적인 내용들이다. 이러한 행사는 연극의 질적 상승에 기여했으며 무엇보다도 연극인들의 결속이라는 결과를 남겼다. 그리고 이 시기에 꼽을 수 있는 사실은 관립단체가 등장했다는 점이다. 전주시립극단과 도립국악단의 창단은 지속적인 공연활동을 보장할 수 있는 기틀을 만들었다는 점에서 주목해야 할 것이다. 특히 재정의 문제에 어려움이 많은 지역연극의 실정에서 볼 때, 관립 연극단체가 결성되고 상시공연이 이루어졌다는 것은 여간 고무적인 일이 아닐 수 없다. 뿐만 아니라, 창극부, 판소리부, 연주부 등 기능별로 분리해 특화된 예술을 지향했던 도립국악단의 창단은 창극의 본가다운 면모를 갖추는 계기가 되었다.

한편, 이 시기는 60 - 70년대 자생적으로 형성된 이 지역의 연극적 토양에서 발아된 결과가 조성되었던 때다. 79년에 발족된 대학연극협의회 출신의 연극인들로 중심이 되어 조직된 극단들이 대거 등장하기 때문이다. <예인>, <한벽>, <꼭두>, <우리동네>, <오늘>, <예원> 등은 일찍이 대학연극무대에서 뿜어냈던 열정의 연장선에서 탄생한 극단들이었다. 그러나 열정 외에 조직과 기획, 경제적인 조건이 형성되지 못한 결과로 이들의 극단은 단명하고 말았다.

그러나 <예인>을 발전적으로 해체시켜 탄생한 <황토>는 이 시기 전북지역의 연극 위상을 높이고, 지속적으로 공연을 가짐으로써 연극이 바야흐로 영화처럼, 평안한 '밤의 오락물'로 다가갈 수 있는 기틀을 마련하였다. 특히 이들의 주요 레퍼토리였던 '달집', '너덜강 돌무덤', '물보라' 등은 극단의 성격을 말해주는 지표적인 공연물이었다. 그것은 희곡이 지니는 토속성과 연극적 환타지를 조화롭게 만든 그들만의 연극어법이 분명했기 때문이다. <황토>의 이 같은 활동의 집적은 88년 전국연극제에서 대통령상을 수상함으로써 결실을 얻게 되었다. 그간 '너덜강 돌무덤', '물보라'의 작품으로 전국연극제에서 전북지역 연극의 우수성을 보인 그들은 '태'를 통해 연이어 세 번씩 전국연극제의 수상권에 진입하였다. 극단의 색채가 뚜렷한 <황토>의 지속적인 공연은 내적으로는 지역주민과 연극인들에게 자극제가 되었으며, 외적으로는 동아연극제와 동경 아리스 페스티벌에 참가하는 등 이 지역 연극의 위상을 드높인 대표적인 사례가 되었다. 지역연극 단체가 동아연극제에 참가하고 전국 순회공연을 하며 국제연극제에 한국의 대표로 공연할 수 있었던 것은 대통령상 3회 수상이라는 쾌거에서 비롯된 것이기는 하지만, 극단이 표방하는 연극적 이미지가 분명했기 때문이다. 극단 <황토>의 이 같은 활동상은 전국 연극무대에서 이 지역의 연극이 차별화된 것임을 말해줌은 물론, 이로 말미암아 부침하는 극단의 침체 속에서 이 지역의 연극을 발전시킨 성공적인 업적으로 평가되어야 할 것이다.

한편, 이 시기는 전주시립극단이 탄생됨으로써 지역연극의 발전은 가속화되었다. 관립단체인 만큼 재정적 어려움으로부터 얼마간 벗어날 수 있다는 이점으로 말미암아 이들의 공연은 <황토>와 더불어 이 시기에 전북지역의 연극을 이끌었던 쌍두마차였다.

여러 극단이 결성과 해체를 거듭하는 중에도 왕성한 활동을 했던 <황토>와 <시립극단>이 사실주의 연극론에 기초한 극장무대를 보였다면, 80년대에 등장한 <백제마당>과 <녹두>는 70년대부터 대학가에서 시작한 마당극을 본격적으로 취급한 극단이라서 주목된다. 문화운동으로 시작한 이들은 민중연극의 가능성을 실험하며 민족극과 마당극을 공연하였다. 이를 기반으로 해서 이 지역에서도 민중의식을 추구하는 전문단체가 등장하게 된다. 진보적 리얼리즘 연극을 지향하는 극단 <불꽃>은 주로 노동문제를 다루면서 연극의 사회참여를 전면에 내세운 단체였다.

전주 외 지역으로 익산, 군산, 남원지역에서도 극단이 결성되었다. 이들 중 익산과 군산은 이미 20 - 30년대부터 연극적 토양이 형성되었지만 해방 이후에 이들 지역의 연극현상은 종적을 감추어 버렸다. 그러나 80년대에 들어 이 지역에서도 대학 연극인들을 구심점으로 극단이 조직되면서부터 향토연극을 수립해 나갔다. 군산의 <갯터>나 <탁류>, 익산의 <토지>, 남원의 <둥지>는 이 시기에 탄생한 대표적인 향토극단이었다. 이들은 지역소재의 대학과 협력관계를 유지하면서 공연활동을 올리며 극단의 색깔을 나름대로 모색하고자 했다. 하지만 재정의 어려움과, 철학적 인식이 결여된 상황에서 양질의 공연작을 내기에는 역부족인 극단도 적지 않았다. 그 결과로 관객 동원에 어려움을 느끼지 않을 수 없었고 따라서 극단 운영의 영세성을 극복하지 못한 채, 단명한 경우가 많았다.

마지막으로 이 시기 전북지역의 연극을 발전케 했던 원동력으로 꼽을 수 있는 것은 전북연극제, 소극장연극제, 대학연극제 형식의 테마가 있는 연극축전 행사였다. 이것은 첫째, 연극활동을 통하여 연극인들이 동질감을 가질 뿐 아니라, 둘째, 참가 작품의 질을 향상시키며, 셋째, 꾸준한 연극제작의 의욕을 고취시키고, 넷째, 극단 고유의 특색을 살릴 수 있는 기회라는 점에서 그 의미가 있다. 전국연극제를 겨냥한 전북지역의 연극제가 지역연극의 대표성을 뽑는 성격이라면, 소극장 연극제는 극단끼리의 우호적인 경쟁을 강화하고, 관객에게 다양한 연극을 제공하기 위한, 특정극단의 주체로 극단 간의 경쟁적 제휴라는 점에서 소극장연극제는 순수의지에서 발로된 행사였다. 또한 기왕의 대학 연극반을 효과적으로 활성화시키기 위하고, 창작의욕을 불러일으키기 위한 장치로써 고안된 대학연극제도 지역연극의 자족적인 완성도를 점검하는 기회였다. 이러한 다양한 연극행사로 인하여 전북지역의 연극은 양적으로 팽창된 풍요로움을 보여주었으며, 내적으로도 공연의 질적 수준을 끌어올리는 데 크게 기여하였다.

IV. 결론

지역연극에 대한 관심의 증폭은 사회적 상황과 맥락을 같이 하지만, 근본적으로는 지역연극이 한국연극의 형질을 이루는 기층단위요, 구성요소라는 점을 인식해야 할 것이다. 삶이 존속하는 한 문화는 함께 하는 것이며 그 삶의 다양성만큼이나 문화의 다양성도 인정해야만 하기 때문이다. 그러므로 지역연극사를 다룬 본고는 탈중앙화를 지향하는 관점에 입각하였기 때문에 서울연극과의 대비적 고찰은 시도되지 않았다. 난맥상을 보이는 지역연극사에 대하여 1차적으로 체계적인 정리와 논의가 이루어진 다음에 이러한 작업은 진행되어야 하기 때문이다.

본고는 전북지역의 연극사에 대한 개괄적인 얼개만을 소개하는 입장이다 보니, 언급되지 못한 부분도 적지 않다. 이는 본고의 성격이 소소한 전북지역의 연극적 현황에 대한 보고서라기보다는 지역연극에 대한 연구의 필요성을 강조하기 위해 의도되었기 때문이다.

지금까지 주변문화로 인식되어 온 지역문화의 소외가 문제시되었던 점을 생각할 때, 지역연극에 대한 논의의 필요성을 본고는 강조했다. 이는 주변의 중심화라는 시대적 요구와 부합되는 사항이기도 하지만, 각 지역에서 자생하는 연극현상에 대한 체계적인 정리와 관심의 부족으로 야기된 소외를 극복하기 위함이다. 또한 각 지역의 연극현상은 곧 전체 한국연극의 현상이요, 또한 그것의 구성단위인 셈이다. 이런 의미에서 지역연극, 나아가서는 지역문화를 적극 발굴하고 계발함은 한국 문화의 수평축을 넓히는 의미가 된다. 이와 곁들여, 우리의 문화적 전통요소를 창조적으로 계승할 때 한국 문화의 수직적 축도 기대지평을 넘을 수 있을 것이다. 결국 한국 전체의 문화로서 연극은 한국 문화의 한 지류이자, 기층단위임은 부인할 수 없다. 이 점에 입각해 볼 때, 우리의 지역연극에 대한 관심의 촉구는 우리 문화 일반에 대한 발전적인 성찰을 도모하는 의미가 있다고 보아진다.

끝으로, 각 지역에서 발생하는 연극현상이 보다 바람직한 방향으로 나아가기 위해서는 우선 철저한 연극인식이 선행되어야 할 것이라 생각한다. 관객과의 조응이 무엇보다도 요구되는 연극매체가 무대 위 연극인들의 열정만으로는 효과적인 연극행위를 할 수 없다. 공연작에 대해 철학적 인식을 갖고서 삶의 가치를 구현하는 의미 있는 공연이되, 한편으로는 보는 즐거움을 만끽할 수 있는 재미있는 공연물이 되도록 연극 관여자들은 혼신의 힘을 경주해야 할 것이다. 그리고 무엇보다도 요청되는 것은, 매 작품마다 최선의 시도로 관객에게 접근해야 한다는 것이다. 지역연극인들이 윤택한 삶을 미루어가며 왕성한 무대의욕과 열정적인 창작의지를 지니고 있음에도 불구하고, 극단의 영세성에서 벗어나지 못함은 앞서 말한 바대로, 최선의 시도가 부족한 탓이 크다고 할 수 있다. 이러한 사실을 염두한다면, 지역연극은 풍부한 소재와 지역성이 짙은 언어 그리고 잠재적인 관객수요가 확보되었다는 점에서 가능성이 많다고 할 수 있다. 전북지역의 연극사를 개괄적으로 점검하면서 총체적으로 의견을 집중할 수 있는 것은, 분명 발전적 도상에 있기는 하지만, 위의 사실에 대한 인식부족이 여전히 많다는 사실이다.

이제, 남은 문제는 각지의 지역연극에 대한 소소한 현황을 성찰적으로 체계화하고, 이를 전체 한국연극사에 반영하는 일이다. 한국연극이 세계연극으로 진입할 수 있는 조건은 특화된 지역성의 유무에 따라 가늠될 수 있기 때문이다.

* 참고문헌은 각주로 대신함

金煥泰의 문학비평 再考

林 明 鎭

I. 서론

이 글은 김환태(金煥泰, 1909~44)의 비평 세계를 폭넓게 조망하는 작업을 거쳐, 그것과 30년대 평단과의 상관성을 규명하는 데 목적을 둔다. 이런 목적을 달성하기 위하여 우선적으로 그의 비평 활동의 특징을 점검하고, 그것이 프로 비평, 주지주의 비평을 비롯한 당대의 다양한 비평동향과 어떠한 역학관계를 형성하는가를 구체적으로 검토하고자 한다.

김환태의 비평활동은 단 몇 년에 한정되어 있고 그 일차 자료도 거의 투명하게 밝혀져 있어서, 그의 비평세계를 전체적으로 조망하는 일은 그다지 어렵지 않다.1) 기존의 연구들도 이 점에 있어서는 일정한 성과를 거두고 있는데, 단지 그 결과를 해석하는 입장에 있어서는 상당한 차이를 보인다.

그간 심환태 및 그의 비평에 관한 연구는, 1) 비평관 형성과정, 2) 인상주의 비평의 특징, 3) 비교문학적 성격, 그리고 4) 프로비평과의 상관성 등을 고찰하는 데에 바쳐져 왔다. 1)의 경우에 해당하는 것으로는 김윤식(1969)이 ; 2)의 관점에서 접근된 것으로는 윤수영(1968), 김우종(1982), 한혜경(1982), 송현호(1984), 박미령(1987), 임명진(1988) 등이 ; 3)의 시각으로 연구된 것으로는 김윤식(1965), 이은

---

1) 그의 비평활동 기간은 1934~40년에 불과하며, 그 일차 자료도 전집 한 권에 정리돼 있어 다른 비평가들에 비해 그 비평세계가 쉽게 파악된다.

애(1985) 등이 ; 그리고 4)의 경우로는 김윤식(1965), 이은애(1985), 전영태(1985), 임명진(1990) 등이 있다.

이상의 선행 연구들은 정도의 차이는 있지만, 1), 2) 3), 4)의 경우에 일정 정도 중첩되어 있다. 그러기는 하더라도, 전체적으로는 그의 인상주의 비평이 30년대라는 전형기 평단에서 매우 독특한 경향을 형성하게 된 것을 강조하는 데 초점이 모아져 있다고 하겠다. 특히 후기의 연구일수록 30년대 문단과의 상관성에 더욱 관심을 주력하고 있는 것은 주목할 만하다. 이로써 김환태의 인상주의 비평이 지닌 특성이 그런대로 객관적으로 규명되었고, 그것이 30년대 전형기 평단에서 어떤 효용과 한계를 갖는가 하는 점이 일정 정도 밝혀졌다고 하겠다.

그러나 대체로 80년대를 기점으로 그의 비평 활동에 대한 평가는 크게 양분되어 왔다. 즉 80년대 이전에는 그의 '예술주의 비평'을 매우 긍정적으로 평가한 데 반해, 그 이후에는 '인상주의 비평'을 상당히 부정적으로 비판한 것이 그것이다. 이는 80년대를 기점으로 우리 학계의 전반적인 연구 풍토에 큰 변화가 있었던 것과 무관하지 않으리라고 본다.

이런 변화는, 작가론이나 작품론을 막론하고 문학사라는 거시적인 관점에서 그 가치를 자리매김하려는 것이어서 일단은 연구의 시각폭을 확대시켜 왔다고 하겠다. 그러나 이것은 대체로 당대 평단의 다양한 흐름 가운데 유독 프로비평과의 관련성에만 초점을 맞추고 있음으로써 전체적으로는 객관성을 충분히 확보하고 있지 못하다. 80년대라는 시대적 무게가 여기에도 그대로 작용하고 있는 셈이다.

김환태 비평에 관한 평가는 프로비평과의 관련성만으로는 충분치 밝혀지지 않는다는 것이 이 글의 가정이자 전제이다. 이런 전제에 따라 이 글은 김환태의 비평세계를 보다 객관적으로 조망하기 위하여 당시의 리얼리즘론, 주지주의 문학론, 창조비평론 등과의 관련성에 주목하고자 한다.

II. '京都派'의 예술적 기질

김환태의 개인사에 있어 그가 '京都派' 유학생이라는 점은 심상하게 보아 넘길 일이 아니다. 20년대 말과 30년대 초 일본 유학생을 편의상 소위 '東京派'와 '京都派'로 나눈다면; 전자에는 임화, 김남천, 백철 등을, 후자에는 정지용, 이양하, 김환태 등을 꼽을 수 있다. '東京派'가 귀국하여 카프 맹원으로서 적극적인 활동을 전개한 것과 '京都派'가 순수문학을 전개한 것은 크게 대조된다. 이러한 대조는 우연의 결과는 아니다. 京都가 東京에 비해서 정치적 색채가 약한 반면, 천 년 이상의 古都로서 강한 문화 예술적 향취를 담고 있었던 점과 무관하지 않을 것 같다. 이 점은 그의 수필 「京都의 3년」(『朝光』, 1936년 8월호)에서도 잘 나타나 있다.

> 그때 나는 토쿄로 가는 길이었는데, 우리 고향 친구 K와 Y라는 사람이 있어서 그들을 찾아 이삼 일 쉴 양으로 그곳(京都 : 인용자 주)에 내렸었다. 그랬던 것이 이 두 친구를 떨어질 수가 없고 또 典麗優雅한 이 옛도읍을 떠나기가 싫어서 D대학 예과를 들어가게 되었다.
> 입학한 지 얼마 되지 않아 재학생들이 신입생 환영회를 열어주어, 그 자리에서 처음 시인 정지용씨를 만났다. … 중략 … 그후 어떤 칠흑과 같이 깜깜한 그믐날 그는 나를 상국사 뒤 끝 묘지로 데리고 가서 <향수>를 읊어 주었다. … 중략 … 그리고 또 어떤 초여름 석양에 그는 나와 압천을 거닐면서 <압천>을 읊었다. … 중략 … 작자 그 사람의 입으로 읊는 것을 들을 때 이 시가 주는 감명은 말할 수 없이 깊었다. 이리하여 <압천>은 <향수>와 함께 정지용의 시 중에서 가장 나에게 친숙한 시가 되었다.[2]

그가 京都에 머물게 된 계기와 同志社大學 예과에 입학하여 시인 鄭芝溶을 만나면서 그의 시들을 좋아하게 된 경위를 밝히는 부분이다. 그는 경도의 수려한 멋에 끌려 東京에 가려던 애초의 계획을 바꾸었고, 또 정지용을 만나 그의 주옥

---

2) 김환태, 「京都의 3년」(『朝光』, 1936년 8월호).
　　본 고에서는 『金煥泰 全集』(문학사상사, 1988)의 320~322쪽에 所收된 것을 인용하였다. 본 고에서 앞으로 텍스트의 인용은 '『전집』, 320쪽'의 형식으로 표기한다.

같은 시편에 매혹당하게 된다. 청운의 뜻을 품고 東京을 향하던 그가 갑자기 계획을 변경한 데에 京都의 예술적 향취가 강하게 작용했다는 것은 어떤 해석을 가능케 하는가? 여기에서 그가 기질적으로 예술지향적이었음을 추정할 수 있다. 이런 추정은 정지용의 서정성 짙은 시편에 쉽게 매혹당하는 대목에서 더욱 강화된다. 그의 예술지향적이고 서정적인 기질은 다른 수필을 통해서도 쉽게 감지되는데, 여기에서는 번잡을 피해 더 이상의 인용은 생략하겠다.

이런 그의 예술적 기질이 京都의 우아한 향취와 잘 어울렸고, 게다가 정지용 같은 서정 시인을 만나면서 자연스럽게 이른바 '京都派'가 형성되었다고 하겠다. 이 점에서 정지용과 김환태가 후에 구인회의 구심 역할을 한 것도 우연만은 아니라는 것을 알 수 있다.

잘 알려진 대로 그는 京都에서 3년간(1928~31년) 同志社大學 예과를 다닌 후, 九州帝國大學 법문학부 영문학과에 진학하여 3년 뒤 1934년 이 대학을 졸업하게 된다. 이 대학 졸업논문으로 M. 아놀드와 W. 페이터의 문학론을 다룬 것도 주지의 사실이다. 그가 우연히 M. 아놀드와 W. 페이터를 만나게 된 것일까? 아니면 어떤 그럴만한 개연성이 있는 것일까? 필자는 후자에 비중을 두는 편이다. 아마 평소의 기질적 특성이 자연스럽게 아놀드와 페이터에게 다가가도록 인도하였을 것이라고 보기 때문이다.

당시 일본의 영문학계는 유행적으로 영국의 빅토리아조 문학에 관심을 쏟았는데, 이는 선진 제국 영국의 황금시대를 따라잡고자 하는 후진 제국 일본의 추수적인 흐름이었다. 김환태 역시 이런 조류를 벗어나 있지는 않았다. 그의 졸업논문 대상인 M. 아놀드와 W. 페이터가 빅토리아조 후기의 최고의 비평가였다는 점에서 그러하다. 그러나 그는 당대의 유행에 맹목적으로 따른 것 같지는 않다. 당대 최고의 비평가로 평가되는 아놀드의 다양한 所論 중 유미주의적 관점만을 수용한 데서, 그가 어느 정도는 의도적으로 아놀드에 접근한 것이 아닌가 하는 추정이 가능하다. 이 점 역시 京都 생활에서 자연스럽게 체득된 예술적 기질과 무관하지 않으리라는 것이 필자의 판단이다.

III. '유기체적 예술론'의 형성과 전개

김환태 문학비평의 핵심을 다음 셋으로 요약하는 데 이의를 달 사람은 별로 없을 것이다.

1) 몰관계적 관심(disinterestedness)

2) 인상주의 비평

3) 비평에 대한 창작의 우위

이 세 가지는 서로 중첩되어 있어서 따로 떼어 논의할 성질의 것은 아니지만, 이 셋은 각각 문단과 서로 다른 역학관계를 형성하고 있어서 이 중 어느 것이 강조되느냐에 따라서 당대 문단과의 관련성은 매우 다르게 파악될 수 있다.

먼저 '몰관계적 관심'이란, 잘 알려진 대로, 칸트의 '무목적의 합목적성'에 바탕을 둔 유미주의적 용어로 아놀드가 강조한 말이다. 김환태 비평도 전반적으로는 이런 유미주의를 토대로 하고 있다. 이 자리는 칸트의 미학사상을 다시 점검할 계제는 아니지만, 적어도 김환태가 아놀드의 비평적 입지를 충분히 이해하는 가운데 그의 소론을 받아들였는가는 검토할 필요가 있다.

이미 여러 논구를 통해 지적되었듯이, 김환태는 아놀드의 여러 비평 명제 중 일부만을 수용한 것으로 보인다. 즉, 그는, 아놀드가 속물화되어 가는 당대사회에 대한 신랄한 비판의 잣대로 강조해마지않은 교양과 도덕의 문제는 사상하고, 비평의 직능으로서의 '대상을 있는 그대로 보는' 방식으로서의 '몰관계적 관심'에 치중하였다. 아놀드 비평에 대한 이런 편향된 수용은 김환태만의 책임은 아니다. 아놀드 직후에 활동한 W. 페이터가 이 부분을 부각하여 자신의 입론의 토대로 삼은 바 있고, 김환태는 이 두 사람을 같은 맥락에서 접근하다보니 페이터의 관점을 벗어나지 못한 것으로 파악된다.

한편, 김환태는 페이터로부터 인상주의 비평론을 적극 수용하여 예술지상주의 문학론을 형성한다.

> 문예비평이란 문예작품의 예술적 의의와 심미적 효과를 획득하기 위하여 대상을 실제로 있는 그대로 보려는 인간정신의 노력입니다. 따라서 문예비평

가는 작품의 예술적 의의와 딴 성질과의 혼동에서 기인하는 모든 편견을 버리고, 순수히 작품 그것에서 얻은 인상과 감동을 충실히 표출하여야 합니다. 즉 비평가는 언제나 실용적·정치적 관심을 버리고, 작품 그것에로 돌아가서 작가가 작품을 사상(思想)한 것과 꼭같은 견지에서 사상하고 음미하여야 하며, 한 작품의 이해나 평가란 그 작품의 본질적 내용에 관련하여야만 진정한 이해나 평가가 된다는 것을 언제나 잊어서는 안 됩니다. … 중략 …

따라서 문예작품을 이해하고 평가하려면, 평가(評價)는 매슈 아놀드가 말한「몰이해적 관심(沒理解的 關心)」으로 작품에 대하여야 하며, 그리하여 그 작품에서 얻은 인상과 감동을 가장 충실하게 표현하여야 합니다.

- 「文藝批評家의 態度에 대하여」, 『전집』, 17쪽

위 인용문은 김환태의 데뷔작의 첫머리인데, 그래선지 그를 논할 때 자주 인용하는 대목이기도 하다. 그만큼 그의 문학관과 비평관이 강하게 피력된 부분이기도 하다. 어쨌든, 이 대목에서 그의 문학론이 아놀드의 '몰이해적 관심'과 페이터의 '인상주의'를 종합하고 있음을 쉽게 알 수 있다. 그러나 그의 비평관은, 아놀드의 엄숙성을 상당히 벗어나 있다는 점에서도 그렇고, 또 '인상'과 '감동'을 유독 강조한 점에서도 페이터의 인상주의 쪽에 많이 기울어져 있다는 것을 감지할 수 있다.

아무튼 김환태가 아놀드의 견해를 종합적으로 수용하지 못한 한계는 있지만, 범박하게 보아 그의 문학관은 '유기체적 예술론'에 가깝다고 할 수 있다. 그의

"아무리 세밀히 한 작품을 산출한 환경과 원인을 분석하여도 우리는 그 작품의 구조와 문체와 생명을 파악할 수는 없습니다. 작품의 구조와 문체와 생명은, 작자의 영감에 의하여 생명이 취입된 유기체입니다. 분석과 해부의 메스가 다를 때 유기체는 와해되며 생명은 도망합니다."
 - 「文藝批評家의 態度에 대하여」, 『전집』, 18쪽, 밑줄 : 인용자

예술작품이란 요소의 집단이 아니라 유기적 통일체이므로, 산 우리의 육체와 생명을 구별할 수가 없는 것과 같이 우리는 예술작품의 내용과 형식을 따로따로이 구별하여 생각할 수가 없다. 다시 말하면, 작품은 그것이 형식과 내용으로 분리되기 이전의 한 완전한 통일체요, 형식과 내용의 두 요소의 결

합체는 아니다. … 중략 …
  작품이란 소재로서의 사상과 현실이 작가의 상상력과 감정 속에서 융해되
어, 그의 이상의 지시하는 방향에 따라 <u>완전한 유기체</u>로서 유출되는 것이라
는 나의 주장은 형식과 내용을 구별할 여지를 주지 않는 것이며, … 하략 …
            - 「批評態度에 대한 辯釋」, 『전집』, 95~98쪽, 밑줄 : 인용자

라는 발언에서 이 점이 보다 명확해진다.

  '유기체적 예술론'이란 무엇인가? 이는, 칸트의 미학사상을 바탕으로 코울리
지와 페이터를 거쳐 확립된, 예술이 하나의 유기체로서 독립성을 지닌다는 전제
를 함의하고 있다. 물론 '유기체적 독립성' 개념에도 상당한 편차가 있지만, 전
체적으로 예술가와 비평가의 '주관'을 강조한 점에서는 그 맥이 상통한다. 이에
대립적인 견해가 '변증법적 예술론'이라는 것은 널리 알려진 일이다. 이는 일찍
이 헤겔 미학을 토대로 하여 맑시즘을 거쳐 확립된 것으로, 여기에서 예술은 인
간 이념의 변증법적 발전 양상으로 간주된다. 예술론은 크게는 이 두 갈래로 양
분된다.

  그의 개인사와 문학관을 종합하자면, 요컨대, 김환태가 이 두 갈래의 예술론
중에서 '유기체적 예술론'을 선택한 데에는 소위 '京都派' 유학생으로서의 환경
적 영향과 그의 선천적인 기질이 함께 작용하였을 것이라고 간추릴 수 있다.

IV. '유기체적 예술론'의 문단사적 조명

  김환태가 '유기체적 예술론'에 따른 문학관을 구비하였다는 것보다 더욱 중
요한 것이 있다. 그런 문학관이 1930년대라는 문단 상황에서 어떤 역사적 의미
를 획득하는가의 문제가 그것이다. 이 점을 검토하기 위하여 먼저 '유기체적 예
술론'과 '변증법적 예술론'이 예술의 변화 발전 과정에 있어 어떤 상관성을 갖
는가를 살펴볼 필요가 있다.

> 문학사의 …중략… 작업은, 한 문학적 '시기'에서 다른 시기로의 이행
> 에 관계되는 변화성의 법칙들을 알아내는 것이 되겠다. 역사의 굽이들을
> 이해할 수 있게 할 몇몇 설명의 모델이 제의된 바 있다. 시학의 역사에 있
> 어서의 '유기적'인 설명 모델에서 '변증법적'인 설명 모델로 이행이 이루
> 어진 듯하다.
>
> — 토도로프, 1981, 123쪽

여기에서 '변증법적 예술론'이란 역사·사회적 관점에서 형성된 예술론임은
물론이다. 주지하고 있는 바대로 소위 '유기적 설명 모델'을 강조하는 토도로프
역시 '변증법적 예술론'이 더 근대적인 것임을 인정하고 있다. 김환태가 활동했
던 1930년대에도 이 점은 예외가 아니며, 오히려 더욱 분명한 확신으로 받아들
여지지 않았던가? 그렇다면 김환태의 예술주의 비평은 겉잡아 시대착오적이라고
할 만하다. 보다 근대적인 계급주의 예술론을 맞받아 등장한 김환태의 문학론은
그만큼 전근대적인 것이라 할 수 있다. 그러나 이런 논리는 일반론에 불과하다.
한국이라는 상황을 고려해 볼 필요가 있다.

한국문학사에 있어 1920년대 중반 카프의 프로문학으로 '변증법적 예술론'이
본격화되기 이전 소위 '유기체적 예술론'이 한 번이라도 제대로 논의된 적이 있
었는가? 20년대 초에 김동인의 이른바 '인형조종설'이 피력되었고, 20년대 중반
프로문학의 대타의식으로 형성된 '민족문학' 논의가 있기는 하지만, 그것들은
매우 소박한 단계를 극복하지 못한, 미성숙된 '유기체론'에 불과했다. 즉 한국의
'변증법적 예술론'은 성숙된 '유기체적 예술론'을 거치지 않고, 갑자기 뛰어 넘
어온 것이었다. 즉 한국의 경우 예술의 일반적 변화 과정을 거치지 못한 미성숙
의 상황에서 '변증법적 예술론'을 맞닥뜨리게 된 것이다.

그 결과는 부적응의 양상으로 나타났다. 제대로 된 순서를 거치지 않은데다
또 너무나 갑작스럽게 밀려든 '변증법적 예술론'은 일제강점이라는 특수 상황하
에서 더욱 변질되어 그 부적응의 양상은 가속화되고 심화되었다. 한국에 수용되
는 과정에서 나타난 부적응의 양상은 1930년대 들어와서 더욱 심화되었다.

당대 이런 부적응의 양상 중 가장 구체적인 것은 평단의 위기의식이었다.

文藝評論界가 輓近처름 非難攻擊의 화살속에 버리워잇는 不幸한時期를
가저본일은업다. 批評精神의缺如 脫線行爲의橫行等不美한 風俗이 評論界의
空氣를 함부로흐리우고잇다고한다.

따라서 批評의權威가쌍바닥에 써러젓다고도한다. 利롭지못한 여러가지條
件도잇섯겟지만 그나마 活氣조차업다고도한다. … 중략 …

評論界는이미卒業하엿슬原理論의反復에만始終하고 批評의具象的인實踐에
잇서서는 아직도幼稚의域을 너머서지못하엿다는데는 意見이 거의一致됫다.

評論界는 이現在의 惰性과混亂속에쒸여 나와야겟다. 이것은多少라도文壇
에 關心을가지는 사람들의 共通된熱望인것갓다.

- 「評論界의SOS - 批評의權威樹立을爲하야」, 『朝鮮日報』, 1933년 10월 3일

이 글이 발표된 1933년 가을이면 당시 평단에서는 카프의 제1·2차 방향전환
을 거쳐 리얼리즘 논의가 활발하게 전개되고 있었던 때이다. 즉, 제1차 방향전환
의 여파로 1929년 이른바 '대중화론'이 전개될 때 그 일환으로 김기진의 '변증
적 사실주의론'이 대두되었는데, 이에 대하여 임화와 안막이 적극 반발하면서
'프롤레타리아 리얼리즘'을 내세웠고, 이를 토대로 카프는 제2차 방향전환을 이
루었다. 그 다음 해 1931년 카프 맹원 1차 검거 사건 후 현실적으로 프롤레타리
아 리얼리즘이 실천론으로서 너무 경직되어있다는 반성이 일고, 그 대안으로 신
석초·백철 등에 의해 이른바 '유물변증법적 창작방법론'이 제기되었다. 그러나
이 이론은 구체적인 창작방법론을 제시하지 못하고 지나치게 세계관의 문제만을
강조하는 원론의 수준을 벗어나지 못하고 만다. 요컨대, 八峰과 懷月의 '내용·
형식 論爭'을 도화선으로 삼아 전개된 카프의 창작방법론 논쟁이 '목적의식론'
→ '대중화론' → '볼세비키 문학론' → 리얼리즘론을 거치면서 갈수록 창작방
법론으로서의 구체성을 상실하고 사회주의 문학론의 원리만을 반복하면서 경직
화되어 갔던 것이다.

위의 인용문에서 말하는 '評論界의 SOS'는 보다 구체적으로는 프로비평계의
경직화를 가리킨다. 당시의 전문비평가는 모두 프로문단에 몸담고 있어서, 당시
의 평단이 프로 비평가들에 의해 형성되어 있는 데다, 프로비평이 갈수록 유연
성을 잃어가고 있었기 때문이다. 여기에는 프로비평이 전적으로 외국 이론을 추

수적으로 따라가면서 전개되었던 데 주원인이 있다. 그리고 또 하나 당대 한국의 특수상황이 작용하고 있었다. 즉 20년대까지만 해도 불법화되지 않았던 문학운동이 1931년 만주사변을 계기로 불법화되기 시작함으로써 그만큼 문학인들의 운신의 폭이 줄어들었던 것이다. 다시 말해 당대 평단의 내적 성숙의 미약과 정치적 상황의 악화가 함께 '評論界의 SOS'를 초래하였다.

프로 평단에서는 이런 난국을 벗어나려는 대안으로 소위 '사회주의 리얼리즘'을 내세웠다. 이것이 1934년 말~1935년 초의 일이었으나, 이 대안도 그것의 수용 찬반논쟁을 거듭하는 수준을 벗어나지 못하고 결국 카프의 해산을 맞는다. 결국 사회주의 리얼리즘 역시 당시의 평단의 위기를 극복하는 역할을 제대로 하지 못하고, 오히려 전향이론의 빌미를 만들어주기에 이르렀다.

당대 문인들은 이러한 프로비평에 대하여 다음 두 가지 입장을 취했을 것으로 추정된다. 그 하나는 카프의 전문비평가들의 경우로, 그 이전의 지도적 비평의 전성시대가 사라져 가는데 대한 아쉬움과 함께 프로 비평의 한계를 자각하고 새로운 비평방식을 모색하는 것이었다.[3] 나머지 하나는 카프의 바깥에 있는 작가들의 경우로 그간의 프로비평이 지닌 정론성을 증오했으면서도 한편으로 그만한 전문성을 대신할 다른 비평이 등장하지 못하는 현실을 안타까워했다. 이 양자는 시각의 큰 차이에도 불구하고, 첫째 기존의 정론성이 강한 프로비평이 더 이상 평론의 잣대로 어울리지 않는다는 것과, 둘째 그래서 다른 전문적인 비평 방식이 모색될 필요가 있다는 점에서는 공감을 하고 있었다.

김환태의 '유기체적 예술론'은 이런 상황에서 대두된다. 그 성격상 사회주의 리얼리즘론에 미련을 버리지 못하고 있었던 프로비평가들에게는 그다지 환영받지 못하였으나, 당시의 신진작가들의 요구, 즉 프로비평의 정론성을 극복하면서도 비평의 전문성을 유지하기를 바라는 요구에는 딱 들어맞았던 것이다. 특히

---

3) 이는 다시 일찌감치 프로비평의 한계를 자각, 전향선언을 하고 새로운 비평방식을 모색하고 나선 김기진과 백철의 경우와, 사회주의 리얼리즘을 변형시켜 또다른 창작방법론을 정립하고자 했던 임화·김남천·이원조의 경우로 나눌 수 있다. 백철이 1934년 봄 소련의 사회주의 리얼리즘을 가장 한국에 가장 먼저 소개했으나 곧 전향선언을 하고, 그 뒤에 '인간탐구론'과 '감상비평론'을 발표한 것이라든지; 임화가 '로만개조론'으로, 김남천이 '고발문학론'으로, 이원조는 '포오즈론'으로 새로운 출구를 모색해 나간 것이 그 예이다.

프로비평의 전횡에 주눅이 들어있었던 당시 작단으로부터 큰 호감을 받을 것은 당연하다.

　여기에서 그의 '유기체적 예술론'이 문학사적으로 전근대적이면서도 한국에서는 역설적으로 더욱 근대적인 것으로 받아들여질 수 있는 소지가 있었던 것이다. 게다가 한국문학사에서 그 이전에 '유기체적 예술론'이 제대로 피력된 경우가 없었던 것도 한 몫을 하였다고 하겠다. 요컨대 그의 '유기체적 예술론'은 그 자체로서는 프로비평에 비해 전근대적이고 시대착오적이기는 하나, 한국문단의 특수한 상황에서 근대성을 획득할 수 있었던 것, 이것이 김환태 비평의 상황논리적 의의이다.

Ⅳ. 비평에 대한 창작의 우위성 문제

　김환태의 '유기체적 예술론'이 피력된 1930년대 중반에는 프로비평 외에도 崔載瑞의 '주지주의 문학론'과 白鐵의 '감상비평'과 金文輯의 '창조비평' 등이 등장하였다. 그런데 최재서·백철·김문집의 所論보다는 김환태의 그것이 더욱 호응을 받은 까닭은 어디에 있는가? 이 이유는 두 가지 차원에서 찾아질 수 있다.

　먼저 백철과 김문집의 소론은 비평적 전문성을 획득하지 못했던 데 그 까닭이 있다. 부연하면, 백철은 당시 제기된 '평론계의 SOS'에 가장 먼저 반발하고 나선 비평가였다. 그는 1933년 10월 초에 발표된「評論界의 SOS…」에 맨먼저 반응하는 글「批評의 新任務」(『東亞日報』, 1933년 11월 15일~19일)를 발표하여 東京문단에 전개되는 '비평무용론'을 비난하였고, 한국의 '평론계의 SOS'는 일본 문단을 추수적으로 따라가는 저널리즘의 흥분 현상이라고 비판하였다. 그러면서도 그는 '기준비평'과 '감상비평'의 종합으로서의 새로운 비평의 필요성을 강조하였다. 그는 이 두 가지를 종합한 것으로서 '리얼리즘 비평'을 제안했으나, 구체적인 방법론을 제시하지는 않았다. 그러다 1936년에 이르면 소위 '기준'을 버리고 '인간탐구론'으로 전향하면서 본격적으로 '감상비평'으로 나아간다. 그러나 이때는 이미 김환태의 '유기체적 예술론'이 터전을 잡고 있었기도 하지만, 백철의 소론이 김환태의 그것만큼 전문성을 획득하지 못하여 평단의 주목을 받지 못하였다.

이 점은 김문집의 경우에도 마찬가지이다. 그는 「傳統과 技巧問題」(『東亞日報』, 1936년 1월 6~24일)를 발표하여 평단에 얼굴을 내밀었다. 그의 비평은 찬란한 비유와 감각적인 문체를 앞세운 '언어예술론'으로 흘러, 당시 李無影·李軒求 등의 일부 작가들로부터는 열렬한 환영을 받는 등 그 나름의 독특한 경지를 이룩하기는 하였으나, 체계적 논지 전개를 사갈시함으로써 비평의 전문성과는 애초부터 거리가 있었다. 그가 최재서와 줄곧 대립적인 입장에 서 있었던 것도 이런 애초의 의도와 특성과도 무관하지 않다.[4] 그가 비평의 창조성과 예술성을 강조하고, 또 '촌철비평'의 경지를 개척하기는 하였으나, 당대 요구되었던 '評論界의 SOS'에 충분히 부응하지 못하였던 것이다.

두 번째로 崔載瑞의 '주지주의 문학론'은 일정한 전문성을 획득하기는 하였으나, 여전히 창작에 대한 비평의 우위성을 완강하게 고수함으로써 작가들의 호응을 얻지 못했던 것이다. 그의 문단데뷔는 「未熟의 文學」(『新興』, 1931년 7월)이지만, 본격적으로 비평활동을 시작한 것은 「現代 主知主義의 文學理論 建設」(『朝鮮日報』, 1934년 7월 6~12일)을 발표하면서부터이다. 그러니까 김환태에 비해 약 3개월 뒤에 비평활동을 시작한 셈이다. 이런 시기적 편차는 그다지 큰 의미가 없는 것으로 보인다. 그 사이에 김환태는 겨우 두 편의 평론을 발표했을 뿐이며, 그 중 한편은 외국평론을 번역한 것이어서, 아직 평론가로서의 입지를 충분히 확보하고 있지 못하였으며, 최재서는 1933년 京城帝大 영문학과 강사로 발탁된 이후 약 일년 동안 세 번에 걸쳐 英美의 문학이론과 문단을 소개함으로써,[5] 당시 학계와 문단에 이미 널리 알려져 있었기 때문이다. 그런 점에서 최재서가 김환태에 비해 당시 문단에 인지도도 높았고, 비평적 입지도 강화되어 있었다.

---

4) 金文輯 문학비평의 이런 특징과 그 성과 및 한계에 관한 논구로는 김윤식(1976, 299~319쪽)과 임명진(1988, 123~130쪽)이 주목할만하다.
5) 「歐美現文壇總觀 - 英國篇」(『朝鮮日報』 1933. 4. 27~29)와 「英國現代小說의 動向」(『東亞日報』, 1933. 12. 8~10) 및 「米國現代小說의 動向」(『東亞日報』, 1934. 2. 18~20)이 그것이다.

또한 그 입론의 바탕으로 보아 최재서의 주지주의 문학론은 가장 근대적인 것이었다. 주지주의문학이란 무엇인가? 주지하다시피 T. E. 흄의 '불연속적 세계관'을 입론의 토대로 삼아 로맨티시즘의 대안으로 20세기 초에 이르러 형성된 사조가 아닌가? 더구나 주지주의는 이론적으로 가장 정교한 논리를 바탕으로 하고 있어서 구미의 경우 '변증법적 예술론'에 대응할 만한 새로운 논리로 부각되었던 것이다. 그리고 최재서는 강단 비평가답게 이런 서구의 새로운 이론을 가장 빠르고 정확하게 전달하였다. 그 점에서 최재서는 당시 어느 누구보다도 가장 전문적인 비평가였던 것이다.

그런데 왜 최재서의 비평보다는 김환태의 그것이 당시 문단에 큰 반향을 불러일으킨 것일까? 이 물음에 답하기 위해서는 김환태 비평의 反立法性을 검토해야 한다.

> 비평의 대상은 언제나 작품 그것이다. 그러므로 비평 그것은 작품의 뒤를 따르는 것이요, 결코 앞서지 못한다. 그럼에도 불구하고 프로비평가들은 언제나 작가의 입법자가 되고, 재판관이 되려 하였다. … 중략 …
> 비평가란 창작능력에 있어 도저히 작가를 따를 수 없는 것이다. 그들 중에는 창작에 실패하여 전직한 사람도 많다. 그리고 비평가는 아무런 고담준론으로도 결코 위대한 한 작가를 만들어 낼 수도 또는 범용(凡庸)한 작가에게 위대한 작품을 산출시킬 수도 없는 것이다.
> ─「作家·評家·讀者」,『전집』, 49~52쪽

이는 프로비평의 입법성을 비난하면서 당시 '비평무용론'이 왜 대두되었는가를 진단하는 과정에서 피력된 내용이기는 하지만, 비평가 김환태 스스로 작가들을 대하는 태도를 분명하게 밝히는 대목이기도 하다. 그의 실천비평에서 이런 자세가 제대로 실현되었는가는 다른 차원에서 논구될 성질의 것이다. 중요한 것은 전문비평가가 작가에 대하여 우위론을 철회하는 겸양을 분명히 밝힌 것이다. 당시만 해도 전통적으로 비평가가 작가에 대하여 교사나 재판관과 같은 무소불위의 권력을 행사하는 것이 불문율로 인정되던 때였다. 김환태는 이런 비평가의 기득권을 스스로 벗어던졌다.

이런 작가에 대한 그의 비평적 태도를 편의상 '비평가에 대한 작가 우위론'이라 해두자. 이 점은 십 수년전 김동인의 '인형조종설'로 이미 피력된 바 있다. 그러나 김동인의 소론과는 다음의 각도에서 다르다. 즉 김동인의 주장은 비평의 일정한 역할에 대하여서는 전혀 언급하지 못하고 시종 '작가만세론'으로 흐른데 비하여, 김환태는 작가 우위를 인정하면서도 비평의 고유기능을 강조한 점에서 변별된다.

> 문학독자에 대하여 비평은 아무런 존재 이유도 가질 수가 없는가고 반박할는지 모른다. 그러나 그렇지 않다. … 중략 …
> 먼저 지식의 측면으로 보아서 문학유산을 정리하고 보존하여 주며, 문학 현상에 대한 정당한 지식을 부여하는 것이 광의로 생각한 비평의 효용이다. 그리고 감상의 측면으로 볼 때 … 중략 … 가장 아량있고 편견과 고집 없는 진실한 독자가 비평을 읽음으로써 자기의 어떤 인상과 작품상을 평가의 그 것에 비함으로써, 자기의 감상력의 배양에 많은 도움을 얻을 수 있을 것이다. 그리고 그뿐 아니라 가장 중요한 것은, 비평이란 창작이라는 그 일면에 있어서 독자는 비평 그것을 일종의 창작품으로서 감상할 수가 있는 것이다.
> - 같은 글, 『전집』, 54쪽

김환태는 여기에서 비평의 기능으로 1) 문학유산과 문학적 지식의 정리, 2) 일반독자의 감상력 배양, 3) 작품을 통한 제2의 창작행위로 지적하고 있다. 소박하지만 타당한 지적이다. 앞에서 언급한 대로 김문집의 경우 이 세 가지 중 3)에 과도하게 집착하여 당대 요구에 충분히 부응하지 못하였고, 최재서의 경우 여전히 작가에 대한 우위론을 견지하려 함으로써 당시 작단에 먹혀들지 못하였다면, 김환태는 이 세 가지 기능에 고루 비중을 둠으로써 당시 문단의 요구에 가장 성실하게 임했다고 하겠다. 요컨대, 작가의 창작행위를 존중하고 거기에 겸양의 자세를 보이면서도 비평의 고유영역을 지킴으로써 비평과 창작을 새로운 관계로 정립시켰다고 할 수 있다.

VI. 實踐批評의 한계

김환태의 비평활동은 실천비평보다는 이론비평에 더 기울어져 있기는 하지만, 그의 문학비평의 성과와 한계를 보다 구체적으로 가늠하는 일은 그의 실천비평을 눈여겨보는 것이다.

그의 실천비평 중 본격적인 작품론으로는 「尙虛의 作品과 그 藝術觀」(『開闢』, 복간 1권 2호, 1934년 12월)이다. 그는 이 글에서 자신이 이론비평에서 누차 강조한 "작품 그것에서 얻는 인상과 감상"(「文藝批評家의 態度에 대하여」, 『전집』, 17쪽)과 "자기의 심적 체험을 재구성하는 것"(「作家·評家·讀者」, 『전집』, 50쪽)을 실천해보고자 노력한다. 그러나 그는 상허의 소설 「달밤」을 읽고 고통과 페이소스를 느꼈다고 토로하면서도, 어떻게 해서 그렇게 느꼈는가는 밝히지 못하고 있다. 또 그는 상호의 작품을 읽고 눈물을 흘렸다고 실토하면서, 그것은 작가의 사랑과 동정을 통하여 가능하며, 그 사랑은 고통 속에서도 희망을 잃지 않으려는 휴머니즘에 입각해 있고, 그래서 이태준은 '선량한 예술가'이며, 아울러 이태준은 그러한 선량함과 더불어 훌륭한 기교도 갖추고 있는 작가이고, 따라서 「달밤」은 내용과 형식이 일치하는 소설이라는 결론을 내리고 있다. 이 평론은 '解釋'이나 '評價'의 측면을 도외시한 채 오직 작품에 대한 소박한 '鑑賞'만을 나열하고 있다고 할 수 있다. 즉 작품의 구조나 성격간의 갈등과 변화에 대한 분석 없이 단순히 그가 읽고 느낀 것을 직설적으로 토로한 글이다. 그가 비평가로서 갖추어야 할 조건으로 강조해마지 않은 "고도의 심적 훈련과 심미적 교양"(「作家·評家·讀者」, 『전집』, 50쪽)이 이 글에서 효과적으로 구현되고 있지는 않다.

또 다른 실천비평인 「鄭芝溶論」(『三千里文學』, 1권 2호, 1938년 4월)은 조금 다른 각도에서 씌어진 글이다. 이 글은 서두에 "한 천재의 생활의 습성을 알 때 그의 예술을 이해하는데 도움은 될지언정 방해는 되지 않는다는 것만은 부인할 수 없는 사실이다."(「鄭芝溶論」, 『전집』, 106쪽)라고 밝힌 데에서 전체적으로 시인의 개성과 창조성에 비중을 두고 있는 것을 알 수 있다. 특히 이 글은 원작 인용문을 제외한 나머지의 절반 이상을 정지용의 인간적 측면에 할애하고 있는 것이

두드러진다. 그래서 이 평론은 정지용 시에 대한 작품론이라기보다는 시인 정지
용에 관한 작가론적 측면에 기울어져 있다. 이 평론은 이렇듯 작가론에 기울어
져 있어서, 그가 역설해마지 않았던 '작품 자체로부터 받는 인상'이나 평자의
'몰관계적 관심'이 상당히 훼손되어있는 느낌을 준다. 또한 정지용 시의 지성적
요소를 잘못 이해하고 있는 점도 눈에 띄며, 전체적으로 정지용 시의 큰 줄기가
무엇인가를 간파하지 못한 점 등에서 전문비평가의 실천비평으로서의 심도를 보
여주지 못하고 있다.

「詩人 金尙鎔論」(『文章』 1권 6호, 1939년 7월)은 앞의 두 평문에 비하면 가작
에 든다. 1939년에 간행된 김상용의 시집 『망향』에 대한 서평의 형식으로 씌어
진 이 글은, 김상용의 시를 '관조의 시'라고 매우 타당한 결론을 내린 점, 작자
에 대한 선입관을 배제한 채 오직 작품을 통해 그런 결론을 도출한 점 등에서
그렇게 평가할 만하다. 그러나, 그가 서두에서 밝혔듯이, 김상용이 『望鄕』의 첫
장에서 '진실한 느껴움'을 언급한 데에서 착안하여, "<진실한>이란 형용사의 의
미를 이해하면 시인 김상용이 그 독특한 면모로 우리 앞에 나타난다."(「詩人 金
尙鎔論」, 『전집』 132쪽)고 단언하였는데, 과연 이 평문에서 "<진실한>이란 형용
사의 의미"를 밝히기 위한 논리적 체계를 세우고 있는가는 의문으로 남는다.

이상 김환태의 실천비평에 대한 검토를 다음과 같이 요약할 수 있다.

첫째, 김환태의 '순수한 인상'은 독자의 주체적인 의미생성 행위를 경시하고
오로지 작품이 본래 지니고 있는 요소를 순순하게 향수하는 데 역점을 두고 있
다. 그에 있어 비평가는 작품의 의미 생성에 능동적으로 참여하는 적극적 독자
라기보다는 이미 작품에 내재하는 의미를 향수하는 수동적 독자에 가깝다고 하
겠다. 즉 그는 독자를 의미의 객체로, 작품을 의미의 주체로 파악함으로써 작품
을 독자보다 우위에 두고 있는 것이다.

둘째, 김환태의 실천비평은 독서감상문의 수준을 크게 벗어나지 못하였다는
것이다. 앞에서 세 평문을 검토하는 데에서도 드러났듯이, 그의 실천비평은 부분
적으로는 작품을 꿰뚫는 통찰력을 보이기는 하나 전체적으로는 상식의 수준을
벗어나지 못하거나 단순한 감상의 나열에 그치고 있다. 그의 문장을 두고 "單調
로움을 피하기 어려우며 銳利함이나 颱風的 激烈性이 排除되어 있다."(김윤식,

1976, 298쪽)는 지적이라든가, "먹다남은 백알"(김문집, 1938, 44쪽)이니 하는 비판은 그의 실천비평이 지닌 이런 한계를 적절하게 대변해준다.

그런데, 이러한 한계에는 적어도 두 가지 까닭이 복합되어 있는 듯하다. 그 하나는 김윤식의 지적에도 암시되듯, 그가 세련된 감수성을 충분히 갖추지 못한 것이며, 나머지 하나는 그의 비평방법론이 얽어놓은 자신의 굴레를 스스로 벗어날 수 없는 이율배반성에 있다. 전자와 관련, 그는 "고도의 심적 훈련과 심미적 교양"(『전집』, 50쪽)을 위해 예리한 직관력과 세련된 감각을 갖추기 위해서 노력했을 터이나, 당시 한국의 평단에서는 세련된 감각과 문화에 대한 역사적 감수성이 비평의 전통으로 성숙되지 못한 탓에 그 스스로도 그러한 전통부재 현상을 깨뜨리지 못하고 그 속에 함몰된 것이라 할 수 있다. 결국 그가 말한 '심미적 교양'도 김환태 개인이 아닌 당시 평단의 전체적인 차원과 수준에서 고려되어야 할 것이다. 또한, 후자와 관련, 그는 자신의 이론에서 강력하게 제기된 이른바 독자의 순수성이라는 덫에 걸려 개방적인 비평가로 활동하지 못한 것으로 판단된다. 즉 그가 입론의 거점으로 삼은 '몰관계적 관심'은 공평무사한 태도로 아무런 선입견 없이 본질을 있는 그대로 보기 위해 모든 것으로부터 초월된 자유로운 정신활동을 목표로 하는데(M. Arnold, 1964, 20쪽), 실제 비평작업에 있어 공평무사한 태도를 유지한 채 자신의 주관을 배제하는 일이란 실현되기 어려운 것일 수밖에 없다. 매우 세련된 감수성과 오래 축적된 비평적 전통 위에서도 그런 '몰관계적 관심'이 실현되기 쉽지 않았을 터인데, 하물며 당시 일천한 상황에서랴!

VII. 맺음말

김환태 문학비평이 지니는 비평사적 功過를 정리함으로써 맺음말을 대신할까 한다.

1) 김환태 이론비평은 이른바 '유기체적 예술론'으로 간추려지는데, 이는 '京都派' 유학생의 일반적 기질과 일정한 상관성을 지니고 있다.

2) '유기체적 예술론'은 프로문학론에 비해 전근대적이지만, 당대 한국적 특수상황에서는 프로문학론의 정론성을 극복할 수 있는 이론적 바탕을 확보함으로써 역설적으로는 근대적 의의를 지닌다.

3) 그의 이론비평은 당시 金文輯의 창조비평과 白鐵의 감상비평에 비해 전문성으로 획득하고 있어서 당시 평단의 요구에 일정하게 부응하였다.

4) 또한 그의 이론비평은 崔載瑞의 주지주의 비평에 비해 작가의 우위성을 강하게 인정함으로써 당시 작단의 환영을 받았다.

5) 그의 실천비평은 독서감상문의 수준을 벗어나지 못한다. 즉 이론비평에서 역설한 비평방법과 기법이 실천비평에서 충분히 발휘되었다고 할 수 없다.

참 고 문 헌

김문집(1938) : 「文壇人物誌」, 『四海公論』, 4권 8호.

김우종(1982) : 「金煥泰의 문학이론과 비평방법」, 『백영 정병욱선생 환갑기념논총』, 신구문화사.

김윤식(1965) : 「轉形期의 문학비평 연구」, 『국어교육』 11집, 한국국어교육연구회.

김윤식(1968) : 「訥人 金煥泰 연구」, 『논문집』 1집, 서울대 교양과정부.

김윤식(1976) : 『韓國近代文藝批評研究』, 일지사.

김주연(1972) : 「비평의 감성과 체계」, 『文學과 知性』 10호, 문학과지성사.

남송우(1990) : 「1930년대 전환기 비평의 해석학적 연구」, 부산대 대학원 박사논문.

박미령(1987) : 「藝術批評(2) - 金煥泰論」, 『韓國言語文學』 25집, 한국언어문학회.

송현호(1984) : 「金煥泰 문학연구(1)」, 『관악어문연구』 7집, 서울대학교 국어국문학과.

신동욱(1975) : 『韓國現代批評史』, 한국일보사.

윤수영(1968) : 「轉形期의 문학비평 연구」, 이화여대 대학원 석사논문.

이은애(1985) : 「金煥泰의 '인상주의' 비평 연구」, 서울대 대학원 석사논문.

임명진(1988) : 「한국 近代小說論의 類型別 史的 연구」, 전북대 대학원 박사논문.

임명진(1990) : 「金煥泰 문학비평에 관한 일 고찰」, 『군산수산전문대학 연구보고』 24집. 군산수산전문대학 논문집편찬위원회.

전영태(1985) : 「金煥泰의 인상주의 비평 - 그 효용과 한계」, 『개신어문연구』 14집, 충복
　　대 국문학과.

한혜경(1982) : 「1930년대 비평에 관한 일 고찰」, 이화여대 대학원 석사논문.

M. Arnold(1964) : *Matthew Arnold's Essays in Criticism*, London, F. M. Dend & Sons Ltd.

토도로프, 곽광수역(1981) : 『구조시학』, 문학과지성사.

타락한 시대의 진실 지평

- 서정인의 『말뚝』 연구

임 희 종

I. 서론

2000년에 발표한 서정인의 중편 『말뚝』은 르네상스 시기에 부패한 교회와 맞서 싸우다가 화형을 당한 리롤라모 사보나롤라 수사의 이야기이다. 서정인은 1962년 『사상계』 신인 작품 공모에 단편 「후송」이 당선되면서 문단에 데뷔하여 『강』, 『벌판』, 『철쭉제』에서 『달궁』 연작, 『봄꽃 가을열매』, 『붕어』, 『베네치아에서 만난 사람』에 이르기까지 그의 실험적 노력들과 날카로운 현실비판은 비평가들의 꾸준한 관심을 불러 일으켰으며, "독특한 지성의 작가"[1]라는 평을 듣고 있다.

서정인 소설의 평들은 주로 평론 성격의 글이 대부분이다. 초기의 소설들은 소시민으로서의 좌절감이나 패배주의가 드러나지만, 작중인물이 수동적 비극적 태도의 인물에서 능동적으로 대처하는 인물로 변하고 있다.[2] 본 연구와 연관된 평들을 살펴보면, 『철쭉제』의 평으로, "현실의 폭압과 역사의 허망을 자각하게 한 문학세계의 전환점"[3], 『달궁』의 평으로, "현실에 대한 새로운 인식과 독특한 소설 형식을 통한 80년대의 현실의 투시·노출"[4], "사회에 대한 비평적 진단"[5],

---

1) 김치수, 「현실의 모순에 대한 자신의 의식화」, 『한국문학전집』 28, 삼성출판사, 1985, 395쪽.
2) 이태동, 「무의미 속의 의미」, 『현대문학』, 1980, 379~391쪽.
3) 김경수, 「"달궁"의 언어에 이르는 길」, 『작가세계』 21, 18~34쪽.

"상대성과 양면성의 환기"6), "새로운 형식과 내용, 대화적 상상력을 통한 리얼리즘의 가능성 제시"7) 등을 들 수 있다. 『봄꽃 가을열매』의 평으로는, "기존 가치에 대한 전면적 회의와 불신"8), 『붕어』의 평으로, "전반적인 사회의 타락상과 심각한 환경오염에 대한 폭로"9), "도덕적 불감증에 대한 도전과 탈관습의 숙명을 안은 소설적 리얼리즘의 실천"10) 등이 제시되고 있는데, 작가의 현실문제에 대한 꾸준한 탐구와 관심을 엿볼 수 있는 대목이다.

또한 서정인 소설을 전반적으로 검토한 연구로는, 문체 변모 양상을 중심으로 한 연구11)와 작가의 세계관과 현실 인식에 관해 살펴본 연구12), 그리고 문학을 인간의 의사소통의 한 양식으로 보고 소설 텍스트의 전달구조 및 서술방식을 중심으로 살핀 연구13) 등이 있다.

『베네치아에서 만남 사람』, 『말뚝』에 이르러 서정인은 그동안 지속해 왔던 국내 현실에 대한 관심에서 벗어나 르네상스 시기인 14~5세기 이탈리아 현실에 대해 해체적 시선으로 해부하고 있다. 사보나롤라 수사는 사제의 부와 향락, 교황과 용병대장들의 부와 권력 남용 등의 타락상을 고발하다가 몇 차례 교황의 경고편지를 받았으나, 끝까지 설교 금지령에 불복한 인물이다. 수사는 "독재자는 죽을 것이고, 교황은 쫓겨날 것이며, 기독교는 개혁될 것"을 예언하다가, 결국 그는 절대적인 종교 권력에 의해 '번영과 사치와 향락과 퇴폐를 즐겼던' 피렌체 시민들 앞에서 화형을 당하게 된 것이다.

본고에서는 먼저 서정인의 작품에 토대가 되고 있는 문학관을 살펴본 후, 역

---

4) 이남호, 「80년대 현실과 리얼리즘」, 『달궁·하나』, 민음사, 1992, 261~274쪽.
5) 정호웅, 「타락한 세계의 비평적 진단」, 『작가세계』 21, 1994, 여름, 78~91쪽.
6) 이경수, 「고독한 에고이스트가 도달한 초로의 경지」, 『작가세계』 21, 36~48쪽.
7) 우찬제, 「대화적 상상력과 광기의 풍속화」, 『세계의 문학』, 1988, 12, 251~256쪽.
8) 임명진, 「반리얼리즘에서 신리얼리즘으로」, 『문학정신』 68, 54~60쪽.
9) 정제곤, 「정신분석으로 읽기 : 서정인의 "붕어"」, 『문학과 사회』 33, 260~278쪽.
10) 황종연, 「말의 연기와 리얼리즘」, 『붕어』, 세계사, 1994, 283~316쪽.
11) 안 신, 「서정인 소설 연구」, 석사학위논문, 성신여대, 1998.
12) 조은하, 「서정인 소설 연구」, 석사학위논문, 고려대, 1996. 서정인의 소설은 '초기의 주관적 현실인식에서 점차 객관적 현실인식으로 변하여 최근에 다층적 현실인식의 양상을 띤다'고 보고 있다.
13) 윤혜경, 「서정인 소설 연구」, 석사학위논문, 연세대, 1998.

사와 허구 사이를 교묘히 넘나들고 있는 중편 『말뚝』을 통해 빛으로만 인식되던 르네상스 시대의 어둠을 밝혀 그 진실을 탐문하고자 한다. 그 결과 당대 종교 권력의 횡포와 정의보다는 쾌락을 좇는 시민들 속에서 사보나롤라 수사가 성취한 진실의 승리를 통해 서정인 문학의 특징을 찾을 수 있을 것이다.

II. 의식적 리얼리즘과 관점의 상대성

1. 의식적 리얼리즘

서정인은 "사실을 밝혀내려는 노력은 사실을 찾아내기보다는 사실에 가까워지려는 끊임없는 노력"이라고 보고 있다. 사실을 밝혀내려는 노력은 결과가 아니라 "끊임없는 과정"이라는 이러한 작가 인식은 그의 리얼리즘관에 잘 투영되고 있는바, 그는 리얼리즘을 "실체에 접근하려는 예술의 의지적 경향"으로 이해한다.

> 예술가의 어려움은 삶의 형식화인 모방이 형식의 창조와 아울러 파괴를 요구하는데 있다. 조화가 모방의 현실을 잊고 인습으로 굳어질 때, 예술은 와해되지 않기 위해서 멀어진 실체로의 접근을 꾀한다. 리얼리즘은 '실체에 접근하려는 예술의 의지적 경향'이다. 따라서 리얼리즘은 영원한 자기 수정의 노력이다. 형식이 실체를 모방하는, 완성될 수 없는 일을 시도한다는 점에서나 인습의 파괴가 새로운 인습의 창조에 의해서만 가능하다는 점에서 리얼리즘은 realia가 아니라 realiora를 추구하는 상대적 개념이다.[14]

이러한 작가의 리얼리즘관에 비추어볼 때 서정인에게 '사실'이란 삶의 실체, 즉 현상에 의해 은폐되어 있는 본질을 가리키는 개념과 통하는 것임을 알 수 있다. 그가 리얼리즘을 "실체에 접근하려는 예술의 의지적 경향", "예술의 영원한

---

14) 서정인, 「리얼리즘고考」, 『벌판』, 나남, 1984, 412쪽.

자기 수정 노력"으로 이해할 때 그것은 그가 현실의 본질을 재현함으로써 현실
의 구조적 모순을 밝히고 그 전망을 시도하는 리얼리즘의 인식적 가치를 수용하
고 있음을 의미한다. 그러나 "있는 물건을 보는 것이 아니라 없는 물건을 보이게
만드는" 의식적 리얼리즘을 추구하는 그의 문학관에서 드러나듯이 그는 실체에
접근하기 위해 과감한 내면 탐구와 의식의 흐름 기법까지 수용하고 있다. 한 마
디로 그의 리얼리즘은 현실의 본질, 실체에 천착하려는 '태도'의 문제라 할 수
있다. 이러한 작가의 리얼리즘관으로 인해 그의 소설은 내면의식을 탐구하는 소
설부터 객관 현실을 그리는 소설까지 다양한 스펙트럼을 지니게 되는 것이다.

지배층이 자신의 이익을 위해 역사적 사실을 '사실보다 더 그럴듯하게 꾸며
내는' 공간 속에서 무엇이 진정한 사실인지 아닌지 판가름할 수 있는 기준이란
모호하다. 카렐 코지크는 '역사적 사실이란 무엇인가라는 문제는 사회적 사실이
란 무엇인가라는 주요 물음의 부분적 물음'15)이라고 말한다. 즉, 사실의 개념 자
체는 사회 현실에 대한 전반적 개념에 의해 규정되는 것이다. 그런 점에서 사실
자체를 따지는 것은 결국 사회적 사실이 어떻게 형성되는가 라는 비판적 물음을
함축하는 것이라 할 수 있다. 따라서 작가는 어느 것이 순수한 사실인가를 제시
하는 것보다 사실을 밝히려는 의지가 중요하며, 사회적 사실의 형성과정을 비판
적으로 바라볼 수 있는 시각이 필요한 것이다.

또한 서정인이 제시하고 있듯, "사실은 의견이 섞이지 않은 중립적인 사실만
이 사실이다. 이러한 사실을 밝히는 것은 불가능하다. 사실을 밝혀 내려는 노력
은 사실을 찾아내기보다는 사실에 가까워지려는 끊임없는 노력이다." 이와 같이
작가 서정인이 중요하게 여긴 것은 '사실' 자체보다 "사실을 밝히려는 노력"과
'성실성'이다. 그러나 "우리나라는 의견과 사실을 구분하는 훈련보다 그것들을
혼동하는 훈련이 아주 어렸을 때부터 행해지는 듯하다"16)는 서정인의 지적은,
자신들의 의견을 사실로 받아들이게끔 훈련하는 사회에 대한 비판일 뿐만 아니
라 그것을 맹목적으로 따르는 사람들의 수동적인 태도에 대한 비판인 것이다.

서정인은, 소설이 지향하는 핵심을 "많은 리듬들 중의 하나를 붙잡아서 사람

---

15) 카렐 코지크, (박정호 옮김), 『구체성의 변증법』, 거름, 1984, 46쪽.
16) 서정인, 「사실과 의견」, 『지리산 옆에서 살기』, 미학사, 1990, 167쪽.

들에게 제시한다. 그러면 사람들은 그것이 그들이 언젠가 한 번쯤 보았던, 또는
볼 것인, 그러나 결코 그들이 알아채지 못했던, 또는 못할 것인 어떤 것임을 깨
닫고 문득 기뻐한다. 그것이 어떤 딴 중요한 것이기 때문이 아니라 단지 그것이
너무 그것답다는 단 하나의 이유 때문에 사람들은 때로는 울면서, 때로는 웃으
면서 기뻐하는"[17] 것이다. 이와 같이 서정인은 소설의 효용이나 가치에 대해
'하나의 리듬으로' 진리를 드러내는 일이라고 보고 있다.

서정인은 '제1회 김동리문학상 수상소감'에서 이렇게 말한 적이 있다. "저는
오늘날 우리 사회를 가득 채우고 있는 병리를 고치는 일은, 또는, 고치기 위해서
맨 먼저 해야 할 일은, 진리와 만나는 일이라고 생각합니다. 진리라고 해서 거창
하게 생각할 것 없습니다. 사실을 보면 됩니다. 사물들을 있는 그대로 보는 것이
진리입니다. (중략) 여기서, 예술이 할 일은 자명합니다. 오락을 예술로 포장해서
파는 상업적인 현실에 압도되어서, 예술이, 문학이, 또는 소설이 살아남을 수 없
을지도 모른다는 우려가 있습니다만, 저는 그것이 바로, 소설이, 문학이, 예술이
더 있어야 한다는 증거라고 생각합니다."[18]

이는 타락한 시대의 병리 현상을 치유하기 위해서는 진리와 만나려는 노력이
긴요한데, 문학이 사물들을 있는 그대로 보고 그 이름을 제대로 불러줌으로써
진리에 이를 수 있고, 타락한 시대의 병리를 고치는데 기여할 수 있다고 작가 서
정인은 말하고 있는 것이다.

2. 관점의 상대성

전체주의적 삶, 획일적인 가치를 강요하는 삶에 반대하면서, 다양한 가치들을
긍정할 수 있는 열린 태도를 견지하던 서정인은 80년대 중반에 새로운 연작 소
설『철쭉제』를 통해 사회를 바라보는 다양한 관점의 필요성을 본격적으로 제시
하게 된다. 작가가『철쭉제』에서 철순과 현애, 그리고 장씨와 윤마담을 지리산으
로 초대한 이유는 그들로 하여금 현실의 문제를 "새로운 각도에서, 새로운 문맥

17) 오생근,「타락한 세계에서의 진실」,『문학과 지성』여름호, 1975, 320~321쪽.
18) 서정인,『베네치아에서 만난 사람』, 작가정신, 1998, 9~10쪽.

에서, 더 깊이" 생각하도록 하기 위해서다. 그리고 그가 발견한 것은 아름다움과 화평함 속에 존재하는 듯한 지리산에서도 "청학동, 화개동같은 이상향 냄새가 나는 골짜기"가 있는가 하면 "피아골 같은 피비린내 나는 골짜기"도 함께 있다는 사실이다. 그리하여 이 둘이 함께 있음이 삶의 혼돈을 가져오지만 이 둘을 함께 살피는 것이 그 혼돈을 정리할 진정한 방법이 됨을 깨닫는다.

『달궁』 연작의 인실은 「강」, 「나주댁」, 「남문통」, 「여인숙」, 「토요일과 금요일 사이」의 창녀, 창부의 이미지가 모두 겹쳐진 인물로 보인다. 이러한 고향 상실의 인실은 주인공이라기보다 다른 사람들의 삶을 보여주기 위한 하나의 매개적 인물이며, 중층적 삶의 갖가지 모순을 살피기 위해 존재하는 인물이다. 기도원에서 뛰쳐나온 인실은 다음과 같이 말한다.

"이상하게도, 좋은 것과 나쁜 것이 둘 중의 어느 하나가 있으면 당연히 없어야 하는 나머지 하나와 같이 있자, 그것이 따로따로 있을 때 맥이 없던 것과는 달리 서로 팽팽히 맞줄다리기를 하면서 서로에게 심상치 않은 활력을 불어넣었다."[19] 인실이 지닌 생명력은 이러한 대립되는 것들의 '팽팽한 줄다리기' 속에서 창조되는 것이다.

좋은 것과 나쁜 것이 나란히 같이 있게 될 때 오히려 삶의 활력이 생성된다는 인식은 대립되는 계층의 상호배타성만이 아니라 상호 의존성까지 긍정하는 것이다. 그리하여 인실을 통해 작가는 좀 더 '포괄적이고 보편적인 가치'를 지향하고자 한다.

『달궁』의 대화에는 상대주의적 관점이 드러난다. 이는 타자의 존재가 여지없이 거세되던 절대주의적 주관성의 시대와는 달리, 상대주의적 특징을 가지고 있는 혼란한 80년대의 시대상황을 나타내기에 적절한 장치이다.

> 판사들과 범인들이 자리를 바꾸고, 감옥지기들이 감옥 속에 들어가고 죄
> 수들이 열쇠들을 갖게 하라. (말하라, 그들이 자리바꿈해서 안 될 것 있냐?)
> 노예들이 주인들이 되고 주인들이 노예들이 되게 하라. 개혁자들을 그들이
> 끊임없이 아우성치는 연단들로부터 내려오게 하고, 백치나 미친 사람을 그

---

19) 서정인, 「달궁 · 하나」, 민음사, 1987, 132쪽.

연단의 하나하나에 나타나게 하라.[20]

판사와 범인, 감옥지기와 죄수, 노예와 주인, 개혁자와 백치, 광인들을 서로 자리바꿈을 하라는 요청은 각각 반대의 위치에 서서 이전에 인식하지 못했던 것들을 인식하고 새로운 관점에서 바라보라는 것이다. 『달궁』에는 이러한 대립 쌍들이 많이 나타나는데, 각각은 서로 다른 쪽 단어들의 거울이 되어 입장을 바꾸어 생각하게 한다. 이와 같은 상대주의는 과거의 금기로부터의 해방이며, 독자들에게 서로를 정확하게 이해하게 하는 효과를 가진다.

『말뚝』에 오면, 작가는 소실·망실된 희랍 로마의 고전들이 발견·수집·정리된 문예부흥기 이탈리아의 밝은 면보다는 그 반대편인 이면에 도사리고 있는 음지에 더 관심을 기울인다. 즉 사제들의 부와 향락, 교황과 용병대장들의 부패와 권력 남용 등을 적시하고, 향락과 사치에 빠져 혼돈의 상태인 피렌체 시민들의 모습을 여실하게 보여준다. 결국 사보나롤라 수사는 '진흙탕에 철없이 뛰어든' 꼴이 되고, 타락한 종교권력에 정면으로 도전하고 항거한 죄로 말뚝형과 화형에 처하게 된다.

III. 르네상스의 어둠

1. 타락한 교회와 용병들

서정인이 탐문한 르네상스의 이면은 다음과 같이 요약된다. "세상 만물은 갈 길을 갔다. 힘이 혹시 어진 이한테 있으면 세상이 좀 달라질까 했더니, 역시 힘은 힘한테로 갔다. 그것들이 같이 있으면 둘 다에게 좋았다. 힘은 빛을 얻어서 앞길이 밝았고, 어짊은 빠름을 얻어서 갈 곳에 때맞춰 갔다. 둘은 헤어지면, 힘은 힘한테로 가서 폭력이 되었고, 어짊은 어짊한테로 가서 서재나 도랑에서 천년

---

20) 서정인, 『달궁·둘』, 민음사, 1988, 216쪽.

부지하 세월로, 세상이야 썩든 곪든 독야청청이었다. 힘은 많을수록 거칠었고, 어젊은 많을수록 게을렀다." 힘과 어젊이 조화를 이루기는커녕 오히려 힘은 타락한 폭력이 되고, 어젊은 무기력하기만 한 현실에 대해 작가는 르네상스 시기도 예외가 아니었음을 지적하며, 교회 권력의 핵심인 교황과 추기경, 대주교들의 타락상을 여지없이 폭로한다.

> "그게 이상합니다. 교황에게 무슨 아들 딸입니까?"
> "아내와 자식들뿐만 아니라, 첩들도 많습니다. 창녀들도 교황청을 들락거립니다."
> "공공연하게요?"
> "교황이 길거리의 여자들을 아무도 몰래 바티카노로 불러들일 수 있습니까?"
> "추기경들과 대주교들이 가만 있습니까?"
> "보고만 있겠습니까? 그들도 그렇게 합니다. 체사레는 로드리고가 추기경이었을 때, 그의 많은 정부들 중에서 가장 유명한 로마의 여자 반놋자 데이 카타네이한테서 얻은 사생아였습니다."(거푸집)

교황이 아내와 첩을 두고 아들 딸을 낳고, 교황청에 창녀들이 들락거리고, 이에 질세라 추기경들과 대주교도 그렇게 행동한다는 대목에 오면, 가장 성(聖)스러워야 할 교회가 성적 타락의 소굴이 되었음을 드러낸다. 뿐만 아니라 교황의 아버지 밑에서 열여덟 살에 추기경이 된 체사레를 통해 교회의 족벌주의와 성직 매매도 폭로한다. "속세의 더러움이 바티카노 깊숙이 들어갔으니, 성직이 세상일을 모른 체할 수가 없지요. 세상이 교회를 먹었는데, 교회가 세상밖에 있겠느냐"는 것이다. 뿐만 아니라 용병대장들은 싸움을 통해 돈을 벌었다. "교황군을 이끌고 말라테스타 집과 싸웠고, 교황과 싸웠고, 메디치 집의 돈을 받고 싸웠던" 한 용병대장은 그 돈을 찬란한 건축과 도서관과 예술에다가 던졌다. 그런 후원에 의해 문예부흥이 일어났지만, 그들의 관심은 자신을 장식하고 속세의 힘과 돈으로 '이탈리아의 빛'이 되고자 했다.

「골짜기」[21]에서 제시하고 있듯이, 건강하지 못한 사회 속에서는 종교도 건강

할 리 없다. 돈에 의한 종교의 타락은 헌금이라는 명목으로 십일조를 거두어 그 헌금액을 발표하고, 신도들을 관리의 대상으로 삼기에 이른다. 맞춤양복에 고급 넥타이를 매고, 얼굴에 윤기가 흐르는 목사와 허름한 복장에 비탄과 고통과 굴욕에 찬 얼굴로 엎드려 있는 사람들의 대조는 이를 잘 드러내 준다. 가난한 사람들은 종교에 귀의함으로써 용서받고자 하지만, 그들을 용서하는 권리를 가진 무리들은 가난한 사람들의 십일조로 일신의 안위와 부를 축적하고, 위선과 오만을 종교적 권위 뒤에 감춘다. 결국 서구적 자본주의는 탈속적 영역인 종교에까지 침투하여, 종교의 지배원리로 작용하기에 이른 것이다.

「무자년의 가을 사흘」에서 제시하고 있는 풍자의 담론 또한 현실과 당위의 괴리이다.

> 어린이들이 없고 어른들이 없었다. 어린이들은 어른 행세를 해서 어린이를 없앴고, 어른들은 어린이 짓을 해서 어른을 없앴다. 진짜는 사라지고 가짜가 생겼다. 어린이 아닌 어린이는 어린이가 아니었고, 어른 아닌 어른은 어른이 아니었다. 어른과 어린이로 된 세상에서 어른과 어린이가 없으면 무엇이 남는가? 짐승. 살아남기 위해서 사는 짐승이 있었다.[22]

제대로 된 어린이도 어른도 없는 현실에 대한 작가의 비판이다. 각자의 소임에 따른 삶이 되지 못하고 가짜만 창궐한 시대이며, '살아남기 위해서 사는 짐승'만 존재하는 공간이다. 여기서 텍스트는 현실의 무질서와 언어의 새로운 질서 사이의 갈등과 다툼의 충돌 공간이며, 서정인의 언어는 부단히 무질서의 틈을 파고들어 혼돈의 질서를 짊어지고 있다.

아이러니는 표면적인 것과 심층적인 것, 말해진 것과 말해지지 않는 것, 현상과 본질 사이의 긴장 관계의 소산이다. 작가는 이 아이러니를 통해 세계의 불확실성을 있는 그대로 나타내려고 하며 이 세계에 확고한 무엇이 있다고 믿고 싶어하는 사람들의 고정관념에 충격을 가하고자 한다. 소설을 겉으로 드러내지 않는 인생의 실상을 탐구하는 양식의 하나라고 본다면 아이러니는 이러한 소설의

---

21) 「골짜기」는 1983년 『문예중앙』에 발표되었으며, 다시 『철쭉제』(민음사, 1986)에 수록되었다.
22) 서정인, 「무자년의 가을 사흘」, 『베네치아에서 만난 사람』, 작가정신, 1999, 29~30쪽

가장 중요한 요소이다.[23)

서정인은 이러한 아이러니 정신에 입각해 삶의 모순과 존재의 이중성을 파헤치고 삶의 진정한 본질을 탐구하고 있다. 그의 소설 속에서 인물들이 어떤 경우이든 절대적인 악, 절대적인 선의 모습으로 그려지지 않는 이유 중의 하나는 그의 작품이 기존의 도덕적인 관념들에 이의를 제기하기 위한 기획을 담고 있기 때문이다.

「나주댁」에서 교장의 비분강개에 감동하는 사람은 없다. 교장의 훈시에 부분적인 타당성이 들어있음에도 불구하고 교직원 사회에서 더 이상 설득력이 없고, 유효하지도 않다. 교장이 교육자로서 기능하지 못하고 있기 때문이다. 이 소설에서 교장은 술 마시는 교사를 공박하고 개탄했으나 그 자신 대낮부터 술을 마시고 있으며, 술집여자를 음험하게 찾아가 즐긴다. 여기서 문제는 그의 말, 그의 주장과 그의 행동, 그의 생활 사이에 심한 틈이 나타나 한 사람의 교육자로서는 말할 것도 없고, 한 사람의 인격 주체로서의 자기 동일성이 파괴되고 있는 데에 있다. 한 개인 차원에 있어서의 보편성, 즉 주체성이 서 있지 않기 때문이다.

마찬가지로 『말뚝』에서도 총회장과 불복한 수사들의 생사여탈(生死與奪)에 해당하는 중요한 문제에 대해 대화를 나누면서도 주교는 그의 어린 정부 파피아나를 생각할 뿐이다. 그리고 결론을 전제로 삼으면 증명할 일이 없다고 말한다. 구름처럼 모여든 구경꾼들조차 수사의 훌륭함이 불타는 것을 보려고 왔을 뿐이며, '의로움이 의로움이고, 사악이 사악이면 그게 무슨 구경거리'냐고 반문한다. 군중들이 지금 우리가 고민 속에서 심각한 말을 주고받는다고 생각하기 때문에 '시간을 오래 끌수록 우리는 신중한 것이 된다'는 것이다. 또한 그들이 진짜 진지한 말이라고 하는 것조차도 메디치를 버렸기 때문에 피렌체가 맘에 안 든다는 얘기 정도다.

도미니카노 총회장은 불복한 수사들의 이름들을 하나하나 짚어본다. 그리고 나서 '의심하면 다 변절이고, 다시 생각하면 다 정통이었다. 불복이 정말 사교냐?'고 다성성의 질문을 던진다. 어느 측면에서 보느냐에 따라 정통도 사교도 될

---

23) 남진우, 「삶의 무거움과 아이러니 정신」, 『해바라기』, 청아출판사, 1992, 389~397쪽.

수 있는데, 교회의 권위에 불복한 것이 정말 사교냐는 물음에 오면 총회장 스스로 종교권력의 횡포를 자인하는 모습에 다름 아니다. 김현은 "서정인의 문장 속에는 작가와 인물이 다 같이 숨어 있다"고 말한 바 있다.[24] 작가와 인물이 한 문장 속에 숨어 있다는 것은 서술자가 인물의 안과 밖에 동시에 존재하고 있다는 것을 의미한다. 서정인의 소설 속에서 서술자는 어떤 인물의 내면을 드러내면서도 그 인물의 바깥에서 그 인물을 객관화시키고, 그 인물과 '거리'를 취하는 것을 잊지 않는다. 서술자는 인물의 의식을 통해 세계를 읽으려고 하지만, 이 서술자의 정신적 태도는 언제나 인물과 거리를 두려고 한다.

총회장의 수사들에 대한 선고는 이미 교황청에서 제공한 판결문을 읽으면 되는 것으로, 재판은 단지 요식 행위에 불과하다. 총회장은 주체적으로 행동하지 못하고 교황청의 지시에 따라 행동할 뿐이다. 재판도 하기 전에 교황청 사람들이 전달한 판결문에 따라 도메니카노 총회장은 다음과 같이 선고한다.

> "너는 성하의 참을성 있는 관용을 악용했다. 편지를 여러 번 받고 그것들을 무시했고, 마침내 파문을 받고도 뉘우치지 않았다. 고치지 않는 이단에 대해서 교회는 엄격하다. 그것은 오염과 모방을 막기 위해서 불가피하다. 이 재판정은 교황 성하의 모든 권한과 임무를 위임받아서 지롤라모 사보라롤라를 용서할 수 없는 이단으로 확정하고 말뚝형을 선고한다. 너가 너를 버렸다."[25]

선고의 내용이 길어진 이유가 죄가 많아서가 아니라, '만드느라'고 그렇게 되었다는 총회장의 말에서 수사들의 죄목은 이미 만들어진 것이며, 교권을 부풀리기 위해 취하는 형식적 행동이었음이 드러난다. 미침내 사보나롤라 수사에게 말뚝형을 선고하는 총회장과 주교들은 구경꾼들에게는 마냥 엄숙하게 보이나, 그들의 대화를 통해 종교 지도자들의 이중적 태도와 삶을 작가는 폭로한다. 거리의 여자를 노리개로 삼고 도덕적 타락에 앞장 선 교황과 주교들이 자신들의 비리와 문제점을 지적하자 오히려 수사를 이단으로 확정하고 말뚝형을 선고하는

---

24) 김현, 「세계인식의 변모와 그 의미」, 『강』, 문학과 지성사, 1976, 313쪽.
25) 서정인, 『말뚝』, 작가정신, 2000, 16~17쪽. 앞으로, 본문 인용은 쪽수만 밝히기로 한다.

것은 아이러니이다.

「밤과 낮」의 도찬은 자신의 집 라디오를 훔치고도 오히려 당당한 도둑 앞에서 도둑을 잡았다는 통쾌함을 느끼기는커녕 '풀이 죽은' 모습이다. 이런 도찬의 역전된 모습은 생존을 위해 도둑질을 할 수밖에 없는 도둑의 상황에 오히려 연민을 느끼고 있는 것이다. 도둑 내외가 지닌 당당함은 그들의 도둑질은 생존을 위해 어쩔 수 없이 저지른 것인데 비해 사회적으로 더 큰 도둑질을 하면서 살아가는 사람들의 위선에 비하면 자신들이 윤리적으로 더 결백할 수 있다는 자신감의 발로이다.

「밤 이야기」에서 민호네 쌀을 훔치다가 민호에게 붙잡힌 쌀도둑은 민호가 주인인 줄 알면서도 당당하게 맞서는데, 이는 민호 역시 도덕적인 측면에서 바람직하지 못함 점이 있음을 은연중 드러내고 있는 것이다. 처자식을 먹여 살리기 위해 자신이 판 쌀을 다시 훔칠 수밖에 없는 쌀도둑의 처지와, 아내와 남편 몰래 불륜을 저지르는 사람들의 모습을 함께 보여줌으로써 기존 도덕적 관념에 이의를 제기하고 있는 것이다.

그러나 기존 도덕 관념에 대한 작가의 비판적 이의 제기가 단지 도덕성의 정도를 따지는 것이나 도덕성에 대한 판단 중지를 선언하기 위한 것은 결코 아니다. 이러한 아이러닉한 상황을 설정하여 작가가 궁극적으로 지향하는 것은 허울좋은 도덕과 통념들이 인간들의 삶을 어떻게 황폐화시키고 억압하고 있는가를 상기시켜주고, 현실의 문제를 극복할 진정한 가치를 모색하려는 노력이라고 할 수 있다.

『말뚝』에서, 당시 피렌체 시민들 또한 "정의보다는 쾌락이 더 좋았다. 그러나 남들의 악덕들이 불탈 때는 좋았지만, 남들이 곧 그들"이라는 것을 그들은 알았다. 종교권력의 부패는 속세와 밀접한 관련을 지닌다. 종교 속에 속세의 가치가 스며들어가 '세상이 교회를 먹었는데' 교회가 세상밖에 있을 리가 없다는 것이다. 이미 광견들이 그들의 열성을 다 빼앗아가도록 내버려둠으로, 그 결과 피렌체 시민들은 "번영과 사치와 향락과 퇴폐를 즐길" 뿐 가치에 있어 혼돈 상태이다.

"지금 세상에 메디치파 미친개파가 무엇이고, 고전파 공화파가 어디 있

고, 통곡파 통합파가 어떻게 다르오? 메디치파가 통곡파고 통곡파가 미친개
파고 미친개파가 공화파요. 어느 하나가 나머지 모두의 어느 것도 다 되오."
(70쪽)

'메디치파가 통곡파고 통곡파가 미친개파고 미친개파가 공화파고, 어느 하나
가 나머지 모두의 어느 것도 다 된다'는 표현은 피렌체의 혼돈상을 묘파한 언어
유희이다. 이런 상황에서 바르톨로메오가 재판에 참여했던 주교를 포로삼아 수
사와 교환하든지 아니면 죽이든지 하는 거사를 꾸미려하자 옆집여자 빗토리아는
무모한 행동임을 지적한다. 주교를 죽인다고 달라질 것이라고는 아무 것도 없다
는 것이다. 그녀는 "피렌체가 자리 잡히는 앞으로 십 년까지는 온 나라가 혼돈으
로 흔들려서, 누가 누군지 구별할 수가 없고, 아무도 누구인지 알 수가 없어서
세상이 뒤죽박죽이며, 사람들의 생각이 어제와 오늘이 다르고, 그들의 주장이 겉
과 속이 딴 판이며, 지금 세상에는 눈치만 무성하다."는 것이다. '시대는 사람들
이 만들어' 가는데 세상이 뒤죽박죽이고 눈치만 무성한 사람들이 사는 곳에서
진리가 숨쉰다는 것은 무리이다. 시대 양심 사보나롤라의 죽음을 보면서도 추종
자들조차 손 하나 쓸 수 없는 허무와 좌절의 분위기를 통해 작가는 휴머니즘을
제창한 문예부흥기의 어둠과 광기를 드러낸다.

2. 사보나롤라 수사의 말뚝형

서성인 소설의 인물들은 삶의 부조리성에 대해 도피하거나 수동적으로 받아
들이고 있는 것이 아니라 자신의 의지를 구현하기 위해 세계와 맞선다. 「후송」
의 성중위는 자신을 둘러싼 군대라는 제도적 폭력에 저항하려는 듯이 후송을 고
집하고 있고, 「의상을 입어라」의 현우는 애국과 근대화라는 국가 이데올로기가
맹목적으로 강요되는 닫힌 공간이 되어버린 학교에 저항하고 있다. 더욱이 「금
산사 가는 길」(1974), 「가위」(1976) 등에서 반복적으로 다루어지는 이데올로기의
문제는 서정인이 다루는 비극적 삶이 단순히 개인적 차원의 문제가 아니라 사회
적 · 역사적 조건을 문제삼기 위한 것임을 재차 확인시켜주고 있다. 즉 그는 소

설을 통해 삶의 비극적 양상을 제시하는데 그치지 않고 삶을 비극으로 몰아넣는 근본 원인이 어디에 있는가를 진지하게 탐색하고 있는 것이다.

사보나롤라는 르네상스 시기 이탈리아의 타락한 현실에 대해 "독재자는 죽을 것이고, 교황은 쫓겨날 것이며, 기독교는 개혁될 것"을 예언한다. 이에 교황청은 그에게 설교 금지령을 내린다. 그러나 수사는 자신의 소신을 굽힘없이 밀고 나간다.

"로마의 명령을 따르자니, 개혁의 포기였고, 거스르자니, 파문이 불을 보듯 뻔했다. 수사는 하던 일을 계속했다. 해가 바뀌어 또 사순절이 왔다. 그는 시간이 얼마 남지 않았음을 느끼고 작업에 강도를 높였다. 퇴폐 사치, 외설 음란을 퇴치하기 위해서 장신구들과 노름패들과 주사위들과 그림들과 책들을 압수 소각을 계속하고, 열혈 청년들을 모아서 가두 검색과 가택 수색을 했다."

당대 종교 권력에 뿐 아니라 시민에게까지 투쟁을 선포하고 저항한다는 것은 사보나롤라 수사로서 버겁기 그지없는 일이다. "반역은 이단이고, 이단은 파문이고, 파문은 화형"(40쪽)이라는 무서운 사실을 설령 알고 있다 할지라도 올바르다고 판단한 일을 그만둘 수는 없었다. 그는 사순절이 오고 시간이 얼마 남지 않았음을 느끼고 오히려 자신의 일에 강도를 더 높인다. 이와 같은 수사의 행동은 시인과 화가의 대화에서 잘 말해주고 있듯, 억압의 사슬을 끊는 진실의 외침과 행위는 자신에게만 한정되는 것이 아니라 모든 사람에게 숨통을 트이게 하기 때문이다.

숨 좀 쉬자고 한 일인데, 아예 숨통을 끊어버리는 권력에 대해 '반역을 해서 숨통이 트였다면 한 사람에서 그치는 것이 아니라 모든 사람이 숨통이 트였다는' 시인의 말은 의미심장하다. 한 개인 마르틴 루터의 95개조 반박문이 억압된 종교의 사슬에서 벗어나게 하여 모든 이에게 숨통을 트이게 만들었듯이, 하나의 희생이 곧 모든 이들에게 혜택을 제공할 수 있는 것이다.

"나는 말이오, 시대가 싫어서 그것과 달리 해석했소. 그것으로부터 달아나고 싶었소. 숨통이 막혀서 살 수가 있어야지. 잘 먹고 편하자고가 아니라, 숨 좀 쉴려고."

"선생님 목만 조렸겠습니까? 그리고 선생이 반역을 해서 조금이라도 선생의 숨통이 트였다면, 그것이 선생에게서 그쳤겠습니까? 딴 사람들도 숨을 쉴수 있게 되었습니다. 딴 사람들뿐이겠습니까? 모든 사람들 숨통이 트였습니다."(중략)

"졸린 사람은 평화의 시작이지만, 조른 사람은 전쟁의 시작이오. 불타 죽은 사람은 그는 죽었지만 남들은 그만큼 살렸고, 태워죽인 사람들은 그들은 살았지만 남들은 그만큼 태웠어요. 시대가 무엇입니까? 남들, 딴 사람들, 모든 사람들입니다."

"수사 이야기요?"

"물론이지요. 수사 이야기고, 선생님 이야기고, 내가 되고자 하는 사람이고, 또 여기 바르톨로메오 이야기고, 또 여기, 이 아이, 누구? 사르토, 그래, 사르토 이야기지요. 그리고 또 크리스트 이야기지요." (39~41쪽)

불의의 권력에 항거하여 희생당한 사람은 그로 인해 남들을 그만큼 또한 살려냈으며, 태워죽인 사람들은 그들은 살았지만 남들이 그만큼 그들을 태웠다는 것은 작가가 자주 사용하는 관점의 상대성을 드러낸다. 현실적으로 보면 태워죽인 사람들이 죽은 것은 아니지만 시대가 그들을 죽였기에 죽은 것이며, 오히려 죽임을 당한 사람은 모든 사람을 살려냈기에 영원히 사는 것이다. 이와 같은 이치는 수사에서 그치지 아니하고 화가, 바르톨로메오, 샤르토 이야기, 내가 되고 싶은 사람에서 그리스도 이야기까지 동일하다는 것이다. 각각의 처지와 상황은 차이가 있으나 본질면에서 차이가 있을 수 없다는 것이다.

사보나롤라 등을 처형하려는 시간에 먹장구름이 광장을 덮었고 순식간에 비가 쏟아섰나. 빈개가 고궁 뒤로 번쩍이고 우레가 아로노 쪽에서 우르릉쾅쾅거렸다. 이를 두고, "비는 곧 그쳐. 지나가는 비야." 그 옆 사람이 받았다. "오백년쯤 지나면 오늘 맑은 하늘에서 우박이 쏟아지고, 먹구름이 붉은 비를 뿌렸다고 하겠지. 기적이 별거야?"(93쪽)라고 말한다. 이 같은 군중들의 대화를 통해 작가는 역사의 변천에 따라 사실이 왜곡될 수도 있음을 놓치지 않고 있다.

소설 『말뚝』은 수사의 삶과 죽음에 대해 살아남은 사람들의 조망과 해석에 의해 정리되어 있다. 재판을 앞둔 재판관들의 대화에 의하면, "저 수사는 울타리 안에 잠자코 엎드려 있었더라면 승속에서 똑같이 존경을 받았을 것인데, 철없이 풍진 세상에 뛰어들어 양쪽에서 버림을 받"았다는 것이다. 사보나롤라 수사의 말이 하나도 틀린 데가 없는데도, 교회의 부패와 타락을 폭로함으로, 그리고 "굶주린 사람들이 있는데 부자들이 진수성찬을 배불리 먹는 것을 꾸짖음"으로 부자들의 비위를 건드려 승속 양쪽에서 버림을 받고 있다는 것이다.

수사의 삶과 죽음에 대해 작가는 주석적으로 다음과 같이 서술한다.

> 수사 사보나롤라의 힘은 그의 입이었다. 그때 그가 그의 주먹을 마련했더라면, 지금의 이 수모와 곤욕과 고통과 임박한 죽음을 면했을 것이다. 그는 그의 힘이 그의 혀가 아니라 머리에, 머리가 아니라 정의에, 정의가 아니라 하늘에 있다고 믿었다. 주먹은 머리와 반대였다. 그가 그것을 휘둘렀다면, 두 오모는커녕, 성 마르코도 텅 비었을 것이다. 그는 그가 성 마르코를 요세화하지 않고 그가 용병대장이 되지 않은 것을, 그렇게 하자고 애원한 추종자들이 많았지만, 조금도 뉘우치지 않았다. 그랬더라면 그가 미친개들한테 물리지 않았을 것은 분명했다. 이유는 간단했다. 그것은 시지스몬다나 스포릇차가 정의를 설교해서 난공불락의 성을 함락하려고 하는 것과 같은 일이었다. 그는 피렌체의 시민들이 정의를 저버린 것도 후회하지 않았다. 만일 그들이 하늘의 뜻을 거스르지 않았다면, 처음부터 그의 할 일이 없었을 것이다. 한 가지, 사람들의, 세상의, 모든 약점들과 어리석음들에도 불구하고, 그가 하늘의 평화를 땅 위에 실현할 수 있을 만큼 하늘의 신임을 받지 못한 것이 원통했다. 아마 그것은 그가 불기둥에 묶임으로써 부분적으로 이루어질 수 있었다. 사람들이 그의 살을 태워서 조금이라도 나아진다면, 그것 또한 하늘의 뜻이었다. (19~20쪽)

수사는 자기를 화형시키려는 자들과 똑같은 방법으로 대응하지 않았다. 성 마르코를 요세화하지 않고 용병대장이 되지 않아 자신이 믿었던 이성과 정의, 그리고 하늘의 뜻까지도 타락한 주먹과 폭력 앞에 패배하고 만 것이다. 오직 하나 원통한 것은 하늘의 평화를 땅 위에서 실현할 수 있을 만큼 하늘의 신임을 받지 못한 것이었지만, 불기둥에 묶여 살을 태움으로써 부분적으로 이루어졌다는 것이다. 이와 같이 역설적이게도 그의 패배와 죽음은 수사에 대한 고해 신부의 전언처럼, "당신들은 나에게서 짧은 삶을 빼앗고 긴 삶을 준" 것으로 요약된다. 결국 수사의 몸과 혼은 분리되어졌지만 그의 뜻과 정신은 영원히 살아 숨쉬게 된 것이다. 타락한 교황과 용병대장들은 잊혀졌지만 "연민의 묘지 근처였는데, 나중에 사보나롤라 광장이 되어" 그 이름과 함께 정신이 전승되고 있음은 진리의 승리를 보여준다고 하겠다.

뿐만 아니라 작가 서정인은 시인과 화가의 대화 속에서 타락과 혼돈의 시대에 예술의 역할에 대해 제시하고 있다. 웨르길리우스가 지중해 연안에 그때 널리 퍼져 있던 열망을 요약한 것이라면, 늙은 화가는 개인적인 시력이나 해석을 그렸다는 것이다. 이에 대해 시인은 "선생님 눈이 시대의 눈이고, 시대의 생각이 선생님 생각"이며, "선생님의 그 그림은 이미 우리 시대가 받아들였습니다. 처음부터 같았으면 선생님이 시대를 본 따랐고, 나중에 같아졌으면 시대가 선생님을 본 따랐습니다. 예술가는 시대에 끌려갈 수도 있고, 시대를 끌고 갈 수도 있습니다."(39쪽)라고 기술하여, 예술가가 시대에 어떤 역할로 진실한 세계에 도달할 수 있는지 그 가능성을 제시하고 있다.

IV. 결론

서정인은 문단 데뷔작 「후송」에서 『베네치아에서 만난 사람』에 이르기까지 새로운 문학 형식의 실험과 날카로운 현실비판으로 비평가들의 꾸준한 관심을 불러 일으켜왔다. 특히, 『달궁』 이후의 작품에서 한국어로 된 새로운 서사모형을 어떻게 모색할 수 있을 지를 도저한 방식으로 실험해 왔다. 그의 작품 속에 등장하는 인물들은 평범하고 진솔한 일상인이 선택되는 경우가 많은데, 현실적 삶에 내재한 컨텍스트를 통해 삶의 진실을 드러내려는 작가의 의도적 전략이다. 즉, 그는 리얼리즘을 "실체에 접근하려는 예술의 의지적 경향"으로 보고, 현실의 본질·실체에 천착하려는 '태도'를 갖되 다양한 관점을 견지한다. 이와 같은 태도는 『말뚝』에서도 예외가 아니다.

중편 『말뚝』은 14~5세기 이탈리아의 르네상스에 대해 빛을 중심으로 보아왔던 저간의 좁은 시선에서 벗어나 빛과 어둠을 동시에, 오히려 빛에 의해 가려졌던 어둠의 그림자를 더 전경화하는 방식으로 그 시대의 삶의 진실을 보여주고

있다.26)

작가가 대상으로 한 르네상스 시대는 문화 예술의 황금기로 일컬어지지만, 그 이면에 내재해 있는 교회의 부패, 용병대장들의 전횡, 사치와 향락과 퇴폐를 좇는 피렌체 시민 등 어두운 환부를 파헤치며 '르네상스의 진실'을 형상화한 것이다. 그 형상화 과정에서 역사와 허구 사이의 현묘한 경계 놀이를 통한 새로운 재현 가능성을 보여주고 있다.

사보나롤라의 대결은 거대한 종교권력에 의하여 힘없이 무너지는 모습을 보일 뿐이다. 그러나, 그 동안 묻혀 있던 교권의 부정과 부패, 사제들의 타락, 용병대장들의 권력남용 등을 여지없이 폭로한 사보나롤라 수사의 시야 언저리에 작가의 시선이 머물러 있고, 불기둥에 살을 태움으로써 어느 정도 진실의 성취를 보여주며, 수사는 '사보나롤라 광장'과 함께 영원히 살아남아 있는 것이다.

참 고 문 헌

서정인, 「리얼리즘고考」, 『벌판』, 나남, 1984.
서정인, 『철쭉제』, 민음사, 1986.
서정인, 『달궁 · 하나』, 민음사, 1987.
서정인, 「사실과 의견」, 『지리산 옆에서 살기』, 미학사, 1990.
서정인, 『베네치아에서 만난 사람』, 작가정신, 1998.
서정인, 『말뚝』, 작가정신, 2000.

김경수, 「"달궁"의 언어에 이르는 길」, 『작가세계』 21, 1994.
김치수, 「현실의 모순에 대한 자신의 의식화」, 『한국문학전집』 28, 삼성출판사, 1985.
김 현, 「세계인식의 변모와 그 의미」, 『강』, 문학과 지성사, 1976.
남진우, 「삶의 무거움과 아이러니 정신」, 『해바라기』, 청아출판사, 1992.

---

26) 우찬제, 「르네상스의 진실 혹은 진실의 르네상스」 - 서정인의 『말뚝』 읽기, 『말뚝』, 작가정신, 2000, 124쪽.

안 신, 「서정인 소설 연구」, 석사학위논문, 성신여대, 1998.

우찬제, 「대화적 상상력과 광기의 풍속화」, 『세계의 문학』, 1988.

우찬제, 「르네상스의 진실 혹은 진실의 르네상스」 - 서정인의 『말뚝』 읽기, 『말뚝』, 작가정
　　　신, 2000.

윤혜경, 「서정인 소설 연구」, 석사학위논문, 연세대, 1998.

이경수, 「고독한 에고이스트가 도달한 초로의 경지」, 『작가세계』 21.

이남호, 「80년대 현실과 리얼리즘」, 『달궁·하나』, 민음사, 1992.

임명진, 「반리얼리즘에서 신리얼리즘으로」, 『문학정신』 68.

정제곤, 「정신분석으로 읽기 : 서정인의 "붕어"」, 『문학과 사회』 33.

정호웅, 「타락한 세계의 비평적 진단」, 『작가세계』 21, 1994, 여름.

조은하, 「서정인 소설 연구」, 석사학위논문, 고려대, 1996.

카렐 코지크, (박정호 옮김), 『구체성의 변증법』, 거름, 1984.

황종연, 「말의 연기와 리얼리즘」, 『붕어』, 세계사, 1994.

고독과 결핍의 시학 : 서정주론

장 창 영

I. 서론

한국의 현대시를 논의함에 있어서 서정주는 신화적인 존재로 남아 있다. 『花蛇集』(1941)을 상재하면서 한국 문학사에 한 획을 그었던 서정주는 그 후에도 지속적이고 열정적인 시 작업으로 현대시사에 지울 수 없는 족적을 남기고 있다. 그의 시편들이 가지는 의미 또한 그 양에서나 질에 있어서 한국 현대시의 중요한 위치를 차지하고 있다. 그동안 많은 연구자들이 서정주의 시를 현대시의 운율을 감각적으로 드러낸 점이나 한국인의 정서와 연계시켜 주목한 바 있고, 나아가 한국 현대시의 새로운 전형을 보여주었다는 의미를 부여하기도 하였다.

한 작가와 작품의 이해에 있어서 먼저 고찰되어야 할 것은 시작품이 배태될 수밖에 없었던 시인의 원체험과 그것이 시인의 독창적인 시학으로 어떻게 드러나는가 하는 점이다. 본고는 서정주의 시적 원체험이라 볼 수 있는 고독과 부재, 그리고 결핍의 기저로부터 생성된 욕망이 어떠한 양상을 띠고 발현되는지에 주목하고자 한다. 필자가 이 점에 주목하는 것은 욕망의 기저를 형성하는 요소들을 살펴봄으로써 이들이 시인의 의식세계를 형성하는 데 어떻게 기여하였고, 작품으로 형상화되었는가를 파악할 수 있기 때문이다. 서정주의 경우 고독과 결핍으로부터 기인한 불안의식과 그 극복의지가 시 전편에 걸쳐 욕망의 다양한 양상으로 표출되고 있다. 본고에서는 시작품에 드러난 고독과 결핍의 양상을 통해

서정주가 자신의 독특한 시적 감수성과 세계관을 어떻게 전개시켜 나갔는가에
주안점을 두고자 한다.[1]

II. 고독의 내면화

서정주의 시를 논의하는 데 있어 빼놓을 수 없는 것은 뿌리깊은 고독의식이
다. 이광수가 고아의식을 통해 자신의 문학을 완성할 수 있었다면 서정주는 고
독을 통해 자신의 시세계를 심화시키고자 했다. 고독과의 조우는 서정주에게 외
부와의 관계 모색이 아닌 자신의 내면에 침잠하는 계기로 작용하고 있다. 그런
점에서 서정주에게 있어서 고독의 문제는 자신을 확인하는 고통스러운 작업이
며, 외부 환경 속에 노출된 자신의 실체를 인식하는 과정에 해당한다.

가족사는 서정주의 시를 이해하는 데 있어서 선행 지표와 같은 역할을 한다.
서정주로 하여금 최초의 결핍과 불완전을 경험하게 한 가족사는 그에게서 고독
을 유발시키는 지속적인 요인으로 작용하고 있기 때문이다.

그의 대표작이라 할 수 있는 시 <自畵像>을 살펴보도록 하자.[2]

> 애비는 종이었다. 밤이기퍼도 오지않았다.
> 파뿌리같이 늙은 할머니와 대추꽃이 한주 서 있을뿐이었다.
> 어매는 달을두고 풋살구가 꼭하나만 먹고 싶다하였으나… 흙으로 바람벽
> 한 호롱불밑에
> 손톱이 깜한 에미의아들.
> 甲午年이라든가 바다에 나가서는 도라오지 않는다하는 外할아버지의 숯

---

1) 본고에서는 『未堂 徐廷柱 詩全集』(민음사, 1983)을 기본 텍스트로 삼았음을 밝혀둔다.
2) 천이두는 이 시에서 특히 '바람'의 속성에 주목한다. 그는 "서정주의 생애가 겪어온 모든 비
   극성의 근원은 바로 이 '바람'에 연유된 것이며, 그 비극을 극복하기 위한 그의 피나는 투쟁
   의 원동력을 얻게 된 것도, 그리하여 마침내 '바람' 그 자체까지를 잠재우는 데 성공하게 된
   것도 모두 이 '바람'의 힘에서 연유되는 것"으로 보고 있다(천이두, 「지옥과 열반」, 『미당 연
   구』, 민음사, 1994, 94쪽).

많은 머리털과

  그 크다란눈이 나는 닮았다한다.

  스물세햇동안 나를 키운건 八割이 바람이다.

  세상은 가도가도 부끄럽기만하드라.

  어떤이는 내눈에서 罪人을 읽고가고

  어떤이는 내입에서 天痴를 읽고가나

  나는 아무것도 뉘우치진 않을란다.

  찰란히 티워오는 어느아침에도

  이마우에 언친 詩의 이슬에는

  몇방울의 피가 언제나 서꺼있어

  볓이거나 그늘이거나 혓바닥 느르트린

  병든 숫개만양 헐덕어리며 나는 왔다.

- 「自畵像」 전문

서정주에게 있어 아버지는 "애비는 종이었"고 "밤이기퍼도 오지않"는 존재이다. 이 공허함을 '늙은 할머니' '대추꽃' '어매' 등이 대체하고 있으나 그 공백은 쉽게 메워지지 않는다. 부친에게서 엿보이는 부재의 징후는 "甲午年이라든가 바다에 나가서는 도라오지 않는다하는 外할아버지"에 의해서 다시 강화되고 있다.

아버지의 존재는 감수성이 예민한 시기인 어린아이의 생장에 있어 막강한 영향력을 행사한다. 한국사회의 속성상 아버지의 위상이 아이에게 미치는 절대적인 영향 관계를 감안한다면 그 피해의 정도는 심각하다. 또한 서정주가 장남이라는 점을 생각해볼 때, 부친의 부재는 유년시절의 서정주에게 과도한 책임을 강요하고, 가족이나 가정에 대한 거부감을 키우는 데 일조하였다고 할 수 있다. 이는 서정주에게 외부와의 대응에 있어 안정이나 화해보다는 긴장이나 갈등과 같은 극한 양상으로 치닫게 만드는 원인으로 작용한다.

유년시절의 술회에서 드러나듯이, 실질적으로 부재 상태라 할 수 있는 부친의 위상은 절대적이다. 이러한 사실은 서정주가 부친으로 대표되는 봉건사회의 전횡으로부터 벗어나고자 부단히 노력했음에도 불구하고 여전히 그 영향권 하에 놓여있으며, 그 이상으로 부친이나 그 사회에 대한 애정 역시 각별했다는 사실에서도 알 수 있다. 부친이 처음으로 사준 신발에 대해 서정주가 거의 편집증적인 증세를 보이고 있는 것은 이러한 이유에서이다. 그런 점에서 "애비는 종이었다"라는 진술은 표면적으로는 부친에 대한 비하의식과 거부감을 담고 있지만 그 내면에는 부친에 대한 애정을 함의하고 있다.[3] 그것은 부친에 대한 애정만이 아니라 부친의 숙명적 신분을 상징하는 '종'의 아픔과 한계까지를 함께 껴안고자 하는 사랑을 토대로 해서 시작된 것이기 때문이다.

그러나 조부 대신 가족을 책임져야만 했던 부친의 가슴 아픈 과거[4]와 신분상의 제약은 장남인 서정주를 현재와 일상에 안주할 수 없게 만드는 현실 문제였다. 일찍이 시골에서 명민함을 인정받았던 그로서는 가족과 부친을 실망시켜서는 안 된다는 자기 암시와 그들의 기대를 만족시켜야 한다는 중압감이 컸으리라는 사실은 자명하다.

부친의 생장 배경을 알고 있던 서정주에게 부친은 연민과 애증이 교차하는 대상으로서의 성격을 지닌다. 그것은 고보 시험에 떨어진 서정주를 위하여 인촌 집안에 보결 입학을 요청해야 하는 단계에 이르러 극에 달한다. 그가 서울에서의 유학생활에 적응하지 못하고, 광주학생운동의 주모자로 몰려 고보를 자퇴할 수밖에 없었던 저간의 사정이 여기에 있다.[5] 후일 그가 정착이나 안주보다는 떠

---

3) 이는 하층어인 '애비'와 '종'의 사용에서 함축적으로 드러나고 있다. 부친을 언급하는 사실 자체를 금기시하는 봉건사회에서 부친의 과거사를 전면에 등장시키고 있는 데서 알 수 있듯이, 서정주의 시적 발상은 도전적인 성격을 지닌다. 이러한 선언명제는 서정주의 시를 낳게 만든 저력이었고, 그의 시세계를 지탱해 준 힘이었던 것이다.

4) 어린 시절부터 명민함을 인정받았던 서정주의 부친은 청운의 꿈을 접고 생계에 매달려야했으며, 이는 서정주에게 지속적인 부담감으로 작용한다.(서정주, "雉嬋軒密語", 『미당 산문』, 민음사, 1993, 198 - 200쪽 참조)

5) "1929년 봄 4월에 나는 전북 줄포의 소학교를 졸업하고 서울의 중앙 고등보통학교에 입학이 되긴 되었지만 그건 좀 창피한 조건으로였다. 소학교시절에는 수석도 꽤나 많이 하던 어린애로 그 때문에 5, 6학년을 한 해 동안에 합해서 공부해 내고 그러고도 우등생으로 졸업을 했었는데 중앙의 입학시험에선 그만 미끄러져 낙제가 된 걸, 내 아버님이 이 학교의 교주한테 사정사정해서 겨우 보결생의 자격으로 한 자리를 얻어 끼여들었기 때문이었다. 시험 치른 점수를 조사해 보니 그 자격은 되리라고 위로해 주었지만 어린 내게 이것은 창피한 일이었다. 그 것도 중앙의 교주인 동복영감으로 말하자면 내 아버지와는 동등한 신분의 인물이 아니라 내

돌이의 삶을 추구하고, 자신을 떠돌이와 동일시했던 것은 이러한 데서 기인한다. 이는 가족에게도 동일하게 적용되는 데, 결혼 역시 그에게는 중요한 의미를 지니지 못했다. 그렇기에 그는 충실한 가족 생활보다는 외도와 유랑으로 자신의 젊은 시절을 점철시킬 수밖에 없었던 것이다. '시인'이라는 불안정한 사회적인 위치와 경제적인 문제, 그리고 자유로움에 대한 지향은 서정주에게 현실과의 직접적인 조우와 대결을 회피하게 만든 요인이기도 했다.

자신의 한계를 직시하게 했던 식민지 시대의 냉혹한 현실은 서정주로 하여금 고향 질마재에서 유년시절 <박꽃 時間>에서 맛보았던 심리적인 안정과 평화를 누리는 것을 불가능하게 만들었다. '가도가도' 부끄러움을 유발시키는 세상은 서정주에게 열등의식을 불러일으켰을 뿐이다. 서정주를 '罪人'과 '天痴'로 몰아가고 있었던 외부 상황은 종국에는 "나는 아무것도 뉘우치진 않을란다"와 같은 자기 선언을 하게 했다. 그가 가난과 관련 깊은 작품들을 다수 남기고 있는 것은 시인이 가난으로부터 자유로울 수 없었다는 사실을 말해준다.

서정주에게 있어 현실은 과도한 중압감과 강박관념을 유발시키는 집적체에 불과했다. 그가 과거나 미래로의 일탈을 꿈꾸었던 것은 이러한 중압감과 부담을 극복하고자 하는 고투라고 할 수 있다. 그가 6·25 전쟁 중 정신분열으로 자살을 시도한 이후 '신라'에 경도되기 시작한 것은 우연이 아니다. 전쟁이라는 특수 상황하에서 가족과 헤어져 죽음을 눈앞에 둔 현실의 고통을 상쇄시켜 줄 수 있는 대안으로 '신라'는 시인의 욕망 속에 자리잡는다. 시인에게 '신라'는 근대문명과 전쟁으로 인해 훼손된 정신세계를 복원할 수 있는 통로였으며, 현대인의

아버지는 대지주인 동복영감이 비서 출신의 한 농감(農監)에 지나지 않았던 만큼 어린 내 마음이 느끼는 창피는 한결 더할밖에 없었다. … 중략 … 하숙해 자리잡아 앉아서(동복영감 댁 바로 옆집에서 하숙했음) 아주 마음 편안하게 만족하는 아이가 되었더라면 좋았을 것을 나는 그게 못 되고 창피를 느끼는 아이였던 게 첫째 사고다. 학교 성적도 1학년 1학기에 겨우 13등인가가 되어서 국민학교 때와 비교해 보곤 할 수 없이 열등의식에 사로잡혀 가고 있었다. 그러자 2학기가 되고 11월이 되어 광주에서 광주고등보통학교의 학생 하나가 일본인 학생에게 희롱당한 그 누이의 치욕을 씻기 위해 덤빈데서 발단했다는 광주의 조선인 대 일인 학생의 난투에서 시작된 세칭 그 '광주학생사건'이 일어나 서울의 학교들까지 와 일어서게 되자 이건 만 열네 살밖에 안 되는 소년인 내게는 단순한 민족감정에서 뿐만이 아니라 여러 모로 답답하던 마음의 한 뭉클한 돌출구가 되었다. 자기 열등의식의 한 돌출구도 된 것이다."(서정주, 「광주학생운동과 나」, 『未堂 산문』, 186 - 187쪽).

상실된 자아를 복원할 수 있는 세계라는 의미를 지닌다. '신라'로 총칭되는 과거와 설화 세계로의 일탈은 서정주에게 있어 현실의 갈등을 해소시켜주는 절대공간이었으며, 정서적인 안정을 찾는 데도 기여를 하고 있다.

서정주는 외부세계와의 결별과 단절을 통해 그 세계로부터 자신을 철저하게 격리시키려 한다. 자아가 정립되지 않은 상태에서 다른 이와의 교류는 서정주에게 부담스러움의 연속이었다. "부끄러운 귀를 깎어버리마"(<葉書>)라는 극한 행동에서 알 수 있듯이, 서정주에게 있어서 미성숙한 자아와 타인과의 교류는 부담스러운 상황이자 혐오의 대상이다. '귀'의 제거가 의사소통과 세계와의 단절을 의미함에도 불구하고 이를 언급하는 것은, 귀가 그에게 부끄러움과 열등의식만을 유발시키기 때문이다. 그는 자신이 설정한 자신만의 공간에 안주하면서 세계와의 만남 대신에 자기 세계로의 침윤을 시도한다. 이 과정에서 서정주는 죽음에 경외감을 표한다거나 삶과 죽음을 분리시키지 않고 동일시하는 양상을 보이기도 한다. 또한 <다섯살 때>에서 나타나고 있듯이, 조숙했던 시인에게 고독은 공포와 두려움으로 직결된다. '홀로'된다는 것이 서정주가 감당하기에는 너무도 무섭고 괴로운 일이며 '위태로운 일'(<門>)이라는 다중의 부정 이미지로 확대 해석이 가능하기 때문이다.

그러나 사랑에 굶주렸던 서정주는 부모보다 절대적인 애정을 베풀어주는 할머니와 외할머니 등에 의해 이 갈등을 해소하고 세계와의 대립 완화를 경험할 수 있었다. 가부장제를 중시하는 봉건사회의 특수성상 쉽사리 근접할 수 없는 부친과 달리 이들 친족들은 그에게 '情'과 사랑이 주는 다정다감한 세계를 열어주었기 때문이다. 시와 산문에서 지속적으로 반추하는 데서 알 수 있듯이, 이 시기의 경험은 서정주에게 평생동안 지울 수 없는 인상과 감동으로 각인되었다. 한편으로 이 시절에 체득한 풍부하고 다정다감한 정서의 심연 한 켠에 고독이 내재하고 있다는 사실은 시사하는 바가 크다. 서정주에게 유년 시절이 유약한 자신의 존재를 직시하게 만든 시기이자 절망감을 안겨준 최초의 기억으로 자리잡고 있기 때문이다.

내가 孤獨한 者의 맛에 길든 건 다섯 살 때부터다.

父母가 웬 일인지 나만 혼자 집에 떼놓고 온 종일을 없던 날, 마루에 걸터 앉아 두 발을 동동거리고 있다가 다듬잇돌을 베고 든 잠에서 깨어났을 때 그것은 맨 처음으로 어느 빠지기 싫은 바닷물에 나를 끄집어들이듯 이끌고 갔다. 그 바닷속에서는, 쑥국새라든가 - 어머니한테서 이름만 들은 形體도 모를 새가 안으로 안으로 안으로 初파일 燃燈밤의 草綠등불 수효를 늘여가듯 울음을 늘여 가면서, 沈沒해가는 내 周圍와 밑바닥에서 이것을 부채질하고 있었다.

- 「다섯살 때」 부분

"孤獨한 者의 맛에 길든 건"이라는 표현에서 알 수 있듯이, 그것은 고독 자체를 음미하는 형태로 진행된다. 이는 "빠지기 싫은 바닷물"을 거쳐 "침몰해가는 내 주위와 밑바닥"으로까지 확장되고 있다. 비록 오랜 시간이 경과한 이후 반추된 기억이기는 하지만 유년의 서정주에게 어떠한 느낌을 불러일으켰는가를 가늠케 하는 중요한 단서이다.

외할아버지를 잃은 후 靑孀이 되어 혼자 생활을 꾸려나가야만 했던 외할머니의 외로움을 자연스럽게 습득한 서정주에게 고독은 일상화된 현상이었다. 또한 서정주의 고독에는 남편 부재 상태의 외할머니에 대한 연민과 "밤이기펴도 오지 않"는(「自畵像」) 부친에 대한 그리움과 "몰래 어듸로"(「대낮」) 가버린 '오매'에 대한 배신의 감정이 복합적으로 작용하고 있다. 이렇듯 기다리는 대상의 부재로부터 시작된 뿌리 깊은 고독감은 서정주로 하여금 가족에 안주하지 못하고 이방의 세계에 머물게 하였으며, 종국에는 자기 비하로 이어지는 직접 원인이라 할 수 있다. 이는 '병든 수캐', '罪人', '天痴'(「自畵像」)나 '문둥이'(「문둥이」), '벙어리'(「壁」) 등으로 이어진다.

현재 상태의 자기 자신에 대한 불만과 이를 벗어나고자 하는 욕망은 상승 의지와 맞물림으로써 서정주에게 삶의 의지와 생명성을 추구하게 만드는 계기로 작용한다. 시인이 '志鬼'나 '獻花 老人', '黃먹보', 질마재 부류들 중 지배층이 아닌 하층에 속하는 사람에게 깊은 애정을 지니고 있는 것은 이들이 완전한 존재가 아니라 결함을 가진 존재이며, 자신과 동일한 속성을 지니고 있기 때문이다. 이들은 근대의 혜택으로부터 소외된 이들이며, 상대적으로 열악한 환경에 놓여 있다는 점에서 시인과 문화적·정서적인 공감대와 동질성을 형성하는 대상들이다.

고독은 서정주로 하여금 자신만의 편안한 독자적인 공간(<내 永遠은>)을 추구하게 하였지만, 현실은 이 세계에서의 안식을 허용하지 않았다. 결국 서정주는 스스로를 자학하여 떠돌이를 택했지만 이것 역시 필연적으로 한계에 직면할 수밖에 없는 속성을 지니고 있다. 세계에 대한 부정은 그 세계에 속한 자신을 부정해야 하는 모순을 안고 있기 때문이다. 소속에 대한 거부감과 일탈의지는 두 차례의 고보 자퇴 이후 불교전문학원, 사찰, 만주 등지를 배회하는 방랑 생활과 서구 사상에의 경도와 불교 등의 다양한 섭렵으로 서정주를 내몰았고, 스스로를 바람의 아들로 상정하게 만들었던 것이다.

이러한 일련의 과정은 자기 존재의 근원에 대한 회의와 부정으로 이어지며, 서정주에게 자신을 성공자나 완성자가 아닌 패배자와 미완의 영역에 방치하는 결과를 초래하게 된다. 그는 고독을 회피하거나 거부하는 대신에 고독과의 직면을 통하여 자신의 삶 속으로 고독을 유입하고, 이를 시로 형상화함으로써 승화하고자 한다. 그에게 고독성은 사회와 인간관계, 나아가 자신의 세계 형성에 있어서도 절대적인 영향력을 행사한다. 그런 점에서 고독은 서정주 시의 근간을 형성하는 주된 요소 중의 하나이다. 스스로를 고독으로 내몰아 세움으로써 서정주는 시에 있어 비극의 보편성을 획득할 수 있었고, 이를 바탕으로 한국인의 정서를 세심하게 포착할 수 있었다.

그러나 시인은 오래지 않아 고독의 실체를 직면하게 된다. "壁차고 나가 목매어 울리라"(「壁」)라는 심정 토로는 시인 내면 갈등의 정점에 위치하고 있다.

> 덧없이 바래보든 壁에 지치어
> 불과 時計를 나란이 죽이고
>
> 어제도 오늘도 내일도 아닌
> 여긔도 저긔도 거긔도 아닌
>
> 꺼저드는 어둠속 반딧불처럼 까물거려

靜止한 '나'의
'나'의 서름은 벙어리처럼….

이제 진달래꽃 벼랑 햇볕에 붉게 타오르는 봄날이 오면
壁차고 나가 목매어 울리라! 벙어리처럼,
오 - 壁아.

                                              - 「壁」전문

　시적 화자는 '벙어리처럼' 울겠다고 말한다. 소통의 결핍을 숙명처럼 껴안고
살아야 하는 벙어리이지만 반향 없는 울음으로라도 벽을 넘어서겠다는 시적 화
자의 의지는 수긍할 수 없는 현 상황에 대한 저항을 담고 있다. '壁차고 나가'에
서 알 수 있듯이, 그것은 의지의 전환이며 힘과 생명력을 동반한다. 이는 '지치
어'나 '덧없이'에서 느껴지던 무력감과는 차원을 달리하는 것이다. 이 힘은
'불'과 '시계'를 죽이게 만드는 동인이자 '봄'을 기다리게 하는 인내와 통한다.
　"덧없이 바래보든 壁에 지치어/불과 時計를 나란히 죽이고"에는 시적 화자가
느끼는 벽에 대한 진솔함이 담겨 있다. 아무 것도 할 수 없다는 절망감이야말로
화자를 갉아먹는 최대의 적이다. 그것은 화자에게 새로운 작업에 따르는 창조적
열정과 일을 하면서 누리는 생명력을 앗아간다. 자연스러움 대신에 근대성과 획
일화, 그리고 대형화를 상징하는 불과 시계에 의해 화자는 철저하게 압도당하며
구속받는다. 이들을 죽인다는 것은 더 이상 이들에 구속되지 않겠다는 의지의
표방으로써 그가 "壁차고 나가 목매어 울"겠다는 의지에서 알 수 있듯이 절실함
의 피력이다.
　불이란 낮의 연장이자 밤과의 대결을 가능케 해준 것이며 너불어 시간의 연장
을 의미하며 시적 화자에게는 고문으로 작용한다. 삶에 자신감을 갖지 못한 자
들은 밝음보다는 어둠에 자신을 위치시킴으로써 자신을 보호하고자 한다. 시계
는 시간을 규정하는 상징물이다. 시간이란 삶을 결정하는 한계일 뿐이며, 또 다
른 세계로의 발전을 막는 성가신 존재이다. 현대인들은 시간이 아닌 시계라는
근대적 상징물에 구속당하며 그를 통하여 자신의 삶을 결정한다. 그런 점에서
시계는 인간의 삶을 통제하는 도구이다. 그것은 자유의지를 방해하는 것으로, 현

대에 있어서 자신의 의지보다 타인의 의지, 즉 이미 짜여진 각본대로의 삶을 강
요하는 것이다.

이들을 죽일 수 있는 존재로 설정한 것 자체가 시인에게 있어서 강한 거부의
지가 반영되고 있다는 것을 보여주는 단적인 예이다. 인간에게 '불'과 '시계'는
제어 가능한 것처럼 보이지만 제어 불능의 성질을 가지고 있다. 그런 점에서 시
적 화자가 불과 시계를 죽이는 것을 택하는 것은 상징적인 의미를 강하게 띤다.
'나란이' 죽인다는 것은 이들이 화자에게 구속의 상징으로서 극복하거나 전면
부정해야 할 대상임을 말해주는 예이다.

모든 것과의 부정, 거기에는 시간뿐만 아니라 공간까지 포함하는 것이다. 이
무수한 부정의 반복을 통하여 시인은 자신의 존재와 좀더 새로운 관계를 모색하
려고 시도한다. 이의 대체물로 상정된 것이 '靜止한 '나''이다. 결국 자신의 모
든 것을 부정한 상태에서 만나는 것은 자신의 또다른 실상인 '정지한 나'인 셈
이다. 이 철저한 자기 부정은 "어제도 오늘도 내일도 아닌/여긔도 저긔도 거긔도
아닌"과 같은 시·공간 전체의 부정을 통해 긍정과의 조우를 꾀하려는 의지에서
발현된 것이다. 그러나 아직도 그의 모든 불안은 해소되지 않았으며, 그에게 지
침의 원인을 제공했던 불과 시계, 그리고 벽과의 대결 양상은 새로운 국면을 맞
이하지 못하고 있다. 그것이 전면 부정의 형태를 띠고 있기 때문이다. 전면 부정
이라는 것은 전체를 인정한다는 전제하에서 가능하다. 그렇기에 이러한 과도한
감정 표출은 자기 자신을 극한 대결 상태로 설정하고자 하는 의지의 발산이자
이를 통하여 자신의 삶에 새로운 전기를 마련하고자 하는 욕망의 충돌이다.

"壁차고 나가 목매어 울리라"는 더 이상 자신을 낯선 이방인의 대열에 방기하
지 않겠다는 의지의 표명인 동시에 삶에 대한 의지와 맞물린 결과이다. 이는 외
부세계와 단절의 벽을 허물고 교류를 통하여 자연스러운 출구 모색으로 이어진
다. 그럼에도 불구하고 이러한 시도는 세상과의 직접적인 대결로 이어지지 못하
고 독백의 성격이 강한 울음으로 그치고 만다.

고독을 탈출하려는 시도는 고독한 존재인 자신을 인정하는 자기와의 화해를
통해 이루어지고 있다. 그러나 이것은 李箱과 같은 치열한 내면과의 싸움을 통
해서 획득된 것이 아니다. 「아지랑이」, 「無題, 275」 등에서 나타나듯이, 직접 접

촉보다는 상호간의 마음속에서 전달되는 교감이나 靈通의 형식을 통하여 이루어지고 있다. '신라'의 생활방식에서 영향받은 이러한 방식은 시인이 일방적인 의사소통 형태에서 벗어나 쌍방향의 의사소통 구조를 받아들이게 되었다는 것을 암시한다. 이는 타인에 대한 배려와 함께 인위성을 배제하고 자연성을 받아들임으로써 획득 가능한 성질의 것이다.

　서정주에게 세계와의 완전한 화해란 자기를 지키려는 본능을 배제한 이후에야 가능한 것이었기에 필연적으로 갈등을 수반한다. 이의 보완책으로 시인은 자신의 세계를 여전히 유지하면서 외부세계와의 부분적인 화해 방식을 추구한다. <百結歌>, <無等을 보며>, <골목> 등에서 가난을 수용하고 자신과 비슷한 부류의 사람들에게 편견의 시선을 거두고 친밀감을 표시하는 것은 이러한 의식의 발현에 해당한다. 초기의 산문에서 나타나듯이, 神人이기를 자처하며 神人의 대열에 서기를 원했던 시인이 인간의 속성을 지닌 개체로서 자신을 인정했음을 보여주는 부분이다. 또한 시인은 가난을 거부와 극복의 대상이 아닌 수용의 차원으로 받아들여, 대결과 긴장으로 점철된 세계에서 통합과 합일을 이끌어냄으로써 화해를 시도한다. 서정주는 이 화해의 실마리를 통하여 고독을 개인의 특성에 국한시키지 않고 민족 고유의 恨의 정서로 연결시킴으로써 미학으로 승화시키고 있다. 이 화해의 방식은 『질마재 神話』에서 나타나듯이, 과거의 재현이나 회상, 새로운 의미 부여, 현실 수용, 미래 조망 등의 다양한 방식으로 전개되고 있다.

　시인은 고독을 넘어서기 위하여 자신에게 최후의식을 부여한다. 그것은 '어쩔 수 없이'(「칙꽃 위에 버꾸기 울 때」) 도래한 것이었지만, 이를 거부하지 않고 당연한 것으로 받아들임으로써 그의 시세계는 고정화를 탈피하여 치열성을 확보할 수 있었나. 서성주는 '최후' '마지막' 등의 최후의식 설정을 통하여 자신이 처한 상황적인 한계를 극복할 수 있는 힘을 획득한다. 이를 바탕으로 시세계의 변화를 이룩하게 된 것이다. 「찬술」 등에서 나타나듯이, 자신을 극한 상황에 설정함으로써 시인은 자아를 정립할 수 있었고, 생명에의 의지를 불태울 수 있었던 것이다. 이는 시각의 전환으로 이어짐으로써, 고압적 자세로 '나'를 전면에 내세우던 형태에서 탈피하여 공동체의 개념인 '우리'의 형태로 확장되는 데서도 드러난다.

다양성을 인정하면서 서정주의 세계와의 조응은 다른 양상을 띠게 된다. 서정주가 20대의 열정과 30대 '거침없음'의 시기를 거쳐 세계와 자신을 관조할 수 있는 차원에 도달하게 된 것은 시적 편력을 보더라도 중요한 의미를 지닌다.『徐廷柱 詩選』(1955)에 이르면, 그의 시는 세계에 대한 따뜻함을 견지한다. 그것은 6·25와 같은 극한 상황을 거치면서 자신의 시선을 순화시킨 데 따른 것이다.「二月」,「꽃피는것 기특해라」등의 개안 과정을 거쳐「내리는 눈발 속에는」에 이르러 시인은 세계와의 합일을 꿈꾼다.『질마재 神話』에서 알 수 있듯이, 서정주가 지향하는 세계는 물질에 바탕을 두는 것이 아니라 정신과 영혼을 바탕으로 삼는다.「風便의 소식」이나「沈香」에서 알 수 있듯이, 그것은 가시적인 대상이 아니다. 자신을 내세우지 않고 상대의 있는 그대로를 자연스럽게 인정하는 것, 이것이야말로 조화로운 출발의 시작이기 때문이다.「自畵像」과「花蛇」등의 시편에서 보이던 갈등의 진폭이 잦아들면서 그는 자신을 둘러싼 인간들에게로 자연스럽게 시선을 이동하게 되었고, 그 결과 자신의 시세계를 유년시절 질마재에서 터득한 생활 방식인 용서와 관용, 그리고 너그러움의 미학으로 승화시킬 수 있었던 것이다.

III. 욕망의 외연화

서정주는 부성의 절대 권위가 군림하는 봉건사회에서 장남으로 성장한 인물이다. 외할아버지, 아버지와 어머니의 부재 상태로 인하여 파생한 고독의 정서는 서정주 시를 이해하는데 있어 욕망과 연계가 가능하다. 고독과 더불어 서정주의 시를 이해하는 데 있어 주요 특질인 욕망이 여성들과의 관계 설정에서 구체화되고 있기 때문이다.

서정주에게 있어 가족사와 성은 초기시에서부터 화두였으며, 넘어야 할 장벽이었다. 한동안 서정주는 이의 중압감을 벗어나기 위해 육체 소유에 대한 욕망을 시도하기도 했으나, 이를 통해서도 자유로울 수 없었다. 성적 욕망에 대해 봉건사회의 영향권에서 성장한 서정주로서는 절제와 욕망 실현의 충돌을 경험할 수밖에 없었던 것이다. 때로 그는 "오라고 오라고 오라고"(「입마춤」) 유혹하는 여성 앞에 나약해지기도 하고, "낭자언저리, 눈언저리, 코언저리, 허리언저리, 키와 머리칼과 모가지의 기럭시"로 대변되는 '너의 全身'(「밤이 깊으면」) 때문에 몹시 괴로워하기도 한다. 그러나 이것은 완결된 형태의 사랑으로까지 전개되지는 못하고 있다.[6]

서정주가 시에서 동년이나 연하의 이성들보다 연상이나 모성 이미지를 가진 여성들에게 더 경도되어 있었던 것은 현실세계에서 부딪쳐야 하는 실패를 두려워하기 때문이다. 이러한 심리의 기저에는 열등의식과 여성에 대한 콤플렉스가 자리잡고 있다.[7] 과도한 책임감으로 이어질 가능성이 높은 이러한 상태는 이성의 경우에도 마찬가지로 적용된다. 그러나 상상 속의 여인과의 조우나 역사 속의 여인들의 경우 책임과 의무로부터 자유로울 수 있다. 그렇기 때문에 현실에서 접촉 가능성이 없는 여인들이 서정주 시의 주조를 형성하는 것이다. 이는 여성과의 사랑의 양상이 정상적인 관계가 아닌 "남 몰래 혼자서 사랑"을 가진다는 것, 그것도 "꾀꼬리처럼 울지도 못할/기찬 사랑"(<新綠>)의 형태를 취하고 있다는 사실에서도 드러난다.

서정주는 집을 자주 비우는 부친에게 자애롭고 다정한 사랑을 받지 못한 상태로 성장했으며, 이는 그가 모성성과 모성의 연장선상에 놓여있는 할머니나 외할머니와의 각별한 애정을 가질 수밖에 없는 요인으로 작용한다. 그의 시 전편에 여성 지향 성향이 두드러지는 것은 이러한 성장 배경과 무관하지 않다. 모성의 확장으로서 여성 이미지는 시인에게 가족 계열인 누님의 이미지뿐만 아니라 순결한 소녀 이미지, 성적 매력이 넘치는 성숙한 여인의 이미지 등의 다양한 형태로 나타나고 있다. 그가 자신의 시에서 정상적이고 단란한 가족의 모습 대신에

---

6) 이는 서정주의 소심한 성격과 열등의식, 그리고 유년시절부터 자연스럽게 터득하였던 유교와 불교의 영향에서 기인한 것으로 보인다.

7) '병든 수캐'(「自畫像」)는 서정주 당시 심신상의 피폐상태를 단적으로 가늠케 한다는 점에서 중요한 단어이다. 생명력과 동물성의 능력 상실을 암시하는 이 단어는 성인 남성인 시인의 자기 확인을 위한 몸부림이자 도태될 수 있다는 무기력과 불안감을 복합적으로 수반한다. 끊임없이 뉘우쳐왔음을 암시하고 있는 이러한 토로의 이면에는 뉘우칠 수밖에 없는 존재인 자신의 유한성에 대한 시인이자 자신의 존재 자체를 거부하는 의식이 담겨 있다. 전면 거부를 의미하는 '아무것도'는 시인의 자의식이 얼마나 팽배해있는가를 단적으로 보여준다.

유년시절의 추억이나 과거 설화 속에 등장하는 여인들에게 초점을 맞추고 있는
것은 현실에 대한 부담감으로부터 자유로울 수 있기 때문이다.

　서정주는 자신의 시에 순결성을 간직한 소녀 이미지와 성적 매력을 발산하는
성숙한 여인 이미지 등을 교차시키고 있다. 이들은 그가 초기시에서 반복적으로
보여주고 있는 성에 관해 적극적이며 도전적인 여성상과는 거리가 먼 여인들이
다. 그런 점에서 서정주가 자신의 초기시에 등장시키고 있는 이들이야말로 서정
주가 지향하는 여성상이라고 할 수 있다. 모성성이 압도적인 영향력을 행사하는
가정 환경에서 성장한 관계로 성적 욕망에 관해 죄의식에 사로잡혀 있던 서정주
로서는 자신을 유혹해 줄 적극적인 대상을 동경했던 것이다. 「대낮」, 「麥夏」, 「입
마춤」 등에 등장하는 여인들의 이미지는 이러한 여성상과 일치한다.[8] 여기에는
성에 대해 적극성을 발휘하는 질마재 여성들의 삶(「알묏집 개피떡」, 「堂山나무
밑 女子들」, 「말피」)도 일조를 하고 있다.

　봉건사회는 그 특성상 성에 대해 은밀한 속성을 수반하며 성적 언급 역시 금
기시하는 것이 보편적이다. 그런 점에서 서정주의 초기시에 등장하는 도발적이
고 성적 매력이 넘치는 여성상은 봉건에 대한 반항의 성격을 담고 있다. 성적 욕
망에 충실한 이들은 정조와 순결을 중시하는 당대의 보수적인 가치관을 뛰어 넘
는 것이며, 근대의 자유분방함과 통한다. 나아가 이들은 서정주가 일시적으로 매
료되었던 디오니소스의 열정을 반영하는 의미를 지닌다.[9]

　미지의 여성들과의 조우는 시인에게 복잡한 현실 문제와의 연계를 강요당하
지 않고도 자기 만족을 심화시키는 것이 가능하다. 이들과의 조우는 시인을 사
로잡고 있던 성에 대한 보수적인 관념과 책임의식으로부터 자유로울 수 있다는
것을 의미한다. 사랑에 있어 완전성보다는 불완전성을, 만족보다는 결여에 대한

---

8) 남진우, 「남여 양성의 신화」, 『미당 연구』, 앞의 책, 211 - 214쪽 참조.
9) 서정주의 술회에 의하면 그는 성에 대한 가치관을 정립하기 이전에 자신의 의지와는 무관하
　게 불쾌한 성적 경험을 했다고 한다. 성에 대한 호기심과는 별개로 자의식을 훼손하는 이러한
　행위는 시인으로 하여금 여성에 대해 이중 의식을 가지게 만들었다고 할 수 있다. 즉, 여성을
　성녀와 탕녀로 구분하여 이중적인 입장을 견지하게 하는 것이다. 그가 여성을 '성당'과 동일
　시하는 외경의 모습을 보이면서도, 한편으로 '갈보 계집아이' '사타구니' 등의 용어를 구사
　하는 것은 이를 반영한다.

동경을 지니고 있는 시인이기에 이들 여성들과의 조우 역시 회고조를 띠고 있거
나 상상 속에서 막연한 동경을 떠올릴 뿐이다. 그런 점에서 이 여인들은 시인이
꿈꾸는 미지 세계의 성적 환상을 충족시켜주며, 그들과의 결합을 통한 신분 상
승을 꾀하고자 하는 잠재 의식을 담고 있다고 할 수 있다.[10]

「自畵像」을 비롯한 초기시에서부터 서정주를 억압하는 고독의 중압감과 결핍
의 절망감은 여성 이미지를 통해 완화되고, 그 억압을 극복함으로써 시인으로
하여금 평정을 가능케 한다. 이러한 여성 이미지는 시인의 성의식과 밀접한 관
련을 맺고 있다. 서정주의 초기 시에서 욕망이 노출된 의식의 근저에는 성을 동
경하면서도 금기시하는 성에 대한 이중성이 자리잡고 있는 것이다. 성을 동경하
는 내면의 욕망과 사회의 체제를 수용하기 위해 절제를 유지하려는 의식은 끊임
없이 충돌과 긴장, 그리고 갈등과 화해를 통해서 서정주 시 전개에 있어 중요한
모티브를 형성한다.

자신들의 본능과 감성에 충실한 인물들인 娑蘇와 善德女王, 그리고 水路夫人,
黃眞이, 春香 등은 적극적으로 자신들의 생애를 개척하고 외압에 능동적으로 대
처하고자 했던 인물들이다. 서정주는 이들에게 그들만의 목소리를 부여함으로써
원초적인 본능의 의미를 재조명하는 한편 이들을 통해서 자신에게 주어진 여러
가지 외부적인 규제와 조건들을 극복하고자 했던 것이다.

세 편의 연작시 형태에 등장하는 '春香'은 자기 운명을 극복하고자 하는 의지
의 반영을 담고 있다. 자신이 소속된 사회로부터 내침을 당해 산으로 쫓겨가야
만 했던 娑蘇는 자연과의 합일을 통하여 자신의 한계를 극복하고자 했던 대상이
다. 春香의 경우 자신의 신념을 위해 목숨을 걸고 당대 권력과의 투쟁을 선언했
던 당찬 인물이다. 이들은 자신의 운명을 개척해나가는 적극적인 인물이라는 점
에서 서정주에게 외경의 대상이었음을 알 수 있다. 시인 역시 자신에게 부여된
봉건의 질서를 극복하기 위해 몸부림친 존재라는 점에서 이들은 서정주와 맥을
같이 한다. 서정주 역시 출신과 연계되는 신분적 한계를 극복하고자 시라는 매

---

10) 서정주 시에 등장하는 '志鬼'와 선덕여왕, '獻花 老人'와 수로부인, '黃먹보'와 부자집 딸
　　등의 관계 설정에서 알 수 있듯이, 상층 신분의 여성은 하층의 남성들을 상대적으로 압도하
　　며, 주체로 등장하고자 하는 서정주의 내면 욕구를 반영한다.

체를 통하여 한국 문학사에서 자신만의 영역을 확보하는 데 성공했기 때문이다.

초기시의 「花蛇」와 「대낮」, 「麥夏」, 「입마춤」, 「가시내」 등이 욕정에 들뜬 성격을 지니고 있다면, 「大邱 郊外의 酒幕에서」의 갈보 계집아이와의 만남은 자신을 둘러싼 억압요인들에서 벗어나 욕망에 충실할 수 있는 여유를 획득한 시인을 보여주고 있다. 또한 「눈 오는 날 밤의 感傷」에 등장하는 우연한 만남은 시인의 이성에 대한 시각이 어떻게 변화되고 있는가를 보여준다. 남성 화자의 입장에서 전개되는 이러한 일련의 성격 변화는 초기의 말초적이고 관능적 성격이 강하던 서툰 의식들이 시간 경과에 따라 원숙하고 노련한 성의식으로 변화하고 있음을 보여준다. 상밥집 소녀나 물동이를 인 소녀 등에 대한 술회에서 알 수 있듯이, 초기시의 경우 시인이 경외와 신비의 대상으로 이성을 인식하고 있음을 알 수 있다. 짧은 만남에 불과한 이 인상들은 매우 강렬한 것이어서, 서정주의 시에 반복 이미지로 등장하고 있다. 그러나 이러한 감상적인 여성 인식은 실제 생활에서 접촉을 통하여 이성의 실체를 확인하고, 세속적인 가치관과 관점으로 파악하면서부터 급격한 변화를 이루게 된다.

시인의 정신세계를 파악하기 위해서는 서정주의 시에 등장하는 결핍의 다양성에 주목할 필요가 있다. 서정주에게 결핍은 일탈, 집착 성향, 강박관념, 미완 지향, 극복 등의 양상으로 나타난다. 이러한 결핍을 근원으로 하는 욕망은 자신이 소속된 세계나 대상으로부터의 일탈 욕구를 촉발시킨다. "애인이여/너를 맞날 약속을 인젠 그만 어기고/도중에서/한눈이나 좀 팔고 놀다 가기로 한다."(「가벼히」)에서 나타나듯이, 시인은 '애인'과의 얽매임으로부터 일탈을 시도함으로써 구속으로부터 벗어남을 꿈꾼다. 그의 이러한 자유의지는 현실에 얽매이기를 싫어하는 자유의지의 발현과 맥이 통한다. 마침내 시인은 자신을 무기력하게 만들었던 강박관념과 구속으로부터 벗어나기를 시도한다.

> 잊어 버리자. 잊어 버리자
> 히부얀 종이 燈ㅅ불밑에 애비와, 에미와, 계집을,
> 그들의 슲은 習慣, 서러운 言語를,
> 찌긴 흰옷과 같이 벗어 던저 버리고

이제 사실 나의 胃腸은 豹범을 닮아야한다.

-「逆旅」 부분

"애비와, 에미와, 게집"들은 시적 화자에게 있어서는 걸림돌과 같다. 그들을 배제하지 않는한 그의 새로운 출발은 불가능하다. 그들의 영역권내에 머무른다는 것은 시적 화자에게는 참을 수 없는 일이다. 그런 점에서 화자의 출발점은 그들의 존재를 망각하는 것에서부터 시작된다. 망각한다는 것은 철저하게 존재를 무화시키는 것이며, 맨몸의 순수한 자신과의 만남을 위한 사전 포석에 해당한다. 이 끝없는 망각과의 싸움이야말로 화자가 기대하는 자신과 만나기 위해 거쳐야 하는 필수적인 과정이다. 그러나 망각의 강을 건너는 작업은 쉽지 않다.

결핍의 양상은 특정 대상에 대한 집착(「신발」)이나 부흥이를 "저놈은 무슨불평을 품고있는것이다. 낮에도 저놈은 엿보고 있"(「부흥이」)는 불안정한 형태로 나타나고 있다. '무슨불평'에서 알 수 있듯이, 화자는 대상에 과도한 신경을 쓰고 있으며 나아가 불안정한 정서 상태에 놓여있다. 이는 공개화되지 않고 은밀히 엿보기의 형태로 전개되고 있다는 점에서 심각하다. 경계를 통해 외부세계와 차단함으로써 화자는 자신의 세계를 공고히 할 수 있었지만, 그것이 새로운 세계로의 나아가는 또다른 연결통로임을 간과했던 것이다.

이러한 심리적인 강박관념은 화자를 외부세계로부터 차단하는 데 결정적으로 작용한다. 강박관념은 급기야 화자로 하여금 자신을 비우게 만든다. 자신을 '텡 븨인'(「祈禱 壹」) 항아리와 들녘으로 동일시하는 것이다. 이러한 결핍성은 그 속성상 채워짐에 대한 욕구를 지니고 있으며, 결핍에 대한 인식은 채워야 한다는 불안감과 강박관념으로 이어진다. 이 출발점은 자신에 대한 인식에서 비롯된다. '텡븨인 항아리'와 '텡븨인 들녁'으로 인하여 화자의 공허감은 극대화되고 있다. 그것은 충만함에서 얻어지는 포만감이 거세된 것이며, 절망과 통하는 성질의 것이다. 이는 이전부터 화자가 두려워하고 경계하였던, 결여와 소외의식의 불안감이 구체화된 결과이다. 즉, 자신이 언젠가는 타인들로부터 괴리당할 수 있다는 공포가 형상화된 결과인 것이다.

이를 반영하듯, 서정주의 시에는 사랑보다는 이별에 대한 경도가 앞서 있다.

그의 궁극적인 지향은 만남보다는 이별에 초점이 맞추어져 있다. 시적 화자는 그 사랑에 대하여 애태워하며, 그리워하는 것으로 만족할 뿐이다. 그 사랑이 완성되는 날, 그것은 시적 화자에게 더 이상 사랑의 의미를 지니지 못한다. 그것은 완성이 아니라 목표의 상실과 통하기 때문이다. 그렇기에 시적 화자의 사랑은 밖으로 내보이지 못하고 안으로만 삭여야 하는 사랑이며, 혼자서 아파해야만 하는 사랑이다.

서정주는 자신을 둘러싸고 있는 여러 환경적인 요소들과의 결별을 끊임없이 시도하지만 결국 이를 성취하는 데 실패한다.11) 왜소하고 열등의식에 사로잡혔던 자존심 강한 시인 서정주는 사회나 역사와의 대결이라는 차원으로까지 자신의 욕망을 실현할 만큼 적극적이지는 못했던 것이다. 뿐만 아니라 작가로서의 양심과 민족을 위해 윤동주나 이육사처럼 생명을 내걸 만한 용기를 지니고 있지 않았던 것으로 보인다.

> 밤새어 긴 글 쓰다 지친 아침은
> 찬 술로 목을 축여 겨우 이어 가나니
> 한 首에 五萬원짜리 回甲詩 써 달라던
> 그 富者집 마누라 새삼스레 그리워라.
> 그런 마누라 한 열대여섯명 줄지어 왔으면 싶어라.
>
> - 「찬술」 전문

「찬술」에서 나타나듯이, 인간적인 욕망과 작가로서의 양심의 문제가 서정주를 괴롭히는 것은 이 때문이다. 일시적으로는 거절했음에도 불구하고 불현듯 그에게 유혹으로 다가오는 이러한 욕망의 문제에서 파생하는 갈등들이 서정주를 지배하고 있는 셈이다. 그를 둘러싸고 있는 친일행각이나 전두환 찬조 연설 등의 일련의 정치적 행위들이 나타난 것은 이러한 이유에서이다.

『徐廷柱 詩選』(1955)에 이르면, 결핍으로부터 시작된 '바람'과 '피' 등의 흔적

---

11) 그의 시에 등장하는 망각의 형태들은 이러한 구속으로부터 자유로와지고자 하는 의지의 반영인 동시에 그의 생명에 대한 희구이기도 하다.

이 가시고 있음을 볼 수 있다. 유동성과 역동성의 바람, 열정과 욕망을 상징하는 피 등으로 압축 가능한 시어로부터 벗어난다는 것은 새로운 세계의 전개를 의미한다. 그것은 시인이 그동안의 갈등과 대립, 긴장과 불안을 극복하고 조화와 질서, 합일과 화해의 세계로 접어들었음을 뜻하는 것이다. 그런 점에서『질마재 神話』는 서정주 시세계에 있어 화해를 모색하는 전환점이라는 상징적 의미를 지닌다. 서정주를 지속적으로 억압했던 성적 욕망 역시 '질마재'의 여인들에 의해 자연스러운 감정의 발산으로 용인 받고, 이를 갈등하지 않고 받아들임으로 인해 서정주의 시세계는 새로운 국면을 맞이하는 것이다. 그러나 이러한 시도 역시 유년 시절의 화자를 동원하고 있다는 점에서 진정한 화해와는 거리가 있다. 현실계와의 진지한 관계 모색을 추구하기보다는 유년시절의 기억을 반추하는 차원에서 진행되고 있기 때문이다. 그런 점에서 서정주의 시쓰기는 자신이 안고 있던 콤플렉스12)로부터 탈출과 이를 극복하기 위한 욕망에서 기인한 것이라 할 수 있다.

IV. 결론

서정주 시를 관통하는 것은 고독과 결핍의 시학이다. 자신을 둘러싸고 있는 환경과 제도 사이에서 생존을 위해 고독한 싸움을 치루어야만 했던 서정주는 본능과 그 본능을 억제해야 하는 이중의 문제를 안고 있었다. 그것은 생활의 문제가 아닌 생존의 문제와 직결되는 것이었으며, 서정주가 시인으로서 거듭나기 위해 감수해야 했던 고통이었다. 그리고 그 고통의 정점에서 자신을 둘러 싼 고독

---

12) "弱質의 體軀에 맞게/무슨 됫박이나 하나 들고/바닷물이나 퍼내고 여기 있어 볼까"(「無題」, 138쪽)나 "우물쭈물 눈치나 살살 살피며 변변치 못해 있던 아이"(서정주,『미당 산문』, 187쪽)라는 학창시절의 술회에서 알 수 있듯이, 왜소한 체구는 시인에게 약질이라는 콤플렉스뿐만 아니라 심리적인 부분에도 영향력을 미친 것으로 보인다. 그의 생애 중 특기할 만한 행적인 광주학생운동의 주모자 역할 역시 "그전과 달라진 갑작스런 열등의식에 소년적 감상과 연민심, 그런 것들의 합성"(서정주,『미당 산문』, 189쪽)에 불과했던 것이다. 그가 세계와의 순응이나 타협 대신에 "애비는 종이었다"와 같은 강한 도전의식을 표출할 수 있었던 것은 이러한 열등감을 상쇄하고자 하는 강한 자의식의 발현 때문이다.

과 결핍의 속성을 깨닫고 "나는 아무것도 뉘우치지 않을란다"라고 감연히 선언함으로써 그는 하나의 완전한 인간으로서의 자리를 확보할 수 있었던 것이다.

'떠돌이'로 자신을 한정시키고 있는 서정주는 고향을 동경하지만 끝내 정착하지 못하는 고독한 존재이다. 이는 시인의 내면세계를 지배하고 있는 고독과 결핍에 대한 두려움과 무관하지 않다. 그것은 과거 속의 세계를 유년시절의 화자를 동원하여 그대로 유지해나가고자 하면서 이질화되어버린 자신과의 조우를 회피하는 데서도 드러난다. 그에게 현실은 고독한 존재에 불과한 초라한 자신의 실체를 다시금 확인시켜 줄 뿐이다. 시인이 설화 속의 과거 세계나 유년시절, 미지의 미래를 통해 시 속에 끊임없이 도입하고 있는 것도 이러한 이유에서이다. 그런 점에서 고독은 서정주 시세계 변화 추구의 한 축을 형성하고 있다.

현실 중압감은 서정주로 하여금 자기만의 공간을 확보하고자 하는 방식에 익숙하도록 만들었던 것이다. 그것은 '굴형'(「내 永遠은」)이나 '하늘' '도리천' '서방정토' 등에서 느끼는 심리적 편안함과 정서상의 안정과 통한다. 이는 사회에 대한 피해의식이 시인의 대사회방식에 있어 장애를 형성한 것으로 볼 수 있으며 향후 떠돌이 생활에 있어서도 영향을 미쳤다고 할 수 있다. 서정주는 비록 신라와 과거를 시속에 도입함으로써 현실로부터 느끼는 소외감과 불안을 어느 정도 극복할 수 있었지만 현실과의 긍정적인 조우에는 실패하고 있다.

그가 이러한 인식에서 전환을 가져온 계기는 아이들을 자신의 시에 등장시키면서부터이다. 이는 자신을 종의 자식으로 인식하는 데서 오는 한계, 나아가 도시의 사회생활을 통해 타락한 자신을 순수성으로 환원시킨다는 의미를 지닌다. 자신을 억압하는 다양한 징후들로부터 해방되기 위해 서정주는 아이들의 순수함을 자신의 시에 원용하였다. 그리하여 그의 시를 오랫동안 지배해오던 피와 바람의 역한 기운은 감소되었고, 서정주의 시는 좀더 명징하고 순수한 서정성을 획득할 수 있었던 것이다.

서정주의 시 창작과정은 고독으로부터 출발한 불완전한 영혼이 자유를 획득하기 위한 몸부림의 형상을 닮아있다. 자신을 압도하던 가족사와 성적 욕망을 완화시키고 정제시키는 일련의 과정을 통해 서정주는 비로소 자신의 진정한 모습을 찾을 수 있었던 것이다.

참 고 문 헌

1. 기본자료

　서정주,『未堂 徐廷柱 詩 全集』, 민음사, 1983.
　서정주 외,『서정주 - 문학앨범』, 웅진출판사, 1993.
　서정주,『未堂 산문』, 민음사, 1993.
　서정주,『未堂隨想録』, 민음사, 1976
　서정주,『서정주 문학전집』 5권, 일지사, 1972.

2. 참고자료

　김우창,「한국시와 形而上」,『궁핍한 시대의 시인』, 민음사, 1977.
　김은자,『현대시의 공간과 구조』, 문학과 비평사, 1988.
　김재홍,「우주적 상상력과 대지적 조응」,『현대문학』, 1975. 5.
　김화영,『未堂 徐廷柱 詩에 대하여』, 민음사, 1984.
　송하선,『未堂徐廷柱研究』, 선일문화사, 1991.
　오세영 외,『구조와 분석 - 詩』, 창, 1993.
　원형갑,「서정주의 신화」,『현대문학』, 1968. 9.
　유종호,「소리지향과 산문지향」,『작가세계』. 1994. 3.
　유혜숙,「서정주 시 연구 - 자기 실현 과정을 중심으로」, 서강대 박사논문, 1994.
　육근웅,「서정주 시 연구」, 한양대 박사논문, 1991.
　이남호,「겨레의 말, 겨레의 마음」,『미당 연구』, 민음사, 1994.
　이인복,『韓國文學에 나타난 죽음意識의 史的研究』, 열화당, 1987.
　조연현 외,『徐廷柱研究』, 동화출판공사, 1980.
　황동규,「탈이 완성과 해체」,『현대문학』, 1981. 9.
　황종연,「신들린 시, 떠도는 삶」, 작가세계, 1994년 봄호.

하남 천이두론

전 정 구

I. 서언

1958년 『현대문학』의 추천으로 문단에 등단한 하남 천이두(1929 -)는 『한국현대소설론』(1969)과 『종합에의 의지』(1974)를 비롯하여 『한국소설의 관점』(1980), 『문학과 시대』(1982), 『한국문학과 한』(1985), 『한의 구조 연구』(1993), 『한국소설의 흐름』(1998), 『우리 시대의 문학』(1998) 등 한국 현대문학에 관한 주목할 만한 저서들을 출간했다. 국학연구의 기틀이 잡히기 시작하는 50년대 말부터 90년대에 이르는 40여 년에 걸친 문학활동의 성과가 집약된 이 저서들은 양과 질에서 한국비평계를 대표할 만하다. 해방 이전의 문학 연구가들이 시대상황의 제약으로 국학연구에서 일정한 한계를 지녔던 반면에 비평가 천이두는 명실상부한 의미에서 국학 연구의 책임을 부여받은 최초의 세대에 속한다.

해방 이전의 국학연구는 그것의 신구적 의미에도 불구하고 일제 강점기라는 특수상황의 제약으로 식민지문화의 틀을 벗어날 수 없었던 것이 사실이다. 천이두는 해방 이전 세대의 국학연구의 한계를 극복하면서 우리문학에 대한 체계적인 연구와 폭넓은 교양을 바탕으로 식민지 시대 비평의 잔재를 청산하면서, 한글세대 비평의 방향과 비전을 제시했다. 해방을 전후한 신구 비평의 교량역할을 담당한 대표적인 비평가라는 점에서 그의 글쓰기의 특징과 그 의의를 살펴보는 일이, 전북 평단의 지역성을 넘어서서 해방 이후 한국비평의 성과와 위상을 점검하는 한 계기가 될 수 있다. 이러한 측면과 관련하여 특히 이 글은 단편소설의 변화사에 관한 기술내용과 비평적 글쓰기의 특성에 초점을 맞추어서 한국문학 관련 저서들을 중심으로 천이두의 문학활동 전반을 개괄하는데 목표를 둔다.

II. 단편소설 변화사의 기술에 관한 관점

천이두는 한국문학 논쟁사의 쟁점이 될 만한 이슈들을 애써 피해 왔다. 논쟁의 와중에 휩쓸리다 보면 자칫 '치밀한 읽기와 엄정한 평가'를 묵과하기 쉽고, 문학작품 고유의 가치를 밝히는 비평 본연의 임무에 소홀해지기 때문이다.[1] 일차적인 비평의 임무는 문학작품의 예술적 성과를 밝히는 것인데, 당시로서는 상당히 혁신적인 신비평의 개념을 단편소설의 흐름을 살펴보는 자리에 도입한 것도 이러한 점과 무관하지 않다.[2] 천이두의 첫 번째 저서인 『한국현대소설론』은 신비평의 강령의 하나인 자세히 읽기의 정당성이 훼손되어서는 안 된다는 전제를 바탕으로 한국 단편소설의 흐름을 테마별로 일목요연하게 정리한 저서이다. 신문학 이후의 한국 현대소설을 종합적으로 검토한 이 책은, 1969년 형설출판사에서 처음 발행된 이래 판을 거듭하면서 현대소설사론 분야의 중요한 논저로 자리잡았다.[3] 두드러진 특징으로는 개별작가 작품의 예술미학적 가치를 중심으로 광범위하고 포괄적인 단편소설문학 변천의 줄기를 도출해 내려는 시도를 보여준

---

1) 김영민, 『한국현대문학비평사』, 소명출판, 229쪽 이하 참조. 「1960년대 순수·참여문학론」 이후의 글에서 저자는 1960년에서 1980년까지의 비평사를 문학논쟁 중심으로 정리하고 있는데, 천이두라는 이름을 논쟁의 현장에서 찾기 어렵다. 이 시기에 그는 왕성한 평론활동을 했음에도 불구하고 그 어떤 논쟁에도 참여하지 않았던 것으로 판단된다.

2) 뉴크리티시즘이 한국에 소개된 것은 1950년대 중반인데, 그것은 '50년대 비평사에서 주목할 만한 사건'(김영민, 앞의 책, 170쪽)이었다. '작품 자체'를 강조하는 뉴크리티시즘 이론은 '1960년대 비평사에서 순수문학론의 중요한 이론적 근거 가운데 하나'(앞의 책, 177쪽)였다.

3) 이 책의 개정판은 1983년 같은 출판사에서 발간되었다. "단편소설에만 국한시켰던 당초의 논지를 이번 기회에 가능한 범위 내에서 장편소설에까지 포괄시켜보려 하였음"(천이두, 「개정판 책머리에」, 『한국현대소설론』, 형설출판사, 1983)을 밝혔듯이, 개정판은 전면적으로 개편한 것이라기보다는 초판의 뒷부분을 보완한 것이다.

점인데, 개정판에서 초판의 후반부가 보강되었음에도 불구하고 그 골격이 그대로 유지되고 있다.

> 문학작품을 어디까지나 독립자재한 가치의 대상으로 보려는 노력은 영미계통의 이른바 뉴크리티시즘에 있어서 특히 두드러지는 것이다. 문학의 역사적 연구에 치중하는 이른바 역사적 재구성파(historical reconstruction)를 뉴우크리틱들이 비난하는 이유도 요는 그들이 문학작품을 하나의 독립된 가치의 대상으로 보는 게 아니라, 어느 한 시대의 산물로 보고 있다는 사실에 기인하는 것이다. 문학작품을 문학작품 그자체로 보지 않고, 어느 한 시대의 산물로 보려는 그들의 기본적 방법은 불가피적으로 문학예술의 보편적인 가치의 구명보다는 어느 특정한 한 시대의 취미나 편견의 재확인으로 문제를 환원시켜버리며, 따라서 이러한 노력은 문학비평 속에 시대적 상대주의를 자초하는 결과를 가져오며, 결국 보편적인 가치의 구명에 결정적인 장애를 가져오게 된다는 것이다.4)

시대 역사적 배경 속으로 문학작품을 환원시키는 역사주의 방법에 대한 반성에서 천이두 소설론은 출발한다. 소박한 감상이나 고식적인 고증학의 영역에서 완전히 벗어나지 못한 그 당시의 현황에 비추어 볼 때, 소설의 변화과정을 기술하기 위한 방법으로 신비평을 원용한 것은, 한국문학 연구방법의 모색과 전환의 측면에서 큰 의의가 있다. 물론 문학작품을 독자적인 실체로 보고, 그것의 항구적인 가치를 규명한 작품론적 시각을 도입함으로써, 시대·사회적 측면을 강조하는 소설사의 연대기적 기술을 완전히 털어 낼 수 있는 것은 아니다.

문학의 변화를 시대에 따라 살펴보는 연대기적 기술은, 어떤 문학사나 기본적으로 선택하는 방식이다. 그러나 그것은 종종 개별 작가나 작품에 내재된 고유한 가치를 시대의 흐름 속에 묻어버린다. 문학 자체의 고유한 특성과 가치를 외면하는 이러한 서술방법은, 문학 역사의 연속성을 유지하기 위한 불가피한 선택의 문제에 속할 수 있다. 지금까지 쓰여진 대부분의 한국문학사들이 문학논쟁의 쟁점이나 영향력 있는 문학잡지 중심, 혹은 문단사 위주의 서술에 초점이 놓인

---

4) 千二斗, 『韓國現代小說論』, 형설출판사, 1969, 12 - 13쪽.

것도 이러한 맥락에서 이해할 수 있다.

'근대정신의 문제'를 제기하며 프로문학론의 시각을 도입한 임화의 『신문학사』(1939 - 1941) 이후, 각 시대의 이슈와 관련하여 문학사를 구성하거나, 문예사조나 특정 이념, 혹은 잡지의 경향으로 문학사의 흐름에 일종의 체계를 부여한 백철의 『신문학사조사』(1947 - 1949)와 조연현의 『한국문학사』(1956)에서도 사정은 마찬가지이다. 그리고 임화 백철 조연현 이후의 문학사는 더 이상 문학사 기술에 관한 새로운 모델을 찾지 못함으로써, 앞선 것의 모방적 변종이거나, 그것의 아류로 머물게 되는 경우가 많았다.5) 그 주된 원인은 문학의 변화사를 기술하는 다양한 방법이 부재했기 때문이다. 따라서 문학사 전체의 전개와 흐름을 결정하는 서술방법의 모색이 한국문학 변화의 체계를 연구하기 위한 중요한 과제로 대두된다. 거대담론으로서의 체계적인 문학사에 대한 본격적인 탐구에 초점이 맞춰져 있지 않음에도 불구하고 천이두의 소설사론 모델이 주목을 요하는 이유가 바로 여기에 있다.

한국 단편소설의 변천에 관한 총괄적인 체계를 작가의 고유한 작품세계와 조화시키기 위해 그는 당시로서는 상당히 생소한 뉴우크리티시즘이라는 개념을 끌어들였다. 각각의 작품이 독립된 가치의 대상이라는 사실은 매우 중요한데, 분명 문학작품의 총체적 의미는 역사적 기록물로 취급되기 어려운 그 무엇을 간직하고 있다. 이러한 점에서 신비평적 관점으로 문학사의 거대담론을 수용하는 것은 한계가 있고, 그것들 상호간에 조화될 수 없는 관점의 차이가 있다. 통시적인 작품연구와 공시적인 문학연구 방법의 차이는 서로 합치되기 어려운 측면이 있고, 동시에 엄격한 분석적 방법을 문학사 기술에 적용한 것은 그 당시는 물론이고 지금도 논란의 여지가 상당히 있다.6) 문학사를 기술하기 위한 새로운 방법론으로 신비평의 논리를 도입한 김윤식과 김현의 『한국문학사』(1973)가 여기에 해당

---

5) 신문학 변천사를 10년 단위의 기간으로 구분해 온 문제점을 문학 자체의 흐름과 변화를 반영한 시대구분으로 개선하려는 노력이 나타난 것으로 『한국근대민족문학사』(김재용 외, 한길사, 1993)를 주목할 필요가 있다. 그러나 '민족문학'의 범주설정을 비롯하여 한 시기의 문학현상을 너무 단순하게 처리한 문제 등 작품선정과 평가에서 애매한 부분이 눈에 띤다.

6) 김윤식과 김현이 공저로 엮어낸 『韓國文學史』(민음사, 1973)가 여기에 해당하는 하나의 예이다.

한다. 그럼에도 불구하고 작품생산의 역사적 조건과 시대적 상황을 기술하는 문제와 충돌하는 신비평적 논리를 김윤식·김현의 새로운 문학사가 원만하게 해결하거나 그 대안을 모색하려는 노력을 보여준 것은 아니다. 문학 수요자와 문학 생산자의 관계뿐만 아니라 그 당대의 지적 풍토와 사회상황이 문학변화의 역사와 불가분리의 관련을 갖게되는데, 이러한 점은 문학과 역사의 상호관련성을 기술하는 중요한 요소임에 틀림없다. 따라서 "文學史는 實體가 아니라 形態"[7]라는 명제로 출발한 김윤식·김현의 문학사는, 시대상황과 문학의 자족적 가치 사이의 상호관련성을 밝히는 문제에 대해 설득력 있는 대안을 마련할 필요가 있었으나 그것을 해결하지 못한 상태이다.

이러한 점에서 시대 역사적 조건을 도외시하고 '작품 그 자체로' 소설변천의 과정을 살핀다는 전제로서의 신비평적인 방법의 도입은 '불행한 특수 조건 속에서 자라온 우리 신문학의 내적 흐름과 충돌'을 일으키기 쉽다. 그것은 100여 년 가까이 진행된 우리 근대문학의 사회적 역사적 현실을 전면적으로 부정해야 할 파탄에 직면하게 될지도 모른다. 따라서 문학이 한 시대의 어떤 문제에 초점을 맞추고 있는가? 작가는 그것을 어떤 태도로 예술화했는가? 그것이 당대의 문제로 끝나게 되었는가, 아니면 문학예술의 역사를 형성하는 힘으로 작용했는가? 시대와 관련하여 제기되는 이와 같은 물음에 대한 대답이 필요하다. 천이두는 문학과 역사에 대한 특수한 입장을 신비평의 논리와 절충함으로써 이러한 물음에 대답하고 있다.

신문학 이후 한국 현대소설을 종합적으로 검토하는 일은, 각 시기마다의 "역사적·시대적 조건을 참조함으로써 그 성장 발달선상의 정당한 위치"를[8] 밝히는 일이다. 때문에 천이두는 "문학작품을 민저 그 주변의 조건에서 바르게 살핀 나음 그 작품 속으로 들어가야 한다"는 절충적 기술 태도를 취한다. 그것은 문학창작의 주관적 조건을 작가에게서 확인하고, 개별 문학작품이 내포한 특정 시기의 보편적 주제의 유형을 문학사의 담론의 체계 속에 편입시키려는 의도를 충족시키는데 적합하다.[9]

---

7) 앞의 책, 8쪽.
8) 천이두, 앞의 책, 17쪽.

한국의 사실주의가 간직하는 특질과 한계는 그대로 한국소설 전반의 특질과 한계의 어쩔 수 없는 배경이 되고 있음은 이미 언급한 바 있거니와, 이 사실은 한적(恨的)·인정적인 계열의 문학을 검토함으로써 좀더 구체적으로 밝혀지게 될 것이다.

여기서 말하는 한적·인정적인 계열의 문학이란 李泰俊의 소설들을 비롯하여 李孝石의「메밀꽃 필 무렵」, 金裕貞의 소설들, 그리고 金東里, 黃順元, 吳永壽, 河瑾燦 등의 일련의 소설에서 볼 수 있는 바 한국인의 한적·인정주의적 기질을 잘 반영하고 있는 소설들을 가리키는 것이다. 이 계열의 문학에 있어서 공통된 특색은 한국적인 고유성을 가장 전형적으로 드러내고 있다는 점이다. 이 계열의 작가들은 즐겨 토속적인 세계에로 작가적 시선을 돌려 거기에서 한국적인 아름다움을 찾아내려 한다.10)

"한적 인정적 계열의 문학", 혹은 "토속적인 세계", "한국적 아름다움" 등의 구절이 암시하듯이, 한국소설이 지닌 고유한 예술성을 이야기하려 할 때나, 혹은 서구소설의 기계적 모방이 아닌 한국적 독자성의 자리에서 한국소설을 이야기하려 할 때 그의 소설사 모델은 장점을 발휘한다. 그러나 "소설은 무엇보다도 먼저 예술이어야 한다는 명제에 대한 본격적인 자각"을 전제로11) 한 그의 소설사 기술은, 문학경향이나 문학유파의 사상적 연속성이 무시되고, 최상의 읽기를 통해 작성된 작가론이 소설문학 변화의 흐름을 대신하고 있다. 그것은 작가 개인의 작품세계를 문학사 구성의 줄기로 삼으면서 시대상황과 관계되는 개별 작가의 풍부한 문학적 성과를 문학사에 적절히 반영하는 모델로서 일정한 성과를 거두고 있다. 그러나 조연현 문학사 기술 방법과 유사한 측면, 즉 문학작품의 의미와 가치의 발견을 순수예술 위주로 확인하는 편향성이 드러나 있다.12) 이는 몇 가

9)「한(恨)과 인정 - 한국의 순수주의」나「상황과 에고 - 불안문학의 계보와 내성적 자의식」(앞의 책, 122 - 229쪽) 등이 이러한 예에 해당한다.
10) 천이두,『한국현대소설론』, 형설출판사, 1983, 128쪽.
11) 앞의 책, 129쪽.
12) "한국전쟁 이후 냉전체제가 고착되기 시작한 시기에 조연현의『한국문학사』(1956)가 나왔다. 이 책은 '순수문학론'에 입각하여 씌어진 것으로, 1930년대 후반 일제 파시즘의 중압 아래 탈정치화된 시대적 분위기에서 제기된 순수문학론에 그 맥이 닿고 있다. 인생의 영원한 초역사적 본질을 찾아내고 형상하는 것이 문학의 본령이라고 생각하는 이 순수문학론은 문학을 변화하는 현실의 역사적 연관 위에서 해명하고자 하는 문학사의 방법과는 어울리기 힘든

지의 문제를 내포하고 있는데, 그것은 이광수의『무정』으로부터 시작되는 한국 근대소설의 출발에 대한 서사장르의 문제를 비롯하여 문학의 현실참여 문제를 첨예하게 쟁점화시킨 카프계열의 작품에 대한 상대적인 소외를 불러오게 된다.

그리고 순수예술작가 위주의 단편소설이 소설사 기술의 전면에 놓임으로써, 시대사조나 이념의 문제, 혹은 그것들의 영향으로 인한 집단적 예술현상을 종합하는데 문제가 있다. 이러한 점들은 한국문학의 각론을 다룬『종합에의 의지』이후부터 보완된다. 신문학의 개척자 이광수 문학을 조명한「근대와 전근대의 이율배반」, 황순원을 다룬「종합에의 의지」를 비롯하여 장용학 이범선 하근찬 최인훈 김승옥 이청준 최인호 황석영 등 한국소설사의 내용을 구성한 주요 작가론에서 "한국현대소설론"의 미진한 부분이 보완되고 있다.

III. 비평적 글쓰기의 성격과 의의

언제나 새롭게 변화해 가는 현실 속에서 문학작품의 가치를 추구하고 그것의 의미를 발견하는 천이두 평론에는, 항상 문학의 본질에 관한 물음을 내포하고 있다. 시대적으로 그리고 개별 작가에게 주어지는 이 물음에 대한 그때마다의 대답 속에 연속과 변화의 문학 변천사가 존재하는데, 개별 작가론을 바탕으로 그 문제를 가시적으로 드러낼 수 있었던『한국현대소설론』의 가치와 의의가 바로 여기에 있다. 예술적 표현의 문제와 시대상황의 문제를 적절히 조화시켜 특유의 직관과 감성으로 단편소설문학의 변화사를 엮어나간 천이두식의 글쓰기는, 개별 작가의 작품을 바탕으로 특정 시기의 문학현상을 주제별로 범주화하여 해석하는 경향이 농후하다. 그것은 특정 시기의 문학을 종합하는 스타일로 개별작가의 작품속에 내재한 한국문학 전체의 숨은 주제를 탐색하는 작업으로 요약될 수 있다.

　　반세기에 걸친 한국 현대소설의 특질들을 종합적으로 검토하기 위해서는
　　그것을 몇 갈래의 계열로 유별하여 생각해 보는 것이 효과적일 것 같다. 첫

―――――――――――――――

점이 있다."(김재용 외,『한국근대민족문학사』, 한길사, 1993, 51쪽).

째 李光洙의 계몽주의, 카프파의 정치주의 등 사회현실에의 참여 의식이 비
교적 강하게 나타나는 일련의 문학, 둘째 廉想涉의 묘사문학, 1930년대의 이
른바 세태소설 등 상식적 일상현실을 횡적으로 확대시켜나간 일련의 문학,
셋째 한국적인 한(恨) 및 인정주의를 바탕으로 한 李泰俊, 李孝石, 金裕貞, 金
東里, 黃順元 등의 문학, 넷째 李箱, 崔明翊, 孫昌涉, 張龍鶴 등 인간의 내면세
계에 눈을 돌린 일련의 문학.13)

　"어느 한 문학적 공통성을 찾는데 골몰한 나머지 개개의 작가 및 작품이 각기
자기의 문학사적 전후관계 속에서 수행한 바 역할을 간과하기"쉬운 위험성에도
불구하고 천이두는 "한국소설에 전형적으로 제기되는 몇 가지 문제점들을 보다
집중적으로 검토" 하기 위해14) 통시적인 문학 현상을 공시적인 유형화로 개괄하
는 순발력을 보여준다. "첫째 李光洙의 계몽주의, 카프파의 정치주의", "둘째 廉
想涉의 묘사문학", "셋째 한국적인 한(恨) 및 인정주의를 바탕으로 한 李泰俊, 李
孝石, 金裕貞, 金東里, 黃順元 등의 문학", "넷째 李箱, 崔明翊, 孫昌涉, 張龍鶴 등
인간의 내면세계에 눈을 돌린 일련의 문학" 등 여러 경향의 개별 작가들을 한
순간에 유형화시켜 그것을 동일한 범주로 묶어버리는 직관이 그것이다. 직관에
의지하여 작가군의 범주를 설정하는 것이 가능한 것은 문학작품 접근의 기본 바
탕에 '자세히 읽기'로서의 신비평이 확고하게 자리잡고 있음에도 불구하고 글쓰
기의 순간마다 그것의 도식적 논리를 벗어나려는 감성이 작용하기 때문이다. 이
러한 점에서 그의 글쓰기는 대부분 개별 작가 작품의 고유한 가치를 발견하여,
그것을 한국문학 전체의 거시적 흐름을 형성하는 주제와 연결시키는 문제에 고
심하는 느낌을 준다.

　한국문학의 이면에 잠재되어 있는 중후한 주제들을 접근한 「토속적 상황설정
과 한국 소설」, 「분단현실과 한국문학」, 「현대와 인간과 문학」, 「비극의 근원적
탐색」, 「근대소설의 성립」을 비롯하여 한국사실주의 소설의 전개를 다룬 「한국
소설의 정통과 이단」과 「사실주의의 계승과 반역」 등의 글들은 한국문학 각론으
로 분류될 수 있는데, 거의 대부분 이러한 특색을 드러내고 있다. 이러한 점에서

---

13) 천이두, 앞의 책, 76쪽.
14) 앞의 책, 77쪽.

본다면 천이두 비평은 그것의 존재를 스스로 규정하면서 예술작품과 글쓰기의 현실적 관계를 정립하는 특징을 보여준다. 이것은 작가의 전기 연구나 시대상황의 개관, 혹은 문학작품의 주석과정으로 전락한 객관비평/강단비평에 대한 비판임과 동시에 주관적 인상으로 치부되거나 종종 불신을 받아온 감성의 세계에 대한 비평적 의의를 제고시키는 의미를 갖는다.

> 尹興吉의 문학에 일관하는 또 하나의 소중한 노력, 그것은 토속적 샤머니즘적 세계에 대한 추구, 한국적 한에 대한 꾸준한 추구라고 할 수 있다. 이러한 측면은 실상 로고스적인 것이라기보다는 파토스적인 것이요, 知的인 측면이라기보다는 정서적인 측면이며, 산문의 영역이기보다는 시의 영역이라 할 수 있다. 또 그것은 산문 문학의 자리에서 볼 때는 윤리적 주체적 측면이 아니라 풍속적 분위기적 측면이다. 그럼에도 불구하고 그것은 한국인의 에토스, 한국인의 심층 의식과 긴밀히 관련되어 있는 측면이다. 「井邑詞」 이래의 한국 서정시의 主調가 恨의 가락으로 일관하여 왔다는 사실은 이런 점에서 결코 우연이 아니다. 이러한 측면은 尹興吉의 분학적 분위기를 형성함에 있어 중요한 요인으로 작용하고 있는 것이며, 대개의 경우 그의 작중 현실에 아련한 서정성이 감돌게 하는 중요한 요인으로 작용하고 있는 것이다. 정확한 묘사문을 기반으로 하는 그의 문학에 어딘지 아련한 신비적 분위기가 감돌게 되는 것도, 물론 앞서 말한 바와 같이 여러 가지 요인이 복합적으로 작용한 탓이라 하겠지만, 특히 이런 측면이 중요한 요인으로 작용한 때문일 것이다.15)

"로고스적인 것이라기보다는 파토스적", "知的인 측면이라기보다는 정서적인 측면", "산문의 영역이기보다는 시의 영역", "그것은 산문 문학의 자리에서 볼 때는 윤리적 주체적 측면이 아니라 풍속적 분위기적 측면", "그럼에도 불구하고 그것은 한국인의 에토스, 한국인의 심층 의식과 긴밀히 관련되어 있는 측면"이라는 어구나, 혹은 "그의 작중 현실에 아련한 서정성이 감돌게 하는 중요한 요인으로 작용하고 있는 것"이나 "정확한 묘사문을 기반으로 하는 그의 문학에 어딘지 아련한 신비적 분위기가 감돌게 되는 것" 등의 구절이 암시하고 있듯이 그의

---

15) 천이두, 『한국소설의 관점』, 문학과지성사, 125쪽.

비평적 글쓰기는 이성보다는 감성에, 논리보다는 직관에 기대는 측면이 강하다. 이러한 점을 감안해 볼 때 '과학적 논리만이 참된 비평으로 추앙 받으며' '한 예술가의 작품세계를 객관적으로 설명할 수 있는 것은 아니'라는 항변이 그의 글쓰기에 은연중 나타나 있는 셈이다. 이것은 과학적 비평이론의 논리에 집착한 객관비평의 한계를 벗어났다는 점에서 또 다른 형태의 예술적 글쓰기를 지향하는 자세로 파악된다.

그의 글쓰기는 문학이론 그 너머의 세계에 놓여있는 문학의 아름다움을 발견하는 길이며, 어느 작품이 아름다운지 그렇지 않은지를 순간적으로 파악하는 감성과 직관의 순발력을 필요로 하는 비평 본연의 작업과 관련되어 있다. 신비평의 교조적 입장을 초월하는 천이두 비평의 성격이 이러한 부분에서 뚜렷이 부각된다. 그것은 과학적이고 객관적인 비평이론에 정통한 사람만이 교조적인 이론의 함정을 피해갈 수 있다는 사실을 암시하는데, 미당시의 주제를 '리비도적 사랑'의 문제로 압축시켜 분석한 「지옥과 열반」이 적절한 예에 속한다. 서정주론 가운데 가장 뛰어난 평가를 받은 이 글에서, 예술작품과 의사소통 하는 중요한 매개물로 직관과 감성이 활용되고 있다. 그것들은 예술가의 정신이 산출해낸 고차적인 아름다움의 정수(精髓)를 이차적 글쓰기의 형태로 구현시키는데 필수적이다.

> 하늘의 달을 시늉하는 여기 <매서운 새>가 영원과 무한을 동경하는 인간의 꿈과 시를 상징하는 것임은 굳이 설명할 필요도 없으리라. 무한과 영원을 동경하면서도, 그 세계를 <시늉해> 보는 정도가 고작인 덧없는 인간. 일찍이 <노래가 낫기는 그중 나아도/구름까지 갔다간 되돌아오고>(「꽃밭의 獨白」) 마는 것임을 터득한 시인 徐廷柱는 <매섭기>는 하나 별수없이 지상으로 되돌아올 수밖에 없는 한 마리 새의 모습에서 마침내 자기 시와 구도(求道)의 한계의 실체를 발견하는 것이다. 불모(不毛)의 <동지섣달>을 살면서, 그래도 천체의 운행을 시늉해 보는 한 마리 <매서운 새>, 그것은 정신과 물질에 있어서 불모인 시대를 살지 않으면 안 되는 시인이요 구도자인 徐廷柱 자신의 탁월한 자화상인 것이다.16)

---

16) 천이두, 『綜合에의 意志』, 일지사, 1974, 94 - 95쪽.

상반되는 모티브와 모티브를 서로 관련이 있는 것으로 연결시킨 천이두의 직관이, 문체의 밀도와 어우러져 미당시를 독자의 눈앞에서 살아 숨쉬게 만든다. 그리하여 그것은 서정주의 내면 깊숙이 감추어진 예술정신을 한 차원 높은 단계에서 이해할 수 있도록 유도하는 우아한 감성과 자연스런 논리의 흐름과 혼연일체를 이룬다. 이러한 점에서 논리와 감성의 절묘한 조화 속에 진행되는 그의 글쓰기는 비평가의 이상적인 모습을 규정한 것으로 생각된다. 미당시에 내재된 시인의 예술정신이 그의 문학적 글쓰기 속에서 "따뜻하게"[17] 숨쉴 수 있었던 것은, 예술비평의 진수(眞髓)가 무엇인지를 모범적으로 보여준 감성과 논리의 조화 때문이다. 미당문학을 바라보는 새로운 눈을 열어준 그의 미학적 글쓰기는 그 어떤 문학작품을 다루든 그것을 우리의 토속적인 정감 속에서 이해되도록 만드는 묘한 매력과 설득력을 간직하고 있다.

그의 글쓰기는 구주대학(九洲大學) 영문과 출신으로 식민지시기에 활동했던 김환태(金煥泰 1909 - 1944)의 글쓰기와 일맥상통하는 특징을 보여준다.[18] 문학예술의 "순수성"을 옹호한 김환태는 초창기 전북지역을 대표하는 선구적인 비평가로서 문예비평은 "언제나 작품"에 의지하여 출발해야 한다는 일관된 주장을 펼쳤다. "처녀적 순진성"과 "자기 논지가 어느덧 상대방의 문장과 접근하게 되는 알 수 없는 친화력"을[19] 지녔던 김환태의 그것과 천이두의 글쓰기는 각각의 성격이 뚜렷이 대비되면서도 그 기본 바탕에는 유사한 측면이 있다. 문학작품과 하나가 되는 문체의 친화력이 바로 그것인데, 천이두는 그 친화력을 바탕으로 논리와 감성의 절묘한 조화를 이룩해냈고, 그것은 각 시기의 중요 작가들에 의해 쓰여진 한국문학의 내적 가치와 그 기저에 자리잡은 주제를 밝히는데 효과적이다.

---

17) 피그말리온(Pygmalion)은 조각예술가이다. 그는 여인 조각상을 완성하여 마치 그것을 살아있는 여인을 다루듯이 생활하다가 결국은 그 여인상을 사랑하게 되는데, 그 조각상은 비너스 여신에 의해 생명력을 부여받게 된다. 실러는 이러한 신화를 바탕으로 다음과 같은 시를 지었다. "예전에 피그말리온이 그 돌에 대해/간절하게 요구하여/대리석의 차가운 뺨에서도/뜨겁게 감정이 넘쳐난 것처럼/사랑의 팔에 휘감겨/젊음의 환희로 내가 자연을 부둥켜 안으니/마침내 자연은 시의 가슴에서 숨쉬고 따뜻해지는구나."(「이상」)

18) 이운룡, 「전북문학평론사론」, 『언어와 시정신』, 신아출판사, 1997.

19) 박영희, 「현역비평가의 군상」, 『조선일보』, 1936. 8. 29.

IV. 결어

천이두 평론은 정교하게 다듬어진 이차적 글쓰기로서의 '예술비평'을 상기시킨다. 감성적인 것과 이성적인 것이 하나로 융합되는 문장의 밀도와 함축미로 인해 대부분 그것이 기술한 내용보다 더 많은 의미를 함축해 낸다. 따라서 한국문학에 내재한 심층주제를 유려한 문체로 이끌어낸 그의 평론은, 비평적 글쓰기의 전범을 보여줌으로써 해방후 세대 비평활동의 새로운 방향을 열었다. 특히 작가론 분야에서 특유의 장기를 발휘한 그의 글쓰기는 크게 두 범주로 요약될 수 있다. 첫 번째 방향은 작가 개인의 문학적 성과를 문학사의 거대 줄기 속에 편입시켜 신문학 60년 단편소설의 변천사를 구성한 작업을 들 수 있다. 『한국현대소설론』이 여기에 해당된다.

『종합에의 의지』와 『한국소설의 관점』 이후의 저서에서 뚜렷이 나타나는 또 다른 방향은, 비중 있는 특정 작가의 문학세계를 한국문학 전체의 주제와 관련하여 조명하거나, 인간의 삶의 중요 국면으로 부각시켜 그 의의를 밝히는 작업이다. 후자의 작업이 한국문학 현안의 주제를 다룬 각론에 해당한다면, 단편소설문학 반세기의 발자취를 문학사의 틀로 집약한 것이, 첫 번째 방향의 업적에 속한다. 신문학 반세기 단편소설의 예술적 성과들을 일목요연하게 집약시킨 그의 저서는, 주요 작가들의 문학세계를 가장 명료하고 성숙된 형태로 포착하고 있다.

그의 저작에서 문학작품의 본질적 가치와 시대적 의미가 상호연관된 체계로 결합되어 있고, 불연속적이기는 하지만 특정 시기에서 특정 시기로 이어지는 문학 내적 주제의 변화양상들이 간명하게 정리되어 있다. 이러한 점에서 천이두는 보이는 것보다는 보이지 않는 내적 조화를 중시하는 비평적 글쓰기를 통해 한국문학의 주요 국면을 형성하는 작가들의 예술세계의 밑그림을 성공적으로 그려내고 있다. 그는 한글세대 비평의 올바른 방향을 제시했고, 식민지 시대 비평의 고답성을 일소하는데 기여해 왔고, 평론이라는 장르를 독립된 분야로 격상시켜 문학비평이라는 현상을 하나의 예술로 받아들일 것을 암묵적으로 요구했다. 이러한 점이 생동하는 예술언어의 세계로 독자를 인도하는 그의 글쓰기의 강점인데, 앞으로 그의 문학활동에 대한 관심과 면밀한 조명이 요구된다.

『여순병란』에 나타난 '여순사건'의 수용양상과 의미

전 홍 남

I. 머리말

올해로 '여순사건'1)이 발발한지 52주년을 맞는다. 특히 근래에 '여순사건'에 대해 지역사회 연구단체2)를 비롯하여 사회 각계에서 다각적인 조명과 분석이 이

---

1) 1948년 10월 19일부터 10월 27일까지 여수·순천을 중심으로 한 전남 동부지역에서 일어난 일련의 사건에 대한 명칭은 다양하게 불려지고 있다. 여순반란사건, 군여순반란사건, 14연대 반란사건, 14연대 폭동, 여수반란, 여순봉기, 여순사건 등. 이처럼 이 사건은 하나의 명칭으로 불려지지 않고 있다. 일반적으로 어떤 사건에 대한 명칭은 그 사건의 성격이나 의의에 대한 총체적인 시각과도 밀접한 관련이 있는 만큼 명칭이 다양하게 불려지고 있다. 이러한 측면은 이 사건에 대한 연구가 충분히 이루어지지 못하고 있을 뿐 아니라 상당히 복잡한 성격을 내포하고 있음을 말해준다. 최근에는 '여순사건'이란 명칭이 일반적으로 널리 사용되고 있다. 여순사건이란 명칭은 이 사건의 성격이나 의의에 대한 규정을 유보한 입장에서 나온 가치중립적인 태도에서 나온 것이다. 필자도 이러한 입장과 태도를 취한다.

2) '여순사건'을 좌우에 편향됨이 없이 개관저으로 피해실태를 조사하여 이 사건을 재조명함은 물론 진상규명과 주민의 명예회복을 위한 국회 청원용 자료를 제출하는 등 활발한 활동을 전개하고 있는 대표적인 민간연구단체로는 전남 동부지역 사회연구소(http : //www.sunchonbay.co.kr)와 여수지역 사회연구소(http : //www.yosuicc.or.kr)를 들 수 있다. 특히 여수지역 사회연구소는 당시 여순사건에 관련된 인사들의 증언을 채취함은 물론 피해실태, 그리고 집단학살 현장 및 암매장지를 발굴한 자료를 토대로 『여순사건 실태조사 보고서 제1집』(1998), 『여순사건 연구총서 2집』(1999) 등의 자료집을 낸 바도 있다. 이러한 자료들은 학계의 심도있는 연구를 위한 기초자료로 유용하게 활용될 수 있을 것이다. 또한 최근에 필자는 전남 동부지역 사회연구소 주관으로 '여순사건 역사 순례지'를 돌아볼 기회가 있었다. 순천지역은 그 역사의 현장이 거의 보존되지 않거나, 또 새로운 건물이 들어서서 확인하기가 쉽지 않았다. 반면 여수지역은

루어지고 있음은 물론 진상규명과 이와 관련된 주민들의 명예회복을 여망하는 목소리가 높다. '여순사건'은 비록 지나간 과거이지만, 현재의 정치·사회적 상황과도 밀접하게 관련되어 있는 구체적 前史로서 상당부분 왜곡되고 은폐되어 왔던 사실을 배제할 수 없기 때문이다. 하지만 다행스럽게도 근래에 들어 지금까지의 접근태도가 지니고 있는 한계를 비판·극복하고자 하는 의욕과 함께 총체적 진실을 구명하려는 작업이 활발하게 이루어지고 있다.[3]

이런 차원에서 이 글은 '여순사건'을 형상화하고 그것의 역사적 진실을 밝히기 위한 문학적 노력이 어떤 의미를 갖는지 이태의『여순병란』을 중심으로 논하게 될 것이다. 물론 이태의『여순병란』은 작가 스스로 '실록소설'이라고 밝히는 만큼 관점에 따라 본격적인 소설로 볼 수 있느냐는 논란의 소지도 있다. 하지만 역사적 관점이 아닌 '문학적 진실'을 확보에도 비중을 둔 만큼 문학의 대상으로 삼아야 할 것이고, 또한 문학적 개연성을 유지하기 위해 '역사적 사실'을 어떻게 수용하고 있는 지를 고찰하는 데 유용한 측면도 있다.[4] 따라서 이 글의 본격

14연대 주둔지(여수시 신월동, 지금의 한국화약 자리)를 비롯하여 무고한 양민이 집단으로 학살된 곳으로 추정되는 애기섬 학살지 현장, 자산공원(중앙교 학살지 현장), 그리고 암매장지(호명동, 봉계동)를 발굴하여 여순사건의 희생자가 안치되어 있는 여수 시립공원묘지를 돌아보고, 또 이에 관련된 사람들의 생생한 증언도 들을 수 있었다.

3) '여순사건'은 이 사건이 발발한 1948년 10월 19일부터 정부군이 여수시를 탈환한 1948년 10월 27일로 볼 것인가, 또는 1949년 초 내지는 홍순석·김지회 중위가 사살되는 1949년 4월로 볼 것인지 여순사건을 기록하고 있는 자료들 중에는 서로 반대되는 입장에서 기록되어 있는 경우도 있고, 객관적으로도 입증되지 않은 채 기록되어 있는 경우도 있다. 지금까지의 여순사건에 대한 연구현황에 개괄적인 검토는 정청주, 「여순사건 연구현황과 과제」, 여수대학교『논문집』, 제13집 1권(인문·사회 과학편), 1998, 참조. 그리고 자료의 성격 및 연구현황에 대해서는 홍영기, 「여순사건에 관한 자료의 성격과 연구현황」, 『지역과 전망』제 11집, (전남 동부지역 사회연구소 자료집, 1999) 참조.

4) 작품을 분석하는 과정에서 밝혀지겠지만 이태의『여순병란』은 '여순사건'을 직접 배경으로 삼았으며, 또한 작가 스스로 실록소설을 표방한 만큼 당시의 상황을 실존인물을 등장시켜 충실하게 재현하고 있다. 물론 부분적으로 가공인물이 등장하고 사건을 재구성한 경우도 있다. 작가는 이 책을 쓴 동기와 관련해서 "반란군의 입장에서 글을 서술하려 했다"(이태, 「여순사건의 시대적 배경과 원인」(강연자료 :『여순사건 자료집』, 제2집, 여수지역사회 연구소, 1999년, 90쪽)고 밝히는 만큼 비교적 객관적 시각을 확보하려는 노력을 보인다. 앞으로『여순병란』(상,하, 청 산, 1994)의 인용은 위에서 언급된 텍스트에 의존할 것이며, 인용 말미에 권수와 쪽수만 밝힌다.

적인 분석대상 작품은 이태의 『여순병란』에 국한했다.5)

  사실 '여순사건'을 주요 모티프로 한 작품은 많지 않다. '여순사건'을 삽화형
식으로 짤막하게 언급한 경우를 제외하고 직접 배경으로 삼은 작품으로는 김동
리의 「형제」, 전병순 『절망 뒤에 오는 것』, 조정래의 『태백산맥』, 이태의 『여순병
란』 등을 들 수 있을 정도이다. 이외에 아직 알려지지 않은 몇 편이 더 있을 수
있다. 이중에서도 김동리의 「형제」(『백민』, 1949. 3)는 '여순사건'을 배경으로 하
고 있음을 서두에 밝히는 정도의 짤막한 단편으로 '여순사건'을 본격적으로 다
루었다고 보기는 힘들다.6) 그렇다면 본격적으로 여순사건을 배경으로 한 작품은
위에서 열거한 세 작품 정도로 압축할 수 있다. 이렇게 문학적 상상력을 동원하
여 역사적 사건을 어떻게 수용하고 있는 지를 고찰함으로써 더 풍부한 역사적 구
체성과 현재성을 확보하고, 나아가 문학적 형상화의 질을 고양시키는 일이 가능
해 질 수 있다고 본다. 특히 '여순사건'을 소설화한 작품들을 분석함으로써 특정

---

5) 『여순병란』 외에도 전병순의 『절망 뒤에 오는 것』(한국문학전집 68 상·하, 삼성출판사, 1973)
  과 조정래의 『태백산맥』 등은 '여순사건'과 관련하여 언급할 여지가 많은 작품들이다. 하지
  만 이 글의 성격과 지면관계를 고려해 대상에 포함시키지 않았으며, 이와 관련해서 필자는
  '여순사건'의 수용양상과 그 의미를 총체적으로 다룬 별도의 글을 준비중이다.
6) 김동리의 「형제」(『백민』, 1949.3)는 한마디로 우익의 도덕성과 포용력에 비중을 두어 좌익사상
  을 비판하는 데 초점을 기울이인 작품이다. 작품의 서두에 "여수사건이 일어나 있던 1948년
  10월 21일 오후"라는 암시에서도 드러나듯이, 이른바 '여순사건'을 작품의 모티프로 삼고 있
  다. 하지만 여기서는 '여순사건'의 발생 배경이나 전개 과정 등이 전면에 부각되고 있지 않
  다. 다만 작품 속에서 피상적으로 다루어지고 있을 뿐이다. 왜냐하면 이 작품을 통해서 정작
  작가가 의도하려 했던 것은 좌·우익 사이의 갈등에 초점을 두고, 특히 좌익의 도덕성 비판을
  염두에 두었기 때문이다. 김동리는 이 작품에서 '여순사건'을 본격적으로 다루려 했다기보다
  는 좌우익 사이의 갈등이 첨예하게 드러낸 전형적인 경우로 이 사건을 작품의 시·공간적 배
  경으로 설정한 것으로 보인다. 따라서 이 작품에서는 주로 우익의 입장에 있는 인봉과 좌익의
  신봉 형제들 사이의 이데올로기 갈등을 매개로 사건이 전개되는데, 특히 좌익사상에 물든 신
  봉의 비윤리적인 측면이 부각되고 있다(信奉의 이름을 상기해보자!). 요컨대 김동리는 「형제」
  에서 이념의 문제를 다루면서 이념 자체에 대한 검토를 회피하고 인간성이라고 하는 추상적
  인 문제의 차원으로 초점을 옮김으로써 자연히 문제의 본질을 왜곡하는 결과를 낳게 된다. 여
  기에는 김동리 자신의 이데올로기적 편향성이 개입되어 있는데, 이는 그의 작품 속에서 등장
  하는 좌익 쪽의 인물들이 거의 모두가 극단적이고 부도덕한 인물로 나오는 데서도 입증되고
  있다. 이러한 인물의 설정은 이념의 문제를 다룬 해방기 그의 소설에 공통적으로 나타나는 현
  상이기도 하다. 보다 구체적인 것은 졸저 『해방기 소설의 시대정신』, 국학자료원, 1999, 226 -
  237쪽 참조.

한 지역의 문제로 국한하기 보다 해방정국의 역사적 맥락에서 파악하고 조명하
는 데 보탬이 될 수 있을 것이다. 나아가 이러한 접근은 역사적 진실의 구명과 더
불어 분단극복과 통일문제의 밑거름으로 인식될 수 있는 방법을 찾아내고 발전
시키는 데도 기여할 수 있다.

이런 맥락에서 본 고는 『여순병란』에 나타난 '여순사건'의 소설적 형상화 시
도를 점검하고, 나아가 문학적 의미를 자리매김하여 분단모순의 문학적 치유와
그 극복방안의 모색을 염두에 두었다.

II. '여순사건'의 수용과 '삶의 자리'

1. '여순사건'의 수용 관계

이태의 『여순병란』은 여순사건이 발발한 경위, 전개과정, 정부군에 의한 여수
탈환, 그리고 이후 주모자들이 입산하여 빨치산으로 활동한 행적이 작품의 얼개
를 이룬다. 특히 '여순사건'의 발발과 전개과정 등에 초점을 두어 그에 관련된
인물들의 활동상황 등을 전남 동부권을 중심으로 전개된다. 뿐만 아니라 국내·
외의 정세 등도 보고문학적 형태로 서술되고 있다. 또한 이 작품은 '6·25 육군
전사' 등 군 당국의 자료는 물론 빨치산 생존자의 증언, 작가 자신의 체험 등을
토대로 실존인물을 그대로 등장시킨다. 일종의 증언문학 혹은 증언소설인 셈이
다. 증언문학은 한 인물에 대한 이야기가 아니라 역사적 사건이 중심이 되며, 그
사건의 진실을 밝히기 위해 여러 관점이 동시에 드러나게 하는 접근방법을 이용
함으로써 더욱 객관적인 신뢰를 가질 수 있다.7) 『여순병란』역시 실록소설을 표
방하는 만큼 '여순사건'에 관련된 여러 가지 사건과 인물들의 삶을 사실에 입각
해 재현하고 증언하는 데 비중을 둔다.

---

7) 증언문학과 기록문학의 차이 및 증언소설의 발생과 그 특성에 대해서는 정찬영, 「증언소설의
개념과 특성」, 『현대문학이론연구』 제11집, 1999, 343 - 374쪽 참조

이러한 점은 많은 사건 중에서 우선 '영암사건'[8]과 '혁명의용군사건'[9]의 소설화 과정을 통해서도 어느 정도 짐작할 수 있는 일이다. '영암사건'은 당시 경비대와 경찰사이의 적대감 정도를 짐작해 볼 수 있게 한다. 경비대와 경찰 사이의 충돌은 대부분 사소한 문제로 폭발하는 경우가 많았는데, 영암 외에도 구례, 순천 등지에서도 무력충돌로 이와 유사한 사건이 일어났으나 결국 군사고문단과 상급기관의 중재를 통해서만 해결될 수 있었다. '영암사건'은 해방정국에서 경비대와 경찰 사이의 골이 얼마나 깊이 패어 있었는지를 실감케 해주는 대표적인 사례로서 결국 경비대와 경찰 사이의 갈등은 여순사건의 한 動因으로 작용하기도 한다.[10]

> 당시 경비대 병사들의 4분의 1은 한글조차 깨닫지 못하는 문맹이었고, 농촌의 머슴이나 관공서의 사환 등 경찰로서는 하찮게 보이는 이른바 기층 출신이 상당수 있었다. 더러는 부랑아나 양아치 따위도 끼어 있었다. 다만 그런 사병집단의 분위기를 리드하는 것은 기초적인 교육이 있고 충분한 의식을 가진 사병들, 특히 하사관들과 경찰의 수배를 받고 숨어들어온 요즘 말하는 '운동권출신'의 병정들이었다.
>
> 그러니 경찰들의 그런 인식에 대해 경비대 성원 자신의 생각은 전혀 달랐

---

8) 1947년 6월 1일 제 4연대 소속 하사관과 영암 신북지서장과의 사소한 시비가 발단이 되어 급기야 300여명의 경비대 사병이 영암경찰서를 습격, 총격전을 벌이다 경비대 측의 사병 6명이 사망하고 10명이 부상하는 등 경비대가 참패를 당한 사건.

9) 최능진(제헌의원 선거에서 입후보하려다 이박사 추종자들의 방해로 입후보하지 못했다)과 광복군 출신의 오동기 소령(반란직전의 여수 14연대장) 등이 남북노동당과 결탁, 쿠데타를 일으켜 특정 정치인을 옹립하려고 획책하는 것을 사전에 탐지 검거하자 그 하부 조직원이 14연대 장병들이 신변의 위험을 느끼고 반란을 일으켰다고 선전하다가 결국 흐지부지되어 버린 정치적 사건.

10) 안종철은 여순사건의 직접적 배경으로 1) 여수 14연대의 창설과 구성, 군과 경찰의 갈등, 남로당의 침투와 숙군작업 등을 들고 있다. 보다 구체적인 것은 「여순사건의 배경과 전개과정」(『여순사건 실태조사보고서』제1집, 1998.10, 여수지역사회연구소, 1998, 363 - 373쪽 참조) 이외에도 여러 자료에서 경비대와 경찰 사이의 갈등이 여순사건의 한 동기가 되었음을 배제하지 않는다. 당시 지창수 상사가 병사들을 선동하는 가운데 "지금 경찰이 쳐들어온다. 경찰을 타도하자"고 사병을 선동한 것은 군·경 갈등관계의 단면을 보여준다. 심지어 여순사건이 일어난 배경에 대해 경찰의 학정이 주요한 비중을 차지한다는 시각도 있다. 보다 자세한 것은 김계유, 「여순봉기」, 『역사비평』, 겨울호, 1991, 256 - 257쪽.

다. 그들에게는 경찰이 일제 주구의 잔재라는 인식이 있는데다 '군은 경찰의
우위에 있다'는 일본 군국주의적 사고가 그대로 답습돼 있었다. 그런 자기들
이 급여, 병기, 피복 등 여러 면에서 경찰보다 매우 열악하다는 데 불만을 품
고 있었다. (상권, 130쪽)

인용문을 통해서 우리는 '영암사건'이 특정한 지역에서 우발적으로 일어났다
기보다는 당시 경비대와 경찰 사이의 분위기를 짐작케 해 주며, 또한 이러한 점
은 결국 여순사건의 발발 및 수습과정에도 적지 않은 영향을 미치기도 한다. '여
순사건'과 관련해서 경찰의 희생자가 유독 많고 이에 따른 민간인의 희생도 늘
어나는 악순환을 밟아 결국 후손들마저 뼈아픈 상처로 남게 되었던 것도 이러한
현실과 결코 무관하지 않다.

또한 '혁명의용군사건'에 대해 김태선 수도청장이 발표한 바에 의하면 최능
진, 오동기, 서세충, 김진섭 등이 주동이 되어 '김일성 일파와 합작하여 자기들
몇 사람이 숭배하는 정객들을 수령으로 공산정부를 수립하려고 공모'하였다는
것이다. 정부 발표에 의하면 '여순사건'은 이들 주모자가 체포된 뒤에도 아직
남아 있던 말단세포가 일으킨 것이었다.[11] 하지만 최능진 등이 사건을 일으키기
전에 토의하였다는 구체적인 혁명 방법을 살펴보면 상식적으로 쉽게 이해될 수
없는 측면이 많았고, 오늘날에는 '혁명의용군'은 조직적 실체도 없는 허상의 군
대였다고 보는 것이 일반적 시각이다. 이 사건을 보는 이 작품의 시각 역시 기본
적으로 오동기를 '대쪽같은 성격의 소유자이자 군의 기강을 바로 잡아보려고 시
도했던 개혁성향의 인물'로 서술한다. 그는 장교들의 부패와 타락을 일소시키는
과정에서 인심을 잃기도 하였지만 사병 후생에 힘썼던 인물로 묘사된다(본문 상
권, 145 - 148쪽). 뿐만 아니라 원칙론자로서 방공태세의 확립에도 철저했던 인물
로 부각시킴으로써 이 사건이 조작되었음을 입증하기도 한다.

이외에도 이 작품에서는 여순사건의 발발경위와 전개과정, 그리고 전남 동부
권의 상황 및 빨치산의 활동반경과 정부군의 대치 등이 거의 사실에 입각하여

---

11) 서울신문, 1948. 10. 23(여순사건 자료집 제2집, 여수지역사회 연구소, 1999, 21쪽 재인용), 국
　　사편찬위원회, 『자료 대한민국사』, 1998, 821 - 822쪽.

서술되고 있다. 제주도 '4·3사건'의 진압을 위해 전달된 전문이 보통우편으로
전달된 점이 의심스러워 보완유지를 위해 2시간을 조정한 사연, 14연대 구성원
들의 성향, 특히 하사관들의 동향과 숙군작업과의 연관성, 모의계획 등 당시의
긴박한 상황을 재현해 낸다. 물론 이렇게 서술된 사건 중에는 아직 역사학계조
차 시각차를 좁히지 못하고 논의의 여지를 남겨둔 예민한 경우도 있다. 또 지극
히 원론적인 수준에서 수용된 경우도 있다. 하지만 이 작품은 아직 연구자들조
차 시각차를 좁히지 못하고 있는 부분에 대해서도 여러 가지 정황과 자료를 근
거로 서술해 감으로써 역사적 진실의 확보에 공을 들인다. 이를테면 여순사건과
남로당과의 연계여부 및 일부 하사관을 주축으로 한 자발적 행위 여부, 그리고
여기에 대한 군당국의 대응 등을 비교적 상세하게 묘사해 놓고 있기 때문이다.
여기서 우리는 '여순사건'을 주도한 14연대 구성원들의 성향과 '남로당의 개입
여부'12)를 이 작품에서는 어떠한 시각으로 파악하고 있는지 접근해 볼 필요를
느낀다.

---

12) 남로당의 개입 여부는 두 시각으로 엇갈려 있다. 황남준은 여순사건의 특성을 서술하면서,
사건발생의 측면에서 제 14연대의 일부 좌익계 사병과 여수읍내의 좌익세력이 어느 정도 연
계해서 발생한 것이며, 다른 연대 혹은 군 수뇌부의 좌익분자들과 연계된 흔적은 전혀 보이
지 않는다고 기술한다. 즉 제 14연대 남로당 하부조직 혹은 그 동조세력이 독자적으로 사건
을 일으켰다고 보고 있다. 보다 자세한 것은 황남준, 「전남 지방정치와 여순사건」, 『해방전
후사의 인식』 3, 한길사, 1987, 467 - 468쪽 참조, 이외에도 반란초기 중앙당 세포원인 김지회
와 도당세포원인 홍순석, 14연대 당부 조직부장 지창수가 상호갈등을 표출했던 것과 지창수
등에 의해 중앙당의 김지회가 피살위기에 처하게 됐던 점, 이외에도 14연대 반란의 전술적
타당성을 놓고 여수·순천 군당 간부와 14연대 당부 오르그 사이에 격렬한 논쟁이 벌어지는
등 불협화음이 일어났다는 점 등 여러 자료와 징황을 놓고 볼 때 여순사건의 발발에 남로당
이 개입이 이루어지지 않은 것으로 보는 견해가 유력하다. 『여순병란』의 저자인 이태 역시
김지회 등의 남로당 장교그룹은 전혀 반란에 대한 모의와 준비가 없었다는 점을 들어 남로
당의 개입을 부인하고 있다. 반면 김계유 씨는 장교그룹과 하사관 그룹간에는 역할 분담이
있었다는 주장을 통해 '역할분담론'을 통해 남로당의 개입을 인정하는 견해를 피력하기도
한다. 역할분담론의 입장은 사건의 발발과 여수의 뒷 수습은 지창수가 책임을 맡으며 순천
과 전국으로의 합산은 장교그룹에서 담당하도록 함에 따라 사건이 순천으로 확산될 때도 지
창수는 순천으로의 동원부대에 가담하지 않고 14연대 본부에 남아 여수상황을 책임지고 있
었다는 것이다. 김계유, 앞의 논문, 참조. 필자 역시 남로당의 사전 개입의도는 없었던 입장
에 공감한다.

1948년 5월초 광주의 4연대 1개 대대를 기간으로 하여 여수에 14연대가 창설되었다. 첫째, '영암군경충돌사건'을 경험했던 사병들, 그리고 기기간요원 가운데도 여순사건의 주모자인 지창수, 김지회, 홍순석 등 좌익계 간부들이 적지 않게 들어 있었다. 둘째 사병의 모병작업이 전남 일원의 장정을 중심으로 철저한 신원조회 없이 실행했던 결과 5·10선거투쟁에 경찰 수배자가 다수 입대할 수 있었다는 점이다. 따라서 14연대는 전남 도내 좌익들의 은둔처였으며, 동시에 좌익의 선동에 쉽게 동조할 수 있는 계층 출신의 사병들이 연대의 대부분을 차지했고, 또한 그에 따라 어느 집단보다도 반경사상이 높았다는 사실이다.

인용문은 14연대 구성원들의 성향을 서술한 대목이다. 당시 14연대 구성원들에 대한 위와 같은 시각은 대체적으로 사실에 입각한 것이고, 이 사건에 관련된 자료를 토대로 볼 때 당시의 분위기에 대한 묘사 역시 틀리지 않는다. 물론 위의 진술만을 놓고 볼 때 이 작품에서는 여순사건을 좌익계 하사관을 주축으로 한 병사들이 계획적으로 일으킨 '14연대 군반란'으로 보는 시각에 의존했다는 비판을 받을 수 있다. 여순사건을 '14연대 군반란'으로 규정하는 시각은 당시 이승만 정부 또는 진압군의 관점과도 일맥상통하기 때문이다. 당시 이승만 정부는 이 사건을 진압하기 위해 총체적으로 대응했을 뿐 아니라 정권유지 차원에서 활용하려는 의도가 개입되어 있음은 근래에 연구자료를 통해 밝혀지고 있다.[13] 따라서 '여순사건'은 해방정국의 정치·사회적 배경과도 뗄래야 뗄 수 없는 밀접한 상관관계를 갖는다. 다시 말해 여순사건은 제 1공화국 출범 당시의 사회·경제적 조건 및 정치적 상황의 산물이면서, 동시에 해방 이후 전개된 전남 지방정치와 직접적으로 맞물려 나타났던 '역사적 산물'이기도 하다.[14]

---

13) '여순사건'은 통일정부 수립의 좌절에 따른 분단정권의 수립과 해방후 일제잔제가 청산되지 못한 사회구조 속에서 경찰에 대한 반감과 식량문제 등이 복합적으로 작용하면서 발생한 사건이었다. 그러나 이승만 정권은 여순사건을 김구, 한독당 세력을 공격하고 소장파 세력을 묶어 두려는 정치적인 계기로 활용하고자 하였다. 이에 따라 이승만 정부는 여순사건의 구조적이고 구체적인 발생원인과 실상을 밝히기보다는 그 책임을 김구나 좌익세력에 떠넘기기에 바빴다. 김득중, 「이승만 정부의 여순사건의 대응과 민중의 피해」, 『여순사건 자료집 제2집』, 여수지역사회연구소, 1999, 86쪽.
14) 구체적인 논의는 황남준, 「전남지방 정치와 여순사건」, 『해방전후사의 인식3』, 한길사, 1987,

당시 공무원들의 평균 봉급은 1, 500원 정도 였는데 쌀한말 값이 1,000원
이었다. 양심적인 공무원은 모두 굶어 죽어야 하는 계산이다. 소매물가지수
가 해방 이후 220 이상 뛰어 올랐는 데 평균 임금지수는 80배를 밑돌았으니
그럴 수밖에 없었던 것이다. 각종 지표에 의하면 1947년부터 여순병란이 일
어나는 1948년 가을까지 한국 민중들은 전 세계에서 중국 다음으로 높은 물
가고, 실업사태, 식량난의 3중고로 모진 고통을 겪고 있었다. (상권, 81쪽)

당시의 정치·사회적 배경 특히 서민경제에 대한 실정을 파악할 수 있는 한
대목이다. 이처럼『여순병란』은 당시의 사회적 상황이나 현실을 구체적인 자료
를 토대로 당시의 사회상을 충실하게 재현한다. 물론 부분적으로 구체적인 사항
이 재구성되고 있다. 그러나 이 작품이 보다 궁극적으로 노리는 것은 역사의 소
용돌이에서 희생될 수밖에 없었던 평범한 소시민들의 억울함, 또 지극히 소박한
삶의 소망마저 접어두어야 했던 참담한 현장에 대한 고발이자 증언이다. 나아가
매카시즘(McCarthyism)의 횡행으로 인한 이데올로기의 장막을 거두고 보다 인간
화된 삶의 지향점에 비중을 두고 있음을 주목해야 할 것이다.

2. 작중인물의 시각과 인간상의 구현양상

이 작품에는 많은 인물들이 등장한다. 정부군의 지휘자로부터 빨치산의 두목
이현상, 여순사건의 주모자, 마을의 주민들, 그리고 이름없는 다수의 백성들에
이르기까지 각양각색의 인물들이 등장한다. 사실 이 작품에서 특별하게 내세울
만한 주인공은 없다. 다만 여순사건을 주도했던 지창수 상사를 비롯하여 이 사
건과 관련된 홍순석, 김지회, 이진범, 김홍복, 이영회, 송관일, 오동기, 이현상, 정
락현, 최철기, 김근배, 김정길 등 실존인물들과 가공인물들이 일부 섞여 사건이
전개되고 있을 뿐이다. 하지만 여순사건 주모자들의 빨치산 입산 이후 투쟁과
생을 마감하기까지 과정에 좀 더 비중을 두어 서술한다.

---

423 - 445쪽 참조.

이 전설적인 남한 빨치산 총수는 언제나 부드러운 미소를 띠며 누구에게
나 공손한 말씨를 썼고, 말단 대원의 말 한 마디라도 소홀히 듣는 법이 없었
다. 놀랍게도 그많은 대원 하나하나의 신상을 일일이 파악하고 있었고 개개
인의 고통을 덜어주기 위해 항상 신경을 쓰고 있었다. 특히 그의 이성관은
그 사회에서는 믿기 어려울 만큼 너그러웠다. (하권, 237쪽)

우리는 인용문에서 빨치산의 신화적 존재로 잘 알려진 이 현상이 너무도 인간
적이고 관대한 인물로 묘사되어 있음을 알 수 있다. 그는 '빨치산' 내에서 남녀
교제를 금하는 규율이 있음에도 불구하고 진전이 많이 된 상태에서는 당사자들
을 처벌하기보다는 인간적인 신뢰와 덕으로 지혜롭게 대처하는 기지를 발휘한
다. 빨치산 두목으로서 너무 인간적이다 보면 규율이 깨질 것 같지만 경우에 따
라서는 오히려 인간적인 신뢰를 통해 더욱 더 자신들에게 주어진 과업을 수행하
도록 독려하는 기지를 부각시켜 놓는다. 이러한 점은 빨치산 두목의 인간적인
모습을 통해 '여순사건'을 주도했던 인물들 역시 대부분 지극히 평범했던 청년
들이 시대의 질곡 속에서 처참하게 죽거나 사라져 간 젊은이로 묘사해 놓으려는
작가의식과도 맞닿아 있다고 하겠다. 여순사건을 주도했던 지창수에 대한 묘사
역시 이러한 범주를 벗어나지 않는다.

잘 생긴 얼굴에 인상이 부드럽고 말씀씀이가 한마디로 선비형의 청년이었
다. 그러면서도 어딘지 사람을 끌어들이는 친근감 같은 것이 느껴졌다. …(중
략)… 선비풍의 첫인상과는 달리 면도날처럼 날카롭고 다부진 일면을 보였
다. 사람을 끄는 친근감과 함께 무언중에 상대를 위압하는 무게 같은 것을
느낄 수 있었다. (상, 48쪽)

이현상을 비롯하여 여순사건을 주동했던 인물들에 대한 묘사가 사실과 다를
수도 있다. 인간에 대한 평가 역시 사람에 따라 혹은 관점에 따라 얼마든지 시각
차가 있을 수 있기 때문이다. 하지만 이 작품에서는 빨치산의 인간적인 측면에
초점을 두어 접근해 감으로써 인간상의 또 다른 측면을 부각시켜 놓는다. 이는
역사적 사실의 왜곡 내지는 인물이 부정 일변도로 평가되어 억울한 누명을 쓰고

형장의 이슬로 사라지는 경우가 종종 있었던 부끄러운 우리의 근대사에 대한 작가의 역사적 통찰과도 연관된다. 여기서는 여순사건 당시 여수중학교 교장으로서 그 지역에 명망이 있어 우연찮게 '인민대회' 연설자로 이름이 올라 여순사건의 주모자급으로 부상되어 끝내는 형장의 이슬로 사라졌던 '송욱' 사건을 통해 환기시켜 준다. 당시 여수여중에 근무했던 한 좌익교사는 학교 교장으로서 인격이 높고 명망 있던 송교장의 인기를 이용하려고 그를 인민대회 연사로 먼저 광고하였다. 그런 다음 교섭을 하였지만 송욱은 "나는 대중연설 같은 것은 할 줄 모른다"며 끝내 거부하는 우익적 태도를 견지하였다. 그러나 제대로 사정을 알 수 없는 일반인들과 진압군은 인민대회 광고에 그의 이름이 버젓이 올라와 있으므로 사실 그대로 믿고 있었다. 진압군이 들어오자 송교장은 자진해서 이를 해명하려고 출두했으나 곧바로 감금되었다 끝내는 형장의 이슬로 사라지고 만다.15) 이러한 설정은 당시 매카시즘적 풍토의 횡행에 대한 비판적 시각을 통해 이러한 측면을 고발하려는 작가의식과도 연결된다고 본다.

'송욱'과는 좀 다른 경우이지만 육탄시인 유진오의 비극적 죽음도 문학적 손실이자 역사의 비애이다. 유진오는 1949년 초에 이현상의 지리상 유격대의 3·1절 기념 투쟁의 행렬을 뒤따르다 낙오해서 산촌을 해매다 동네 민보단원에 붙잡혀 헌병대에 인도되었다. 유진오는 서울의 고등군재에서 사형을 언도 받았으나 무기로 감형돼 전주 형무소에서 복역 중 한국전쟁을 만나 옥중에서 처단된 것으로 보인다.16) 『여순병란』의 저자는 유진오의 죽음을 "감상적 로맨티시즘과 실제하는 혁명투사에 대한 현실인식의 부족이 빚어낸 하나의 비극(하권, 102쪽)으로 서술하고 있다.

또한 이 작품에서 우리가 소홀히 할 수 없는 부분이 빨치산의 영웅적인 투쟁

---

15) 송욱은 고창중학(1935)과 보성전문 법과(1938)를 졸업했다. 1938년 서울 상명여학교에서 교사를 지냈고 조선어학회 사건에 연루되어 서대문형무소에서 복역하던 중 해방을 맞았다. 상명여학교에 복직한 그는 1945년 고향에 처음으로 설립된 영산포여중 교장으로 초빙되었고 1946년 광주서중 교감을 거쳐 여수여중 교장으로 재직하였다. 당시 나이 36세였다. 송욱의 억울한 누명과 그의 죽음에 대해서는 반충남, 「여수 14연대 반란과 송욱교장」, 『말』(1993년 6월호)에 상세히 나와 있다.

16) 유진오의 비극적 생애 및 시 경향에 대한 보다 구체적인 것은 정영진, 「육탄시인 유진오의 비극」, 『통한의 실종문인』, 문이당, 1989, 51-106쪽 참조

전과들에 대해 상당부분 할애하여 서술하고 있는 점이다. 결과적으로 빨치산이 토벌대에 의해 궤멸되지만 빨치산의 투쟁과정을 상세하게 묘사함으로써 전략·전술의 우수성을 강조하는 뉘앙스를 풍긴다. 물론 빨치산의 이러한 행동 이면에는 민간인들의 인심을 얻으려는 전략적인 측면도 있었음을 덧붙이고 있다. 또한 빨치산은 국군포로들을 군수품만 빼앗고 거의 그대로 돌려보낸다. 그렇다고 빨치산 부대가 항시 관대한 것만은 아니다. 김지회 부대 역시 시종일관 직업 경찰관에게는 무자비한 보복을 했다. 경찰관 가족들의 참사는 대부분 빨치산에 의해 이루어졌다. 다만 이들은 징집 군인에게는 관용하는 특징을 보였을 뿐이다. 이것은 김지회부대 뿐 아니라 박종하 부대도 마찬가지였다. 박종하 부대 역시 '광양 습격사건'에서 700여명의 국군포로를 보급품을 운반하게 한 후 모두 무사귀환시킨다. 반면 토벌대들은 무차별적이고 무자비한 보복을 일삼았으며, 심지어 '인육 배급' 등 상대적으로 잔혹했다고 서술한다.

> 두 번째 터널을 지나 조금 가다가 절벽 위 커브길에서 트럭이 멈췄다. 앞을 가로막고 선 군인들이 '빨갱이'들을 하차시키더니 왼쪽 언덕 위로 몰고 올라갔다. 큼지막한 구덩이가 몇 개 파져 있었다. 한쪽 구덩이에는 벌써 수십 명의 인간이 선지피 속에 엉켜 있었다. 군인들은 몰고 온 인간들을 다짜고차 구덩이 속으로 처넣은 뒤 숨돌릴 사이도 없이 기관총을 난사했다. 사지를 결박당한 인간들은 아무런 저항도 하지 못하고 구덩이 속에 처박히면서 그 기관총 세례를 받았다. (…) 그 가운데서도 총에 설맞은 두엇이 나무토막처럼 절벽 아래로 굴러 떨어졌다. 살고자하는 무서운 집념이었다. 그러나 절벽 위에서 내리쏘는 총탄을 맞고 절벽 아래 바위 틈에 곤두박질 치더니 곧 조용해졌다. (하권, 51쪽)

인용문은 '여순사건'을 진압한 군의 잔인성을 묘사한 대목이다. 여기서 우리는 서남지방의 참사를 기록의 출처를 밝히지 않고 "진압군이나 경찰대의 행동은 동족에 대한 아량이나 연민의 정은 고사하고 인정을 찾아볼 수 없으며, 마치 외국과의 전쟁에서 점령 국민에게 대하는 식의 범주를 벗어나지 못했다"(77쪽)고 인용한 뒤 이어지는 다음과 같은 서술을 주목할 필요가 있다.

흑백논리 앞에 모든 가치가 전도됐던 참으로 소름끼치는 시대였던 것이
다. …(중략)…한 생명의 무게가 지구보다 무겁지는 않다 해도 최소한 날파리
보다는 소중함에도 이런 고정관념이 젖어 있는 철없는 한 청년단원이나 경
찰의 손가락질 하나로 한 인간의 생애가 끝나는 엄청난 일이 어이없이 이루
어지고 있었다. 죽임당한 당사자로만 끝나는 일이 아니었다. 그의 피붙이들
은 '빨갱이로 사형까지 당한 놈'이라는 낙인을 지니고 긴긴 세월을 갖은 불
이익과 핍박 속에 움추리고 살아야 했다. 그런 세상에서도 사람들은 살아야
했다. 힘없는 민초들이 선택할 수 있는 길은 두 가지 뿐이었다. 살기 위해서
어떠한 억울함도 참고 견디며 다소곳이 숨을 죽이고 살아가든가 보다 유표
스럽게 시류에 영합하는 것, 또 하나는 총을 들고 일어나 항쟁하는 것, 많은
사람들이 전자를 택했고 소수의 사람은 후자를 택해 산으로 들어갔다. (하권,
77 - 78쪽)

위의 진술은 역사적 사실의 증언이라기보다는 사건의 소용돌이 속에서 희생
될 수밖에 없었던 힘없는 '민초'들의 한(恨)과 서러움을 술회한 대목이다. 나아
가 '여순사건'의 역사적 진실을 찾아내고 그동안의 왜곡이나 굴절을 바로잡기
위해 끊임없는 현장답사와 수많은 사람들의 증언을 토대로 이루어진 진술이기도
하다.[17] 이러한 접근은 역사적 진실을 확보하려는 작가의 소명의식이 없이는 불
가능하다. 우리는 이러한 진술의 이면을 통해 작가의 의중이나 행간을 어느 정
도 추론해 볼 수 있다. 이런 측면에서 여순사건 역시 제주 4·3 항쟁이나 거창사
건, 한국전쟁, 5·18광주 민중항쟁 등과 마찬가지로 한국 현대사에서 지극히 중
요한 사건이면서도 왜곡되어 있거나 역사의 베일에 쌓여 있어 아직 그 실체가
분명히 드러나지 못하고 있는 현재 진행적 의미를 가진 사건으로 증언소설의 소
재가 될 수 있다. 증인소실은 왜곡된 억사를 신실하게 밝혀내고 기록함으로써
역사의 잘 잘못을 따지고, 그 객관적인 판단과 인식을 바탕으로 하여 잘못된 요
소를 제거해 나가 새로운 길을 열고자 하는 것이기 때문이다.

---

17) 증언은 다분히 정치적인 측면을 안고 있을 수 있다. 관점에 따라, 혹은 입장에 따라 진술하는
과정에서 자기관점이 개입될 수 있기 때문이다. 이 사건과 관련해서 증언을 채록하는 과정
뿐만 아니라 당시의 문서나 자료를 분석할 때도 이러한 측면이 면밀하게 검토되어야 할 것
이며, 또 이러한 측면이 '실체적 진실'에 접근하는 데 어려움으로 작용하기도 한다. 따라서
증언은 정치성을 적게 띨수록 진술의 신빙성이 높은 편이다.

3. '문학적 진실'과 '역사적 진실'의 거리

역사적 사건과 문학적 상상력의 어떤 상관성을 갖는가. 미궁에 빠진 역사적 사건에 대해서 문학적 상상력을 통해 재구성함으로써 역사적 진실의 구명에도 일조할 수 있는 점에서 상보적인 관계를 갖는다. 물론 신중하게 접근해야 할 점도 있다. 특히 일반인들 중에는 작품 속의 일부 허구적인 사항까지도 사실적으로 수용함으로써 실체적 진실의 구명에 걸림돌이 될 수도 있기 때문이다. 하지만 이데올로기적으로 미묘한 현대사 사건일수록 문학작품을 통해 형상화함으로써 재조명의 계기를 부여할 수 있다. 뿐만 아니라 왜곡되고 은폐되었던 부분에 대한 문제제기로 이어지고, 나아가 각 계의 관심을 유도하여 '역사적 진실'의 구명에 한 발짝 다가 설 수 있게 하기도 한다.

그런데 문제는 『여순병란』은 무엇보다도 서술자의 다양한 시각을 확보하지 못하고 역사적 사건의 사실적 수용에 보다 비중을 두다 보니 문학적 상상력이 취약해질 수밖에 없다는 점에 있다. 이는 실록소설이라는 장르상의 제약점에 기인하는 점도 있겠지만 보다 본질적으로는 문학적 개연성을 약화시키는 구조적 요인에서 비롯된 측면도 있다. 이러한 측면에서 전병순 『절망 뒤에 오는 것』은 이러한 한계를 벗어나 있는 점에서 주목할 만하다. 분단시대의 일반사가 아닌 특수사로서 한 전형인 여순사건을 소재로 한 전병순의 『절망뒤에 오는 것』은 여순사건 완료 직후부터 휴전까지를 그 시대적 배경으로 삼는다. 따라서 이 작품은 사실적 상상력에 보다 비중을 두어 역사적 진실의 확보하려 애쓴 점이 작품 곳곳에서 발견된다.[18] 그렇다고 여순사건의 배경이나 전개과정을 직접적으로 묘사하지 않는다. 그러나 이 작품 역시 해방직후 대한민국의 남단에서 일어났던 엄청난 역사의 소용돌이 이면에 가려졌던 인권유린의 현장을 고발하고 증언하는

---

18) 『절망 뒤에 오는 것』은 이태의 『여순병란』과 여러 가지 면에서 비교거리를 지닌다. 물론 두 작품을 수평적으로 비교하기에는 무리가 따른다. 두 작품은 장르상의 성격 차이를 안고 있을 뿐 아니라 이데올로기적 중압감에서 오는 차이도 배제할 수 없기 때문이다. 다만 여기서는 '여순사건'의 수용관계를 통해 역사적 사건과 문학적 상상력의 상관성에 주안점을 두어 언급하려 한다.

데 비중을 둔다. 즉 비극의 현장을 사실적으로 보고하되 문학적 개연성을 유지하면서 '역사적 진실'을 추구하는 치열성을 보인다. 이는 또 다른 차원에서 '여순사건'의 역사적 진실을 밝히고 관련된 사건에 대안 리얼리티를 제고시키는 요인으로 작용하기도 한다. 나아가 '여순사건'을 겪으면서 황폐해지고 증오를 키워온 인간 삶에 대한 반성이나 회한과도 맞닿아 있다.

　거리는 살풍경했다. 총맞은 건물의 창들은 모두 거미줄처럼 금이 가고 벽들은 곰보처럼 탄흔으로 망가져 버렸다. 이따금 쏜살같이 달리는 지이프차나 트럭엔 죄인들이 묶여간다. 한산한 거리에서 어쩌다 하나둘 지나가는 사람들의 표정도 주눅들린 듯 모두가 죄인처럼 어슬렁하다. (……) 온전한 건물이라곤 눈을 씻어도 보이지 않는다. 지붕만 내려앉은 은행의 허연 벽이 타다 남은 금고라도 지키려는 듯 병풍처럼 섰을 뿐 뾰족한 것이라곤 아무것도 없었다. (이렇게 남기지 않고 다 태워 버리다니)

　시체나 귀중품을 파내는 작업이 군데군데 벌어졌고, 각자의 집터를 찾아 잿더미를 치우는 사람들이 여기저기서 우굴거렸다. (…) 이 죽음의 도시를 버리지 못하고 잿더미 위에 다시 터전을 닦아야 되는 인간이란 얼마나 악착같은 존재이냐. 새까맣게 타다 남은 기둥의 잔해조차 네것 내것을 가리며 다투어야 되는 인간이란 가엾은 생물이었다.

　총부리가 가슴패기를 겨누자 윽 소리 한 번 내고 그만 사라진 목숨들을 목격했건만, 벌써 잊어버리고 영원이나 누릴 듯 다시 덤비는 것이다. 견딜 수 없는 비애가 황량한 바람처럼 서경의 가슴을 쓸어갔다. 그네들과 함께 덤벼 도시 재건을 위해 노력할 마음은 추호도 우러나지 않는다. ……… 고개를 떨어뜨리고 발부리를 내려다보며 무지막지한 화재의 원인을 궁금히 생각해 보는 것이었다. 국군 제X연대가 항만을 봉쇄하고 제 XX연대가 육로를 막아 밀고 들어올 때 독안에 든 쥐처럼 꼼짝 못하게 되어 버린 반란도배들. 그 안에서 모두 개새끼처럼 새까맣게 타서 죽어버리거나 두 손을 들고 항복해 나오라는 국군의 작전계획이었을까? 아니면 열흘밖에 차지하지 못하고 다시 내어놓을 수밖에 없는 이 시가를 못 먹는 감, 찔러나 버리는 격으로 불질러 버린 반란 도배들의 마지막 발악이었을까?

　그러나 그것은 어느 편이건 너무나 처참한 일이 아닐 수 없다. 이미 바다 저편에 군함이 정박했을 때부터 반란군들은 모조리 육로를 뚫고 도망치다 막히면 산줄기를 타고 입산해 버린 것이다. 남은 건 어수룩한 시민들과 그밖

에 주착없이 부역한 무리뿐이었다. 텅빈 도시를 에워싸고 무슨 승리고 진압
이고 말할 것도 못된다. 군의 정찰부족으로 희생은 일반 시민에게만 컸다.
(모두 어쩔 수 없는 일이지) (상권, 68 - 69쪽)

다소 길게 인용한 위 대목은 진압군이 여수시를 탈환하며 진입한 여수시의 정
경을 묘사한 것이다. 동시에 진압군이 시내에 진입하면서 화염에 휩싸인 정경을
보고 여주인공 서경이 느끼는 감정을 서술한다. 여주인공의 감회에 너무 많은
비중을 둘 수는 없다. 하지만 위와 같은 정경묘사는 이 작품의 전체적인 분위기
를 집약적으로 드러낸 부분이기도 하다. 처참하게 널부려진 시체와 포연에 쌓인
도시의 묘사를 통해 삶이 송두리째 절단난 주민들의 피울음과 고통이 아로새겨
져 있기 때문이다. 이런 상황에서 진정한 의미의 승자와 패자가 존재할 수 있겠
는가! 따라서 여주인공은 분노하고 감정이 복받치면서도 섣불리 어느 한쪽을 일
방적으로 지지하는 이분법적 구분을 경계한다. 서경은 적어도 작품이 진행되는
상당부분 정부군 아니면 반군(혹은 봉기군) 중 어느 쪽의 입장에 서 있는지 분명
하지 않다. 하지만 서술의 행간에 정부군의 정찰부족과 신중치 못한 대응으로
시내가 포연에 휩싸이고 민간인들의 희생이 컸음을 비판한다. 인용문은 거의 사
실에 입각한 묘사로 여순사건의 지휘관으로 이 사건에 관여했던 백선엽이 후일
펴낸 저술과도 일치한다.

> 여수탈환전은 이승만 대통령을 비롯한 정치지도자들의 성화 속에 이뤄졌
> 다. 이에 여수에 잔류해 있던 반란군 주력이 앞서 순천을 빠져나간 김지회
> 홍순석 부대와 합류하기 위해 24일 밤부터 이동하기 시작했고 민간인들도
> 전화를 피해 피란을 서둘던 마당에 이뤄진 조급한 작전은 시가지에 대한 무
> 차별 폭격으로 많은 민간인 희생자를 낳았다. 당시 현장에 있었던 여수 시민
> 들은 지금도 진압군의 폭격과 이로 인한 화재로 밤하늘이 벌겋게 물들었던
> 기억을 간직하고 있다.[19]

위의 진술을 참고해 볼 때 정부군의 과잉진압 혹은 상황판단의 미숙으로 민간

---

19) 백선엽, 『실록 지리산』, 1992, 고려원, 186쪽.

인의 피해가 더 컸음을 배제할 수 없다.[20] 하지만 당시 정부나 군은 반군의 저항
이 극렬하여 불가피한 조치였음을 피력하는 데 급급했지 민간인의 피해에 대해
서는 외면하는 태도로 일관했다. 이러한 점은 '여순사건' 진압 후에도 상당기간
논란이 되었던 사안이다. 이처럼 이 작품은 다소 논란이 있는 민간인의 피해상황
이나 사건 당시의 상황을 충실하게 묘사한다. 나아가 사실적 상상력을 통해 역사
적 진실의 확보에 공을 들이고 있음을 여러 곳에서 확인할 수 있다. 특히 여주인
공 서경의 시각을 통해 이러한 사실을 재현하게 된다. 인간다운 삶이 자리할 공
간은 거의 없고 인간적인 신뢰는 무너질대로 무너져 '죽고 죽이는' 처참한 살육
과 보복이 반복되고 있기 때문이다. 그야말로 아비규환의 현실을 이 작품에서는
이렇게 고발하고 증언하기도 한다.

> 쥐꼬리 만한 권한을 내휘두르고 야만의 습벽을 버리지 못한 가엾은 인간
> 들. 서경은 무서워졌다. 공약된 사회의 보호에서 전혀 격리되어 버린 지금의
> 처지를 생각해 보았다.
> 죄의 유무는 문제 밖이다. 일단 몰리면 빨갱이요, 처벌 앞에 단 한마디도
> 변명할 겨를이 주어지지 않는 판국이다. 무력만이 인간을 지배하는 세상을
> 상상할 때 그것은 절망 그 자체였다. 동정이나 이해란 손톱 만큼도 없고
> 거칠대로 거칠어버린 감정이 횡포하게 남을 규탄한다. 억울하다고 몸부림치
> 며 쓰러진 주검들이 선하게 떠올랐다. <저놈!>하고 손가락질하는 순간, 그 사
> 람의 가슴속엔 이전에 품었던 앙심이 꿈틀거리고 있었다면 얼마나 무서운
> 일이냐. 우매하고 추악한 <인간>이라는 이름이 스스로 슬퍼진다. (상권, 76쪽)

위의 인용문에서도 감지할 수 있듯이『절망 뒤에 오는 것』은 '여순사건' 전개
과정이나 그 배경보다도 이 사건으로 인해 인간의 존엄성이 유린되고 황폐화되
어 갔던 암담한 현실의 증언과 인간다운 삶의 복원의지에 더 무게중심을 두고
있다. 작품 속에 나오는 인물도 실존인물은 거의 없지만 당시의 현실을 증언하
는 데는 남다른 시각으로 접근한다. 여순사건에 관련된 여러 가지 사건, 혹은 사

---

20) 이러한 점은 국방부에서 발간한 진압작전 전투상황을 기록한 자료를 통해서도 확인해 볼 수
   있는 사항이다. 보다 구체적인 것은 국방부 전사편찬위원회,『한국전쟁사 : 해방과 건군』제
   1권, 동아출판사, 1968, 469쪽 참조.

건의 전개과정이 구체적으로 기술되어 있지는 않지만 '여순사건'이 벌어진 현장에서 일어났던 일을 사실적인 분위기로 묘사하고 접근해 가기 때문이다. 이는 또 다른 차원에서 '역사적 진실'을 확보하기 위한 방략(Strategy)의 일종이라 하겠다. 따라서 이 작품은 분단 특수사로서 진압과정이 빚은 지나친 보복, 군·경 사이의 경쟁적인 공훈쟁탈이 낳은 부작용으로서의 전투수행의 비능률성, 피난지 부산에서 일부 상류층의 퇴폐와 반역사적인 부패, 부정 등의 작태를 여실하게 묘사함으로써 역사의 증언을 독특히 한다. 그러나 작품의 주조를 형성하는 것은 여순사건을 비롯한 좌우익 사이의 이념적인 갈등으로 인해 치러야 하는 '광기의 현장'과 전쟁의 소용돌이 속에서 일부 민간인들이(여성들이) 감내해야 했던 처절한 삶을 통한 인간다운 삶의 복원의지이다.

위에서 살펴본 바와 같이 이태의 『여순병란』, 전병순의 『절망 뒤에 오는 것』은 역사적 사건의 수용양상에서 차이를 보인다. 전자는 실록소설인 만큼 보다 실존인물을 중심으로 사건이 전개되고 있다. 그리고 '여순사건'의 구체적인 사항 일부를 재구성하고 있을 뿐이다. 하지만 후자는 사실적 상상력을 동원하여 역사적 진실을 추구함으로써 문학적 개연성을 유지하고 있으며, 나아가 구조적으로도 긴밀한 구성력을 확보하게 된다는 점에서 진일보한 측면이 있다. 하지만 두 작품은 문학적 상상력을 통해 '여순사건'의 '역사적 진실'을 추구하는 공통점을 확보하고 있다.

III. 맺음말

이 글은 '여순사건'에 대한 문학적 형상화 과정을 탐색하고 그 의미를 살펴보기 위해 씌어졌다. 특히 이태의 『여순병란』을 분석하고 문학적 의미를 고찰해 보았다. 왜냐하면 '여순사건'을 직접 배경으로 삼은 점에서 이 사건의 문학적 형상화와 그 의미를 살펴보는 데 시사하는 바가 클 것으로 판단했기 때문이다. 작품의 의미와 한계를 되새겨 보는 것으로 맺음말을 대신하고자 한다.

우선, 『여순병란』은 '여순사건'에 관련해서 단편적으로 언급한 작품들은 다수

있었지만 보다 구체적이고 사실적으로 이 사건을 직접 배경으로 삼은 점에서 일
정한 의미를 갖는다. 또한 당시의 상황을 비교적 균형된 시각을 확보하며 전개
해 나간 점도 소홀히 할 수 없다. '여순사건'을 본격적으로 다뤘다는 의미 못지
않게 다루는 시각이 비교적 그동안 진압군의 시각에 의존해 과장·왜곡되었던
부분을 재조명하는 계기를 부여한 측면이 있기 때문이다.

둘째, 당시의 사회적 상황을 증언하고 그 참상을 고발하는 수준을 벗어나 휴
머니즘에 입각한 인간성 옹호의 가능치를 제고하였다는 점을 들 수 있다. 단지
'여순사건'의 현장을 고발하고 증언하는 데 그치지 않았다. 절망과 연속되는 시
련 속에서도 인간다운 삶의 복원의지와 희망을 이어가는 인간상을 제시해 주고
있기 때문이다. 여순사건과 같이 미묘한 현대적 사건을 다룰 경우 자칫 지나치
게 좌우대립적인 갈등의 부각이나 혹은 이분법적 시각에 얽매여 오히려 바람직
스럽지 못한 결과를 도출할 수 있다. 하지만 이 작품은 '여순사건'의 재구성을
통한 문학적 상상력을 동원하여 '역사적 진실'의 확보에 일조한 측면이 있다.
나아가 우리는 이 작품에서 '여순사건'으로 인한 지역민들의 수난을 통해 인간
삶의 황폐화, 매카시즘의 횡행으로 인한 인간다운 삶의 손실, 그리고 이에 대한
복원의지를 형상화하는 데 주안점을 두고 있음을 주목해야 할 것이다.

물론 아쉬운 점도 있다. 우선 실록소설이라는 장르상의 한계로 말미암아 서술
자의 다양한 시각을 확보하지 못하고 사실의 수용에 보다 비중을 둠으로써 인물
들간의 갈등상을 제대로 부각시키지 못했다. 이러한 점은 작품 전체의 탄탄한
구성력을 확보하는 데 장애적인 요소로 작용하기도 한다. 하지만 이런 점들은
이 작품이 남긴 의미를 생각해 볼 때 일면적이다. 인간다운 삶이 유린된 '광기의
현장'을 증언하고 비판함으로써 비극적 사건에 대한 성찰과 반성의 계기를 제시
해 주기 때문이다. 뿐만 아니라 이러한 점들을 보다 확장하면 분단모순의 문학
적 치유와 그 방안에 대한 모델로서의 의미도 제공하고 있다고 봐야 할 것이다.

역사적 사건에 대한 문학적 형상화의 노력은 그동안 지속적으로 이어져 왔다.
역사적 사실과 문학적 진실은 대치되기 보다 상보적 관계를 유지하기 때문일 것
이다. '여순사건'에 대한 진상규명과 명예회복을 여망하는 각계의 목소리가 높
고 학계에서도 이 사건에 대한 재조명의 여론이 비등한 시점에서 문학적 형상화

와 그 의미를 탐색하려는 작업은 이런 맥락에서 일정한 의미를 띤다. 앞으로 이러한 노력이 지속적으로 이어져 미궁에 빠졌거나 혹은 논란의 여지가 많은 현대사의 역사적 사건에 대한 재조명 작업이 활발하게 이루어지고 역사적 진실을 확보하는 데 유익한 시사점을 제공해 주었으면 하는 바램이다.

참 고 문 헌

국방부 전사편찬위원회, 『한국전쟁사 제1권 : 해방과 건군』, 동아출판사, 1968.

강영주, 『한국 역사소설의 재인식』, 창작과 비평사, 1991.

광주 전남현대사기획위원회, 『광주전남현대사2』, 실천문학사, 1991.

김광식, 「제주 4·3사건과 여순반란사건 현대한국을 뒤흔든 60대 사건」, 『신동아』 1988년 1월호 부록, 동아일보사, 1988.

김계유, 「1948년 여순봉기」, 『역사비평』 15, 1991년 겨울호.

김남식, 『남로당 연구』, 돌베개, 1984.

김동윤, 「4·3소설의 전개 양상」, 『탐라문화』 제19호, 제주대학교 탐라문화연구소, 1998.

김득중, 「이승만정부의 여순사건 인식과 민중의 피해」, 『여순사건연구총서 2집』, 여수지역 사회연구소, 1999.

김석학·임종명, 『광복30년2 : 여순반란편』, 전남일보사, 1975.

박세길, 『다시 쓰는 한국현대사』, 돌베개, 1988.

반충남, 「여수 14연대 반란과 송욱 교장」, 『말』, 1993년 6월호.

백선엽, 『실록 지리산』, 고려원, 1992.

신양남 외 『내가 겪은 여순사건』, 『여수문화』 제5집, 여수문화원, 1990.

안종철, 「여순사건의 배경과 전개과정」, 여수지역사회연구소, 『여순사건 실태조사 보고서 제1집』, 1998.

여수지역사회연구소, 『여순사건의 실태조사보고서 제1집』, 1998.

육군본부, 『공비토벌사』, 1954.

우한용, 「소설담론의 사회문화적 맥락」, 『한국현대소설담론연구』, 삼지원, 1996.

이동하, 『현대소설의 정신사적 연구』, 일지사, 1989.

이효춘, 「여순반란연구 - 그 배경과 전개과정을 중심으로」, 고려대학교 교육대학원 석사학위논문, 1996.

이상신 편, 『문학과 역사』, 민음사, 1982.

이　태, 『여순병란』 상, 하, 청산, 1994.

임헌영, 『분단시대의 문학』, 태학사, 1992.

장성수 외, 『문학과 삶의 지평』, 소명출판, 2000.

전남 동부지역 사회연구소지역사분과, 「심명섭 : 내가 겪은 여순사건」, 『순천시사 : 정치
　　　사회편』, 순천시사편찬위원회 편, 1997.

전병순, 「절망 뒤에 오는 것」 상, 하, 『한국문학전집68』, 삼성출판사, 1973.

전흥남, 『해방기 소설의 시대정신』, 국학자료원, 1999.

정찬영, 「증언소설의 개념과 특성」, 『현대문학이론연구』, 제11집, 1999.

정청주, 「여순사건 연구현황과 과제」, 여수대학교 『논문집』, 제13집 1권(인문 · 사회 과학
　　　편), 1998.

최창집 · 정해구, 「해방8년사의 총체적 인식」, 『해방전후사의 인식4』, 한길사, 1989.

한국역사연구회 현대사증언반, 「윤기남 : 여순을 말한다, 끝나지 않는 여정」, 대동, 1996.

황남준, 「전남지방정치와 여순사건」, 『해방전후사의 인식3』, 한길사, 1987.

E. Grant Meade, *American Military in Korea*, King's Crown Press, Columbia University, New
　　　York, 1951; 「미군정의 정치경제적 인식」, 『한국 현대사의 재조명』, 돌베개, 1982.

Bruce Cumings, 김자동 옮김, 『한국전쟁의 기원』, 일월서각, 1986.

김해강의 농민시 연구

최 명 표

I. 서론

지금까지 식민지시대의 농민문학에 관한 논의는 대부분 카프의 농민문학론을 중심으로 전개되었다. 그러나 카프는 1920년대말까지 교조주의적인 이론투쟁에 전력하면서 농민문학에 대해서 침묵하였다. 이에 대해 코민테른은 1928년 조선 문제에 대한 결정, 즉 12월 테제에서 카프의 대중과 유리된 극좌 편향의 운동 방향을 비판하고 농민운동에 관해 시급한 관심을 촉구하였다. 이어서 박태원이 「하리코프에 열린 혁명작가회의」(『동아일보』, 1931. 5. 6 - 10)라는 번역문을 통해 1930년 11월 개최된 하리꼬프회의 내용을 소개하자 비로소 카프는 농민문학에 관심을 기울였다. 카프는 "1928년 현재 농민의 숫자는 1,500만명으로 전체 인구 1,900만명의 약 80%"[1]에 이르렀던 현실을 외면한 채 내부의 세력다툼에 조직력을 허비하고 있었던 것이다.

이와 같은 사실을 고려할 때 "카프의 농민문학론을 마치 우리나라 농민문학론의 대표로 삼았던 점은 반성"[2]해야 한다. 더욱이 1919년 3·1독립만세운동 이후 민족 내부의 투쟁 역량이 축적되기 시작하면서부터, 1926년경 "외부로부터 방향전환론이 대두되기 전에 일반농민의 대중조직으로서 농민조합"[3]들이 출범

---

1) 강만길, 『한국현대사』, 창작과비평사, 1984, 100쪽.
2) 최원식, 『생산적 대화를 위하여』, 창작과비평사, 1997, 167쪽.

했던 사실은 자생적인 농민문학론의 발생을 가능케 했다는 점에서 중요하다. 그
러므로 식민지시대의 농민문학 논의는 카프가 주목하기 이전부터 농민들의 삶을
시적으로 반영하는데 노력했던 시인들에게 논의의 초점을 맞추는 것이 온당하
다.

그들 중에서 대표적인 시인으로 김해강을 들 수 있다. 현재까지 발굴된 작품
중에서 김해강이 식민지시대에 쓴 농민시는 당시의 어느 시인에게서도 유례를
찾아볼 수 없을 정도로 많다. 그는 '농민시의 개척자'4)라고 불리는 박아지가
「農夫의 선물」(『조선문단』, 1927. 3)을 발표하기 이전부터 농민시의 원형을 탐색
했다5)는 점에서 본격적으로 논의될 필요가 있다. 그러나 지금까지 그의 농민시
는 서범석6)과 오세영7)에 의해 식민지시대의 농민시를 언급하는 과정에서 부분
적으로 거명되었을 뿐이다. 이에 본고에서는 김해강의 농민시를 주제별로 분류
하고, 그 특성을 유형화하고자 한다.

---

3) 한도현, 「반제 반봉건 투쟁의 전개와 농민조합」, 한국사회사연구회 편, 『일제하의 사회운동』,
   문학과지성사, 1987, 169쪽.
4) 김재홍, 『한국현대문학의 비극론』, 시와시학사, 1993, 83 - 114쪽.
5) 「아츰날」(『조선일보』, 1926. 1. 31), 「넷들」(『조선일보』, 1926. 2. 19), 「저무러가는山路에서」(『조
   선일보』, 1926. 3. 11), 「물방아」(『조선일보』, 1926. 3. 16), 「봄비」(『조선일보』, 1926. 3. 28), 「흙」
   (『조선문단』, 1926. 3), 「나의宣言」(『조선일보』, 1926. 4. 7), 「쪼각달」(『조선일보』, 1926. 4. 19),
   「불타버린村落」(『조선일보』, 1926. 5. 1), 「첫녀름의들빗」(『조선일보』, 1926. 6. 1), 「愚婦의설음」
   (『조선일보』, 1926. 6. 28), 「故園의녀름ㅅ빗」(1926. 8. 21), 「아츰날의讚美者」(『조선일보』, 1926.
   8. 30), 「農村으로」(『신여성』, 1926. 8), 「호박꼿」(1926. 8), 「가을바람」(1926. 9), 「熱砂의우로」
   (1926. 12. 13), 「눈나리는大地」(『조선일보』, 1926. 12. 16), 「雪月情景」(『조선일보』, 1926. 12. 23),
   「斷腸曲」(『조선일보』, 1926. 12. 31), 「눈나리는산ㅅ길」(1927. 2. 5), 「山村夜景」(『조선일보』,
   1927. 3. 14) 등.
6) 서범석, 「한국농민시연구」, 고려원, 1991, 127쪽 및 223 - 224쪽. 그가 펴낸 『한국농민시』(고려
   원, 1993)에는 김해강의 「가을의 香氣」, 「農民禮讚」, 「農村으로」, 「農土로 돌아오라」, 「待雨」,
   「봄밤의 情調」, 「부탁」, 「初夏夕咏」, 「아츰날의 讚美者」, 「田園에 숨은 가을의 노래」, 「豊年
   雨」, 「黃波萬頃에 익어가는 가을」, 「산길을 걸으며」 등 13편이 수록되어 있다.
7) 오세영은 『한국근대문학론과 근대시』(민음사, 1997, 274쪽 및 282쪽)에서 김해강의 「부春哀
   歌」, 「農村으로」, 「愛頌」, 「아츰날」을 '계급적 농민시'로 분류하고, 「田園에 숨은 가을의 노
   래」, 「물방아」, 「첫녀름」을 '목가적 농민시'로 나누었다. 그러나 「愛頌」은 농민시가 아니라,
   노동자 부부의 사랑을 노래한 작품이므로 그의 분류는 시정되어야 한다.

II. 김해강의 농민시의 특성

일제에 의한 국권침탈은 식민지 원주민들의 구체적 삶을 왜곡시켰다. 이러한 정치상황은 시인들로 하여금 문학을 사회현상의 반영물로 파악하도록 조장하였다. 1925년부터 전개된 김해강의 시작활동은 식민지 경제체제에 강제 편입된 농민들의 궁핍한 삶의 단면을 형상화하는데 집중되었다.[8] 그에게 농민시의 창작은 식민지 현실을 정확하게 인식하는 계기였으며, 이후의 작품에서 기교보다는 서술적 요소를 중시하는 시작 태도를 형성시켜 주었다. 그는 「魂 - 나의詩」(『조선일보』, 1927. 1. 4)에서 자신의 시작품을 '農村에서 쫓기는' 고달픈 영혼들의 이야기를 '눈물로 써노흔것'으로 규정하였다. 그 결과 그의 농민시에는 최초 발표작 「天國의鍾소리」(『조선일보』, 1925. 7. 24)에서 출현한 '쫓기여가는者'의 비극적 심상이 반복적으로 등장하고 있다.

이와 같은 미학적 관점은 그가 '『農土의風情』『民의마음』'을 '은연히말하고 잇'는 「호박꽃」(『조선일보』, 1926. 9. 29)에 주목한 데서 비롯되었다. 그에게 호박꽃은 '해쓰자피는' 재바름과 '거짓업는순박한' 미덕을 갖춘 '王者의존귀한黃金의면류관과갓'은 꽃이었다. 단순한 심미적 속성으로부터 도출된 호박꽃의 이미지는 원시적 세계의 질서를 담보해주는 객관적 상징물이라는 점에서, 일제에 의해 강요된 식민지 질서체계에 대한 대항소로서의 성격을 획득하게 된다. 그에게 호박꽃은 '멍청한꽃곱지못한꽃'이 아니라, '농촌에서쫓기는자'와 함께 식민지의 현실을 함의하고 있다.

1. 노동예찬

인간은 노동하는 동물이다. 노동은 인간의 자주적이고 창조적이며 의식적인

---

8) 김해강이 농민시의 창작에 노력했던 배경으로는 그와 천도교단 간의 관계를 들 수 있다. 그의 부친이 천도교단에서 설립한 사립학교의 학감이었고, 고모부 최린은 천도교 신파의 지도자로서 3·1독립만세운동 당시 민족대표 33인 중 한 사람이었다. 또 그는 천도교단에서 설립한 소학교와 보성학교, 천도교종학원에서 수학했다. 이러한 사실로 미루어 볼 때, 그는 1925년 10월 29일 창립된 천도교 계통의 조선농민사에서 주도한 농민운동에 관심을 기울이게 되었을 것이다.

활동으로서, 인간의 생존조건과 자기발전을 담보해주는 생의 기본방식이다. 인간은 노동을 통해 자연을 변형시키며, 세계의 존재로 실존적 상황을 수용하고 사회를 변혁하는 동력을 획득하게 된다. 그러므로 노동을 예찬하는 시작품은 개인적 창조물이면서, 동시에 사회를 개조시키려는 시인의 역사적 전망이 삼투된 문학적 형상물이다. 김해강은 식민지시대의 고통을 온몸으로 감당하고 있던 기층민중의 실존적 조건에 관심을 갖고, 노동의 본질적 국면을 문제삼아서 외세에 의해 노동의지가 좌절된 농민들의 처지를 강조하려고 노력했다. 그것은 세계의 현상을 충실히 반영해야 하는 리얼리즘시에서 "아름다운 것은 우리가 이해하고 원하는 생활, 우리를 즐겁게 하는 상황을 보여주는 것"[9]이었다. 실례로 그는 노동현장에 복무하는 한 부부의 노동행위를 통해서 노동의 의미를 천착하였다.

> 물방아소리쑥근치며―
> 담배를부처물고안즌남편!
> 치마압자락으로얼골을씻는안해!
> 『석섬(三石)은써엿지?』
> 『아직도두섬이나남엇소』
> 『이밤에마자찌어버려야지』
> 못처럼어든安息도暫間!
> 찔―구덩쿵 찔―구덩쿵
> 쏘다시물방아는도라가기始作한다
> ― 「물방아」(『조선일보』, 1926. 3. 16)[10] 부분

김해강은 이 작품에서 물방아를 찧는 부부의 노동현장을 정밀하게 묘사하였다. 그는 농민 부부의 "쓰거운김이써오르는그얼골"을 '生의聖光'으로 규정하고, 노동의 본질적 국면을 포착하고 있다. 그가 발견한 노동의 환희는 "현실생활 자체가 이미 구체적 형상으로 표현되고 개념을 포함하고 있는 까닭에 예술가는 형

---

9) N. G. Chernyshevskij, 신윤곤 역, 『현실에 대한 예술의 미학적 관계』, 열린책들, 1991, 47쪽.
10) 앞으로 발표 지면이 표기되지 않은 작품은 연구자가 발굴한 것이며, 작품 인용은 원문대로 표기한다.

상을 통하여 현실생활을 반영할 때 현실생활 중의 개념까지 함께 반영하여야"[11] 한다는 리얼리즘 시정신을 정직하게 실현한 결과이다. 이와 함께 그의 시 「아츰 날의 讚美者」는 "자연의 여러 현상들은 결코 개인과 우주의 합일 같은 고전·낭 만적 시정신의 바탕에서 사용되지 않고, 정치적인 상태 또는 정치적인 전망의 알 레고리로써 사용된다"[12]는 노동시의 미학적 기준을 확보한 작품이다.

> 광이를들엇다노앗다노앗다들엇다할째
> 太陽의金화살은내全身을쏘나니
> 오—내붉은몸동이에서써오르는쓰거운김!
> 내全身을高速度로다름박질하야팔팔도는피!
> 얼마나아름다우냐거룩하냐?
> - 「아츰날의讚美者」(『조선일보』, 1926. 8. 30) 부분

안함광은 이 작품에 대해 "농민을 한낱 '순박'과 '건실'의 존재로서, 농촌을 한낱 평화한 에덴의 동산으로 사유하던 메타피짓스한 경향의 반영 이외의 아무 것도 아니다"[13]고 폄하하였다. 그러나 그의 지적은 김해강이 작품을 발표한 지 5 년이 경과한 시점에 나온 것이어서 시기적 효용성을 상실한 거론이었으며, 자신 의 논리를 합리화하기 위해 자의적으로 선정한 사례일 뿐이다. 또 그가 제기한 "프로파의 농민문학논쟁은 개념 규정 문제를 비롯하여 거의 모두가 일본 농민문 학연구회의 성과를 수용한 것"[14]에 불과하다는 점에서 외래적 관점을 기계적으 로 적용한 사례에 지나지 않는다. 이미 김해강은 「太陽의입술에입맛추는령혼」 (1927. 6. 1)에서 "치마를 쩔고 나오는 안해, 아욱닙을 쯧는 손"과 "풀을 베러 나 오는 사내의 몽친장ㅅ단지"를 정밀하게 묘사할 만큼, 대상에 대한 사실적인 묘 사를 중시하고 있었다. 따라서 이 작품은 "투철한 노동사상이 아름다운 표현미 학을 획득함으로써, 높은 사상예술성을 확보한 한 예가 된다는 점에서 당대 프

---

11) 蔣孔陽, 김일평 역, 『사유와 전형』, 사계절, 1987, 59쪽.
12) G. Stieg · B. Witte, 마성규 역, 『독일의 노동시』, 개마고원, 1992, 39 - 40쪽.
13) 안함광, 「농민문학문제재론 (2)」, 『조선일보』, 1931. 10. 23
14) 芹川哲世, 「한일농민문학론의 비교 고찰」, 신경림 편, 『농민문학론』, 온누리, 1989, 157쪽.

로시의 또 다른 가능성을 시사해 준 것"15)이다.

시 「農民禮讚」(『동아일보』, 1928. 6. 2)에서 '썩어가는 都市人의 염통바닥'과 '흙을파는 健壯한 붉은 몸ㅅ덩이'를 대조시키며, 노동하는 대다수의 농민들을 도시인들보다 높이 평가하던 김해강은 식민지 농업정책이 점차 마각을 드러내면서부터 노동의 조건을 탐색하기 시작한다. 그것은 일제에 의한 농민들의 노동력 착취 현장을 고발하는 것으로 구현되었다. 일제는 장기간의 가뭄과 흉작으로 말미암아 발생한 농민들의 실업 상태를 이용하여 1930년부터 3년 동안 이른바 '궁민구제사업'에 착수했다. 이 사업은 도로 개설·간척 사업·하천 개량·항만 보수·치수 작업·사방 공사 등 전 부면에 걸친 대규모 공사였다. 이에 농민들은 식량 부족과 연속되는 강제 노동으로 인해 이중으로 핍박받게 되었다. 김해강의 다음 작품에서는 이 시기 '수난이대'의 노동력 착취 실태를 엿볼 수 있다.

> 불까지 집히지 못한 써진 구들장에
> 옵바는 파리한 얼굴에 입을 다문 그대로
> 아모 말업시 누어만 잇스올뿐
> 늙은 허리를 펴지 못하는 아버지 옵바를
> 대신하야 오늘도 부역을 갓나이다
>
> — 「早春哀歌」(『제일선』, 1932. 6) 부분

그는 여성화자를 통해 강제 동원된 부역 현장의 비참한 실태를 고발하고 있다. 하루 12시간의 중노동으로 인해 "파리한 얼굴에 입을 다문" 오빠와 "늙은 허리를 펴지 못하는 아버지"의 부역 체험은 일제에 의해 시도된 노동력의 착취 현장이었다. 일제는 대물림을 통해서라도 할당된 부역일수를 채우도록 강요했던 것이다. 일제가 도로를 개설하게 된 것은 군국주의의 제도화를 획책하면서, 한반도를 식량보급 및 병참기지로 전락시키려는 교활한 계략의 일환이었다. 그밖에 부역을 나갔다가 돌아온 농촌 사내의 노동의지를 표상한 작품으로는 시 「田園에 숨은 가을의 노래」(『신여성』, 1932. 11)가 있다.

---

15) 김재홍, 앞의 책, 1991, 131쪽.

김해강은 일제의 수탈이 산업의 전 부문에서 가속화되면서 상대적으로 피폐해지는 농민들의 삶을 보고, 농민들의 노동행위를 예찬하던 초기의 시작 경향을 탈피하여 농촌 현실을 근본적으로 개선할 수 있는 시적 방안을 모색하기 시작했다.

2. 농촌계몽의식의 표출

1920년대에 전개되었던 농촌계몽운동은 "광범한 대중 속에 반침략적 애국정신과 반봉건적 개화 풍조를 침투시켜, 많은 제약성을 가졌으면서도 민족운동을 한층 더 높은 차원으로 발전시키기 위한 실력 양성이라는 역사적 사명을 다하여 1919년 3·1운동의 복선"16)이 되었던 전대의 계몽의식과 달리, 민족 구성원의 대부분을 차지하는 농민의 각성을 통해 민족해방을 추구하려는 의지의 표현이었다. 일제는 야학을 사회주의 단체로 규정하고 강력하게 대응하는 한편, 공장 단위의 관제 야학을 개설하여 농촌에 산재했던 야학기관을 무력화하려고 기도하였다. 김해강은 이 시기에 선진적인 청년 지식인들이 전면적인 항일전선을 구축하려는 의도 아래 운영했던 농촌의 야학 광경을 묘사하면서 계몽의식을 드러냈다. 그의 계몽의식은 식민지 현실에 대한 농민의 각성을 통해 계급해방의식을 확산시키기 위한 전단계로서의 의의를 갖는다. 이 점은 신문학 초기의 소박한 계몽의식과 변별되는 자질이면서, 농민해방의식의 시적 표현이었다.

> 쏘나는 보앗노라
> 고요한밤푸른찬별빗아래
> 마을안넓은마당에
> 늙은이 젊은이 어린이 산아희 녀편네 모도뫼여노코
> 혹은『가갸거겨』
> 쏘혹은『우리도 남과가티 잘살어보려면……』하고가르치고부르지짐을—
> ─「農村으로」(『신여성』, 1926. 8) 부분

---

16) 강재언, 『한국의 근대사상』, 한길사, 1985, 239쪽.

농촌의 '고요한밤푸른찬별빗' 아래서 "늙은이 젊은이 어린이 산아희 녀편네 모도" 모여서 "『가갸거겨』"를 배우는 장면은 뭉클한 감동을 자아낸다. 김해강은 이 작품을 통해서 '도시로닷는동모들'에게 농촌으로 돌아와서 '농민들과손목잡고가슴을헤치라'고 권유하고 있다. 그는 '배우려고 알려고 살려고헐덕이는' 농민들을 위해 지식인들의 귀향을 호소한 것이다. 1930년의 문맹률이 80%에 달했던 사실을 고려하면, 문맹 퇴치는 시급한 민족적 과제였다. 점진적 개량주의자들에 의해 이른바 준비론 사상이 구체화되면서 "30년대 농촌계몽운동의 실천 양태의 하나가 바로 '계몽문학적 농민시'"17)로 나타났던 문학사적 사실을 상기할 때, 이 작품은 농민시의 선구적인 작품이라고 할 수 있다. 그는 1931년 조선일보사에서 「문맹퇴치가」를 공모하자 부인의 이름(李順珠)으로 응모하여 2등 당선될 정도로 문맹 퇴치 운동에 깊은 관심을 갖고 있었다.18)

그의 농촌계몽의식은 이른바 '서한체 담화법'을 차용한 작품에서 야학운동과 긴밀하게 대응하였다. 그는 비형식 교육기관인 야학의 특수성에 기대어 농민의 계몽을 통한 항일민족전선의 확대를 시도하였다. 이것은 그가 농민해방과 민족해방을 동일한 차원에서 인식했던 계급의식에서 비롯된 것이다. 그는 도회지에 유학하는 '봉지 맺는 삿순' 같은 여학생 집단을 수취인으로 설정하고, 지식인들의 농촌계몽활동을 호소하였다.

> 번화함을 자랑하고 文明만 찬양함은 철없던 時節의 일
> 내 고장에 돌아온 짧은 동안일망정 보람을 남겨 놓음이 있어주오.

---

17) 서범석, 『한국농민시연구』, 208쪽.
18) 그가 응모했던 「문자보급가」의 전문은 다음과 같다.
 "1. 사천년 잠들였든 어둠을 뚫고/삼천년 이 땅에 울리는 소리/배우자 배우자 배워야 산다/ 어깨를 겨루어 배워야 산다/어깨를 겨루어 배워야 산다
 2. 내 것을 내 맘껏 내 못지니며/내 살림 빛나게 내 못벌임은/뜨고도 못가린 어둔 탓이다/ 배워서 자돋힘 아는 것이 힘/배워서 힘돋자 아는 것이 힘
 3. 덩지큰 어둠 지옥 깨트려 붓고/슳음이 서린 가슴 뒤집어 엎어/악물고 부르짖고 배워나 가자/봄새벽 놀애 같은 그날이 오리니/봄새벽 놀애 같은 그날이 오리니
 (후렴) 공장에서나 들판에서나/어른 아이든 모이는 대로/한둘이면 한둘이 열이면 열식/ 배우자 기억니은 우리 글부터"(『조선일보』, 1931. 1. 1)

허리 부러진 내 고장의 묻힌 애를 캐어도 보고
불볕 아래 덤풀을 헤치며, 살을 찢기는 아픈 선물도 손수 담아보오.
　　　　　　　　　　　　- 「부탁」(『신여성』, 1932. 8) 부분

기역 니은 한 字를 뙤아주고 언니들은 떠났소?
새 삶의 본보기로 어둠을 깨워 주고 언니들은 떠났소?

들은 가물에 타는데, 걱정하는 낯꽃이나 보여주었소?
밭에 들어가 흙덩이 하나 깨트려나 보았소?
　　　　　　　　　- 「둘쨋번 부탁」(『신여성』, 1932. 12) 부분

　　두 작품은 여름방학과 겨울방학을 맞아 '汽車에 몸을 실어 반가운 얼굴로' 귀
향하는 여학생들에게 당부하는 내용으로, 동일한 잡지에 발표되었으며 주제상으
로 상호 연결되어 있다. 귀향하는 언니들이 "기역 니은 한 字를 뙤아주"거나 "새
삶의 본보기로 어둠을 깨워 주"기를 갈망했던 화자의 기대는, 언니들이 "얼굴을
꾸미는 化粧法"이나 "시굴은 갑갑해 못살 곳"이라는 푸념만 늘어놓고 가자 원망
으로 바뀌게 된다. 그 원망은 언니들을 '한창 복스러운 학생의 몸'으로 규정하
고, 자신을 '쏘다저 나리는 불볏 알에 흙을 파는 시골의 處女'로 자학하도록 만
들었다. 이 작품에서 '몸을 學窓에 두어 글자를 배우는 것만이 공부'라고 생각
하는 언니들의 행태는, 당대의 지식인들이 갖고 있었던 '風船 같은 생각'의 행
동화에 다름 아니다. 그는 이 작품을 통해서 1930년 말 현재 학령아동의 취학률
이 18.5%에 불과[19]한 사실을 외면하던 지식인들의 허위의식을 비판하고 있다.
　　일제는 1920년 3월 '회사령'을 폐지하고 자국의 자본이 조선에 손쉽게 진출
하는 데 필요한 사전조치들을 취하였다. 그들이 조선에 설립했던 제철소, 질소비
료공장, 시멘트 공장 등은 "조선 공업의 내재적 발전의 결과가 아니라, 일본제국
주의의 이익을 위해 이식되어진 것이고, 조선 공업을 식민지적인 기형성의 아래
에 둔 것"[20]에 불과하다. 일제는 농촌 소녀들을 여공으로 채용하고, 그들에게 최

---

19) 강동진, 「문화주의의 기본 성격」, 『한국사회연구』 제2집, 한길사, 1984, 173쪽.
20) 조선사연구회 편, 조성을 역, 『한국의 역사』, 한울, 1985, 207쪽.

저임금과 장시간의 노동을 강요하였다.

오―저들!
몸ㅅ둥이가 어느 구렁에 떨어질지 몰으는 저들!
고양이 웃음짓는 出張員의 날카로운 視線이
眼鏡 넘어로 왼몸을 삿삿치 씹어할틀 째
얼마나 가슴을 방망이질 하얏든가?
― 「農土로 돌아오라」(『조선일보』, 1928. 9. 21) 부분

그는 공장을 설립하여 노동력을 착취하려는 일제의 의도를 간파하고, 제사공장에 취업하기 위해 농촌을 떠나는 여성들을 향해 '農土로 돌아오라'고 호소하고 있다. 소녀들은 '돈벌러' 공장에 취직한다. 일제에 의해 조장된 물신숭배의 식은 이 작품 속에서 '고양이 웃음짓는 出張員'이 "眼境 넘어로 왼몸을 삿삿치 씹어할틀 째" 고개를 숙이고 "숫된 붓그러움이 落葉될가" 염려하는 소녀를 '奴隷로서의 最初의 人間'으로 만든다. 여공들은 대개 15 - 16세 전후의 농촌 소녀들이었다.[21] 살인적인 노동환경 속에서 노동력을 약탈당하던 여공들의 비극적 삶은 김해강에게 "생활을 억압하고 유린하는 착취제도와 착취계급을 증오하면서 새로운 사회제도를 만들어나가고 싶다는 사상과 감정"[22]을 확보하는 대립적인 세계인식의 기반이 되었다. 그는 이 작품에서 "아름다운 가상의 문학에 대한 거부와 그 대안으로서 명확히 위치지워져야만"[23] 하는 노동시의 조건을 충족시켰다.

---

21) 당시 제사공장 내의 열악한 실상에 대해서는 한 여공의 증언을 통해 확인할 수 있다. "기숙사라고 해도 한 방에 10여명씩이나 처넣고, 수위가 계속 교체하며 그들을 감시하여 극도로 자유를 제한하고 있다. 노동시간은 길고, 식사는 형편없어 그들의 영양상태와 건강은 극도로 악화되고 있다 … 몸은 쇠약하여 졸도하는 일이 허다한데, 공장 내에는 특별한 규율이 있어 조금이라도 그 규율을 어기면 즉각 매를 맞는 형편이었다." - 『조선중앙일보』, 1936. 7. 2.
22) 김재홍, 앞의 책, 121쪽.
23) G. Stieg · B. Witte, 앞의 책, 17쪽.

3. 소작농의 비극적 삶

일제는 1910년대의 토지조사사업을 전개하는 과정에서 식민지의 동조자들을 규합하는 방안의 하나로 지주계급을 양성화시켰다. 이들은 구한말의 관료들이 대부분을 차지하였으며, 봉토를 계승받거나 농민 소유의 토지를 가로채는 수법으로 기득권을 유지하였다. 당시의 지주들은 1927 - 32년의 세계적인 경제대공황으로 인해 은행·보험업 등의 금융 부문에서의 참여도가 급격히 감소하면서 발생한 잉여자금의 상당 부분을 고리대금업과 투기사업 등에 집중적으로 투자하였다.24) 이 과정에서 그들은 식민지 권력의 비호 아래 민족의 희생을 강요하는 '잇는 者'로 변모해갔다. 일제와 지주의 야합으로 인해 농민들은 더욱 비참한 삶을 영위하게 되었고, 그들에게는 민족의 최대명절인 설조차 도리어 '모진 날'이었다. 다음 작품에서 김해강은 "『설』이라고 옷가지나 전당하여 온것"과 "애탄갈탄 한푼두푼 모하둔것"을 빼앗아가는 '무서운 빗장이령감'을 등장시켜서, 식민지 경제체제가 결과한 이중적 수탈구조를 고발하고 있다.

> 보라. 어제ㅅ저녁의 참혹한光景을!
> 『설』이라고 옷가지나 전당하여 온것을
> 그리고 애탄갈탄 한푼두푼 모하둔것을
>
> 저 — 무서운 빗장이령감이 와서
> 억지로 빼아서 가지 안햇느냐?
> 그째에 병든안해의 바르르 썰든 파리한얼골……
> - 「주린者의 『설』노래」(『조선일보』, 1927. 3. 18) 부분

이와 같이 피폐화된 농촌 현실은 일제가 1920년부터 이른바 산미증산계획을 실시하면서 지주계급과의 유착관계를 강화하고, 농민들의 정치적·경제적 지위

---

24) 장시원, 「식민지하 조선인 대지주 범주에 관한 연구」, 『한국근대농촌사회와 농민운동』, 열음사, 1988, 274 - 284쪽.

를 하락시킨 데서 기인한다. 식민지 지주제가 정착되면서 일제와 결탁한 지주계급은 소작농의 농지 경영에 깊숙이 개입하고, 그 생산과정까지 지배하고 간섭하는 존재로 변해갔다. 이 제도에 의해 지주와 소작농은 인간적 관계가 아닌 물질적·경제적 관계로 변질되기에 이르렀고, 지주들은 식민지 권력의 비호 아래 토지 소유의 집중화를 시도하였다. 김해강의 시작품에서는 일제에 의해 식민지 지주제가 정착되어 가던 농촌의 실상이 여실히 드러나 있다.

> 들 한복판에 조으는듯 깜박이는 등ㅅ불하나
> 몬지속에 김나는 얼골들이 밧부게 움직이는구나
> 밤마다 단잠을 팔어 갓분숨 허덕이며
> 찌여놋는 흰쌀. 저들의 입에 몃알이나 구을려지나.
>
> 열섬이라 스무섬 내손으로 찌여내것만
> 알알에 내 깜방울 썰어저 배엿것만
> 사랑하는 쌀아들 그대로 굼주리며 썰지안는가
> 수억만 쌀알에서 한두알인들 내것 안이란것을.
>
> ―「물레방아」(1928. 11. 4) 부분

식민지 지주계급을 양성화시킨 일제는 1920년대에 들어서 "소작료·소작권의 이동 변경 등 소작 조건을 지주의 손아귀에 쥐어 주어서 고율의 소작료나 여러 봉건적 특권을 보장"[25]해주었다. 이 작품은 "전북지방을 중심으로 가장 전형적으로 나타나"[26]고 있었던 식민지 지주제가 실시될 무렵의 농촌 실태를 고발하고 있다. "밤마다 단잠을 팔어 갓분숨 허덕이며" 물레방아를 돌리며 "찌여놋는 흰쌀"이지만, 정작 경작자인 "저들의 입에 몃알이나 구을려지"는지 모른다. "들 한복판에 조으는듯 깜박이는 등ㅅ불하나"를 켜고 "열섬이라 스무섬 내손으로 찌여내"고 "알알에 내 깜방울 썰어저 배엿것만", 물레방아를 돌리는 농민은 "수억만

---

25) 강동진, 『일제의 한국침략정책사』, 한길사, 1984, 204쪽.
26) 박명규, 「한국 근대사와 전북지역 민중의 삶」, 『호남사회연구』 창간호, 호남사회연구회, 1993, 57쪽.

쌀알에서 한두알인들 내것 안이란 것을" 잘 알고 있다. 소작농에 불과한 그로서는 "사랑하는 쌀아들 그대로 굶주리며 썰"고 있어도, 그들에게 먹일 수 있는 쌀이 없다.

이 시기의 농민운동은 노동운동과의 조직적인 연대가 두드러지게 나타났다.[27] 3·1독립만세운동 이후 삼남지방을 중심으로 전개되었던 소작쟁의는 1920년부터 1939년까지 140,969회가 발생하여 식민지 당국조차 '농촌사회의 恒常的인 현상'이라고 규정할만큼 전국적으로 빈발하였다. 소작쟁의는 암태도 소작쟁의(1924. 4. 3)를 비롯하여 무안농민투쟁(1925. 8), 옥구 二葉社 농장 쟁의사건(1927. 11) 전북 최대지주 백인기댁 습격 사건(1928. 12), 단천농민폭동(1930. 7) 등을 거치면서 점차 계급투쟁의 성격을 띠게 되었다. 이런 이유로 인해 1930년대는 "대지주에 대한 경제투쟁이 바로 식민지 제국주의에 대한 반제투쟁이면서 정치투쟁으로 강화하는 시기"[28]였다.

> 마을안 넓은사랑엔 低氣壓이 떠돌고잇다
> 憤怒에 넘치는 검붉은 얼골들 썰리는 굵은쩌대들 ─
> 斥候兵의回報를 기다리는듯 켱기는 가슴을 부드안스고
>
> 무서운 바람은 일어나려느냐? 사나운 비는 쏘다지려느냐?
> 오─쩝흐렷든 한울에 번개ㅅ불이 번쩍하자 우뢰는 터지게 되엿다
> 기다리든消息은 쯔태나 저들의염통에 불똥을 썰어트린것이다
>
> 『여보게들 마츰내 그는피ㅅ투성이 송장이되여 들것에 담겨오자
> 썰은 쌔앗기고 아들은 볼모로 삽혀가게되니 그의안해는 혀를 쌔물고 죽고
> 말엇네
> 엇지들 하려냐? 일어나세 자─쌔는 이쌔네 걱구러저도 나아가 걱구러지
> 세』
>
> ―「噴火口(一)」(『조선일보』, 1927. 7. 31) 부분

27) 김경일, 『일제하 노동운동사』, 창작과비평사, 1992, 168쪽.
28) 이우재, 『한국농민운동사연구』, 한울, 1991, 50쪽.

김해강은 이 작품에서 소작분쟁을 둘러싼 농민들의 분노를 '폭발하려는 噴火口'로 비유하고 있다. 농민들은 "피ㅅ투성이 송장이되여 들것에 담겨오"게 된 가장의 주검과 "쌀은 빼앗기고 아들은 볼모로 잡혀가게"된 아내가 "혀를 깨물고 죽"게 되자 "걱구러져도 나아가 걱구러지"자고 절규하면서 분기한다. 농민들은 지주에 대한 소작 투쟁의 "압헨 더넓은 曠野가 벌려잇"다는 사실을 알고 있다. 그는 소작 투쟁에 참가한 농민들의 "가슴과가슴은 뒤밋처닥처올 戰線의차림에 울렁거린다"고 표현함으로써, 지속적으로 전개될 농민들의 강도높은 투쟁 의지를 강조하고 있다. 이와 같이 그의 시작품 속에서는 프롤레타리아적 세계관에 입각한 계급적 인식이 구체적인 삶의 세목들을 매개로 드러낸다. 시인은 "자기의 세계관 내지 자기의 시대와 계급에 대한 그의 견해를 표현하기 위해 현실에 지향"[29]한다는 점에서, 당대의 객관적 정세를 반영한 시작품을 통해 그의 농민 해방의식을 검출할 수 있다.

농민들이 생산한 쌀은 일제에게 수탈되어 일본으로 수출되었기 때문에, 그들은 일제가 만주로부터 수입한 기장과 피 등을 주식으로 대체하여 연명하고 있었다. 이런 식량 사정은 1930년대 접어들면서 잡곡조차 구입할 수 없을 정도로 심화되었다.[30] 1913년에 22.8%였던 자작농은 1932년에 15.7%로 격감하고, 순소작농은 41.7%에서 51.1%로 증가하였다. 특히 전북지방은 토지의 집중화 현상이 두드러지게 가속화되었는데, 구한말까지 50% 수준이었던 소작료가 이 시기에 이르러 60-80%의 고율로 상승하였다. 대부분 소작농이거나 소작노동자 혹은 임금노동자로 전락해버린 농민들은 이러한 형편 때문에 일용할 양식조차 구할 수 없었다. 시사적으로 "1930년부터 1933년까지의 4년간은 농민시가 집중적으로 발표되어

---

29) H. Arvon, 오병남·이창환 역, 『마르크스주의와 예술』, 서광사, 1981, 151쪽.
30) 다음 신문자료는 당시 소작농들이 처했던 상황을 증언해준다.
"1년 소출의 반 이상은 지주의 손으로 들어가고 지주의 손에서 다시 소비지인 도시를 거쳐 조선 외로 유출하거나, 그렇지 않으면 다시 토지겸병의 과정을 촉진케 한다. 이리하야 일방으로 자작농의 몰락, 소작농이 증가는 인구 통계가 여실히 보여주고 있는 현상이 되었고, 또 타방으로 과중한 부담에 억눌린 소작 농민들은 생활의 최전선에서 부채의 노예가 되거나 그렇지 않으면 조만간 遊離의 길을 떠나게 된다. 이같은 현실하에 생활 개선, 소비절약과 같은 이상이 실제화할 수 없는 것은 물론이요, 생산력의 증가와 같은 것도 소작인의 誠力을 환기할 수 없는 것이다." - 『동아일보』, 1932. 4. 30.

일제하 농민시 전체 분량의 약 50%"[31]를 차지했던 사실은, 이 시기의 농민들이
처한 상황을 담보해준다.

> 萬頃이라 굼실굼실 이는 벼이삭 香氣에
> 瞳子만이 醉하여 하늘을 안을 듯
> 기쁨은 呼吸을 배 불리건만두
> 모지락스럽구나 기쁨을 썼은 듯 앗이우고 마는
> 꺼지는 허파만을 주무르는 한 가락 咀呪만이
> 그득 火心을 다루는 것을
>
> 雪寒 三冬 긴 긴 밤을
> 바라서 끝없는 눈 덮인 벌판에
> ─ 〈한숨 짓고 눈물 삼키면서도〉 ─
> 그래도 봄 오기를 손 발 비벼 축수하던 것
> 주린 창자를 틀어쥐고서 가을을 일궈놓았건만
> 아쉽다 그네는 여전 기쁨에 주리지 않는가.
> ─ 「黃波萬頃에 익어가는 가을」(『동광』, 1931. 10) 부분

김안서는 이 작품에 대해 "금년의 시작에서 조흔 것"[32]이라고 평가했다. '前
章'과 '後章'으로 이루어진 이 작품에서 김해강은 추수를 앞둔 벌판을 바라보면
서 "기쁨을 썼은 듯 앗이우고 마는" 농민들의 가련한 처지를 묘사하였다. 그는
전장에서 "발 벗은 이네 겨레들이 알뜰히 情들여 지은" 가을걷이를 앞두고 "黃
金 물결 萬頃으로 이는" 들녘의 풍요로움을 진술하고 있다. 그러나 후장에서는
"千頃 萬頃을, 뼈를 끊어 일궈 놓고노" 정작 "벼알 하나를 마음대로 건드려" 보
지도 못하는 농민들의 가련한 처지를 형상화하고 있다. 이 작품은 시대가 흐를
수록 더욱 일제의 농촌 수탈구조는 개선되지 않고 오히려 심화된 사실을 보여주
고 있다. 이러한 생산 현장의 비극적인 사정을 기억하여 가을 들판을 지나는 이
들에게 "無心히 이삭 香氣에 醉틀 말지어다"고 충고한다. 농민들이 "주린 창자

---

31) 서범석, 앞의 책, 134쪽.
32) 김안서, 「신미년 시단 ─ 그 부진과 신시인」, 『동아일보』, 1931. 12. 19.

를 틀어쥐고서" 일군 가을 들녘에서 노동이 열매인 나락 대신 '한가락 咀呪'만 갖게 된 것은 식민지 당국에 의해 구조화된 기형적인 소작제도 때문이었다. 그의 시작품에서는 소작농의 실상을 적나라하게 엿볼 수 있다.

> 여지업시 욕을 밧고 쏘각쏘각 짓밟혀버린
> 어머님의 정성 아아 어머님의 정성—
> 돼지울에 무참히도 썰어진 어머님의 정성—
> 정성이 설기도 하거니와 분이 분이 왼몸을 태웁니다.
>
> 가난은 이토록 어머님의 정성을 짓밟엇싸외다.
> 밧쏘아기 논짝지—그것이 얼마나 갸륵하기에
> 이다지도 정성을 밧들어 욕을 사단말에요?
> 눈물이 불된다면 한썻 울어 이쌍을 모두 ××보렷만
> ― 「少女의 적은설음」(『신여성』, 1933. 1) 부분

어머니가 정성스럽게 쑨 "도토리ㅅ묵 한양판"을 들고서 추운 겨울날 지주인 '장자ㅅ댁'을 찾아갔다던 소녀의 슬픈 사연을 노래한 것이다. 그녀가 준비한 묵을 내밀자 지주는 '댓자곳자' 호통을 치며 "돼지 울에 버리게" 하였다. 이 작품은 당대의 농민시에서 보편화된 "동지로서의 무산계급과 적으로서의 유산계급 사이에 명확한 경계선을 긋기에 이르렀고, 무산자의 선을 강조하기 위해서 상대적으로 유산자의 악을 부각시키는 대칭적 수법"[33]을 살펴볼 수 있다. 그는 일제의 수탈이 산업의 전 부문에서 가속화되면서 상대적으로 피폐해지는 농민들의 삶을 보고, 농토를 잃은 농민들의 자식들이 살아갈 길을 걱정하였다. 그것은 봄이 와도 농사지을 땅이 없는 아버지의 아픔이 세대간에 계승됨으로써, 식민지 농촌의 비극이 구조적으로 재생산되는 과정을 예견한 시적 발언이었다.

> 이쌍에도 해마다 봄은 오것만 江山은 봄비에 젓건만
> 어이하야 이마에 엇는 두손은 白魚가티 싸늘한쑨이엇나

___
33) 김 준, 『한국농민소설연구』, 태학사, 1990, 66쪽.

어이하야 가슴바닥은 가로세로 갈러만 질뿐이엇나

봄은 와서 봄바람은 이江山에 가득하여도
봄을 등진 이무리엔 응달만이 쌀을뿐이니
太陽을 도적한자가 누이드냐. 봄을 차지한자가 뉘란 말이냐.

                    -「아들아쌀들아」(1932. 4. 6) 부분

마치 이상화의 「쌔앗긴들에도봄은오는가」의 분위기를 연상케 하는 이 작품은 농토를 잃은 자의 비탄과 증오가 드러나 있다. 식민지 농촌에도 "봄은 와서 봄바람은 이江山에 가득하"지만, 이 땅은 봄조차 "太陽을 도적한자"에게 '쌔앗긴들' 이었다. 예로부터 '비'의 심상은 생명의 근원으로서의 의미를 띠고 있다. 이미 '봄을등진' 농민들에게 "빼앗긴 들로 표상되는 국토의 상실보다 더 안타까운 것은 봄으로 상징되는 시간의 부자유"[34]는 이중적인 고통을 의미한다. 그것은 주권을 강탈당한 조국의 모습과 농토를 빼앗겨서 농사일의 시작을 알리는 봄까지 '등진' 농민들이 당면한 현실이었다. 식민지 조국은 농민들에게 태양의 상실이라는 정치적 차원의 고통과 봄조차 맞을 수 없는 노동할 수 없는 불모의 환경을 안겨준 것이다. 노동의 의미를 상실당한 농민들의 '서글픈 탄식'은 「비맛는五月의江山」(1932. 5. 22)에서도 반복되어 나타난다.

4. 유이민의 비극적 참상

1908년 일제에 의해 설립된 동양척식회사는 1914년 4만6천 정보의 광대한 농토를 소유함으로써, 농민계급의 급속한 와해를 촉진하였다. 농민들은 도시로 유입되어 새로운 빈민계급을 재생산했는데, 그들은 항상 실직의 위협으로부터 시달리고 있었다. 일제는 농촌의 해체현상으로 인해 저임금 노동자들을 쉽게 구할 수 있는 이점을 교묘히 활용하여 이들을 위협하였다. 일제는 일용 노동자들이 노동 조건의 개선을 요구하며 파업하거나 임금투쟁을 전개하면, 부양가족이 없

---

34) 전정구, 『언어의 꿈을 찾아서』, 평민사, 2000, 218쪽.

고 동원하기가 용이한 중국인 노동자로 대체하는 등 도시 빈민들을 궁지로 몰아넣으며 저임금과 고강도의 노동을 강요하였다. 농민들의 이향에 따른 계급 재편성의 과정은 김해강의 시에서 두드러지게 검출된다.35) 그는 농민들과 도시 빈민들을 동일한 범주로 파악하는 계급관을 드러내었다.

> 오! 오날의新作路우에서
> 나는 젊은이를보지못하엿네
> 거지 ―
> 늙은이 ―
> 어린이 ―
> 오! 省墓길 新作路우에서
> 哀乞하는사람 ―
> 嘆息하는사람 ―
> 욱살리는사람 ―
> ― 그사람만을 보앗네
>
> ― 「省墓우길에서」(『조선일보』, 1928. 4. 13)36) 부분

농촌에서 쫓겨난 유이민들의 참상이 구체적으로 드러난 작품이다. 당시 전북 지방의 실업률은 조선총독부에서 실업자 통계를 조사하기 시작한 1930년 이후 식민지 시기 동안 거의 10%대를 상회하고 있었다. 이 통계치는 농도의 특성상 농촌의 해체 현상으로 인한 실업자의 대량 발생이 불가피했던 배경을 확인해준다. 이 작품은 어릴 적부터 오가던 성묘길에 만났던 정다운 사람들과 현재의 빈

---

35) 김해강이 농촌에서 쫓겨난 농민들이 신흥 빈민계급으로 재편성되는 과정을 형상화한 작품들은 네 가지로 분류할 수 있다. 첫째, '墓地와가튼이大地'에서 살아가는 도시 일용 노동자들의 비참한 모습은 「都市의겨울달」(『조선일보』, 1926. 11. 28) 등에서 살필 수 있다. 둘째, '다닥다닥 原始人의草幕가튼 캄캄한土窟속'에서 생활하는 토막민들의 삶은 「咀呪할봄이로다」(『동아일보』, 1929. 4. 20) 등에서 찾아볼 수 있다. 셋째, 1928년 현재 4,473호에 17,735명이었던 전북 지방 화전민들의 실태는 「불타버린村落」(『조선일보』, 1926. 5. 1) 등에서 엿볼 수 있다. 넷째, 농촌을 떠나 도시에서 일자리를 구하지 못한 실업자들의 실상은 「露宿하는무리들」(『조선일보』, 1926. 9. 1) 등에서 볼 수 있다.

36) 이 시의 제목은 「省墓길우에서」의 오식으로 보인다.

민계급을 오버랩 시키면서, 시간의 교체에 따른 민족적 현실을 서술하고 있다. 이 시기에는 세계적인 공황과 농토의 상실, 고율의 소작료, 한해 등이 겹치면서 전국적으로 무수한 이재민이 발생하였다. 그 가운데 전북 지방은 식민지 최대의 곡창지대로서 이와 같은 요인들의 직접적인 영향권 아래 노출되어 있었다. 당시 농산물의 집산지였던 전주에는 농촌으로부터 구걸나온 거지들이 모여들었다.[37] 김해강은 이러한 실정을 목도하면서 식민지 정책의 제도화 과정에서 농촌으로부터 쫓겨난 사람들이 빈민계급으로 확대되어 가는 과정을 고발하였다. 그는 농민들이 먹을 것을 찾아 정든 집을 떠나면서 폐가가 된 산촌의 가옥을 바라보면서 슬픔을 토로하였다.

> 잎 진 포플라 앙상한 가지 가지
> 낯 선 新作路 가에는 오막사리 몇 채가 쭈런이 섰다.
> 문고리마다 채워진 쇠통
> 그 쇠통에 곪긴 蒼白한 憂鬱을 따줄이 뉘런고.
> ─ 「山길을 걸으며」(『풍림』, 1937. 1) 부분

이 시기에 전국적으로 만연했던 유이민 현상은 전통적인 가족의 해체를 야기하였다. 식솔들을 더 이상 먹여 살릴 수 없는 무력한 가장들은 가족의 해체를 통해 연명할 곳을 찾아 가정을 떠나도록 방기할 수밖에 없었다. 이 작품은 '문고리마다 채워진 쇠통'으로 표상된 농가의 우울이 사실적으로 묘사되어 "당대 현실을 바르게 인식하고 시로서 형상화한 좋은 예"[38]이다. 전통적인 삶의 터전이었던 농촌을 빼앗긴 유이민들은 일제의 탄압이 미치지 않는 만주지역을 찾아서 국외 유랑을 떠나기도 하였다. 한민족의 만주 이주는 일제에 의해 국권이 짐탈당한 뒤 급속도로 증가하기 시작하였다. 1912년 1월부터 9월까지 경북지방의 주민들이 만주의 간도지방에 이주한 인원만도 3,225명이었다.[39] 한민족의 만주 이주는 3·

---

37) "전북 전주지방에는 작금 양년의 한해 이재민이 먹고 입을 것이 없어 가산을 放賣하고 남부여대로 유리하여 浮路休遊하는 乞食群이 격증하여 집집마다 밥을 먹을 수 없게 되었다는데 전주경찰서에서는 市街에 방황하는 걸인군을 총집합하여 80여명을 전주지방 밖으로 驅逐하였다는데 사람으로 볼 수 없는 처참한 광경이라더라." ─ 『동아일보』, 1929. 10. 13.

38) 서범석, 앞의 책, 127쪽.

1독립만세운동 이후 항일민족전선의 확대와 맞물려 점차 증가하였는데, 일제는 이들을 지속적이고 조직적으로 감시하면서 탄압하였다. 김해강의 시작품에서는 '그리운내짱에서쫓겨'서 만주로 이주하는 유이민들의 참상을 살필 수 있다.

> 등에업힌어린것의간엷은울음ㅅ소리
> 七八十늙은이의썰리는집팡막대
> 가도가도꿋업는눈벌판으로
> 바람찬짱설은북녁나라로
> 그리운내짱에서쫓겨가는가슴아,
> 오—가업시면아득한압ㅅ길에
> 소리업시나리는눈만싸힐쑨이로구나.
>
> - 「熱砂의우로」(1926. 12. 13) 부분

1920년대 중반부터 급격하게 양산된 유이민들은 한반도가 일제의 전쟁 수행을 위한 병참기지로 전락하게 되면서 날로 증가하는 추세를 보였다. 이 작품은 정든 고향을 등지고 타의에 의해 "가도가도꿋업는눈벌판"인 "바람찬짱설은북녁나라"로 떠나는 유이민들의 처지를 구체적으로 형상화한 작품이다. 낯설고 물선 타관 땅을 향해 떠나는 무리들 틈에는 "등에업힌어린것의간엷은울음ㅅ소리"와 "七八十늙은이의썰리는집팡막대"가 끼어 있다. 그는 이 작품 속의 유이민들이 떠나는 모습을 바라보면서, 그들이 한번 가면 "永永가버리고마는마지막ㅅ길"인 줄 알고 있다. 비록 지금은 떠나가는 "그대들을울음으로읍조리"지만, 이윽고 나의 몸도 "언제러나그대들의가는길을뒤쌀을지누가아나?"고 물음으로써, 자신도 결국 '쫓겨가는가슴'을 지닌 "싸홈마당의潚혼敗北者"가 될 것이라고 예견하고 있다. 그는 당대의 시인들이 유이민의 현실을 포착하여 고발하는데 그친 것과 달리, 유이민과 자신을 동일시하였다. 이 외에 김해강의 시작품에서 유이민들의 처연한 모습이 드러난 것으로는 「『오아시쓰』」(『조선일보』, 1926. 1. 23), 「雪月情景」(『조선일보』, 1926. 12. 23), 「斷腸曲」(『조선일보』, 1926. 12. 31), 「斷崖」(『조선일보』, 1927.

---

39) 한국일보사 편, 『한국독립운동사·Ⅰ』, 한국일보사, 1987, 47쪽.

1. 5) 「街上咏嘆」(1928. 11. 4), 「紅天夢」(『조선문학』, 1937. 3) 등이 있다.

III. 결론

1920 - 30년대 리얼리즘시의 한 국면을 담당했던 김해강은 농민시를 통해서 외세에 의해 민족의 현실적 삶이 유린되는 사회적 조건을 배척할 수 있는 시적 전략을 모색하였다. 그는 다른 시인들과 달리 식민지시대 전기간에 걸쳐서 농민들의 비극적인 삶의 단면을 형상화하였다. 식민지 현실을 직접적으로 체험하는 농민들의 비참한 실상에 주목했던 그의 농민시는 다음과 같이 요약할 수 있다.

첫째, 김해강은 초기에 농민들의 노동을 예찬하였으나 산업의 전부문에 걸쳐 일제의 노동력 착취가 가속화되면서 노동의 본질적 조건을 주목하였다.

둘째, 그의 농민시에서 검출되는 계몽의식은 신문학 초기의 소박한 계몽의식과 달리 일제에 의해 제도화된 권력 체제에 대항할 수 있는 농민의 계급적 각성에 초점을 맞춘 것이다.

셋째, 김해강은 당대의 농촌을 '太陽을도적한자'들에게 '빼앗긴들'로 상정하고, 경제공황의 여파를 농민들에게 전가시키면서 농산물을 약탈하는 일제의 농업정책의 모순과 지주 계급의 반민족적 행위를 고발하였다.

넷째, 그의 농민시에는 식민지 당국에 의해 농촌을 떠나 타지로 유랑하게 된 '쫓기여가는자'들이 신흥 빈민계급으로 재편성되는 과정이 포착되어 있다.

이와 같은 사실을 고려할 때 김해강의 농민시는 민족의 생존 조건에 대한 자각에서 비롯된 현실태이며 이념태였다. 그는 농민시를 통해 식민지 현실을 정확하게 인식할 수 있었으며, 농민의 계급해방과 민족해방을 향한 시적 신념을 구체화할 수 있었다. 이런 점에서 그의 농민시는 문학사적으로 전대의 농민시가 안고 있는 계급의식의 불철저와 카프 계열의 농민시가 갖고 있는 계급의식의 과도한 노출을 극복하고 있다고 평가할 수 있다.

참 고 문 헌

강동진, 『일제의 한국침략정책사』, 한길사, 1984.
강만길, 『한국현대사』, 창작과비평사, 1984.
_____, 『일제시대 빈민생활사연구』, 창작과비평사, 1987.
김경일, 『일제하 노동운동사』, 창작과비평사, 1992.
김재홍, 『카프시인비평』, 서울대출판부, 1991.
_____, 『한국현대문학의 비극론』, 시와시학사, 1993.
김 준, 『한국농민소설연구』, 태학사, 1990.
류양선, 『한국농민문학연구』, 서광학술자료사, 1994.
박명규, 「한국 근대사와 전북지역 민중의 삶」, 『호남사회연구』 창간호, 호남사회연구회,
        1993.
서범석, 『한국농민시연구』, 고려원, 1991.
_____ 편, 『한국농민시』, 고려원, 1993.
오세영, 『한국근대문학론과 근대시』, 민음사, 1997.
이우재, 『한국농민운동사연구』, 한울, 1991.
장시원 외, 『한국근대농촌사회와 농민운동』, 열음사, 1988.
최원식, 『생산적 대화를 위하여』, 창작과비평사, 1997.
한국사회사연구회 편, 『일제하의 사회운동』, 문학과지성사, 1987.
蔣孔陽, 김일평 역, 『사유와 전형』, 사계절, 1987.
芹川哲世, 「한일농민문학론의 비교 고찰」, 신경림 편, 『농민문학론』, 온누리, 1989.

Arvon, H., 오병남·이창환 역, 『마르크스주의와 예술』, 서광사, 1981.
Chernyshevskij, N. G., 신윤곤 역, 『현실에 대한 예술의 미학적 관계』, 열린책들, 1991.
Stieg, G.·Witte, B., 마성규 역, 『독일의 노동시』, 개마고원, 1992.

한국민요에 반영된 민족적 정체성과 삶의 의미

- 전북동북부 산간지역의 전답작노동요(田畓作勞動謠)를 중심으로 한 민족음악학적 시론

김 익 두

I. 서론

1. 삶의 '반영'으로서의 민요

인간은 아무런 매개 없이 곧바로가 아니라, 무엇인가를 '통해서' 어떤 인식이나 이해에 도달한다. 인간의 이러한 특성은 '나르시스' 신화가 비극적으로 잘 암시하고 있다. 이러한 인식을 우리는 '반영적' 인식이라고 부를 수 있으며, 이것은 인간의 인식적 토대에 숨어 있는 숙명적인 '틈'이기도 하다. 그러나 이러한 비극적 인식의 길은 결코 포기할 수 없으며, '초월적' 인식과 아울러 인식의 두 길을 열어놓고 있다. 문제는 '반영적' 인식과 '초월적' 인식을 어떻게 적절히 조화시키고 상호 작용시키느냐 하는 것이다.

인간의 문화를 '반영적'으로 탐구하는 학문을 우리는 '문화학'이라 부를 수있다. 오늘날의 문화학은 대체로 문화에 대한 초월적인 탐구가 아니라, '간접적'이고 '반영적'인 탐구이다. 문화학은 인간을 인간이 '만들어낸 것' - 문화 - 을통해서 간접적으로 이해할 수 있다고 생각한다. 그리하여, "인간은 문화를 만들고, 문화는 인간을 만든다"라는 문화학의 제1원리가 정초된다. 문화를 '통해서'

인간을 이해한다고 하는 것은, 문화에 '반영'된 것을 통해서 인간을 이해한다는 것이며, 문화라는 일종의 '거울'을 통해 삶을 들여다본다는 말이다.

이 점에 대해서 터너(Victor Turner)는 다음과 같이 말하고 있다.

> 어떤 복합적인 문화 속에서는, 문화 표현의 활동적이고 연기적인 양식인, 공연 장르와 이야기 장르의 앙상블을, 거울로 이루어진 하나의 홀 혹은 좀더 마술적인 거울들로 간주할 수 있게 된다. 그 홀 혹은 마술적인 거울들은, 그 안에서 (성별과 연령집단들 사이의 변화하는 거시적 - 사회범주적 여러 관계들의 확실한 원인들로부터 나오는) 사회적인 문제들·이슈들·위기들이 다양한 이미지들로 반영되고, 그리고 나서는 그 문제의 여러 작은 국면들이 조명되고, 의식적인 교정 행동에 접근하기 쉽게 만들어질 때까지, 그 국면들의 어떤 양상들이 좀더 세밀하게 탐사될 수 있는 다른 하나의 장르로 변화되는 거울로 이루어진다. (중략) 이 '거울'로 이루어진 홀 속에서 그 반영들은 그것들을 들여다보는 얼굴들을 어느 정도 확대하고, 축소하고, 왜곡하기 때문에 다중적인 것이지만, 이러한 방법은 단지 바라보는 사람의 사고뿐만 아니라 그들 마음 속에 있으면서 일상사들을 변경시키는 강렬한 느낌과 의지까지도 자극하기 위해서 그렇게 하게 되는 것이다.[1]

여기서 터너는 문화 특히 공연 장르와 이야기 장르의 앙상블 — 민요도 이 장르에 속할 수 있다 — 이 하나의 (마술적인) 거울이며, 그 거울에는 여러 가지 사회적인 문제들·이슈들·위기들이 반영되고 조명되며, 거울은 그것들을 의식적인 교정행동으로 전환하도록 그것들의 여러 양상들을 세밀하게 탐사하는 역할을 한다고 생각하고 있다.

또한 토마스(David Emil Thomas)는 그의 「거울 이미지(Mirror Images)」란 논문에서 다음과 같이 말하고 있다.

> 다양한 굴곡들이 반영 표면들로 개입됨에 따라, 그것들이 극적이고 혼란을 일으키는 식으로, 반영하는 대상들의 모양·크기·방위·좌우성을 변화시키는 거울을 창조할 수 있게 된다.[2]

---

1) Victor Turner, *From Ritual to Theatre : The Human Seriousness of Play*, New York, Performing Arts Journal Publications, 1982, pp. 104 - 105.

여기서 토마스는 자연과학적 견지에서 거울의 성격을 지적하고 있는 것이기는 하지만, 문화를 하나의 거울로 비유한다면, 문화의 거울에 대해서도 우리는 이와 마찬가지의 생각을 할 수 있다. 토마스의 견해를 문화에 적용하자면, 그는 터너의 주장에서 한 걸음 더 나아가 거울의 반영적 기능뿐만 아니라 '창조적' 기능까지를 지적하고 있는 셈이다.

'문화의 거울'은 이처럼 일차적으로는 '반성적 기능'을, 그리고 이차적으로는 '창조적 기능'을 수행하는 것임을 우리는 이 두 학자들의 견해를 통해서 생각할 수 있다(문화를 삶의 '거울'로 본다면, 그 거울의 기능이 '반성적'이든 '창조적'이든, 그 반영의 크기·질·굴곡을 세심하게 배려해서 살펴야 한다). 민요도 '문화의 일부'이기에, 그 민요를 창조하고 향수하는 인간들의 삶을 '반영'하고 있고, 그래서 우리는 민요라는 '거울'을 통해 그것들을 창조하고 향수한 사람들의 삶을 이해할 수 있다.

2. 연구 대상·방법

본고에서 다루게 될 구체적인 대상은 전북 동북부 산간지역의 전답작노동요(田畓作勞動謠), 그 중에서도 밭매기노래와 모심기노래이다. 여기서 '전북 동북부 산간지역'이란 좀더 구체적으로 전라북도의 무주군·장수군·진안군·완주군 일부(운주면 일대)·임실군 일부(지사면 일대)·남원군 일부(산내면·동면·아영면·운봉면·산동면·이백면·보절면 일대) 지역을 가리킨다.

이 지역의 민요를 조사해 보면, 이 두 노래가 노동요의 중심을 이루고 있다. 이 노래가 노동요의 중심을 이루고 있다는 말은 다음과 같은 이유에서이다. 첫째, 이 두 가지 노래는 그 곡조가 이 지역의 전역에 걸쳐서 두루 큰 흔들림이 없이 전승되고 있다. 둘째, 이 노래들의 가사도 이 지역 전역에 걸쳐서 두루 공통으로 불려지는 것들이 대부분이다. 셋째, 이 지역 전역에 걸쳐서 두루 불려지는 동일한 곡조와 가사의 토착 노동요는, 이 노래를 제외하고는 따로 찾아볼 수 없

---

2) David Emil Thomas, Mirror Images, *Scientific American*, vol. 2/3, no. 6, 1980, pp. 206 - 228.

다. 이런 몇 가지 근거에 따라 본고에서는 이 밭매기노래와 모심기노래를 전북 동북부 산간지역 노동요의 중심으로 보고, 이 노래들에 '반영'되어 있는 몇 가지 문제들을 여러 각도에서 고찰해 보고자 한다.

　본고는 대체로 민족음악학(ethnomusicology)의 견지에 서 있으며, 창조자 · 창조물 · 수용자 · 컨텍스트 및 전달/전승체계 등을 분석하는 방향을 취하고자 한다. 좀더 구체적으로, 창조자는 다시 작사자 · 작곡자 · 창자 및 창작과정으로 나누어 생각할 수 있고, 창조물은 곡조(템포 · 화성체계 · 선법 및 종지법) · 가사 · 가창형식 · 창법과 음색 · 반주음악 · 신체행동 · 기능 · 분포지역 · 상징성 · 즉흥성 · 미학 등으로 나누어 고찰할 수 있다. 수용자는 일반적으로 청관중 · 독자의 문제이다. 컨텍스트와 전달/전승 체계의 문제는 자연적 · 인문적 환경 · 공연상황 · 악음/음악의 개념 형성 · 학습의 문제 등으로 세분하여 고찰할 수 있다. 그러나 여기에서는 이 중에서 본 연구 대상과 관련하여 필자가 다룰 수 있는 문제들을 중심으로 논의하겠다.

　오늘날 민요를 연구하는 데 민족음악학의 입장과 방법만큼 도움을 줄 수 있는 방법도 드물다. 음악은, 공식적이든 비공식적이든, 집단행동의 소산이며, 인간에 의해서 조직된 의미있는 음성 및 음향이다. 무엇을 음악이라고 보느냐에 관한 생각은 사회에 따라서 다른 경향이 있으나, 그 정의는 어느 것이나 모두 악음을 조직하는 원리에 관한 구성원들 사이의 어떤 일치된 의견에 바탕을 두고 있다. 이같은 일치는, 경험에 어떤 공통의 기반이 없다면 그리고 다른 사람들이 그들의 귓전에 울리는 소리 속에서 그 소리의 패턴을 듣고 인식할 수 없다면, 성립될 수 없는 것이다.[3]

3. 기존의 조사 · 연구들

　본고에서 논의하고자 하는 전북 동북부 산간지역 민요에 대한 연구는 아직 따로 이루어진 것은 없다. 이 지역을 포함한 전북민요에 대한 조사 및 연구로는 김

---

3) John Blacking, *How Musical is Man?*, University of Washington Press, 1974, chapter 1 참조.

소운(1931), 임동권(1971), 한국정신문화연구원(1980), 이보형(1982), 전북대박물관(1987), 김익두(1989), 김익두·전정구(1990), 전정구(1992), 문화방송(1995), 김익두(1996)가 있다.

김소운(1931)은 처음으로 이 지역 민요 자료를 수록한 자료집인데, 본고에서 다루고자 하는 밭매기노래나 모심기노래는 실려 있지 않다. 임동권(1971), 한국정신문화연구원(1980), 이보형(1982), 전북대박물관(1987), 김익두(1989)는 이 지역 민요에 대한 비교적 충실한 현지조사 자료집들로, 본고에서 다루고자하는 노동요들이 여러 편 실려 있으며, 제보자의 성명·나이·기타 정보들이 기록되어 있다. 김익두(1989)에는 전북민요에 대한 전반적인 해설이 함께 실려 있고, 김익두·전정구(1990)에는 전북지역 노동요에 대한 전반적인 해설이 실려 있다. 문화방송(1995)은 가사를 중심으로 한 해설집과 CD판을 겸한 돋보이는 자료이다.

전정구(1992)와 김익두(1996)는 전북 지역의 민요를 전반적으로 다룬 논문들이다. 이 중에 전정구(1992)는 김익두(1989) 및 김익두·전정구(1990)의 내용을 바탕으로 하여, 전북의 일노래/노동요의 분포현황·가창형식·노동형태의 관계를 고찰한 논문으로, 교환창 형식을 개별노동과 선후창 형식을 집단노동과 각각 상응하는 것으로 보는 등 아직 좀더 검토되어야 할 여러 가지 문제들을 내포하고 있는 글이다. 김익두(1996)는 전북지역 민요의 전반적인 성격과 지역적인 특성을 노동요를 중심으로 논의하는 가운데, 이 지역 노동요의 특징도 지적했다.

II. 본론

1. 자연 환경의 제약과 노동요

이 지역에는 소백산맥과 노령산맥이 높이 뻗어 있어서 대체로 산간지역의 지형을 이루고 있으며, 기후조건은 서부 평야지역보다 일조량이 비교적 적고 기온도 낮다. 그래서 모심기의 시기가 서부 평야지역보다 일주일 정도 빠르고, 벼베기 시기도 서부 평야지역(전주·완주·익산·옥구·군산·김제·정읍·부안·

고창)보다 일주일 정도 빠르다.

이러한 자연 환경조건은 답작 노동요, 특히 논매기 노래의 발달에 중요한 제약조건으로 작용하고 있다. 논매기 노래가 발달하려면 우선 기후조건이 논매기가 장기간에 걸쳐서 여러 차례 이루어질 수 있도록 일조량이 많고 기온이 높은 날씨가 장기간 계속되어야 하는데, 이 지역은 해발 고도가 서북부 평야지역에 비해 평균 400m가 높고 높은 산들이 많아 일조량이 비교적 적으며 연평균 기온도 더 낮아[4] 벼가 성숙할 수 있는 기간이 서부 평야지역보다 짧기 때문에, 서북부 평야지역만큼 논매기 작업을 여러 차례 할 수가 없다. 만일 이런 조건 하에서 논매기 작업을 여러 차례 하게 되면 벼의 포기 수는 많이 벌게 되지만 성숙이 늦어져서 벼가 완전히 황숙(黃熟)하기 전에 서리가 오는 결과에 이르게 된다.

실제로 이 지역의 답작 노동요를 조사해 보면 모심기노래는 전 지역에 걸쳐 두루 발견되는데 반해, 논매기노래는 일부 지역에서 소규모로 발견되고 있으며, 그런 논매기노래들도 전북의 서북부 평야지역과 같이 초벌매는 노래·두벌매는 노래·만두레노래, 혹은 호미로 매는 노래·손으로 매는 노래 등으로의 분화 발달이 거의 없다. 대개 한 가지 정도의 논매기 노래가 일부 지역에서 발견될 뿐이다. 이러한 자연 환경 조건은, 결국 답작 노동요에 있어서 모심기노래의 발달은 별로 제약하지 않은 반면 논매기노래의 발달에는 많은 제약을 가한 것으로 보인다.

2. 생산노동과 민요의 관계

이 지역은 전작(田作)과 답작(畓作)의 비율이 대체로 1.0 : 0.8의 비율을 이루면서[5], 서북부 평야지역에 비해 상대적으로 밭농사가 높은 비율을 차지하고 있다.

---

4) 기상청, 『한국기후표』 제2권, 1991, 6쪽. 이 자료에는 1961년~1991년 사이의 월별 평년값이 기록되어 있는데, 이에 의하면 이 지역에 가장 가까운 금산의 연평균 기온이 11.4°, 임실이 10.8°이고(이 자료에는 전북 동부 산간지역의 중심인 무주·진안·장수지역은 기록되어 있지 않다), 전북 서부 평야지역인 정읍의 연평균 기온은 12.7°여서, 전북 동부 산간지역의 연평균 기온을 금산과 임실의 평균치로 잡는다면 11.2°이고, 정읍이 12.7°이므로, 두 지역 연평균 기온은 약 1.5° 정도가 된다.

즉, 이 지역의 중심 생산노동은 밭농사와 논농사이다.

이러한 점은 지역의 중심노동요가 밭매기노래와 모심기노래로 이루어져 있다는 점과 밀접하게 관련된다. 즉, 이 지역의 중심 노동요가 밭매기노래와 모심기노래라는 것은, 이 지역의 생존에 직결되는 중심 생산노동이 밭매기와 모심기라는 것을 '반영'하고 있는 것이다.

3. 노래의 분화와 사회의 분화

이 지역의 중심 노동요인 이 밭매기노래와 모심기노래는 그 곡조와 대부분의 가사가 각각 밭매기노래와 모심기노래로 분화되지 않고, 동일한 하나의 곡조와 많은 동일한 가사로 불려진다.

이렇게 노동기능에 따른 곡조와 가사의 분화가 일어나지 않고, 하나의 동일한 곡조와 가사로 불리워진다는 것은, 이 지역 사회가 비교적 '덜 분화된' 사회, 즉 곡조와 가사가 노동 기능에 따라 좀더 다양하게 분화된 다른 지역인 전북 서북부 평야지역보다는 사회적·계층적으로 비교적 '덜 분화된' '평등사회'였음을 '반영'하는 것으로 해석할 수 있다.

이것을 분명하게 입증하기 위해서는 적어도 이 지역의 사회적·계층적 분화와 전북의 여타 지역의 그것들에 대한 비교·대조 분석이 이루어져야 한다. 그러나 본고의 한계상 이러한 작업은 차후로 미룰 수밖에 없다. 다만, 여기서 이에 대한 간접적인 논증은 어느 정도 가능하다.

이 지역 중심노동요와 전북의 여타 지역의 중심노동요를 비교해 보면, 여타 지역의 그것들이 이 지역의 중심노동요들보다 훨씬 다양한 분화를 기하고 있다.6) 만일 로맥스의 견해에 따라 노래의 분화 발달과 사회의 분화 발달이 서로 밀접한 상호관계가 있다고 본다면7), 이러한 중심 노동요 발달의 지역적인 차이

---

5) 평균 구성비는 5.6 : 4.4(1.0 : 0.8)이다.

6) 김익두, 「전북민요의 전반적 성격과 지역적 특성」, 『국어국문학』 116호, 국어국문학회, 1996, 142 - 155쪽 참조.

7) Alan Lomax, *Folk Song Style and Culture*, (American Anthropologist for the Advancement of Science Publication, no. 88), Washington D. C. : American Anthropologist, 1968, pp. 6 - 8. 및

는 결국 사회적 분화 발달을 '반영'하는 지표(indicator)로 볼 수 있을 것이다.

또 전통적인 산업구조 속에서 이루어지던 1차산업 중심 사회 상태에서 각 지역별 농산물 생산량·각 가구별 농가소득 및 단위면적당 농산물 생산량 등을 비교해 보아도 이 지역이 전북의 여타 지역에 비해 가장 뒤떨어진 지역이다.[8] 이러한 경제적 상황은 이 지역의 사회적 분화와 발달에 영향을 미쳤을 것이다.[9]

4. 성·식량생산·노래의 관계

알란 로맥스(Alan Lomax)는 노래의 구조와 여성의 사회적 기여도와의 사이에 어떤 상호관계가 있음을 발견한 바 있다. 그에 의하면, 식량조달에 있어서 여성의 기여도가 높은 사회에서는 이중창 혹은 다중창이 불려지고, 여성 독창자가 담당할 고음 파트가 있게 되지만, 여성의 경제적 기여도가 낮은 사회에서의 노래는 남성에 의해서 일방적으로 지배된다는 것이다.[10]

이러한 주장은 우리나라의 음악과 같이 폴리포니가 없이 모노폴리로 이루어져 있는 사회에는 적용하기 어려운 문제를 지니고 있는 견해이다. 이런 식으로 생각한다면 모노폴리가 지배하는 음악사회는 모두 다 남상에 의해 일방적으로 지배된다고 생각할 수밖에 없다.

그런데, 이런 주장을 다른 각도에서, 노래의 구조와 식량생산과 중심 노래와의 관계를 포착하기 위한 주장으로 바꾸어 생각한다면, 이런 주장은 우리의 민요사회에도 적용할 수가 있을 것이다.

이 전북 동북부 산간지역의 밭매기노래와 모심기노래는 모두 이 지역의 중심적인 식량생산 노동요인데, 노동을 담당하면서 노래를 부르는 사람들은 모두 성

---

chapter 6 참조.

8) 전라북도, 『전라북도지』 2권, 1990, 469 - 502쪽.

9) 본 논문은 『한국민요학회』(1996. 11. 30., 국립민속박물관 2층 세미나실)에서 발표되었는데, 이 발표에서 나승만 교수(목포대 국문과)는 이 지역 민요가 덜 분화된 근거를 마을 공동체와 노동력의 운영방식에서도 찾을 수 있을 것이라고 하였다. 이러한 지적은 필자에게도 많은 암시를 주었다. 나 교수께 감사한다.

10) Alan Lomax, ibid., 1968, pp. 168 - 169.

인 여성과 남성으로 이루어져 있고, 밭매기노래는 주로 여성이 담당하고, 모심기노래는 남성쪽의 비중이 좀 크기는 하지만 대체로 보아 여성과 남성이 거의 대등한 비중으로 참여하고 있다. 즉, 밭매기노래는 여성이 주로 하고, 모심기노래는 여성과 남성이 거의 대등한 비중으로 참여한다는 사실은 전체적으로 볼 때 이 지역 생산노동에서의 여성의 참여 비중이 남성보다 더 크다는 사실로 나타난다.

이 지역의 중심 노동요인 밭매기노래와 모심기노래를 현지조사해 보면 남성 제보자들보다 여성 제보자/가창자들이 더 다양하고 많은 가사들을 기억하고 있음을 볼 수 있다. 이것은 여성들이 이 지역 생산노동에의 참여도가 그만큼 크다는 사실을 '반영'하는 지표(indicator)로 해석할 수 있다.

5. 사회계층과 가창형식

이 지역 밭매기노래와 모심기노래는 모두 다 '교환창'이라는 동일한 가창형식으로 이루어져 있다. 즉, 가창형식(및 곡조·창법·상당수의 가사들)은 동일한데, 노래의 기능 - 밭매기·모심기 - 만이 다르다.

밭매기노래와 모심기노래에 공통으로 불려지는 이 '교환창'에는 그 노동에 참여한 사람들 모두가 참여할 수 있으며, 두 사람 혹은 두 패로 나누어 한 사람 혹은 한 패가 한 구절을 부르면, 다른 한 사람 혹은 한 패가 그 구절에 상응하는 내용의 가사 한 구절을 맞대어 부르는 식으로 후렴 없이 계속해서 이어 나아가는 방식으로 이루어진다.

알란 로맥스(Alan Lomax)는 문화의 특성과 노래 사이에 어떤 상관성이 있음을 발견했다. 그에 따르면, 어떤 사회의 노래형식은 ①식량생산의 발달 수준, ②정치발달의 정도, ③사회 계층화의 정도, ④남녀관계에 있어서의 윤리의 엄격성, ⑤성(性)에 따른 노동의 분화, ⑥사회적 결속력의 수준 등 여섯 가지에 걸친 그 사회의 성격에 따라 달라진다고 했다.[11]

---

11) Alan Lomax, *Folk Song Style and Culture*, (American Anthropologist for the Advancement of Science Publication, no. 88), Washington D.C. : American Anthropologist, 1968, pp. 6 - 8.

그에 의하면, 노래형식은 다음과 같이 사회적 성격과 밀접한 관계가 있다.

　　① 리더쉽이 비공식적이며 고정적이지 않은 사회에서는 어떤 사람이 단독으로 특별히 노래부르는 기회를 누리는 것이 아니라 집단 내에서 한 명씩 돌아가면서 골고루 노래를 불러, 평등관계를 나타낸다. ②지도자가 명망을 누리면서도 실제의 권력은 가지지 않는 등급사회에서는 한 명의 리더가 선창을 하면 곧 모두가 한꺼번에 따라 부르며 리더의 목소리는 그 군중들의 목소리에 파묻혀 버린다. ③리더가 실제적인 강제 권력을 행사하는 계층사회에서의 합창/제창은 독창자와 그에 응하여 노래를 받아 부르는 합창부/제창부가 구분된다. ④좀더 정교하게 분화된 계층사회에서는 노래를 부르는 부서가 아주 나뉘어져 있으며, 독창자는 다른 사람과 분명하게 구별된다.[12]

이 구분을 가창형식별로 본다면 대체로 ①은 교환창, ②는 제창(先入後齊唱), ③은 선후창, 그리고 ④는 오늘날의 좀더 세분된 노래들과 상응한다고 볼 수 있다.

로맥스의 이러한 견해를 이 전북 동부 산간지역의 중심노동요인 밭매기노래·모심기노래와 관련지어 보면, 이 노래들은 위의 유형 중 ①과 관련된다고 볼 수 있다. 즉, 전북 동부 산간지역의 중심노동요인 밭매기노래와 모심기노래는 "어떤 사람이 단독으로 특별히 노래부르는 기회를 누리는 것이 아니라 집단 내에서 한 명씩 돌아가면서 골고루 노래를 부르는" '교환창'이라는 가창형식으로 되어 있다. 이런 면에서 이 지역의 민요는 이 지역사회의 '평등관계'를 '반영'하고 있다고 볼 수 있다.

전북민요는 중심이 되는 토착 노동요를 기준으로 그 '민요권'을 ①동북부 산간 전답혼합 노동요권(東北部 田畓混合 勞動謠圈) - 교환창 중심권, ②동남부 산간분지 답주전종 노동요권(南東部 山間盆地 畓主田從 勞動謠圈) - 선입후제창권, ③서북부 평야 답작 노동요권(西北部 平野 畓作 勞動謠圈) - 선후창권, ④서남부 답작 노동요권(西南部 畓作 勞動謠圈) - 선후창권, ⑤서해 도서 어업 노동요권(西海 島嶼 漁業 勞動謠圈) - 선후창권으로 구분할 수 있다.[13]

12) Alan Lomax, ibid., 1968, pp. 156 - 163.

이 각 권역은 김익두(1996)를 근거로 살펴본다면 대체로 전북 민요권 ①은 로맥스의 구분 ①과 상응하고, 전북 민요권 ②는 로맥스의 구분 ②와 상응하며, 전북 민요권 ③·④·⑤는 로맥스의 구분 ③과 상응한다. 이러한 비교 대비적 고찰을 좀더 심도있게 진행시킨다면 좀더 의미있는 논의로 나아갈 수 있을 듯하다.

한편, 이 후렴 없이 계속해서 서로 상응하는 가사를 이어가는 이러한 교환창의 가창형식은 또 후렴이 있는 선후창의 가창형식에 비해, 가사의 발달을 더 촉진함으로써, 이 노래가 중심노동요로 자리잡고 있는 지역의 노래문화를 다양한 곡조가 발달하는 노래문화 지역으로가 아니라, 가사중심의 노래문화 지역으로 나아가도록 하는 작용을 했을 것으로 보인다. 실제로, 이 지역의 노래문화는 다양한 곡조의 선후창 답작노동요(沓作勞動謠)가 중심을 이루어 발달한 전북의 여타 지역과 좋은 대조를 이루고 있다. 예컨대, 이 전북 동부 산간지역에서는 곡조를 다양하게 즉흥해 나아가는 전라도의 대표적인 음악인 '시나위' 음악인들이나 판소리 음악인들이 전통적으로 별로 나오지 않았다.

또, 이 교환창의 가창형식은 메기는 소리와 받는 소리가 개인 대 개인 혹은 한 패 대 다른 한 패로 짝을 이루어 서로 교체적으로 주고받는 형식이므로, 메기는 소리와 받는 소리가 서로 반복되지 않는 가사들로 짝맞춰 나아가야 하기에, 그 진행구조는 '진행(앞소리) - 진행(뒷소리)'의 구조로 구성된다. 이에 비해 선후창의 가창형식은 '진행(앞소리) - 확인(후렴)'의 구조로 이루어진다. 이 경우 대개 메기는 소리는 다양한 가사/사설로 된 독창부로 이루어지고 받는 소리는 일정한 후렴의 제창부로 이루어지며, 메기는 소리는 그 노동에 참여한 사람들 누구나 다 교체적으로 끼어들어 부를 수 있는 경우도 있고 그들 중에 어떤 특별히 뛰어난 가창자/앞소리꾼으로 하여금 - 마치 상여소리의 앞소리꾼처럼 - 담당하게 하는 경우도 있다. 대체로 후자를 지향하는 경향이 있다. 후렴은 대개 그 노래의 앞소리꾼을 제외한 노래 공동체 성원 모두가 참여한다.[14] 로맥스의 논리로 보면

---

13) 김익두, 「전북민요의 전반적 성격과 지역적 특성」, 『국어국문학』 116호, 1996, 127 - 156쪽 참조.

14) 김익두, 『전북의 민요』, 전북애향운동본부, 1989. 해설 부분 참조.

이 선후창의 독창 앞소리꾼은 사회의 지배계층과 상응하고 후렴을 담당하는 나머지 멤버들은 피지배계층과 상응한다. 여기서 이처럼 선후창이 '긴장 - 이완'의 느슨한 구조로 되어 있다면, 교환창은 '긴장 - 긴장'의 긴밀한 구조로 이루어져 있다. 그만큼 교환창이 선후창보다 더 개인과 개인 사이를 서로 대등하고 긴밀하게 연결짓는다. 이 점에서도 이 전북 북동부 산간지역의 교환창 노동요는 이 지역의 사회계층 상의 관계가 서부 선후창 지역보다 더 대등하고 긴밀했다는 점을 반영하는 것이 아닐까 한다.

6. 삶의 영역과 가사표현

가사는 곡조와 함께 노래의 필수적인 구성요소로, 노래의 세계에 직접 말을 통해 의미를 부여하는 구체적인 수단이다. 이것은 곡조보다 훨씬 다양하게 의미를 펼쳐낼 수 있는 의사 소통방식이어서, 삶의 전 영역을 곡조보다 훨씬 용이하게 포괄할 수 있는 능력을 가지고 있다. 본 윌리암스(Vaughan Williams)도 노래를 '감정이 실린 말'이라고까지 표현하고 있다.15)

이 지역의 중심노동요인 밭매기노래와 모심기노래의 '교환창' 형식은, 곡조보다는 가사의 다양한 발달을 자극한다. 그 중요한 노래 자체의 내적 요인으로는 '후렴'이 없다는 점이다. 후렴이 없이 내용상으로 서로 상응하는 가사를 계속 연이어 불러 나아가야만 하는 이 가창형식은 결국 다양한 가사를 충분히 기억하거나 그때그때 즉흥적으로 창작해내지 않고는 이 노래를 노동현장에서 지속적으로 유지할 수 없다. 이러한 조건은 결국 이 가창형식을 포기하지 않는 한, 곡조의 분화보다는 가사의 발달쪽으로 노래의 발달 방향을 잡아 나아갈 수밖에 없고, 곡조의 분화보다는 가사의 발달을 가져오는 결과를 낳게 된다.16)

이 교환창 형식은, 전북의 이 지역을 최남단으로 해서, 소백산맥을 따라 백두

---

15) Maud Karpeles, *An Introduction to English Folk Song*, London, Oxford University, 1973, p. 22에서 재인용.

16) 이 요인은 가사의 발달을 촉진하여, 이 노동요가 노동요의 중심을 형성하고 있는 영남지역의 서사민요의 발달을 가져오는 중요한 계기로도 작용하지 않았을까 한다.

대간 줄기로 충청도를 거쳐 영남·영동지방으로 북향해 올라가면서, 그 산맥들의 양사면으로 두루 퍼져 있는, 우리나라 동부 산간지역의 가장 대표적인 노래 형식으로 보인다. 이 가창형식은 후렴이 다양하게 분화되어 있고 독창부와 제창부가 구분되어 있는 우리나라 서남부 지역의 선후창 답작노동요와 지역적으로나 가창형식 상으로나 대조를 이루고 있다. 즉 넓게 볼 때 한반도의 동북부 산간지역은 교환창 전답작 노동요가 그 중심노동요로 자리잡고 있고, 반도의 서남부지역은 선후창 답작 노동요와 그 중심노동요로 자리잡고 있는 것으로 확대해 보는 것도 가능하리라 생각된다. 여기서 우리는 잠시 가계계승 제도의 하나인 '안방물림' 17)을 이러한 문제와 결부시켜 생각해 볼 수 있을 듯하다.18) 또한 이 점과 관련하여 '서동과 선화공주에 관련된 설화'를 통해 삼국시대의 백제와 신라의 결혼제도를 비교해 보아도 흥미로운 면모를 살펴볼 수 있다.19)

이 전북 동북부 산간지역의 중심노동요인 밭매기노래와 모심기노래는 '곡조'

---

17) 이두현·이광규 외, 『한국민속학개설』, 민중서관, 1983, 59 - 60쪽.

18) 여기서 우리는 잠시 가계계승 제도의 하나인 '안방물림' 을 이러한 문제와 결부시켜 생각해 볼 수 있을 듯하다. 호남지방의 안방물림은 '종신형' 이고, 영남지지방의 안방물림은 '인도형(引渡型)' 이다. 종신형은 시어머니가 죽을 때까지 집안의 '열쇠' 를 내어주지 않는 제도이고, 인도형은 큰며느리가 일단 들어오면 시어머니는 집안 열쇠를 며느리에게 넘겨주고 안방에서 물러나는 제도이다. 로맥스의 견지에서 보면, 기능에 따라 다양하게 곡조가 분화된 호남지방의 중심노동요인 선후창 노동요는 신분과 계층의 식을 가계계승에서도 강조하고 있는 종신형 안방물림과 대응하고, 영남지방의 곡조가 별로 분화되지 않은 교환창 노동요는 신분과 계층의식을 비교적 덜 강조하고 있는 인도형 안방물림과 대응한다.

　　호남지역(및 기호지역·해서지역)이 영남지역보다 역사적으로 훨씬 먼저 문화가 발달했다는 점과, 호남지역이 선후창 노동요를 중심노동요로 갖고 있는 반면 영남지역은 교환창 노동요를 중심 노동요로 갖고 있다는 점, 그 선후창 노동요는 교환창 노동요보다 더 발달된 사회 계층구조와 싱용한다는 짐, 그리고 호남지방이 영남지역보다 훨씬 더 신분 계층의식을 강조하는 안방물림 제도를 가지고 있다는 점 등은, 로맥스의 견해에 비추어 볼 때 매우 흥미로운 논의거리이다.

19) 백제의 서동은 종신형 안방물림 지역인 호남지역의 남자 인물이고, 선화공주는 인도형 안방물림 지역인 영남지역의 여성 인물이다. 서동은 종신형 안방물림 지역의 인물이기 때문에 서라벌에 갈 때 아주 빈약한 '폐백'인 마[薯]를 가지고 갔고, 선화공주는 인도형 안방물림 지역 인물이기 때문에 역시 공주의 신분인데도 아주 적은 양의 '이바지'를 가지고 시집을 갔다. 공주의 이와 같은 처신과 행동은 결국 서동의 모친의 불만을 샀고, 새로 '금'을 발견한 다음에야 양 집안이 서로 화해하는 것으로 설화는 되어 있다(이재호 역, 『삼국유사』 1권, 한국자유교양추진회, 250 - 253쪽).

를 중심으로 삶의 다양한 굴곡들을 표현하고자 하는 것이 아니라, 주로 '가사'
를 그 중요한 도구로 하여 삶을 반영해 내고 있다. 전북 서부 평야지역의 제보자
들에게 그 지역의 토착 노동요를 불러달라고 요구하면, 대부분이 먼저 그 노래
의 '후렴구'를 부르려고 하는 반면, 이 동부 산간지역의 제보자들은 다양한 '가
사'를 내놓으려고 한다. 그만큼 이 동북부 산간지역은 가사 중심의 성격을 지니
고 있는 것이다. 그 가사들은 오늘날의 노래들처럼 공허한 사랑과 이별의 정서
로 '획일화'·'탈현장화'되어 있는 것이 아니라, 사랑과 이별 외에도 삶의 실제
적 고통이나 애환, 인생무상, 죽음의 세계에 대한 사실적인 인식 등, 어디까지나
삶의 다양한 실제적·체험적 형상과 실질들을 '삶의 전 영역'에 걸쳐서 구체화
하고 있으며, 삶의 현장에서 직접 얻어진 것들을 노래하고 있다.[20]

7. 곡조의 사회적 의미

이 지역의 중심노동요인 밭매기노래와 모심기노래의 곡조는 동요/풍요인 '파
랑새노래'와 유사한 단순·소박함을 지니고 있다. 화성체계가 물론 '모노폴리'
로 되어 있을 뿐만 아니라, 템포는 대개 모데라토보다 빠른 경우가 많다(♩≒56
-69). 이 노래를 들을 때에는 매우 느리게 들리는데, 그 이유는 하나하나의 음을
시조처럼 길게 늘어빼기 때문에 그렇게 들리는 것이다. 실제로는 노동의 템포와
적절하게 대응하고 있는 셈이다.
선법을 보면 대개 3-4음 정도로 구성되며 4음으로 이루어지는 경우 Mi Ra Si
Do로 이루어지고, 이 때 본청은 Ra, 종지음은 Mi로 되는 경우가 대부분이다.[21] 주

---

20) 대표적인 예를 몇 가지 들어보면 다음과 같다. '가 : 병풍치고 불쓴 방에 임의 손질 어른하네
/나 : 임의 손질 어른하면 유자향내 진동하네/가 : 요내 다리 박속 다리 임의 다리 검정 다리/
나 : 초저녁에 깽긴 다리 날이 새도 안 풀리네/ 가 : 엊저녁에 얻은 처녀 발을 벗고 간 곳 없
네/ 나 : 가래깽기 속낙 총혜 따라감서 싱겨줄걸/가 : 배가 고파 받은 밥상 뉘도 많고 돌도
많네/ 나 : 임이 없이 받은 밥상 뉘도 많고 돌도 많네/ 가 : 까마귀는 꺽꺽 울고 이 몸 병세는
짙어가네/나 : 임의 무릎 댕겨 비고 임도 울고 나도 우네'(김익두, 『전북의 민요』 및 『전북노
동요』).

21) 노복순, 「전북민요의 음악적 특성」, 『한국민요대전』(전라북도민요해설집), 문화방송, 1995, 30
-31쪽.

음은 이처럼 단순하게 구성되어 있지만, 그 경과음과 장식음들은 그렇게 단순하지만은 않아서 그런 음 처리법이 이 노래의 음악적 단조로움을 보충해 주고 있다. 이러한 선법은 대개 5 - 8음으로 구성되며 노래의 기능에 따른 곡조의 분화가 다양한 전북 서부 평야지역의 중심노동요 곡조에 비해 비교적 단조롭고 소박한 느낌을 주게 된다.

결국 곡조면에도 이 지역의 중심노동요인 밭매기노래와 모심기노래는 이처럼 서부 평야지역의 답작노동요들보다 단순 소박한 성격을 드러내고 있으며, 앞에서 고찰한 가창형식과 함께 이 지역 토착민들의 사회적 삶의 소박 단순성, 계층적 미분화성, 대등한 사회적 관계성을 반영해주고 있는 것으로 보인다.

8. 창법 : 기억과 즉흥, 그리고 반주 악기

이 노래의 창조자들은 노동공동체의 성인 남녀들로서, 그 창작의 방법은 노동현장을 중심으로 삶의 체험 전반에 걸친 소재들을 기억력을 바탕으로 동원하면서 그때그때 상황에 따라 적절히 창조적 즉흥(improvisation)을 한다. 이 노래는 곡조가 단순한 대신, 전북 서부 평야지역의 선후창 노동요들보다 가사 면에서의 더 많은 즉흥력을 요한다. 이 교환창은 후렴이 없어서 새로운 가사를 창작해 내야하는 시간이 선후창보다 짧다. 이 시간적인 긴박함은 가창자로 하여금 선후창보다 더 뛰어난 즉흥력을 필요로 하게 된다.

이러한 구조적 문제를 해결하기 위해 이 노래의 공동체들은 선후창 공동체들과는 달리, 독창부와 제창부로 노래의 파트를 분리하여 독창부를 부르는 뛰어난 가창자를 내세우지 않고, 그 노래 공동체 구성원들 모두가 그 노래의 가창에 참여케 함으로써 그 시간적 긴박성을 극복하고자 한다. 즉, 이 노래 공동체의 한 구성원이 한 구절의 소리를 내면 그 공동체 구성원 중 그 구절에 들어맞는 구절을 내어 부를 수 있는 사람은 어느 누구라도 그것을 내어 부를 수 있도록 가창의 기회를 개방해 두는 것이다.

그래서 즉흥을 할 수 있는 가능성과 기회는, 항상 그 노래 공동체 구성원중 바로 그 앞서 노래를 낸 사람을 제외한 모든 구성원들에게 다 주어지게 된다. 이처럼 이 노래는 이 매우 민주적이고 개방적인 가창형식 때문에 그 현장성을 지속할 수가 있었다.

이 노래들은 반주악기가 없다. 전북 서부 평야지역의 답작노동요에는 반주악기로 풍물 악기들이 동원되는 경우를 찾아볼 수 있는데, 이 노래들에는 반주악기가 개입되는 경우를 찾아볼 수 없다.

대개 노동요의 반주악기는 노래의 곡조 측면을 보강해주는 역할을 많이 하는데, 이 지역의 밭매기노래와 모심기노래는 곡조가 워낙 단순 소박하여, 그럴 필요가 별로 없어 보인다.

9. 미학의 문제

우리 민요의 미학의 문제는 아직은 매우 어려운 난제 중의 하나이다. 그러나 우리는 여기서 우선 지금까지의 검토를 통해서 이 지역의 밭매기노래와 모심기노래가 일단 우리 민요 중에서 가장 단순한 형태인 2구체 노래라는 점에 주목하면서, 우리 민요나 시가의 가장 초기 단계를 보여주는 가장 대표적인 구전자료로 다룰 수 있을 것이다. 이 노래는 '한배에 따른 형식' 및 '즉흥 연주'[22]라는 우리 민속음악 미학의 공통분모 위에 서 있으면서도, 여러 면에서 좀더 각별한 어떤 '소박미(素朴美)'에로 향해 있다는 느낌을 준다.

그 소박미는 곡조적 단순성과 가창형식 및 창법 상의 제약, 그리고 더 근본적으로는 노동적·현장적·사회적 성격으로부터 온다. 우리의 노동요가 대체로 교환창과 선후창의 양자를 그 주축으로 하고 있다고 볼 때, 교환창의 미학은 선후창의 미학과는 다른 어떤 자질들을 지니고 있을 것이고, 기타 노래내적·외적 조건들이 여기에 함께 작용할 것이다.

그러나 이런 문제는 섣불리 결론으로 나아갈 수 있는 것이 아니다. '음악의 개념' 문제, 즉 어떤 것을 그 사회에서는 '악음/음악'이라고 여기고 있는가 하는 문제부터 세심히 조사해볼 필요가 있다. 예컨대, 강원도 토박이 주민 중의 한 사

---

22) 송방송, 「한국음악의 특질」, 『한국민족문화대백과사전』 17권, 한국정신문화연구원, 1991, 454
   - 455쪽.

람인 어떤 제보자는 필자에게 판소리는 '돼지 멱 따는 소리'로 들린다고 극단적
인 반응을 보여준 적이 있다.

10. 전승/전달 · 교육, 그리고 지향가치의 문제

이 노래는 오선보 없이도 얼마든지 전달되고 전승되었다. 이 노래는 악보라는
중간 매체를 통하지 않고 구두전승의 형태로 전달/전승과 교육이 가능한 속성과
형태를 지니고 있다. 또한 이 노래는 즉흥력에 의해 현장적으로 실현되었다. 따
라서 이 노래는 구두전승을 가능케 하는 '기억력'과, 현장적 적응력과 순발력을
기초로 하는 '즉흥력'을 함께 양성시키는 방향을 취하고 있다. 인생만사 삼라만
상 우주만물을 두루 포괄하고 포용해서 이 형식의 '내용'으로 담아 넣을 수 있
는, 어느 정도의 자유가 보장되어 있으며, 또 그러한 능력을 최고의 능력으로 치
는 것이 이 노래가 지향하고 있는 가치의 방향이다.

이처럼 소박하고 단순한 노래가 어떻게 그토록 다채롭고 분방한 자유를 유도
하고 함양할 수 있는 것일까? 그것은 이 노래가 스스로를 가득 채우지 않고 자
기 자신을 스스로 비우고 수많은 공소들(空疎 ; blanks)을 배치하는 방식, 움베르
또 에코의 이른바 '텅빈 구조'의 방식에 의해서이다. 아주 단순하고 용이한 3 -
4음(Mi Ra Si Do ; 유동적임)으로 구성(본청 - Ra, 종지음 - Mi ; 유동적임)되는 2구
체의 '한배형식'이라는 최소한의 제약조건만을 약속해 놓고, 그 조건 이외의 모
든 것들을 가창자들의 자유와 능력에다 일임해버리는 이 역설적인 놀이에 의해
성취하고자 하는 것은, 바로 노래를 통해 어떤 '해방'과 '자유'에 이르고자 하
는 궁극적인 소망이며, 그것은 그 노래 공동체에 의해 오랜 동안 연속되고 변이
되고 선택된 고도의 집단무의식적인 전략에 의해서 성취된다.

III. 결어

지금까지 논의한 것들은 과거를 되돌아보는 작업이지만, 이러한 작업은 그 과

거를 현재와 결부시키는 작업을 통해 미래를 지향하는 역설적인 작업이기도 하다. 인간의 삶은 미래로 향하고 있지만 늘 과거와 현재를 맴도는 이 역설이야말로 미래는 결국 과거의 부싯돌에다가 현재의 경험들을 맞대고 부벼댐으로써 타오르기 시작하는 의미의 불길23)에 의해서만이 이루어질 수 있는 것이라는 말을 다시 생각케 한다.

민요는 그 민요를 창조·지속·변이·선택해 온 사람들의 '체험의 체'로 쳐낸 문화이며, 이 문화의 거울을 '통해서'만 우리는 그 민요가 반영하고 있는 것과는 다른 삶을 개척할 수가 있다. 체험(Erlebnis)은 결코 초월될 수 있는 것이 아니며, 그 체험이 무엇인가에 의해 '매개'될 때만이 인식 가능한 형태로 '표현'된다고 하는 이 문화학적인 인식을 우리는 전북 동북부 산간지역의 민요를 통해서도 분명하게 전개할 수 있다.

'문화장르들'은 구비전승적 형식들과 문자적 형식들뿐만 아니라, 제의·드라마와 같은 언어적이면서 동시에 비언어적인 형식들, 그리고 무언극·조각·회화·음악·발레·건축 등과 같은 비언어적 형식들 및 그밖에 다른 것들도 포함하는 매우 광범위한 것이고, 그것들을 이해하고 해석하는 작업은 매우 복잡한 문제들과 결부될 수밖에 없다.24) 민요도 사회적·역사적으로 실현된 하나의 '문화장르'로서 우리의 해석을 기다리는 문화적 상징인 것이다.

전북 동북부 산간지역의 중심노동요인 밭매기노래와 모심기노래는 이 노래를 창조하고 전승하고 변이하고 선택해온 이 지역 노래공동체의 삶과 어떤 식으로든 상응하고 있다. 외부적으로 자연환경·생산노동·성(性)·사회계층 분화·체험 영역·역사 등의 요인들과, 내부적으로 곡조·가사·창법·악기·미학·전달/전승·가치평가 등의 문제가, 이 노래들을 둘러싸고 끊임없이 소용돌이치고 있는 것이다. 그것은 구조-기능주의자들의 도식적이고 건축적인 구조로 존재하는 것이 아니라, 항상 변화하고 순환하는 유기적 관계들로 존재한다.

---

23) Richard Schechner, Foreword(by Victor Turner), *Between Theater and Anthropology*, University of Pennsylvania Press, 1985.

24) Victor Turner, *From Ritual to Theatre : The Human Seriousness of Play*, New York, Performing Arts Journal Publications, 1982, p. 21.

그것은 인간처럼 자연환경의 제약을 받고 생산노동과 상응하며, 사회계층을 반영하고, 양성(兩性)의 역할이 작용하여, 가창형식과 가사와 곡조와 창법과 미학과 전달체계와 가치평가의 문제와 결부된다. 그것은 세계의 어떤 음악과도 마찬가지로, 그것을 만든 사람들이 그들의 삶의 방식에 따라 조직한 음성/음향인 것이다.

참 고 문 헌

김소운, 『언문 조선구전민요집』, 동경, 1931.

김익두, 『전북의 민요』, 전북애향운동본부, 1989.

김익두, 「전북민요의 전반적 성격과 지역적 특성」, 『국어국문학』, 국어국문학회, 1996.

김익두·전정구, 『전북 노동요』, 전북대박물관, 1990.

문화방송, 『한국민요대전』(전라북도 민요해설집 및 CD), 문화방송.

이보형, 『전라북도 국악실태조사』, 문화재관리국 문화재연구소, 1982.

임동권, 「민요」, 『한국민속종합조사보고서』(전라북도 편), 문화공보부 문화재 관리국, 1971.

전정구, 「일노래 연구」, 『한국언어문학』 한국언어문학회, 1992.

한국정신문화연구원, 『구비문학대계』 5-1(남원군 편), 1980.

나머지 참고문헌은 각주로 대신함.

松川 梁應鼎의 文學的 意識 世界

金 準 玉

I. 序論

이 논문은 지금까지 이렇다할 평가를 받지 못했던 松川 梁應鼎(1519 - 1582)
문학의 이해를 위한 예비적인 작업으로 기필되었다.

한국문학사상 16C는 3당시인[白光勳·崔慶昌·李達]을 비롯하여 관각 3걸[鄭
士龍·盧守愼·黃廷稢], 8문장가[白光勳·崔慶昌·宋翼弼·李山海·崔岦·李純
仁·尹卓然·河應臨] 등 걸출한 문인들이 우후죽순처럼 전에 없이 야단스럽게
등장하여 당대의 문운을 크게 떨치던 시기였다. 이들 중에는 호남 인물이 유별
나게 많았는데, 李晬光(1563~1628)은 「芝峰類說」에서 梁應鼎을 위시하여 朴祥
(1474~1530)·林億齡(1496~1568)·任亨秀(1504~1547)·金麟厚(1519~1560)·朴
淳(1523~1589)·崔慶昌(1539~1583)·白光勳(1537~1582)·林悌(1549~1587)·高
敬命(1533~1592) 등이 세상을 놀라게 힐 만한 호남 시인이라 극찬하였으며1), 許
筠(1569~1618)도 역시 梁應鼎을 비롯하여 朴祥, 朴淳 형제·崔山斗(1483~153
5)·柳成春(1495~1522), 柳希春(1513~1577) 형제·梁彭孫(1480~1545)·羅世纘
(1489~1551)·林亨秀·金麟厚·林億齡·宋純(1493~1583)·吳謙(1496~1582)·
李恒(1499~1576)·奇大升(1527~1572)·高敬命 등이 학문이나 문장으로 두드러

---

1) 李晬光,「芝峰類說」, 卷14. <文章部 7>.

진 호남 인재들2)이라 치켜세웠다.

두 사람의 평가를 들을 필요도 없이, 이들의 문학적 업적은 조선조 전기 한국 문학사를 거의 다 장식할 정도로, 이름만 들어도 학문과 문장으로 당대를 풍미하게 했던 거벽이었음을 알 수 있다.

이렇게 호남 문재들이 조선조 전기의 한국 문학을 풍성하게 한 데는, 드물게는 독학으로 자신의 학문과 문학 세계를 구축한 경우도 있었지만, 대개는 누정을 무대로 서로 끈끈한 종유 관계도 맺고, 수수 관계를 유지하면서 이를 넓혀 온 것이 그 주된 요인이라 할 것이다. 특히, 세상의 문장 대가로 칭송을 받았던 松川은 石川 林億齡·靑蓮 李後白(1520~1578)·霽峰 高敬命·健齋 金千鎰(1537~1593) 같은 제공들과 교유하면서 松江 鄭澈(1536~1593)·玉峰 白光勳·孤竹 崔慶昌·三溪 崔慶會(1532~1593)·申硈(1546~1592)·竹谷 李長榮(성종조) 등 당대의 내놓으라는 문사들과도 사제 관계를 맺은 사이다.3) 松川과 이들과의 관계는 학문을 닦고 성정을 도야하기 위한 以文會友였으며, 동시에 인간적 情을 나눈 莫逆之間이었다.

松川은, 아버지 學圃 梁彭孫(1488~1545)으로부터 귀에 젖고 마음에 젖는 가르침을 받고,4) 학문을 독실히 하여 생원시와 중시 등 두 번이나 장원을 하기도 했는데,5) 그럼에도 그는 일생 동안 이들과의 만남에 공명을 앞세우지 않았으며, 자기를 남 앞에서 높인 적도 없다. 이념을 달리한 산승들과도 끈끈한 인간적 관계를 맺었으며, 항상 낮고 겸손하게 그러면서도 충효 분발의 선두에 섰으니, 그의 문학에 이러한 모습이 그대로 잘 나타나 있다. 이는, 松川의 학문 세계가 참으로 높았고, 교유 관계가 대단히 폭넓었음을 단적으로 말해 주는 증거다.

이처럼 학문과 문장으로 당대를 울렸던 松川에게 그만큼한 저술이 없을 리 없다. 그러나 임진왜란으로 말미암아 그 저술들이 거의 다 유실되다시피 하여, 현

---

2) 許 筠, 「惺所覆瓿藁」, 卷23. <惺翁識小錄>.
3) 「國譯 註解 松川集」, 郞州印刷社, 1988, 3쪽. <重刊序>. 이하 「松川集」이라 칭함.
　故如林石川億齡 李靑蓮後白 高霽峰敬命 金健齋千鎰 諸公皆其遊從而質學者也. 如鄭松江澈 白玉峰光勳 崔孤竹慶昌 崔兵使慶會 申判尹硈 李竹谷長榮 諸公皆其及門而受業者也.
4) 「松川集」, 第1編, 9쪽. 世之評文章大家 必首稱松川.
5) 許 筠, 「惺所覆瓿藁」, 卷23. <說賦 158>.

재 전해진 것은 두어 권 분량에 불과하다니 더없이 안타까운 일이다.

　　앞에서 지적했던 것처럼, 松川은 다른 문장들과 활발하게 교유하면서 수준 높은 작품을 많이 남긴 문재였는데, 단지 현재 남아 있는 작품이 적다 해서 그의 문학을 외면해 온 것이 사실이다. 많은 작품들이 실전한 상황에서, 문학의 실적 수준까지 몰아쳐 폄하해 버리는 것은 곤란한 일이다. 현재 문집에 남아 있는 작품들을 자세히 살피면, 松川의 문학은 충분한 문학적 성과를 거두고 있으며, 그의 문학적 의식 세계도 정리해 볼 수 있다. 이어 松川 문학의 표현 양상은 규명되어야 하며, 그런 후에 문학사적 의의에 대해서도 상응한 평가가 매겨져야 할 것이다.

　　이에 이 논문은 松川 문학의 예비적인 작업으로 그가 남긴 작품을 근간으로 하여 그의 문학적 의식 세계를 따져 보기로 하였다.

II. 松川의 文學的 意識 世界

　　문학인에게 있어서는 삶이 문학이요 문학이 곧 삶이다. 조선조 문인들에게도 삶이 곧 그대로 문학이었다. 松川의 경우, 驪興 閔丙承(?~?)이 쓴 신도비명에 병서한 辭銘을 보면 그의 삶이 여과 없이 지적되었는데, 이를 통하여 그의 문학적 의식 세계도 또한 엿볼 수 있다.

　　　　봉황이 우리 조선 울리니 덕과 瑞祥 가득하네
　　　　뛰어난 많은 선비, 우리 문왕 안녕일세.
　　　　천년의 동방의 나라 덕과 예로 평안한 때,
　　　　선생이 이 시기에 낳아 왕정을 보필할세
　　　　아뢴 책략이며 立言마다 정밀하고도 자상하도다
　　　　道를 의논하고 국정을 경영함에 미리 임금을 보살폈네
　　　　사헌부 바로 세워 간사한 무리 물리치고 정직한 일 밝히었네
　　　　시관이 되어 어진 선비 선발하니 동량지재가 이보다 성했으랴
　　　　典翰으로 태학관의 관장이 되어 존양의 공 힘을 썼고,

배우는 자를 진학시켜 이끌고 훈계하니 옛 胡 안정과 방불하였도다
고을로 나가서는 민속 폐단 몰아 내고 빈민을 구제하니
정사는 맑아지고 백성은 교화되었네
公事를 마치고 흥이 나면 남명에게 가서 질문도 하고 退溪가 없음을 슬퍼
했네
멀리는 공자와 정자의 도를 승접하여 우리 도를 일관했네
문장은 왕양하고 언론이 호탕하니 離騷가 아니던가
우러르고 굽어봄이 없어 쉬게 하면 쉬고 나가게 하면 나갔었지
나가기는 어렵고 물러가기는 쉬운 것, 明哲保身으로 스스로를 다스렸고
조정의 부름이 빈번해도 출처를 근신히 하였도다
울창한 저 천산 별실이 높았구나
다북쑥 푸르고 가는 이는 붙잡지 않고 오는 이는 막지 않았네
선비를 만들어 냄에 껍데기는 버리고 忠信을 숭상했네
誠敬을 근본하여 경전에 바탕을 두니 성현의 논의로세
정치는 조정에서 시험해 보고 교육은 가정에서 이룩하였네
무너진 삼강오륜 바로 세워 놓으니 이만한 아름다움이 어디에 또 있는가
　　　…… 이하 省略 …… 6)

이 銘에서 우리는 松川이 걸어온 길과 그의 사상을 적나라하게 볼 수 있으며, 나아가 문학의 경향이 어떠하리라는 것을 진단해 볼 수 있다. 곧, 松川은 공자와 정자를 이은 학문을 독실하게 하여 존양에 힘을 썼으며, 공사를 공명정대히 하였고, 벼슬에 연연해하지 않은 높은 기개에다 명철보신의 선비였으니, 그의 문학 세계 또한 이 안에 있었던 것이다. 그래서 그와 절친한 종유 관계를 맺고 있었던 河西는 松川을 '氣岸이 늠름하여 서로 맞설만한 사람이 없다'고 하면서, 오늘날

---

6) 「松川集」, 第5編, 331 - 332쪽. <松川先生梁公神道碑銘>.
　　鳳鳴朝陽 覽德瑞祥 濟濟多士 寧我文王 千載東邦 德禮以寧 先生于斯 羽儀王庭 秦策立言 精微
　　密勿 論道經邦 設施黼黻 鶚立霜臺 斥扶明正 主試進賢 俊乂莫盛 曲翰長津 德庸存養 進學導迪
　　安定比劵 點典州郡 岬勿療瘼 政淸民化 去思興作 問質冥翁 感沒退老 遠接洙洛 一貫吾道 文章
　　汪洋 言語豪宕 遭遇離騷 不與俯仰 止可行可 難進易退 明哲自保 樂易息晦 旌招頻煩 出處謹愼
　　鬱彼天山 別墅數仞 菁菁者莪 莫逌不距 造士艤艤 皮毛自去 忠信敦尙 誠敬爲本 本之經傳 聖賢
　　至論 試政于朝 成敎於家 綱常超絕 謨嘉獻嘉 前輩狀德 百不存一 遺韻自在 小子何述 德音孔昭
　　百世景仰 於乎不顯 山高水長 獐山北原 佳城崇崇 收往命銘 詔來無窮

의 顔子로까지 칭송했고,[7] 高峰은 '학식이 精하고 詞操에 능하다'고 평가했으며, 石川은 '후일에 반드시 영달할 것'이라 예견하였으니, 그 높은 기절과 넓고도 심오한 재량을 여기에 대강 짐작할 수 있을 것이다.[8]

이를 바탕으로 松川의 문학 세계를 간추려 보면, 학문과 誠意・正心의 修己 중심적 자아에다가 純粹 指向의 意志를 가지고 작품 활동을 하였음을 알 수 있다. 또, 知人들과의 막역한 관계를 통해 곡진한 인간적 정취도 그의 문학 속에 고스란히 용해되어 있음을 발견하게 된다.

1. 修己 中心的 自我

나이 5 - 6세 때부터 이미 詩文을 능하게 다룰 줄 알만큼 재주가 있었던 松川은, 자라면서 그의 부친으로부터 '선비라면 마땅히 성현의 학문에 뜻을 두어야지 외설하고 잡된 일을 생각에 두어서는 안된다'는 가르침과 함께, '흐르는 세월을 헛되이 보내 일생을 소인으로 끝내서는 안된다'는 엄정한 훈도를 받으며 성장했다.[9] 한번은 休菴 白仁傑(1497 - 1579)이 나이 어린 松川을 시험해 보고는 靈川 申潛(1491 - 1554)에게 문장의 경지가 성숙되고, 경술까지 있어 후일의 사표가 될 것을 예견하기도 했다는 일화도 있다.[10] 이와 같이, 어릴 적부터 家庭之學과 독실한 학문으로 무장한 松川은 뒷날 당시의 명류들이라도 經을 말하고 文을 논함에 있어 단연 으뜸이었다는 평가를 받았다.

유학적 세계관에 따르면, 학문의 최고의 이념은 三綱領, 곧 明明惠・親民・止於至善으로 개인적・정치적・사회적 이상을 실현하는 일이다. 유학적 삶이란 이를 따르는 것인데, 그 실현 방법으로는 「大學」의 8條目, 곧 格物・致知・誠意・正心・修身・齊家・治國・平天下가 된다. 格物과 致知는 우주론적 존재를 밝히는 학문의 길이라 할 수 있으며, 誠意・正心・修身은 修己, 齊家・治國・平天下

---

7) 李肯翊, 「燃藜室記述」, 卷2, 560쪽. <識小錄>.
　　許 筠, 앞의 책, 卷22, 說附 2. <惺翁識小錄>.
8) 「松川集」, 第5編, 333쪽. <松川先生梁公神道碑銘>.
9) 「松川集」, 第5編, 364쪽. <行狀>.
10) 「松川集」, 第5編, 365쪽. <行狀>.

는 治人으로 생활의 길이라 할 수 있다. 인간은 천명을 받고 태어난 존재이므로 格物·致知하여 이 우주와 生의 이치를 궁구하고, 그리고 나서 자기의 판단으로 善·惡·邪·正의 윤리적인 통찰을 할 수 있는 다음에는 齊家·治國·平天下이 꿈을 이룬다는 논리다.

그런데 松川은 誠意·正心·修身, 곧 修己 중심적 자아를 가진 선비였다고 할 수 있다. 退溪 李滉(1501~1571)이나 栗谷 李珥(1536~1584)처럼 格物·致知에 치우쳐 이상적 학문만을 고집스럽게 좋아했던 학자였다기보다는 성현의 가르침을 그대로 따르려는 誠意·正心·修身을 중심으로 한 修己의 실천가였던 것이다.

修己의 뜻을 짤막하게 말한다면, 현재 존재하고 있는 만물에 대하여 그 이치를 터득하고, 그런 바탕 위에 자신의 몸을 닦고 덕을 세워 사람의 도리를 행함으로써 자기가 완성된다는 의미다. 그래서 松川은 성현의 학문을 닦는 일과 誠敬 및 忠孝를 바탕으로 한 수기를 가장 바람직한 삶의 방법으로 생각했다고 할 수 있다. 松川에게 있어서 삶의 방향의 초점은 자신의 실현으로 나타나는 修身과 行道에 있고, 다른 사람의 평가의 결과로서 나타나는 양명은 부차적인 것이 된다. 이 부차적인 것을 쫓는 것은 虛名·虛譽·好名·名利일 뿐이다. 이러한 사실들은 그의 문집 여기저기서 확인된다.

무진년(1568)에 선조는 修文 정치에 예의 주력하면서 당시 유신이었던 眉巖 柳希春 등에 명하여 圃隱 鄭夢周(1337~1392)·寒暄堂 金宏弼(1454~1504)·一蠹 鄭汝昌(1450~1504)·靜菴 趙光祖(1482~1519)·晦齋 李彦迪(1491~1553) 제현들의 언행 중에서 후학들의 표본이 될 만한 것들을 뽑아서 '儒先錄'을 만들도록 하였다. 이에 명을 받은 미암은 松川의 학문이 넓고 많은 것을 기억하고 있어 함께 일했고, 또 사서에 토를 달아서 풀라는 명을 받고도 松川에게 「中庸」과 「大學」까지 小註와 吐釋을 부탁했는데, 그 자상한 상고에 감탄했다[11]니, 그 해박한 학문의 세계를 어느 정도를 짐작하겠다. 그래서 五峰 李好閔(1553~1634)은 賜祭 文에서, 오랜 동안 벼슬을 버리고 집에서 지내면서 부지런히 후학을 가르쳤고, 書를 말하고 詩를 말하여 사람들이 많은 혜택을 입었다고 썼고[12], 淸江 李濟臣

11) 「松川集」, 第5編, 373쪽. <行狀>.
12) 「松川集」, 第5編, 385쪽. <賜祭文>.

(1536~1584)도 墓誌에다 松川의 문장은 사실 그 모두가 경학 속에서 나온 것들이라 밝히고 있다.[13] 그만큼 松川은 누구보다 성현의 학문에 밝았던 것이다.

사실, 조선조 五賢으로 불리는 김굉필, 정여창, 조광조, 이언적, 이황 등의 유학자들은 국가에서 문묘에 종사될 정도로 우대를 받았다. 儒宗들은 전국의 향교와 각처의 서원에 모셔져 선비들에 의해 연중 향사되기도 했는데, 이들은 孔孟程朱가 제왕보다 큰 명예를 누렸듯이 군주에 버금가는 큰 영광을 누렸다. 이와같이 유학자들에게 국가적 명예가 집중되자 자연히 선비들의 관심은 학문과 덕행을 쌓아 도학적 전통을 계승하는 것에 집중되었고, 이로 인해 일부 학덕이 높은 선비들이 과거에 응시하는 것조차 기피하는 풍조까지 생겼다. 비록, 松川은 두 번이나 장원을 했지만, 이것을 명예롭게 생각지 않았고, 오로지 학문과 수기를 주체적 자아 의식으로 간주하고 그렇게 생활했던 것도 당시의 사회상과도 무관하지 않지만, 개인의 행실이 공명보다 우선한다는 시대를 초월한 진리를 명심하고 있었던 것이다.

松川이 이조참의 시절, 권율이 나이 40이 되도록 응시 한번 못해 본 것을 가지고 혹자가 蔭仕를 권하자 松川은 학문을 독실히 할 것을 먼저 권하였다[14]는 일화나, 당세의 이름있는 선비 白光城과 洪蓮에게도 '무릇 독서를 하려는 자는 궁리부터 하여야 할 것이다. 궁리의 뿌리없이 먼저 문장이 능한 자는 있을 수 없는 것이다. 나 역시 늦게 나마 그것을 깨닫고 후회하고 있지만, 때는 이미 늦었다. 그리하여 후학들을 위하여는 그렇게 하는 일을 애석하게 여기고 있다.'[15]는 충고에서도 무엇보다 먼저 학문을 강조했다는 사실을 알 수 있다. 정철에게도 '내 무단히 문자로서 헛 소문이 나 있어 걸핏하면 비방을 듣는데, 그게 선비로서는 부끄러운 일이지. 그대들은 행여 문장가가 되려고 마음 먹지 말라'[16] 하였다 한다. 물론, 그는 중국의 사신이 오면 언제나 製述이나 接佐나 시를 읊은 일까지 도맡아서 대할 만큼[17] 학문의 수준이나 몸가진 태도도 좋았다.

---

13)「松川集」, 第5編, 379쪽. <行狀>.
14)「松川集」, 第4編, 317쪽. <言行錄>.
15)「松川集」, 第4編, 320쪽. <言行錄」>.
16)「松川集」, 第4編, 315쪽. <言行錄>.
　先生嘗謂鄭松江澈曰余 以文字徒得虛名而動輒得謗此儒者所恥君輩愼無以文章自期焉.

이와 같은 학문 위주와 수기 중심적 생활의 일단은 山龍·山瑀·山軸 세 아들을 牛溪 成渾·栗谷 李珥·重峰 趙憲(1544~1592)의 문에 가서 배우기를 명하고 남긴 말에서도 확인할 수 있다.

> 애비는 외람이 과거에 참여하여 벼슬길을 더럽히면서 한갖 허명만을 얻었으니 참으로 부끄럽다. 너희들은 마땅히 이것을 경계하여 오로지 학문에만 힘쓰라' 하고 주부자의 만사를 충효 밖에서는 구하지 않는다는 말로 경계하여 이르기를 '크게는 삼강 오륜과 작게는 물건 하나라도 모두를 나의 誠敬과 忠信으로 대비한 것을 수행의 도로 삼고 홀로 삼간 것부터 실천해 나가며 자기를 속이지 않는 것이 학문을 하는 要이니 천덕과 왕도에 말미암아 행할 일이다.[18]

단지, 속된 立身揚名에 힘을 쏟지 말고 誠敬, 忠信, 無自欺를 생활의 신조로 삼으라는 가르침의 충언이다. 그가 입신 양명에만 눈이 어두웠다면 세 번이나 탄핵을 받아 외직으로 물러나면서 와신상담의 뒷날을 기약했을 것이다. 그러나 그는 그러지 않았다.

명종 12년(1557년), 松川은 공조 정랑으로 있을 때, 사헌부와 사간원 양사의 체직 권고로 순창 현감으로 밀려났고,[19] 선조 7년(1574), 경주 부윤(慶州府尹)으로 있을 때, 시기자의 당치않은 모함으로 파직되기도 했다.[20] 또, 선조 11년(1578), 사헌부의 상소로 聖節使를 그만두기도 했다. 그러나 그는 세 번이나 자리를 물러날 때마다 자신의 탓으로 돌렸다. 특히, 경주 부윤으로 있었을 때는 金佑成(?~?)이 간원을 사주하여 입에 담기조차 거북스러운 탄핵을 했는데, 이때도 '염치없는 죄를 저질렀으면 간원의 탄핵을 받아 마땅하다'[21]며, 이를 선선히 받아들였다. 이 탄핵이 무고임을 알고 조정에서 다시 대사성에 임명했으나 끝까지 나가지 않고 경전에 전심하면서 문도와 자제들을 가르치기에 분음을 아끼었

---

17) 「松川集」, 第5編, 335쪽. <神道碑銘>.
18) 「松川集」, 第4編, 338쪽. <松川先生梁公神道碑銘>.
19) 「朝鮮王朝實錄」 CD - ROM, 제Ⅱ집, 서울시스템주식회사, 【원전】 20집 418쪽.
20) 「朝鮮王朝實錄」 CD - ROM, 제Ⅱ집, 【원전】 21집 293쪽.
21) 「松川集」, 第4編, 323쪽. <言行錄>

다.22) 선조 1년(1568), 松川을 찾은 미암은 그를 忠良이라 칭했으며,23) 松川이 광
주목사로 있을 때 竹齋 楊士奇(1531~1586)와 함께 미암을 찾았는데, 이 자리에
서 미암이 두 아들의 文行을 다 갖추었다고 말하며 혼인을 이야기하자, 그는 그
저 근본적인 학문에 힘 쓰고 문장 기예 따위는 되도록 억제하여 학행을 쌓아야
하지 않겠는가 하고 반문하기도 했다 한다. 이러한 일련의 사례들은, 松川이 공
명보다는 誠意·正心을 생활의 근본으로 믿고 있었다는 실례들이다.

한편, 松川은 충효의 실천가이기도 했다. 그는, 모든 일을 충과 효가 아니면
구하지 말라[萬事不求忠孝外]는 주자의 싯구를 외워 깨우치곤 했는데,24) 그래서
澤堂 李植(1584~1647)은 <五評使詠>에서

梁公名父子　유명한 양공부자는

風壑嘯於蒞　풍학을 울리는 범들이었네

俗投五色筆　오색의 붓을 던저 버리고

彎弓西射胡　활을 당겨 서쪽 오랑캐 쏘려 했네

透迤金馬客　비틀거리는 금마 길손이었고

落魄高陽徒　뜻을 잃은 고양의 무리였네

時來展志力　때를 만나 그 뜻을 폈더라면

跅弛非凡夫　활발하기 범부가 아니었을 테지만,

一麾諒所願　부사하나라도 소원을 풀었으니

高位焉足踏　높은 지위 올라 무엇하리25)

라며 그의 忠을 칭송했다. 또한 그의 수범적 수기 생활을 아버지로부터 엄격히
받고 자란 세 아들은 모두 충효 실천의 장본인들이다.

양산숙(梁山璹)의 자는 회원(會元)으로 부윤(府尹) 양응정(梁應鼎)의 아들인
데, 나주(羅州)에 살며 성혼(成渾)을 사사하였다. 그는 시사(時事)가 평탄하지

22) 「松川集」, 第5編, 337쪽. <松川先生梁公神道碑銘>.
23) 「松川集」, 第4編, 314쪽. <言行錄>.
24) 「松川集」, 第4編, 317쪽. <言行錄>.
25) 「松川集」, 第5編, 393쪽. <輓詞>.

못한 것을 보고서 과거 공부를 포기하고 은거하며 나가지 않았다. 왜란 초에
군사 수백 명을 모집하여 김천일(金千鎰)을 따라 기병(起兵)하였는데, 행조(行
朝)에 들어가 아뢰자, 그를 발탁하여 공조 좌랑(工曹佐郎)에 제수하였다. 그는
다시 김천일을 따라 진주에 이르러 김천일의 서신을 가지고 유정(劉綎)에게
가서 지원을 요청하였다. 그의 사기(辭氣)가 강개하여 유정도 탄복하였으나
여전히 군사를 출동하려고는 하지 않았다. 그가 돌아왔을 때에는 적이 이미
성을 핍박하고 있었는데, 동행한 몇 사람은 모두 탈주하였다. 양산숙은 말하
기를, "위태로운 처지에서 구차하게 죽음을 모면하고 주장(主將)으로 하여금
혼자만 죽음에 빠지게 하는 것이 옳겠는가." 하고, 남강(南江)을 통해 성에 들
어가니, 군사들이 모두 놀랐다. 성이 함락됨에 미쳐 양산숙은 헤엄을 잘 쳤으
므로 그의 힘으로 충분히 죽음을 면할 수 있었지만 끝내 김천일과 함께 죽었
다. 그의 아내 이씨(李氏)는 정유년 변란 때 산에 숨었다가 적을 만나자 스스
로 목숨을 끊었다.[26]

松川의 자녀에 대한 교육 역시 純深한 행실과 義烈의 일이 아닌 것이 없었다.
정유재란이 일었을 때, 나주 삼향포에서 갑자기 나타난 적선 앞에서 松川의 부
인은 산룡, 산축 두 아들과 함께 빠져 죽었고, 큰자부와 딸까지도 그 뒤를 이었
다. 松川의 가족은 나라를 위해 목숨을 받쳤고, 혹은 어머니를 위해 죽었으며, 또
혹은 지아비를 위해 죽기도 하여 앞뒤로 절개로 죽은 이가 무려 8명에 달하였으
니,[27] 자식에 미친 松川의 교훈을 증험하고도 남는다. 그래서 白軒 李景奭(1595
~1671)은 선생이 유집 뒤에다

閱劫遺篇己百年   일백년 긴긴 세월 전하여 온 이 유편은
文章不爲後人傳   그 문장을 후인에게 전하려는 것 아니었네
先生事業惟忠孝   선생의 일생 사업, 충효 말고 또 있던가
分賜子孫卓卓然   훌륭하게 자손에게 그걸 나누어 주었다네[28]

---

26) 「李朝王朝實錄」 CD - ROM, 第Ⅱ集, 【원전】 25집 642쪽.
27) 「松川集」, 第5編, 406쪽. <旌門疏草>.
28) 「松川集」, 第5編, 395쪽. <附群賢追感詩>.

라 하여 자식에게 전수해 준 그의 충효 생활에 대하여 기렸다. 또, 그는 계모의 섬김에도 정성을 다하여 길러준 은혜를 갚고자 한 효자였다.

실상, 충효는 齊家에 가깝다고 볼 수 있으나, 松川의 수범이 자식들에게 그대로 전이되었다고 본다면, 이는 시비거리가 되지 않을 것이다.

요컨대, 松川은 부귀와 공명보다 학문과 수기 중심적 생활을 몸소 실천한 보기 드문 선비였다는 사실을 알 수 있을 것이다.

2. 純粹 指向에의 意志

유학자들의 문학 세계는 순수 지향의 의지가 강하다. 16C 松川과도 인연이 있었던 대표적인 유학자 退溪, 河西, 栗谷 등의 시의 경향이 다 그러하다.

일생 동안, 학문에 몰두하면서 우리나라의 성리학 체계를 정립한 조선조 道學者의 큰 인물로 알려진 退溪는 시의 본질을 性情과 本然之性의 드러냄으로 파악하고, 心性論과 認識論을 논리적 근거로, 시는 性情에 근본을 두고 本然之性을 드러내야 한다고 주장하였다. 인간의 至善至美를 추구하기 위한 性理論에 그 학문적, 사유적 가치를 부여하고, 文學을 순정한 성품의 도야로 인식한 것이다.

> "선생은 시 짓기를 좋아하며 도연명과 두자미의 시를 즐겨 보았으나 만년에는 주자의 시를 더욱 좋아하였다. 그의 시는 초기에는 매우 맑고 화려하였으나 뒤에 와서는 화려한 것을 깎아 버리고 오로지 典實, 莊重, 簡淡한 데로 돌아가서 스스로 一家를 이루었다. 또, 그의 문장은 六經을 근본으로 하고 고문을 참고하였다. 華와 實을 모두 겸하고 文과 質이 알맞아 雄渾하면서도 典雅하고 淸健하면서도 和平하였으니, 따져 보면 正으로의 純粹 歸一이다."[29]

이러한 경향은 성리론을 기저로 한 至善至美에의 指向에서 창출된 것이며, 이는 궁극적으로 청정한 인간 세계의 구현에 그 귀착점을 둔 것이다.[30]

---

29)「退溪全書」, 言行錄 6. <言行通述 : 鄭惟一>. 先生喜爲詩 樂觀陶杜詩 晩年尤喜看朱子詩 其詩初甚淸麗 皆而剪去華靡 一歸典實 莊重簡淡 自成一家 爲文本諸六經 參之古文 華實相兼文質得中 雄渾而典雅 淸健而和平 要其歸則又粹然一出於正.

道德과 節義, 그리고 文章을 겸비한 조선조 道學者의 큰 인물로 알려진 河西도 그렇다. 그는 많은 시를 남기고도 스스로 시인임을 자처하지 않았고,31) 시론을 따로 전개한 기록이나 詩評을 일삼은 적도 없다. 그러나 '「詩經」을 공자께서 아들을 가르칠 때 경서의 첫머리로 삼았으니, 학자는 무엇보다 우선해서 배워야 한다'32)고 역설했다. 또, '시를 배우지 않으면 설 수가 없다'며, 「詩經」에 침잠하기도 했다.33) 朱子가 雲谷에서 勉勵했듯이, 全北 淳昌郡 雙峙面 屯田里 鮎巖村 魚巖에다 訓蒙齋를 짓고, 주자처럼 善의 추구와 美의 창조라는 목표를 달성하기 위한 수단으로 시를 즐긴 사람이다. 그래서 그의 시는 淸明·溫粹·灑落·和平·玲瓏한 데가 있다.

> "선생은 淸明·溫粹·灑落하여 그 뜻을 세워 학문으로 삼았다. 이를 主敬窮理, 力行의 공로로서 삶았은즉, 造詣의 깊이가 사람이 능히 측량하여 알 바는 아니었다. 그를 지킴에 있어서는 반드시 敬으로서 마음의 主宰로 삼아 일용의 사이에도 엄연히 上帝를 대한 듯했다. 그리하여 言辭가 안정되고,視聽이 端直하며, 표리가 사이 없고, 動靜이 한결 같으며, 정의의 발로는 유독 먼저 幾微에 비치고, 사물의 대응은 반드시 의리에 헤아리며, 善과 利 公과 私의 분별에는 더욱 삼가기를 다하는 동시에, 그 성명 음양의 묘리로부터 人倫孝悌의 실상에 이르기까지 한 몸에 체험하고 本末이 구비되어 大中之正의 원점에 우뚝하였다."34)
> "詩文을 지음에 있어 平易·疏暢·明白·簡切하여 까다롭거나 괴이한 내용을 담지도 않았다. 美辭麗句를 써 사람들의 이목을 기쁘게 하지도 않았다. 그런데도 韻意와 敍述音律과 曲調가 溫粹·和平·灑落·玲瓏하여 배워서 익힐 수 있는 것은 아니었다."35)

---

30) 拙 稿, "退溪 李 滉의 純正文學 硏究", 「웅진어문학」 4호, 웅진어문학회, 1996, 147~167쪽.
31) 「河西全集」上, 卷 7. <和仁仲>. 河西是非愛吟詩.
32) 「河西全集」下, <策>. 六經皆經也 而夫子過庭之訓首乃於詩則詩之爲經學子所宜先也.
33) 「河西全集」下, 續編外錄 卷 1. 年譜別本. 先生以爲不學詩無以立.
34) 「河西全集」續編外錄, 卷 一, 年譜別本. 先生淸明溫粹胸次灑落其立志爲 學也積之以主敬窮理力行之功則其造詣之深人不能有所測知者矣至其持守則必以敬爲一心主宰日用之間嚴若對越辭氣安定視聽端直表裏無間動靜如一情之發獨先照於幾微事物之應必揆度語義理善利公私之分益致其謹自其性命陰陽之妙以至人倫孝悌之實體在一身本末備具卓然乎大中至正之規矣.
35) 「河西全集」附錄, 卷 1. <家狀>. 其製詩文也平易疏暢明白簡決不爲艱難深詭異之狀宏宏衍富麗之

선비들이 시를 대하는 태도의 하나는 純粹였는데, 河西도 그러했음을 인용한
글에서 확인된다. 이러한 품성은 純善과 동일한 의미라 할 수 있다. 궁극적으로
儒家들이 추구하는 善이란 인간의 本然之心을 궁구하는 일인데, 河西는 平易·
疏暢·明白·簡切한 시를 통하여 淸明·溫粹·灑落한 품성을 기르면 善에 이른
다고 믿었다.36)

松江 鄭澈이 <輓栗谷三首>에서 애도한 바와 같이 '하늘이 이 나라의 끊어진
학문을 보낸 현인'37) 栗谷도 마찬가지다. 栗谷은 <精言妙選序>에서 시의 본질을
'精한 性情의 표현'으로 규정했다.

> "사람의 소리 가운데 精한 것이 말이며, 詩는 이 말에서 비롯된 것이니 精
> 한 것이다. 시는 본시 性情에 거짓이 없어야 이루어지며, 그 성음의 높고 낮
> 음이 자연에서 나온 것이다. 詩經의 詩는 마음과 정성을 다하고 물리를 분명
> 히 알았으며 優柔忠厚하여 正에 닿아 있으니, 이것이 詩의 本質이다".38)

이 또한 문학의 내용이 純粹에로 歸一되어야 한다는 논리와 닿아 있다. 그는
선비가 시짓기를 일삼는 일은 능사가 아니지만, 眞知를 터득하고 나서라면 曲盡
한 人情, 旁通한 物理, 優柔忠厚, 要歸於正을 나타내는 작품을 구사할 수 있다고
여겼다. 그러면서 문학의 효용성에 대해서도 보다 선명하게 지적해 두었다. 곧,
문학은 存心省察의 정신 세계를 지향하는 활동으로, 그것은 '宣暢淸和', '滌胸中
之陋滓'의 효용이 있다는 것이다.

宣暢淸和는 깨끗하고 너그러운 마음으로 溫柔敦厚와 통하며, 滌胸中之陋滓는
마음에 낀 세속의 자질구레한 더러움을 씻어 낸다는 뜻이다. 退溪가 시의 효용
가지로 유가들의 詩敎인 溫柔敦厚와 蕩滌鄙吝을 든 것과 같고, 高峰이 <武夷櫂
歌>를 평하여 淸高和厚와 浴沂氣象이라 한 내용과도 통한다.39) 이러한 말들은

態要悅於人之耳目而其韻意鋪敍音響節奏溫粹和平灑落玲瓏有非可以學而至之也.
36) 拙稿, "河西 金麟厚의 純正文學 研究",「論文集」9卷, 麗水大, 1995, 205-222쪽.
37) 「栗谷全書」, 卷 37. 大東文化硏究院, 1971. 芙蕖出水看天然 間氣難逢數百年 天欲我東傳絶學
人生之子紹前賢
38) 「栗谷全書」, 卷 13, <精言妙選序>. 人聲之精者爲言 詩之於言 又其精者也 詩本性情非矯僞而成
聲音高下 出於自然 三百篇 曲盡人情 旁通物理 優柔忠厚 要歸於正 此詩之本源也.

吟咏性情의 구체적 표현이면서 동시에 문학의 효용론적 가치로 인정할 수 있다.

도학으로서의 문학 활동은 善으로써 美를 인식하는 일이다. 원래 善은 美와도 상통한다.[40] 그러니 栗谷이 지적했던 '宣暢淸和', '滌胸中之除濊'는 시의 효용이 善과 美를 지향하는 언급이라 할 수 있다. 다시 말하면, 栗谷은 시의 가치를 순수하고 청정한 정신 세계를 추구하고자 하는 뜻에 두었던 것이다.

결국, 退溪가 주장한 蕩滌鄙吝·感發融通이나 河西의 淸明·溫粹·灑落, 栗谷의 滌胸中之滓穢·宣暢淸和의 의미가 순수와 하나도 다를 바 없다. 이렇게 유학자들의 문학 세계는 모두 순수 지향의 의지에서 표출되었다고 할 수 있다.

松川은 이들을 비롯하여 다른 유학자들과도 인연이 많았다. 光州牧使의 직을 그만두고 晉州牧使로 자리를 옮겨서는 어느 날, 南溟 曺 植(1501~1572)과 龜岩 李 楨(1512~1571)을 찾아가 경서를 강론할 적에 늘 말하기를 '다행이 영남에 와서 두 어진 벗을 얻었다'면서, 그 길로 陶山으로 달려가 이미 떠난 退溪를 애석하게 여긴 感興詩를 남긴 것[41]을 보더라도 松川의 마음에는 항상 학문과 문장이 높은 선비가 자리해 있었음을 알 수 있다. 河西와도 특별한 사이였으며, 栗谷과의 관계는, 松川이 갑자년(1564)에 고시관이 되어 天道策을 시험하여 그를 장원으로 뽑아 준 시험관이었다. 이러한 인연으로만 보아도 松川은 純粹至善의 심성을 가지고 있었다는 것이 증명된다.

> 環壁堂前泛小舟　환벽당 앞에다가 작은 배를 띄웠는데
> 使君心跡共淸悠　사군의 맑은 마음 역시 맑은 물과 같다네
> 今朝又赴山翁約　오늘 아침 산옹과 약속 있어 달려 오니
> 石下菖蒲灑玉流　바위 아래 창포에서 옥류가 튀어 나오네[42]

이 시는 環壁堂과 瀟灑園을 두루 구경하고 나서 창계천에서 鼓巖 梁子徵(1523

---

39)「高峰全集」, 高峰退溪往復書, 卷 1. <別紙武夷櫂歌和韻>. 其言之所宜 皆高淸和厚. 沖澹灑落 直與浴沂氣象 同其快活矣.

40)「論語」, <里仁> 篇 原註. 仁厚之俗爲美.

41)「松川集」, 第5編, 373쪽. <祭文>.

42)「松川集」, 第1編, 詩, 31쪽. <歷環壁瀟灑之勝因示鼓巖子>.

~1594)의 아들과 함께 뱃놀이를 하면서 그에게 읊어 준 시다. 서경이 뛰어나지만, 실은 순수한 심상을 노래하고 있다. 배를 띄운 것은 단순히 놀이가 아니다. 심성 순화의 한 방편이다. 옥류는 티없는 고암을 아들을 두고 이른 말로 생각되기도 하지만, 청아한 시적 분위기는 이 시를 지배하고 있다. 평상시 松川에게 淸明 純一의 마음이 없으면 이러한 시의 창작은 불가능하다.

이 시의 배경이 되고 있는 환벽당은 息影亭 지근 거리 창계천 언덕에 沙村 金允悌(1501 - 1572)가 羅州牧使등의 관직을 그만 두고 후학 양성을 위해 지은 정자이다. 무등산에서 흘러내리는 맑은 물과 주위의 크고 작은 산들이 그렇게 조화로울 수 없다. 소쇄원은 梁山甫(1503 - 1577)가, 스승인 靜菴 趙光祖(1482 - 1519)가 己卯士禍 때 예조판서인 南袞(1471 - 1527) 일파에게 몰리어 陵州에 유배되어 죽게 되자 출세의 꿈을 버리고 자연 속에 살기 위하여 처가 마을에 터를 잡고 꾸민 정원이다. 담장 밑으로 흐르는 맑은 계곡 물이 험한 기암 괴석의 바위를 타고 굽이쳐 쏜살같이 흐르면서 폭포로 변해 떨어지고 외나무 다리를 굽이쳐 흘러간다. 푸른 대나무와 노송 느타나무들은 한 폭의 산수화같은 비경이다.

이곳에는 두 주인을 비롯하여 奇大升(1512 - 1572)・金麟厚・金成遠(1527 - 1597)・鄭澈・金德齡(1567 - 1596)・宋翼弼(1534 - 1599)・白光勳・高敬命・吳　謙(1496 - 1582)・金彦琚(中宗朝) 등의 출입이 잦았는데, 松川도 이곳을 자주 출입하면서 이들과 학문적 교유를 끈끈히 했다. 이들의 공통점을 찾는다면 시대 의식을 함께 하면서 樓亭生活을 즐긴 山林處士들이라는 점이다. 산림 처사들의 누정 생활은 그것이 즐거움만 쫓는 풍류로 비쳐질 수도 있지만, 기실 학맥을 이어가고 賞自然의 문학을 일구며 純正의 마음을 닦는 데 그 가치를 두었다.

> 歸田悔不及年華　전원으로 못간 것이 젊은 시절 잘못이야
> 一上高臺一憫然　높은 누대 한번 올라 또 한번 멀리 바라보네
> 何處僧從江畔路　어디서 오는 스님 강길로 따라 가니
> 影和殘照倒淸漣　석양 빛에 그림자가 맑은 여울 속에 잠겨 있네[43]

---

43)「松川集」, 第1編, 32쪽. <次李季眞後白韻題僧軸>.

이 시는, 松川이 애초부터 歸田에 뜻을 두었지만, 그 뜻을 이루지 못하고 내외직으로 전전하다 이제와 자기 자신을 반추해 보니 그것이 후회로 남는다는 내용이다.

이러한 생활의 저변에는 세속적인 일에 심각한 문제가 발생하면, 이것을 기꺼이 버리고 자연으로 훌훌 달려가 버리는 은일적 취향과 순수 지향의 의지가 그의 마음에 자리해 있었다고 볼 수 있을 것이다.

> 月色當軒白　밝은 달은 툇마루에 마주쳐 희고
> 秋光入眼靑　가을 빛은 눈에 서려 파랗군 그래
> 登臨此夜景　이날 밤 이 정자에 이 경치 보니
> 一世笑浮萍　한 세상의 부평이 가소롭구나44)

河西가 요월정에서 이렇게 읊으니, 松川은 이에 다음과 같이 차운한다.

> 落照千重練　낙조는 마전한 배 드리운 듯
> 餘霜萬仞靑　서리에 시들지 않은 나무 만길이나 푸르리라
> 爲來酬勝槩　여기 와서 좋은 경치 말로써 주고 받으니
> 離合付流萍　만나고 헤어짐이야 부평 그것 아니던가
> 悵望仙人駕　선인의 수레를 멀리서 바라 보고
> 徘徊小隱亭　소은정을 돌면서 거닐어도 보네
> 淸樽猶不盡　술독에 맑은 술이 아직도 남았는데
> 山水暮烟生　산과 강에 저녁 연기 뿌옇게 일어 나네45)

河西나 松川의 자연 귀의는 은둔이 아니라 은일이다. 앞에서 잠깐 언급한 바와 같이 벼슬을 마다하고 학문을 보다 귀하게 여긴 시대적 풍조로 보아도 좋지만, 이들에게는 자연에 묻혀 티없이 살고자 하는 마음이 더 강했다고 볼 수 있다. 특히, 松川은 중세에 綾陽으로부터 羅州 博山으로 거처를 옮겨서 朝陽臺에 臨流亭을 짓고 뒷뜰에는 대나무, 川上에는 소나무를 심었는데, 이에 여러 선비들

---

44) 「河西全書」上, 801쪽. <邀月亭>.
45) 「松川集」, 第1編, 13쪽. <邀月亭次金何西麟厚韻>.

이 그를 '松川'이라 칭한 데서도[46] 이를 확인할 수 있다.

정축년(1571년), 松川은 이조참의 시절에 성절사로 뽑혀서 중국에 다녀와서는 성균관 대사성으로 옮겼는데, 조정에서 황해감사로 보내려 하니 나가지 않고, 마치 漢代 張衡(78~139)이 歸田하는 것처럼, <歸田賦>를 짓고 고향으로 내려온다.[47] 벼슬자리보다 구차스럽고 잡스런 마음이 일지 않은 전원을 택하여 그곳에서 마음의 자유를 얻고 삶의 기쁨을 얻기 위함이었다.

松川이, 벼슬을 버린 홀가분한 심정, 가족과 함께 술자리를 같이한 즐거움, 친척 친구들과 함께 이야기하고 琴書를 벗삼아 천명을 즐기려는 소원 등이 나타나 있는 陶淵明(365-427)의 <歸去來辭>를 좋아한 것[48]도 이와 같다. 또, 적벽에서 가서도 蘇軾(1036-1101)이 뱃놀이하던 당시를 상기하고 시를 남긴 것도 이와 한가지다. 隱遁이 아닌 隱逸의 賞自然이 그의 성품에 더 잘 맞았던 것이다.

壁面千秋敵武昌　적벽은 천년두고 무창과 맞먹는다네
水挼藍碧動瓊觴　푸른 하늘 휘어 감는 물구비가 구슬잔을 움직이네
須將鼓笛催佳月　피리 불며 아름다운 달이 빨리 뜨길 재촉하며
佇見東來羽客翔　동녘에서 날아 오는 학을 지켜 보려네[49]

이러한 일련의 자연 귀의에의 시적 경향은, 松川이 결코 저 도가적인 품위를 지닌데서 말미암은 것이 아니라, 退溪나 河西 그리고 栗谷 등과 같이, 유가적 수양적인 삶과 밀접하게 닿아 있는데서 표출된 결과라 할 것이다. 곧, 松川은 누구보다 순수 지향에의 의지가 강했다는 사실을 보여 주었다고 하겠다.

3. 曲盡한 人間的 情趣

松川의 성품은 부드러우면서도 엄하고 말은 간략하면서도 고상하였다.[50] 그런

---

46) 「松川集」, 第5編, 336쪽. <松川先生梁公神道碑銘>.
47) 「松川集」, 第5編, 337쪽. <神道碑銘>.
48) 「松川集」, 第5編, 324쪽. <言行錄>.
49) 「松川集」, 第1編, 23쪽. <赤壁>.

속에서도, 그의 시 작품을 보면 끈끈한 인간의 정이 곡진하게 표현되었음을 볼
수 있다.

문학에서 정은 七情, 즉 喜怒哀樂愛惡欲을 중심으로 표현된다. 그러나 유학자
들에게 있어서 이 정은 人心에 근거하는 人慾으로 간주한다. 그들은 이러한 인
욕도 인간의 本然心인 性에 의하여 다스릴 수 있다고 본다. 정은 성에 의하여 제
어된다는 것이다. 따라서 이러한 정의 세계를 서구적 의미의 감성이나 감정과
동일시하여 이해하면 곤란하다. 왜냐하면, 정은 서구적 의미로서는 칠정이지만,
성에 의하여 다스려진 유학적 정의 세계는 이 칠정이 제어되어 나타난 樂而不淫
이요, 哀而不傷이며, 怨而不怒이기 때문이다.

그런데, 情의 세계를 유학의 논리에 기초하여 사전적 의미로 정리해 보면51)
物情・情況・情勢・實情・表情 등의 의미와 같이 사물의 양상이나 양태를 나타
내는 경우 두 가지로 나누어지지만, 사람의 경우는 조금 복잡하다. 즉,

첫째, 사람들이 관계하는 구체적 방식을 의미한다. 有情・無情・同情・逆情・
熱情・溫情・冷情・薄情 등이다.

둘째, 구체적 현상으로 드러나 있는 인간의 속성이다. 常情・非情・眞情・純
情 등이다.

셋째, 생명적 욕구, 특히 이성적 욕구를 나타낸다. 이것과 연관되어 있는 것이
欲情・愛情・情念・戀情・情夫・通情 등이다.

넷째, 사람 마음의 상태・지향・표현을 나타내고 있다. 心情・情意・情地・情
懷 등이다.

다섯째, 인간의 삶 속에서 느끼는 情調와 興趣를 나타낸다. 情緖・情調・情
操・風情 등이다.

松川은 위의 정의 분류에 맞댄다면 아마 다섯째가 될 것이다. 자신의 정을 절
제하지 않으면서도 인간적인 면을 곡진하게 노래하고 있기 때문이다. 이러한 면
은 그의 기생과 함께 했던 시로부터 贈詩, 送別詩, 輓詩 등은 물론 스님과의 從
遊詩에서도 이를 확인할 수 있다.

---

50) 「松川集」, 第5編, 333쪽. <神道碑銘>.
51) 최봉영, 「조선시대 유교 문화」, 사계절, 1987, 262-264쪽 참조.

壯氣摧藏萬丈虹　무지개처럼 부풀었던 장기도 다 꺾기고
容顔減盡少年紅　소년의 붉은 얼굴 그도 다 여위었네
南音獨喜鶯鶯在　남쪽 노래 잘하는 앵앵이 네가 좋아
留待三春細流風　수양 버들 바람이는 오는 봄을 기다리런다[52]

　과거에 낙제하고 완산에 와 기생 앵앵을 읊은 시다. 기생이 좋기로 서로 놀아
난다는 의미도 아니요, 자기 감정을 숨긴 것도 아니다. 일방적이기는 하지만, 자
기 감정을 그대로 실었으되, 여기에는 이성적 욕구도 없고, 삶의 즐거움만을 만
끽하고자 하는 태도도 물론 없으며, 자신의 구체적인 속성이 드러나 있는 것도
아니다. 이것이 엄했지만 부드러웠던 松川의 정의 세계다.
　다음과 같은 증시도 역시 그렇다.

一見憐君水玉如　빙옥같은 그대 모습 한 번 보고 사랑했네
山潛閱盡古人書　산에 살며 고인의 글 모조리 다 읽었다지
好携長策千時去　그 장책을 가지고서 세상 따라 나가 보세
聖主方虛六尺輿　성주가 육척 수레 비워 두고 기다리리
旅泊西湖偶得朋　서호 나그네 되어 우연히 벗을 만나
驪情未幾別愁仍　기쁜 정 못다 하고 이별하게 되었네
相思千里唯今夕　이 밤을 지나가면 천리 멀리 떠나갈 몸
雲雨連山耿一燈　비 구름 연산 땅에 깜박이는 등불이네[53]

　앞에서 살핀 바와 같이, 松川은 많은 문인들과의 交契가 있었는데, 만나고 헤
어짐에는 으레 필묵을 적셔 한편의 노래가 없을 수 없었다. 특히, 송별의 情恨을
담은 시는 가히 곡진의 정이 극에 달한다.

西方方急事　서방에 바야흐로 급한 일이 터졌는데
而子敢偸閑　그대가 한가로이 지낼 수가 있겠는가

---

52) 「松川集」, 第5編, 20쪽. <落第到完山詠妓鶯鶯>.
53) 「松川集」, 第1編, 49쪽. <贈金斑>.

一笑辭南國 　한 바탕 웃음으로 남국을 하직하고
長驅傲朔寒 　보란 듯이 말을 몰아 추운 지대를 가네 그려
胡沙工灑甲 　호지의 모래 알이 갑옷에 뿌려지고
漢月解隨鞍 　대륙에 뜬 달 빛은 말의 뒤를 따라 가리
籌罷人和策 　인화를 다지는 공적을 세운 뒤에
歸來耀絲翰 　하루 빨리 돌아 와서 문장을 빛내게나[54]

　관서 지방의 외방을 맡은 윤홍중(? - ?)과의 송별시다. 비록, 관서막이 되어 오랑캐와 대적하러 떠나는 윤 평사이지만, 훗날 이를 평정한 뒤 문장으로 빛낼 것을 기대하고 있다. 역시 눈물겨운 장면도 없고 상처받은 것 같은 싯구도 없다. 그러나 떠나 보낸 이에 대한 곡진한 정은 얼마나 눅눅한가? 다음 시에서도 이러한 느낌은 똑같다.

才豈饒諸彦 　재주가 어쩌면 그렇게도 출중한가
名非自一朝 　그 이름 일조에 얻어진 것 아니로세
未堪符印數 　임지 자주 바꾸는 것 그도 못할 일인데
況是道途遙 　더구나 멀고 먼 그곳을 가단 말가
簇簇山無地 　옹기종기 산이라서 평지라곤 볼 수 없고
冥冥海不潮 　검푸른 넓은 바다 밀물 썰물도 없다 하데
寬心應妙割 　마음을 널리 쓰면 좋은 일도 있는 법
褒命下雲霄 　포상의 명령이 하늘에서 내리리[55]

　역시 어디론가 부임해 가는 충정을 떠나 보내며 읊은 오언율시다. 재주 많은 것이 오히려 산악으로 가게된 데 대하여 크게 마음을 쓰고 있다. 송별의 아쉬움은 벗과 떨어져 있는 거리감보다 정신적 교감의 단절이 더 크다는 심정을 느끼기에 충분한 작품이다.
　물론, 輓詩는 슬픔이 시적 분위기를 전부 지배하고 있기 때문에, 인간적 정을

---

54) 「松川集」, 第1編, 61쪽. <送尹評事弘中赴關西幕>.
55) 「松川集」, 第1編, 60쪽. <送柳海寧忠貞之任>.

더욱 진하게 노래할 수 있다. 그러나 松川의 만시에는 간장이 끊어지는 통한의 슬픔도 없고, 북받치는 눈물도 없다. 추도의 비장미도 없다. 그저 담담하게 운명의 길을 따르는 이와의 아쉬움을 곡진하게 드러내고 있을 뿐이다.

> 天生眞主撫東方　하늘이 내신 임금 이 나라를 돌보시어
> 端拱垂治享無彊　어진 치적 남기시며 만수무강 바랐더니
> 莫落堯階春欲暮　요계에 지는 莫草 봄이 벌써 저무는가
> 琴寒舜殿月凄凉　舜殿의 거문고 소리 달빛도 처량하네[56]

仁宗의 죽음을 애도한 시다. 인종은 비록 재위 8개월만에 타계하여 松川과는 특별한 인연은 없었다 하더라도 사대부가의 양반으로서 이렇게 담담할 수 없다. 그러나 들여다보면 그 情意는 별다른 설명을 요치 않을 것이다.

> 大裕之亡巨筆摧　대유가 죽었다니 거필이 꺾기었네
> 小難留築碧巖苔　이끼 낀 푸른 바위 소난이 남아 쌓을건가
> 衷情擧世何人識　그의 충정 이 세상에 아는 이 누구런가
> 喚取蒼波太守來　창파태수 불러다가 그에게나 물어 볼까[57]

松川은 기봉 백광홍과 여간 절친한 사이가 아니었다. 그는 꿈 속에서 이 절구를 짓고는 사람을 시켜 그의 안부를 물었더니 이미 서거한 뒤였다 한다. 여기서 大裕는 백광홍이고 小難은 기봉의 아우 백광훈이다.

> 天地無窮極　천지는 한도 끝도 없는데
> 山高更水深　산은 높고 물은 깊구나
> 悠悠此生裏　걱정 시름 속에 이승을 살면서
> 獨見伯牙心　오직 그대가 백아의 마음을 알았었는데[58]

56)「松川集」, 第1編, 84쪽. <仁廟挽>.
57)「松川集」, 第1編, 39쪽. <夢中作>.
58)「松川集」, 第1編, 15쪽. <輓白大裕光弘>.

또 하나의 기봉을 애도하는 시인데, 松川의 마음을 알아주는 사람은 기봉뿐이라는 뜻이 담기어 있다. 松川이 기봉과 아무리 절친한 사이였다고는 하지만, 그의 부음을 듣고 표현한 이들 작품에는 대성 통곡이 없다. 그러나 이러한 작품 두루에서 정성을 다하고 邪함이 없는 松川의 곡진한 마음을 읽고도 남는다.

한편, 松川은 스님과의 종유 관계도 대단히 깊었던 모양이다. 선비들이 산승들과 교유한 것은 아마 氷炭之間으로 극히 이례적인 일이다. 그런데 松川의 경우, 산승들에게 지어준 시가 상당히 많다.

> 坐穩松臺上　편안히 소나무 평상 위에 자리 잡고 앉아서
> 悠然俯一川　시름없이 시냇물 굽어 보고 있노라니
> 僧來乞詩句　중이 와서 시 한 수를 써 달라 하기에
> 揮筆灑風烟　붓을 들어 속 시원히 풍연을 쓸어 버렸네[59]

스님의 청을 거절하지 못하고 써준 한 편의 시 속에서, 굳이 사상적 합일을 꾀했다고 보기 힘들지만, 신비적인 체험 공간에 대한 관심이 일치하고 있음을 발견할 수 있다. 이밖에도 스님을 상대로 한 시편들이 많이 있다. 이는, 松川이 이념을 달리한 불자에게도 그만큼 남다르게 곡진한 인간미가 있었다는 것을 의미한다.

松川의 시에는 술이 등장하는 장면도 몇 편 보인다. 속인들의 입장에서 보면, 시주는 자칫 풍류로 비춰질 수 있다.

> 四面淸風若洗蒸　사면에 맑은 바람 찌는 더위 씻어 줄 듯
> 高亭拂席盡良朋　정자 위에 앉은 이들 모두가 훌륭하네
> 傳盃各任騰騰醉　술잔 돌려 제각기 등등하게 취했는데
> 夕宿何人伴雪氷　밤들면 어느 누가 설빙과 함께 자려는가[60]

---

59)「松川集」, 第1編, 6쪽. <贈僧>.
60)「松川集」, 第1編, 29쪽. <再遊漆石>.

칠석에서 두 번째 놀면서 지었다. 이 시의 분위기는 술이 지배하지도 않고, 유희에 있는 것도 아니다. 물론, 興趣를 배제한 것은 아니지만, 그 핵심은 유리알처럼 맑고 깨끗한 雪氷에 있다. 역시, 술이 등장한 다른 작품도 배면에 인간적인 정이 지배하고 있다.

이와 같이, 贈詩나 輓詩 그리고 送別詩 등을 가릴 것 없이, 松川의 의식 속에는 인간적인 정이 곡진하게 들어 있다는 것을 확인하게 된다.

III. 結論

지금까지 이렇다할 평가를 받지 못했던 松川 梁應鼎의 문학 이해를 위한 예비적인 작업으로 그의 시문학을 중심으로 하여 문학 의식을 따져 보았다.

松川은 다른 문장들과 활발하게 교유하면서 수준 높은 작품을 많이 남긴 문재였는데, 문집을 자세히 살피면, 학문과 誠意・正心의 修己 중심적 自我에다가 純粹 指向의 意志를 가지고 작품 활동을 하였음을 알 수 있었다. 또, 知音들과의 막역한 관계를 통해 표출된 곡진한 인간적 정취도 그의 문학에 고스란히 용해되어 있음을 발견할 수 있었다.

물론, 이와 같은 세 가지 국면이 곧, 松川의 문학적 의식 세계를 남김없이 조감했다고 보기는 부족한 감이 없지 않다. 행간에 숨어 있는 의미를 조금 더 깊게 천착한다면 松川의 의식 세계를 훨씬 다양하게 조명할 수 있을 것이다. 그러나 많은 작품을 남기고서도 전해진 것이 없으니, 그것을 핑계로 삼지 않을 수 없다.

아무튼, 松川의 문학적 의식 세계가 확인된 이상, 그의 문학적 성과도 규명되어야 한다. 이어 松川 문학의 표현 양상과 함께, 문학사적 의의에 대해서도 상응한 평가가 매겨져야 할 것이다.

資料 및 參考文獻

奇大升, 『高峰全集』.

金麟厚, 『河西全集』.

梁應鼎, 『國譯 註解 松川集』, 郎州印刷社, 1988.

李 珥, 『栗谷全書』.

李 滉, 『退溪全書』.

李肯翊, 『燃藜室記述』.

李晬光, 『芝峰類說』.

朝鮮王朝實錄 CD ROM, 제Ⅱ집, 서울시스템주식회사, 1997.

최봉영, 『조선시대 유교 문화』, 사계절, 1987.

許 筠, 『惺所覆瓿藁』.

拙 稿, 「河西 金麟厚의 純正文學 硏究」, 『論文集』9卷, 麗水大, 1995.

_____, 「退溪 李 滉의 純正文學 硏究」, 『웅진어문학』4호, 웅진어문학회, 1996.

金三宜堂 詩文 研究

이 월 영

I. 문제 제기

김삼의당은 조선조 말기(1769 : 영조45 : 己丑 - 1823 : 純祖23 : 癸未)에 살았던 여류문인으로 문집『三宜堂金夫人遺稿』를 남기고 있다. 양반집안 여인의 문필활동이 극도로 통제되고 사갈시되던 조선조[1]에 문집으로 엮어질 분량의 시문을 남기고 있는 그 사실 하나만으로도 삼의당은 이미 세인의 주목을 받기에 족하다.

김삼의당이 지속적으로 글을 쓰고 언젠가는 문집으로 정리할 목적으로 자서까지 써 남겨둔 점에서 볼 때 그녀는 강렬한 자의식의 소유자이거나 글을 쓸 수 있는 특별한 환경이 조성되어져 있었을 것이라고 짐작할 수 있다. 삼의당에게는 위 두 가지 경우가 모두 해당한다. 삼의당은 시문에 대한 남다른 열정을 지닌 인물이었으며, 삼의당 문필생활은 남편의 동지적 인정과 호응 및 남편과의 관계 속에서 이어질 수 있었다.

---

[1] 글쓰는 행위는 그 자체가 자신의 표현이다. 침묵과 부재를 강요당하던 조선조에서 양반가 여성의 글쓰는 행위는 비단의 대상이 되기에 충분했다. 글쓰는 행위 자체가 침묵하기를 거부하는 것이요, 주체적인 자기를 표현하는 행위이기 때문이다. 재주는 승하나 덕이 모자랐다고 허난설헌을 부정적으로 평한 후대 사대부 학자들의 부정적 견해가 그 일 예이며,『李朝漢文短篇集』(임형택, 이우성 역편, 일조각)에 실려있는 이야기「梅軒」도 그 극단적인 일 예이다. : 李月英, "침묵과 부재 : 여성과 언어의 악연"(『국어문학34집』, 국어문학회, 1999.11) 참고.

삼의당은 강렬한 자기표현 욕망을 지닌 여성이었고, 나름대로 확고한 시관을 지니고 있었으며, 삶에 대해 뚜렷한 주관적 관점을 지니고 있었다. 시에는 그녀가 살면서 感激한 性情을 담았으며, 文에는 事象에 관한 자기 관점을 분명하고도 강한 어조로 조리 있게 설파하였다. 감히 표출해서는 안될 내적인 감정을 언어를 통해 외적으로 표출했으며, 從者이어야 할 여성이 굴하지 않는 자신의 관점 및 입장을 문을 통해 더러는 강경하게 주장하였던 것이다. 삼의당이 정면으로 조선조 여성이데올로기에 대한 저항을 표현하거나 반이데올로기적 관점을 표명한 적 없지만, 내적 정서의 표출 및 주관적 자기 관점의 주장이라는 두 가지 사실만으로도 삼의당은 어쩔 수 없이 탈이데올로기적이었다.

남편 담락당은 삼의당 문필생활의 원동력이며 원천이었다. 결혼 첫날부터 그들은 시를 唱和했으며, 달밤에 뜰을 거닐면서 시를 주고받았으며, 과거공부를 위해 입산·입경한 남편을 격려하고 그리워하고 괴로워하고 원망하는 정을 시에 담았으며, 남편을 회유하고 책선하고 경각시키는 書를 비롯한 文을 지었던 것이다. 남편은 삼의당의 시재 및 능력을 높이 인정하고 대등한 동반자 관계 속에서 시를 주고받았으며, 어려움에 처해서는 아내의 격려와 조언을 스스럼없이 받아들이고 의존하였다. 그리고 남편과 관련된 이러한 모든 것들이 시문으로 그 결실을 맺었던 것이다. 삼의당에 대한 남편의 전적인 신뢰 및 동반자적인 동지의식이 없었다면 여성문인으로서는 가장 많은 양의 작품을 남기고 있는 삼의당 문집은 존재할 수 없었을 것이다. 삼의당의 시문은 남편과의 관계 속에서 생성되었고 남편의 인정 속에서 지속되어질 수 있었다.

필자는 삼의당 시작생활에 기본적 원동력을 제공한 두 가지 사실에 입각하여 삼의당 시문에 대한 분석을 시도할 것이다. 그리고 이는 본고가 삼의당 시문에 대한 기존 연구에 힘입었지만 그를 극복하고자 하는 반성적 관점에 입각한 것임을 밝힌다.2) 삼의당의 작가적 기질 전제는 여성문학적 접근을 가능하게 할 것

---

2) 먼저 필자가 삼의당의 생애 및 시문에 접근하고 이해하는데 도움을 주었던 기존 연구를 소개하면 다음과 같다.
박요순, 「삼의당과 그의 시 연구」, 『韓國語文學』 제11집, 한남대 국어국문학회, 1895.
金德洙, 「金三宜堂의 詩文學 硏究」, 전북대학교 대학원 박사학위 논문, 1990.2.
김지용, 『한국의 女流漢詩의 解說』, 여강출판사, 1991.

이요, 남편과의 관계 조명은 시문의 생성적 배경에 대한 논구를 제공하게 될 것이다.

삼의당의 문은 주관적인 자기 생각을 논리적으로 전개한 글이므로 그 분석을 통해 삼의당의 위인 및 남편과의 관계, 사고방향 등에 대한 접근이 이루어질 것이다. 문에서 파악된 사실들을 토대로 삼의당 시에 대한 분석이 이루어질 것이다. 삼의당의 시는 내면적 정서의 솔직한 표출이 그 주조를 이루고 있어 삼의당의 생활환경이 변함에 따라 시 세계도 크게 변모하고 있음이 발견된다. 그러므로 그녀의 시 세계는 그녀의 삶의 변화와 밀착시켜 분석할 것이다.

II. 삼의당의 위인 및 남편과의 관계

삼의당의 산문은 남편과 주고받은 書, 남편과 시집간 딸을 보내고 나서 쓴 送序, 장녀와 삼녀 동서의 죽음에 쓴 祭文, 결혼식날 남편과 나눈 대화를 토대로 쓴「禮成夜話記」를 비롯한 다양한 雜識으로 구성되어 있다. 시가 남편과의 관계 속에서 생겨난 정서를 토로한 것이 그 대부분을 차지하는 것처럼 산문 또한 남편과의 대화·토론 및 관계를 이야기한 것들이 대다수를 차지한다. 그러므로 산

김미란,「동갑내기 부부의 緣」,『총명이 무딘 붓끝만 못하니』, 평민사, 1992.
이들 연구는 삼의당의 생애와 시작품 분석에 초점이 모아져 있었다. 그 결과 기존에 이루어진 삼의당에 대한 평가는 현모양처·효부로서 전형적인 조선조 여인상이라는 해석이 그 대부분이었다. 그러나 삼의당에 대한 이러한 평가는 극히 피상적이고 인상적인 단선적 평가임을 지적할 수 있다. 삼의당을 현모양처·효부로 접근한 것 자체가 이미 그 인물의 긴면목에 대한 섭근 방식에서 실패한 것이다. 삼의당은 삶의 고통과 환희를 표출한 시인이었고 주관적 자기인식을 분명하게 밝힌 사변적 문장가였다. 여성상의 모델로 설정되어질 인물이 아니라 존재의 문제를 표현한 주체적 작가 시인으로 삼의당은 접근되어야 한다. 삼의당에 대해 이러한 면모가 전제될 때 삼의당은 더 이상 조선조 여인상의 전범으로 제시되어질 수 없다. 침묵하는 존재 종속적인 부재적 존재이어야 할 조선여인상 면모와는 반하기 때문이다.
또 삼의당 시작품에 대한 연구는 소재별 분류에 그 바탕을 둔 해석으로 이루어져 있었다(박요순 - 애정시, 자연관조시, 전원생활시 ; 김덕수 - 부부화애, 자연교감, 농촌생활, 세시풍습 등). 그러나 필자의 관점으로는 이러한 시 소재의 선택조차도 그의 삶의 양식 및 남편과의 관계와 밀접한 관련을 지닌다. 그러므로 삶의 모습이 어떻게 시 속에 투영되었는지를 살필 때 올바른 작품분석이 이루어질 수 있다고 생각한다.

문을 통해 삼의당의 위인·사고 성향·남편과의 관계양상을 파악할 수 있을 것이다.

신혼 첫날밤 '종신토록 지아비를 어기지 않을 것이라고 하는데, 지아비가 허물이 있어도 따르겠다는 것이오?'라는 담락당의 반문에 삼의당은 다음과 같이 대답한다.

> 부부의 도는 오륜(五倫)을 겸하였습니다. 어버이에게는 부모의 허물을 간하는 아들이 있고, 임금에게는 임금의 잘못을 간하는 신하가 있으며, 형제는 서로 올바름으로 권면하고, 붕우간에서는 착한 일을 하도록 서로 권하니, 부부간에만 어찌 그러한 도리가 없겠습니까. 그렇다면 제가 말씀드린 '지아비를 어기지 않는다'는 것이 어찌 지아비의 허물도 따르겠다는 말이겠습니까.3)

여성으로서의 '從夫'도리를 '무조건적인 따름'이 아닌, 부부도리의 올바른 실천으로 그 의미를 규정하고 있다. 즉각적으로 이루어진 이 같은 논리적 대응에서 삼의당의 지적이고 주체적인 소양의 정도를 짐작할 수 있다.

5편의 書는 모두 과거공부를 위해 이별해있는 남편 담락당에 보낸 편지 및 답서이다. 送序도 7편 중 둘째 딸을 보내면서 쓴 「送二女于歸序」를 제외하고는 모두 남편 담락당을 외지로 떠나보내면서 쓴 글이다. 그 편지와 송서의 내용은 남편 과거공부에 대한 권면 및 조언 공부방법 문장연마 방법 등에 대한 구체적 설명4) 등으로 채워져 있다. 이 글들을 보면 삼의당은 젊었던 시절 그의 인생을 오로지 남편 과거 공부하는데 바쳤을 뿐만 아니라 남편의 과거급제에 대한 열망 속에서 고독하고 힘든 별리의 세월을 견뎌나갔던 것이라 짐작할 수 있다.

> 아침이면 뜰의 나무에 부는 바람이 쌀쌀합니다. 객지생활 중 기미는 어떠하신지요. 옛말에 이르기를, '가을에 선비가 슬퍼지는 것은 감개격려하는 뜻

---

3) 夫婦之道 兼該五倫 父有爭子 君有爭臣 兄弟相勉以正 朋友相責以善 則至於夫婦 何獨不然 然則吾所謂不可違夫子者 豈謂從夫之過歟:「禮成夜記話」.

4) 구체적인 예를 들면 사마천의 대문장이 壯遊로 말미암을 수 있었다는 사실에 빗대어 남편의 장정길이 글로 수습될 수 있도록 하라며 문장관을 피력한 편지 등이다.
昔聞司馬子長二十南遊江淮 以廣志業 馬子才所謂 子長之文章不在書者此也 … 君子周行歷覽萬象之變化出沒者 盡取而爲文章 則庶幾可以助成志業:「與夫子書」.

이다'라고 했습니다. 당신도 가을철을 느끼면서 학업에의 뜻을 격려하고 계시는지요. 제가 마음속에 늘 염려하고 있는 것은 용지(龍池)의 가을 연꽃을 당신께서 딸 것인지, 월궁의 계수나무를 당신께서 꺾으시려는지 하는 것입니다. 이 때문에 저는 매일 밤 잠들지 못하고 전전긍긍한답니다. 唐詩에서 이른 바 '추야장(秋夜長)' 세 글자는 아녀자가 사사로운 정에 이끌리는 것을 의미하니 이런 것은 우리 규방에서 논하기에 족하지 않습니다. 엎드려 바라건대 학문에 세운 뜻을 게을리 하지 마시고 입신하여 일찍 귀향하십시오. 부모님의 기체는 새벽마다 잘 살피고 있어 아주 평안하오니 걱정하지 마십시오.5)

斷章取義 수법을 통해 과거에 급제하여 금의환향하기를 간절하게 권한 편지이다. '가을의 기나긴 밤秋夜長'도 사사로운 정에서 나온 괴로움 때문이 아니고 오직 '가을의 연꽃을 딤' '월궁의 계수나무를 꺾음'으로 상징되는 남편 담락당의 과거급제에 대한 근심 때문이라고 표현하였다. 시에서는 그토록 절실하게 토로되곤 하는 相思苦를 굳이 부정하고 추야장의 전전반측을 남편 현달에 대한 열망 때문이라고 이야기하고 있다. 그러나 '추야장 전전반측'의 직접적 원인은 상사였고 그 相思苦를 감내하면서까지 오랜 세월 지속된 별리를 삼의당이 견딜 수 있었던 것은 담락당 현달에 대한 질긴 집착 때문이었다.

꽃다운 풀 우거진 긴 둑에서 말 우는소리 들리기에 옷을 제대로 갖추어 입지도 못한 채 허겁지겁 문을 나서 보았습니다. 그랬더니 한 젊은이가 표연히 지나가는 것이었습니다. 그래서 즉시 아이종을 시켜 과장(科場) 소식을 물어본 후에야 당신께서 이번에도 또 낙방하셨다는 사실을 알았습니다. 여보, 힘들지 않으신지요. 저는 온 힘을 다할 것입니다. 지난해에는 머리털을 잘라 양식을 싸 보냈고, 올 봄에는 비녀를 팔아 여비로 보냅니다. 제 한 몸이 다할지라도 당신께서 관광할 비용이야 어찌 궁핍하도록 하겠습니까. 가을이 되면 경시(慶試)가 있다고 들었습니다. 오지 마시고 준비하십시오. 마침 믿을만한 인편이 있어 안부를 물으며, 웃옷 한 벌을 보냅니다.6)

5) 朝來庭樹秋風颯然 伏惟旅中氣味若何 古語曰 秋士悲悲者 感慨激勵之意也 君子其有感於詩 而勵於志耶 吾常耿耿于中者 龍池之秋蓮 君子採之耶 蟾宮之秋桂 君子折之耶 庸是不寐 每夜輾轉 而唐詩所謂秋夜長三字 此是兒女牽情之私 不足論於吾之閨中也 伏願君子毋惰志業早歸也 晨省高堂氣體候 萬安勿慮也:「與夫子書」.

낙방하고 서울에 머물러 있는 남편 담락당에게 삼의당이 보낸 편지이다. '또 낙방'이라 표현한 것을 보면 그리고 이것이 가장 마지막 書인 것을 보면 남원시절 말기에 쓰여진 것으로 여겨진다. 삼의당의 담락당 현달에 대한 집념은 비장할 정도였다. 머리털을 잘라 팔아 비녀를 빼어 내다 팔아 남편 담락당의 과거준비를 지속시켰던 것이다.

남편에게 보낸 편지글에서 일관되게 보여지는 것은 담락당 과거급제에 대한 강한 집념이다. 구체적 학문방법을 지시하기도 하고 때로는 담락당의 흔들리는 마음에 일침을 가하기도 하며 때로는 낙방한 담락당을 위로하여 공부에 전념하기를 간절하게 간구하기도 하였다. 남편의 거듭되는 실패를 삼의당은 급기야 선악을 제대로 분별 못하는 임금 탓으로, 제대로 평가받을 수 없는 世情 탓으로 인식하기에 이른다. 그러한 자신의 생각을 우회적으로 풍자하여 나타낸 글이「聞鶯記事」이다. 이 글의 후반부를 소개해본다.

> … 그 다음 해 2월에 새로 집을 지어 그 집을 꽃으로 빙 둘러싸게 하였다. 때는 바야흐로 맑고 화창하여 꽃 그림자가 땅을 가득 덮었다. 조금 있으니, 우거진 녹음 속에서 듣기 좋은 소리가 나와 사람의 기분을 화평하게 하는 것이, 마치 거문고 울리고 생황 소리 울리는 가운데 앉아 있는 것 같았다. 내가 남편을 돌아다보며 말했다. "우리가 사는 곳에 만일 꽃나무가 없었다면 저 좋은 소리가 저곳에서 들려왔을까요. 그러니 사람에게 꽃다운 이웃이 없다면 본받을만한 좋은 말을 들을 길 없고, 임금에게 곁에서 모시는 어진 신하가 없다면 적절하고 훌륭한 말을 들을 길 없겠지요. 사람과 임금이 좋은 말 듣는 방법을 저는 저 앵무새 우는소리를 듣고 알았습니다. 또 일찍이 홀로 서 있는데 동풍이 잠깐 일어나자 온갖 새들이 뽐내면서 위 아래로 날아다니며 지저귀어 따뜻한 봄 날씨를 즐기는데, 그 가운데서 문득 좋은 소리가 들리는 것이었습니다. 저 대들보 위에서 지지배배 우는소리, 창 밖에서 깍깍 울어대는 소리는 모두 듣기에 좋지 않지요. 사람들이 말하기를, '아아, 미물의 소리는 한번 듣기만 해도 그 선악을 알 수 있도다'라고 하는데, 하물며 간사하게

---

6) 芳草長堤蕭蕭馬鳴 顚倒衣裳 出門而看 則有一少年 飄然而去 卽命僮僕 往問科場消息 知吾君子 又落於今傍中也 君子得無勞乎 吾將竭力乃已 去年剪髮以資糧 今春賣釵以資橐 鄙室一身之具 寧盡而君子觀光之資 烏可乏也 又聞秋來有慶試云 君無來也 適因信便 仰叩動止 上衣一領也: (<與夫子書>).

마음을 교란시키며 귀를 아프게 하는 나쁜 소리야 더 말할 나위 있겠습니까.
그런데 어째서 임금께서는 군자와 소인의 말을 구별 못하고 악한 자를 쓰고
선한 자를 물리치는 것일까요?"

남편이 말하였다.

　"옛날에도 꾀꼬리 울음소리를 들은 사람들은 많지만, 이백의 청평사(淸平
　詞)는 다만 성덕을 찬미한 것에 불과했을 뿐이고, 대옹(戴顒)의 황감(黃柑)을
　들으면 시심을 고동시켜 내는데 불과할 뿐이지, 임금을 풍계하는 의미는 없
　었소. 오늘 부인이 꾀꼬리 소리를 한번 듣고서 좋은 말을 듣는 방법을 알았
　고, 두 번 듣고서 선악의 차이를 알아버렸으니, '觀物有術'이라 일컬을만하
　오.[7]

　善音을 들을 수 있는 환경 및 善音과 樂音의 구별을, 조정의 임금 및 현신 간
신에 빗대어 풍자적으로 이야기하였고, 남편은 삼의당의 그러한 託物寓言을 李
白과 戴顒도 못해낸 諷戒를 하였다고 극찬하였다. 봄날 꾀꼬리 울음소리를 듣고
선음/악음, 현신/간신의 문학적 비유를 도출해낸 삼의당의 기지도 놀랍거니와 그
런 아내를 두고 '觀物有述'이라고 극찬을 아끼지 않았던 담락당도 그 시대 일반
적 선비상과는 동떨어진다. 여성이 글을 써 자기표현 하는 것조차 불경시하던
조선조에, 주체적 자기 판단이 분명한 의견을 개진하고 임금의 실책을 諷諫하는
글을 지을 수 있었던 것은, 만약 남편의 수용이 없었던들 가능할 수 있었을까.
아내의 능력 및 판단을 자신의 것보다 더 뛰어나다고 인정하고 그런 아내의 의
견을 존중하여 언로를 막지 않았던 남편의 관용이 아내로 하여금 조선조 여성으

---

7) … 翌年二月 新宇築成 環居皆樹木也 時當淸和 芳陰滿地 俄有好音出於濃綠之間 使人心氣和平
宛坐於鼓瑟吹笙之中也 妾顧謂夫子曰 吾所居若無芳樹 彼好音胡爲而來哉 故人而無芳隣不得聞
善音 君而無賢左右 不得聞昌言 人與人君 聞善之方 吾於鶯知之矣 又嘗獨立 東風乍起 百鳥
得志 上下其音 啼弄春光 日氣方暖 忽有好音 出於其間 彼樑上之喃喃 窓外之啞啞 皆不足聽也
夫人曰 噫微物之聲 一聞可知其善惡 況其好音撓心惡聲聒耳者乎 人君何不辨君子小人之言 而進
退善耶 夫子曰 古之聽鶯者多矣 而李白淸平之詞 只是贊美盛德 戴顒黃柑之聽 不過鼓出詩腸而
未有諷戒人君者 今吾夫人一聽而知其聞善之方 再聽而知其善惡之別 可謂觀物有術矣 「聞鶯記
事」.

로서는 가장 많은 작품을 남긴 작가로 존재할 수 있게 하였다고 여겨진다.

마지막으로 삼의당의 주관적인 사고 내용을 잘 보여주는 「育男後記事」를 소개한다.

> 내 나이 40이 되도록 아들이 없었다. 어떤 사람이 말하였다.
> "금당사(金塘寺)의 금불(金佛)은 지극히 신령하여 후한 폐백을 마련하여 간구한 사람들은 대부분 아들을 낳았습니다."
> 내가 말했다.
> "아비도 자식도 없는 것이 불자의 도이니, 부자간의 도리를 부처가 어찌 알겠습니까. 도가 이처럼 다르고 이치 또한 서로 위배됩니다. 저들은 어리석어 그런 사실을 모르고 망령되게 구한 것입니다. 이는 말속의 못된 풍속입니다. 나는 그것을 무척 싫어합니다. 게다가 불자는 이단입니다. 요행히도 부처에게 간구하여 아들을 얻었다 해도, 우리의 도를 신봉하는 사람이라 할 수 있겠습니까. 사람은 천지와 더불어 삼재(三才)입니다. 그러니 일신(一身)의 기는 곧 천지의 기이지요. 그리고 산천(山川)은 천지의 기가 모여 길러지는 곳입니다. 같은 기운끼리 서로 구하여야 쉽게 더불어 마음에 느끼어 통하는 것입니다. 그러기에 옛사람들이 산천에 기도를 드려 영험함을 이룸이 많았습니다. 나도 산천을 찾아가 기도해보겠습니다."
> 나는 목욕재계하고 내동산(來東山) 깊은 골짜기로 들어가 기도하였다. 그러자 그해 6월에 임신하였고 십 개월을 채워 아들을 낳았다. 이름을 영진(榮進)이라고 하였으니, 이는 '구덩이를 채우고서야 지나간다[盈科後進]'는 경전 구절의 의미에서 취한 것이나, 영(盈)자를 영(榮)자로 바꿔 섰으니, 항렬을 따라야 했기 때문이다.8)

산천에게 간구한 결과 晚得子한 내력을 이야기하고 있는 글이다. 조선조 양반 집안에서 香火를 베풀어줄 혈통의 존재는 지극히 중대한 문제였다. 七去之惡 중 無子가 不順舅姑 다음 두 번째 위치를 점유하는 이유도 바로 여기에 있는 것이

---

8) 余年將四十未有子 或曰 金塘寺金佛至靈 厚幣以求人多生子 余曰 無父無子佛之道也 父子之道 佛何知之 道旣不同 理亦相違 彼昏不知 妄自求之 此末俗之流弊 吾深惡之 且佛者異端之宗也 幸而求得焉 可謂吾道中人也哉 人於天地參爲三才 一身之氣 卽天地之氣 而山川卽天地之氣鐘毓處也 同氣相求 易與感通 古人有禱 多有異應 吾且禱之 沐浴齋戒 往禱于來東山深谷中 是年六月乃有娠 滿十朔而生子 名之曰榮進 盖取諸盈科後進之義 而變盈爲榮者 從其行也.

다. 40이 되도록 아들을 두지 못한 삼의당은 그 사실 하나만으로도 중대한 위기에 몰렸을 것이며, 영험한 일이라면 무엇이건 물불을 가리지 않고 시험해보았을 법하다. 그러나 삼의당은 영험한 부처에게 아들 간구하는 것을 끝내 거절하였다. 어버이도 자식도 없는 부처에게 부자의 논리를 해결해달라고 구하는 것은 의리상·논리상 어긋나는 일이었기 때문이었다. 결국은 山川에 가 빌었고 그 결과 잉태하게 되었는데, 이를 두고 삼의당은 산천이 인간과 같은 氣를 공유하고 있기 때문에 感通이 가능했다고 해석하고 있는 것이다. 이 글을 통해 우리는 삼의당 사고의 진면목을 다시 한번 확인할 수 있다. 그것은 결코 부화뇌동함 없이 義에 합당한 자기 논리를 가지고 주체적인 사고에 의해 행동의 여부를 결정한다는 사실이다.

이상 산문 분석에서 도출된 사실을 요약 정리해본다.

첫째, 삼의당은 확고한 자기 주체성을 소유한 각별한 여성이었다는 점이다. 결혼 초야에서 보여준 '從夫'에 대한 주관적 자기인식 표명에서 이미 파악할 수 있으며 그 후 쓰여진 산문 속에서도 삼의당의 그러한 면모는 지속적으로 확인되었다. 삼의당은 자기 관점을 義理에 의거해 논리적으로 표현해낼 수 있는 자기 주관이 확고한 지식인이었다. 이런 점에서 삼의당은 자기를 부정하고 종속적인 객체로 규정당하는 조선조의 默從的 여인상과는 동떨어져 있다 할 것이다.

둘째, 삼의당은 남편과의 관계에서 從者로 규정되지 않았다는 점이다. 이는 스스로의 처신에서도 말미암았지만 남편의 전폭적인 인정에서 유지되어질 수 있었다. 삼의당이 남편과 주고받은 편지글에 의거하면 삼의당은 오히려 남편 담락당보다 지적 우위를 점유했던 것으로 이해된다. 공부하는 방법 문장도야 방법 등을 삼의당은 남편에게 관곡하게 권유하였으며, 남편은 산외당의 남다른 능력을 인정하고 따르고 의지하였음이 곳곳에서 발견된다. 남편 과거급제에 대한 삼의당의 그 질긴 집착도 여성으로서는 아무리 능력을 소유하였다 하여도 실현 불가능했던 현달에의 꿈을 남편에게 투사한 것이 아닌가 여겨지며 바로 그 점이 삼의당이 절감할 수밖에 없었던 여성적 불행이었다고 파악된다. 그러나 조선조 남성에게서는 발견하기 힘든 아내 삼의당에 대한 남편 담락당의 전폭적인 인정이 있었기에 삼의당의 문필이 지속될 수 있었다고 여겨진다.

III. 시 세계의 변모와 그 의미

김삼의당은 1769(영조45 : 己丑)년 전라북도 남원의 봉서방(鳳棲坊 : 蛟龍山 西南 기슭)에서 연산군 때 학자인 김해 김씨 濯纓 金馹孫(1464 - 1498)의 후손인 仁赫의 딸로 태어났고, 1786년 18세 되던 해 같은 해·같은 달·같은 날에 같은 마을에서 태어나 살고 있던 湛樂堂 河滉과 결혼하여 결혼생활 전반기를 그곳에서 지냈으며, 1801년 신유년 32세에 진안군(鎭安郡) 마령면(馬靈面) 방화리(芳花里)로 이주하여 죽을 때까지 그 곳에서 살았다.[9]

시집의 편제[10], 문에서 다루어진 자세한 설명, 吳相喆의 서문 및 발행자 丁日燮의 緖에 의거하면, 삼의당의 생애는 그 공간적 이동에 따른 삶의 변화를 기준으로 다음과 같은 3개의 시절로 나눌 수 있다.[11]

    (1) 未婚時節(출생 : 1769 : 英祖45 - 결혼 : 1786 : 正祖10)
    (2) 南原媤家時節(결혼 : 1786 : 正祖10 - 鎭安移住 : 1801 : 純祖1)
    (3) 鎭安時節(진안정착 : 1801 : 純祖1 - 死去 : 1823 : 純祖23)

결혼을 통한 삶의 변화는 결혼한 사람이면 누구나 겪는 사실이나, 완전히 새로운 인간관계의 재조직 속에 들어가야 하는 여성으로서는 남성과는 비교할 수 없는 단절적 변화를 겪는다. 삼의당의 삶은 그 이외에도 남원에서 진안으로의

---

9) 삼의당의 인생역정을 구체적으로 추적하는 것은 쉽지 않다. 그 흔한 행장 하나 전하지 않기 때문이다. 그러나 다행히도 그녀의 문집에 실린 글들은 그녀의 삶의 궤적을 잘 반영하고 있으므로, 그에 의거하면 그녀 일생에 대한 대략적인 재구성이 가능할 수 있다. 시작품의 편제가 대략 생애의 순차에 따라 이루어졌으며, 인생의 전환 및 중요한 국면에 관련된 시작품에는 삼의당 본인이 그 시의 저작 동기 및 배경에 대해 제법 상세한 서(序)를 붙였으며 또 그와 관련된 문(文)이 대부분 함께 전하고 있기 때문이다.

10) 삼의당의 문집 『金三宜堂夫人遺稿』는 1930년에 간행되었다. 이 원고가 간행되어 세상에 알려지기 이전에는 그 집안 사람들에게만 '글 잘했던 그 집안 할머니'로 남아있었을 것임이 분명하다. 문집은 총 2권1책으로 편제되어 있다. 그 중 1권은 시이고 2권은 산문이다. 1권에 실린 시는 총 111篇 253首이고, 2권에는 편지글[書] 6편, 서(序) 7편, 제문(祭文) 3편, 잡지(雜識) 6편, 총26편의 산문이 실려 있다.

11) 金德洙, 「金三宜堂의 詩文學 硏究」, 1990.2, 5쪽, 전북대학교 박사학위 논문.

이주에 따른 또 한 차례의 큰 변화를 겪었다. 시작품의 경향도 그녀의 이 같은 삶의 변화와 밀착되어 있다. 결혼을 통한 남편과의 관계 속에서 기존 존재하지 않던 경향의 시작품을 낳았고, 남편의 거듭된 낙방 결과 결정한 진안으로의 이주는 기존과는 또 전혀 다른 시 세계를 형성하도록 하였다.

1. 미혼시절의 詩觀定立 詩

삼의당이 출가하기 이전의 사정에 대해서는 알 길이 없다. 다만 출가 이전에 지은 시로 「계년음(笄年吟)」 3수, 「독서유감(讀書有感)」 9수, 「무제(無題)」 5수, 「송형우귀(送兄于歸)」가 남아있어, 그 시를 통해 삼의당 진면목의 일단을 들여다볼 수 있다.

「계년음」은 시경·역경·논어에 나오는 혼기와 관련된 혹은 여성으로서의 몸가짐에 관한 글귀들을 가져다 활용하여 集句 형식의 시를 이루었다. 시경시의 시적 함의 및 역경의 심오한 철학적 사유를 자유자재롭게 용사할 수 있었던 사실만으로도 삼의당이 지닌 지적·시적 능력의 정도를 짐작할 수 있다. 「無題」 5수도 효, 인의예지, 충에 관한 경서의 도덕률을 빌어와 修身意志를 다짐한 시로 「계년음」과 같은 부류에 속한다.

「독서유감」은 삼의당의 날카로운 인식과 감성을 동시에 보여주는 시이다. 시경과 논어를 읽고서 사유한 문제점들을 시로 표현하였다. 독서법·시의 본질·시의 효용성을 문제삼은 시가 특히 눈에 띈다. 시를 즐기고 시를 바라봤던 삼의당의 진솔하고 풋풋한 감성과 열정을 잘 보여주는 시다. 일부 소개하고 분석해 본다.

주남(周南)의 풍화(風化) 홍성했으니　周南風化已蔚然
시경의 일부로 지금도 전하도다　　　葩經一部卽今傳
호남 항간에 가요 홍성하니　　　　　試看湖南歌謠起
누가 채록하여 악기로 연주할까　　　人孰采之被管絃

- 「讀書有感」 2

우리의 호남 민요도 채록되어 연주되기만 한다면 시경의 風 가운데 正風으로 추앙되는 周南과 다를 바 없으리라는 관점을 드러낸 시이다. 시경의 주남을 읽으면서 그 시를 무조건적으로 추앙만 한 것이 아니라 그와 비견될 수 있는 호남 거리에서 불려지는 우리 민요에 대한 인식을 새로이 하고 그것의 소멸을 안타까워 한 것이다. 자기 것에 대한 주체적 인식을 잘 드러낸 시이다.

성정이 표출되어 시를 이루나니　　出於性情方爲詩
시를 보면 그 사람을 알 수 있는 법　見詩固可其人知
심중에 있는 것 밖으로 드러나니　　存諸中者形於外
남을 속이고자 한들 그럴 수 있으랴　雖欲欺人焉得欺
　　　　　　　　　　　　　- 「讀書有感」3

'性情流露' '詩品人品'으로 요약 가능한 삼의당의 詩觀을 표현한 시이다. 시는 저절로 넘쳐흐르는 성정의 표출이고 그렇기 때문에 시는 어쩔 수 없이 그 인품을 담고 있다는 것이다. 이러한 관점에 의거한다면 삼의당 자신의 시작도 불가항력적 표출이었다 이해할 수 있을 것이다.

맑은 첫새벽에 앉아 召南詩를 읽으니　清晨坐讀召南詩
매실 주으며 하는 혼인 생각 상사 같아라　摽梅懷春若相思
이제야 비로소 시보는 법 알겠나니　於此始知觀詩法
말 때문에 뜻 해쳐서는 안되는 법　其意不可害以辭
　　　　　　　　　　　　　- 「讀書有感」4

표면적으로는 詩經 召南篇에 실린 摽有梅는 적령기 처자의 혼인생각[懷春]을 표현한 것이니 이를 올바로 이해해야 한다는 사실을 환기시킨 시이다. 그러나 사실은 시경시를 읽고 받은 즉각적인 느낌과 교훈적인 이데올로기 사이의 알력을 문제삼은 것이다. 표유매를 읽고 누구나 相思的春情 의미를 감지한다. 그러나 혼기에 달한 처자가 혼기에 대해 걱정하는 것이 그 의미라고 가르쳐진다. 여기에서 '말[辭]'은 말이 주는 느낌이요 '뜻[意]'은 가르쳐진 의미이다.

정풍 위풍은 어째서 시경에 실려있나	鄭衛音何載在詩
사람 마음 징계하는데 이 만한 것 없어라	人心懲創莫如斯
세상에서는 공자의 의도 알지 못하고	世人不識宣尼意
음탕한 정 끌어내 배움 위배하네	惹出淫情反效爲

- 「讀書有感」5

　정풍 위풍의 남녀상열지사를 공자는 징계 목적으로 실었다지만 일반 사람들은 그것을 그대로 느끼기 마련이다. 이 시 또한 情으로 知覺하는 '말'과 따라야만 하는 '뜻'을 문제삼고 있다. 두 시 다 이데올로기적 가르침을 따라야 한다 표명하고 있지만, 시를 성정의 표출로 본 삼의당의 시관에 비추어볼 때 시경시에 대한 유가(주자)적 가르침을 근본적으로 문제삼은 것이라 판단된다.

　「송형우귀(送兄于歸)」 세 수는 詩經에서 詩體와 그 情調를 빌어와 시집가는 언니를 전송하며 작별해야 하는 슬픔을 곡진하고도 애닲게 표현하고 있다. 감성적 접근이 돋보이는 작품이다. 그 세 번째 수 시를 소개한다.

먼길 떠남 바라보니	瞻彼長程
흰 구름 처음 이네	白雲初起
우리 언니 시집가	我兄其歸
먼 곳의 어진 선비 따르리	遠從吉士
저 이정에서(離亭)	于彼離亭
석양십리	夕陽十里
이는 먼지 시름없이 바라보나니	悵望行塵
내 마음 불타는 듯하네	我心如燬

　시경 시체와 시경의 興 기법을 도입해 언니와의 긴 작별을 슬퍼한 시이다. 한번 가면 남처럼 살아야 되는 헤어짐이기에, '먼길 떠남[長程]' '흰구름 일어남[白雲起]' '석양십리(夕陽十里)' '이는 먼지 시름없이 바라봄[悵望行塵]'으로 이는 興은 불타는 듯한 내마음[我心如燬]으로 귀결된다.

　이상 살펴본 바처럼 처녀시절의 삼의당은 여러 경전을 섭렵하여 거기에서 얻은 지식을 전고로 활용하여 시적인 언어로 단련해냈으며, 시경의 興기법을 자유자재로 구사할 만큼 시적 수련이 다져진 것으로 짐작된다. 여성이기에 정상적인 학업을 할 수 없었던 환경12)에서, 어깨너머 아니면 자득으로 도달했을 그 수준이 우선 놀랍거니와, 그러한 경지에 이르기 위해 혼신의 힘을 다 바쳤을 노력의 정도와, 창작 및 글에 대해 그녀가 지니고 있었을 애정의 깊이도 충분히 짐작할 수 있다. 시경의 풍시를 보면서 우리의 민요에 대한 새로운 인식의 필요성을 제기할 만큼 주체적 판단의 소유자이기도 했으며, 특히 시의 본질을 性情流露로 인식했던 만큼 시를 바라본 안목 또한 발랄하였다. 그래서 시경 풍시에 대한 인식시를 통해 '즉각적 느낌'과 '당위적 가르침'의 문제를 제기하기도 하였다. 그녀는 짐짓 가르침을 좇아야하는 載道之器文章觀을 추종하고 있는 듯한 외양을 취했지만, 기실은 性情流露가 興 技法을 통해 잘 드러난 摽有梅의 相思的 春情과 鄭風·衛風의 戀情에 흠뻑 취해 있었던 것이라 판단된다. 그리고 이러한 시관과 기법은 결혼 이후의 시작에도 그대로 수용되었다.

2. 남원시가시절의 閨怨 詩

김삼의당의 일생 중 이 시절에 가장 많은 작품이 쓰여졌다. 김삼의당과 남편 담락당은 결혼 첫날부터 시를 주고 받았으며, 신혼 초 달밤을 거닐면서도 창화했으며, 신방을 차린 지 얼마 되지 않아 과거공부를 위해 입산·입경한 남편과 서신과 함께 많은 시를 주고받았으며, 남편에 대한 기대와 그리움의 정을 시 속에 담았다. 특히 과거공부를 위한 남편의 입산과 입경은, 담락당이 거듭 낙방한 뒤 지탱하기 어려운 생활고 때문에 耕讀을 결심하고 진안으로 이주하기 이전인 15년의 세월동안 계속되었다. 그러므로 이 시기의 시는 대부분 남편과의 관련 속에서 지어진 시며 특히 남편과의 별리로 말미암은 여러 가지 종류의 정한을

---

12) 조선조는 여자에게 음식을 마련하고 물긷고 절구질하고 바느질하는 家事일에만 전념할 것을 요구했다. 설사 글을 안다해도 부녀의 도리에 관한 글을 대략 읽어 그 뜻을 알고 百家의 姓, 선대의 족보, 성현들의 이름자 정도만 알면 그만이지 쓸데없이 시가를 지어 외간에 전파시키는 것은 불경스러운 일(李德懋, 「婦儀」, 『朝鮮女俗考』, 134쪽 재인용) 심지어는 佛弟子 뒤 娼妓 앞에 班列될 수치스러운 일(李能和, 『朝鮮女俗考』, 134쪽)로 간주할 정도로 여성의 언어에 대해서는 철저한 억압을 일삼았던 것이다.

표현한 시들이다. 그런 점에서 미혼시절의 삼의당이 정립한 性情流露라는 詩觀이 잘 반영된 시작품들이기도 하다.

남편 담락당과 밤에 뜰을 거니는데 달빛이 정녕 좋고 꽃 그림자 땅에 가득하니 담락당이 절구 한 수를 읊자 삼의당이 이에 화답한 시이다.

하늘에는 밝은 달 가득 정원에는 꽃 가득한데	滿天明月滿園花
어우러진 꽃 그림자에 달 그림자 더하도다	花影相添月影加
달 같은 꽃 같은 사람 마주하고 앉으니	如月如花人對坐
세간의 영욕 누구에게 부칠까	世間榮辱屬誰家

결혼해서 담락당이 입산하기 전 짧았던 이 기간이 삼의당에게는 일생 중 가장 행복한 때였다. 그 둘은 같은 해 같은 달 같은 날 같은 마을에서 태어나고 자라나 결국 부부인연까지 맺게 된 천정배필로서 격 없는 벗이 되어 달밤의 정취를 만끽하며 그 기쁨을 시로 주고받는 각별한 신혼을 보낸 것이다.

그러나 얼마 지나지 않아 담락당은 과거공부를 위해 입산한다. 이로부터 시작된 담락당의 과거급제에 대한 삼의당의 열망은 그녀의 인생을 온통 지배해버린다. 담락당이 입산하여 공부하면서 편지와 함께 시를 보내왔다. 그 시에는 삼의당과 함께 했던 '榮親'하자는 맹서에 대한 부담감과 함께 '還家夢'한다는 고백이 들어 있었다. 그에 대해 삼의당이 화답한 시이다.

옛사람이 책읽기 좋아하여 시내에 편지 버렸으니	古人好讀澗投書
이 뜻을 그대 보내며 말했었지요	此意嘗陳送子初
베틀의 베 아직 완성하지 못하였나니	機上吾絲未成匹
당신도 악양자처럼 되지 마세요	願君無復樂羊子

학문에 뜻을 두고 공부에 매진하던 중 집에서 편지가 오자 '平安'이라는 두 글자만 확인하고는 더 이상 보지 않고 산골물에 던져버렸다는 胡瑗의 고사와, 공부하러 집을 떠났다가 도중에 집에 돌아오자 베를 짜고 있던 아내가 그 베를 잘라버리며 중도에 그만두는 공부는 이처럼 쓸모 없는 것이라고 충언했다는 악

양자 고사를 들어, 집안에 대한 생각을 끊고 공부에 전념할 것을 권한 시이다.

산사에서 수년 동안 공부한 후 담락당은 과거시험을 준비하기 위해 상경한다. 그때에도 삼의당은 시를 지어 바친다. 榮親意를 재 다짐하는 시, 고대하고 계시는 노친을 위해 금의환향하기를 기원하는 시, 담락당이 長程에서 겪을 노고를 애절하게 위로한 시로 이루어져 있다.

담락당이 서울에서 편지와 함께 보내온 시는 또 상사몽을 고백한 시였다. 그에 대한 삼의당의 답시는 담락당의 약한 마음에 대한 충고시였다. 그러나 삼의당의 간절한 열망과는 달리 낙방하고 말았다는 소식을 듣는다. 낙방소식을 듣고 지은 「과후자음(科後自吟)」이다.

문앞에 돌아온 백마	門前歸白馬
낙양의 구름 밟았겠지	應踏洛陽雲
아이 불러 소식을 묻노니	呼兒問消息
누가 요순 임금을 만나게 되었나	誰遇堯舜君

전 이구(二句)는 팽배한 기대감을 표현하고 있다. 낙양은 서울이요, 구름은 靑雲 즉 과거급제를 의미할 것이다. 후 이구(二句)는 낙방에 대한 우회적인 표현으로 실망감의 노출을 철저히 억제하였다.

이상 살핀 바처럼, 담락당이 편지와 함께 보내온 시에 답한 삼의당의 시는 남편의 동요를 책선하고 공부에 전념할 것을 곡진하게 권유하는 내용을 지니고 있다. 그러나 담락당에게 답시한 것이 아닌 자신의 심정을 읊은 시들에서는 담락당의 부재에 따르는 恨·思·怨·苦의 감정들을 농도 짙게 표현하였다.

남편이 상경한지 일년이 지났어도 돌아오지 않아 시를 지어 사사로운 마음을 펴본다고 서를 쓴 후 지은 시 가운데, 한 수를 소개해본다.

어젯밤 서풍이 일더니	昨夜西風起
우물에 오동잎 지네	井上梧桐落
가인은 침실에서	佳人在洞房
천리 밖의 당신 생각	千里長相憶

기다림을 당신은 아는지 모르는지	待君君知否
어버이의 영화를 일찍이 약속하였지요	榮親早有約
당신에게 바라노니, 저의 마음 가엾게 여겨	願君憐我心
서울에 오래 머무르지 마시기를	無久留京洛

그리움 원망의 심정까지 함께 묻어난 시이다. 그러나 뜻같이 이루어지지 않아 오래도록 이별해 있어야만 하는 상황에 이제는 절박해진 것이다.

이후의 시들에서는, '상사일몽우천애(相思一夢又天涯) : 하늘 끝 멀리 계시는 당신에 대한 사모의 꿈', '한등몽불성(寒燈夢不成) : 쓸쓸한 등불에 잠들지 못한다', '의벽창(倚碧窓) : 벽창에 기댄다' 등의 상사와 기다림에 대한 표현들이 거듭 나온다. <春閨詞> 18수, <春景> 8수, <春惱曲> 4수, <秋閨詞> 11수, <秋夜雨> 2수, <秋夜月> 3수, <西窓>, <梧桐雨>, <擣衣詞> 2수, <十二月詞> 12수 등등의 시는 모두 절실한 閨怨을 읊은 시들이다.

사창에 이는 봄 흥치에 몇 수 시 이루니	春興紗窓幾首詩
편편마다 도무지 상사를 말했을 뿐	篇篇只自道相思
수양버들 문 앞에 심지 마오	莫將楊柳種門外
인간의 이별 있음에 증오와 한 생겨난다오	生憎人間有別離

　　　　　　　　　　　　　　　　　-「春閨詞」1

봄날이 와 봄날의 흥치가 일어 시를 짓지만 그것은 봄날이 와도 올 줄 모르는 남편 담락당에 대한 상사일 뿐이다. 그래서 봄의 도래를 알리며 봄날의 흥치를 한껏 즐기는 버들이 오히려 원망스러울 뿐이다.

수양버들 녹음 속 낮에도 문닫고 있으니	楊柳陰中晝掩門
동원 봄이 무르익어 온갖 꽃 흐드러졌네	東園春晚百花繁
제비 짝지어 낮게 나는 곳에	雙雙鷰子低飛處
홀로 근심 있는 사람 남몰래 애간장 끊네	獨有愁人暗斷魂

　　　　　　　　　　　　　　　　　-「春閨詞」7

봄날의 수양버들, 만발한 꽃, 쌍쌍이 날고 있는 제비 모두는 봄날의 흥치를 만
끽하고 있다. 그러나 봄의 도래에도 님의 부재가 끝나지 않는 시적 화자는 봄날
의 흥치가 짙을수록 근심 또한 깊어지는 것이다.

석류꽃 피고 해당화 붉으니	石榴花發海棠紅
무수한 꿀벌들 꽃밭 노략질하네	無數蜂蜜掠錦叢
홀로 난간에 기댄채 근심 말 못하는데	獨依欄干愁不語
동풍 불어와 비단치마 부풀리네	東風吹着飽羅裳

-「春閨詞」10

화려하게 만발한 석류꽃과 해당화 꽃밭 속에서 붕붕거리며 나는 무수한 벌들
은 삶의 환희를 만끽하고 있다. 봄날의 석류·해당화·벌처럼 시적 화자 자신도
같은 청춘이건만 그 어쩌지 못하는 청춘은 도리어 근심인 것이다. 그런데 불어
온 동풍에 치마가 부풀린 것은 실로 유혹에 동요된 마음의 상징이다. 이 대목은
이백의 <春思> 중 마지막 구절「春風不相識 何事入羅幃」의 用事이다. 이백 시에
서는 동요하지 않을 것임을 여인이 다짐하고 있지만 삼의당 시에서는 동요를 고
백하고 있는 것이다. 홀로 앓고 있는 春思·春怨을 농도 짙게 표출하였다.

꾀꼬리 한 울음 속	黃鳥一聲裡
봄날 모든 집 한가로워라	春日萬家閒
가인이 비단 장막 걷우니	佳人捲羅幕
꽃다운 풀 앞산에 가득하구나	芳草滿前山

-「春景」7

'꾀꼬리 한 소리 속'은 靜寂의 표현이다. 가인은 그 정적 속에 묻혀 시름의
세월을 보내고 있던 중 외부를 차단하고 있는 장막을 무심결에 걷우다 봄기운에
발랄한 생명을 과시하고 있는 앞산 가득한 芳草를 발견한 것이다. 감정의 표현
이 절제되어 있지만 정적 속에 보여지는 佳人의 몸짓에는 오히려 一觸卽發할 것
같은 팽배된 감정이 응축되어 있다.

봄이면 봄이라서 가을이면 가을이라서 시절의 변화에 따른 상사와 그리움의
규원은 더욱 깊어만 간다. 「秋閨詞」11 수는 온통 그리움으로 인한 상사몽과 불
면의 밤에 대한 묘사로 이어져 있다.

수탄(獸炭)에서 뿜어내는 한 줄기 연기	獸炭噓成一縷煙
겨울밤은 괴롭게 길어 한 해 같아라	冬宵苦永正如年
오동나무 잎에 떨어지는 몇 마디 빗소리	梧桐葉上數聲雨
홀로 병풍 사이에 앉아 잠들지 못하네	獨坐屛間眠不眠
	- 「秋閨詞」2

기본적으로 興기법을 사용한 시이다. '한 줄기 연기'는 시각을 통해, '몇 마디
빗소리'는 청각을 통해 불면의 의미를 연상시키는 표현들로, 정적만이 흐르는
밤에 잠들지 못하는 자에게 포착된 시청각적 물상들이다.

밤 깊고 깊어 오경에 가까운데	夜色迢迢近五更
뜰 가득한 가을 밤 달 밝기도 해라	滿庭秋月正分明
이불에 기대어 억지로 상사몽 이루어보나	凭衾强做相思夢
낭군 곁에 이르자마자 놀라 깨노라	纔到郎邊却自驚
	- 「秋閨詞」3

밤 깊은 오경은 불면의 밤에 대한 단적인 표현이다. 달은 님과 나의 매체이다.
꿈길에서나마 님을 보고싶어 억지 잠을 이루지만 어렵게 도달한 夢中相逢마저
지속되지 못한 것이다.

오동나무 잎잎마다	梧桐葉葉
잎의 크기 부채만 하네	葉大如扇
한밤중 내리는 빗방울	夜半雨雨鈴
연잎에 구르는 구슬 같아라	却似荷珠轉
똑똑 똑똑똑	滴滴復滴滴
시간 알리는 물시계인 듯	依如報更漏
한 소리 또 다시 한 소리	一聲復一聲

소리 소리마다 울려 방안에 드네   聲聲鳴入戶

가인은 꿈 이루지 못하고   佳人夢不成

그리움의 눈물 비처럼 흐르네   相思淚如雨

- 「梧桐雨」

잠못 이루고 있는 정적의 가을 밤, 빗방울 떨어지는 소리가 극대화되어 들려 오고 그리움으로 서러운 눈물은 곧 바로 그 비와 동일화된다. 정적 속의 청각적 극대화를 통해 외로움의 의미가 강렬하게 전파된다.

이처럼 가을밤을 시간적 배경으로 하여 읊은 불면의 밤, 망월, 정적 속에서 들려오는 밤 비 소리의 극대화 등은 모두 낭군 부재와 그에 대한 그리움의 한을 담고 있다.

뒤이어 나오는 「擣衣詞」「裁衣詞」「寄衣曲」「十二月詞」「作浙江春怨曲」 등도 위시들과 같은 그리움의 정서를 읊은 것들이며, 「依唐人詩作征婦詞」도 征婦詩를 빙자한 樂府詩體로 閨怨을 읊은 시다.

그러나 남편은 결국 낙방하여 돌아오고 만다. 남편은 다시 산사에 들어가 학업에 정진하였고, 다시 상경하여 과거에 대비하였다. 그때마다 삼의당은 시를 지어 주며 또는 편지글을 통해서 남편을 위로하고 독려하였다. 상경하는 남편에게 바친, 「증상경부자(贈上京夫子)」 9수 중 첫 수를 소개한다.

스물 일곱 가인 스물 일곱 가랑   廿七佳人廿七郎

몇 해나 긴 이별을 일삼았던가   幾年長事離別場

금년 봄에도 장안을 향하여 떠나니   今春又向長安去

양 살쩍으로 두 줄기 눈물 흐르네   雙鬢猶添淚兩行

스물 일곱의 나이라면 결혼 후 10년의 세월 동안 과거 급제를 위해 이별을 일삼았다는 결론이 나온다. 그러나 과거공부를 위한 이별은 여기에서만 그치지 않고 좀 더 지속되었다. 이 시절의 시중 마지막 시로 여겨지는 시는 담락당이 서울을 향해 출발함에 이르러 술을 권하면서 지은 勸酒歌 3수이다.

이상 살폈듯이 15년의 남원시가시절은 신혼 초 당분간을 제외하고는 담락당의 과시 준비로 인해 별리상태가 지속되었다. 그래서 결혼 초기 시를 제외하고는 남편과의 지속적인 별리로 말미암은 別恨·哀傷的 고독의 시가 주조를 이루었다. 앞서 말한 바처럼 시는 삼의당의 내밀한 사적 정서를 표출하였음을 인정할 때 시에 나타난 정서는 바로 삼의당 내적 심정의 진솔한 표백으로 간주해도 좋을 것이다. 남편 담락당과의 별리로 인한 외로움 相思苦의 정서가 이 시기의 시를 온통 지배하고 있고 또 바로 이러한 상황적 정서가 이 시기 이루어진 작시의 원동력이었다고 말할 수 있다.

외면적으로는 엄격하고 강인한 의지의 소유자였고 그러한 사실들이 문을 통해 강렬하게 전달되고 있지만, 사사로운 정서를 담은 시에서는 相思苦를 이처럼 농밀하게 표현했던 것이다. 주관적 자기 관점을 굽힘없이 당당하게 주장한 탈여성이데올로기적 여인상을 문 속에서 파악할 수 있었듯이 그러한 진면목이 시작품에서도 발견된다. 양반가 규수로서는 감히 말할 수 없는 내밀한 정서를 삼의당은 시로 표현했고 이러한 점은 삼의당에 대한 현모양처로서의 규정을 무색케 하는 것이다. 삼의당은 침묵 속에 모든 고통을 갈무리해두었던 '조선 여성'이 아니라 相思苦를 솔직하게 시로 절규할 수 있었던 자기감정 표출에 솔직한 시인이었다.

3. 진안시절의 閒遊詩와 絶筆

생업을 전적으로 아내에게 맡긴 채 15년 세월을 과거공부에 전념했지만 거듭 실패하고 만다. 그래서 이제는 한 뙈기의 땅도 가진 것 없는 남원에서는 살 방도를 찾지 못하고 진안 마령 방화리로 옮겨가 경독(耕讀)하기로 결정한다.[13] 담락

---

13) 진안으로 옮겨 살게 된 동기 및 배경에 대해서는 「문앵기사(聞鶯記事)」에 제법 상세하게 기록되어 있다. 그 전반부를 소개한다 :
하루는 남편이 나에게 말씀하셨다.
　"나는 미사여구로 문식하는 기교가 모자란 까닭에 과거에 급제하여 부모님을 영광스럽게 하는 길이 저해당하고 말았으니 다시 힘써 도모하기 어렵게 되었소. 게다가 집안이 청빈하여 비옥한 땅 한 뙈기도 없는 형편이오. 그런데 우리가 살고 있는 마을의 토질은 금같고 낟알도 옥같아, 비록 농사를 짓고자 해도 땅이 없고, 부모님을 봉양하고자 하여도

당 자신이 耕讀하리라 작정했던 바처럼 진안생활에서도 과시를 완전 포기하고 농사에만 전념한 것은 아니었다.14) 그러나 남원시절처럼 산사에 들어가거나 서울에 올라가 과거시험 준비에만 전념하지는 않았던 것 같다. 왜냐하면 진안으로 이주한 후에 쓴 작품들에는 이별의 정을 읊은 시나 편지글이 존재하지 않기 때문이다.

아무튼 진안으로 이주한 이후로는 생활패턴이 바뀜에 따라 삼의당의 시 세계도 일변했다. 시의 대상은 일상적인 일이나, 전원생활 중 마주하는 자연이었다. 시의 제목만 열거해보아도 그 사실을 짐작할 수 있다. 「奉夫子見落花」, 「草堂奉夫子吟」, 「農謳」 8수, 「春日卽事」 5수, 「夏日卽事」 3수, 「村居卽事」 8수, 「牧笛」 3수, 「農歌」, 「草堂卽事」 10수, 「村居卽事」 3수, 「草堂雪景」. 그 자리에서 듣고 본 일, 또는 가슴에 떠오른 일을 당장 시로 짓는 형태를 취하고 있는 것이 대부분이다.

아름다운 노을은 비단이요 버들은 안개 같으니	彩霞成綺柳如煙
인간세계 아니요 별유천지네	非是人間別有天
서울에서 십 년 동안 분주했던 객	洛下十年奔走客

자금이 없으니 어찌하겠소. 옛날 동소(董召)가 동백산(桐柏山)에서 농사짓고 글 읽어[耕讀] 부모님을 봉양하였는데, 이는 오랜 세월을 통하여 칭찬할만한 아름다운 일로 남아 있소. 내 들으니, 월랑(月浪)의 남쪽에 있는 내동산(來東山) 아래에는 넓은 땅이 많아 여유가 있다 하니 이제 가서 농사짓고 산다면 부모님을 모시는데 걱정은 없을 것이오. 나는 그렇게 하기로 이미 결정하였소. 당신도 마땅히 따르겠소."

내가 말하였다.

"당신의 말씀이 무척 이치에 합당한데 어찌 함께 도모해보지 않겠습니까."

신유년(1801 : 純祖1) 음력 섣달에 진안(鎭安) 마령(馬靈)의 방화리(訪花里)로 옮겨가 살았다. (一日夫子謂妾曰 我技乏雕蟲 路阻登龍榮親 難以力圖 且家勢淸貧 無負郭一頃田 況吾所居寸土如金 粒米如玉 雖欲耕而無地 雖欲養而無資奈何 昔董生召南耕讀於桐柏山 以養其親 此千古美事也 吾聞月浪之陽來東山下 地多寬閒 田有餘優 今往耕之 無憂養親 吾筮已決也 子當從之乎 妾曰 君子之言甚合道理 盍往早圖之 辛酉臘月移寅鎭安馬靈之訪花里)

14) 진안생활에서도 삼의당 시집의 마지막 시에서, '경오년(1810 : 순조10)에 남편이 鄕試에 합격하고 장차 會試를 보려 가려 함에 시를 지어 송별하였다(庚午九月 夫子擧於鄕 將赴會試 余送之以詩)'고 해설한 점으로 보아 진안으로 이주한 지 10년이 지난 후까지도 과거시험에 응시했던 것이다.

오늘은 초당에 신선처럼 앉아있네   草堂今日坐如仙
                                        -「草堂奉夫子吟」

　서울에서의 객과 전원에서의 신선으로 설정된 대비를 통하여, 전원생활을 오
히려 별유천지비인간인 것처럼 미화시키고 있다. 10년 동안 지속적으로 이루어
진 서울에서의 타관생활은 과거급제라는 욕망에 의거한 세속적인 집착의 세월이
었다. 조급한 속물적 奔走를 지속하다 초당에 돌아와 한적하게 앉아있는 현재를
세속적 욕망과는 초연한 신선으로 대비하여 읊은 것이다. '榮親'을 위해 과거에
만 매달렸던 투철한 외적 지향이 '安貧樂道'적인 내적 지향으로 전환된데서 느
끼는 편안감을 전달해준다.

　　　석양에 자리 깔고 꽃 그늘 속에 앉으니   夕陽離席坐芳陰
　　　무성한 나무 속의 새 울음 또한 좋네   深樹幽禽又好音
　　　탁주 석 잔에 노래 한 곡조   濁酒三盃歌一曲
　　　청풍명월이 주인의 마음이로다   清風明月主人心
                                        -「與夫子吟」

　신혼 초 즐겼던 한가한 낭만의 시가 이 시절에 이르러 다시 등장한다. 초당에
신선처럼 앉아 있는 남편은 곧 청풍명월과 같은 마음의 소유자이다. 분주했던
별리의 세월을 보상하듯 한적한 전원에서 함께 하는 삶을 만끽하고 있는 듯한
느낌이다.

　　　즐비한 초가집 절로 마을 이루니   比營茅屋自成村
　　　가랑비 뽕 삼에 뿌리나 낮에도 문을 닫았네 細雨桑麻晝掩門
　　　동네 어귀 복숭아 꽃 흐르는 물에 떠가니   洞口桃花流水去
　　　문득 무릉도원에 몸이 있는 듯   却疑身在武陵園
                                        -「村居卽事」1

남원시절 같으면 아름다운 봄날 경물에 오히려 마음이 아팠을 것이다. 그러나

이제는 봄날 경물의 아름다움을 도화원에 든 듯한 기분으로 풍요로운 정감을 가지고 만끽하고 있을 뿐이다.

조용한 초당 서너 칸	蕭然草堂三四間
그 위의 청산 보고 또 보아도 싫증나지 않네	其上靑山不厭看
게다가 꾀꼬리 있어 온종일 울어대니	又有黃鳥啼盡日
창 가득한 풍경에 주인 한가롭네	滿窓風景主人閒

-「草堂卽事」1

보고 또 보아도 결코 염증 나지 않는 산과 온종일 들을 수 있는 꾀꼬리 울음소리에 둘려 있는 초당의 한적한 삶에 시적 화자는 유유자적하고 있다. 이러한 초당의 한적을 읊은 많은 시들이 존재한다.

객이 왔으나 머물지 못하고	客來留不得
홀연 저녁 어두운 때를 타 출발하네	倏忽乘昏發
가는 길에 헤매일까 근심하지 마세요	歸路不愁迷
앞마을 산에는 달이 뜨지요	前村有山月

-「草堂卽事」9

묵지 못하고 어두운 밤길을 가야 하는 객에게, 근심을 위로의 정으로 바꾸어 읊은 정감어린 시이다. 山月이 있으니, 山月 같은 마음이 비춰주고 있으니 무사히 그리고 외롭지 않게 가기를 바란 것이다. 세속을 잃고 사는 山人의 정감이 물씬 풍기는 시이다.

앞서 살펴본 바처럼 남원시절에서는 자연적 경물이 아름다우면 아름다울수록 시절이 바뀌면 바뀌는데서 더욱더 깊어지는 상사고의 상심을 토로했었다. 그러나 진안시절의 시에서는 같은 자연의 아름다움·같은 계절의 변화를 두고서도 고통이 아닌 湛樂을 읊고 있다. 이는 남원과 진안의 경물·계절이 달라서가 아니다. 같은 경물을 바라보고 계절의 변화를 바라보며 전혀 다른 종류의 정서를 느끼는 작가의 심리에서 그 원인을 찾을 수 있을 것이다.

삼의당 문집 속에 있는 남원시절의 시에서 진안시절의 시로 넘어가면 그 정조가 급격하게 변하여 거의 단절적인 느낌을 가지게 된다. 농도 짙은 別離苦를 읊은 시가 갑자기 卽事風의 閑寂한 田園詩로 바뀌기 때문이다. 이러한 급격한 시 세계 변화에 대하여 의구심을 가지지 않을 수 없다. 그들이 진안으로 이주하여 살면서 결코 사정이 좋아진 것은 아니기 때문이다. 진안으로의 이주는 앞서 살폈듯이 남원에서는 더 이상 살아갈 방도를 찾을 수 없었기 때문에 부득이 취한 선택이었기 때문이다. 또 진안생활에서도 경제적으로 줄곧 어려웠다. 그 사실은 진안으로 이사한 지 3년 후에 시아버지의 상을 당했는데, 그때 빌려 쓴 初終의 장례비에 쓴 비용을 갚느라 고심한 이야기와 덧붙여 전하는 시에서 명백히 알 수 있다. 그러면서도 시적 정조가 '苦痛'에서 '閒遊'로 변화한 것은 무엇을 의미일까.

삼의당의 이성적인 의지를 담은 산문들을 참고하면 삼의당이 남원시절 지녔던 담락당 현달에의 집착은 상상을 초월할 정도이다. 때로는 남편을 위로하며 학문에의 권면을 애절하게 부탁하기도 하며, 공부에 집중할 수 없고 힘들다는 남편의 하소연에 준엄한 질책의 편지를 보내기도 했으며, 쌀을 팔아 머리털을 잘라 팔아 비녀를 내다 팔아 서울에 생활비를 보내주기도 하면서 공부에만 전념하고 집 걱정은 하지 말라고 당부하기도 했다. 신혼 초부터 이어진 별리의 고통을 그토록 시속에 절절하게 담아내면서도 남편과 주고받은 편지글들 혹은 남편과 관계되어 쓴 여러 문들은 남편의 과거시험 합격에 대한 열망 및 집념으로 가득 채워져 있었던 것이다. 그런 집념을 포기할 수 없었기에 내면적인 별리의 고통을 토로한 시는 상대적으로 더욱 농도 짙은 相思苦로 전일했을 것이라 이해된다.

진안으로의 이주 결정은 담락당 현달에 대한 일종의 포기를 의미한 것이다. 더 이상 擧子業에만 매달릴 수 없는 극단적인 현실적 한계에 봉착했기 때문에 담락당 과거급제에 매달렸던 삶의 방식은 변할 수밖에 없었던 것이다. 남편의 과거급제에 인생의 모든 의미를 걸고 오직 그것에만 매달려 살았던 삼의당의 삶은 욕망·집착·좌절·번민·고독으로 온통 채워져 있었음을 삼의당의 시문이 보여준다. 그래서 남편과거급제에 대한 기대의 포기는 그 고통스러웠던 집착의

족쇄에서 오히려 풀려난 것 같은 해방감을 안겨다 주었을 수 있다. 허망한 희망
을 가지고 남편급제에만 그토록 집착해왔던 지난 15년 세월을 뒤돌아보았을 때
삼의당이 느꼈을 厭苦는 충분히 짐작하고도 남음이 있다. 그러므로 집착을 떼어
내고 남편과 함께 할 수 있었던 진안에서의 전원생활은 비록 경제적 어려움에서
벗어날 수는 없었을지라도 현실적인 아귀다툼에서 빠져 나와 무릉도원 생활을
즐기는 것 같은 湛樂의 의미를 주었던 것으로 이해된다.

　이러한 맥락에서 진안의 전원생활을 무릉으로까지 비유한 「村居記事」를 이해
할 수 있을 것 같다.

　　　나는 생각한다. 강산의 풍물은 오직 귀라야 들을 수 있고, 누대의 안개 끼
　어 흐릿한 달빛은 오직 눈이라야 볼 수 있다. 문 앞의 버들, 뜰의 꽃들이 무
　성하고 찬란하게 피어 있을 뿐이다. 때때로 한 쌍의 아름다운 새가 뽐내고
　지저귀며 날아다닌다. 산가(山家)의 이러한 광경을 붉은 칠한 문을 가진 화려
　한 집안의 화류(花柳) 가운데서 말한다면, 혹시라도 무릎을 치며 탄성을 지를
　자 있을까. 자연에는 원래 주인이 없다. 오직 눈길 주는 자가 맡아 다스릴 뿐
　이니, 이러한 진경을 번화한 곳에서 분주하게 사는 사람에게 양보하여 줄 수
　야 있겠는가. 동자야, 속객을 맞이하여 무릉도원에 이르는 일 없도록 하여라.
　어부가 일단 다녀간 뒤로는 다시 옛 모습을 찾을 길 없었느니.

　진안에서의 전원생활을 번화했던 남원에서의 분주했던 생활과 비교해 속세를
떠난 선계의 삶인양 말하고 있다. 이는 그 동안 지녀왔던 세속적인 욕망 즉, 남
편을 과거에 합격시켜 벼슬길에 오르도록 하겠다는 집착을 벗겠다는 의미로 해
석 가능하다. 무심무욕의 전원생활을 속객으로 하여금 오염시키는 일없이 하자
고 속객의 방문조차 거부하자는 표현은 남원생활에서 겪었던 욕망으로 인한 고
통에 대한 강한 거부감의 표백으로 읽을 수 있을 것 같다.

　그러나 아이러니컬하게도 시집의 마지막 시는, 다시 남편의 과거행을 전송하
며 쓴 시이다.

　　　경오(庚午 : 1810 : 純祖10)년 9월 남편은 향시(鄕試)에 합격하고 회시(會試)
　를 치르기 위해 출발함에 나는 시를 지어 전송하였다.

학문에 뜻 세우기 어찌 이리 더딘지　　螢窓立志此何遲
사십 나이에 흰 살쩍을 쓰다듬네　　　四十光陰撫鬢絲
또 장안을 향하며 먼저 웃고 가나니　　又向長安先笑去
객지 생활에서 울며 돌아올 일 만들지 마세요 旅窓莫作後吪歸

　1810년이라면 남편 담락당이나 삼의당 모두 42세의 나이이다. 진안에서의 생활을 시작하면서, 경독(耕讀)이라고 정리했듯이, 진안에서의 농업생활을 시작하면서도 과거에의 미련을 완전히 단절한 것은 아니었다. 이 시에서 시를 마감하고 있는 것도 삼의당 삶에 대한 강력한 상징으로 인식된다. 진안시절에서는 전원적 농사일에 의미를 부여하고 그의 시작도 그러한 전원생활에서의 풍취를 읊고 심지어는 그곳에서의 生活을 俗世的 慾望과 斷絶한 무릉도원에서의 신선생활이라고까지 비유하였지만, 향시에 합격한 남편에게 거는 또 한번의 마지막 기대를 결코 저버릴 수는 없었다. 그러나 20여 년 전 과거 길을 떠나는 남편에게 바쳤던 시의 정조와는 무척 다르다. 한스러움, 자포자기, 그러면서 거는 기대의 감정이 씁쓸하게 녹아 있다.

　이 시가 시집의 마지막을 장식한 것은 시가 더 쓰여지지 않았다는 의미 아닐까. 아무래도 아무런 이유 없이 이 시로 시집을 마감한 것 같지는 않다. 삼의당이 남편에게 절규하듯 걸었던 기대는 과거에의 등극이었다. 그 기대의 완전한 종말은 진안으로 이주할 때와는 또 다른 유의 낙담을 안겨다 주었을 것이다. 생활고의 궁지에 몰려 진안으로 이주해와 살면서 삼의당의 생활은 고통에서 해방된 것 같은 담락을 느꼈지만 남편의 과거급제에 대한 미련을 완전하게 끊어내지 못했고 남편 담락당도 과거에 응시하는 행보가 이때까지 계속되었던 깃이다.

　위 시가 쓰여진 후 12년의 세월을 더 살았지만, 어디에도 그 이후의 것이라고 여겨지는 시 및 산문이 없다. 남편에게 마지막 걸었던 기대는 무너져 버리고, 그리고 나서 또 한 번 삶의 변화가 일었겠지만 그것이 구체적으로 어떠한 방향으로의 선회였을까를 짐작할 근거는 아무 곳에도 없다. 절필을 가져올 만큼 큰 변화가 삼의당과 남편에게 있었을 것이라고 추측하는 것은 지나친 억측이 아닐 것이다. 남편의 좌절이 곧 삼의당의 좌절/절필로 끝났을 수밖에 없었던 것이 결국 여성문인으로서의 삼의당이 지녔던 한계며 불행이었다 하겠다.

IV. 맺음말

본고는 삼의당의 시문을 남편 담락당과의 관계 속에서 그리고 여성문학적 관점에서 고찰해보았다.

삼의당의 산문은 삼의당의 주체적이고 의지적인 생각을 논리적으로 토로하고 있었으므로, 이를 통해 삼의당의 인간적인 진면목 및 남편 담락당과의 관계를 조명할 수 있었다. 삼의당은 남편과의 대화에서도 의견이 다를 때는 논리적인 맥락을 대 자신의 의견을 관철시킬 만큼 자기 주관이 뚜렷한 여성이었다. 그러기에 여성이 글을 써 자신을 표현하는 것조차 불경시되던 그 시대에 자기 의견을 분명히 개진하고 임금의 실책까지 諷諫하는 글을 지었으며 義理에 어긋나는 일은 끝까지 거절할 수 있었다. 이러한 글을 통해 삼의당은 묵종하는 '조선조 여성'이 아니라 주체적 지식인이었음이 드러났다.

남편 담락당은 그런 삼의당을 깊이 신뢰하고 심지어는 아내의 논리에 찬탄을 마지아니할 정도였다. 남편과의 관계에서 삼의당은 결코 從者로 규정되지 않았음이 드러났다. 이는 스스로의 처신에서도 말미암았지만 남편의 전폭적인 인정에서 유지될 수 있었다. 삼의당이 남편과 주고받은 편지글에 의거하면 삼의당은 오히려 남편 담락당보다 지적 우위를 점유했던 것으로 이해된다. 공부하는 방법 문장도야 방법 등을 삼의당은 남편에게 관곡하게 권유하였으며 남편은 그런 삼의당의 지침을 따르고 의지하였음을 확인할 수 있었다. 남편 과거급제에 대한 삼의당의 그 질긴 집착도 여성으로서는 아무리 능력을 소유하였다 하여도 실현 불가능했던 현달에의 꿈을 남편에게 투사한 것이 아닌가 여겨지며 바로 그 점이 삼의당이 절감할 수밖에 없었던 여성적 불행이었다고 파악된다. 그러나 조선조 남성에게서는 발견하기 힘든 아내 삼의당에 대한 남편 담락당의 전폭적인 인정이 있었기에 삼의당의 문필이 지속될 수 있었다고 여겨진다.

삼의당의 시는 삶의 궤적에 따라 그 세계가 변모했음을 살필 수 있었다.

  미혼시절의 삼의당은 여러 경전을 섭렵하여 거기에서 얻은 지식을 전고로 활용하여 시적인 언어로 단련해냈으며, 시경의 興기법을 자유자재로 구사할 만큼 시적 수련이 다져진 것으로 파악되었다. 여성이기에 정상적인 학업을 할 수 없었던 환경에서 어깨너머로 자득으로 그러한 경지에 이르기 위해 혼신의 힘을 다 바쳤을 노력의 정도와, 창작 및 글에 대해 그녀가 지니고 있었을 애정의 깊이도 충분히 짐작할 수 있었다. 삼의당은 이미 시경의 풍시를 보면서 우리의 민요에 대한 새로운 인식의 필요성을 제기할 만큼 주체적인 판단의 소유자였으며, 시의 본질을 性情流露·내적 정서의 솔직한 표백으로 인식했음을 알 수 있었다. 삼의 당은 시경 풍시 속에서 유가적인 載道文學觀을 확인한 듯한 외양을 취했지만, 기실은 摽有梅의 相思的 春情과 鄭風·衛風의 戀情에 흠뻑 취해 있었으리라 판단되었다.

  남원시가시절의 15년 세월은 신혼 초 당분간을 제외하고는 남편의 과거시험 준비로 인해 서로 별리상태에서 살 수 밖에 없었다. 담락당이 과거공부를 처음 시작했을 때 삼의당의 답시는 공부에만 전념할 것을 권면하는 시가 그 주를 이루었지만 남편의 거듭되는 낙방과 그에 따르는 입산·입경으로 인한 지속적인 별리는 애상적인 고독의 시를 낳았다. 그래서 별리로 인한 외로움과 相思苦의 정서가 이 시기의 시를 온통 지배하고 있으며 또 바로 이러한 상황적 정서가 이 시기 이루어진 작시의 원동력이었다고 말할 수 있다. 양반가 규수로서는 감히 할 수 없는 내밀한 정서를 삼의당은 시로 표현해내었고, 이러한 점은 삼의당에 대한 현모양처로서의 규정을 사실 무색케 하는 것이다. 삼의당은 침묵 속에 모든 고통을 갈무리했던 '조선여성'이 아니라, 相思苦를 솔직하게 시로 절규한 시인이었다.

  진안시설의 삼의당 시는 전원생활의 한적함 및 湛樂을 읊은 즉사시가 주류를 이룬다. 그래서 심지어는 남원시절을 분주했던 세속적 삶으로 진안생활을 유유자적한 별유천지의 삶으로 대비하는 시까지 지었다. 농도짙은 別離苦를 읊은 시가 한적한 전원시로 바뀌는 시 세계의 명백한 변화를 남원시절 시와 진안시절 시에서 느낄 수 있었다. 남원 시가시절에서 삼의당은 남편급제에 인생의 온 의미를 부여하고 집착과 욕망으로 인한 고통스러운 삶을 연명하였던 반면, 진안으로의 이주는 그 욕망의 족쇄에서 벗어나는 해방감을 안겨다 주었을 것이고, 그래서 남편과 함께 하는 한적한 전원생활은 현실적인 아귀다툼에서 빠져 나와 무릉도원 생활을 즐기는 안락감을 부여할 수 있었다고 판단하였다. 그러나 남편의 완전한 좌절이 곧 삼의당의 절필로 이어졌던 점에서 여성문인으로서의 한계 및 불행의 의미를 읽을 수 있었다.

조선조 여성문인은 무척 특수한 존재다. 정규교육이 완전히 박탈당한 상태에서 어깨너머로 아니면 자득으로 글을 익혀 자유자재로 글을 지을 수 있을 수준에 이른 것은 이미 그 비범성을 증명하는 것이라 보아야 할 것이다. 교육은 물론이고 여성이 자기 표현하는 것도 철저히 억압받았던 것이 조선조의 여성 현실이었다. 그러기에 여성으로서는 주변인이었던 기녀 가운데 그나마 명색 있는 문인이 존재할 수 있었다. 여성문인을 대표하는 황진이, 이옥봉, 매창도 기녀이었기에 그 이름을 후세에 남길 수 있었다. 기녀이면서도 역경을 딛고 글을 쓸 수 있었던 것이 아니라 기녀이기에 무리 없이 쓸 수 있었던 것이다. 그래서 천부적인 문학적 재능을 지닌 양반가 여성들은 그 삶이 오히려 더 고통스러울 수밖에 없었다.

허난설헌은 타고난 재주 때문에 불행한 일생을 살다 요절할 수밖에 없었으며 시 때문에 남게된 명성에는 오히려 덕이 모자란 여성이라는 치욕스런 비난의 꼬리표를 먼 후세에까지 달고 다녀야 했다. 梅軒은 文學에 대한 열망 때문에 스스로 외부와 단절한 채 독서하고 詩作하는 일에만 몰두하다가 요절하였으나 그가 지은 수많은 작품들은 흔적도 없이 사장 당하고 말았다. 이들 양반가 여성에 비하면 삼의당의 창작생활은 그다지 큰 애로가 없었다 말할 수 있다. 그리고 그 공은 전적으로 남편 담락당의 배려로 돌려질 수 있다.

그러나 삼의당도 재능 때문에 불행할 수밖에 없는 여성이었으니, 개화기 이전까지 지속되었던 여성 사회 진출의 완전한 봉쇄에서 그 궁극적인 근본원인을 찾을 수 있을 것이다. 사회적 봉쇄 속에서 품게된 학문·문장에의 열망은 삼의당으로 하여금 15년의 세월동안 오로지 남편의 과거급제에만 끈질기게 집착하도록 만들었고, 그 후 그 악몽과 같았던 지난 세월에 대해 그토록 강한 厭苦心을 품게

하였으며, 오랜 후로도 남편 과거급제에 대한 미련을 완전히는 버리지 못하다가 일말의 희망이 완전히 사라진 시점에서 끝내 절필하고 말았다. 남편으로 인해서 글쓰기를 지속할 수 있었고, 남편으로 인해서 시 세계에 변화를 일으켰으며, 남편으로 인해서 더 이상 글을 쓸 수 없었던 것이다. 그녀의 시 세계가 생활의 주변 남편의 주변을 떠나지 못하고 국한되어 있던 것도 이 같은 이유에서인 것이다.

조선조 여성문인을 제대로 평가하기 위해서는 그 당시 여성들이 처해있었던 억압적 환경에 대한 철저한 이해가 있어야 할 것이다. 이러한 기본 배경에 대한 고려나 분석 없이 다른 남성 문인들과 대등한 견지에서 여성문인을 논하고 그 결과에 대해 비하하는 것은 형편없는 어불성설이다. 교육의 기회를 완전히 박탈당한 여성이 글을 익혀 창작하고 문집까지 남겼다는 것은 그 자체만으로도 기적적인 일이다. 남편 담락당의 전적인 인정과 신뢰 속에서 삼의당은 문필생활을 지속할 수 있었지만 더 본질적인 사회적 장애가 삼의당의 재능을 억눌렀기에 삼의당의 문필은 결코 가정 밖을 벗어날 수 없었다. 이러한 여건을 충분히 인지한 상태에서 삼의당의 글을 읽을 때 삼의당의 글 면면에 배어있는 비애의 의미를 더 심각하게 절감할 수 있을 것이며 이는 비단 삼의당 만이 아닌 몇 되지 않는 사대부 집안 여성문인들에게도 공히 적용되어질 것이다.

　* 참고문헌은 각주로 대신함

정평구 이야기의 파장
- 전북의 건달형 인물 이야기 고찰 (1)

이 은 숙

Ⅰ. 서론

건달형 인물로 평양의 김선달, 서울의 정수동, 영일의 정만서는 일찍부터 널리 알려져 왔다. 그러다 조동일이 뒤늦게 영덕의 방학중을 발굴하여 지역 전승으로 머물러 있는 설화를 널리 알리는 것과 동시에, 단순한 이야깃거리로만 여겼던 건달형 인물이야기를 체계적으로 연구 분석하여 그 의의를 밝혀서 연구의 영역으로 끌어올렸다.[1] 이후로 최원식의 '봉이형 건달의 문학사적 의의'[2]와 조동일의 한국문학통사의 개관[3]에 이어 김헌선의 '건달형 인물이야기의 존재 양상과 의미'[4] 등의 연구를 거치는 동안 건달형 인물 이야기의 지역적 분포 양상과 구비설화와 문헌설화에 나타나는 사례의 비교 및 국문 및 한문소설 등에 수용된 양상의 연구가 이루어졌고, 이를 통하여 건달 이야기가 우리 서사문학에서 중요한 의의를 갖고 있음이 밝혀진 바 있다.

그러나 이들 연구는 전북지역 건달형 인물 전승이 갖는 특징에 주목하지는 않았다. 이 중 김헌선의 연구가 건달형 인물의 분포를 다루면서 전북지역 인물까

---

1) 조동일,『인물전설의 의미와 기능』, 영남대 민족문화연구소, 1979.
2) 최원식,「봉이형 건달의 문학사적 의의」,『한국근대소설사론』, 창작과 비평사, 1986.
3) 조동일,『한국문학통사』3,4,5, 지식산업사, 1994.
4) 김헌선,「건달형 인물이야기의 존재양상과 의미」,『경기어문학』8, 경기대 국어국문학회, 1990.

지 포괄적으로 다루고 있으나, 다루고 있는 자료가 미흡하고, 전북지역의 건달에
만 집중하지 않음으로써 이 지역 건달 전승의 의미와 파장을 밝혀내는 데까지
나가지 못했다.

전북 지역의 인물로서의 지역성을 중시한 연구로는 김월덕의 연구5)가 있다.
그러나 여기서는 영웅으로서의 면모를 중시함으로써 영웅보다 더 비중 있는 건
달로서의 면모가 부당하게 축소되어 논의되었다. 또한 이 연구에서는 본고에서
다루려는 네 인물 중 하나인 정평구만을 다루었고, 그나마 전북지역의 다른 영
웅형 인물과 동등한 차원에서 논의함으로써 전북지역의 건달전승의 의의를 살피
기에는 한계가 있었다.

상술했던 바와 같이 평양에는 봉이 김선달이 있고, 서울에는 정수동이 있으며,
영일에는 정만서가 있고, 영덕에는 방학중이 있는 것과 같이 김제에는 정평구가
있다. 또 전주에는 이거두리가 있고, 부안에는 조판구가 있고, 남원에는 태학중
이 있다. 이중에서도 정평구의 이야기는 전승되는 이야기가 적지 않고, 그 파장
이 다른 설화유형과 얽히면서 상당히 크게 번져갔음에도 이를 본격적으로 다룬
연구가 없다. 위 연구 중 김헌선과 김월덕의 연구에서 정평구를 다루었으나 단
편적으로만 취급하여 정평구 이야기의 전모를 밝히지 못했다. 그러나 김헌선의
논의 중 '설화의 유형이 봉이 김선달의 이야기와 흡사해서 토착적 인물이 설화
의 유형을 대폭 수용하고 있음을 보여주는 사례'6)라는 지적은 적절하게 정평구
설화의 특성을 잘 짚고 있는 것으로 보인다. 자료 검토의 결과로는 김선달보다
방학중 설화와의 친연성이 두드러진다는 것을 알 수 있었지만, 여러 설화 유형
을 수용하여 전승의 폭이 확대되는 것을 볼 수 있는 좋은 사례라는 데는 동의한
다. 우연히 칡뿌리의 일부를 발견하고 당겨보았을 때 예상치 못하게 끌려나오는
굵은 뿌리들처럼, 정평구의 설화는 김선달이나 방학중의 이야기보다 자료가 빈
곤한데도 불구하고, 그 의미와 연관을 따져 보면 연결되어 있는 뿌리가 만만치
않게 커서 우리 설화의 한 맥을 해독해 볼 수 있으리라는 예상을 하게 된다. 그
래서 정평구 이야기의 연구는 전북 지역 인물의 연구이기도 하지만, 한 인물 이

---

5) 김월덕, 「전북지역 구비설화에 나타난 영웅인식」, 『구비문학연구』 4, 한국구비문학회, 1997.
6) 김헌선, 위의 논문, 17쪽.

야기를 중심으로 우리 설화의 한 줄기를 분석해보는 설화 일반 연구로 확대될 것이다. 정평구에 대한 연구는 다른 지역 건달 이야기의 연구와의 형평을 고려할 때나, 이야기 자체가 갖고 있는 서사적 비중을 고려할 때도 의의 있는 작업일 것이다.

정평구는 역사상의 실존 인물이다. 실존 인물의 해학적인 이야기가 다양하게 전승되면서 실존인물과의 친소 관계에 따라 전승의 양상이 달라지고 있는데, 이것을 세 가지로 분류하여 살펴보려 한다. 먼저 역사상의 인물 정평구를 살피고, 그의 이야기가 존재하고 있는 세 가지 양상과 각각의 의미와 상관성과 그것들의 통합적인 의미를 살펴볼 것이다.

II. 역사 속의 정평구

정평구(鄭平九)는 역사상 실존인물이다.

> 조선 선조 때의 발명가, 전라도 김제 사람으로서 일찍이 비거(飛車)를 발명, 제조하였다. 이를 임진란 때 진주 혈전에서 사용하여 적의 포위망 속에서 외부와 연락하였다 하며 또 어느 영남 고성(孤城)에 포위되어 있던 성주(城主)가 이 비거로 구원되어 30리 밖으로 탈출하였다 한다.[7]

정평구는 생몰연대가 확실히 밝혀지지 않은, 임란 때 활약한 16,7세기경의 전북 김제 사람이다. 임란 때 무기를 제조하여 그 위력을 실전에 활용하여 장수를 구출하기도 했나는 심월덕의 견해와 같이 악전고투하던 임란의 상황으로 보아서는 영웅적인 활약을 벌인 영웅형의 인물이라고 볼 수 있다.

김제군에서 발행한 '김제의 전설'에는 더욱 자세하게 나와 있다. 이를 요약해 본다.

본관은 동래(東萊)로 김제군(金堤郡) 부량면(扶梁面) 제월리(堤月里) 출신이다.

---

7) 이홍직 편, 『새국사사전』, 백만사, 1975.

병법과 축지법에 능했던 발명가라고 전해진다.

1592년(선조 25년)에 임진왜란이 일어나자 공은 비록 그의 관직이 이렇다 한 것은 되지 못했으나, 그가 일찍 익힌 병법을 토대로 임진왜란을 예견한 나머지 침략해온 왜적 섬멸을 위해 큰 공을 세웠다. 특히 공이 발명해낸 것으로 전해지는 비차(飛車)는 농성중인 아군과 2,30리 떨어진 곳의 아군과의 연락용으로 사용하였다는 것인데, 이 신발명무기가 임진왜란 기록에는 나타나 있지 않으나, 임란사를 적은 왜사기(倭史記)에는 이 비차가 정식으로 거론되어 있고, 그 비차로 말미암아 왜군이 작전을 전개하는데 큰 곤욕을 치렀다는 기록까지 나오고 있다.

이러한 비차 발명의 보(報)를 선조에게 몇 번이고 상소를 통해 간했으나, 아무 연줄이 없었던 공의 상소는 번번이 묵살 당하기 일쑤였고, 그래도 끈질기게 내는 상소문에 선조는 오히려 요사스런 자의 광언(狂言)이라고 노여워하기까지 했다 한다. 공은 필경에는 임란에 백의 종군하였다고 전한다. 공의 신출귀몰한 작전에 우리 관군들은 오히려 공을 뒤따랐다는 것이며, 그를 추종하는 관군과 합세해서 왜적 수만을 물리쳐 임란의 육전에서 공이 나타나기만 하면 왜적은 진격을 포기하고 후퇴하곤 했다는 것이다.[8]

그러나 이 지방에서는 공의 영웅적인 행적보다 해학적인 행각이 주로 회자되고 있다. 김제군 월촌면 반월리에서 난 사람[9]이라고 역사상 실존인물임을 믿으면서 그의 해학적인 행각도 사실이라고 믿고 있다. 또한 해학적인 인물로서는 最古라고 믿고 있으며, 지금도 거짓말 잘하는 사람을 가리켜 정평구 같은 사람이라고 부르고 있어, 오늘날의 일상 화법에서도 살아있는 존재이다.

그는 능력을 갖고 있었지만 공인 받으며 쓰일만한 기회를 별로 갖지 못한 불우한 인물이었다. 그런 역사상의 실존 인물이 설화와 만나면서 골계적 인물로서 설화적 가능성을 실현할 기회를 가진 셈이다.

---

8) 김제군,『김제의 전설』, 1982, 68 - 69쪽.
9) 『한국 구비문학대계』 5 - 2 전주 · 완주편, 792쪽.

III. 이인담의 정평구

정평구 이야기의 자료는 한국구비문학에 수록된 자료 8편[10]과 기타 자료에 수록된 네 편[11] 및 정평구 이야기와 유사한, 한국구비문학대계에 수록된 자료 18편이다.

정평구의 전승은 임란 때 그의 활약상을 다룬 숨은 능력을 가진 이인의 일화와 해학적인 인물의 골계담으로 이원화되어 나타난다.

1. 진에 오줌 싸 외적 물리치기[12]

병자난(임진난) 때 정평구가 8일 평정을 하겠다고 했으나 '쌍놈'이라 써주지 않아서 건달로 살았다. 호병이 노략질을 하여 호병의 진으로 갔다가 호병이 쫓자 진문에 다리를 걸고 오줌을 싸면서 도망했다. 호병대장은 도사가 '우리를 지 자지만도 못하다'고 한 표현으로 보고 진을 옮겼다. (5 - 3)

2. 벌통을 화약통으로 알게 해 외적 물리치기

주머니(상자)에 벌을 넣어 진으로 가서 쫓기면서 '전쟁기구'가 들었다고 탄식하며 도망쳤다. 호병이 화약인 줄 알고 열어보다 벌에 쐬어 태반이 죽고 퇴진을 했다. (5 - 3, 「김제의 전설」, 김용문)

---

10) 1 - 1 513 꾀쟁이 하인의 사기행각(정평구 일화)
   5 - 1 89   김제 진평구 이야기
   5 - 2 704 진평국 이야기
   5 - 2 792 진평구 일화 6편
   5 - 3 636 오랑캐를 세 번이나 혼낸 정평구
   5 - 5 319 거짓말 잘한 진평구
   5 - 7 631 꾀 많은 진평구
   5 - 7 622 진평구의 꾀 (앞의 번호는 한국정신문화연구원에서 발행한 한국구비문학대계의 일련 번호이고, 뒷 번호는 수록된 쪽수이다. 앞으로 구비대계 인용 쪽수는 이와 같이 표시하기로 한다. 책이 중복되는 경우에는 제목도 표기한다.)
11) 임석재,『한국구전설화 전북편』1, 평민사, 1990, 98 - 99쪽.
   「해학과 유모어 풍부했던 정평구」, 김제군,『김제의 전설』, 1982, 68 - 73쪽.
   「조팽구의 해학」, 전라북도,『전설지』, 1990, 부안군편, 499 - 502쪽.
   박순호,『군산구비문학대계』, 군산문화원, 1990, 1067 - 1072쪽.
12) 이하 제목은 필자가 내용을 요약해 붙인 것이다.

3. 화약통을 벌통으로 알게 해 외적 물리치기

　　이번에는 주머니(상자)에 화약을 넣어 진에 들어갔다 쫓기며 '벌'을 뺏겼
다고 하며 도망했다. 호병이 주머니에 불을 지르다 화약이 터져 몰살했다.
(「김제의 전설」, 김용문)

　　그래도 한국에서는 안 써줬다. (5 - 3)

4. 당산에 명당쓰기

　　청렴한 친구를 도와주려고 명풍수에게 명당을 잡아달라 청하니 당산에 묘
자리를 잡아주었다. 당산에 묘를 쓸 수는 없으므로 희롱할 뜻이 들어있었던
것이다.

　　며칠 뒤 암장을 하고 서울 어느 대감이 당산의 명당에 묘를 쓴다는 소문
을 냈다. 촌로들이 이를 막을 방도를 구하다 정평구에게 조언을 구했는데, 거
짓 봉분을 그 자리에 만들면 다른 사람의 묘를 허물지는 못할 것이니, 자연
묘 쓰는 것을 막을 수 있을 것이라 하였다. 그래서 당산에 암장한 묘에 봉분
까지 없었다. (「김제의 전설」)

　　이상은 그의 숨어있는 능력과 활약상을 보여주는 설화들이다. 이 설화는 영웅
으로서의 면모보다는 이인으로서의 면모를 더 잘 보여준다. 실제 그는 영웅으로
서의 조건을 갖추었지만, 세상에 드러나서 능력을 발휘할 수 있는 기회는 얻지
못하였다.

　　정평구는 정대감이 달이 입으로 넘어가는 태몽을 꾸고 이미 태기가 있는
부인과 합방하지 못해 종과 합방을 해서 낳은 자식이다. (1 - 1, 513쪽) 그는
또한 김제 용진면의 평구, 즉 지금의 사창산의 정기를 타고나서 이름도 평구
이다. 임진왜란 때 서울에가 '삼일만에 평정할 수가 있으니 벼슬을 달라'고
했으나 한 대감이 '너는 쌍놈'이라며 뺨을 쳤다. 평구는 '줄뺨이로구나'라며
대감을 쳤다. 이후 역적 비슷한 일을 했다. (5 - 1, 89쪽)

　　그는 설화 속에서 정대감의 서자로 태어나는 비범한 출생을 했으나, 천한 신
분으로 능력 발휘를 하지 못해 '역적 비슷한 일'을 한 영웅의 행적을 구비하고
있는 인물이다. 실제 구연자들은 역적 이야기이기 때문에 구연을 꺼리는 태도(5

- 1, 89)를 갖고 있거나, 실제 구연 중에 '영웅적인 인물이닌게 그런 수단을 부려서 3번이나 죽였어. 참 영웅적인 인물이여.'(5 - 3, 638)라고 하여 구체적으로 '영웅'이라고 지칭하기까지 한다. 민간에서는 그를 영웅적인 인물로 믿고 있는 것이다. 그래서 이런 점들을 중시한 김월덕의 선행연구에서도 정평구를 문화적 영웅, 그 중에서도 '해학적 영웅'이라고 분류하며 다른 건달형 인물과 변별되는 영웅적 행각에 초점을 맞추었다.13) 이것은 전술한 바와 같은 실존인물 정평구의 행적과도 부합하는 전승 양상이라고 할 수 있다.

그러나 그의 설화를 구체적으로 살펴보면 영웅으로서의 면모보다 이인으로서의 면모가 부각되고 있음을 알 수 있다. 그는 서자로 태어난 비천한 신분으로 능력을 갖고도 쓸 수 없는 처지에 있었다. '8일 평정을 하겠다고 했으나 '쌍놈'이라 써주지 않아서 건달로 살'(5 - 3)면서 능력을 숨기고 있었던 것이다. 능력이 있으면서도 세상과 적극적으로 맞서지 않는 사람은 이인이다.

숨은 이인으로서의 능력을 전쟁에서 세 번 발휘하는데, 1화의 능력은 도술이며, 2화, 3화의 능력은 지략이다. 이처럼 능력을 발휘해도 "그래도 안 써줘. 한국에서는 안 써 준단 말여."(5 - 3, 638), 그래서 그는 범인으로 숨어버리고 만다. 그가 숨은 능력을 발휘하는 양상도 많은 사람을 지휘하면서 이름을 높이 걸거나, 능력 발휘의 결과로 득명을 하는 영웅의 모습과는 거리가 있다.

실제 정평구도 비차를 발명하여 임란에 크게 쓰이기를 원하는 상소를 했으나 선조에게 '광언'이라고 홀대를 당한 후 백의종군하였고, 그가 전투에서 승리를 거두었다 하나 의병의 기록에서도 보이지 않으니, 현실에서도 역사기록에서도 소외되고 묻혀버린 인물일 뿐이다.

그가 발휘한 능력은 모두 실제 그가 발명하였다는 비차와는 무관하다. 말하자면 그는 이미 설화를 통해 능력이 허구화되고 있는 것이다. 이런 허구화는 다른 설화를 통해 더 확대된다. 그의 허구화된 지략은 왜적을 격파하는데서 나아가 청렴한 친구를 구해주는 4화에서 절묘하게 쓰이고 있다.

堂山은 부락 수호신이 있는 곳이므로 묘를 쓸 수 없는 곳이다. 빈곤한 친구를

---

13) 김월덕, 위의 논문, 300 - 304쪽.

위하여 명당을 잡아주려는 정평구에게 풍수는 그를 희롱하려는 의도로 당산에 있는 명당을 잡아주었다. 그래서 풍수와 정평구의 지략 대결이 펼쳐진다. 당산에 묘를 쓰지 않는다는 금기를 깨고 당산에 묘를 쓴 정평구는 표면적으로는 풍수의 희롱에 당하고 마는 패배자가 된다.

그러나 그 희롱까지를 계산한 정평구는 서울 대감이 그곳에 묘를 쓴다는 소문을 낸다. 당산에 묘를 쓰면 마을이 망한다고 믿는 마을 촌로들은 이를 막을 방도를 논의한다. 그래서 다시 서울 대감과 마을 촌로들, 서울과 지방의 대결 양상으로 전환한다. 묘안을 구하지 못한 촌로들은 정평구에게 도움을 요청한다. 여기에는 마을 촌로들과 정평구의 세 번째 대결이 내재되어 있다.

정평구는 서울 대감이라도 남의 묘를 허물지는 못할 것이니 미리 거짓 묘를 만들어 두라고 한다. 그래서 마을 사람들이 정평구가 미리 암장해 둔 곳에다 봉분을 만들게 함으로써, 정평구는 친구에게 힘 안들이고 당산에 묘를 쓰게 하고, 봉분까지 만들어 줄 수 있었다.

세 차례의 지략 대결은 상황이 진전될수록 그 진폭이 확대된다. 첫 번째는 단순히 풍수와 정평구 개인간의 지략 대결에 불과하지만, 두 번째 서울 대감과 마을 촌로들의 대결은 지배자와 피지배자와의 대결로 확대되고, 세 번째 마을 촌로와 정평구의 대결은 명분과 실질의 대결, 양반과 평민의 대결 양상으로 확대되다가, 정평구의 제안으로 세 가지의 대결이 모두 후자의 승리로 귀결되며 해소된다.

그러나 이 설화를 관통하는 중요한 대결은 사회적 통념과 이것을 넘어서는 진보적인 사고와의 대결이라 할 수 있다. 풍수가 당산에 묘터를 잡아준 것은 통념을 넘어서지 못하는 것을 전제로 한 희롱이다. 그러나 정평구는 '아무리 정평구지만 네가 과연 사회적 통념을 넘어서서 금기를 범할 수 있겠느냐?'는 희롱을 그대로 수용한다. 그러기 위해 몇 단계의 장애까지 극복하면서 통념을 통쾌하게 파괴하고, 희롱에 대한 반전을 이룩하는 데서 나아가, 그 통념을 오히려 조롱하기까지 하는 전환을 이룩한다.

그런데 이러한 정평구의 지혜 대결이 돋보이는 것은 그 대결의 동기가 우정에 있다는 점이다. 정평구는 자신을 위해서가 아니라 친구를 위해서, 그것도 청렴해서 빈한한 친구를 위해서 그러한 대결을 감행했던 것이다. 그래서 이 설화에서는 잘못된 현실과의 대결을 의식하면서 대단한 능력을 숨기고 사는 이인[14]으로서 잘못된 현실을 우려하는 모습이 청렴한 친구에 대한 염려로 나타나는 셈이다.

골계담이 웃음을 창출하는 방식으로는 서사적 반전이 지적된다.[15] 이인의 특성은 능력을 숨기고 산다는 것이다. 능력이 없으리라 예상했던 사람이 사실은 능력을 가지고 있어서, 능력 발휘가 타인의 기대수준을 배반하는 것이 된다. 골계담이 서사적 기대를 저버린 데서 웃음을 유발한다면, 이인의 능력 발휘담도 기대수준을 배반하는 것으로 이루어지므로 양자는 서로 상통하는 면을 갖게 된다. 영웅과 해학의 결합보다 이인과 해학의 결합이 어울리는 것도 그런 이유다. 영웅의 능력은 이미 기대했던 것이기 때문이다. 이인과 해학이 그런 점에서 통합될 가능성을 정평구의 4화가 보여준다고 하겠다.

이 설화는 다른 건달 이야기와 중복되지 않는다. 그래서 상당한 능력을 가지고 있었던 실존인물 정평구가 전승처럼 해학적 인물이었다면 능력과 해학을 갖춘 4화가 정평구 이야기의 고유한 특성을 가장 잘 보여주는 것이 될 것이다.

1, 2, 3화는 이인의 모습만 보여주는 설화라면, 4화는 이인과 해학이 어울린 설화라 하겠는데, 전자는 역사상 실존 인물 정평구의 모습을 가장 근접하게 담고 있는데 비해, 4화는 이보다 한 발 멀어진 모습을 보여준다고 하겠다. 그의 능력은 역사적 기록으로 검증되지만, 그의 해학은 역사로 검증되지 않고 단지 민간전승으로만 전해오기 때문이다.

IV. 건달 골계담의 정평구

골계는 미적 범주로서, 해학과 풍자를 합친 개념으로 설명된다. 해학은 스스로 웃자는 부드러운 웃음이며, 부드러운 골계로 우아와 결합되어 있다. 남을 헤치고

14) 조동일, 『한국문학통사』 3, 지식산업사, 1994, 483쪽.
15) 현혜경, <「어우야담」 소재 골계담의 웃음 창출 기법과 의미」, 『고전문학연구』 17, 한국고전문학회, 2000.8.

상대방을 공격하려는 의도에서 창출되는 웃음이 아니고, 스스로 즐겁기 위한 웃음이나, 풍자는 남을 공격하려는 사나운 웃음이고, 사나운 골계이다. 대부분의 건달 이야기는 골계 중 해학에 해당된다.16)

다음의 설화들은 이인담 속에 내재되어 있던 해학적인 면모가 전면으로 부상한 것으로서 정평구가 어긋장을 놓고 신소리를 하는 해학적인 인물로 변화하며, 그러한 행위의 목적이 민족이나 남을 위한 것이 아닌 나를 위한 것, 그것도 목전의 이익을 위한 것 쪽으로 변질되는 모습을 보이고 있다.

5. 줄뺨 때리기

임진왜란 때 서울에가 '삼일만에 평정할 수가 있으니 벼슬을 달라'고 했으나 한 대감이 '너는 쌍놈'이라며 뺨을 쳤다. 평구는 '줄뺨이로구나'라며 대감을 쳤다. (5 - 1)

6. 담배 얻어 피우기

젖은 담배를 가지고, 담배가 젖어서 피울 수가 없다며 마른 담배를 얻어 피운다. (1 - 1, 5 - 2, 5 - 7, 「진평구의 꾀」, 『김제의 전설』)

6.1 도리어 담배를 뺏기고 나서 담배장수를 몰매 맞게 해 보복하기

담배장수(소금장수)가 추진 담배를 가지고 마른 담배를 얻어 피우는 것이 미워서 '나는 추진 담배도 없다'며 뺏어가 버렸다. 당하고 만 정평구는 벼르다가 논에서 일하는 여자에게 부고가 왔다며 불러 가까이 오자 입을 맞추고 달아났다. (논에서 일하는 사람들을 '아들, 조카'라 부른다.) 달아나며 '형님도 얼른 달아나라'고 하자, 담배장수가 형님인 줄 안 동네 사람들이 몰매를 때렸다. (1 - 1, 『김제의 전설』)

6.2. 남의 여자에게 입맞추는 내기하기

여비가 떨어져 모심는 여자 중 제일 예쁜 여자에게 입을 맞추면 술을 사라고 내기를 했다. 정평구는 여자에게 다가가 친정 아버지 부고가 왔다고 하

---

16) 조동일, 『한국문학 이해의 길잡이』, 집문당, 1996, 139 - 147쪽.

고, 놀라서 다가온 여자에게 입을 맞췄다. (5 - 7, 「진평구의 꾀」)

7. 거짓말 해보라는 사람에게 기민 타러 간다고 속이기

논에서 일하던 사람들이 지나가던 정평구에게 거짓말 하나 해보라고 했다. 정평구는 '기민쌀을 타러 가야 되니 바쁘다'며 그냥 갔다. 농부들도 일을 버려두고 기민 타러 갔다. 가서 비로소 속은 것을 알고 원망하니 '거짓말을 하라고 하지 않았느냐'고 했다. (5 - 5, 「김제의 전설」, 임석재)

8. 풀을 사먹으며 따라 사먹는 서울 사람 비웃기

서울 가서 배고파서 풀을 사먹으며 '속병이 있어 먹는다'고 하자 보던 사람도 사먹었다. '너는 왜 먹느냐'고 풀인 줄 알고 먹는 사람을 비웃었다. (5 - 2)

9. 방죽의 물오리 팔기

방죽의 오리를 자기 오리라고 속여 서울 사람에게 팔았다.(1 - 1, 5 - 2, 5 - 7, 「진평구의 꾀」, 『김제의 전설』)

9.1. 속은 것을 안 서울 사람에게 자살하겠다 하여 모면하기

속은 것을 안 서울 사람이 돈을 돌려달라고 조르자 '돈이 없는데 조르면 살 수가 없다'며 방죽으로 뛰어들었다. 서울 사람은 겁이나 달아났다. (1 - 1)

9.1.1 서울 사람에게 두 번씩 물오리 팔기

속은 것을 안 서울 사람이 배상을 요구하니 원래 반값만 받았던 터라, 물오리가 다 날아가 버린 것은 서울 사람 탓이라며, 송사를 벌여 나머지 반값도 마저 받았다. (『김제의 전설』)

9.2 다시 만난 서울 사람에게 쌍둥이라고 속이기

몇 년 후 종로에서 다시 만났다. 서울사람은 '도적놈이 죽지 않고 살았다'며 덤벼들었는데, 정평구는 '나는 형님하고 쌍둥인데, 형님 원수를 찾으러 다녔다.'며 오히려 큰 소리를 쳤다. 서울 사람은 오히려 큰 일 났다고 생각하여 집으로 데려가 대접하며 다시 천냥을 주며 사정했다. (1 - 1)

10. 낡은 집을 청룡황룡이 있는 집으로 속여 팔기

　　정평구가 '분면사창(粉面紗窓)에 청룡황룡' 있는 집이라 하였는데, 살 사람이 보니 초가지붕에 새로 짚을 씌우지 않아 짚 썩은 물이 흘러내린 모양이 청룡황룡 같아서 샀다. (5 - 2)

11. 돈없이 주막에서 밥먹기 - 음담패설하다 쫓겨나 밥값 떼먹기

　　돈도 없이 주막에서 밥을 먹고 주막집 딸에게 '니가 이렇게 이쁠 때 느그 매 보지는 얼마나 이쁘겠냐'고 음담패설을 했다. 곁에서 '때려 죽일 놈'이라고 하자, 도망해버려 밥값을 물지 않았다. (5 - 2)

11.1. 돈없이 주막에서 밥먹기 - 남에게 밥값 물리기

　　주막에 가서 밥을 먹는 사람에게 조금 있다 먹으라고 하고 자기가 먹어버렸다. 밥값은 먼저 먹은 사람이 내야 한다고 해서 공으로 한끼를 먹었다. (5 - 2)

12. 남의 돼지 팔아먹기

　　술집에서 술찌게미를 얻어다 '정평구'라며 주니, 돼지가 몹시 좋아하여 거친 밥을 주는 주인을 아는 체 하지 않았다. 돼지를 팔아먹으려는 정평구와, 돼지 주인의 송사가 벌어졌는데, 돼지가 정평구를 따르는 덕분에 정평구가 이겨서 돼지를 다 팔아먹었다. (1 - 1)

　이상 해학적인 인물로서의 면모가 부각된 정평구의 설화들을 크게 8가지로 분류해 보았다. 이 8가지의 설화는 대부분 다른 건달 이야기와 중복된다.
　5화 '줄빰 때리기'는 이거두리 이야기[17]와 중복되고, 9화 '방죽의 들오리 팔기'는 김선달의 이야기로 널리 알려져 있다. 6화 '담배 얻어 피우기', 7화 '거짓말 해보라는 사람에게 기민 타러 간다고 속이기', 8화 '풀 사먹으며 따라 사먹는 서울 사람 비웃기' 10화 '낡은 집을 청룡황룡이 있는 집으로 속여 팔기'는 방학중, 정만서의 이야기로 널리 알려져 있고, 많은 구연 자료도 채록되어 있다.

---

17) 「이거두리의 줄빰」, 5 - 2, 796쪽.

정평구의 이야기 중 다른 건달 이야기에서 발견되지 않는 자료는 11, 12화 정도로 보인다. 또 5화도 전주의 건달 이거두리의 이야기와 동일하다고는 하나, 3장에서 분석했던 이인형 이야기와 상통하는 실존 인물 정평구의 모습이 남아 있어서 다른 건달 이야기와는 변별된다.

5화에서는 이인의 능력을 갖고도 쓰이지 못하는 울분이 숨은 능력에서 오는 기개와 합쳐져 '줄뺨'이라는 기지로 나타나서, 절묘하게 상황을 전환한다.

> 김선달도 있고 진평구도 있고, 원래가 김선달이란 것은 요지음 소리지, 뭐 꾸민 것 같습니다. (조사자 : 아, 그래요) 진평구란 사람은 원래 김제군 용진면이란 데가 평구(平九)란 데가 있어요. 평구란 데가 지금 현재 사창산인디, 사창산 줄기를 타고 났대서. 평구, 진평구를, 진자(陳字)를 빼버리고 평구라 했대요.

거기가 김제요 김제. 그래서 평구, 진자를 빼버리고 평구라고 그래요. (조사자 : 사람 이름이구나.) 네, 그 사람이 뭐 영리했던 모양이어요. 거짓말도 잘 하고, 굉장히, 하여간 말할 수 없었대요. 거짓말 잘 한 것은 말할 것 없겠지만은, 그 사람이 임진왜란 당시에 자기가 뭐라고 하니, 지금 말하면 중앙청까지 올라간 모양이에요. 올라가서 뭐라고 하는고 하니,

> "내가 삼일만에 평정을 할 수가 있다. 전부 평정을 할 테니까 벼슬을 하나 주십사!"
> 했어. 그 대단한 사람이 아니요? (청중 : 대담하네.) 암, 턱 헌개로,
> "너는 쌍놈이여!"
> 하고 탁 때린단 그 말이여. 탁 때린개,
> "아, 줄뺨(賻)이로구나!" 하고 대감을 쳤어. 줄뺨이로구나 -
> (조사자 : 하하하. 이쪽에서 때린게 저쪽으로 때렸구먼요!) 줄뺨이로구나! 이것이 왜 그러냐 하면 너는 쌍놈이 아니냐? 벼슬을 줄 수가 없다. 그래 가지고 아마 지금으로 보면 역적 비젓한 일을 많이 했답니다. (조사자 : 역적 비슷하니 했던 이야기 좀 해 주시지요.)
> 여기 여학생도 있고 그러니 그만하지요.

(조사자가 남원군 태학중의 우스운 이야기를 예로 들어 유도하였으나 끝
내 사양하였다.) (5 - 1)

이인으로서의 정평구에다 해학적인 인물로서의 이미지가 추가되어 복합적인
인물로 나타나는 설화로, 골계담으로 옮아가는 모습을 보여주는 설화라 할 수 있
다. 이렇게 그의 인물 유형이 이인에서 해학적 인물로 확산, 변형되면서, 실존 인
물 정평구가 진평구라는 이름과 혼용되는 현상이 나타난다. 김제군 부량면 제월
리 출신의 정평구가 김제군 용진면 평구 출신의 진평구로 허구화되면서, 수용층
들은 실존 인물과 건달의 보편적 일화의 결합을 사실로 믿는 허구화의 진행 과
정 속에 놓인 허구화의 주체가 된다. '줄빰'이라는 건달의 이야기가 정평구와 만
나면서 이인의 기개와 울분이 해학으로 화합, 해소되는 것이다. 정평구는 '진평
구', '진평국'으로까지 이름이 와전되며 해학적인 인물로서의 특성만 강화된다.

이인의 면모는 해학이 강화된 다음의 이야기에서는 거의 사라진다. 단지 시정
을 어정거리는 건달, 난관을 기지와 해학으로 타파하는 건달의 모습으로만 남는
다. 7화에서 10화까지의 이야기는 김선달, 방학중, 정만서의 이야기와 결합되어
전형적인 건달의 모습만이 부각되는 내용이다.

다른 지방의 건달 이야기와의 주고받기를 통해서 실존 인물 정평구와는 거리
가 있는 건달의 보편성을 획득하고, 해학적인 인물로 일반화되면서, 한편으로는
김제의 건달 이야기가 그 지역적 한계를 타파하게 되는 것이다. 그것은 일반적
인 건달이야기로의 동화를 통해 지역성이 약화되는 것이기도 하지만, 일반적인
건달 이야기를 통해 이 지역 건달이 지역성을 뛰어넘는 계기가 되는 것이기도
하다.

다른 건달 이야기와 중복되지 않는 이야기는 11, 12화이고, 중복되는 위의 이
야기 중에서는 6화 중 6.1과 6.2는 세부 전개과정이 중복되지 않는 것으로 보인
다. 중복되지 않는 이들 이야기를 중심으로 살펴보기로 한다.

김선달은 대동강물을 팔고, 들오리를 팔고 사라져 버리고, 속은 서울 사람도
바보같이 당하고 말아, 김선달로서는 통쾌하게 한 건 한 것으로 끝나버리지만,
정평구는 말하자면 그 후속편을 계속하는 것이다. 속은 것을 안 서울 사람이 돈

을 내놓으라고 조르자 죽겠다며 방죽으로 뛰어들어버린다. 그런데 사실은 정평구는 헤엄을 잘치는 사람이다. 김선달은 집오리를 들오리 속에 섞어 놓아 서울 사람을 속였지만, 정평구는 헤엄을 잘 치기 때문에 살살 헤엄쳐 잡아다 주거나, 미리 헤엄쳐 들어가 오리 두어 마리의 발목을 묶어둬 도망을 못 가게 하여 속였던 것이므로, 김선달이 약간은 악의적이고, 계획적으로 속였던 데 비해 정평구는 즉흥적이어서 고의성이 훨씬 약하다.

　　그런디 오릿방죽 지나 다니자니 서울 사람 하나가 그 오리를 처음으로 보
　　든가 그 욕심을 내드리야. 그래 이놈 서울 사람을 떨어먹을라고. 물헤엄을 잘
　　히야, 그놈이. 썩 덜어가갖고는 오리 두 마리를 붙들고 나와. 나오더니 '살이
　　올랐구나. 인저 이것을 어따가 도매띠기루 넴겨야 하겄는디 이거 누가 살랑
　　가 모르겄다.' 허닝게 아 서울 사람이,
　　"아, 그거 팔을라우?" (1 - 1, 519)

　실제로 정평구는 즉흥적으로 속이려는 충동이 일어났던 것이고, 이것은 그가 원래 가지고 있는 헤엄실력 때문에 가능했다. 이 헤엄을 잘 치는 능력은 병법에 능했던 실제의 그의 이미지와 연장되는 듯이 보인다. 그러나 이쯤 되면 실존 인물 정평구의 면모보다 건달로서의 면모가 지배적인 양상으로 바뀌어 있다고 할 수 있다. 돈을 돌려달라고 조르자 방죽으로 뛰어드는 것은 서울 사람에게는 자살하는 것으로 보이지만, 정평구는 뛰어난 헤엄 실력을 가지고 있으니 사실상 가장 쉽게 속이면서 서로 피해를 당하지 않는 방법이다. 그러나 서울 사람이 잡으려 하니까 도망가버린 나머지 반의 값마저 송사를 통해 받아내고, '형님 원수'라며 다시 만난 서울 사람에게 돈을 받아내는 데 이르면, 관록이 붙은 건달도 다른 사람에게 피해를 주는 것도 아랑곳하지 않는 시정잡배의 모습마저도 보인다.
　돈없이 주막에서 밥먹는 방법은 지독한 음담패설이나 직접적인 강탈에 의한 것이다. 건달로서 살아가는 데 이력이 난 정평구는 음담패설, 그것도 딸에게 어미를 욕보이는, 전통적 윤리를 정면으로 거스르는 패륜적인 음담패설로 밥값을 떼어먹는다. 남이 먹는 밥을 가로채는 강탈마저 감행하며 한 끼 밥을 위해 도덕을 소홀히 한다.

그러다 남의 돼지 팔아먹는 데 이르면 이제는 즉흥적이고 우발적인 속이기가 아니라 계획적이고, 장기적인 속이기 수법을 동원하는 데까지 이른다. 건달로 살면서 마땅한 생계대책이 없는 정평구로서는 밥을 얻어먹기 위해서 술책을 부려야 하는데, 그런 술책은 항상 미봉책인지라, 급기야는 장기적으로 일을 꾸며 한 몫을 잡아야 하는 계획을 하기에 이른 것이다. '청룡황룡이 그려진 집'의 이야기도 방학중이나 정만서는 기생과 오입을 하기 위해 허풍을 떠는 것에 불과하나, 정평구는 집을 팔기 위해, 경제적인 이익을 얻기 위해 하는 계산적인 행위로 변형되는 것도 이러한 맥락 속에서 해명될 수 있을 것이다. 이제 정평구는 하찮은 것에도 이득을 따라 계산 속에서 움직이는 이기적인 모습을 나타낸다.

이인으로서의 모습을 탈피하고, 다른 건달의 모습을 수용하여 보편적인 건달의 모습을 확보하며, 계획적이고 이기적인 건달의 모습이 강화되어 가는 단계에 따라 역사상의 실존인물과의 거리는 그만큼씩 멀어져간다. 지금까지는 해학의 범주 속에서 사건이 구성되었는데, 이제 점차 사실과의 거리가 커지는 단계별 진행이 확대되면서 사나운 골계 쪽으로 진행되는 것을 볼 수 있다.

V. 잔혹 골계담의 정평구

자신의 이득을 쫓아 남에게 피해를 주는 데 익숙해지면, 상대에게 경제적 피해를 주는 데 그치지 않고 패망에까지 이르게 하고, 급기야는 살인마저 불사하는 지경에 이르게 된다. 그래서 정평구의 해학은 잔혹한 골계, 사나운 골계로까지 이어진다.

13. 간부 죽이고, 바람피우는 마누라 버릇 고치기
밤낮 나들이를 하는 정평구는 마누라가 샛서방을 보는 것을 눈치챘다. 서울 가겠다고 하고 밤에 다시 돌아와 마누라와 같이 자는 간부에게 끓는 기름을 부어 죽이고, 마누라에게 시체를 묻되 인기척이 있으면 들키지 않게 돌아오라고 시켰다. 몰래 앞질러 간 정평구가 인기척을 하여 몇 번씩 무거운 송장을 들고 왔다갔다하게 했다. (5 - 7, 「꾀많은 진평구」)

13.1. 살인죄 벗고 송장 처리 비용 받아내기

정평구는 송장을 간부의 집으로 가져가 그 남자의 목소리를 흉내내 문을 열라고 했는데, 남편이 바람피우는 것을 아는 부인이 투정을 부리며 문을 열지 않자 '마누라한테 구박받느니 차라리 죽는 게 낫다'며 송장의 목을 매고 왔다. 남편이 죽은 것을 보고 부인은 남편 죽인 죄를 모면하기 위해 정평구에게 송장 처리를 부탁했다.

정평구는 다시 송장을 갖고 부잣집으로 가 주인의 이름을 부르며 난동을 부렸다. 주인이 '미친놈은 매로 잡아야 한다'며 때리다 보니 뻣뻣하게 송장으로 나자빠졌다. 주인은 정평구에게 텃논을 주며 송장처리를 부탁했다. (5 - 7, 「꾀많은 진평구」)

14. 주인을 속이는 하인 - 눈 빼먹을까봐 눈 가리고 있기

과거보러 가는 상전을 따라간 하인 정평구에게 '서울은 눈 빼먹는 곳이니 조심하라'고 하자 말을 팔아먹고 '눈 빼먹을까 무서워 눈을 가리고 있는 사이 말이 없어졌다'고 했다. (1 - 1)

14.1. 주인을 속이는 하인 - 죽이라는 편지를 고쳐 주인의 사위 되기

화가 난 상전이 하인을 죽이라는 글을 등에 써서 내려보내나 중도에 만난 선비에게 글을 고쳐 쓰게 해 그 집의 사위가 된다. (1 - 1)

14.2. 주인을 속이는 하인 - 유기장수 대신 죽이기

돌아온 상전은 화가 나서 해 저물면 죽이려고 하인을 주머니에 넣어 방죽 위 나무에 매달았다. 하인은 지나가던 유기장수를 꾀어 대신 죽게 하고 살아났다. 유기를 팔아 비단옷을 해 입고 용궁에서 왔다며 주인집에 갔다. (1 - 1)

13화는 김선달 전승에도 그대로 나타난다.[18] 김선달 이야기에서는 시체를 처리하는 순서가 다르게 나타나는데, 시체를 지고 왔다갔다하게 해 바람난 마누라

---

18) 「부정한 아내 행실 고치고 부자된 김선달」, 2 - 8, 362쪽.

를 혼내 준 후에, 부자 심판서의 집으로 가서 이름을 부르며 난동을 부려 매를
자초하고 마치 간부가 맞다가 죽은 듯이 해놓고, 짐짓 나타나 입을 다물어 주는
대가로 논문서를, 시체를 처리해주는 대가로 밭문서를 받아 챙긴다. 그리고 다시
시체를 간부의 집으로 가져가 마치 문 안 열어 주는 마누라 골탕먹이려 목매달
아 죽은 것처럼 꾸며, 이를 발견한 그 마누라의 손으로 대성통곡하며 장사지내
게 만든다.

　김선달이 간부의 집으로 시신을 매고 가는 것은 시신을 처리하기 위한 것이
지, 시신을 이용해 한 몫 잡으려는 것이 아니다. 그런데 정평구는 부잣집에서도
시신을 이용해 한 몫을 잡고, 또 그 부인에게 가서도 한 몫을 잡는 것으로 나타
나며(구연자가 이야기의 순서가 뒤바뀌었다고 했으므로, 이와 같은 순서로 정리
한다), 시신을 노려 이득을 취하는 데만 치중하여 시신을 처리하는 방식도 불투
명한 채로 남는다. 김선달의 이야기가 이처럼 정평구의 이야기보다 세부 묘사나
전체적인 구도가 짜임새가 있는 것으로 보아, 정평구의 이야기가 김선달의 이야
기를 수용한 것으로 보인다.

　김선달의 이야기가 변형된 부분을 중심으로 살펴보자. 정평구가 마을에서 재
력과 권력을 장악한 부자의 재물을 뺏는 것은 권력과 재력에 대한 항거로도 설
명될 수 있다. 사실 생업을 갖지 않은 건달이 누군가에게 얻어먹어야 된다면, 이
런 인물이 가장 적격이라고 할 수 있다. 그래서 시신을 이용해 기상천외한 방법
으로 재물을 얻어내는 건달의 행동에 웃음이 일면서, 일면 통쾌해지기도 한다.
그러나 자기 마누라와 바람을 폈다고는 하나, 그 남편을 죽여놓고 그의 부인에
게 재물을 울궈내는 것은 통쾌한 일이 아닐뿐더러 오히려 잔인하기까지 한 일이
다. 사실 따지고 보면 그 간부의 부인도 피해자다. 그런데 남편이 죽은 엄청난
피해를 당한 피해자에게 어쩌면 가해자일 수도 있는 사람으로서 그 시신을 가지
고 가서 다시 한번 엄청난 심리적인 피해와 재물상의 피해를 끼친다면, 이것은
쉽게 웃을 수 없는 잔인한 일임에 틀림없다. 그런데도 정평구는 영웅이 되어 있
다.

　"근게 감쪽같이 그렇게 일을 혀 주고 아 돈벌고 자기 마느래 버르쟁이 고치고
진평구가 영웅이대여. 영웅." (5 - 7, 636쪽)

이와 같이 잔혹한 골계는 '상전을 골려준 하인' 혹은 '엠한 유기장사' 유형으로 연결된다. 바로 14화이다. 여기서 정평구는 상전을 속이는 하인으로 주인을 우롱하다가 주인의 분노를 사서 자신을 죽이라는 편지를 등에 써 가지고 가는 신세가 된다. 정평구의 골계가 이제는 죽음을 자초할 만큼 피해자에게 적대감을 주는 대상이 되어버렸다. 그러나 정평구는 기지를 발휘하여 오히려 위기를 기회로 만들어 글의 내용을 바꾸어 그 집의 사위가 된다. 그 때문에 다시 죽을 위기에 처했다가 유기장수를 대신 죽게 한다. 자신은 유기를 팔아 비단옷을 해 입고 다시 주인집으로 가 용궁에서 왔다고 한다. 정평구의 이야기는 여기서 끝이 난다. 그 뒷이야기가 이어지지 않은 것은 구연자의 착오인 것 같은데, 착오가 일어나지 않았다면 온전하게 구연되었을 것으로 보인다.

여기서 끝나지 않는 뒷 이야기를 합쳐 보면 하나의 설화 유형이 된다. 이 유형을 김대숙은 「양반을 놀린 종」19) 유형으로 분류하고, 계층의식을 반영하고 있는 양상을 분석하였다. 그러나 '양반을 놀린 종'이라는 유형의 이름은 그다지 적절해 보이지 않는다. 왜냐 하면 종이 놀리는 것은 자기 상전으로 국한되어 있을 뿐이고, 양반 일반으로 확대되지 않아서, 양반과 하인의 일반적인 대립으로 의미를 확산할 수 없기 때문이다. 따라서 각편의 제목과 내용에서 많이 사용하고 있는 단어를 골라 '상전을 속인 하인' 유형으로 명명하기로 한다. 상전이 죽음에까지 이르게 하는 내용으로 보아 '놀린다'는 표현으로는 내용을 포괄하기에 빈약해 보이기 때문이다.

'상전을 속인 하인20)' 유형에 속하는 각편은 열여덟 편21)이 발견되는데, 김대

---

19) 김대숙, 「설화에 나타난 계층의식 연구」, 『한국설화문학연구』, 집문당, 1994.
　　호칭을 할 때는 주인공의 이름을 따서 '애느기'라고 하였는데, 주인공이 애뜨기로 되어 있는 경우는 10편 이상의 각편을 분석하면서 발견하지 못하였다. 그래서 주인공 하인을 애뜨기로 부르는 것은 문제가 있다고 본다.
20) 이하 약칭하여 '하인'으로 부른다.
21) 1 - 1　274 꾀쟁이 하인(앙글장글대)
　　1 - 1　522 상전을 속인 하인 - 엠한 유기장사 -
　　1 - 1　763 꾀쟁이 하인 유월삼
　　2 - 3　134 하인 방학동이의 출세
　　4 - 4　 93 꾀 많은 막동이
　　4 - 4　886 눈감으면 코 베 간다

숙은 이중 일곱편만 대상으로 삼고 있어서 이하에서 지적되는 편파적인 분석이 이루어졌을 것으로 생각된다. 이 유형의 전형을 보이면서 사건의 구성이 충실한 각편은 '애매한 유기장수'(5 - 6, 261), 말썽꾸러기 하인의 꾀(5 - 7, 640), '상전을 곯여 먹은 방학중'(7 - 9, 887), '꾀많은 막동이'(4 - 4, 93), '눈감으면 코 베 간다'(4 - 4, 886), '막둥이의 간계'(5 - 4, 99) 등이다. 이들 6편을 중심으로 그 내용을 요약해본다.

하인이 상전에 과거보러 서울을 가는데 모시고 가게 되었다. 점심을 먹자고 하는 하인에게 주인이 조금 있다 먹자 하자 하인은 '밥이 똥된다'며 보챘다. 상전이 쉬는 사이 하인이 밥을 먹고 그릇에 똥을 채워 넣었다.

밥을 못먹은 상전이 팥죽을 사오라고 하자 '코가 빠졌다'며 손으로 내저으며 왔다. 더럽다고 먹지 않는 상전 대신 하인이 다 먹었다. 떡을 사오라자 '이가 빠졌다' 해서 또 하인만 다 먹었다.

서울에 도착하여 상전이 '서울은 눈 빼가는 곳'이니 조심하라 하자, 말을 팔아먹고 눈을 감고 고삐만 잡고 서서 '눈 빼갈까 봐 눈을 감고 있는 사이 없어졌다'고 했다.

화가 난 상전이 등에 죽이라고 써서 하인을 내려보냈다.

---

4 - 5   182 훼방꾼 막동이
5 - 1   491 주인 골탕먹인 머슴과 애매한 유기장수
5 - 4   99 막둥이의 간계
5 - 5   646 꾀많은 머슴과 애민 유기장수
5 - 6   261 애매한 유기장수
5 - 7   636 말썽꾸러기 하인
5 - 7   640 말썽꾸러기 하인의 꾀
7 - 9   887 상전을 곯여 먹은 방학중
7 - 10   38 상전을 골려준 방학중
7 - 10   44 상전의 사위가 된 방학중
7 - 15 485 꾀 많은 막동이
8 - 5   883 김도령과 막동이

도중에 아이를 업고 떡방아를 찧는 여자를 만나 도와주겠다고 하고 아이를 방아확에 밀어넣고 떡을 가지고 도망하였다. 꿀장수를 만나 꿀의 양을 떡에 부어 재어보겠다며, 떡으로 그릇 모양을 만들어 붓게 하고 꿀은 사지 않고서, 이미 떡에 묻은 꿀을 비며 맛있는 떡을 만들어 먹었다.

배고픈 중(선비)을 만나 등의 글을 해독하고 '사위 삼으라'고 고쳐 쓰게 해서 사위가 되었다. 중에게 부처를 삶으면 (선비에게 빈소의 혼백과 상복 등을 삶으면) 맛있는 떡을 만들 수 있다고 하였다.

상전이 내려와 사위가 되어 있는 하인을 보고 화가 나서 망태 속에 넣어 방죽 위 나무에 매달았다. 지나가는 눈병 난 유기장수를 보고 '이곳에 들어와 있으면 낫는다'고 하여 대신 집어넣어 죽게 했다.

유기를 팔아 옷을 차려 입고 주인 집으로 가서 용궁에서 잘 살 수 있다고 속여 차례로 비를 들고 물 속에 빠뜨려 죽이고 자기 아내만 빠지지 못하게 하여 처가의 재산을 가지고 잘 살았다.

주인공은 하인이지만 다양한 이름으로 불린다. 단지 '머슴'이라고 지칭되기도 하고, '앙글대장글대', '유월삼', '가거리', '부엌댕이,' '막둥이', '어복순', '정평구', '방학중' 등 구체적인 이름으로도 불린다. 이 중 정평구와 방학중의 등장은 건달의 이야기와 '하인' 유형의 결합을 보여준다. 방학중이나 정평구는 '하인' 유형을 제외하고는 하인의 신분으로 나오는 적이 없다. 따라서 원래 있던 '하인' 유형에 건달의 이야기가 흡수해서 들어왔다고 할 수 있다. 이 두 유형이 서로 합치될만한 근거는 시골의 건달이라는 점에 있다고 본다. 평양의 김선달은 '하인' 유형으로 수용되지 않았고, 서울의 정수동도 수용되지 않았다. 건달이면서도 시골에서 노는 지역적 한계를 갖고 있어서 지방이라는 소외의식이 양반과 대립되는 하층 하인의 의식과 쉽게 연대할 수 있었을 것으로 추측된다.

방학중이 '하인'과 결합된 각 편은 다섯 편이다. 다섯 편이면 적은 않은 편인데, 조동일이 집중적으로 채록한 방학중의 이야기 51편 속에는 이 '하인' 유형이 채록되지 않았다. 주로 단형담 위주로 채록한 데에 그 원인이 있다고 생각된다. 방학중 전승에서 자주 발견되는 몇 개의 삽화가 '하인'의 중요한 삽화로 들어가 있는데, 떡방아 찧는 여자에게 떡 뺏는 삽화와, 꿀장수에게 떡에 꿀만 묻히는 삽화[22]가 바로 그것이다. 설화가 장형으로 늘어나면서 전체적인 구성에 어울리는 삽화들이 결합하여 서사적인 호흡이 긴 장형담이 만들어지는 과정을 볼 수 있다.

방학중은 원래 자신의 삽화를 가지고 기여를 하면서 이 '하인' 유형과 결합하였다. 그러나 정평구는 보편적인 건달의 이야기를 흡수하면서 일반적인 건달의 모습을 확보하는데, 급기야는 건달의 이야기를 흡수한 '하인' 유형까지 흡수, 진폭이 넓어진 것으로 보인다.

김대숙은 '하인' 유형이 계층간의 대립을 나타내는데, 사고가 발랄하고 꾀가 많은 하인과 권위만 믿고 사고가 경화된 양반의 대결이 하인의 승리로 귀결되며, 상층으로의 계층 이동을 보여주어 평소의 억압과 불만을 해소하며, 인간이 기본적으로 평등한 존재라는 것을 보여준다고 하였다. 이러한 관점으로 이해될 수 있다면 '하인' 유형의 골계는 실천적 골계, 사나운 골계라 하여 조선 후기 민중문학의 핵심적인 미의식으로 인식될 수 있다. 실천적 골계는 사회적으로 부당하게 경화된 규범을 파괴함으로써 얽매이지 않고 자유스러운 삶을 긍정하자는 것이며, 우리대로의 생활과 역사에서 창출된 것이고, 실천적 골계에서 파괴해야 할 대상에 증오를 품을 때 사납게 되는 풍자가 된다고 했다.[23]

그러나 문제는 갈등 해소의 방법이 주인의 가족을 죽음으로까지 몰고 가는 극단이라는 데 있다. 상전은 단지 어리석게도 하인을 믿고 있고, 권위적인 태도를 가졌다는 것 때문에 죽음에 이르게 되는데, 상전의 이러한 태도는 신분 차별이 있는 당시로서는 보편적인 모습일 뿐이므로, 죽이는 것은 해결은 없는, 과도한 응징으로 보인다. 그래서 풍자의 수위를 넘는 잔혹한 골계담이 된다.

가장 잔인한 장면은 상전의 식구들이 모두 물에 빠지는 부분인데, 하인은 웬

22) 조동일, 18화 「방학중, 떡보리, 꿀」, 23화 「방학중과 떡보리」, 48화 「방학중, 담배, 떡보리」, 인물전설의 의미와 기능, 영남대 민족문화연구소, 1980.

23) 조동일, 「한국문학의 양상과 미적 범주」, 『한국문학 이해의 길잡이』, 집문당, 1996, 139 - 140쪽.

일인지 빠질 때 빗자루를 들고 들어가라고 한다. 용궁에 들어간다 생각하고 풍
덩 빠진 상전이 몸은 물 속에 잠겨 허우적거리는데, 물 밖에 나온 빗자루만이 흔
들거린다. 이 때 하인은 '어서 들어오라고 신호한다'며 뒷사람들을 독려하여 마
저 빠지게 만든다. 피해자의 죽음이나 고통이 제 3자에게는 유희로 비친다면 얼
마나 잔인한 일인가. 유태인이 죽어가던 독가스차에 그려진, 피크닉가는 사람들
의 그림이 아우슈비츠 수용소보다 더 끔찍하게 여겨지며, 인간성에 절망하게 되
는 것도 같은 이치다. 인간의 고통이나 죽음을 우롱하는 것은 잔인한 골계이다.
죽어가는 상전을 계획적으로 희화화하는 하인의 잔인성은 인간의 존엄성을 훼손
하는 행위로까지 보인다.

　자유스러운 삶을 긍정하기 위하여 경화된 규범을 파괴하고 증오하는 방법이
이미 풍자의 차원을 넘어 잔혹무도한 양상으로까지 발전하여, 사나운 골계의 수
준을 넘어서고 있다. 목적을 위해 수단 방법을 가리지 않는 잔혹함으로까지 발
전한 골계담의 한 극단을 보게 되는 것이다.

　상전은 계속해서 하인에게 당하기만 하였고, 죽이라는 편지를 써보내 이러한
상황을 일거에 역전시켜 보려 하지만 오히려 하인에게 더 크게 당하고 급기야는
죽음에 이르는 계기를 스스로 만들어 낸 결과가 될 뿐이다. 한번도 하인에게 상
전다운 대접을 받지 못하고, 그럼에도 불구하고 보편적인 상전의 모습을 고집했
다는 이유 때문에 죽음까지 당하고 만다. 무고한 상전을 죽이는 것은 계층갈등
의 해소나, 상층에 대한 저항이라는 계층간의 문제로 보는 시각은 온당하지 않
다. 갈등은 계층간의 문제라기보다 개인의 문제로 축소되어 있는데, 갈등의 귀결
을 계층 갈등의 해결로 확대하면 논리가 상충된다.

　또 상전 뿐 아니라 애매한 유기장수를 죽음으로 이르게 하는 깃도 계층 갈등
으로 설명되지 않는다. 김대숙은 '장사꾼이란 워낙 잇속을 심히 따지는 계층인
데 지나친 허욕(부자, 병신 다리 고침, 장수)이 낭패를 자초하는 셈'이라 했다. 그
러나 하인이 유기장수를 유혹하는 내용을 보면, '절뚝이는 다리가 낳는다. 오진
사 딸에게 장가간다. 장수하고 부자된다, 신선하다, 풀피리 소리를 들으며 신선
같이 산다, 눈병이 낳는다. 신경통이 낳는다.' 등으로 나타난다. 이중에서도 눈병
과 절뚝이는 다리를 고치기 위하여 꾀임에 빠져드는 유기장수가 가장 많은데,

이것은 신체적인 결함을 악의적으로 이용하는 경우라서 오히려 하인의 비인간성을 비난해야 할 것 같다. 나머지도 일상적인 소망일 뿐으로 죽음으로까지 징치되어야 할 허욕으로 볼 수는 없을 것 같다.

거기다 이 설화 유형을 계층 갈등으로 파악한다면 장사꾼을 하인과 대립되는 계층으로 볼 수 있는가 하는 문제가 생긴다. 상인은 오히려 신분제도를 와해시키고, 중세에서 근대로 전환하는데 중요한 몫을 한 계층이 아니었던가. 이런 상인과 대립하는 하인이 오히려 부정적인 맥락에서 파악되어야 하지 않을까. 이점은 이 유형이 전승자들에게 '애매한 유기장시'라는 속언의 유래담으로도 받아들여지는 것과도 관련된다. 유기장수는 지나가다 재수 없이 걸려 목숨까지 빼앗기게 되는 억울한 존재로 인식되고, 사람이 재수가 없으려면 나쁜 짓을 한 놈 대신 이렇게 허망하게 죽을 수도 있다는 데에 이야기의 초점이 놓여 있기 때문이다. 유기장수가 억울하다는 점이 강조되면, 억울하게 만든 가해자는 당연히 비난받아야 할 대상이 된다.

중이나 선비에게 그들의 신념이나 권위를 보장하는 것을 '태우면 맛있는 떡을 만들 수 있다'고 우롱하는 것 또한 지나쳐 보인다. 어쨌든 중(선비)은 하인을 죽음에서 구해준 큰 은인이기 때문이다. 은인을 근본적으로 우롱하는 이러한 처사는 보은을 미덕으로 여기는 우리 정서와 거리가 있다. 풍자담을 넘어 잔혹담이 되는 구체적인 문제 해결의 방식과 문제에 대한 시각을 살펴보았다.

김대숙은 주인이 죽음에 이르는 이와 같은 후반부를 '현실에서는 이루어질 수 없는 희망을 문학적 표현 속에 용해시켜 발로해본 것'[24]이라고 하고 구연자가 모두 이러한 희망을 이루는 하인 편이라고 했다. 구연자는 하인 편에 서는 경우도 있어 하인이 상전을 죽음으로까지 몰아넣는 잔혹하기까지 한 처사를 지원하기도 한다. 하지만 중립적인 구연자도 있고, 또 주인공의 행위가 풍자를 넘어서는 잔혹성을 보이고 있기 때문에 하인이 지나치다고 생각하는 구연자도 적지 않다.

---

24) 김대숙, 위의 논문, 299쪽.

"그래 갖고 인자, 이느무 자식이 원수는 원순데, 죽도 사도 몬하고 살더
래." (「김도령과 막동이」, 8 - 5, 892쪽)

다음 각편에서는 유기장수 대신 나막신장수가 죽었는데, 죽음이 얼마나 원한
에 사무쳤는지 그 죽은 날이 몹시 춥기까지 하다고 한다.

그래 죽이비렀는데 그래서 요새 서울은 그걸 그 말이 있는가 몰라도 시골
은 내려가믄 스므이튼 날로 나막신쟁이 날이락 해요 나막신쟁이 죽은 날입
니다, 그날이. 그런데 해마당 섣달 스므이튼날이믄 되기 추워요. 그 시방 그
리 안해도 전에는 섣달 스무이튼날이믄 그 이름난 날입니다. 그 나막신쟁이
날이락쿠는기요. (「꾀쟁이 하인 유월삼」, 1 - 1, 770쪽)

구연자의 태도 뿐 아니라 아예 설화의 구조에서조차 하인에게 부정적인 관점
을 일관되게 설정한 각편도 있다.

아들 형제를 둔 여자가 아이를 뱄는데, 아버지가 죽었다. 한 노인이 오이
꼭지를 주면서 반드시 먹으라고 했는데 아들들이 먹고 말았다. 그리고 셋째
아들을 낳는데 맨날 훼방을 부리는데 못하는 짓이 없었다. 어머니가 죽어 장
사를 지내느라 떡을 찌는데도 시루 위에 얹어둔 접시가 소리를 낸다고 떡시
루를 내다버렸다. 어머니를 장사지낸다고 매고 가서는 가시덤불 위에 놓고
불질러 버리고 이빨이 나온 해골을 보고 '우리 엄마가 웃는다'고 했다. 형제
가 각각 헤어져 살기로 했는데 막동이는 어느 집에 종으로 들어갔다.

그리고 다음 행적은 바로 '하인' 유형 그대로이다 상전을 속여서 사위가 된
막동이는 마침내 상전의 가족을 다 죽이고 자기 아내만 남겨 데리고 살게 되었
다는데, 결말을 구연하는 구연자의 태도는 이렇다.

그릏게서 데리고 살더라아, 야중이는. (청중 : 아이구 세상이.) 빌어먹을
작것이 그 지랄허구 글쎄, 그렇게 거시기를 붙였, 저어 주소를 붙였어. 그릏
게서. 그게에 그때 오이꼭지 그것을 안먹어서 그려. 그걸 먹었으면 그런 일이

읁는디 그런애가 안생기는대. 그거 안먹어서 그 산신령이 그렇게 허라능걸 안해서. 그래가지구서 그게 그런 아들을 둬서 그렇게서 끝을 냈댜. (「훼방꾼 막동이」, 4 - 5, 188쪽)

말하자면 임신 때 지켜야 할 것을 지키지 못해서, 산신령의 요구를 거절한 대가로 '빌어먹을 작것'을 낳아 '그 지랄'을, 그런 악행을 저지르게 했다는 것이다. 명백하게 '막동이'의 행위를 그르다고 했을 뿐 아니라, 그런 악행은 그와 같은 출생 배경까지 가지고 있는 근본 있는 악행이라는 것이다.

하인의 이러한 행위가 악행이라고 판단되면 당연히 용납하지 않고 징치해야 한다. 하인이 징치 당하는 각편은 '상전을 속인 하인 - 엠한 유기장사 - (1 - 1, 522쪽)' 이다.

충청도 교산에 오영환 진사에게 어복순이라는 종이 있었다. 종이 상전을 우습게 알았는데, 오진사도 어복순을 병신으로 알았다. 어복순은 속량을 해 달라고 했으나 자기 종의 비부(婢夫)이므로 못해주겠다고 하였다.

어복순에게 소를 사오라고 하자 소값을 다 써버린 어복순은 수수를 한 말 사가지고 돌아와서 '숫소'를 '수수'라고 들었다고 했다.

오진사가 서울을 오다가 여관에 묵었는데, 짐을 맡기고 갔다 오니 모두 팔아먹고 벽장에다 넣어뒀다 했다. 들창문 밖은 바로 길이었다.

다음은 '하인' 유형과 동일하게 전개되고 사위가 되는 과정에서 아픈데 처녀와 배를 대면 낳는다고 하여 처녀를 꼬여서 결국 혼인에 이르는 성적인 해학담이 추가된다.

처녀를 포함해 오진사의 일가족을 다 죽인 어복순은 원래 자신의 처와 도망을 쳐 무주 읍내로 갔다. 이방하고 친교를 맺어 지내다가 초학(학질)에 걸렸다. 이방이 원님에게 엄포를 놓아달라 했다. (놀래면 학질이 떨어진다고 믿고 있다.) 어복순을 잡아 엄포를 놓으며 죄를 자백하라 하니, 상전 식구 죽인 일을 고백하였다. 결국 무주 원님이 오진사 원수를 갚았다.

오진사의 종에게 장가듦으로써 종이 된 어복순은 사실 본래의 신분은 종이 아
닌데도 종으로 묶여버렸고, 속량해줄 것을 여러 번 부탁해도 들어주지 않았으므
로 상전에 대해 적대감을 갖게 되었는데, 어복순에게 당한 분노를 참지 못한 상
전이 어복순을 죽이라고 함으로써, 이후의 어복순의 악행은 복수담의 성격을 띤
다. 복수는 꼬리를 물어 어복순에게 동생을 뺏겨 버린 오영환이 다시 어복순을
죽이려 나무에 매달고, 살아난 어복순은 상전의 딸을 포함해 주인 가족을 몰살
시킨다.

이방이 어복순의 초학을 떼주려고 원님에게 문초당하게 하는 것은 골계이다.
골계스러운 방법으로 상전을 죽였는데, 자신도 골계스러운 방법으로 죽게 된다.
원님이 문초해서 죄상을 밝히는 대목에 이르면 공안담으로 확대된다.

이 공안담은 바로 황성신문에 연재되었던 한문단편소설 「神斷公案」의 제 7화
‘치생원구가장용궁 얼로아의루경악몽’(痴生員驅家葬龍宮 孼奴兒倚樓驚惡夢)[25]과
거의 동일한 내용으로, 어복순과 오영환 진사로 이름도 같다.

「신단공안」 7화는 어복손이 속량을 하기 위해 가진 노력을 하나 실패하여 살
해 동기가 강화되어 있다. 그러나 서술자는 기본적으로 사건 발생의 배경을 어
복손(魚福孫)의 교활함과 오영환(吳永煥)의 어리석음 때문이라고 보고 있다.

> 那魚福孫이 稟性凶慝에 巧詐百出ᄒ야 指鹿爲馬ᄒ며 將白爲黑ᄒ니 一郡人
> 이 莫不暗暗駭道叫吳永煥全家가 必向這奴子手中休矣라 호더 永煥은 蒙然不
> 悟ᄒ고 道是吾家忠奴라 ᄒ며 道是吾家人業이라 ᄒ야 不聽他人에 規諷的言ᄒ
> 고 唯魚福孫을 是愛是任ᄒ니 (2회, 『황성신문』 10.12 : 띄어쓰기 필자)

하인 어복손이 ‘稟性凶慝에 巧詐百出’ 하다는 것은 온 마을 사람이 다 아는 것
인데도 오직 오영환만 깨닫지 못하고 있는 것이다. 말하자면 천하의 교활한 악
인인 하인과 천하의 우매한 상전 양반의 대결구도로 펼쳐지는데, 속량을 놓고
서로의 이익마저 상치되고 있다.

구연설화가 아닌 백화체 신문소설이어서 묘사는 더욱 곡진해지는 데, 오진사

---

25) 『황성신문』 1906.10.11～12.31.

가 목숨을 잃게 되는 직접적인 동기를 보면, 그의 어리석음과 허욕과 상층 특권 의식이 뭉쳐진 결과였음을 알 수 있다.

> 吳進士ㅣ 極問道然則爾何以見水國尊王고 魚福孫이 道小人이 纔墜道這中 에 即時 魚頭鬼面之卒이 爭來安慰ㅎ고 特賜召見便殿ㅎ시 以小人的家世卑賤 으로 不許文官ㅎ고 許蔭武ㅎ더이다
> 吳進士ㅣ 大喜道我到此中ㅎ면 淸宦美職에 可以道無所礙로다 福孫이 道然 ㅎ리다 (48회, 『황성신문』 12.29.)

자신이 죽인 하인이 돌아와 水國에서 출세했는데 본디 미천해 '蔭武'만을 허락하더라고 하니까, 자신이 가면 '淸宦美職'을 할 수 있으리라고 좋아하며 따라나서는 것이다. 오진사는 늙은 처와 어린 자식들이 원하지 않음에도 자기 손으로 밀어넣어 죽이고 만다. 그래서 어리석고 욕심많고 권위적인 상전의 일가족은 몰살당하여 철저하고 잔인하게 응징당하고 말았다.

> 하인 어복손은 상전의 식구를 다 죽이고 비몽사몽간에 상전의 전 가족이 나타나 '어복손이 여기 있느냐'고 크게 부르짖으니, 혼비백산하여 전라도 진산으로 도망하여 이름까지 어극룡(魚克龍)이라 바꾸고 숨어살았다. 그런데 학질이 걸려 그 사이 가까워진 이방이 학질을 떼내게 해주려 원님으로 하여금 거짓 문초를 하게 했는데, 놀란 어복손이 문초 중에 본명을 밝히자, 마침 오진사의 친구였던 군수가 극력 문초하여 자백을 받아내서 어복손의 악행은 대장정의 막을 내리게 되는 것이다.

어복손이 상전을 죽이고 혼령에게 괴롭힘을 당하고, 군수와 오진사가 친구로 설정되어 군수가 적극적으로 어복손의 악행을 밝히려고 함으로써, 악행이 필연적으로 밝혀지는 구도로 짜여 공안담의 성격이 강화되어 있다.

「신단공안」과 '상전을 속인 하인'(1 - 1, 522쪽)은 등장인물의 이름과 사건의 개요가 같으나, 전자가 기생이 나오는 장면이 곡진하게 전개되고, 몇 가지 사건이 더 추가되며, 인과관계가 선명하게 진행되는 것으로 보아, 구전설화를 받아들여 짜임새를 갖추었고, 구전은 구전대로 지속하여 후자와 같은 각 편이 병립적

으로 존재하는 것으로 추측된다.

이 둘은 '하인' 유형 중 전근대적 제도를 거부하고 평등을 '속량요구'라는 가장 현실적인 방식으로 하인이 상전에 대해 가지는 불만을 제시하여 하인의 악행이 정당화될 수 있는 작품 내적 가능성을 가장 많이 제시한 경우이다. 그럼으로써 중세 사회의 모순을 폭로하고 새로이 나타나는 현실을 정당하게 평가하도록 하는 실천적 골계의 본질을 보여주었다. 또 한편으로는 공안담의 구도로 하인의 악행을 징치하는 것도 이 두 편뿐이어서, 교활한 악인과 우매한 선인의 대결 구도가 선인의 승리로 귀결되지 않는 잔혹한 골계를 보여줌으로써, 인위적 공안으로 사태를 해결하는 이원성을 보여주고 있다. 이 두 편은 실천적 골계와 잔혹한 골계의 양면이 포함된 이원적인 구조를 가지고 있으면서, 잔혹한 골계를 공안으로 해결하고 수용하는 점이 주목된다.

VI. 결론

역사적 인물 정평구의 일화를 쫓다 보니 참으로 멀리까지 와버렸다. 그의 실제 모습에 근접한 이인담에서부터 시작하여 건달 골계담으로, 잔혹 골계담으로, 잔혹 골계담은 복수담으로, 공안담으로 그 파장이 확산되어 한문단편소설에까지 이르렀다.

역사상의 인물 정평구는 병법에 능한 인물이었지만, 실제 그 능력이 공인받고 쓰일 기회는 별로 갖지 못하였다. 그러한 역사상의 실존 인물이 설화와 만나면서 골계적 인물로서 설화적 가능성을 실현하게 된다. 역사적 존재로서의 정평구의 성격이 가장 많이 반영된 이인담에는 골계담과 접목될 수 있는 가능성이 내재되어 있었다. '당산에 명당쓰기'는 지략 대결의 세 층위를 포괄하는데, 이 대결은 보수적인 통념과 진보적인 사고의 대결로 요약될 수 있으며, 이인과 해학이 만날 가능성을 보여주는 사례로서 정평구 전승의 특질을 보여준 사례로 주목되었다.

이인의 능력보다 해학이 강화된 건달의 골계담에는 김선달, 방학중, 정만서 등의 건달들의 이야기가 수용되어 정평구가 건달의 보편성을 획득하고 지역 전승의 한계를 넘어서는 계기가 되고 있다. 정평구만의 골계담에서는 관록 붙은 건달의 모습으로 자리를 잡아가는 양상이 나타나고, 한 걸음 더 나아가 계획적이고, 이기적인 건달의 모습으로까지 발전되는 양상이 나타났다.

건달의 모습이 강화되면서 눈앞의 이득을 우선하고, 상대에게 피해를 주는 것에도 구애받지 않는데, 이런 모습은 지략으로 피해자에게 다시 피해를 입히는 잔인한 골계담으로 이어진다. 상층 인물과의 대립을 통해서는 상층에 대한 저항 내지 반감이라는 상하갈등의 면모를 보여주기는 하나, 자신에게 구체적으로 가해하지 않는 상전을 지략으로 제압하여 피해를 주고, 이를 만회하려는 상층의 시도를 좌절시키면서, 회복할 수 없게 상대를 패망시키는 데까지 이르는 잔혹한 골계의 극단을 보여준다. 그래서 골계담이 공안담으로까지 진행되었다. '하인' 유형으로 분류될 수 있는 여러 각 편들의 분석을 통하여 풍자의 수위를 넘는 잔혹한 골계의 여러 양상들이 드러났다.

일반적으로 발랄한 하층과 경직된 상층의 대결담에서 전자가 그 특유의 발랄성으로 상층을 조롱하는 설화 유형이 상하·귀천의 관계를 역전시키며 상하관계가 지속될 수 없는 양상을 다룬 데 대해 긍정적인 평가를 했었다. 잔혹한 골계담들이 변화하는 세태를 인식하고 앞당기려고까지 하는 하층이, 보수적인 상층을 거부하고 인간억압의 중세적 질서를 거부한다 하여, 근대로의 발전을 촉진시키는 행위로 미화되지는 않았는지, 다시 역으로 점검해볼 필요가 제기된다. 본론에서 김대숙의 분석을 따진 것도 그 한 시도라 할 것이다. 지금까지의 하층의 근대적 성향에 입각한 발랄성이 긍정적으로만 평가되던 기준을 넘어 잔혹한 골계담의 실상을 인정하고 그것의 의미를 따져 보는 시도가 있어야 할 것이다.

몇 년 전에 영화 <조용한 가족>이 우리나라에서는 주목받지 못하고, 외국의 영화제에서는 큰 반향을 일으키는 것을 본 적이 있다. 그리고 그것이 유럽의 정서에 더 적합하다는 평가를 하는 것을 보았다. 상층에 대한 반감에서 시작된 잔혹한 복수의 골계담은 오늘날 <조용한 가족>과 같은 잔혹 코메디, 혹은 블랙코메디로 불리는 유형의 서사적 진원이 아닐까. 거기서는 죽음마저도 골계의 범주로 포괄, 용인되는 것이다. 그것을 용인하는 수용층은 하인을 지지하는 입장에서 구연하지만, 그것을 용인하지 못하는 수용층은 하인에 대한 부정적인 태도를 견지하고, 그 구연 내용도 하인을 응징하는 쪽으로 잔혹 골계담에 대한 수용층의 이원적인 양상이 나타나는 셈이다.

그러나 하인의 악행에 대해, '속량 요구'라는 타당한 동기를 제시하여, 전근대적인 제도에 항거하는 근대성을 부여한 경우도 있었다. 그럼으로써 실천적 골계가 실현되고, 한편으로는 어리석은 상전에게 교활한 하인이 용서받을 수 없는 잔혹한 악행을 행하는 잔혹한 골계를 행하면서 공안으로 징치하는 유형도 있어, 잔혹한 골계가 공안으로 극복되는 점이 주목되었다.

정평구는 근대의 인물이 아니고 역사상으로 많이 동떨어져 있어서 대부분 19세기 이후에 활동한 다른 건달들보다 시기상 많이 거슬러 올라간다. 그런 인물이 비교적 최근의 골계담을 수용하며 전승되는 이유는 무엇인가. 아마도 시기적으로 동떨어진 인물이었기에 고유한 설화 형태를 많이 갖지 못하고, 다른 건달들의 이야기나 혹은 '하인' 유형과 같이 널리 전승되고 있는 이야기들과 결합하는 방법으로 전승현장에서 보존·유지될 수 있었을 것이다. 구체적인 논의가 필요하겠지만, 태학중이나 이거두리가 19세기의 인물로 고유한 유형의 설화가 다수 전승되는 것과 대비해서 추론할 수 있다고 본다. 그러나 그럼으로써 특정 인물이 보편적인 설화유형과의 결합을 통해서 그 파장을 넓히는 사례를 볼 수 있었다.

정평구라는 이름을 구체적으로 거론하면서 구연된 이야기는 모두 전북권에서 채록된 것들이다. 1-1 서울 편에서 채록한 것도 구연자가 전주에서 살다가 서울로 이주한 지 몇 년 안된 경우라서 사실상 전북권의 설화라 할 수 있다.[26] 전북권에서 주로 채록되지만 다른 지역 긴달 이야기나, 전국적으로 전승되는 다른 설화 유형을 끌어들이고 있는 것이다. 주로 전북권에서 전승되며, 지역의 한계를 넘어 수용층의 폭을 넓히지는 못하고 있다. 물론 김제의 인물이 김제를 넘어 전북으로까지 확산되고는 있지만, 그 이상은 넘지 못하는 지역적 연고를 강하게 보인다.

---

26) 구연자 박경종은 '고향이 전북 전주시 태평 1가동으로 서울 온 지는 몇 해 안된다고 한다.' (1-1, 222쪽).

채록된 자료도 경상도의 정만서나 방학중의 그것에 비해 빈약하다. 물론 특정 설화를 겨냥한 적극적인 자료 조사가 이루어진 적이 없기 때문에, 단정하기는 어렵다. 또 방학중이나 정만서 등 경상도의 건달 이야기에 비해 건달 이야기가 약화되고, 다른 이야기와 쉽게 결합, 특성이 약화되거나 확산되기도 한다. 아마도 경상도는 유교적인 억압이 심한 만큼 이를 해소할 수 있는 이면의 다른 대책이 필요했던데 비해, 전라도는 판소리의 해학이 상층 양반과 화합하면서 발전하는 단일 구조의 틀을 갖는 등 문학을 통한 상하 공동의 장이 마련된 셈이어서, 건달이야기를 통한 현실 억압의 해소가 요긴하지 않았던 것도 한 원인일 것으로 추측된다.

전북 김제 지방의 한 인물의 이야기가 건달 전승을 다양하게 흡수하며 그 파장을 넓히고 있고, 그 서사적 파장이 우리 서사 문학의 한 맥락을 이루고 있음을 살펴보았다. 아울러 정평구라는 한 지역 인물의 전승을 통하여 건달 이야기 일반이 갖는 서사적 파장의 의미도 살펴볼 수 있었던 셈이다.

후속 연구에서는 전북 지역의 다른 건달로 이거두리, 태학중, 조판구 등의 이야기를 살필 것이다. 이를 통하여 전북 지역의 건달 전승이 갖는 의미를 다른 지역과의 차이를 통해 변별해보고 아울러 이러한 전승이 갖는 문학사적 의미를 규명하고자 한다.

참 고 문 헌

한국정신문화연구원, 『한국구비문학대계』1 - 1, 2 - 3, 2 - 8, 4 - 4, 4 - 5, ,5 - 1, 5 - 2, 5 - 3,
　　　5 - 4, 5 - 5, 5 - 6, 5 - 7, 7 - 9, 7 - 10, 7 - 15, 8 - 5.
『황성신문』, 1906. 10. 11.~12. 3.
임석재, 『한국구전설화 전북편』1, 평민사, 1990.
김제군, 『김제의 전설』, 1982.
송민호, 『한국개화기소설의 사적 이해』, 일지사, 1975.
조동일, 『인물전설의 의미와 기능』, 영남대 민족문화연구소, 1979.
조동일, 『한국문학통사』3,4,5, 지식산업사, 1994.

조동일, 『한국문학 이해의 길잡이』, 집문당, 1996.

최원식, 「봉이형 건달의 문학사적 의의」, 『한국근대소설사론』, 창작과 비평사, 1986.

김대숙, 『한국설화문학연구』, 집문당, 1994.

김헌선, 「건달형 인물이야기의 존재양상과 의미」, 『경기어문학』 8, 경기대 국어국문학회, 1990.8.

김월덕, 「전북지역 구비설화에 나타난 영웅인식」, 『구비문학연구』 4, 한국구비문학회, 1997.

현혜경, 「<어우야담> 소재 골계담의 웃음 창출 기법과 의미」, 『고전문학연구』 17, 2000. 6.

신재효(申在孝)와 판소리의 경쟁력

정 병 헌

I. 신재효를 찾아야 하는 까닭

1988년 서울에서 열린 올림픽의 개막식과 폐막식의 식후행사에서 우리는 대조적이라 할 수 있는 우리의 문화를 전 세계에 보여준 일이 있다. 개막 행사는 그 휑그러니 큰 운동장 한 구석으로부터 시작되었다. 집중적인 조명을 받으며 등장한 어린 아이 - 그리고 그 넓은 운동장 저편의 목표를 향하여 굴렁쇠를 굴려가는 모습을 보며, 많은 사람들은 떨어뜨리면 어쩌나 하는 조바심을 내내 떨칠 수 없었다. 그 조바심은 어린아이가 실수 없이 목표에 도달하였을 때에야 멈춰질 수 있었다. 어린아이와 대비되어 그 운동장은 잔인하리만큼 한없이 넓어 보였다. 그 운동장은 마치 우리가 헤엄쳐 가야 할 광활(廣闊)한 세계인 것처럼 느껴졌다.

그리고 폐막 행사에서 김소희(金素姬) 명창의 뱃노래기 울러 퍼졌을 때, 그 운동장은 또 얼마나 왜소(矮小)해 보였던가. 평상시와 다름없이 김소희 명창은 자신의 한(恨)서린, 그러나 영롱한 소리를 대기(大氣) 속으로 떠나 보내고 있었다. 그 장면을 보며 우리는 왜 그의 음악이 노래가 아니라 '소리'인가 하는 대답을 깨달을 수 있었다. 그것은 자연의 한 부분인 소리였던 것이다. 환상적인 자태와 몸짓으로 배를 떠나 보내는 우람한 장인(匠人)의 모습과 예술 앞에서 우리는 미래의 우리 문화에 대한 예감을 가질 수 있었다.

이 두 장면은 우리의 문화 양상을 상징적으로 보여주고 있었다. 우리 문화의 중요한 특성의 하나인 엄청난 유연성(柔軟性)을 확인할 수 있었기 때문이다. 드러난 부분은 세심한 연출의 결과였지만, 그 두 장면은 대단히 자유로운 모습으로 비쳐졌다. 그것은 적어도 서양의 오페라나 집단 율동처럼 획일적인 것은 아니었다. 이 유연성이 긍정적으로 드러나면서 창조적으로 계승될 수 있었던 소중한 예를 우리는 그 개막식과 폐막식의 모습에서 상징적으로 확인할 수 있었던 것이다.

우리는 그 정화(精華)로서의 결정체를 판소리라는 예술 형태에서 찾을 수 있다. 도대체가 끝없이 정의되어야 하는 여러 예술 형태들을 잡다하게 받아들이면서 새로운 질서 속에 끌어안아 스스로를 판소리라는 호수(湖水) 속에 내맡기게 하는 웅혼(雄渾)함 - 판소리는 그렇게 호수와 같은 속성을 지닌 예술이라고 할 수 있다. 따라서 판소리 속에서 어떤 구체적 예술을 확인하고 그 영향 관계를 찾는 것은 부질없는 일인지도 모른다. 어느 것이나 다 포용할 수 있는 힘찬 어깨를 지닌 존재가 바로 판소리이니까.

우리가 세계를 향하여 우리의 것이라고 내세울 수 있는 것은 무엇인가? 불교 이야기를 받아들여 '판소리 부처님'도 만들고, 또 이스라엘 이야기도 받아들여 '판소리 사도행전'도 만들고, 그러나 결국 판소리는 그대로 꿋꿋이 서 있다면, 그것이야말로 우리의 강렬한 문화의 자장(磁場)이 아니겠는가? 이 판소리의 미래에 대하여 김소희 명창은 자신의 제자인 안숙선(安淑善)에게 다음과 같이 말하고 있다.

> 판소리란 것은 참 묘한 것이다. 판소리는 안 없어질 것이다. 밟아도 밟아도 풀이 살아나는 것처럼 판소리에는 마력같은 것이 남아 있어서 판소리를 좋아하는 사람은 딴 것은 못하게 돼 있지. (안숙선, 「만정 김소희 선생과 판소리」, 『동리연구』 3, 동리연구회, 1996, 66쪽)

판소리의 유연함으로부터 우리는 신재효에 관한 실마리를 풀어 나갈 수 있는 근거를 마련한다. 왜냐 하면 신재효는 유연성을 판소리의 중요한 특성으로 인식하고, 그것을 구체적인 예술 활동을 통하여 드러냈기 때문이다.

　판소리의 변화에 관심을 보이고 그 방향을 모색하였던 인물은 신재효 이전에도 있었다. 그러나 어떤 사람도 신재효만큼 지속적이고 의도적으로 판소리의 방향을 제시하지는 않았다. 그는 판소리가 변화하는 중간의 지점에서 그 변화의 주도적 역할을 담당하였고, 그것은 좋든 싫든 현재의 우리에게 하나의 역사적 실재(實在)로 존재하고 있는 것이다. 그만큼 판소리에 대한 깊이있는 인식과 고민을 당대에 드러낸 인물은 없다. 그에 의하여 판소리의 현재와 가능성은 남김없이 실험되고 정리되었던 것이다. 이는 끝없는 탐구의 정신이고, 이런 이유에서 우리는 유연성에 바탕을 둔 실험 정신을 '신재효 정신(申在孝精神)'으로 이름 붙일 수 있을 것이다.

　신재효는 1812년 전북 고창(高敞)에서 태어나, 1884년 또 그곳에서 세상을 하직하였다. 그의 생애가 우리에게 의미를 갖는 것은 조선 후기 그 엄청난 격동기를 보내면서, 자신의 활동의 중요한 부분이 판소리와 관련된 사업임을 인식하고 이를 실천에 옮겼다는 데 있다. 이것이 없었다면, 그는 호남 변방의 한 중인 관료로서의 평범한 일생을 보낸 가족 내적(家族內的) 인물로서만 기억되었을 것이다. 그가 지방 관청의 서울 사무를 책임지는 경주인(京主人)의 아들이었고, 오랜 관료 생활을 거친 뒤에 육방(六房)의 우두머리인 호장(戶長)을 지냈다는 사실 등은 그의 후손에게서나 의미를 갖는 지극히 사소하고 개인적인 일에 불과하다. 우리에게서 그의 이러한 생애가 그나마 의미를 갖는 것도 사실은 그가 판소리사의 중심에 놓여 있기 때문이다.

II. 국민 예술로서의 성장과 근대의식

　판소리와 관련된 신재효의 활동으로 가장 중요한 사실은 그가 기존의 판소리 사설을 개작하여 우리에게 전하였다는 점이다. 신재효는 판소리 열두 작품 중 춘향가, 심청가, 흥보가, 수궁가, 적벽가, 변강쇠가의 여섯 작품을 정리 개작하였는데, 춘향가의 경우는 남창(男唱)과 동창(童唱)의 두 가지를 남겨 주었다. 그의 개작에서 제외된 작품들이 판소리 전승에서 탈락하였다는 사실만으로도 그의 판소리에 대한 깊은 안목을 이해할 수 있다. 왜냐하면 전승에서 탈락한 작품들은 신재효의 개작 정리가 이루어지지 않아서 그런 현상이 초래된 것이 아니라, 판소리사의 흐름에 역동적으로 기능할 수 있는 여건을 스스로 갖추지 못했던 데서 연유한 것으로 보아야 하기 때문이다.

신재효는 기존의 사설에서 불합리하다고 생각하는 부분을 개작하였다. 판소리 사설은 한 개인의 힘에 의하여 이루어진 것이 아니고, 연창자(演唱者)의 의식에 의해, 또는 현장의 상황에 의해 변화하고 굴절한다. 더구나 판소리 사설을 완창(完唱)하는 경우란 극히 드물고, 자신이 장기(長技)로 부르는 대목을 청중 앞에서 토막소리로 실현하는 것이 대부분이다. 그 대목에 대한 집중적인 수련 때문에 부분과 부분 사이에 상호 모순이 나타나는 것은 판소리에서는 당연한 현상이다. 신재효는 부분으로 볼 때는 이의(異意)없이 지나칠 수 있는 사설을 전체적인 면에서 조감(鳥瞰)하고 그 합리성을 문제삼았다.

이도령이 춘향의 집에 갑자기 찾아갔을 때, 풍성한 잔치에서나 볼 수 있는 음식상이 들어오는 것은 현실적으로 불가능하다. 그래서 "향단이 나가더니 다담같이 차린단 말 이면이 당찮것다."며 현실적으로 가능한 음식상으로 바꾸었다. 그는 어떤 한 부분의 불합리성 때문에 작품 전체가 허황한 이야기로 보이는 것을 차단(遮斷)하고자 하였던 것이다.

또한 신재효는 선악(善惡)의 윤리적인 문제에 관한 한 철저하게 전형적 인물로서의 형상화를 지향하였다. 선행은 복(福)으로 귀결되어야 하고, 악행은 화(禍)로 응징되어야 한다는 대단히 교훈적인 생각을 판소리 사설에 반영하고자 하였던 것이다. 그는 선행을 하여 복을 받아야 하는 사람이 악행을 하는 사람으로 보이거나, 그 선행의 과정에 상처를 입거나 하는 일이 발생하지 않도록 세심한 배려를 하였다. 그 결과 춘향은 이별하는 님 앞에서도 의젓함을 보여야 했고, 어린 나이의 심청은 죽음에 임하여서도 효녀의 모습을 견지하였던 것이다.

　　　사또가 도임 초에 춘향 행실 모르고서 처음에는 불렀으나 하는 말이 이러
　　하니 기특하다 칭찬하고 그만 내어 보냈으면 관촌 무사할 것인데, 생긴 것이

하도 예쁘니 욕심이 잔뜩 나서 어린 계집이라고 얼러 보면 혹시 될까 절자를 가지고서 한 번 잔뜩 얼러댄다. (강한영 교주, 『신재효 판소리사설집』, 민중서관, 1972, 41쪽)

여기에서 앞에 제시된 것은 현실에서 이루어져야만 하는 사실이고, 뒤에 제시된 것은 작품에서 이루어진 사실이다. 이루어져야만 하는 당위적 가치로 이루어진 현실을 비판하는 관점을 취하고 있는 것이 신재효가 사용한 기법이다. 이러한 관점을 취함으로써 작가와 이를 듣는 청중들은 공동(共同)의 유대 관계가 성립되어 은밀한 윤리적 상승의 기분을 같이 누리게 된다. 이렇게 합리적이고 윤리적인 모습으로 바꾸어진 판소리는 그때까지 판소리 향유에 소극적이었던 양반 계층을 끌어들일 수 있었다. 부처를 노래하건 예수를 노래하건, 판소리는 판소리로 남는 것처럼, 신재효는 양반 계층을 판소리 향유에 끌어들임으로써 판소리를 국민예술로 승화시켰던 것이다.

그런데 신재효는 이러한 윤리적인 점뿐만 아니라, 이와 대립되는 비속한 측면도 아울러 드러냄으로써 삶의 실상을 온전히 보여 주고자 하였다. 심청의 인당수 투신 후 나타나는 심봉사의 골계적인 모습 등은 이러한 그의 의도를 잘 드러내고 있다.

동중 사람들이 맡긴 전곡 식리하여 의식을 이어주니, 심봉사 세간살이 요족히 되었구나. 자고로 색계상에 영웅 열사 없었거든 심봉사가 견디겠나. 동내 과부 있는 집을 공연히 찾아다녀 선웃음 풋장단을 무한히 하는구나.(위의 책, 213쪽)

심봉사가 이후 뺑덕어미와 벌이는 행각은 이전의 군자연(君子然)한 모습과는 전혀 거리가 있다. 춘향이 자신의 일생을 의탁할 이도령을 만난 첫날밤의 모습도 언뜻 보면 열녀인 춘향의 정숙한 모습과는 거리가 있는 것 같다.

그가 창작한 오섬가(烏蟾歌)에서 이 부분은 육체의 맞부딪침으로 이루어져 있다. 이러한 전개는 둘의 없어 못사는 사랑을 관념적이고 개념적인 진술이 아니라 생동하는 구체성으로 표현하기 위한 어쩔 수 없는 선택인 것처럼 보인다.

이렇게 윤리적인 합리성과 저촉되지 않은 한 신재효는 인간을 굳어진 한 모습으로 획일화시키지 않았다. 열녀의 모습일 때는 한없는 열녀의 모습으로, 그러나 사랑하는 사람의 모습일 때는 또 한없이 사랑스러운 모습으로……. 이렇게 작품 속의 인물들은 상황에 따라 자신의 모습을 다르게 드러내고 있다. 그래서 춘향은 금방 헤어져 돌아서도 다시 보고 싶은 안타깝도록 아름다운 모습으로, 그러나 관장(官長) 앞에서 자신의 도덕성을 드러낼 때는 그 사랑스런 모습 다 떨쳐버리고 추상같은 몸짓과 음성으로 돌변한다. 이것이 진실한 인간의 모습이다. 이도령 앞에서의 춘향과 사또 앞에서의 춘향이 달라질 수밖에 없는 것, 그것은 현실의 당연한 모습인 것이다.

그러한 춘향의 진실한 모습 앞에서 이도령은 춘향을 원하였고, 춘향의 소망 성취에 동참하고자 하는 의지를 갖게 되었던 것이다. 그러한 결심을 하는 것이 전통시대의 양반 자제인 이도령으로서는 얼마나 힘든 결단이었겠는가? 누구나 자신이 누리는 안락하고 편안한 길에서 벗어나는 것에 대한 두려움은 갖는 것이다. 이런 두려움을 떨치고 그 자신이 혜택을 누리고 있는 신분제도의 훼손을 감수하면서까지 춘향에 동조하였던 것은 바로 춘향의 이런 진실한 모습 때문이었던 것이다. 이러한 인간의 실상을 판소리로 표현하고자 하는 욕구에서 신재효는 춘향가를 남창 춘향가와 동창 춘향가로 구분하여 개작하였고, 또 심봉사의 모습을 대단히 골계적인 것으로 변화시켰다.

또 그의 개작에 의하여 사설이나마 온전하게 남아 있는 변강쇠가는 우리의 문학 유산에서 찾아보기 어려운 성애(性愛) 묘사의 극치를 보여주고 있다. 변강쇠가는 변강쇠의 죽음과 치상(治喪)을 다룬 판소리이다. 죽음과 치상이라는 핵심적 요소의 결합으로 이루어져 있기 때문에, 이 작품에는 숱한 죽음이 나타난다. 그런데 여기에서 나타나는 죽음은 죽을 만한 행동을 하여 그 결과로 나타난 것이 아니다. 그것은 생활하려는 강한 의지, 그리고 여인과의 결합에 의하여 정상적인 생활을 누리고자 하는 욕구의 결과로 나타나는 죽음인 것이다. 신분이나 성별을 막론하고 죽음 그 자체는 비장한 것이다. 어느 죽음은 고결하고, 또 어느 것은 하찮은 것이 아니다. 그런데 이 죽음마저도 변강쇠가에서는 대단히 희화화(戲畵化) 되어 있다. 마치 장난감 없는 아이들이 최후로 자신의 신체를 장난감 삼아

노는 것처럼, 벼랑에 몰린 서민들은 이 죽음마저도 놀이의 대상인 것처럼 바라보았던 것이다.

열 다섯에 얻은 서방 첫날밤에 급상한에 죽고, 열여섯에 얻은 서방 당창병에 튀고, 열 일곱에 얻은 서방 용천병에 펴고, 열 여덟에 얻은 서방 벼락맞아 식고, 열 아홉에 얻은 서방 천하에 대적으로 포청에 떨어지고, 스무살에 얻은 서방 비상 먹고 돌아가니, 서방에 퇴가 나고 송장 치기 신물난다. (위의 책, 533쪽)

여기에서 우리는 죽음이라는 말의 다양한 변화를 볼 수 있거니와, 마치 이 작품의 작자는 이러한 어휘를 더 동원할 수는 없을까 하는 은근한 즐거움을 드러내고 있는 것 같은 생각을 갖게 된다. 죽음마저도 웃음으로 변화시키는 것은 죽음이 일상적으로 접근되어 있는 서민의 삶에서나 가능한 것이다. 신재효는 이러한 서민의 삶을 진솔하게 드러냄으로써, 기존의 문학이 지니는 범위를 뛰어넘었다. 그만큼 한국문학의 폭을 넓히는 데 기여하였던 것이다. 이 과정에서 우리는 변강쇠라는 힘의 인물, 그리고 옹녀라는 강인한 삶의 표상을 발견할 수 있었다. 그들은 양반적 시각으로서는 도저히 찾아질 수 없는 생산적이고 기능적인 인물이기 때문이다. 이러한 이유에서 더 이상 존속하기 어려웠던 변강쇠가 신재효의 손에 의하여 다시 다듬어지고, 그래서 우리의 앞에 그 온전한 모습이 서 있게 되었던 것이다.

이러한 개작 태도에서 우리는 어떤 전제된 이념에 의하여 인간을 재단하는 것이 부당하다는 그의 의식을 볼 수 있다. 보여지는 인간과 그 자신이 가지는 속모습을 아울러 드러냄으로써, 그는 대단한 것처럼 보이는 양반의 본질이 반드시 실제와 일치하지 않는다는 것을 보여 주었다. 또 마찬가지로 비천한 생활을 하는 서민도 그 내면에 있어 지극히 고상한 인간의 가치를 지니고 있음을 보여 주었다. 양반이 양반이기를 고집하는 것, 서민이 서민이기를 고집하는 것은 이론적인 면에서는 가능할지 모르나 현실에서는 불가능한 일이다. 외면적 속성인 양반, 서민보다 그 사람의 행실을 문제삼아 양반의 서민일 수 있음과, 서민의 양반일 수 있음을 신재효는 개작된 사설을 통하여 보여 주고 있는 것이다. 이는 신분이나 용모 등과 같은 외적 조건이 아니라, 인간 그 자체로써 평가하여야 함을 말하고 있다는 점에서 개인 본위의 근대적 사고와 상통하는 것으로 보인다.

III. 실험 정신, 그리고 살아남는 길

신재효는 판소리 연창에 있어 직접적이고 직설적인 작중 개입을 하고 있다. 이러한 개입을 통하여 그는 작품의 전개를 순간적으로 단절시키고, 청중으로 하여금 개입하는 작가에게 시선을 돌리도록 강요한다.

> 심청이 거동 보소 뱃머리에 나서 보니 샛파란 물결이며 울울울 바람 소리 풍랑이 대작하여 뱃전을 탕탕 치니 심청이 깜짝 놀라 뒤로 퍽 주잖으며 애고 아버지 다시는 못 오겠네 이 물에 **빠**지며는 고기밥이 되겠구나. 무수히 통곡타가 다시금 일어나서 바람맞은 병신같이 이리 비틀 저리 비틀 치마폭을 무릎쓰고 앞니를 아드득 물고 애고 나 죽네 소리하고 물에 가 풍 **빠**졌다 하되 그리하여서야 효녀 죽음 될 수 있나. 두 손을 합장하고 하느님 전 비는 말이 도화동 심청이가 맹인 아비 해원키로 생목숨이 죽사오니 명천이 하감하사 캄캄한 아비 눈을 불일 내에 밝게 떠서 세상 보게 하옵소서. 빌기를 다한 후에 선인들 돌아보며 평안히 배질하여 억십만금 퇴를 내어 고향으로 가올 적에 도화동 찾아들어 우리 부친 눈 떴는가 부디 찾아보고 가오. 뱃머리에 썩 나서서 만경창파를 제 안방으로 알고 풍 **빠**지니 경각간에 바람이 삭아지고 물결이 고요하니 사공들 하는 말이 풍숙랑정하기 심낭자의 덕이로다. 술 고기 나눠 먹고 삼승 돛 곧 채어 양편 갈라 떡 붙이고 남경으로 향하니라. (위의 책, 197쪽)

밑줄 친 '그리하여서야 효녀 죽음 될 수 있나'의 앞 부분은 신재효 이전까지 전승되던 심청가의 모습이요, 뒷 부분은 불합리하다 하여 신재효가 고친 부분이다. 엄밀하게 말한다면 고치기 이전의 앞 부분은 심청가의 전개상 필요하지 않은 부분이다. 그러나 신재효는 두 부분을 함께 보여 주었다. 이것은 신재효가 자신의 개작본을 판소리 창본으로 생각하지 않았던 것이 아니라, 오히려 판소리가 가지는 현장성(現場性)에 대한 깊은 이해를 바탕으로 이를 적극 활용한 것으로 해석할 수 있다.

판소리란 이미 이루어진 소리를 그대로 전달하는 예술이 아니라, 끊임없이 청중과 대면하며 완성되기를 기다리는 형성(形成)의 예술이다. 따라서 청중과 대화하고 토론하며 완성되는 모습은 판소리에서 전혀 낯설지 않은 양식인 것이다. 이 두 측면을 아울러 보여줌으로써 청중은 두 측면이 환기하는 정서를 같이 누릴 수 있다. '그리하여서야 효녀 죽음 될 수 있나' 하고 앞의 부분을 비판하였지만, 그것은 그 나름대로 보여져야 하는 이유를 지니는 것으로 신재효는 판단하였다. 누구나 지니는 죽음에 대한 공포를 심청도 당연히 가질 수밖에 없다는 인식과, 또 심청가를 듣는 사람들이 언제나 처할 수 있는 애처러움은 심청의 영웅성으로 극복되어야 한다는 바람이 이 문맥 속에는 공존하고 있는 것이다. 그럴 필요가 없는 부분은 이러한 비판없이 과감히 생략하였다. 이와 같이 신재효는 자신의 판소리 인식에 따라 당대까지 전해오던 사설을 변화시키려는 강력한 의도를 가졌다고 볼 수 있다.

오섬가의 창작을 통하여 '옴니버스(omnibus) 형태'를 도입한 것도 그의 이러한 의도를 구체적으로 보여준 예이다. 오섬가는 '사랑 애자 슬플 애자'와 관련되는 이야기를 병렬시키고 있다. 그리고 그 병렬은 까마귀와 두꺼비의 시각에 의하여 연결되고 있다. 동일한 주제를 가지는 삽화(揷話)를 진술자의 시각에 의하여 병렬시키는 방식의 전개는 다른 판소리에서는 발견되지 않는다. 옴니버스 형태는 '하나의 주제를 중심하여 몇 개로 독립한 짧은 이야기를 앞뒤의 관계없이 늘어놓아 한 편의 작품으로 만든 것'이다. 그것의 실제적 표출 양태는 그러므로 더욱 다양하게 이루어질 수 있다. 실수한 부분만을 편집하여 완결된 한 편의 작품으로 선보이거나, 또 한 주제로 통합될 수 있는 각 영화의 부분을 모아 또 다른 한 편의 영화로 완성하는 경우 등이 그것이다. 이 경우 극 중 해설자를 두어 각 편을 연결시키는 경우도 있는데, 이는 오섬가의 언어적 표현과 다를 바가 없다.

그런데 오섬가의 이야기 전개에는 성적 유희(性的遊戱), 신체적인 것의 과도한 노출이 공통적인 기반으로 작용하고 있다. 우리는 은밀한 자리에서 이루어졌던 외설담(猥褻譚)의 경연(競演)이 전혀 다른 상황에서 폭로되었을 때 느끼는 당혹감을 경험하기도 한다. 그러한 성적 유희나 감추어져 있어야 할 것의 돌발적 노출도 천재적인 작가에 의하여는 얼마든지 예술적으로 승화될 수 있음을 이 예는 보여주고 있다. 신재효는 지향이 다른 춘향의 이야기, 배비장의 이야기, 그리고 강릉 매화의 이야기 등을 한 주제에 의하여 통합함으로써 판소리의 한 방향을 제시하였던 것이다.

신재효는 또한 호남가(湖南歌), 광대가(廣大歌), 치산가(治産歌)와 같은 단가(短歌)를 지었다. 단가는 판소리의 연창에 앞서서, 목을 풀거나 청중의 반응을 살피고, 자신의 신체적 상태를 점검하기 위하여 부르는 짧은 형태의 노래를 가리킨다. 따라서 중머리 장단의 평이한 구성으로 이루어진 것이 대부분이다. 신재효가 지은 단가에는 그의 기질과 사업, 그리고 지향을 잘 표현하고 있다는 점에서 신재효나 그를 중심으로 하는 조선 후기의 문화 실상을 파악하는 데 중요한 자료가 된다.

> 거려천지 우리 행낙 광대 행세 조흘시고 그러하나 광대 행세 어렵고 또
> 어렵다 광대라 하는 것이 제일은 인물치레 둘째는 사설치레 그 직차 득음이
> 요 그 직차 너름새라. (위의 책 669쪽)

신재효의 광대가(廣大歌)가 있기 전에는 연창자나 판소리에 관하여 이러한 정도의 설명을 보여준 예가 없었다. 그리고 연창자의 이름을 판소리와 관련지어 구체적으로 거론(擧論)한 기록물도 존재하지 않았다. 그는 연창자가 갖추어야 할 조건들을 제시하고, 이를 준수할 것을 요구하기 위하여 이 작품을 지은 것으로 생각할 수 있다. 여기에서 우리는 당대의 판소리 실상을 추측할 수 있고, 또한 신재효가 지니고 있던 판소리 인식의 실상을 파악할 수도 있다. 이와 함께 신재효는 광대가에서 판소리 연창자를 중국의 역대 문장가와 비교하고, 수련 과정의 예술화를 보여줌으로써 우리 문화에 대한 정당한 인식을 보여주고 있다.

신재효는 도리화가(桃李花歌)에서 제자인 진채선(陳彩仙)에 대한 간절한 그리

움을 편지글 형식의 가사로 표현하였다. 그런데 이러한 기술 방식은 우리의 문학 전통에서 대단히 회귀한 것이어서 우리 문학의 폭과 깊이를 더해 주는 의미 있는 작업이라고 할 수 있다. 이 작품은 그의 나이 59세이고, 채선의 나이 24세였던 1870년에 이루어졌다. 진채선은 경복궁 낙성식에 참여하여 그 미모와 재량을 마음껏 발휘함으로써 여창(女唱)의 가능성과 매력을 확산시켰던 인물이다. 신재효는 돌아오지 않는 제자를 생각하며 도리화가를 지었고, 이것은 애틋한 정서를 담은 연서문학(戀書文學)으로 자리잡고 있다. 스승과 제자의 관계를 뛰어 넘어 오로지 기다리는 남성과 오지 않는 여성의 사이에 오고가는 감정의 미묘함만이 전 편에 넘쳐흐르고 있기 때문이다. 외면적으로는 당대 지식인의 필수적 교양이라고 할 수 있는 가사 문학(歌詞文學)의 한 전형적 모습으로 싸여 있고, 내면적으로는 사랑하는 여인에 대한 상사(相思)의 마음을 담고 있는 것이 바로 그가 지은 도리화가인 것이다. 앞의 모습은 그의 일상적 교양 세계를 자연스럽게 드러낸 것인데, 뒤의 것은 중인 관료로서의 일생을 보낸 그에게 있어서는 여러 가지 면에서 드러내기 힘든 파격적인 일로 보여진다.

IV. 판소리 활동과 판소리사의 주역(主役)

판소리에 관련된 신재효의 활동 중 지나칠 수 없는 사실은 판소리 연창자에 대한 지원이 대단히 두드러졌다는 점이다. 그는 지속적이고 계획적인 판소리 지원 활동을 벌였다. 부유한 생활과 중인이라는 신분은 이를 가능하게 한 중요한 요인이었나. 그는 근년과 노력으로 재산을 승식(增殖)할 줄 알았고, 또 이루어진 재산을 값있게 사용할 줄 알았던 인물이다. 그의 사랑방은 소리를 배우는 과정에 있는 사람이나, 또는 재 수련을 위하여 찾아오는 명창들로 항상 가득하였다고 한다. 이들이 부담없이 수련할 수 있을 정도의 풍요로움을 그는 누리고 있었던 것이다. 또한 중인이라는 그의 신분은 사회적 체통에 구애를 받지 않아도 괜찮은 것이었다. 오히려 관청의 벼슬아치로 있으면서 전문적인 연예 주관자의 위치에 서기를 요구받기도 하는 신분이었다. 자신에게 제약일 수 있는 이러한 조건들을 신재효는 오히려 자신의 성숙을 위한 발판으로 사용하였다.

그런데 그가 이러한 역할을 수행할 수 있었던 것은 단순히 그의 풍부한 재산 축적이나 중인이라는 계층적 성격만으로 설명되지 않는다. 그와 같은 조건에 처한 당대의 사람들은 얼마든지 있다. 그러나 그를 제외한 어떤 다른 사람에게서도 신재효와 같은 정력적이고 집중적인 판소리 활동의 모습은 나타나지 않았기 때문이다. 따라서 이는 판소리에 대한 깊은 관심과 안목이 있어야 가능한 것으로 보아야 할 것이다. 판소리 연창의 우열(優劣)에 대한 그의 평가는 독보적일 만큼 확고하였다. 당시의 판소리 평가 척도도 그에 의하여 제시되었다고 할 수 있는 것이다. 그러니 명창으로 발돋움하기 위하여는 그의 문하(門下)를 찾는 것이 필수적인 것으로 인식되었던 것이 당시의 실상이라고 할 수 있다.

전문적이고 체계적인 지원 활동 때문에, 그는 당시 판소리 활동의 중심적인 위치에 설 수 있었다. 그러한 활동의 하나로 우리는 그에 의하여 판소리가 여창(女唱)이라는 새로운 영역을 확보할 수 있었다는 점을 생각할 수 있다. 남성의 전유물처럼 인식되었던 판소리는 여성의 생리와 맞지 않았던 것으로 보인다. 또한 여성이 연창자로 등장할 수 있는 여건도 확립되지 않았던 것이 당시의 현실이었다. 그런데 신재효는 최초의 여류 명창인 진채선을 교육, 등장시킴으로써 판소리사의 새로운 국면을 개척하였던 것이다.

여창의 등장은 단순히 여성이 판소리 연창에 참여하였다는 사실만으로 그 의미가 한정되지 않는다. 여창이 등장함으로써 남성의 성대(聲帶)에 적합하게 되어 있는 판소리 음악은 여성에게도 적합한 방향으로 변화되었으며, 사설에서도 음란하거나 비속한 부분은 제거될 수밖에 없었다. 음악적 세련화와 기교의 중시, 실내악적 분위기로의 변화도 여창의 참여에 의하여 더욱 가속화되었다. 신재효는 판소리의 연창에 있어 보여지는 측면을 대단히 중시하였다. 그는 판소리 연창자가 갖추어야 하는 네 가지 요건을 말하고 있는데, 이 속에 너름새를 포함시킴으로써 판소리의 극적 성격에 관한 깊은 관심을 보여 주었다. 이렇게 연기의 측면인 너름새를 강조함으로써, 그는 판소리가 창극(唱劇)으로 변모할 수 있는 가능성을 내보였다. 여창의 등장도 이러한 측면에서 이해할 수 있다.

창극이라는 또 하나의 모습이 판소리로부터 파생한 것이 긍정적인가 부정적인가에 대하여는 견해가 다를 수 있다. 또 판소리의 다양한 가능성을 실험한 것에 대하여도 상반된 두 평가가 있을 수 있다. 실험 그 자체에만 의미를 부여하고 그 결과는 실패하였다고 할 수도 있고, 또는 그러한 실험은 우리가 생각할 수 있는 판소리의 가능성과 함께 판소리의 나아갈 길을 모색하는 고민의 과정이었다고 할 수도 있다. 그것이 단순히 실험 자체만으로 끝났다 하더라도, 그러한 시도는 판소리의 미래를 위하여 검토할 만한 충분한 가치를 지니는 것으로 평가할 수 있다. 더구나 현재 우리가 대하고 있는 판소리, 또는 창극의 모습이 신재효가 예견하고 실험하였던 그것에서 크게 벗어나지 않는다는 점에서, 신재효의 판소리에 대한 깊은 인식과 성찰은 우리의 상상하는 범위를 넘어서는 것으로 생각한다.

인간의 진실한 면모는 그 존재를 둘러싸고 있는 대상과의 관계 속에서 잘 드러난다. 그러나 이것만이 진실은 아니다. 오히려 이러한 관계 속에서 벗어났을 때 인간은 자신의 발가벗은 진실한 모습을 거리낌없이 보여 주기도 하는 것이다. 신재효는 이러한 인간의 실상을 판소리라는 예술 형태를 통하여 드러내고자 하였다. 그리고 이것은 그의 자부심의 근원이기도 하였다. 끊임없는 성찰과 모색을 통하여 그는 판소리를 국민 예술로 승화시키려는 노력을 하였고, 이러한 그의 노력은 그를 판소리사의 한 중심에 놓이게 하였다. 그를 언급하지 않고는 판소리사의 어느 한 부분도 정확히 기술될 수 없을 정도인 것이다.

V. 세계화의 길과 신재효 정신(申在孝精神)

이 시대는 신재효가 살았던 시대가 아니다. 그가 살았던 것처럼 자신의 생활에만 충실하면서 살 수 있는 시대도 아니다. 우리는 끊임없이 우리를 둘러싼 세계와 접촉하면서 우리를 그들에게 맨몸으로 보일 수밖에 없는 시대를 살고 있다. 유치원부터 우리는 영어를 배우고, 이와 함께 서구의 엄청난 문화 유산은 걷잡을 수 없이 우리 주위를 감싸고 있다. 유치원 아이들은 영어를 배우기 위하여 남녀가 춤을 추며 인사말을 익힌다. 악수하고 포옹할 뿐, 공손히 손을 모으고 예를 취하던 우리의 인사 문화는 이제 어디에서도 찾을 수 없다. 우리는 양복을 입은 외면만이 아니라, 우리의 의식까지도 그들과 동일해지고 있는 것이다. 어떤가! 우리는 우리의 얼굴이 너무도 그들을 닮았다는 사실을 발견하고 깜짝 놀라는 때도 있는 것이다. 이것은 우리가 이 지구촌의 한 구성원이라는 사실을 명확하게 인식시켜 주는 구체적인 예라고 할 수 있다.

그러나 분명한 것은 이것이 세계화의 진정한 모습은 아니라는 사실이다. 이는 다양한 세계의 문화가 더불어 살아가는 모습이 아니기 때문이다. 우리의 고유 문화가 더 이상 존재하지 못하는 것은 그만큼 세계의 문화 영역을 축소시키는 잘못을 범하는 것과 같다. 어쩌다 꺼내 입는 한복이 아니라, 그것이 실용화되기 위하여는 시대에 맞는 변화를 수반하여야 한다. 그리고 주변의 사람들에게 전파시킬 수 있는 우리 문화의 경쟁력을 확보하여야 하는 것이다. 분명한 것은 우리가 외국어를 알고 그들의 문화를 수입할 뿐만 아니라, 외국인에게도 우리의 말을 가르치고 우리 문화를 전파할 수 있을 때, 진정한 세계화는 완성된다는 사실이다. 프로 야구와 발레, 그리고 피아노를 배우는 것과 마찬가지로 우리의 고유한 문화를 그들에게 보일 수 있을 때, 우리도 세계 문화의 창달에 기여할 수 있는 국가가 된다. 받는 것이 있으면 주는 것도 있어야 하는 법이다. 주는 것 없이 받기만 한다면, 그들과의 동질성만을 추구한다는 점에서 문화적 구걸 행위(求乞行爲)라고 할 수밖에 없다. 그리고 그 결과는 우리의 정체성(正體性)을 잃어버리고 문화 수입국으로 전락하는 길 외에 무엇이 있겠는가? 어쩔 수 없이 원산지(原産地)의 위력 앞에서 우리는 주눅들 수밖에 없는 것이다.

우리의 문화적 자존심을 지탱할 수 있는 전략 상품이 무엇이겠는가. 다양한 분야에서 여러 품목을 지적할 수 있겠지만, 판소리와 창극이 중요한 문화 상품의 하나가 될 수 있다는 것은 명백하다. 일본의 노[能]나 중국의 경극(京劇)이 고유한 문화로서의 경쟁력을 지닌 것처럼, 창극은 모든 면에서 충분한 경쟁력을 지니고 있는 연극 형태인 것이다. 그리고 이러한 경쟁력을 갖추게 된 중요한 이유의 하나로 우리는 신재효라는 한 인물을 기억하여야 하는 것이다.

우리에게 요구되는 문화와 신재효를 관련지을 때, 우리는 영국의 무대 문학을 세계의 중심으로 끌어올렸던 셰익스피어를 자연스럽게 떠올린다. 그가 이루어

놓은 판소리·창극의 현재 모습이 그러할 뿐만 아니라, 그가 실천한 끊임없는 실험 정신도 참 많이 닮았다. 셰익스피어처럼 신재효는 기존의 작품들이 경쟁력을 갖추도록 변화시켰고, 이를 살아있는 무대와 연결시키고자 노력하였던 것이다. 셰익스피어는 1564년 4월 23일 태어나 1616년 4월 23일 생을 마감함으로써 탄생과 죽음의 시간을 같게 했다. 신재효 또한 음력이긴 하지만 1812년 11월 6일 태어나 1884년 11월 6일 하직함으로써 유사한 활동에 생애를 바쳤던 두 인물은 흥미로운 일치점 하나를 추가하였다. 셰익스피어를 영국이 그렇게 만든 것처럼, 신재효를 또 그렇게 만드는 것은 이제 우리 자신에게 부과된 힘든 과제가 되었다.

남원과 판소리

최 동 현

I. 머리말

남원은 판소리의 고장으로 일반인들의 마음 속에 새겨져 있다. 나아가서 대다수의 남원 사람들은 남원이 판소리의 발상지라고 생각하고 있다. 보통 사람들이 남원에 대해 판소리의 고장이니, 판소리의 발상지니 하는 평가를 하게 된 데는 여러 가지 이유가 있을 것이다. 그 중에는 타당한 것도 있겠지만, 또 별로 타당하지 않은 것들도 있으리라 생각된다. 그러나 남원이 판소리와 뗄래야 뗄 수 없는 관련을 맺고 있는 것만은 분명하다.

이 글은 남원이 판소리의 발상지라는 평가를 받게 된 이유는 무엇인가, 남원 사람들은 판소리를 어떻게 가꾸고 발전시켜 왔는가, 남원 사람들이 가꾸고 발전시켜온 판소리는 어떤 특징을 지니고 있는가에 대한 해답의 성격을 띠고 있다.

여기서 먼저 남원이라고 일컬어지는 지역의 범위를 설정할 필요가 있다. 남원의 판소리를 말한다고 할 때의 남원은 행정 구역 상의 명칭이 아니라, 문화의 경계로서의 명칭일 것이며, 행정 구역과 문화의 경계는 일치하지 않기 때문이다. 뿐만 아니라 행정 구역으로서의 남원도 역사적으로 많은 변화가 있었다. 현재의 담양, 순창, 구례, 곡성, 광양, 순천, 임실, 무주, 장수, 진안 등이 한 때는 모두 남원에 속했던 지역이다.[1] 따라서 현재의 행정 구역을 고집해서 그 경계를 설정할 필요는 없다고 본다.

판소리를 논의할 때의 남원이라는 명칭은 판소리문화의 한 경계로서의 '남원'으로 보아야 한다. 그렇다면 남원을 중심으로 한 지역에서 발생하고, 그 일원에 전승 발전된 판소리와 특성을 공유하는 지역으로 개념을 넓힐 필요가 있다. 여기서 가장 중요하게 떠오르는 지역이 구례와 곡성이다. 구례와 곡성은 현재는 전라남도에 속해 있기 때문에 남원과는 먼 지역으로 알기 쉽지만, 판소리의 전승·발전 과정상에서 본다면 밀접한 관련을 맺고 있다. 따라서 이 글에서는 때에 따라 구례와 곡성 지역을 포함하여 남원의 판소리를 다루고자 한다.

II. 남원과 판소리의 관련

남원이 판소리의 발상지라는 평을 듣게 된 데는 배경이 남원으로 되어 있는 판소리가 많다는 데 일차적인 원인이 있을 것이다. 주지하다시피 판소리를 대표하는 「춘향가」는 남원이 그 배경이다. 「흥보가」 또한 "운봉 함양 두 얼품"에 흥보가 살고 있다고 했다. 「변강쇠가」의 변강쇠는 "둥구마천 가는 길"에 서있는 장승을 패 때고 동티가 나서 죽는다. 마천은 함양 땅이지만 「변강쇠가」의 배경은 지리산으로 되어 있으므로, 남원권이라고 해도 별 무리는 없을 것이다.

이 중에서도 남원이 판소리의 발상지라는 세간의 평을 받는 데 결정적인 기여를 한 것은 「춘향가」이다. 「춘향가」는 판소리로나 고전소설로나 가장 뛰어난 작품이다. 가장 많은 소리꾼들이 「춘향가」를 불렀으며, 또 가장 많은 사람들이 사랑하였다. 또 문헌에 가장 먼저 등장하는 작품이기도 하다.[2] 게다가 「춘향가」는 남원을 배경으로 하여 남원에 실재하는 여러 곳이 등장한다.[3] 이러한 점들로 인하여 「춘향가」가 남원이 판소리의 발상지라는 일반의 인식을 낳는 데 크게 공헌했던 것이다. 「흥보가」는 남원을 배경으로 하는 작품이지만, 그 속에 배경이 되

---

1) 『남원지』 (상), 남원시, 1992, 77 - 368쪽 참조.
2) 현재 판소리 관련 기록으로 최초의 것은 「만화본 춘향가」인데, 이는 영조 30년 갑술년(1754년)에 지어졌다.
3) 이에 대한 자세한 사항은, 김동욱, 『증보 춘향전 연구』, 연세대학교 출판부, 1976, 403 - 421쪽 참조.

는 구체적인 지명이 등장하지 않는다. 그래서 작품 속에 등장하는 공간 묘사를 통해 장소를 특정하려는 작업이 이루어지기도 하였다.[4]

이와 관련하여 남원에 판소리, 특히 「춘향가」의 근원이 된 설화가 다수 존재한다는 사실 또한 남원을 판소리의 발상지로 생각하게 하는 근거가 되었다. 지금까지 알려진 판소리 「춘향가」 근원설화 중에서 남원을 배경으로 한 설화들은 다음과 같다.

1) 성이성(成以性) 설화 : 광해군 때 남원부사로 부임했던 성안의(成安義)의 아들 계서(溪西) 이성(? ‒ 1654)이 뒤에 남원에 암행어사로 가서 부사 생일연에서 어사출도에 등장하는 "금준미주천인혈(金樽美酒千人血) ……"이라는 시를 읊었다고 한다.[5]

2) 춘양(春陽) 설화 : 조재삼이 『송남잡지(松南雜識)』에서 들고 있는 호남지방의 민간설화이다. 남원부사의 아들 이도령이 동기(童妓) 춘양을 좋아했는데, 뒤에 이도령을 위해 수절하는 춘양을 새 사또 탁종립(卓宗立)이 죽였다. 호사자가 이를 슬퍼하여 타령을 지어 춘양의 원을 풀고 그 정절을 표창했다.[6]

3) 박색터 설화 : 차정언(車鼎言)이 『해동염사(海東艶史)』에 실려 있다. 춘향은 관기 월매의 딸로 아주 박색이었는데, 사또 아들 이도령을 한 번 보고 나서 상사병이 들고 말았다. 이 사실을 안 월매는 이도령을 취케 한 후 춘향과 하룻밤 운우의 정을 나누게 하였다. 깨어나 보니 정을 맺은 여인이 천하 박색이라, 놀란 이도령이 급히 나가는데, 월매가 정표라도 달라고 간청하자 소매 속에서 비단 수건을 꺼내 주었다. 곧 이도령은 한양으로 올라가 버리고, 이도령을 사모하던 춘향은 정표로 받은 비단 수건으로 목을 매 죽고 말았다. 이 사실을 안 사람들이 춘향을 이도령이 가던 임실 고개에다 춘향을 장사지냈는데, 그곳이 바로 '박색(薄色)고개'라고 한다.[7]

---

4) 1993년에 남원군이 발주하고, 경희대학교 민속학연구소가 용역을 맡은 「홍부전 발상지 고증」에서 이러한 작업이 이루어졌다.

5) 김동욱, 『증보 춘향전 연구』, 연세대학교 출판부, 1976, 53‒54쪽.

6) 김종철, 「춘향전의 근원 설화」, 김병국 외 편, 『춘향전 어떻게 읽을 것인가』, 사단법인 춘향문화선양회, 1993, 135쪽 참조.

7) 김동욱, 앞의 책, 57쪽.

이 이외에도 남원에는 비슷한 설화들이 많이 전해오고 있다.[8] 물론 이러한 설화들이 꼭 「춘향전」 생성 이전부터 내려오는 것이라고 단정할 수는 없다. 「춘향전」이 이루어지고 난 다음 춘향을 주인공으로 한 설화들이 창작되었을 가능성 또한 배제할 수 없겠기 때문이다.

『계서야담』에 실려 있는 노진(盧禛) 설화도 「춘향전」의 발생과 관련하여 거론된다. 노진은 일찍이 아버지를 잃고 가난하여 장가를 들지 못하였다. 마침 당숙이 선천에서 고을살이를 하고 있었으므로, 그에게 가서 혼수 비용을 얻을까하였으나 냉대만을 당하였는데, 여기서 한 동기(童妓)를 만나 결연을 맺었다. 4 - 5년 뒤 과거에 급제한 후 절에 있던 그 동기를 만나 같이 살았다는 이야기이다.[9] 노진은 중종 13년(1518년) 함양군 북덕곡 개평촌에서 났으나, 처가가 있는 남원에 와서 살았다. 호를 옥계(玉溪)라고 하며, 도승지, 대사헌, 예조판서 등을 역임하였고, 1578년 서울에서 세상을 떴다.[10] 노진 설화는 가난한 양반과 기녀의 결연을 내용으로 하고 있어 춘향전의 근원설화로서는 부족한 점이 많으나, 노진이 남원과 관련이 있는 인물이라는 점에서 주목하고 있다.

남원 사람 양주익(梁周翊)은 「춘몽연(春夢緣)」을 썼다. 무극재(無極齋) 양주익은 경종 2년 1722년 남원 이언방(伊彦坊, 지금의 주생면 상동리)에서 출생하여 1802년 81세로 생을 마감한 문장가이다. 그가 필사본으로 남긴 문집 『무극집(無極集)』의 「무극선생행록(無極先生行錄)」에 35세 때에 '저춘몽연(著春夢緣)'이라는 구절이 있는데, 이것이 바로 「춘향전」의 고본으로 추측된다. 원래 양주익의 집안은 부자였는데, 양주익의 5대조인 청계(淸溪) 양대박(梁大樸)이 의병을 규합하여 왜군와 싸우면서 재산을 다 써버렸기 때문에, 양주익이 과거에 급제한 1754년에는 매우 가난했다고 한다. 그리하여 잔치를 하고도 막상 기생들에게 줄 돈이 없어서 대신 「춘몽연」을 지어주었다고 한다.[11] 그러나 현재 「춘몽연」은 전해지지 않고 있다.

---

8) 이에 대해서는, 김동욱, 앞의 책, 56쪽 참조.
9) 김동욱, 앞의 책, 45 - 46쪽.
10) 『남원지』(상), 남원시, 1992, 1301 - 1302쪽 참조.
11) 『남원지』 (상), 남원시, 1992, 1309 - 1310쪽 참조.

판소리와 직접적인 관련을 맺고 있는 것은 아니지만, 남원의 음악적 전통도 남원을 판소리를 비롯한 음악의 고장으로 인식하게 하는 데 큰 공헌을 했을 것으로 생각된다. 남원의 음악적 전통은『고려사』「악지」속악조에 백제시대의 노래로 소개되고 있는「지리산」에까지 소급될 수 있다.「지리산」에 대해『고려사』「악지」에서는, "구례현 사람의 딸이 자색이 있었는데, 지리산에서 살면서 집안이 가난하였으나, 부도(婦道)를 다했다. 백제왕이 그녀가 아름답다는 소문을 듣고 첩으로 들이려고 하자, 그녀는 이 노래를 지어 죽기를 맹세하고 따르지 않았다"고 하였다. 구례현은 남원과 인접해 있고, 오래 동안 남원에 속한 곳이었기 때문에 남원의 음악적 전통 속에 포함시킬 수 있다.

『삼국사기』「악지」에 경덕왕 때의 거문고의 명인이었던 옥보고와 관련된 다음과 같은 기록이 전한다.

　　신라 사람 사찬(沙湌) 공영(恭永)의 아들 옥보고(玉寶高)가 지리산 운상원(雲上院)에 들어가 거문고를 배운 지 50년에, 신조(新調) 30곡을 자작하여 속명득(續命得)에게 전하고, 속명득은 귀금선생(貴金先生)에게 전하였는데, 귀금선생도 역시 지리산에 들어가서 나오지 않았다. 신라 왕이 금도(琴道)가 끊어질까 근심하여 이찬(伊湌) 윤흥(允興)에게 일러, 어떤 방법으로든지 그 음률을 전해 얻게 하라 하고, 남원의 공사(公事)를 위임하였다. 윤흥이 부임하여 총명한 소년 두 사람을 뽑으니, 그 이름이 안장(安長)·청장(淸長)이었다. 그들로 하여금 산중에 들어가 전습케 하였다. 선생이 가르치면서도 그 중 미묘한 것은 숨기고 전수치 않았다. 윤흥이 부인과 함께 가서 말하기를, 우리 임금이 나를 남원에 보낸 것은 다름이 아니라 선생의 기술을 전해 받으라는 것이다. 지금 3년이 되었으되 선생이 비밀로 하여 전해주지 않으니, 내가 복명할 길이 없다고 하며, 윤흥이 술을 받들고 그 부인은 잔을 들고 슬행(膝行)하면서 예와 성을 다한 후에, 그가 비장하던 표풍(飄風) 등 세 곡을 전수받았다. 안장은 그 아들 극상(克上)·극종(克宗)에게 전하고, 극종은 일곱 곡을 지었다. 극종의 뒤에는 거문고로 직업을 삼는 자가 한둘이 아니며, 지은 음곡이 두 조가 있으니 일은 평조, 이는 우조인데, 모두 일백팔십칠 곡이었다. 그러나 그 나머지 성곡으로 유전하여 기록할 수 있는 것은 얼마 안 되고, 다 흩어져서 모두 기재할 수 없다.

운상원은 지금의 남원 운봉 부근일 것으로 추정한다. 운상원은 오랫동안 거문고 음악의 창작과 전수가 이루어진 음악적 중심지였다고 할 수 있다. 운상원을 중심으로 한 음악 활동의 결과가 이 지역 사람들에게는 대단한 영향을 미친 것도 확인할 수 있는데, 그것은 "극종의 뒤에는 거문고로 직업을 삼는 자가 한둘이 아니"라는 언급 속에 나타난 바와 같다. '거문고로 직업을 삼는 자'를 직업적인 음악가로만 보기에는 다소 무리가 있겠으나, 거문고 음악이 전문적인 음악가 사이에서뿐만 아니라, 일반인들 사이에서도 널리 향수되고 있던 상황을 암시한다고 보는 데는 무리가 없을 것이다. 일반인들 사이에 널리 그 음악이 향수되어야만 거문고로 직업을 삼을 수 있겠기 때문이다. 이러한 운봉 지역의 음악적 전통은 후에 판소리의 가장 중요한 중심지가 되는 것과도 무관하지는 않았을 것으로 생각된다.

III. 남원 출신 판소리 명창

남원이 판소리의 발상지라는 평가를 받는 또 다른 이유로는 판소리사 초기로부터 명창들이 다수 나왔으며, 이후에도 명창들이 계속 출현하여 판소리의 발전에 결정적인 역할을 했다는 점을 들 수 있다.

판소리가 어느 때 출현했는지 그 정확한 시기를 단정적으로 말할 수는 없다. 판소리사에서 초기의 소리꾼으로 알려진 사람은 하한담(하은담), 최선달, 우춘대 등이다. 하한담(河漢譚)과 최선달(崔先達)은 정노식이 쓴 『조선창극사』에, "노 광대 전도성의 구술에 의하면, 전이 자기 연소시대에 명창 박만순, 이날치 등이 …… 역대 명창을 순서로 호명할 때에 제일 먼저 하·최 양씨를 제일 먼저 드는 것을 누차 들은 기억이 있"[12]다고 증언한 것을 토대로 하고 있는데, 하한담은 「갑신완문」(1823년)에 나오는 하은담(河殷譚)과 같은 사람으로 보이며, 최선달은 충청도 결성 사람이라고 하였으나, 자세한 사항은 알려진 바가 없다. 우춘대는 신위의 관극시(1826년)에 이름이 등장한다.

---

12) 정노식, 『조선창극사』, 조선일보사 출판부, 1940, 17 - 18쪽.

이들 이후에 등장하는 사람 중에서 권삼득(權三得, 1771 - 1841)은 본래 완주군 용진면 구억리 사람이지만, 남원 주천방 노씨의 외손으로 어려서부터 주천방에 와서 판소리를 대성하였다고 한다.13) 권삼득은 판소리사에서 더늠을 남긴 최초 의 소리꾼이다. 그의 더늠은 「흥보가」 중에서 '놀보 제비 후리러 가는 대목'인 데, 지금도 소리꾼들은 이 대목을 부를 때면, "옛날 우리나라 팔명창 선생님이 계실 시절으, 팔명창 선생님 중 권삼득 선생님의 더늠인디"14)와 같이 이 대목이 권삼득의 더늠이라는 사실을 밝히는 일이 많다. '놀보 제비 후리러 가는 대목' 은 '덜렁제'15)라고 하는 특별한 선율 구조로 되어 있는데, '덜렁제'는 "높은 음 역의 la음을 길게 동음 지속하여 권마성처럼 길게 웨치는 것이 fanfare와 같은 느 낌을 주며, 높은 음 la에서 낮은 음 La로 넓게 뛰어내려 la - La 혹은 la - sol - re - La와 같은 도약 선율이 많아서 매우 씩씩한 느낌을 준다."16) 이 선율은 「흥보가」 의 '놀보 제비 후리러 가는 대목' 외에도 「적벽가」의 '위국자의 노래', 「춘향가」 의 '군뢰사령이 춘향을 잡으러가는 대목', 「심청가」의 '남경 장사 선인들이 사 람을 사겠다고 외치는 대목' 등에 쓰인다. 이에 대해 유기룡은 "덜렁제는 곡풍 이 울툭불툭하는 성깔이 있어서 나약한 그때의 판소리 경향에 새로운 활력을 불 어넣어준 것"17)이라고 하였다.

권삼득 이후 남원의 판소리는 우리나라의 판소리를 대표할 만한 소리꾼을 배 출하였다. 가왕(歌王)으로 일컬어지는 송흥록과 그의 동생 송광록이 바로 그들이 다. 송흥록은 남원 운봉 비전리에서 태어났다. 송흥록의 판소리사에서의 공헌은 두 가지로 요약할 수 있다. 첫째는 진양조의 완성이다. 진양조의 개발에 관해서 는 그의 매부였던 명창 김성옥과의 일화가 전해진다. 김성옥은 충남 강경 사람 으로 당시 대명창이었으나, 학슬풍(일종의 무릎 관절염)으로 오래 고생하다기 요

---

13) 『남원지』(상), 남원시, 1992, 1653쪽.
14) 오정숙 창 「흥보가」.
15) 설렁제, 드렁조 또는 권마성조(제)라고도 하는데, 가마꾼이 가마를 모는 소리인 권마성을 판 소리화한 것이라고 한다.
16) 이보형, 판소리 팔명창 음악론, 『문화재』 8, 문화재관리국, 1974, 120쪽.
17) 유기룡, 판소리 팔명창과 그 전승자들, 조동일·김흥규 편, 『판소리의 이해』, 창작과비평사, 1978, 147쪽.

절하였다. 김성옥은 학슬풍으로 오래 누워 지내는 사이에 진양조를 개발하였는데, 송흥록은 이를 오랜 기간 연마하여 진양조를 완성하였다고 한다. 진양조는 판소리 장단 중 가장 느린 대목들에 많이 쓰인다. 따라서 아주 슬픈 대목에 많다. 또한 양반의 음악인 정악의 특성을 간직한 곳도 많다. 따라서 진양조의 개발을 통해 판소리는 양반들의 음악의 판소리화에 성공할 수 있었던 것으로 보인다.

둘째로, 산유화조(메나리조)의 개발을 들 수 있다. 산유화조는 경상도 민요의 선율을 가리킨다. 그러므로 송흥록이 산유화조를 개발했다는 것은, 판소리 속에 경상도 민요의 선율을 도입했다는 것을 의미한다.

요컨대 송흥록은 진양조의 완성을 통해 양반들의 음악적 요소를 판소리 속에 도입하고, 산유화조의 개발을 통해 다른 지역의 음악적 요소를 판소리 속에 도입함으로써, 판소리가 계급적, 지역적 한계를 극복하고 민족의 음악으로 성장하는 데 결정적인 기여를 했다고 볼 수 있는 것이다. 송흥록을 '가왕'이라 부르는 진정한 이유도 아마 이러한 데 있을 것이다.

송흥록의 소리는 남원 구례 순창 고창 등으로 퍼져 가며, 동편제 소리라는 큰 가닥을 형성하였다. 그래서 송흥록은 동편제 소리의 시조로도 추앙을 받는다.

송흥록의 동생 송광록은 오래 동안 형인 송흥록의 고수 노릇을 하였다. 그러나 고수에 대한 하대에 불만을 품고 제주도로 들어가 오랜 수련 끝에 대명창이 되었다고 한다. 송광록의 더늠으로는 「춘향가」 중 '긴 사랑가'가 있다. '긴 사랑가'는 "만첩청산 늙은 범이……"로 시작하는 '사랑가'로서, 지금도 모든 판소리 「춘향가」에 남아 있다.

송광록의 아들은 송우룡이다. 송우룡은 후에 구례로 이사를 해서 그곳에서 많은 제자들을 가르쳤다.[18] 송우룡은 송씨 가문 소리의 전통을 잘 지켜온 사람이었다. 그의 아들 송만갑이 새로운 소리를 하자, 패려자손이라고 하여 독살하려고까지 했다[19]는 것을 보면, 그가 자가의 전통을 얼마나 소중히 했는가를 짐작할 수 있다. 송우룡은 「수궁가」를 잘 했으며, 그의 더늠은 '토끼 배 가르는 대목'이

---

18) 『조선창극사』에는 송우룡이 구례 출신으로 되어 있다. 그런데 『남원지』에는 송우룡은 남원 사람이며, 그의 아들 송만갑이 아홉 살 때 구례로 이사했다고 하였다.

19) 정노식, 『조선창극사』, 조선일보사 출판부, 1940, 184쪽.

다. 그런데 이 대목은 현재 부르고 있는 것보다는 길이가 매우 짧고, 또 장단도 중모리가 아니고 진양조로 되어 있어서, 전승되는 가운데 많은 변화가 있었던 것으로 짐작된다.

송우룡은 자기 아들인 송만갑(1865 - 1939)과 유성준(1874 - 1949) 두 사람의 제자를 두었다. 송만갑은 근세 오명창의 한 사람으로 꼽히는데, 자기 가문의 소리 전통을 지키는 데 주력하지 않고 자기만의 독특한 소리 세계를 개척하여 새로운 소리를 개발하였다. 특히 그는 새로운 시대의 변화에 따라 소리도 변해야 한다는 생각을 견지했던 것으로 알려지고 있다. 『남원지』에는 송만갑이 일곱 살에 판소리에 입문하고, 아홉 살 때 아버지인 송우룡을 따라 구례군 용방면으로 이사하였다고 되어 있지만,[20] 다른 문헌에는 모두 구례 출신으로 되어 있다. 그런데 고종 32년 1895년까지는 용방면이 남원에 속해 있었다. 따라서 이런 혼란이 생긴 것이 아닌가 생각된다. 그러나 송만갑은 어디까지나 남원 소리의 전통 속에서 자라난 소리꾼이라고 할 수 있다. 그 소리의 전통이 남원 운봉에서 시작되었고, 그의 제자들 중에서도 가장 뛰어난 사람들이 역시 남원 사람들이었기 때문이다. 송만갑의 제자들에 대해서는 후술하겠다. 송만갑은 많은 제자를 두었는데, 그 중에서도 대표적인 사람은 장판개(1884 - 1937, 순창), 김정문(1887 - 1935, 남원), 박봉래(1900 - 1933) 등이다.

유성준도 『남원지』에는 남원군 수지면 출신이라고 되어 있지만, 다른 기록에는 구례 출신으로 되어 있다. 유성준은 구례뿐만 아니라, 하동 등지에서도 살았던 적이 있다. 그러나 송만갑과 마찬가지로 유성준 또한 남원 판소리의 전통 속에서 자라난 소리꾼인 것만은 분명하다. 유성준은 「수궁가」와 「적벽가」를 잘하여 많은 제자를 두었는데, 임방울, 김연수, 정광수 등이 대표적인 제자들이나. 이들은 동편제 판소리 중에서도 「수궁가」와 「적벽가」의 전승에 결정적인 역할을 하였다.

남원의 소리꾼으로 이화중선을 들 수 있다. 이화중선의 본명은 이봉학(李鳳鶴)이며, 1988년 경남 동래에서 태어나서 다섯 살 때 현재의 전라남도 보성군 벌교

---

20) 『남원지』 (상), 남원시, 1992, 1654쪽.

면 장좌리로 이사하여 그곳에서 어린 시절을 보냈다고 한다. 열세 살 때 어머니가 죽자 이화중선은 남원으로 가서 살게 되었는데, 열다섯 살 무렵 남원군 수지면의 박씨 문중으로 시집을 갔다. 그러다가 동네에 들어온 협률사를 보고 반하여 가출을 한 뒤 남원과 순창에서 판소리를 배웠다. 특히 순창에서는 장득주라는 무당의 첩이 되어 소리를 배웠다. 김정문에게도 배웠다고 하지만, 이는 확실치 않다. 이화중선 또한 남원 출신은 아니지만, 남원 판소리의 전통 속에서 자라난 사람임에 틀림없다.

이화중선은 식민지 시대 최고의 여자 소리꾼이었다. 그녀가 부른 '추월만정'(「심청가」 중에서 황후가 된 심청이 부친을 그리워하며 탄식하는 대목)이나, 동생인 이중선과 함께 부른 남도 민요인 「육자배기」는 그야말로 공전의 대히트를 하여, 남녀노소 모두 모르는 사람이 없을 지경이었다. 그녀가 중심이 된 협률사(음악 공연 단체)는 가는 곳마다 성황을 이루어, 이화중선이 그 고을 돈을 모두 쓸어 가 버린다고 할 정도였다. 이화중선의 이름이 1960년대의 서정주의 시구에도 등장하고, 우리 민요 속에도 '십오야 밝은 달은 구름 속에 놀고요, 명기명창 화중선이는 장고 바람에 논다'는 구절이 있으며, 무슨 일이 잘 돼 신이 날 때 '화중선이가 삐종21) 물고 나왔다'고 말할 지경이라면 아마 짐작이 갈 것이다.

송만갑의 제자인 김정문은 남원군 주천면 무추리 출생이다. 유성준의 생질로서 유성준에게 소리를 배우기 시작했으나, 가르치는 대로 따라서 하지 못한다고 얻어맞은 후에, 유성준의 문하를 떠나 송만갑의 수행 고수를 하다가 명창이 되었다. 후에 다시 서편제 소리꾼 김채만에게 배워 동편제 판소리의 새로운 경지를 개척한 것으로 알려져 있다. 김정문은 또 남원 권번의 소리 선생을 오래 하면서 박초월(1913 - 1987), 박록주(1906 - 1981), 강도근(1917 - 1996)과 같은 제자들을 가르쳤다.

김정문의 제자로서 남원 판소리를 이어온 가장 대표적이 사람이 강도근이다. 강도근은 남원읍 항교리 출신으로 김정문에게 「홍보가」를 배우고, 후에 송만갑에게 미진한 부분을 배웠다. 유성준에게는 「수궁가」를 배웠다. 그러나 강도근이

---

21) pigeon의 일본식 발음. '비둘기'라는 뜻으로 담배 이름.

이름을 얻은 것은 「홍보가」 때문이었다. 강도근은 1953년 이래 별세하기까지 남원에 머물며 남원의 판소리 전통을 지켰던 사람이다. 그는 특히 "나는 자작(自作)은 안 한다"고 공언하면서 스승에게 물려받은 판소리 전통을 고수하려고 노력하였다. 그러한 공로를 인정받아 그는 1988년 「홍보가」로 무형문화재로 지정받았다. 강도근은 그 동안 많은 제자들을 길렀는데, 안숙선, 전인삼, 이난초 등의 제자를 두었다.[22]

박초월은 전남 승주군 출생인데, 어려서 남원 운봉 비전리로 이사하여 그곳에서 자랐다. 송만갑, 김정문, 유성준, 오수암 등에게 배워 해방 전후로부터 별세하기까지 박록주, 김소희와 함께 판소리 여창의 트로이카의 한 사람으로 군림하였다. 박초월은 서슬 깃든 고음과 애원성으로 청중들을 사로잡았다. 박초월의 소리는 특히 서민적 애환의 표현에 뛰어났으며, 이로 인해 호남 지역 민중들로부터 절대적인 애호를 받았다. 박초월의 소리는 최난수, 조통달, 김수연 등에게 전승되었다.[23]

이상으로 남원 출신 소리꾼들에 대해 알아보았다. 남원은 송흥록으로부터 강도근에 이르기까지 우리나라를 대표할 만한 많은 명창들을 배출하여, 판소리사의 중요 고비마다 새로운 소리를 개척해 왔다는 것을 알 수 있다. 이러한 남원의 소리 전통은 '동편제 판소리'의 전통이라고 할 수 있다. 물론 동편제 판소리는 남원에만 전승된 것은 아니다. 그렇지만 동편제 판소리를 대표할 만한 소리꾼들이 남원 출신이었다는 것만은 부정하지 못한다. 또 동편제 판소리를 가장 잘 지켜온 지역이기도 한 것이다.

IV. 남원 판소리의 전통

전승의 거시적인 관점에서 보면 남원의 판소리 전통은 '동편제 판소리'의 전

22) 강도근의 생애와 예술에 관한 자세한 사항은, 최동현, 『판소리 명창과 고수 연구』, 신아출판사, 1997, 209 - 227쪽 참조.
23) 박초월의 생애와 예술에 관한 자세한 사항은, 최동현, 『판소리 명창과 고수 연구』, 신아출판사, 1997, 125 - 141쪽 참조.

통이라고 할 수 있다. 송흥록은 동편제 판소리의 시조로 남원의 판소리 전통의 성립에 결정적인 역할을 하였다. 남원의 판소리 전통은 모두 송흥록으로부터 시작된 것이며, 송흥록의 판소리 전통을 지키고 발전시켜 나온 것으로 남원이 판소리의 고장이라는 일컬음을 받기 때문이다. 그렇다면 동편제 판소리의 예술적 지향은 무엇인가. 일단 그 동안 제시되었던 동편제 판소리에 관한 여러 가지 평가들을 모아본다.

(가)
동편은 우조의 한 계열로서 발성 초에는 역시 정중하고 굳굳하게 호령조가 많고, 끝을 맺을 때에는 매우 힘있고 둥글게 맺아 끊는 것이다.[24]

(나)
① 동편제 소리는 소리 마디마디가 분명하게 떨어져서 마치 도끼로 큰 나무를 패듯이 쩡쩡 울린다. 이런 것을 伐木丁丁격이라고 한다.
② 동편제 소리는 소리 귿이 내려까불아지지 않고 매양 드높게 들어 올라가는 것이다.
③ 동편제 소리는 소리에 잔재주가 들지 않으며 긴 빨래를 널 듯이 쭉쭉 펴서 뻗어나가야 한다.[25]

(다)
흔히 말하기를 동편에는 우조가 많고, 서편에는 계면조가 많아 그 서러운 소리를 치는 데 따라 동편을 세우는 이, 혹은 서편이라고 우기는 이도 있겠지만 정대하고 시원한 소리요 전체를 엉구고 한 자 한 귀를 소홀히 하지 않는 엄격한 창법은 누가 뭐라든 동편에 넘겨야 한다. 그러나 보다 듣기 좋고 목을 휘감아 꽃을 수놓듯 아름답게 그리는 데에는 서편이 질 수 없다.[26]

(라)
동편제 창제의 특징을 한 마디로 말한다면 <막 자치기 소리>라 하겠다.

24) 박헌봉, 『창악대강』, 국악예술학교 출판부, 1966, 68쪽.
25) 유기룡, 앞의 글, 43쪽.
26) 이창배, 『한국가창대계』, 홍인문화사, 1976, 410쪽.

이 소리는 소리에 특별한 기교를 부리지 않고 <목으로 우기는> 것이다. 그렇기 때문에 이 동편제 창제로 소리를 하자면, 풍부한 성량을 타고나야 한다. 소리에 기교와 수식 없이 통성(通聲; 뱃속 깊이 내는 소리)으로 장단에 맞추어 사설을 붙여가는 소리인 것이다. 그리고 장단도 <대마디대장단>으로 복잡한 기교를 부리지 않는, 즉 잔가락 없는 장단으로 소리를 운용하여 가는 것이 이 동편제 창제의 특징이라 하겠다.

동편제의 장단은 그 템포가 다소 빠른 것이 특징인데, 그렇기 때문에 소리하는 동안 <사체>나 <발림>을 할 여유가 없기 때문에 동편제는 연기면에서 다소 건조한 인상을 면치 못한다. 그러나 이 핸디캡은 소리를 목으로 우겨대는 특징으로 커버되는 것이라 한다.

이처럼 동편제 창제는 비교적 건조한 창법이다. 즉 수식과 기교에 역점을 두는 소리가 아닌 것이 곧 동편제 창제의 특징이라 할 수 있다. 따라서 그만큼 고졸(古拙)한 것이 동편제 창제다. 고졸하다는 것은 곧 그만큼 역사가 오래된 것이란 말도 된다.[27]

(마)

다만 부분적으로 동편제 중고제는 장단이 비교적 빠르고, 우조, 평조를 많이 쓰고, ……중략…… 동편제 소리는 우조의 시김새에, 서편제는 계면조 시김새에, 중고제는 경드름 설렁제의 시김새가 좋으나, 일반적으로 서편제 소리는 매우 정교하게 되어 있고, 동편소리는 정대하게 되어 있으며, 중고제는 간결하게 되어 있음을 볼 수 있다.

부침새의 경우에는 서편제 소리가 일반적으로 정교하며, 동편제는 정대하고 중고제는 간결하게 되어 있음을 볼 수 있다. 발성을 보면 동편제는 무겁고, 서편제는 보다 가벼우며, 중고제는 그 중간이다. 소리꼬리를 보면 동편제는 구절의 끝음을 짧게 끊고, 서편제는 길게 빼는 경우가 많고, 중고제는 끊을 때도 있고 뺄 때도 있다. 또 동편제는 소리를 들고 나가고, 서편제는 뉘어 나간다.[28]

이상의 견해들은 일견 매우 다양한 것처럼 보이나, 실은 어떤 측면을 강조해서 선택적으로 언급했느냐 하는 차이만 있을 뿐이지, 근본적으로 대립되는 내용

---

27) 강한영, 『판소리』, 세종 대왕 기념 사업회, 1977, 72 - 73쪽.
28) 이보형, 앞의 논문, 99쪽.

은 없다. 이러한 사실은 동편제 판소리에 관한 합의가 청중들 사이에서 어느 정
도 이루어지고 있는 현상을 반영한다고 할 것이다.

동편제 판소리의 창법의 특징으로 지적되는 것들은 발성, 장단의 운용, 시김
새, 템포, 너름새 등 판소리의 거의 모든 측면들을 포괄하고 있다. 이제 그 하나
하나를 정리해 본다.

발성 면에서는 통성을 주로 사용하여 '목으로 우기는' 창법을 구사하는 '막
자치기 소리'라고 한다. 통성은 뱃속에서부터 우러나오는 소리를 가리킨다. '막
자치기 소리'란 '마구 불러제끼는 소리'가 아닌가 싶다. 그렇다면 이를 '목으로
우기는 소리'라고 할 수 있다. 전력을 다하여 고음으로 마구 내지르는 소리라는
말이다. 그래서 김소희 같은 사람은 일부 동편제 소리꾼을 가리켜 발음이 부정
확할 정도로 너무 소리를 되게(고음으로)만 한다고 불만을 얘기하기도 하였다.
이렇듯 정색을 하고 처음부터 전력을 다하여 발성을 하면 자연히 소리는 무겁게
된다. 이런 소리에는 기교를 부릴 틈이 없다. 따라서 소리를 "잔재주가 들지 않
으며, 긴 빨래를 널 듯이 쭉쭉 펴서 뻗어나가야 한다"고 하는 것이다. 이러한 특
징은 송만갑의 소리에 전형적으로 드러난다. 현재 남아 있는 송만갑의 소리를
들어보면, 소리를 떨거나 꺾는 부분이 많지 않고 평평하게 발성을 한다. 그리고
전력을 다하여 고음으로 소리를 한다. 그래서 어떤 사람은 송만갑의 소리를 가
리켜 '고공에서 노는 재주로는 최고'라고 하기도 한다.

발성에서 또 하나 특기할 사항은 소리 끝을 길게 빼지 않고 짧게 끊어서 낸다
는 점이다.[29] 큰 소리로 소리 끝을 끊어서 내기 때문에, "소리 마디마디가 분명
하게 떨어져서 마치 도끼로 큰 나무를 패듯이 쩡쩡 울린다"고 한다. 소리 끝을
짧게 끊어내는 데다가 떨거나 꺾는 기교를 별로 부리지 않으려는 경향이 있기
때문에, 자연히 템포는 빨라지는 경향을 갖게 된다. 템포가 늘어지는 것은 소리
를 길게 빼면서 여기에 여러 가지 기교를 부리기 때문이다. 물론 기교를 부리지
않는 발성을 하면서도 휴지를 길게 가져가면 템포는 늘어질 수 있겠으나, 특수
한 경우가 아니라면 이는 불가능한 창법으로 보아야 할 것이다. 여기서 동편제

---

29) 소리 끝을 내는 방식을 흔히 시김새라고도 하는데, 시김새를 달리 생각하는 경우도 있기 때
문에 여기서는 발성에 포함시켜 다루기로 한다.

소리는 "소리를 들고 나간다"는 표현에 대해 생각해 볼 필요가 있다. 들고나간 다는 것은 사설의 구절 끝 부분에서 소리 끝을 살짝 높이는 발성을 말하는데, 이 는 동편제 소리꾼 중에서도 송만갑의 소리에서 가장 잘 드러나는 특징이다. 소 리 끝을 살짝 높이면서 짧게 끊어내면 단호하면서도 힘찬 느낌을 준다. 슬픈 감 정을 나타내는 계면조에 Do에서 Si에 이르는 미분음적 하강음이 존재하는 것과 대비되는 이러한 특성은 동편제가 씩씩하고 힘찬 느낌을 내게 하는 데 결정적인 역할을 하는 것으로 생각된다.

부침새는 소위 대마디대장단을 사용한다. 부침새는 장단의 박에 말을 '붙이 는' 방식을 말하는데, 대마디대장단은 부침새에서 규격과 규칙을 지켜나가려고 하는 운용 방식이다. 대마디대장단의 상대가 되는 것은 엇부침인데, 이는 규격에 서 어긋나는 말붙임으로 특별한 효과를 창출하는 기교적인 장단 운용 방식을 말 한다. 동편제 판소리의 부침새가 정대하다고 하는 것은 바로 규격에 충실한 장 단 운용 방식을 가리키는 것이다. 동편제 소리는 발성에서와 마찬가지로 별다른 기교를 사용하지 않고 원칙에 충실하려는 경향이 있음을 확인할 수 있다.

별다른 기교를 부리지 않으려는 경향은 너름새에도 이어진다. 너름새는 육체 적 표현 동작을 가리키는 말인데, 신재효 이후 너름새는 그 중요성이 재인식되 었고, 이에 따라 이를 정교하게 구사하려는 경향이 증대되었다. 그럼에도 불구하 고 동편제 소리꾼은 이런 연극적 표현에 별다른 중요성을 부여하지 않았다. 강 도근같은 사람은 공연 내내 거의 뻣뻣이 서서 소리를 했다. 부채마저도 그저 손 에 쥐고 있다고 할 정도로 거의 사용하지 않았다. 이는 동편제 소리꾼들이 '소 리' 중심의 판소리관을 가지고 있었다는 것을 보여주는 예이다. 그러니까 동편 제 소리꾼은 '소리' 이외에는 아무 데도 관심을 두지 않고, 오로지 소리에만 전 념함으로써 자신의 존재를 증명하고자 한다는 것이다.

이러한 여러 특징은 결국 동편제 판소리가 고졸하다는 평가를 받게 만들었다. 단순하고 건조한 소리라는 뜻이다. 그러기에 자연히 씩씩하고 투박한 남성적인 힘이 있다. 우조를 주조로 해서 소리를 엮어간다는 것은 이런 특징에 대한 설명 으로 보아야 한다. 송만갑의 「이별가」는 이런 특징을 전형적으로 보여준다. 춘향 과 이도령이 마지막으로 헤어지는 장면을 노래한 이 대목에서 송만갑은, 끝을 들어올리며 급히 끊어내는 힘찬 소리로 두 사람의 이별을 그려낸다. 그러기에 거기에는 슬픔이 별로 없다. 얼핏보면 참 무미건조하기 그지없는 것이다. 그러나 거기에는 전력을 다하여 감정을 절제하고, 소리 하나에 모든 것을 거는 치열한 예술 정신이 깃들어 있다. "정대하고 시원한 소리요 전체를 엉구고 한 자 한 귀를 소홀히 하지 않는 엄격한 창법"이란 평가는 이래서 가능한 것이다. "동편은 우조를 주장하여 웅건 청담하게" 한다는 정노식의 말도 바로 이런 특징을 요약해서 제시한 것이라고 할 수 있다.

동편제 판소리의 예술적 지향을 이렇게 파악하고 보면, 결국 동편제가 양반의 미의식에 접근하고 있다는 것을 알 수 있다. 절제, 정대, 씩씩함 등은 대표적인 사대부 음악인 가곡의 미의식과 별로 차이가 없기 때문이다. 물론 이는 상대적인 평가에 불과하기는 하다. 아무래도 판소리는 계면조를 바탕으로 하여 생성 발전된 예술이기 때문이다. 그러나 동편제 소리가 양반의 미의식을 발견하고 이를 수용함으로써 하나의 '법제'를 이룰 수 있었으며, 그 전통을 줄기차게 이어오면서 남성적 감성을 유지 발전시켜 왔다는 사실은 결코 과소평가할 수 없다.

이러한 특성을 가진 동편제 판소리의 전통은 송흥록으로부터 시작되어 그의 동생 송광록과 송광록의 아들 송우룡, 송우룡의 아들 송만갑을 거치면서 구례로 중심이 옮겨진다. 그래서 그 동안 남원은 판소리 전승에서 별다른 역할을 하지 못 했다. 일제 강점기에 이르러 남원은 유성준과 김정문이라는 뛰어난 명창을 배출하게 된다. 유성준은 동편제 「수궁가」와 「적벽가」의 전승에 결정적인 공헌을 하였지만, 남원에 머물지 않았기 때문에 남원 판소리에는 별다른 영향을 미치지 못 하였다.

남원 판소리의 전통은 김정문에 의해 이어지게 되었다. 김정문 이후 강도근, 이난초, 전인삼에 이르기까지 남원에 눌러 사는 사람들에 의해 지켜지고 있는 남원소리는, 현재 음반으로 소리를 확인할 수 있는 가장 오래된 동편 소리인 송만갑 소리와 가장 닮은 소리이다. 같은 동편제 소리라고 하더라도 다른 사람들의 소리, 예컨대 유성준 계열의 소리는 송만갑 계열의 소리와는 다르다. 성음에서 차이가 나기 때문이다. 송만갑의 소리는 강한 철성인데, 유성준의 소리는 수리성인 데다가 전력을 다하는 치열한 맛도 훨씬 떨어진다. 송만갑을 거쳐 박봉

래, 박봉술로 이어져 주로 구례를 근거지로 삼은 소리도 마찬가지다. 송만갑의
창법을 가장 잘 이어받고 있는 소리는 김정문, 강도근으로 이어진 소리인 것이
다.

남원 소리의 가장 중요한 특징은 철성의 전통이라고 할 수 있다. 철성이란 문
자 그대로 쇠처럼 단단한 소리를 가리킨다. 철성은 수리성이면서도 통성으로 고
음을 낼 때 나는 소리이다. 다른 사람들의 소리에서는 느낄 수 없는 치열한 맛을
남원 소리에서 느낄 수 있는 것은 바로 이 철성 때문이다. 철성을 낼 수 있는 사
람은 성대가 좋은 사람이 아니면 안 된다. 성대가 나쁘면 아무래도 단단한 고음
을 낼 수 없기 때문이다. 거칠면서도 단단하고 높은 철성이야말로 동편제 판소
리가 최종적으로 다다른 높이를 상징한다고 할 수 있다. 철성에 와서 동편 소리
는 그 극점에 다다랐다. 그러기에 동편제 판소리의 개념이 철성을 기막히게 구
사한 송만갑의 소리를 모범으로 삼아 형성되었던 것이다.

남원 소리가 철성의 전통을 잘 지키고 있다는 것은 그만큼 동편제 소리의 전
통을 잘 지키고 있다는 말이다. 그러나 남원소리는 현대의 판소리 청중들에게는
별다른 인기를 얻지 못하고 있다. 철성, 통성 위주의 소리는 그 치열한 예술정신
때문에 부르는 사람이나 듣는 사람 모두에게 심한 부담을 주기 때문이다. 가벼
운 것을 좋아하는 현대인에게 동편 소리가 먹혀들 리가 없는 것이다.

이제 남원 소리는 전환점에 서 있다. 전통을 고수하다가 화석으로 남을 것인
지, 아니면 전통의 창조적 변용으로 청중들 속에 살아 있는 예술로 발전해 갈 것
인지 기로에 서 있는 것이다.

* 참고문헌은 각주로 대신함

里堂 蔡滿默선생 정년기념논총

호남문학 연구

채만묵선생 정년기념논총 간행위원회 편

2001년 2월 20일 인쇄
2001년 2월 25일 발행

펴낸이 김 긴 수
펴낸곳 한국문화사
서울시 성동구 성수1가 2동 13-156
전화 02) 464-7708, 3409-4488
팩스 02) 499-0846
Homepage www.hankookmunhwasa.co.kr
등록번호 제2-1276호
값20,000원
ISBN 89-7735-808-6 93710